E-Commerce in Deutschland

14 Studien des Büros für Technikfolgen-Abschätzung beim Deutschen Bundestag

Das Büro für Technikfolgen-Abschätzung beim Deutschen Bundestag (TAB) berät das Parlament und seine Ausschüsse in Fragen des gesellschaftlich-technischen Wandels. Das TAB ist eine organisatorische Einheit des Instituts für Technikfolgenabschätzung und Systemanalyse des Forschungszentrums Karlsruhe.

Die „Studien des Büros für Technikfolgen-Abschätzung" werden vom Leiter des TAB, Professor Dr. Armin Grunwald, und seinem Stellvertreter, Dr. Thomas Petermann, wissenschaftlich verantwortet.

Ulrich Riehm, Thomas Petermann,
Carsten Orwat, Christopher
Coenen, Christoph Revermann,
Constanze Scherz, Bernd Wingert

E-Commerce in Deutschland

Eine kritische Bestandsaufnahme
zum elektronischen Handel

Bibliografische Informationen Der Deutschen Bibliothek

Die Deutsche Bibliothek verzeichnet diese Publikation in der Deutschen Nationalbibliografie; detaillierte bibliografische Daten sind im Internet über http://dnb.ddb.de abrufbar.

ISBN 3-89404-823-9

© Copyright 2003 by edition sigma, Berlin.

Alle Rechte vorbehalten. Dieses Werk einschließlich aller seiner Teile ist urheberrechtlich geschützt. Jede Verwertung außerhalb der engen Grenzen des Urheberrechtsgesetzes ist ohne schriftliche Zustimmung des Verlags unzulässig und strafbar. Das gilt insbesondere für Vervielfältigungen, Mikroverfilmungen, Übersetzungen und die Einspeicherung in elektronische Systeme.

Textverarbeitung: ITAS, Karlsruhe; TAB, Berlin.

Druck: Rosch-Buch, Scheßlitz   Printed in Germany

Inhalt

Vorwort		9
Zusammenfassung		11

I Einleitung — 33

1 Begriff, Formen und Akteure — 33
1.1 Abgrenzungen und Definitionen — 34
1.2 Marktteilnehmer — 35
1.3 Handelsformen — 37
1.4 E-Commerce-Segmente und E-Commerce-Systeme — 37
1.5 Kommunikationsinfrastruktur für den E-Commerce — 40

2 Datenlage — 41
2.1 Definitions- und Methodenprobleme — 41
2.2 E-Commerce-Statistik in Deutschland und anderen Ländern — 43

3 B2B-E-Commerce — 44
3.1 B2B-E-Commerce in Deutschland und im internationalen Vergleich — 46
3.2 B2B-E-Commerce in den USA — 48
3.3 Elektronische Marktplätze — 48
3.4 Perspektiven — 49

4 B2C-E-Commerce — 50
4.1 Entwicklung der Internetnutzung und des Internet-Shopping — 51
4.2 Volumen und Produktstruktur der Einkäufe im Internet — 53
4.3 Anteil des B2C-E-Commerce am Einzelhandelsumsatz — 55
4.4 Nutzung unterschiedlicher Vertriebs- und Lieferkanäle (Multichannel) — 56
4.5 B2C-E-Commerce in den USA — 59
4.6 Perspektiven — 61

5 Zentrale Fragestellungen und Untersuchungsfelder — 62
5.1 Zentrale Fragestellungen — 62
5.2 Zur Analyse des elektronischen Handels in ausgewählten Wirtschaftsbereichen — 66

| II | E-Commerce in ausgewählten Wirtschaftsbereichen | 71 |

1	Handel mit Lebensmitteln	71
1.1	Grunddaten zur Branche	71
1.2	Stand und Formen des E-Commerce	75
1.3	Spezifische Folgenbetrachtungen	86
1.4	Weiterführende Folgenbetrachtungen	101
1.5	Politische Handlungsfelder und Forschungsbedarf	105
1.6	Perspektiven	107
1.7	Fazit	110

2	Automobilindustrie und Autohandel	113
2.1	Strukturen und Trends	113
2.2	Stand und Formen des E-Commerce	115
2.3	Spezifische Folgenbetrachtungen	125
2.4	Weiterführende Folgenbetrachtungen	132
2.5	Regulierungsfragen	134
2.6	Perspektiven	138
2.7	Fazit	140

3	Arzneimittelhandel	142
3.1	Marktregulierung und Regulierungsziele	142
3.2	Branchenstruktur	143
3.3	Rechtlicher Rahmen und Stand des elektronischen Handels	145
3.4	Folgen eines B2C-E-Commerce mit Arzneimitteln	151
3.5	Perspektiven: Mögliche Entwicklungspfade und ihre Regulierung	158
3.6	Fazit	164

4	Handel mit Medienprodukten (Buch, Tonträger, Video)	166
4.1	Rahmendaten zum Buch-, Musik- und Videomarkt	166
4.2	Stand und Formen des E-Commerce	174
4.3	Spezifische Folgenbetrachtungen	181
4.4	Weiterführende Folgenbetrachtungen	202
4.5	Regulierungsfragen und politischer Handlungsbedarf	206
4.6	Fazit	207

5	Handel mit Strom	210
5.1	Elektrizitätswirtschaft und Stromhandel	210
5.2	Stand und Formen des E-Commerce	216
5.3	Spezifische Folgenbetrachtungen	225
5.4	Beschäftigungs- und ökologiebezogene Folgenbetrachtungen	230

Inhalt

5.5	Regulierungsfragen und politischer Handlungsbedarf	231
5.6	Gewinner und Verlierer	234
5.7	Perspektiven	236
5.8	Fazit	236
6	**Wertpapierhandel**	**238**
6.1	Rahmendaten zum Wertpapierhandel	238
6.2	Stand und Formen des E-Commerce	244
6.3	Veränderungen in den Transaktionsphasen des Wertpapierhandels	245
6.4	Beschäftigungsbezogene Aspekte	259
6.5	Regulierungsfragen und politischer Handlungsbedarf	261
6.6	Fazit	265
7	**Dienstleistung und E-Commerce am Beispiel des Rechtsbereichs**	**267**
7.1	Einführende Unterscheidungen und Grunddaten zum Dienstleistungssektor	267
7.2	Digitalisierbare Güter und Dienstleistungen: Mengengerüst und Substitutionspotenziale	274
7.3	Rechtsinformation und Rechtsberatung als E-Commerce	280
7.4	Folgenbetrachtung für den Rechtsbereich	299
7.5	Fazit	302
8	**Beschaffung im öffentlichen Bereich**	**304**
8.1	Rahmenbedingungen und „Veränderungstreiber"	304
8.2	Stand und Formen der elektronischen Beschaffung im öffentlichen Bereich	316
8.3	Mögliche Folgen der Ausweitung elektronischer Beschaffung der öffentlichen Hand	329
8.4	Handlungsbedarf und Perspektiven	332
8.5	Fazit	334
III	**Modernisierung durch E-Commerce?**	**337**
1	**Zentrale Befunde und weiterführende Folgenbetrachtungen**	**337**
1.1	Typisierung von Anwendungssituationen	337
1.2	Kosteneinsparung durch E-Commerce?	343
1.3	Der Kunde als Gewinner?	347
1.4	Strukturwandel	349
1.5	Beschäftigungswirkungen	355
1.6	Verkehr	359
1.7	Ökologie	366
1.8	Marktregulierung	375
1.9	Perspektiven	379

2	**Forschungsbedarf**	390
2.1	Logistik und Verkehr	391
2.2	Kundenverhalten	393
2.3	Ökologie	394
3	**Politische Handlungsfelder**	395
3.1	E-Commerce-Politik als Mehrebenen-Politik	396
3.2	Ausgewählte Handlungsfelder auf nationaler Ebene	398
3.3	Ausgewählte Handlungsfelder auf internationaler Ebene	410

Literatur		424
1	In Auftrag gegebene Gutachten	424
2	Zitierte Literatur	425
Anhang		455
1	Tabellenverzeichnis	455
2	Abbildungsverzeichnis	457
3	Abkürzungsverzeichnis	458
4	HTTP-Adressen	464

Vorwort

Gegenstand der folgenden fast 500 Seiten ist eine durch den Deutschen Bundestag in Auftrag gegebene umfassende und facettenreiche Technikfolgenabschätzung zum elektronischen Handel in Deutschland. Versucht man – trotz der Komplexität und des Umfangs der Untersuchungen – eine knappe Zusammenfassung, so lassen sich die Vielzahl der Einzelergebnisse zu folgenden vier Befunden verdichten:

(1) Das Ausmaß der Durchdringung des Handels mit elektronischen Anwendungen ist von Wirtschaftssektor zu Wirtschaftssektor extrem unterschiedlich. Das reicht von E-Commerce-Anteilen im Einzelhandel im einstelligen Prozentbereich (B2C-E-Commerce) bis hin zu einer hundertprozentigen elektronischen Abwicklung von Handelsprozessen in einzelnen Sektoren des Handels zwischen Unternehmen (B2B-E-Commerce). Die Steigerungsraten erreichen längst nicht mehr die Werte aus der Boomzeit des E-Commerce um die Jahrtausendwende; sie sind aber immer noch so hoch, dass der elektronische Handel überproportional zum Umsatzwachstum im Handel beiträgt. Insgesamt hat Deutschland im internationalen Vergleich in Bezug auf den E-Commerce eine gute Position erreicht.

(2) E-Commerce ist zunächst nichts anderes als ein neuer und zusätzlicher Vertriebskanal. Das Handelsgeschäft wird nicht grundsätzlich neu erfunden, eine Revolution findet mithin nicht statt. Somit steht E-Commerce mit den herkömmlichen Vertriebsformen in Konkurrenz und muss sich durch besondere Vorteile, wie die Automatisierung von Handelsprozessen, die Schaffung von mehr Transparenz in erweiterten Märkten, die Beschleunigung und Effizienzsteigerung, auszeichnen. Die besonders erfolgreichen E-Commerce-Unternehmen zeigen hier ihre Stärken. Doch nicht jeder Sektor des Handels ist für den E-Commerce in gleicher Weise geeignet. Der elektronische Vertriebskanal ist nicht immer der bessere: Heute ist oft das Telefon und nicht E-Commerce das bevorzugte Mittel, eine Bestellung aufzugeben.

(3) Die Wirkungen des E-Commerce sind nicht a priori festgelegt; es kommt auf die Ziele und die soziotechnischen Konfigurationen an, die die beteiligten Akteure im Auge haben und zu realisieren versuchen. Darüber hinaus beeinflussen die gesellschaftlichen, wirtschaftlichen und politischen Rahmenbedingungen Richtung und Ausmaß der Wirkungen des E-Commerce.

(4) Viele Bereiche des Handels zeichnen sich durch gewachsene Strukturen und Regelungen aus, die die Entfaltung des E-Commerce hemmen. Wollte der Bundestag eine Politik verfolgen, die in erster Linie auf die Förderung des elekt-

ronischen Handels setzt, dann könnte er z.B. die Buchpreisbindung aufheben, das Versandhandelsverbot für Arzneimittel abschaffen, die freie Wahl des Stromlieferanten auch über das Internet ermöglichen, besondere Berufsprivilegien, z.B. von Anwälten, abbauen, Gebietsmonopole, z.B. im Automobilhandel, verhindern. Dem Interesse an der Handelsliberalisierung stehen aber andere legitime Interessen entgegen. Die ureigenste Aufgabe der Politik ist es, zwischen diesen Interessen abzuwägen und auszugleichen. Und nicht nur dies, weitere politische Aufgaben stehen an, so die Informationsinfrastruktur auf Dauer für den elektronischen Handel zu sichern und auszubauen, die logistischen und ökologischen Herausforderungen im Zuge einer Zunahme des elektronischen Handels zu meistern bzw. für eine nachhaltige Politik zu nutzen, die Wettbewerbspolitik den neuen Bedingungen des elektronischen Handels anzupassen.

Der vorliegende Band bietet für jeden der genannten Befunde materialreiche und differenzierte Analysen. Kapitel I beginnt mit einem einleitenden Überblick zum Stand und den wesentlichen Dimensionen des E-Commerce. Das umfangreiche Kapitel II enthält Analysen der Rahmenbedingungen, des Entwicklungsstandes, der Folgen und Perspektiven des E-Commerce in acht Wirtschaftsbereichen (dem Handel mit Lebensmitteln, Automobilen, Arzneimitteln, Medienprodukten, Strom, Wertpapieren, Dienstleistungen sowie der Beschaffung im öffentlichen Bereich). Hierauf aufbauend wird im abschließenden dritten Kapitel eine Gesamtbilanz gezogen und es werden Vorschläge zum Forschungs- und Handlungsbedarf formuliert.

Dieses Buch ist im Rahmen eines Projekts des Büros für Technikfolgen-Abschätzung beim Deutschen Bundestag (TAB) in Berlin entstanden, das auf Anregung aller Fraktionen des Bundestagsausschusses für Wirtschaft und Technologie im Herbst 2000 begonnen und im Juli 2002 mit der Abnahme des Endberichtes abgeschlossen wurde. Das Projekt wurde gemeinsam durch das TAB und das Institut für Technikfolgenabschätzung und Systemanalyse (ITAS) des Forschungszentrums Karlsruhe durchgeführt. Im Rahmen des Projekts wurde eine Reihe von Gutachten vergeben, die in den Endbericht eingearbeitet wurden (siehe die Liste der Gutachten im Anhang). Die hier vorgelegte Buchfassung basiert in wesentlichen Teilen auf dem Endbericht, der im Sommer 2002 dem Bundestag vorgelegt wurde. Der Text wurde nochmals durchgesehen, überarbeitet und in Teilen, insbesondere in Kapitel I, aktualisiert.

Berlin und Karlsruhe im April 2003   Für das Autorenteam: Ulrich Riehm

Zusammenfassung

Die dem elektronischen Handel weltweit zuwachsende Bedeutung und die zugleich erwarteten Transformationsprozesse in Wirtschaft und Gesellschaft waren Anlass für einen Vorschlag aller Fraktionen des Ausschusses für Wirtschaft und Technologie, das Büro für Technikfolgen-Abschätzung beim Deutschen Bundestag (TAB) mit einer Studie „Wirtschaftliche Perspektiven des elektronischen Handels" zu beauftragen. Das vom TAB entsprechend konzipierte TA-Projekt wurde im Anschluss an eine zustimmende Beschlussfassung des für Technikfolgenabschätzung (TA) zuständigen Ausschusses für Bildung, Forschung und Technikfolgenabschätzung im Herbst 2000 begonnen und im Sommer 2002 mit der Abnahme des Endberichts abgeschlossen. Im Mittelpunkt der Untersuchung standen die Entwicklung des E-Commerce in verschiedenen Wirtschaftsbereichen, die erwartbaren Diffusionsprozesse und Strukturveränderungen sowie die sich daraus ergebenden Folgen. Behandelt wurden zudem hemmende und fördernde Faktoren sowie die möglichen politischen Regulierungs- und Handlungsoptionen.

E-Commerce: Begriff und allgemeiner Entwicklungsstand

Unter *E-Commerce* wird im Rahmen dieser Studie ein *Handelsgeschäft* verstanden, das auf *öffentlich zugänglichen Märkten* und über ein *interaktives elektronisches Medium* abgeschlossen wird (Kap. I.1). Der elektronische Handel ist somit ein Bestandteil des E-Business (elektronischer Geschäftsverkehr). Der elektronische Handel grenzt sich aber ab von Formen des Fernhandels, bei denen die zum Einsatz kommenden Medien nicht interaktiv sind, wie dies z.B. beim „TV-Shopping" der Fall ist. E-Commerce findet hauptsächlich zwischen Unternehmen (B2B), zwischen Unternehmen und der öffentlichen Hand (B2G), zwischen Unternehmen und Privathaushalten (B2C) und zwischen Privathaushalten (C2C) statt. Neben dem Internet können auch andere Medien (proprietäre Netzwerke, Mobilfunknetze, interaktives Fernsehen) als technische Kommunikationsträger genutzt werden.

Nach der derzeitigen *Datenlage* (Kap. I.2) kann ein erster Überblick zum Stand des E-Commerce gegeben werden:

Im B2B-Bereich (Kap. I.3) hat *Deutschland im internationalen Vergleich* in den letzten Jahren deutlich aufgeholt. Der Anteil der Unternehmen, die ihre Produkte und Dienstleistungen über das Internet vertreiben, liegt mit 20 % über dem Wert der USA. Fast 50 % der Unternehmen wickeln Beschaffungsprozesse über das Internet ab – ein Wert knapp unter dem der USA, aber oberhalb der

Werte Finnlands und Großbritanniens. Zum wertmäßigen *Volumen des B2B-Handels* liegen aus den USA Zahlen der amtlichen Wirtschaftsstatistik für das Jahr 2001 vor: Im Bereich der Fertigungsindustrien betrug der E-Commerce-Anteil 18,3 %, im Großhandel 10,0 % und in ausgewählten Dienstleistungsbranchen 0,8 %. Entsprechende Zahlen stehen für Deutschland nicht zur Verfügung. Die Potenziale des elektronischen Handels im B2B-Sektor sind in erster Linie in der Integration der Beschaffungs- und Vertriebsprozesse mit den sonstigen unternehmensinternen und unternehmensübergreifenden Informationssystemen zu sehen.

Mit dem Anstieg der *Nutzerzahlen für das Internet* steigt auch die Zahl derjenigen, die online einkaufen. Während im Jahr 2002 in Deutschland 46 % der Bevölkerung schon einmal das Internet überhaupt genutzt haben, sind es 30 %, die bereits einmal etwas über das Internet eingekauft haben. Der Anteil derjenigen, die häufiger im Internet einkaufen, ist allerdings mit rund 6 % gering. Insgesamt gehen die jährlichen Steigerungsraten bei der Internetnutzung deutlich zurück (Kap. I.4.1).

Das wertmäßige *Volumen des B2C-E-Commerce* (Kap. I.4.2) betrug im Jahr 2002 in Deutschland immerhin 4,7 Mrd. Euro. Produkte und Dienste, die besonders häufig eingekauft werden, sind Bücher, Bekleidung und Schuhe, Tonträger, Computer und Zubehör sowie die Angebote von Touristikunternehmen. Die absoluten Zahlen des E-Commerce-Umsatzes dürfen aber nicht darüber hinwegtäuschen, dass sein Anteil am Einzelhandelsumsatz in Deutschland im Jahr 2002 nur bei geschätzten 1,6 % lag. Damit unterscheidet sich die Situation in Deutschland kaum von derjenigen in den USA. Dort vermeldet die amtliche Statistik einen Anteil des E-Commerce am Einzelhandel im Jahr 2002 von 1,4 %. Es ist nicht zu erwarten, dass diese Werte in absehbarer Zeit dramatisch ansteigen und den zweistelligen Prozentbereich erreichen werden.

Branchen und Wirtschaftsbereiche im Wandel

E-Commerce ist nicht gleich E-Commerce. Je nach Branche, Produktkategorie, Handelstradition und regulatorischen Rahmenbedingungen bilden sich unterschiedliche Formen des E-Commerce heraus. Daher sind das Entwicklungspotenzial und die Folgen nur differenziert einzuschätzen. Im Mittelpunkt der TAB-Studie stehen *acht Wirtschaftsbereiche*. Deren Auswahl orientierte sich an einer Reihe von Kriterien (Kap. I.5): Es sollten traditionelle Fertigungsindustrien (Automobilindustrie) als auch informationsorientierte neue Branchen (Wertpapierhandel) berücksichtigt werden, Branchen, in denen der E-Commerce bereits relativ fortgeschritten ist (Musikindustrie) und solche, in denen er erst am Anfang steht (Lebensmittelbranche), Branchen mit den Handel stark einschränkenden Rahmenbedingungen (Freie Berufe, Arzneimittelhandel) und solche mit

Zusammenfassung 13

relativ großer Handelsfreiheit (Videobranche, Lebensmittelbranche), Branchen mit einer starken Konkurrenzsituation (Lebensmittelbranche) und solche mit eher gedämpfter Konkurrenz (Buchbranche), Branchen mit gegenständlichen (Auto, Lebensmittel) und solche mit digitalisierbaren Produkten (Video).

Handel mit Lebensmitteln

Der Lebensmittelhandel (Kap. II.1) steht für einen Wirtschaftsbereich, der durch extrem große Konkurrenz, starke Konzentrationsprozesse, geringe Handelsmargen und hohe Kundenanforderungen bei Produktqualität und Belieferung gekennzeichnet ist. Die Bedingungen für den elektronischen Lebensmittelhandel sind besonders schwierig, da das Transportgut empfindlich und verderblich ist und somit entsprechende Einschränkungen für Vertrieb und Zustellung bestehen.

In den Handelsbeziehungen zwischen Herstellern, Handel und Großabnehmern *(B2B)* haben sich auf und nahezu zwischen allen Wertschöpfungsstufen elektronische Marktplätze etabliert. Am erfolgreichsten sind die neutralen Marktplätze zwischen Herstellern und Händlern. Hier werden Auktionen durchgeführt, Rahmenverträge ausgehandelt und umfangreiche Mehrwertdienste angeboten.

Im Lebensmittelhandel kommt es kaum zur Ersetzung herkömmlicher Handelsstufen (Disintermediation). Vielmehr ist zu beobachten, dass der traditionelle Groß- und Zwischenhandel besonders gut die Chancen des E-Commerce nutzt und dadurch gestärkt wird.

Von den rund 1.500 Anbietern von Lebensmitteln im Internet *(B2C)* verfügen nur die wenigsten über das klassische Vollsortiment eines Lebensmitteleinzelhändlers. Besonders aktive Anbieter sind solche mit ökologischen Produkten. Die Zustellung von Lebensmitteln ist ein Service, der in der Branche – ganz unabhängig vom Internet – teilweise schon seit Jahren etabliert ist. Das Internet fungiert bei diesen Unternehmen nur als ein zusätzliches Bestellmedium – die meisten Bestellungen werden dort jedoch über das Telefon abgewickelt.

Die relativ hohen Zustellkosten bilden allerdings eines der Kernprobleme des elektronischen Handels mit Lebensmitteln, insbesondere wenn eine bundesweite Marktabdeckung erreicht werden soll. Es wird deshalb mit *Lieferkonzepten* experimentiert, bei denen die Anwesenheit des Endkunden nicht erforderlich ist, die zudem die Zustelldichte erhöhen und die Warenübergabe erleichtern. Erste Abschätzungen zu den verkehrlichen und ökologischen Folgen unterschiedlicher Lieferkonzepte wurden vorgenommen.

4,5 % der Internetnutzer haben in Deutschland in den letzten sechs Monaten mindestens einmal Lebensmittel im Internet bestellt. Dabei war der durchschnittliche Wert eines Einkaufs im Distanzhandel mit 125 DM höher als im stationären Lebensmitteleinzelhandel, wo dieser Betrag je nach Betriebsform zwischen 28 und 44 DM variierte.

Insgesamt gehen heute alle Prognosen davon aus, dass auch langfristig der Anteil des Internethandels mit Lebensmitteln *nicht mehr als 10 %* am gesamten Umsatz im Lebensmitteleinzelhandel erreichen wird.

Automobilhandel

Die Automobilindustrie (Kap. II.2) ist Repräsentant der etablierten „old economy". Sie erzielte Ende der 90er Jahre eine Wertschöpfung von ca. einem Fünftel des Bruttoinlandsprodukts. Schon immer nahm sie in Bezug auf informationstechnische Neuerungen eine Vorreiterrolle ein. Internet und E-Commerce können sich in diesen technologieorientierten Innovationsprozess nahtlos einfügen. Die Automobilindustrie steht aber auch vor besonderen Herausforderungen, was die Vertriebsstrukturen betrifft, in denen bisher eine starke Regulierung die freie Konkurrenz einschränkte.

Im *B2B-Bereich* besitzt das Internet ein erhebliches Potenzial zur Senkung von Transaktionskosten. B2B-Handelsplattformen werden es Zulieferern und Herstellern ermöglichen, diese Potenziale voll auszuschöpfen. Dadurch wird der Druck der Hersteller auf die Zulieferer zunehmen.

Durch den Aufbau neuer Online-Vertriebswege der Hersteller treten diese tendenziell in Konkurrenz zu ihren Händlern. Allerdings wird der stationäre Handel gegenwärtig überwiegend als Kooperationspartner für die Vertragsabwicklung und den Kundendienst in diese Aktivitäten mit eingebunden.

Im *B2C-Bereich* ist zu erwarten, dass sich auch zukünftig das Internet nicht als herausragender Vertriebskanal für *Neuwagen* unabhängig von traditionellen Vertriebswegen etablieren wird. Prognosen gehen davon aus, dass der Anteil der von Privaten getätigten Direktkäufe im Internet in fünf Jahren unter 3 % liegen wird. Als Informationsinstrument dürfte es dann aber von mindestens 70 % aller Neuwagenkäufer genutzt werden. Im *Gebrauchtwagensegment* ist das Internet fest etabliert. Auf unabhängigen elektronischen Automarktplätzen findet sich derzeit in Deutschland mehr als die Hälfte aller am Markt verfügbaren Gebrauchtwagen. Dabei ist die Hauptfunktion dieser Gebrauchtwagenbörsen die Herstellung einer Beziehung zwischen Anbieter und Nachfrager (Vermittlungsfunktion). Der Online-Verkauf wird dagegen auch in fünf Jahren kaum mehr als 2 % aller Besitzumschreibungen ausmachen.

E-Commerce etabliert sich in der Automobilbranche allenfalls als Verstärker, nicht aber als treibende Kraft unter den technisch-organisatorischen Innovationen. Der Strukturwandel wird in weit stärkerem Maße von globalen und produktionstechnischen Entwicklungen bestimmt. Auch Änderungen des regulatorischen Umfelds werden zu erheblichen Auswirkungen auf die Branche führen.

Zusammenfassung 15

So wird durch die Liberalisierung des bisher stark regulierten Vertriebssystems zwar mit besseren Chancen für den E-Commerce gerechnet, aber auch mit deutlichen Auswirkungen auf die Struktur des KfZ-Einzelhandels: die Konkurrenz sowohl zwischen den etablierten als auch durch neue, branchenfremde Unternehmen wird zunehmen.

Arzneimittelhandel

Im Arzneimittelhandel (Kap. II.3) wird die Dynamik der technischen Entwicklung in Deutschland im Augenblick durch rechtliche Bestimmungen (Apothekenmonopol) gebremst. Der Versandhandel mit Arzneimitteln ist in Deutschland auf der Ebene des Endkunden verboten. Tatsächlich findet er aber – in begrenztem Umfang – durch Nutzung von Online-Versandapotheken im Ausland statt.

Gegen eine Zulassung des Online-Handels mit verschreibungspflichtigen Arzneimitteln in Deutschland wird angeführt, dass dieser zu einer Verminderung der Versorgungssicherheit und zu einem Abbau des gesundheitlichen und wirtschaftlichen Verbraucherschutzes führen könnte. Die Folgen eines zugelassenen elektronischen Handels mit Arzneimitteln hängen aber wesentlich von der Ausgestaltung der (rechtlichen) Rahmenbedingungen ab. Es liegen Vorschläge auf dem Tisch, sowohl Wettbewerb zuzulassen, als auch – durch regulierende Maßnahmen – sicherzustellen, dass das quantitativ und qualitativ hohe Versorgungsniveau in Deutschland gewährleistet bleibt. Damit könnte der Online-Handel zu einer kostengünstigeren Arzneimittelversorgung in Deutschland beitragen.

Die möglichen *Folgen* eines zugelassenen E-Commerce mit Arzneimitteln sind *für die Apotheken* eher moderat. Bei einem angenommenen relativ hohen Anteil des Internethandels am gesamten Arzneimittelhandel von maximal 26 % ist mit der Schließung von etwa 3.000 Apotheken (14 % aller Apotheken) zu rechnen. Dadurch wären die Apothekendichte immer noch ausreichend und die Versorgungssicherheit gewährleistet.

Handel mit Medienprodukten

Der elektronische Handel mit Medienprodukten (Kap. II.4) erfolgt zum einen als elektronisch unterstützter Versandhandel mit gegenständlichen, zum anderen als vollständiger elektronischer Handel mit digitalen Medienprodukten. Beide Formen des Online-Handels sind grundsätzlich durch bestimmte Kaufgewohnheiten – z.B. das „Durchstöbern" der Angebote in Ladenlokalen oder das „Erlebnisshopping" – begrenzt. Die mittelfristigen Chancen des Online-Handels für die Medienprodukte Buch, Musik und Video müssen deshalb differenziert betrachtet werden.

Da Angebotsbreite, Beratungskompetenz und regionale Ladendichte des stationären Buchhandels aus Konsumentensicht besonders günstig ausfallen, hat sich bisher im Vergleich zu Tonträgern und Videos nur ein verhältnismäßig geringer Anteil des *Online-Buchhandels* ergeben (3,4 % der Gesamtumsätze im Jahr 2001), der auch kurz- bis mittelfristig nur noch leicht steigen dürfte.

Im *Online-Handel mit Tonträgern und Videos* können die relativ hohen Umsätze (Tonträger 6,4 %, Video 13,6 % der Gesamtumsätze im Jahr 2001) u.a. mit der vergleichsweise schlechten Angebotsstruktur durch Ladengeschäfte erklärt werden. Langfristig könnte der Anteil des Online-Handels am gesamten Umsatz mit Videokassetten und DVDs sogar 30 % ausmachen.

Eine Reihe von Faktoren hemmen die Etablierung eines Marktes für *digitalisierte Medienprodukte*: Die Konsumenten sind bereits im materiellen Medienbereich und noch mehr im Internet an das kostenlose Angebot von durch Werbung finanzierten Medienprodukten gewöhnt; durch die Kopierschutzmechanismen für digitale Medienprodukte können die gewohnten Nutzungsmöglichkeiten (z.B. Verleihen, Sammeln, langfristiges Aufbewahren) eingeschränkt werden; schließlich haben die privaten Online-Tauschbörsen bereits Maßstäbe bezüglich Angebotsbreite, Verfügbarkeit und Nutzungsmöglichkeiten gesetzt, die durch kommerzielle Online-Händler erst noch überboten werden müssten. Die Ausschöpfung der wirtschaftlichen Potenziale des E-Commerce hängt deshalb davon ab, ob konsumentenfreundliche Vertriebsmodelle gefunden werden, die sich gleichzeitig auch rechnen.

Handel mit Strom

Der Handel mit Strom (Kap. II.5) ist in Deutschland erst seit 1998 möglich. Prinzipiell erscheint das leitungsgebundene und mit automatisch erfassten Liefer- und Nutzungsdaten versehene Gut „Strom" *besonders für den elektronischen Handel geeignet*. Trotzdem ist dieses Potenzial bisher nur wenig ausgeschöpft. Dies liegt vor allem an einer *ungenügenden Umsetzung der Marktliberalisierung*. Bei der Herstellung von Markt- und Informationstransparenz, beim Zugang zu den Verteilnetzen und zum Stromzähler sowie bei der Standardisierung gibt es noch einen erheblichen Handlungsbedarf. Ein hemmender Faktor ist auch der Kunde, der eher auf Versorgung statt Besorgung setzt. Die Motivation, um den Strompreis zu handeln, ist bei den wenigsten Kunden ausgeprägt.

Betrachtet man die einzelnen Segmente des Stromhandels, dann ist im *Stromgroßhandel* der elektronische Handel relativ gut etabliert. Hier handeln die Stromerzeuger untereinander, um unvorhergesehene Über- und Unterkapazitäten auszugleichen. Auch im Geschäft mit Großkunden entwickelt sich der Handel über elektronische Marktplätze und die neuen Strombörsen. Im *Stromeinzelhandel* mit Privatkunden ist momentan ein Vertragsabschluss (Wechsel des Stromversorgers) allein über das Internet nicht möglich, da der bisherige Stromlieferant auf einer schriftlichen Kündigung besteht. Das *Stromhandelsvolumen* im Groß- und Einzelhandel *mit Unternehmenskunden* wird weiter ansteigen. In diesem Segment könnte der Anteil des elektronisch abgewickelten Handels auf *über 50 %* wachsen. Das Stromhandelsvolumen *im Einzelhandel* wird dagegen nicht in gleichem Maße zunehmen. Hier wird auf absehbare Zeit ein E-Commerce-Anteil erwartet, der eher *unter 10 %* liegen dürfte.

Wertpapierhandel

Wertpapiere sind – ähnlich wie das Gut Strom – auf Grund ihrer Immaterialität *für den elektronischen Handel* ebenfalls *besonders gut geeignet*. Im Wertpapierhandel (Kap. II.6) kommen in einem sehr hohen Ausmaß – sowohl in der Phase der Informationsbeschaffung als auch in der Phase des Handelsabschlusses – interaktive elektronische Medien zum Einsatz.

Der allgemeine Trend der letzten Jahre zum Kauf von Wertpapieren wurde durch die neuen Möglichkeiten für die Kunden, über das Internet direkt Aktien zu ordern, gefördert. Die Anzahl der *online geführten Wertpapierkonten* lag zum Jahresende 2001 bei 2,5 Mio. Die Zahl der Geschäftsabschlüsse ist allerdings im Jahr 2001 stark gesunken. Dies hat zu einer *Krise unter den Online-Brokern* geführt, da deren Geschäftsmodell in erster Linie auf den Provisionen für getätigte Wertpapierkäufe beruht. Einige der Anbieter versuchen sich deshalb neu zu positionieren, indem sie wieder vermehrt Beratungsleistung anbieten, *von der Konzentration auf das Internet abrücken* und zusätzlich auf das Telefon und stationäre Vertriebsformen setzen. Etablierte Anbieter mit ausgebauten Filialnetzen haben in der Konkurrenz mit den neuen Anbietern aus dem Internet in dieser Beziehung einen großen strategischen Vorteil.

Die interaktiven Möglichkeiten des Internets werden dazu genutzt, dass die Anleger nicht nur als Informationsnachfrager, sondern auch als Informationsanbieter auftreten (z.B. in den relativ beliebten „Chat-Rooms"). Eine Prüfung der Qualität der so verbreiteten Informationen findet nicht statt. Die *Gefahr der Manipulation* durch anonyme Teilnehmer ist daher groß. Selbstregulierung, staatliche Maßnahmen und der Aufbau von Qualitätsstandards durch Informationsintermediäre sollen dieser Gefahr entgegen wirken.

Fusionen unter den elektronischen Handelsplätzen finden auch grenzüberschreitend statt, wodurch es zu aufsichtsrechtlichen Problemen kommen kann. Die Schwierigkeiten der internationalen Regulierbarkeit ergeben sich aus der grenzüberschreitenden Handelbarkeit von Wertpapieren und daraus, dass die Handelsplatzbetreiber internationale Unternehmen sind.

Dienstleistung und E-Commerce am Beispiel des Rechtsbereichs

Der Dienstleistungsbereich (Kap. II.7) ist vielgestaltig; er reicht von Handel, Banken und Versicherungen über die öffentliche Verwaltung bis zu den Freien Berufen (Ärzte, Ingenieure, Rechtsanwälte). Im Kern sind mit Dienstleistungen *„an Personen gebundene nutzenstiftende Leistungen"* gemeint, die auf der Grundlage langjähriger beruflicher Qualifizierung erbracht werden. Dienstleistung ist weder lagerfähig noch transportfähig; Produktion und Konsumption fallen notwendigerweise zusammen. Deshalb sind Dienstleistungen zwar marktfähig, aber nicht selbst handelbar. Handelbar sind allein die Anrechte auf eine Dienstleistung: der Vertrag über Rechtsberatung, aber nicht die Rechtsberatung selbst. Im Zuge des technologischen Zugriffs, insbesondere durch Telekommunikation und Computer, und durch andere Rationalisierungsprozesse verlieren diese Unterscheidungen aber an Bedeutung, und der Charakter der Dienstleistungsarbeit verändert sich. Dies wird an Beispielen aus dem Rechtsbereich näher untersucht.

Ansatzpunkte und erste Elemente des E-Commerce lassen sich insbesondere in den Bereichen *Rechtsinformation* und *Rechtsberatung* finden: Der Datenbankbetreiber Juris verkauft Rechtsinformation an Experten; Rechtsportale im Internet bieten kostenfreie und kostenpflichtige Informationsangebote für jedermann. Bei der elektronischen Rechtsberatung werden drei Formen angeboten: „Schnellberatung" per E-Mail und Telefon (Anwalts-Hotline), Beratung per Dialog-Programm und Beratung per Videokonferenz. Dies sind Anwendungsfelder, in denen momentan eher noch experimentiert wird, aber vor dem Hintergrund eines sich mehr und mehr etablierenden elektronischen Rechtsverkehrs gewinnen sie zunehmend an Bedeutung.

In einer Untersuchung über Freie Berufe und E-Commerce konnten zwei Einstellungsmuster ausgemacht werden, die gleichzeitig als These zu den langfristigen Wirkungen interpretiert werden können: Auf der einen Seite die Einstellung, dass *E-Commerce* das Herzstück der Freien Berufe (und das ist hoch qualifizierte Beratung mit einem besonderen beruflichen Kodex) nicht tangieren werde, was beruflich auf die Pflege nicht-technischer Formen von Kommunikation hinausläuft; auf der anderen Seite die engagierte Nutzung der neuen Möglichkeiten und die in ihnen schlummernden Potenziale, was etwa die Rationalisierung der Kommunikation mit den Klienten, den Einsatz als Instrument der Profilierung und des Zugangs zu neuen Märkten bedeutet.

Beschaffung durch die öffentliche Hand

Die elektronische Beschaffung durch die öffentliche Hand (Kap. II.8), in Deutschland oft auch als „Public E-Procurement" (PEP) bezeichnet, steht zwar

Zusammenfassung

noch am Anfang ihrer Entwicklung, weist aber derzeit eine hohe Dynamik auf. *Zahlreiche Projekte* auf kommunaler, Länder- und Bundesebene bestimmen augenblicklich das Bild: Auf Bundesebene sticht dabei das Leitprojekt „E-Vergabe" hervor, das Teil des umfassenderen Projekts „Öffentlicher Eink@uf Online" ist. Auf der kommunalen Ebene, die für die Beschaffung der öffentlichen Hand insgesamt eine wichtige Rolle spielt, reicht die Bandbreite von relativ kleinen Lösungen, wie sie einzelne Kommunen favorisieren, über kommunale Einkaufsgemeinschaften bis hin zur umfassenden „In-House"-Lösung. Da interne Lösungen relativ kostenintensiv sind, setzen viele Kommunen eher auf die Adaption von Lösungen, die von anderen öffentlichen Institutionen entwickelt werden, oder auf die Kooperation mit externen Dienstleistern aus der Privatwirtschaft.

Die Initiativen zur elektronischen Beschaffung durch die öffentliche Hand sind eingebettet in eine umfassende Strategie der *Modernisierung des Regierungs- und Verwaltungshandelns* mit vielfältigen Zielen, so z.B. der *Kostenreduktion*. Die genaue Höhe der Einsparpotenziale ist allerdings umstritten. Die Mehrheit der Experten sowie die Bundesregierung gehen davon aus, dass sich durch PEP bis zu 10 % der gesamten Kosten einsparen lassen. Weitgehende Einigkeit besteht darüber, dass die öffentlichen Beschaffungsprozesse erheblich beschleunigt und vereinfacht werden können.

Wichtige rechtliche Voraussetzungen für die elektronische Auftragsvergabe wurden in den letzten Jahren geschaffen. Weiterer Regelungsbedarf ergibt sich aus Einzelproblemen sowie aus den aktuellen Entwicklungen, die auf EU-Ebene stattfinden. Technische Lösungen und verschiedene Betreibermodelle stehen inzwischen grundsätzlich zur Verfügung. Somit sollten derzeit – aufbauend auf dem bisher Erreichten – vor allem die Information und Kommunikation über PEP intensiviert werden.

Die aktuellen PEP-Initiativen auf den verschiedenen Ebenen der öffentlichen Hand können als Experimentier- und Lernprozess betrachtet werden. Technische und organisatorische Fragen stehen dabei naturgemäß im Vordergrund. Es müssen aber auch jetzt schon die Auswirkungen auf kleine und mittlere Unternehmen, die Schaffung von mehr Transparenz, der Datenschutz, die Qualifizierungserfordernisse und Rationalisierungsfolgen im öffentlichen Personalbereich sowie die Europäisierung der öffentlichen Beschaffung angemessen berücksichtigt werden.

Idealerweise werden öffentliche Beschaffungsstellen und der Staat die Rolle von Vorreitern zukünftiger Entwicklungen im E-Procurement einnehmen. Erste Voraussetzungen dafür, dass die elektronische Beschaffung der öffentlichen Hand Impulsgeber für den gesamten E-Commerce wird, sind geschaffen. Die

Entwicklung ist aber noch nicht weit genug vorangeschritten, um einschätzen zu können, ob E-Procurement diese Vorreiterrolle wirklich zukommt.

E-Commerce im Kontext der Modernisierung der Volkswirtschaft

E-Commerce ist ein Element innerhalb der sukzessiven Weiterentwicklung der Strukturen der Volkswirtschaft. Seine Formen sind ebenso vielfältig wie die mit ihm verfolgten Ziele. *Eine E-Commerce-Revolution wird es* aber *nicht geben*. Die von ihm ausgehenden Impulse für den Strukturwandel sind zwar in einzelnen Bereichen deutlich erkennbar, fallen aber insgesamt doch eher moderat aus.

Vielfältige Ziele und Strategien

E-Commerce dient ganz unterschiedlichen Zielen (Kap. III.1.1). Je nach Branche, betrieblicher Positionierung oder gehandeltem Gut geht es um die Lösung spezifischer Aufgaben: z.b. Prozessintegration, Herstellung von mehr Transparenz, Effektivierung von Bestellprozessen bei Massengütern oder die kundenindividuelle Konfiguration hochwertiger Güter. Diese Ziele besitzen für die untersuchten Wirtschaftsbereiche jeweils unterschiedliche Relevanz.

Bei der *Prozessintegration* geht es u.a. um die Einbindung der E-Commerce-Komponenten in die gesamte Unternehmens-EDV und um die Abstimmung von Anbieter- und Beschaffungssystemen der am E-Commerce Beteiligten. E-Commerce erscheint hier als ein Bestandteil umfassender Strategien der Vernetzung der Unternehmen.

Das Problem der *Herstellung von Markttransparenz* tritt typischerweise in Marktsituationen auf, bei denen eine Vielzahl relativ zersplitterter Anbieter und Abnehmer aufeinander treffen. Es zeigt sich hier, dass langfristig angelegte, feste Geschäftskooperationen gegenüber marktvermittelten, flexiblen Handelsbeziehungen oft vorgezogen werden. E-Commerce kommt erst dann ins Spiel, wenn Bedarfsspitzen, zeitliche Engpässe oder Spezialanforderungen auftreten. E-Commerce-Systeme können in solchen Situationen sowohl Transparenz in unübersichtlichen Marktverhältnissen schaffen als auch in kurzer Zeit eine Nachfrage mit vorhandenen Angeboten abgleichen. Gegebenenfalls können daran anschließend sogar die Preisbildung und der Handelsabschluss automatisiert erfolgen. In solchen elektronischen Geschäftsbörsen und Spotmärkten kommen die besonderen Potenziale von E-Commerce zum Tragen. Da diese besonderen Anforderungen allerdings nur relativ selten auftreten, wird der Umfang des E-Commerce in diesen Bereichen entsprechend gering ausfallen.

Der Handel mit Alltagsgütern, die in hohen Stückzahlen relativ häufig benötigt werden und im unteren Preissegment angesiedelt sind, eignet sich besonders gut für den E-Commerce zwischen Herstellern und dem Groß- bzw. Einzelhan-

Zusammenfassung 21

del. Umfassende elektronische Produktkataloge, auf die online zugegriffen werden kann, sind ein zentrales Element solcher Systeme. Die *Rationalisierung des Bestellprozesses* (und erst in zweiter Linie die Auswahl eines Lieferanten bzw. eines Produktes) steht dabei im Vordergrund. Es ist bereits heute beobachtbar, dass der elektronische Handel (B2B) in diesem Segment (z.B. bei der Bestellung von Büchern oder Arzneimitteln) einen hohen Anteil abdeckt, der tendenziell gegen 100 % gehen wird.

Anders ist die Situation bei hochwertigen Gütern, die selten gekauft werden (Automobile, Möbel, Kleidung, Versicherungen, Reisen etc.). Das Interesse an der Rationalisierung der Bestellabwicklung steht wegen des deutlich höheren Bestellwerts nicht im Vordergrund. Kommen elektronische Verkaufssysteme zum Einsatz, dann dienen diese eher der *kundenindividuellen Konfiguration* des Produktes (Farbe, Ausstattungsdetails), dem Nachweis der Verfügbarkeit eines Produktes oder der Aushandlung von Konditionen.

Kostensenkung durch E-Commerce?

Einer der meist diskutierten Aspekte des elektronischen Handels ist die Frage nach den *Kosteneinsparpotenzialen*. Bei der Vielfalt der E-Commerce-Formen und der mit dem E-Commerce-Einsatz verbundenen Ziele gibt es hierauf keine pauschale Antwort (Kap. III.1.2).

Am ehesten finden sich in der Literatur Angaben zu Kosteneinsparungen für die elektronische Beschaffung. Diese Angaben beziehen sich zum einen auf den Beschaffungsprozess und zum anderen auf die Preise der beschafften Güter. Generell erwartet man prozentual höhere *Einspareffekte* bei den *Prozesskosten* als bei den *Produktkosten*.

Häufig angeführt werden auch – methodisch oft fragwürdige – Angaben zu den *Kosten unterschiedlicher Vertriebskanäle*, wobei der E-Commerce als sehr kostengünstig eingeschätzt wird. Angesichts eines diesbezüglich oft unkritischen Glaubens an Kosteneinsparpotenziale sind zwei Hinweise angebracht: Es kommt auf die potenzielle Produktivität und Kosteneffizienz des elektronischen Handels gar nicht an, wenn erstens die Kunden diesen Vertriebskanal nicht akzeptieren oder wenn zweitens die Produkte für diesen Vertriebskanal nicht geeignet sind.

Vieles weist darauf hin, dass oft geäußerte Erwartungen an den elektronischen Handel zum jetzigen Zeitpunkt als „*E-Commerce-Illusionen*" zu gelten haben: Weder der Wegfall des Zwischen- und Einzelhandels noch die Elektronifizierung des reinen Vermittlungsgeschäftes haben bisher zu den erwarteten hohen Kosteneinsparungen geführt. Auch die Hoffnung, dass Online-Händler ohne eigenes Lager auskommen könnten, hat sich überwiegend als Illusion erwiesen.

Neue Macht des Kunden?

Der elektronische Handel tritt mit dem Anspruch hoher Selektivität, Interaktivität, Individualität – insgesamt also mit dem Versprechen einer gesteigerten Kundensouveränität auf (Kap. III.1.3): Das Internet eröffnet dem Kunden die gesamte Welt des Handels. Aus umfassenden elektronischen Produktkatalogen kann das gewünschte Produkt herausgesucht werden, das nach seinen besonderen Wünschen noch angepasst, auf Bedarf erzeugt und zugestellt wird. Der Kunde wird nicht nur zu seinem eigenen Verkäufer, sondern auch zum Koproduzenten des Herstellers.

Generell ist das Internet für den Privatnutzer jedoch *in erster Linie* ein *Kommunikations- und Informationsmedium* und *erst in zweiter Linie* ein *Transaktionsmedium*. Der Akzeptanz des E-Commerce förderlich ist es deshalb, wenn es gelingt, die Einkaufstransaktion an das alltägliche Kommunikations- und Informationsverhalten anzukoppeln. Verknüpfungen von Alltagsverhalten und Einkaufsprozessen sind dann besonders aussichtsreich, wenn durch sie preisgünstige Einkaufsmöglichkeiten eröffnet werden. Produkte im Internet sind bisher allerdings keineswegs generell billiger als im konventionellen Handel.

Bei all diesen, auf die Attraktivität des E-Commerce für den Kunden abzielenden Überlegungen darf nicht vergessen werden, dass das *elektronische Medium* gegebenenfalls selbst *eine der größten Hürden* darstellt, vor allem für den nur wenig kundigen und gelegentlichen Nutzer. So ist es keineswegs überraschend, dass sich im klassischen Versandhandel das *Telefon* zum *dominierenden Bestellmedium* entwickelt hat und nicht das Internet. Das Konzept der erweiterten Kundensouveränität hat seine *Tücken* und seine *Grenzen*. Denn in nicht geringem Umfang werden dem Kunden – im Selbstbedienungsmodus – Aufgaben auferlegt, die er weder gewohnt noch gewillt ist, selbst zu erledigen.

Strukturwandel durch E-Commerce?

Beim durch E-Commerce erwarteten Strukturwandel in Branchen und Märkten (Kap. III.1.4) geht es um eine Reihe untereinander eng verbundener Aspekte.

Eine abschließende Antwort auf die Frage nach den allgemeinen Wachstumspotenzialen durch E-Commerce kann nicht gegeben werden. Möglich sind aber prinzipielle Überlegungen dazu, wie der elektronische Handel das *Wirtschaftswachstum* beeinflussen könnte. Ein eindeutig positiver Beitrag zum Bruttoinlandsprodukt entsteht durch Produkt- oder Dienstleistungsinnovationen, die nur elektronisch gehandelt werden. Schwer abzuschätzen sind die Auswirkungen der Substitution von Vertriebskanälen durch E-Commerce und dessen Rolle bei der Verlagerung von Handelsströmen im internationalen Maßstab.

Zusammenfassung

Bei dem durchaus bedeutsamen *Verkauf gebrauchter Güter* im Internet wird es einen Anteil geben, der den Kauf neuwertiger Produkte substituiert und einen anderen Teil, der einen Bedarf befriedigt, der vorher nicht abgedeckt werden konnte. Die Auswirkungen auf Preisbildung, Substitutionsraten, Investitionen, Kapitalstock etc. unterliegen einem relativ komplexen Wirkungsgefüge, so dass Aussagen über einen positiven oder negativen Beitrag zum Wirtschaftswachstum weiterer Forschung bedürften.

Die Entwicklung des E-Commerce wird auch nach dem Ideal des „friktionslosen Marktes" beurteilt. In diesen Märkten hoher Transparenz – so die Annahme – sei die Wettbewerbsintensität besonders ausgeprägt und die Preise näherten sich deshalb den Grenzkosten an. Die Empirie zeigt aber: Trotz E-Commerce ist die Preisstreuung zwischen den unterschiedlichen Online-Anbietern beträchtlich, und die *Preise* im Internet sind nicht generell günstiger als im stationären Einzelhandel.

Mit Hilfe des Internets eröffnet der E-Commerce die Möglichkeit, räumliche und kommunikative Distanz zwischen Hersteller und Kunde leichter zu überwinden. Die (Zwischen-)*Handelsstufe* könnte wegfallen, und die dort anfallenden Handelsmargen könnten dem Produzenten und dem Konsumenten direkt zukommen. Solche Direktvertriebskonzepte existieren zwar in verschiedenen Wirtschaftsbereichen, aber der Gegentrend scheint eher stärker: alte Intermediäre werden gestärkt und neue Intermediäre – Cybermediäre – kommen hinzu.

Aus prinzipiellen Überlegungen heraus ist anzunehmen, dass die „Internetökonomie" *Konzentrationstendenzen* eher befördert als behindert. Bei digitalen Produkten und digitalen Dienstleistungen verschiebt sich im Vergleich zu herkömmlichen Produkten und Dienstleistungen das Kostenverhältnis von den variablen zu den fixen Kosten. Dies spricht für hohe Skaleneffekte, die einerseits Großunternehmen besser ausnutzen können und andererseits die Tendenzen zur Konzentration weiter unterstützen. Deshalb wird eine kontinuierliche Beobachtung der Konzentrationstendenzen durch E-Commerce und möglicher wettbewerblicher Beschränkungen notwendig sein sowie – wegen der starken internationalen Verflechtung der elektronischen Handelsbeziehungen – eine bessere internationale Kooperation der Kartellbehörden.

Zusammenfassend kann zum Strukturwandel festgestellt werden, dass die Wirtschaftsbranchen im Allgemeinen ein mehr oder weniger gut austariertes System darstellen, das teilweise sogar durch gesetzliche (Buchpreisbindung, Apothekenmonopol, Gruppenfreistellungsverordnung im Automobilbereich etc.) oder brancheninterne Regelungen abgesichert ist. E-Commerce mag im einen oder anderen Fall einen Anstoß zur Verschiebung der Gewichte zwischen den Akteuren bewirken, der elektronische Handel ist aber kaum der zentrale Hebel, um die jeweilige Branchenstruktur drastisch zu verändern.

Arbeitsmarkt

Die Beschäftigungswirkungen des E-Commerce (Kap. III.1.5) wurden in der Wissenschaft bislang nur wenig thematisiert. Tatsächlich ist es schwierig, diese Auswirkungen schon jetzt abzuschätzen, da sich umfassende Prozess- und Produktinnovationen selten in kurzen Zeiträumen durchsetzen. Nach Ansicht von Experten kann durch E-Commerce mit einem Arbeitsplatzzuwachs im verarbeitenden Gewerbe, dem Wohnungswesen und bei öffentlichen und privaten Dienstleistern gerechnet werden. Arbeitsplatzverluste treten insbesondere im Kredit- und Versicherungsgewerbe und im Einzelhandel auf. In den Wirtschaftsbereichen des Handels mit Arzneimitteln und mit Medienprodukten wird es voraussichtlich ebenfalls zu Arbeitsplatzverlusten kommen. Insgesamt, unter Berücksichtigung positiver wie negativer Effekte, gibt es wenig Anlass, eine durch E-Commerce bedingte positive Beschäftigungsbilanz zu erwarten.

Verkehr

E-Commerce hat in vielen der untersuchten Wirtschaftsbranchen verkehrliche Auswirkungen (Kap. III.1.6) und verändert die logistische Wertschöpfungskette. So kann davon ausgegangen werden, dass sich durch E-Commerce sowohl die Geschäftskontakte zwischen Herstellern und Einzelhandel als auch jene zwischen Handel und Endkunden zunehmend direkter gestalten. Die Güterauslieferung erfolgt dadurch kundenorientierter, Zwischenstationen in der Warendistribution reduzieren sich. Wenn es gelingt, durch *E-Logistik* alle Akteure und Prozessketten effizient miteinander zu verzahnen, können *verkehrsmindernde Effekte* generiert werden.

Grundsätzlich können Käufe im Internet mit direkter Lieferung nach Hause private *Einkaufsfahrten substituieren*. Allerdings entstehen dann auch *Auslieferungsverkehre* mit kleinteiligen Sendungen, die an eine Vielzahl wechselnder Empfänger verteilt werden müssen. Dadurch nimmt die Zahl der Fahrten mit kleineren Fahrzeugen zu. Zudem verlängern sich die Transportweiten, da über größere Distanzen geordert und geliefert wird. Online-Geschäfte mit privaten Endkunden führen so in der Tendenz zu einer Atomisierung des Lieferverkehrs. Die Folge ist eine gewisse *Verkehrszunahme*. Andererseits wird sich dieser Zuwachs in engem Rahmen halten. Die Volumina der zukünftig erwartbaren Umschichtung von stationärem Handel hin zum E-Commerce bewegen sich allenfalls in einem Bereich von nicht mehr als 5 % des Beschaffungsvolumens im Konsumgütereinzelhandel.

Außerdem wird die zukünftige Verkehrsentwicklung von der *Effizienz der Belieferungssysteme* bestimmt: Angesichts der hohen Kosten, die mit der Auslieferung haushaltsbezogener Sendungen verbunden sind, erscheint eine Bündelung dieser Auslieferungsverkehre nötig. Mit zunehmendem Marktumfang des *B2C-E-Commerce* könnte sich die Möglichkeit verbessern, entsprechende logistische Modelle (z.B. Kooperationen, Sammellieferungen, Pick-up-Points) zu realisieren.

Der *B2B-E-Commerce* wird insgesamt in eher geringem Umfang zum Verkehrswachstum beitragen. Die unabhängig vom E-Commerce erwartete Erhöhung des Verkehrsaufkommens und der Fahrtleistungen wird auch in Zukunft eher durch die Zunahme der industriellen Lieferverflechtungen bestimmt werden und vom allgemeinen Wirtschaftswachstum abhängen.

Ökologie

In der Forschung wächst das Interesse an den ökologischen Effekten des E-Commerce (Kap. III.1.7). Erste Erkenntnisse ergeben sich aus Untersuchungen zu den *Umweltauswirkungen der informations- und kommunikationstechnischen Infrastruktur* insgesamt. Bislang stehen die Energieverbräuche und die Stoffflüsse, die mit der Internetnutzung verbunden sind, im Fokus der Untersuchungen. Generell betrachten diese Studien die allgemeine – und nicht die für den E-Commerce spezifische – Nutzung des Internets bzw. der Telekommunikationsnetzwerke sowie der Endgeräte. Für Deutschland veranschlagt eine Schätzung den internetbedingten Energieverbrauch auf circa 0,8 % des gesamten Stromverbrauchs.

Mit dem elektronischen Handel verbinden sich vielfältige Erwartungen, die *Ressourcenproduktivität* zu erhöhen. Dies kann vor allem durch ein verbessertes Management der gesamten Prozesskette von der Zulieferung bis zum Versand erfolgen. Aber auch eine stärkere Individualisierung von Produkten („mass customization") hilft, Überschussproduktion zu vermeiden und die Lagerhaltung zu reduzieren. Hinsichtlich Produktrecycling und Produktnutzungsverlängerung können Recyclingbörsen im Internet und Internetplattformen für gebrauchte Güter umweltentlastend wirken, wenn sie zusätzliches Recycling initiieren oder zum vermehrten Kauf und zur Weiterverwendung gebrauchter Investitionsgüter beitragen.

Komplexere indirekte Umweltwirkungen und *Rückkopplungseffekte* können eine größere ökologische Dimension als die direkten Effekte aufweisen: Der durch Internet und elektronischen Handel ausgelöste wirtschaftliche Strukturwandel kann den Gesamtenergieverbrauch positiv beeinflussen, z.B. weil E-Commerce die Tertiarisierung fördert. Oder: Durch E-Commerce erzielte Effizienzgewinne sind auch zur Senkung der Preise nutzbar, was wiederum die Nachfrage stimulieren kann. Werden beim Online-Verkauf Fahrkarten und Flugscheine billiger angeboten, so kann dies zu mehr und weiteren Reisen führen. E-Commerce kann schließlich den grenzüberschreitenden Handel und dadurch das globale Verkehrsaufkommen erhöhen.

Zusammenfassend lässt sich feststellen, dass die Erforschung der ökologischen Implikationen des E-Commerce in theoretischer, methodischer und empirischer Hinsicht noch in den Kinderschuhen steckt.

Marktregulierung und E-Commerce

Beschäftigt man sich mit den Bedingungen des Handels in einzelnen Branchen und Wirtschaftsbereichen näher, dann stößt man auf eine Reihe von *Sonderregelungen*, die den freien Handel einschränken und die Bedingungen für die Etablierung des E-Commerce verschlechtern (Kap. III.1.8). Genannt werden soll hier nur beispielsweise das Versandhandelsverbot für Arzneimittel und die Ausschaltung von Preiskonkurrenz im Buchhandel. Für den E-Commerce besonders *hinderlich* sind alle Einschränkungen des Handels, die *Gebietsmonopole* festschreiben, die die *Preiskonkurrenz einschränken* oder ausschalten und die bestimmte *Vertriebs- und Erbringungsformen ausschließen*.

E-Commerce ist aber nicht nur den bestehenden Regulierungen unterworfen, sondern kann selbst den Prozess der *Regulierung oder Deregulierung* beeinflussen, z.B. als Trendverstärker eines Veränderungsprozesses oder gar als Auslöser einer Veränderung des Regulierungsregimes. Im Ergebnis der branchenbezogenen Einzelanalysen lässt sich das Resümee ziehen, dass „E-Commerce" auf die Deregulierung von Märkten uneinheitlich wirkt. In der Regel ist seine Wirkung neutral oder trendverstärkend. Der interessante Fall des E-Commerce als „change agent" tritt im Wesentlichen dann auf, wenn es eine Möglichkeit der faktischen Umgehung bestehender (nationaler) Regelungen gibt, und wenn Kräfte innerhalb der Branche die Deregulierung unterstützen. Die These allerdings, dass nationale Regulierungen im Internetzeitalter und für den Internethandel generell keine Chance auf Durchsetzung mehr hätten, gilt so pauschal nicht. Es kommt auf die jeweiligen Märkte und Kräfteverhältnisse an.

Perspektiven des E-Commerce

Bei einer Beurteilung der weiteren Perspektiven des E-Commerce und seiner Folgen kann man sich auf Aussagen zu Spannbreiten und Größenordnungen beschränken, denn die vermeintliche Präzision quantitativer, prognostischer Modellrechnungen verwischt nur die Unsicherheiten in den Daten und Modellannahmen dieser Verfahren (Kap. III.1.9).

Zu drei Bereichen des E-Commerce werden qualitative Abschätzungen vorgenommen. Bei den ersten beiden Anwendungsfeldern geht es um E-Commerce innerhalb des B2B-Sektors in der der Produktion vor- bzw. der Produktion nachgelagerten Phase, beim dritten Anwendungsfeld um einen Bereich des E-Commerce aus dem B2C-Sektor.

Die besondere Herausforderung in den *klassischen Fertigungsindustrien* besteht darin, die *Beschaffungsprozesse in die Fertigungsplanung nahtlos zu integrieren* und zeitlich sowie kostenseitig zu optimieren. Die elektronische Beschaffung ist deshalb und auf Grund der starken Konkurrenz für viele Unternehmen unausweichlich. Betrachtet man aber die retardierenden Faktoren (z.b. die technisch äußerst anspruchsvollen Aufgaben der Integration der verschiedenen betrieblichen EDV-Systeme), dann ist selbst langfristig nicht mit einer 100%igen E-Commerce-Quote zu rechnen. Die Dominanz bestimmter Unternehmen und die Wettbewerbssituation befördern allerdings die Tendenz zum integrierten E-Commerce merkbar. Sein Anteil wird tendenziell *über der 50%-Marke* liegen.

In Bereichen mit einem breitgestreuten, gut beschreibbaren und katalogisierbaren Produktspektrum, mit *hoher Bestellfrequenz* und relativ *niedrigem Preis* sind *elektronische Bestellprozesse fast unumgänglich*. Man findet zwischen Hersteller, Großhändler und Einzelhändler heute schon Beispiele mit einer fast 100%igen elektronischen Bestellabwicklung, man denke beispielsweise an die Bestellungen der Apotheken beim Arzneimittelgroßhandel. In einer mittelfristigen Perspektive wird in diesen Bereichen E-Commerce nahezu zur Regel werden. Andererseits sind diffizile, oft auch sehr individuelle Beratungsgespräche zwischen den Produktanbietern und den Produktabnehmern zu führen, die man sich vollständig elektronisch abgewickelt kaum vorstellen kann. Während für die *Bestellabwicklung* im Sinne des Besorgungsgeschäfts bzw. der Nachbestellung zum Auffüllen des eigenen Lagers mit einer *tendenziell 100%igen E-Commerce-Quote* zu rechnen ist, erscheint diese Höhe bei der *Sortimentsbestellung* gänzlich unerreichbar. Selbst eine *Quote von über 50% ist mittelfristig nicht zu erwarten*.

Betrachtet man den B2C-E-Commerce mit *Alltags- und Massengütern*, wie Lebensmittel, Arzneimittel, Bücher, CDs etc., dann kann man auf *Erfahrungen* aus dem *Versandhandel* und aus dem *Ausland*, das teilweise von den wirtschaftspolitischen Rahmenbedingungen als fortgeschrittener gilt, zurückgreifen. Danach ist auch langfristig mit einem *E-Commerce-Anteil* von deutlich *unter 10%* zu rechnen. Es wird nur einzelne Produktbereiche geben, bei denen dem E-Commerce eine größere Bedeutung zuwächst, z.B. weil das konkurrierende stationäre Angebot nur einen schlechten Service bietet oder weil ein deutlich günstigerer Preis im Internet angeboten werden kann.

Forschungsbedarf und politische Handlungsfelder

Forschungsbedarf

In der augenblicklichen Umbruchphase, in der sich erste deutliche Strukturen des E-Commerce im Kontext des gesellschaftlichen und wirtschaftlichen Wandels insgesamt erkennen lassen, besteht ein großer Bedarf an Forschung (Kap. III.2). Weil der Erfolg des E-Commerce zentral von einer funktionierenden Logistik abhängt und die Straße nicht zum Nadelöhr des elektronischen Handels werden sollte, ist der Forschungsbereich Logistik und Verkehr von besonderem Interesse. Aber auch den Themen Kundenverhalten und Ökologie muss für eine verbesserte Ausgestaltung der Rahmenbedingungen hohe Relevanz zugesprochen werden.

- Der zukünftige Erfolg des E-Commerce hängt wesentlich von der Effizienz der *Logistiksysteme* ab. Eine zentrale Forschungsfrage ist hier, welche der gegenwärtig diskutierten bzw. erprobten E-Logistik-Strategien das Potenzial birgt, nicht nur einzelbetriebliche Prozesse zu optimieren, sondern darüber hinaus auch verkehrspolitischen, volkswirtschaftlichen und ökologischen Zielvorgaben zu genügen. Hierbei spielen Modelle, die zur Wettbewerbsfähigkeit des produzierenden Gewerbes, der Logistikbranche und zur Erhöhung der Ressourcenproduktivität beitragen können, eine zentrale Rolle. Die Forschung könnte hier technologische und organisatorische Optionen entwickeln. Erfolg versprechende Varianten ließen sich dann in Pilotversuchen erproben und evaluieren.
- Das Wissen über die *verkehrlichen Auswirkungen* des E-Commerce sowohl im B2C- als auch im B2B-Segment ist bislang noch recht rudimentär ausgebildet. Methodisch tragfähige Analysen auf der Basis aktueller und valider Daten sind erforderlich, um u.a. die Bildung neuartiger Transportketten unter Einschluss umweltfreundlicher Verkehrsträger, die Generierung zusätzlicher Transporte auf Grund von Kleinstbestellungen sowie die Heimzustellung von Konsumgütern zu untersuchen. In der Betrachtung weitgehend vernachlässigt sind bislang auch die Rolle des Flugverkehrs und das Potenzial des schienengebundenen Verkehrs für die E-Logistik. Quantitative Schätzungen auf gesamtwirtschaftlicher Ebene zu den Auswirkungen von E-Commerce auf Logistik und Verkehr sind nur schwer möglich, eine feinere Segmentierung der amtlichen *Statistik* wäre in dieser Hinsicht hilfreich.
- Der *Kunde* spielt mit seinen Präferenzen und Konsumgewohnheiten eine immer wichtigere Rolle. Um die Zukunftschancen des E-Commerce sowie die Perspektiven von Konzepten „kundenindividueller Massenproduktion" präziser abschätzen zu können, wäre daher noch intensiver zu analysieren, in wel-

chem Maße und in welcher Form sich das Freizeit- und Konsumverhalten einzelner Kundengruppen durch die Möglichkeiten des Online-Handels verändert hat und insbesondere noch verändern wird. Besonders das private Einkaufsverhalten ist in seinen Bestimmungsfaktoren als überaus komplex anzusehen (Verkehrsmittelwahl, Motive und Ziele, Verknüpfung mit anderen Zwecken) und sollte daher hinsichtlich seiner Relevanz für den E-Commerce analysiert werden.

- Bislang zeigen die zahlreichen Einzeluntersuchungen zu den *ökologischen Folgen* des E-Commerce ein vielfältiges Bild positiver, neutraler und negativer Umwelteffekte. Forschungsbedarf besteht hier bei der Modellbildung sowie – darauf aufbauend – bei der Anwendung und Weiterentwicklung bestehender Instrumente der ökologischen Bewertung. Zudem sollten verstärkt Fallstudien zur Ressourcenproduktivität durchgeführt werden.

Praxisorientierte Forschung in den drei genannten Bereichen könnte für Wirtschaft und Politik brauchbare Informationen für die weitere Gestaltung der Rahmenbedingungen des E-Commerce liefern.

Politische Handlungsfelder

Die auf E-Commerce zielenden politischen Handlungsfelder betreffen eine Vielfalt von Aspekten. Sie reichen von den materiellen Voraussetzungen einer gut zugänglichen Netzinfrastruktur sowie den sozialen Voraussetzungen einer qualifizierten Gestaltungs- und Nutzungskompetenz bei Unternehmen und Endkunden über die regulatorischen Rahmenbedingungen zur Gewährleistung von Vertrauen und Sicherheit bis hin zu den Umfeldbedingungen und Folgen in Wirtschaft, Verkehr und Umwelt (Kap. III.3.1).

Nationaler politischer Handlungsbedarf besteht auf zahlreichen Gebieten (Kap. III.3.2):

- In Bezug auf die *technischen E-Commerce-Infrastrukturen* sollten die politisch-rechtlichen Rahmenbedingungen kontinuierlich weiterentwickelt und die politischen Initiativen zur Stärkung des Internets fortgeführt werden. Zudem könnte über eine neue Breitband-Initiative in Deutschland nachgedacht werden.
- Von erheblicher Bedeutung ist die *Verbesserung der Datenlage*: Es besteht ein hoher Bedarf nach aussagekräftigen statistischen Daten zum E-Commerce. Ein wichtiger Punkt ist hier auch die internationale Koordinierung der entsprechenden Aktivitäten der statistischen Ämter.
- *Kleine und mittlere Unternehmen* sind mit einer Reihe von Zugangsbarrieren zum elektronischen Handel konfrontiert. Öffentliche Institutionen können deren Position im elektronischen Handel vor allem dadurch fördern, dass sie die

Aufmerksamkeit für E-Commerce erhöhen, selbst eine Vorreiterrolle einnehmen, die Informationslage der Unternehmen und die Qualifikation des Personals verbessern helfen und in ihrer Politik dem hohen Kapital- und Beratungsbedarf kleiner und mittlerer Unternehmen Rechnung tragen.
- In der *Wettbewerbspolitik* ergeben sich aus der Entwicklung des elektronischen Handels eine Reihe neuer Anforderungen. So kann die Digitalisierung von Produkten die Tendenz zu einer erhöhten Branchenkonzentration fördern. Weitere Themen sind Unternehmensverflechtungen zwischen Produzenten komplementärer Güter, unternehmensübergreifende Kooperationen bei der Promotion im Internet sowie die Überprüfung von elektronischen Marktplätzen und so genannten virtuellen Unternehmen im Einzelfall.

Handlungsbedarf auf internationaler Ebene besteht u.a. im Hinblick auf den globalen Dienstleistungshandel (WTO, GATS), die Steuer- und Zollpolitik, den Datenschutz, den Urheberrechtsschutz sowie im Bereich der internationalen Organisationen (Kap. III.3.3).

- In Bezug auf den globalen *Dienstleistungshandel* sind momentan zwei Anknüpfungspunkte von besonderem Interesse: Neben dem Arbeitsprogramm der WTO zum E-Commerce sind dies die GATS 2000-Verhandlungen zur progressiven Liberalisierung des Dienstleistungshandels. Die kürzlich begonnenen Verhandlungen sind im Prinzip für die Lösung der offenen E-Commerce-Probleme und die hierfür relevanten weiteren Liberalisierungsschritte ein geeignetes Forum.
- Im Hinblick auf *Steuern und Zölle* werden die künftigen technologischen Entwicklungen zeigen, inwieweit automatisch und online ablaufende Besteuerungsverfahren gefunden werden können, um eine akzeptable, wirksame Besteuerung auf virtuellen Märkten mit vertretbarem administrativen Aufwand zu erreichen. Zuvor ist allerdings eine politische Einigung in und zwischen den großen Wirtschaftsräumen erforderlich. Längerfristig würde eine fehlende Regulierung der Besteuerung des elektronischen Warenaustauschs die Privilegierung des E-Commerce gegenüber der traditionellen Wirtschaft zementieren.
- Die Einhaltung der diversen *Datenschutzvorschriften* lässt sich im Internet nur schwer kontrollieren und durchsetzen, da sich die gezielte Erhebung und Speicherung personenbezogener Daten häufig in einer Grauzone bewegt. Um mehr Transparenz zu schaffen, haben sich viele E-Commerce-Unternehmen aktiv zu einer „privacy policy" bekannt. Allerdings bieten solche Selbstverpflichtungen keinen vollständigen Schutz, da sie weder einen Rechtsanspruch begründen noch der Urheber der Daten kontrollieren kann, ob diese Selbstverpflichtung auch eingehalten wird. Neben privaten Initiativen einzelner Un-

ternehmen und der Bewusstseinsbildung der Konsumenten, bedarf es also nach wie vor konsequenter rechtlicher Rahmensetzungen des Staates.

- Ebenfalls als staatliche Aufgaben werden die Anpassung der gesetzlichen Rahmenordnung des *Urheberrechts* sowie die Förderung der Entwicklung von technischen Verfahren zum Urheberrechtsschutz angesehen. Die technische Durchsetzung des Urheberrechtsschutzes im Internet ist jedoch problematisch. Deshalb werden auch alternative Verfahren der Sicherung der Interessen der Urheber diskutiert, wie z.b. die pauschale Erhebung von Gebühren auf kopierfähige Medien.

- Neben den nationalen und supranationalen Regulierungsinstanzen kommt einigen *internationalen Organisationen* eine maßgebliche Gestaltungsaufgabe für den E-Commerce zu. Dazu gehören sowohl politische Organisationen und Gremien (z.b. die World Trade Organization) als auch private Institutionen (z.b. der Global Business Dialogue). Sie nehmen koordinierende Aufgaben wahr, die kaum von einem einzelnen Land bewältigt werden könnten. Ferner spielen die internationalen Organisationen – insbesondere des UN-Systems – eine bedeutende Rolle in den Bereichen des Zugangs und der Verbreitung des elektronischen Handels. Kritisch ist anzumerken, dass die verschiedenen Organisationen in sehr ähnlichen Bereichen tätig sind. Dies birgt die Gefahr unkoordinierter Doppelarbeiten. Deshalb ist eine effizientere Koordinierung der Initiativen zum elektronischen Handel – z.B. durch institutionenübergreifende thematische Arbeitsgruppen – erforderlich.

I Einleitung

Stellt man für jedes Jahr der noch jungen Geschichte des (webbasierten) elektronischen Handels ein markantes Ereignis heraus, so könnte man mit dem Jahr 1993 und dem Erscheinen des ersten Web-Browser Mosaic beginnen. Amazon, ursprünglich Internetbuchhändler, nun ein umfassendes Online-Warenhaus, wurde 1994 gegründet und ein Jahr später, im Jahr 1995, nahm das zweite Vorzeigeunternehmen der Internetökonomie seinen Betrieb auf, das Auktionshaus Ebay. 1996 fand eine weitere spektakuläre Gründung in den USA statt, nämlich diejenige von Webvan, ein Unternehmen, das sich mit einem anspruchsvollen logistischen Konzept auf den über das Internet vermittelten Vertrieb von Lebensmitteln spezialisierte (und im Jahr 2001 scheiterte). Die Deutsche Bank begann 1997 ihren Pilotversuch mit eCash, elektronisches Geld für das Bezahlen im Internet (und stellte 2001 dieses elektronische Zahlungsverfahren wieder ein). Seit 1998 wird in Deutschland über neu etablierte elektronische Börsen Strom verkauft. Die Musiktauschplattform Napster begann 1999 ihren kurzen Höhenflug (und wurde bereits zwei Jahre später wieder stillgelegt). Der für die Unternehmen der „neuen Ökonomie" wichtigste Aktienindex, der Nemax, erreichte im Jahr 2000 seinen bisherigen Höchststand. Für die Automobilindustrie wurde im Jahr 2001 der Online-Betrieb der elektronischen Handelsplattform Covisint etabliert. Und im Jahr 2002 brachte Google eine spezielle Suchmaschine (Froogle) für Produktangebote im Internet ins Netz.

Damit ist diese äußerst dynamische, aber auch wechselvolle Entwicklung keineswegs an einen Endpunkt angelangt. Die Voraussage aber, dass das Internet und der elektronische Handel alle bisherigen ökonomischen Gesetzmäßigkeiten außer Kraft setzen würde – Hoffnung für die einen, Befürchtung für die anderen –, ging nicht in Erfüllung. „Even on the Web, the old rules still apply", schrieb die E-Commerce Times am 3. April 2002 (Regan 2002c). Kann man das Thema damit als einen der üblichen Techno-Hypes wieder ad acta legen? Keineswegs. E-Commerce hat sich in einigen Bereichen fest etabliert und wird sich weiter ausbreiten: weniger spektakulär als bisher und mit einem höheren Bewusstsein für das ökonomisch Machbare. Die damit verbundenen Fragen nach den Potenzialen, den Folgen und den politischen Handlungserfordernissen sind Gegenstand der folgenden Ausführungen.

1 Begriff, Formen und Akteure

Manche Verwirrung in der Diskussion zum elektronischen Handel ließe sich vermeiden, wenn die Begriffe klarer definiert und Abgrenzungen expliziter und präziser vorgenommen würden. Im Folgenden ist definiert, was – bezogen auf die Zwecksetzungen der vorliegenden Studie – unter E-Commerce verstanden wird, wie er sich von anderen Handelsformen und Phänomenen der Internetökonomie abgrenzt, welche Akteure im elektronischen Handel aktiv sind und in welchen Formen er auftritt.

1.1 Abgrenzungen und Definitionen

Der Begriff „E-Commerce" (oder „elektronischer Handel") wird oft in einem sehr weiten Verständnis verwendet. Oft zählt schon das auf einen Verkauf zielende Informationsangebot im Web zum E-Commerce oder auch die Unterstützung interner Geschäftsprozesse durch Informations- und Kommunikationstechnologien.

Von *E-Commerce* im Rahmen dieser Studie soll dagegen immer nur dann gesprochen werden, wenn über ein *interaktives elektronisches Medium* – z.B. das Internet – zwischen selbständig handelnden Wirtschaftssubjekten *Transaktionen abgeschlossen* werden, die den *Tausch von Gütern gegen Entgelt* begründen (vgl. den Textkasten sowie Müller-Hagedorn 2000).

Der *Handelsprozess* wird üblicherweise in eine Reihe von *Phasen* aufgeteilt. So kann man wie folgt unterscheiden (Müller-Hagedorn 2000, S. 52 ff.; Strecker/Weinhardt 2002, S. 56):

- Informations- oder Wissensphase,
- Absichts- oder Verhandlungsphase,
- Abschluss- oder Vereinbarungsphase,
- Abwicklungsphase mit ihren logistischen und finanziellen Komponenten,
- Wartungs- und „After-Sales-Phase".

Die hier verwendete *Definition* des elektronischen Handels hebt darauf ab, dass die Handelsvereinbarung (der Vertragsschluss) über ein interaktives elektronisches Medium (z.B. WWW) erfolgt. Dagegen muss die *Bezahlung* nicht ebenfalls elektronisch über dieses Medium abgewickelt werden, sondern es können auch herkömmliche Zahlungsverfahren (z.B. per Rechnung und Überweisung) genutzt werden. Die elektronische Abwicklung der Auslieferung (*Logistik*) ist nur bei digitalen bzw. digitalisierbaren Gütern möglich (z.B. Software, Musik, Informationen, Fahrkarten, Briefmarken etc.). Bei allen gegenständlichen Gütern muss die Auslieferung über Paketversender oder andere Logistikdienstleister erfolgen.[1]

---

1 Zum Bedarf an elektronischen Zahlungssystemen im E-Commerce vgl. z.B. Böhle/Riehm (1998); Böhle (2002b); zur Logistik als Innovationsbedingung des E-Commerce TAB (2001b).

1 Begriff, Formen und Akteure

> *Begriff des E-Commerce und verwandte Begriffe*
>
> *E-Business (elektronischer Geschäftsverkehr)* umfasst sowohl Transaktionen innerhalb von Unternehmen und Unternehmenskooperationen als auch auf öffentlichen Märkten. Es wird darunter jede Art von wirtschaftlicher Tätigkeit auf der Basis computergestützter Netzwerke verstanden.
> *E-Commerce (elektronischer Handel)* ist ein Teilbereich des E-Business. E-Commerce umfasst diejenigen Transaktionen auf einem Markt, durch die der Austausch von wirtschaftlichen Gütern gegen Entgelt begründet wird und bei denen nicht nur das Angebot elektronisch offeriert, sondern auch die Bestellung (bzw. die Inanspruchnahme) elektronisch unter Verwendung interaktiver Medien ohne Medienbruch erfolgt.
>
> Nach der Art der genutzten Medien kann man des Weiteren unterscheiden:
> - *I-Commerce (Internethandel)* bezeichnet den Teilbereich des E-Commerce, der das Internet als computergestütztes Netzwerk nutzt.
> - Ein anderer bedeutender Teil des elektronischen Handels zwischen Unternehmen wird über spezielle, *proprietäre Netzwerke* für den kommerziellen Datenaustausch nach dem *EDI*-Standard abgewickelt (vgl. hierzu auch Kap. I.3.2).
> - *M-Commerce (mobiler, elektronischer Handel)* bezeichnet den Bereich des E-Commerce, der mit Unterstützung von Mobilfunkgeräten oder anderen mobilen Endgeräten ortsunabhängig über computergestützte, interaktive Netzwerke abgewickelt wird.
> - *TV-Shopping (fernsehgestützter Handel)* bezeichnet jene Form des Vertriebs von Gütern, bei der die Waren über ein Fernsehgerät angeboten werden. Das traditionelle TV-Shopping (auch „home shopping"), bei dem die Bestellung über das Telefon erfolgt, zählt nicht zum E-Commerce, da das Element der ohne Medienbruch vollzogenen Interaktivität fehlt. Erst beim interaktiven digitalen Fernsehen mit Rückkanal wird das TV-Shopping zu einem Segment des elektronischen Handels.
>
> Quelle: E-Commerce-Center Handel 2001; Kaapke et al. 2000; TAB 2001a.

1.2 Marktteilnehmer

Eine weitere wichtige Abgrenzung betrifft die *Marktteilnehmer* des elektronischen Handels. Hier werden üblicherweise Unternehmen („business"), Privatpersonen („consumer") und die öffentliche Hand („government") unterschieden. Da jede dieser drei Gruppen prinzipiell sowohl als Anbieter als auch als Abnehmer fungieren kann, ergeben sich neun Kombinationen (Sacher et al. 1997,

S. 21). Davon werden in diesem Bericht allerdings nur die vier wichtigsten betrachtet:

- der Handel zwischen Unternehmen (Business-to-Business oder *B2B*),
- der Handel zwischen Unternehmen und den Privathaushalten (Business-to-Consumer oder *B2C*)[2],
- der Handel zwischen Unternehmen und der öffentlichen Hand (Business-to-Government oder *B2G*) und
- der Handel zwischen Privatpersonen (Consumer-to-Consumer oder *C2C*).

Um die Vielfalt der Formen des elektronischen Handels erfassen zu können, reicht diese grobe Unterscheidung jedoch nicht aus. Entlang der Wertschöpfungskette des Handels sind der Hersteller, der Großhändler, der Einzelhändler und der Privatkonsument zu unterscheiden. In der Regel ist typisch für alle diese Akteure, dass sie sowohl in der Rolle des Anbieters als auch des Abnehmers auftreten, so dass E-Commerce sowohl auf der Beschaffungsseite als auch auf der Vertriebsseite eingesetzt wird. Dies gilt in einem gewissen Umfang – befördert durch den elektronischen Handel – auch für den privaten Endkonsumenten.

Obwohl *Hersteller* auch bisher schon ohne Einschaltung einer Handelsstufe direkt an Kunden verkauft haben, ist eine der spannenden Fragen des E-Commerce, ob diese Form des Direktverkaufs mit der Etablierung des elektronischen Handels zunimmt (These von der *"Disintermediation"* Latzer/Schmitz 2002, S. 130 ff.). Von ähnlichem Interesse ist die Frage nach der zukünftigen Rolle des *Großhandels*, der bisher im Wesentlichen die Aufgabe der Aggregation von Produkten mehrerer Hersteller für den Einzelhandel und der effizienten, gebündelten Verteilung inne hatte. E-Commerce könnte einerseits den Großhandel bei einer verstärkten Direktbelieferung vom Hersteller an den Einzelhandel bzw. an den privaten oder geschäftlichen Endkunden überflüssig machen. Andererseits spricht die hohe Logistikkompetenz – sowohl im Versand-, aber auch im EDV-Bereich – dafür, dass der Großhandel über die Möglichkeiten des elektronischen Handels selbst im Vertrieb an die Endkunden aktiv wird.[3] Der *Einzelhandel* kann durch E-Commerce die Güterbeschaffung optimieren und seine Vertriebskanäle um das Internet erweitern. Inwieweit im Einzelhandel der stationäre Ver-

---

2 „Consumer" wird hier als Privathaushalt oder Privatkonsument in erster Linie nach dem rechtlich-wirtschaftlichen Status – im Gegensatz zum Unternehmen – aufgefasst. Der Privathaushalt ist zwar in der Wertschöpfungsstufe auch immer Endkonsument, aber das Kriterium des Endverbrauchs trifft bei Verbrauchsgütern auch auf den Unternehmenskunden zu und kann deshalb nicht als wesentliches Kriterium für die Abgrenzung des B2C-E-Commerce herangezogen werden.

3 Die besondere Stärke des Großhandels im E-Commerce wurde z.B. für den Buchhandel nachgewiesen (Orwat et al. 2001).

triebszweig durch elektronische Vertriebsformen, durch Direktverkauf von Herstellern oder durch den Großhandel bedroht wird, ist eine der kritischen Fragen nach dem Struktur- und Funktionswandel des Handels. Für den *Endkonsumenten*, egal ob Unternehmens- oder Privatkunde, bietet der elektronische Handel verbesserte Chancen, bequemer und zielgenauer an Produkte und Dienstleistungen zu gelangen, und Produkte, die er nicht mehr benötigt, zu verkaufen. Der Endkonsument tritt dann als (Wieder-)Verkäufer auf. Insbesondere für Privatkunden – man denke an das Internetauktionshaus Ebay – hat sich hier ein neues „Geschäftsfeld" eröffnet.

1.3 Handelsformen

Durch die Möglichkeiten der Informations- und Kommunikationstechnologien wurden insbesondere drei Handelsformen gefördert:

Zum einen ist dies der Handel ohne eigenes Ladengeschäft, teilweise sogar ohne eigenes Lager, den es bisher zwar auch schon als Versandhandel gegeben hat, der nun aber als *reiner Internethändler* ein völlig neues Profil gewinnt. Das Paradebeispiel hierfür ist der Online-Buchhändler Amazon, der sich zum virtuellen Kaufhaus entwickelt hat, und ohne eigenes stationäres Standbein agiert.

Das Gegenmodell zum reinen Online-Händler ist zum zweiten der Händler, der die verschiedensten Vertriebskanäle (Ladengeschäft, Katalog, Telefon, Internet etc.) parallel nutzt (*Multichannel-Händler*).

Schließlich treten drittens *reine Handelsvermittler* auf, die selbst über keine Ware verfügen, keine direkten Handelsgeschäfte abschließen, sondern „nur" Anbieter und Abnehmer über ihre elektronische Plattform zusammenbringen (so genannte „market maker"). Das schon erwähnte Unternehmen Ebay, eine der erfolgreichsten Neugründungen der Internetökonomie, ist ein solches Beispiel. Aber auch die Vielzahl der elektronischen Marktplätze und elektronischen Börsen im B2B-Segment des elektronischen Handels zählen in der Regel zu diesem Handelstypus. Diese Maklerunternehmen erzielen in erster Linie Einnahmen aus Verkaufsprovisionen.

1.4 E-Commerce-Segmente und E-Commerce-Systeme

Der *B2B-E-Commerce* umfasst im Vergleich zum B2C-E-Commerce das umfassendere und vielgestaltigere Segment des elektronischen Handels. Betrachtet man die Güter, dann lässt sich der B2B-Bereich grob unterscheiden in den Handel mit Gütern, die direkt verbraucht werden (z.B. die so genannten Verbrauchs- oder C-Güter, wie Büromaterial, *„B2B end-use"*) und den Handel mit Gütern, die in die Produktion einfließen (Rohstoffe, Baugruppen etc., *„B2B process-use"*) (Lamborghini et al. 2000, S. 29).

E-Commerce-Systeme lassen sich wie folgt kategorisieren (Bock et al. 2000, S. 10 ff.):

- Bei *verkaufsorientierten Systemen* („sell-side E-Commerce") steht die Erweiterung der Vertriebskanäle, die Reduzierung der Vertriebskosten, die Stärkung der eigenen Marke und die Ausweitung des Kundenspektrums im Vordergrund des Interesses des anbietenden Unternehmens. Für den Käufer sind solche Systeme immer dann von Nachteil, wenn er mehrere solcher elektronischer Verkaufsangebote aufsuchen muss, um das geeignete Produkt oder die besten Preiskonditionen zu finden.
- Bei *beschaffungsorientierten Systemen* („buy-side E-Commerce" oder „electronic procurement", vgl. auch Kapitel II.8) richten die Unternehmen eine einheitliche elektronische Schnittstelle zu ihren Lieferanten ein (oder bedienen sich für diese Aufgabe eines entsprechenden Dienstleisters). Diese Systeme zielen in erster Linie auf die Senkung der Kosten für die Abwicklung des Einkaufs (Prozesskostenreduktion), die Beschleunigung der Beschaffung und die Reduzierung der Produktkosten. Der Aufwand zur Abstimmung der Verkaufs- und Beschaffungssysteme bei Lieferanten und Bestellern darf dabei jedoch nicht unterschätzt werden.
- Sowohl die verkaufs- als auch die beschaffungsorientierten Systeme sind einseitig auf ein Unternehmen, das als Verkäufer oder Einkäufer auftritt, ausgerichtet. *Elektronische Marktplätze* dagegen vernetzen mehrere Anbieter und Abnehmer auf einer elektronischen Verkaufs- und Beschaffungsplattform (Abb. 1). Hierbei werden horizontale und vertikale Marktplätze unterschieden. Während horizontale Marktplätze auf branchenübergreifende Prozesse und Funktionen ausgerichtet sind (z.B. Beschaffung von Verbrauchsartikeln), wenden sich vertikale Marktplätze an einen bestimmten Wirtschaftsbereich (z.B. Chemiebranche, Automobilindustrie, Logistikunternehmen).
- Anspruchsvolle Lösungen integrieren die Verkaufs- und Beschaffungssysteme in die jeweiligen ERP- und SCM-Systeme („enterprise resource planning", „supply chain management"). Dadurch können weitere Effizienzgewinne erzielt und die verschiedenen betrieblichen Systeme unternehmensübergreifend vernetzt werden. Man spricht in diesem Zusammenhang von *„collaborative commerce"* (Monse/Gatzke 2002). Die damit erreichte Transparenz unternehmensinterner Daten und Prozesse weist jedoch sowohl Vor- als auch Nachteile auf: Es kann zwar dadurch der Automatisierungsgrad im Handelsprozess erhöht werden; aber nicht jedes Unternehmen will und wird diese dafür notwendige Offenheit nach außen akzeptieren. Darüber hinaus sind die Entwicklungs- und Anpassungsanforderungen für die unternehmensübergreifende Integration der betrieblichen Systeme enorm, so dass kurzfristige Erfolge kaum zu erwarten sind.

1 Begriff, Formen und Akteure

Abb. 1: Schema eines B2B-Marktplatzes

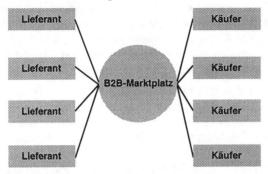

Quelle: Bock et al. 2000, S. 10 ff.

In den jeweiligen E-Commerce-Systemen können nun unterschiedliche Arten der Transaktionsabwicklung zum Tragen kommen. Dabei geht es in erster Linie um die Informationspräsentation von Angebot und Nachfrage, die Mechanismen der Preisfindung, generell um den Grad der Automatisierung des Handelsprozesses:

- Bei *katalogbasierten* Systemen werden gut beschreibbare und mit einem festen Preis versehene Güter angeboten. Auf elektronischen Marktplätzen integrieren die Marktplatzbetreiber die Kataloge unterschiedlicher Hersteller. Katalogbasierte Systeme sind anbieter- und verkaufsorientiert.
- Auf elektronischen *„Schwarzen Brettern"* („bulletin boards", „pin boards") können sowohl Angebote als auch Nachfragen öffentlich ausgeschrieben werden. Sie eignen sich zudem für wenig standardisierte oder sehr spezielle Kaufangebote oder Kaufwünsche. Sie unterstützen oft nur die Informations- oder Anbahnungsphase eines Handels, während dann die Verhandlungs- und Vereinbarungsphase bilateral und eventuell auch außerhalb des elektronischen Systems erfolgt. Es sind relativ einfache Systeme, die deshalb auch kostengünstig zu entwickeln sind, aber nur einen eingeschränkten Produktivitätsgewinn im Transaktionsablauf erwarten lassen.
- Eine höhere Stufe der Automatisierung wird mit computergestützten *Börsensystemen* erreicht. Angebot und Nachfrage werden hierbei automatisch zusammengeführt (deshalb auch „exchange" oder „matching systems"), was allerdings standardisierte Produkte und Produktbeschreibungen voraussetzt.
- *Auktionen* werden in der Phase der Preisfindung eingesetzt und lassen sich computerunterstützt besonders gut realisieren. Es existiert eine Vielzahl unterschiedlicher Auktionsverfahren. Bei der „englischen" Auktion erhält das höchste Gebot den Zuschlag. Bei „holländischen" Auktionen fällt der Preis in festgelegten Intervallen. Wer hier zuerst mit einem Preis einverstanden ist,

erhält den Zuschlag. Bei „reverse auctions" (z.B. bei Beschaffungsauktionen) schreibt ein Unternehmen ein Kaufangebot zu einem Höchstpreis aus, und die Anbieter unterbieten sich solange bis kein neues niedrigeres Angebot mehr erfolgt. Auktionen können vollständig offen abgewickelt werden – die Identität der Teilnehmer und die jeweiligen Gebote sind allen bekannt – oder auch vollständig anonym, bzw. in jeder Kombination zwischen diesen Extremen.

Das *B2C-Segment* des elektronischen Handels ist im Wesentlichen durch das Angebot elektronischer Warenkataloge geprägt (*katalogbasierter E-Commerce*), aus denen der Kunde seine Waren aussucht und zum Festpreis bestellt. Für den Kunden ist es dabei unbedeutend, ob der E-Commerce-Händler nur als Vermittler auftritt oder selbst die Ware verkauft. Lediglich in Randbereichen des B2C-E-Commerce spielen Handelsformen eine Rolle, bei denen die Preise bilateral oder auch in Form von *Auktionen* ausgehandelt werden. Dies ist in erster Linie beim Verkauf gebrauchter Güter, bei speziellen Verkaufsaktionen neuwertiger Güter über Auktionen oder beim so genannten „Power-Shopping" der Fall, bei dem über die Bündelung der Nachfrage versucht wird, Preisnachlässe beim Anbieter zu erreichen.

Schließlich gibt es sowohl im B2B- wie im B2C-Sektor eine weitere besondere Form des E-Commerce: der *Handel mit digitalen Gütern*. Er zeichnet sich dadurch aus, dass nicht nur die Bestell-, sondern auch die Auslieferungsphase elektronisch abgewickelt wird. Wenn dieses Segment im Vergleich zum „unvollständigen" elektronischen Handel mit gegenständlichen Gütern auch noch relativ klein ist, so wird es doch potenziell die größten Strukturveränderungen auslösen und erhebliche Wirkungen zeitigen.

1.5 Kommunikationsinfrastruktur für den E-Commerce

Der elektronische Handel findet heute überwiegend über das Internet und über spezielle Kommunikationsnetzwerke, die für den Austausch von Daten nach dem EDI-Standard eingerichtet sind, statt.[4] Dabei dominiert im B2B-Bereich der *EDI*-gestützte Handel, insbesondere zwischen großen Unternehmen und ihren Zulieferern. Mit EDI gibt es Erfahrungen seit mehr als 20 Jahren. Nach Schätzungen von IDC verteilt sich das Handelsvolumen im B2B-Sektor zwischen EDI- und Internethandel auf vier zu eins (Monse/Gatzke 2002, vgl. auch Kap. I.3.2).

Im B2C-Sektor dominieren das *Internet* auf Basis des *Telefonfestnetzes* als Kommunikationsplattform und der PC mit browserbasierter Software als Endgerät. Als alternative Kommunikationsinfrastrukturen kommen auch die *mobilen*

---

4 EDI, Electronic Data Interchange, ist eine ISO-Norm, die den elektronischen Austausch von Daten zwischen Unternehmen zum Gegenstand hat.

1 Begriff, Formen und Akteure 41

Kommunikationsnetzwerke und das *interaktive Fernsehen* in Frage. Nach Experteneinschätzungen wird das Internet jedoch in einer mittleren Zeitspanne bis 2010 die dominierende Infrastruktur für den E-Commerce bleiben. Hinsichtlich spezieller Anwendungen werden auch der Mobilfunk (mobile und raumbezogene Dienste) und die digitale, interaktive Rundfunkinfrastruktur (breitbandige Mediendienste) eine gewisse Bedeutung erlangen. Insbesondere für den Zugang zum Internet werden neben PC und Festnetz weitere Varianten an Bedeutung gewinnen: mobile Endgeräte und mobile Kommunikationsdienste sowie das Fernsehgerät am Breitbandkabelnetz mit Rückkanal (TAB 2002a).

2 Datenlage

In Zeiten rapiden wirtschaftlichen und gesellschaftlichen Wandels sind die Anforderungen an eine aktuelle und verlässliche Beschreibung dieses Wandels durch Indikatoren und Daten besonders hoch – und besonders schwer zu erfüllen. Die amtliche Statistik in Deutschland hatte in Bezug auf den E-Commerce bis Ende 2002 relativ wenig vorzuweisen. Zahlen zum B2B- oder B2C-E-Commerce konnte sie nicht liefern (Schnorr-Bäcker 2001). Das lag nicht nur daran, dass in Deutschland amtliche Erhebungen nur durch ein Gesetz initiiert werden können, sondern auch an einer Fülle von inhaltlichen und methodischen Problemen, auf die im Folgenden eingegangen wird (Schoder/Janetzko 2002).

2.1 Definitions- und Methodenprobleme

Da gibt es zunächst das *Definitions-, Operationalisierungs- und Abgrenzungsproblem* des elektronischen Handels. Da die „neue" und die „alte Ökonomie" nicht strikt von einander getrennt sind, ist es z.B. schwierig zu entscheiden, wie ein Kauf im Ladengeschäft, der auf Grund einer Recherche im Web erfolgt, zuzurechnen ist. So „operationalisierte" z.B. der Börsenverein des Deutschen Buchhandels für seine Erhebung der Online-Buchumsätze den elektronischen Handel relativ vage als „alle Bestellungen via elektronischem Bestellformular plus alle anderen, durch das Internetangebot generierten Umsätze." Diese weite Definition wirft allerdings kaum lösbare Zurechnungsprobleme auf (Riehm et al. 2001, S. 73). Die Schwierigkeit besteht auch darin, den Begriff jeweils dynamisch an die sich verändernde Umwelt anzupassen (so stand bisher E-Commerce über das Internet im Vordergrund, in Zukunft wird auch der Mobilfunk als Zugangsnetz eine stärkere Bedeutung gewinnen), gleichzeitig aber auch Vergleiche über mehrere Jahre zu ermöglichen (Zeitreihen).

Üblicherweise wird in E-Commerce-Erhebungen nach dem *wertmäßigen Umfang* des elektronischen Handels gefragt. Genauso interessant ist die Anzahl der

E-Commerce-Transaktionen, da nur so erkennbar wird, ob z.B. ein hoher E-Commerce-Umsatz nur auf ganz wenigen hochpreisigen Transaktionen beruht, während die Mehrzahl der Handelstransaktionen konventionell erfolgt. Die Anzahl der Transaktionen ist auch ein Indikator dafür, wie stark der elektronische Handel sich im Alltag der Konsumenten etabliert hat. Denn es macht einen Unterschied, ob etwa täglich online eingekauft wird, oder nur wenige Mal pro Jahr. Aber auch die Bestimmung des Wertes einer Transaktion wird nicht immer einheitlich vorgenommen. Neben der vielleicht weniger entscheidenden Frage, ob Verpackungs- und Versandgebühren in den E-Commerce-Umsatz mit einzurechnen seien, hat auf die Wertermittlung des E-Commerce eine erhebliche Auswirkung, ob z.B. beim Wertpapierhandel, beim Verkauf von Reisen und ähnlichen hochpreisigen Gütern der *Bruttoumsatz* (also der gesamte Warenwert) oder nur die Vermittlungsgebühr *(Nettoumsatz)* erfasst wird (Schoder/Janetzko 2002, S. 12 f.)[5].

Kontrovers wird die Frage diskutiert, ob eine *eigenständige E-Commerce-Statistik* etabliert oder ob bestehende statistische Erhebungen um Aspekte des E-Commerce ergänzt werden sollten. Bei der Integration in bestehende Erhebungen tritt typischerweise das Problem auf, dass die herkömmlichen Abgrenzungen der Wirtschaftsbereiche die neuen Phänomene oft nur sehr ungenügend abbilden. So hat sich das ursprünglich als reiner Online-Buchhändler auftretende Unternehmen Amazon nicht nur in wenigen Jahren zum umfassenden virtuellen Kaufhaus entwickelt, sondern ist mittlerweile auch ein bedeutender E-Commerce-Dienstleister im Bereich der Software und Logistik für andere E-Commerce-Unternehmen.[6] Eine Einordnung der Umsätze in die Kategorien Buchhandel, Kaufhaus, Softwaredienstleister oder „Internetwirtschaft" wirft jeweils eigene Probleme auf. Auf der anderen Seite wird die Etablierung immer neuer Statistiken auch als Belastung empfunden – gerade wenn es um Phänomene geht, die momentan gesamtwirtschaftlich nur eine marginale Rolle spielen und die möglicherweise in wenigen Jahren gar nicht mehr das heutige Interesse auf sich ziehen. Man erinnere sich an den Multimedia-Hype Mitte der 90er Jahre (Riehm/Wingert 1995), wo die Forderung nach einer „Multimedia-Statistik" allenthalben erhoben wurde.

Was den *Umfang* oder die Abdeckung einer Statistik zum elektronischen Handel angeht, hat sich im Kontext der OECD ein Modell etabliert, das Indikatoren der Bereitschaft, der Intensität und der Wirkung unterscheidet (Schoder/

---

5 Bei den beiden großen amerikanischen Reisehändlern im Internet, Expedia und Travelocity, beträgt z.B. das Verhältnis zwischen Bruttoumsatz (total bookings) und Nettoeinnahmen (net income) in etwa 145 bzw. 128 zu 1 (Vigoroso 2002a).
6 Amazon erwirtschaftete im Jahr 2001 immerhin ein Fünftel seines Umsatzes mit Dienstleistungen im Bereich Software und Logistik (Regan 2002a).

2 Datenlage

Janetzko 2002, S. 43 f.). Während bei den Bereitschaftsindikatoren die Voraussetzungen für den E-Commerce abgebildet werden sollen – PC-Nutzung, Internetzugang etc. – und bei den Indikatoren der Intensität der Umfang des elektronischen Handels in seinen unterschiedlichen Ausprägungen erfasst wird, geht es bei den Wirkungen um Produktivitätseffekte, Folgen für die Arbeitsplätze, Auswirkungen auf Verkehr und Logistik etc. Dies ist ein Bereich, der in (amtlichen) Erhebungen bisher noch überhaupt nicht einbezogen wurde und unter methodischen Gesichtspunkten besondere Ansprüche stellt.

Als *Erhebungseinheit* kommt das Wirtschaftsunternehmen und der Privathaushalt in Frage. Aufwendiger und präziser sind transaktionsbezogene Erhebungen, in denen jeder einzelne Verkaufs- oder Kaufakt nach bestimmten Aspekten erfasst wird (elektronische Bestellung, elektronische Bezahlung, direkte Auslieferung, Höhe des Kaufwerts etc.).

2.2 E-Commerce-Statistik in Deutschland und anderen Ländern

Länder wie die USA, Kanada oder Australien gelten als Pioniere in der Auseinandersetzung mit den Problemen der E-Commerce-Statistik und in der Etablierung eigenständiger Datenerfassungsaktivitäten. So wird in den *USA* seit dem vierten Quartal 1999 in Unternehmensbefragungen vierteljährlich der Anteil des elektronischen Handels am gesamten Einzelhandel durch das U.S. Census Bureau im Rahmen des E-Stats-Programms erhoben. Außerdem wird jährlich ein so genannter „Multi-sector Report" zum E-Commerce erstellt, in dem die E-Commerce-Umsätze in der Fertigungsindustrie, im Großhandel, im Einzelhandel und in ausgewählten Dienstleistungsbereichen erfasst werden. Der dritte Bericht dieser Art vom März 2003 bereitet Daten aus dem Jahr 2001 auf (U.S. Census Bureau 2002, s.a. Kap. I.3.2).

In *Kanada* werden von der amtlichen Statistik Erhebungen zum elektronischen Handel bei Unternehmen und bei Privathaushalten durchgeführt. Damit können die eher angebots- und verkaufsorientierten Daten aus den Unternehmenserhebungen mit den nachfrage- und einkaufsorientierten Daten aus den Haushaltserhebungen verglichen werden. In *Australien* wurde bereits 1997 das National Office for the Information Economy (NOIE) gegründet. Seit Mai 2000 wurden fünf Berichte unter dem Titel „The current state of play" veröffentlicht, die die Informationsökonomie Australiens abbilden. Der Bericht aus dem April 2002 enthält einen „NOIE Index", in den 23 statistische Indikatoren zur Informationsökonomie eingehen, mittels dessen eine Rangfolge von 14 Ländern aufgestellt wird (NOIE 2002). Damit verfolgt Australien einen expliziten Ansatz des Ländervergleichs („benchmarking").

Unter den internationalen Organisationen spielt die *OECD* eine maßgebliche Rolle. Sie liefert seit 1997 Beiträge zum „benchmarking" im E-Commerce, die prägend für die Bemühung einiger ihrer Mitgliedsstaaten auf diesem Gebiet wurden (Schoder/Janetzko 2002, S. 39 ff.). Die „*Voorburg-Gruppe*" ist eine Arbeitsgruppe der *UN*, die 1987 gegründet wurde und sich mit dem Thema Dienstleistungsstatistik beschäftigt. Sie hat einen Modellfragebogen – in enger Abstimmung mit der OECD und Eurostat – zum Gebrauch von Informations- und Kommunikationstechnologien entwickelt, in dem auch Aspekte des elektronischen Handels mit aufgenommen wurden. Bei *Eurostat* selbst wurde eine Piloterhebung bei Unternehmen zum elektronischen Handel vorbereitet, an der sich 13 EU-Staaten (Deutschland beteiligte sich nur mit einem eingeschränkten Untersuchungsprogramm) im Jahr 2001 beteiligten. Die Ergebnisse liegen nun vor (Deiss 2002; Eurostat 2002).

Das Statistische Bundesamt hat im Jahr 2002 die Eurostat-Piloterhebungen bei Unternehmen und Haushalten zur Nutzung von Informationstechnologien im Allgemeinen und zum elektronischen Handel im Besonderen durchgeführt und Anfang 2003 die Ergebnisse veröffentlicht (Statistisches Bundesamt 2003a; Statistisches Bundesamt 2003b). Weitere E-Commerce-Erhebungen sollen in den folgenden Jahren auf der Basis einer EU-weiten Rechtsgrundlage folgen. *Deutschland* war bisher wegen eines mangelnden Engagements in den relevanten internationalen Gremien sowie bei der Durchführung nationaler Studien kritisiert worden (Schoder/Janetzko 2002, S. 5). Diese Situation scheint sich nun geändert zu haben.

3 B2B-E-Commerce

Eine Darstellung des Stands des elektronischen Handels zwischen Unternehmen (B2B) steht vor weit größeren Problemen als eine Darstellung des elektronischen Handels zwischen Unternehmen und privaten Endkunden (B2C, Kap. I.4). Das liegt an der Vielfalt der Produkte und Branchen, den unterschiedlichen Technologien und Handelsformen sowie der schwierigen Datenlage. Umso wichtiger ist es, pauschale Einschätzungen und nicht überprüfbare Angaben zu vermeiden und die verwendeten Datengrundlagen sorgfältig auszuwählen und offen zu legen.

Unter den in Frage kommenden Studien (E-Business Watch 2002; Empirica 2001; Eurostat 2002; Statistisches Bundesamt 2003b; U.S. Census Bureau 2003) wurde zum einen die Studie von Empirica im Auftrag des Bundesministeriums für Wirtschaft und Technologie „Stand und Entwicklungsperspektiven des elektronischen Geschäftsverkehrs" und zum anderen, die Situation in den USA widerspiegelnd, der „E-Commerce Multi-sector Report" des U.S. Census Bureau des Department of Commerce ausgewählt (Textkasten). Diese Auswahl begründet sich wie folgt: Die Empirica-Studie ist die einzige Studie, die einen auf Basis ei-

3 B2B-E-Commerce

nes gemeinsamen Untersuchungsansatzes durchführbaren Vergleich mit den USA möglich macht. Sie liefert, wie die meisten anderen Studien auch, Daten für das Jahr 2001. Die Aufnahme der Erhebung des U.S. Census Bureau, die 2003 veröffentlicht wurde und sich auf die Situation im Jahr 2001 bezieht, begründet sich mit dem hohen Detaillierungsgrad der Auswertung auf Grundlage einer großen Stichprobe. Außerdem ist dies bereits die dritte Erhebung dieser Art, so dass auch die zeitliche Entwicklung berücksichtigt werden kann. Aktuellere Daten für das Jahr 2002 wurden vom EU-geförderten Projekt E-Business Watch zwar erhoben. Hierzu sind allerdings die übergreifenden länderspezifischen Daten noch nicht veröffentlicht, insbesondere ist aber der Vergleich mit den USA nicht möglich. Die vom Statistischen Bundesamt 2003 veröffentlichten, im Jahr 2002 erhobenen und die Situation 2001 beschreibenden Daten basieren im Wesentlichen auf dem Untersuchungsprogramm von Eurostat, erlauben aber wiederum keine direkten Ländervergleiche, insbesondere nicht mit den USA.

Methodische Angaben zur Empirica-Studie und zum E-Commerce Multisector Report

Empirica-Studie

Die Datenerhebung basiert auf einer Zufallsstichprobe nichtlandwirtschaftlicher Betriebe in Deutschland, Finnland, Großbritannien, Italien und den USA. Die Stichprobe bestand aus jeweils 500 Unternehmen pro Land (Finnland: 300). Als Zielpersonen wurden solche ausgewählt, die maßgeblich an unternehmerischen Entscheidungen über informationstechnische Belange mitwirken. Diese wurden von geschulten Interviewern computerunterstützt über das Telefon befragt. Die Befragung wurde im Juli 2001 durchgeführt und stellt die Aktualisierung einer fast identischen Untersuchung aus dem Jahr 1999 dar (Empirica 2001).

E-Commerce Multi-sector Report

In diesem zum dritten Mal veröffentlichten Bericht werden Daten aus vier unterschiedlichen Erhebungen, die um Aspekte des E-Commerce ergänzt wurden, zusammengefasst. Es sind dies die Fertigungsindustrie, der Großhandel, der Einzelhandel und ausgewählte Dienstleistungsbranchen. Damit werden ca. 70% der wirtschaftlichen Aktivitäten der USA abgedeckt. Nicht einbezogen sind der Bereich der Landwirtschaft, des Bergbaus, der Bauwirtschaft, der Versorgungswirtschaft, ein Teil des Großhandels und ungefähr ein Drittel der Dienstleistungswirtschaft. Die Daten basieren auf amtlichen Erhebungen des Census Bureau des Department of Commerce bei insgesamt über 125.000 amerikanischen Unternehmen (U.S. Census Bureau 2003).

Stellt man Einzelergebnisse der erwähnten Studien nebeneinander, so zeigen sich teilweise beträchtliche Unterschiede, die mit unterschiedlichen Erhebungsinstrumenten, Stichproben, Branchenabgrenzungen und E-Commerce-Definitionen zu tun haben. Daran wird wiederum deutlich, dass Daten aus unterschiedlichen Studien und Erhebungen nur mit äußerster Vorsicht und Zurückhaltung verglichen werden dürfen.

3.1 B2B-E-Commerce in Deutschland und im internationalen Vergleich

Während 1999 noch weniger als die Hälfte der deutschen Unternehmen im Internet selbst präsent waren, stieg deren Anteil im Jahr 2001 auf 62% und erreichte damit nach Finnland (69%) und vor den USA (54%), Großbritannien (51%) und Italien (32%) den zweiten Platz. Vertriebliche Aktivitäten im Internet werden von jedem fünften Betrieb in Deutschland durchgeführt (Abb. 2). Welchen Anteil an allen vertrieblichen Umsätzen dieser *Internetvertrieb* hat, ergibt sich nicht aus der Empirica-Studie. Es wird nur gesagt, dass 38% der Betriebe mit Internetvertrieb bzw. 7,6% aller Betriebe mindestens 5% ihrer Verkäufe über das Internet mit Geschäftskunden tätigen. Diesbezüglich steht Deutschland im Vergleich mit den vier anderen Ländern an der Spitze (Abb. 2).

Abb. 2: Anteil der Betriebe mit Internetvertrieb und dessen Intensität im Jahr 2001

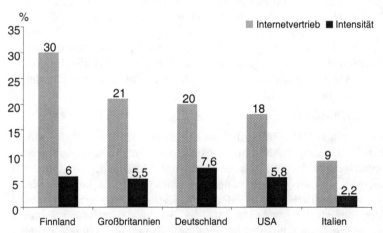

Legende: Internetvertrieb: Anteil der Unternehmen an allen Unternehmen, welche vertriebliche Aktivitäten im Internet durchführen. Intensität (eigene Berechnung): Anteil der Unternehmen an allen Unternehmen mit einem Anteil des Internetvertriebs von mindestens 5%.

Quelle: Empirica (2001, S. 38 f.) und eigene Berechnungen.

Der Anteil der Betriebe, die im Internet selbst Bestellungen vornehmen *(Online-Beschaffung)*, ist höher als der Anteil derjenigen, die im Internet verkaufen. Er stieg in Deutschland seit 1999 von 26% auf 49% im Jahr 2001. Damit erreichte Deutschland innerhalb der untersuchten Länder erneut eine Spitzenposition nach den USA. 21,1% der Betriebe in Deutschland kauften mindestens 5% ihrer Wartungs-, Reparatur- und Verbrauchsmaterialien auf diesem Weg (Abb. 3).

Abb. 3: Anteil der Betriebe mit Internetbeschaffung und deren Intensität im Jahr 2001

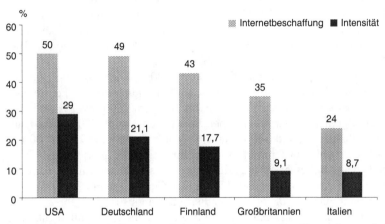

Legende: Internetbeschaffung: Anteil der Unternehmen an allen Unternehmen, die im Internet selbst Bestellungen vornehmen. Intensität (eigene Berechnung): Anteil der Unternehmen an allen Unternehmen, die mindestens 5% ihrer Wartungs-, Reparatur- und Verbrauchsmaterialien über das Internet beschaffen.
Quelle: Empirica (2001, S. 40 f.) und eigene Berechnungen.

Betrachtet man den Einfluss der *Betriebsgrößenklassen* auf die E-Commerce-Nutzung der Unternehmen, dann zeigt sich ein solcher bei der Beschaffung und weniger bei den Vertriebsaktivitäten. Als Vertriebsmedium nutzen das Internet zwischen 17 und 27% der Betriebe in den fünf unterschiedlichen Betriebsgrößenklassen (von „bis 9" bis „500 und mehr Beschäftigten"). Bei der Beschaffung über das Internet spielt die Betriebsgröße dagegen eine größere Rolle. Die Kleinbetriebe mit bis zu neun Beschäftigten nutzen das Internet nur zu 34,6% für die Beschaffung, während Betriebe über 50 Beschäftigte zu mehr als 50% das Internet für Beschaffungszwecke nutzen.

3.2 B2B-E-Commerce in den USA

Nach den Ergebnissen des amerikanischen „E-Commerce Multi-sector Report" (U.S. Census Bureau 2003) lag der E-Commerce-Anteil am gesamten Handel im Jahr 2001 in der *Fertigungsindustrie* (manufacturing) bei *18,3%*, im *Großhandel* bei *10,0%*, im *Einzelhandel* bei *1,1%* und in ausgewählten *Dienstleistungsindustrien* bei *0,8%*. Akzeptiert man die vereinfachten Annahmen der Autoren der Studie, dass die beiden ersten Sektoren überwiegend zum B2B-E-Commerce zu zählen sind und die beiden restlichen Sektoren zum B2C-E-Commerce, dann ergibt sich ein *B2B-Anteil am gesamten E-Commerce von 93,3%*.

Im B2B-Sektor dominiert die Abwicklung des elektronischen Handels über EDI (der in der Empirica-Studie nicht erfasst wurde). Dies zeigen die Zahlen für den Großhandelsbereich: *86% des elektronischen Großhandels erfolgten über EDI*.

Vergleicht man die Werte für 1999, 2000 und 2001, dann ergeben sich nur noch *moderate Wachstumsraten,* teilweise sogar Rückgänge. In der Fertigungsindustrie stieg das E-Commerce-Volumen von 1999 bis 2000 um 7% und fiel, Ausdruck der allgemeinen wirtschaftlichen Entwicklung, von 2000 bis 2001 um 4,1%. Im Großhandel stieg das E-Commerce-Volumen von 1999 bis 2000 um 17% und von 2000 bis 2001 um 12%. Allerdings sind die Werte des E-Commerce jeweils deutlich besser als die allgemeine wirtschaftliche Entwicklung im jeweiligen Sektor (U.S. Census Bureau 2002; U.S. Census Bureau 2003).

Betrachtet man einzelne *Branchen* der Fertigungsindustrie im Jahr 2001, so ist die Fahrzeugindustrie mit 43,9% E-Commerce an allen Verkäufen führend, gefolgt von der Getränke- und Tabakindustrie mit 38,4% und der Elektroindustrie mit 24,6%. Im Großhandel steht auf Platz eins mit 48,1% der Arzneimittel- und Drogeriegroßhandel, gefolgt vom Kraftfahrzeuggroßhandel mit 21,7% und dem Computergroßhandel mit 12,9%.

3.3 Elektronische Marktplätze

Die Bedeutung elektronischer Marktplätze für den B2B-E-Commerce ist unumstritten, wenn auch der B2B-E-Commerce sich keineswegs auf den Handel über elektronische Marktplätze beschränkt. Schätzungen gehen davon aus, dass gegenwärtig im *B2B-E-Commerce* nur *10% des Umsatzes über elektronische Marktplätze* abgewickelt werden (Perlitz 2002, S. 4). Es schien eine Zeit lang so, als seien elektronische Marktplätze der Königsweg des elektronischen Handels. Allerdings waren die Probleme größer als erwartet: So fehlten den neuen Akteuren oft die notwendigen Branchenkenntnisse, große Unternehmen waren nicht bereit, ihre Einkaufs- und Verkaufsaktivitäten auszulagern, und die rein auf Provisionszahlungen fußenden Geschäftsmodelle gingen nicht auf. Auch bilaterale und weniger öffentliche Formen des Handels haben sich deshalb etabliert und machen wirtschaftlich und strategisch Sinn. Basierend auf einer Auswertung der Datenbank über elektronische Marktplätze von Berlecon Research nimmt die Zahl der elektronischen Marktplätze seit 2002 wieder deutlich ab. Mit Stand April 2002 weist die Berlecon-Datenbank insgesamt 1.060 aktive B2B-Marktplätze nach, davon 669, die in Nordamerika und 381, die in Europa aktiv sind.[7] Kategorisiert man die europäischen elektronischen Marktplätze nach den gehandelten Handelsgütern und Branchen, dann ergibt sich die folgende Reihung (es werden nur die zehn häufigsten Handelsgüter und Branchen aufgeführt):

1. Allgemeine Beschaffung (46 elektronische Marktplätze),
2. Elektronik, Elektrik, Ausrüstung, Komponenten (32),
3. Logistik (30),
4. Büroausstattung, C-Artikel, Nebenbedarf (29),
5. Land-, Forstwirtschaft, Fischerei, Blumen (27),
6. Bau (26),
7. produzierende und verarbeitende Anlagen, Maschinen, Komponenten (25),
8. gebrauchte Anlagen und Maschinen (21),
9. Druck, Papier, Photo (19),
10. Metalle (18).

Das reine Vermittlungsgeschäft auf Provisionsbasis hat sich für die elektronischen Marktplätze in der Regel als nicht profitabel erwiesen. Attraktiver erscheinen zurzeit diejenigen Marktplätze, die ein umfassendes Angebot aus einer Hand anbieten (Logistik, Bonitätsprüfung, Zahlungsabwicklung, Lager- und Kapazitätsplanung etc.).

3.4 Perspektiven

Der weit überwiegende Anteil des E-Commerce findet derzeit im Geschäftskundensegment des elektronischen Handels statt und wird dort auch in Zukunft erfolgen. Nach Angaben des BITKOM, basierend auf Daten der EITO, belief sich der E-Commerce in Westeuropa im Jahr 2002 auf insgesamt 309 Mrd. Euro, davon entfielen 87 % auf den B2B-Sektor (BITKOM 2003). Dies trifft insbesondere dann zu, wenn die hochstandardisierten Handelsprozesse über EDI mitberücksichtigt werden. Die Potenziale liegen im B2B-Sektor in erster Linie in der Integration der Beschaffungs- und Vertriebsprozesse mit den anderen unternehmensinternen Informationssystemen und darüber hinaus mit den Systemen der

---

7 Quelle: Berlecon Research Datenbank der B2B-Marktplätze, Stand April 2002. Die Daten wurden freundlicherweise von Berlecon Research zur Verfügung gestellt.

Lieferanten und Kunden. Dadurch lassen sich hohe Produktivitätseffekte erreichen und entsprechend hohe E-Commerce-Anteile an den gesamten Handelsaktivitäten. In all diesen integrierten und routinisierten Fällen wird es die Entscheidung für oder gegen E-Commerce gar nicht mehr geben – *E-Commerce* wird der *Routinefall* sein. Das heißt jedoch nicht, dass außerhalb des E-Commerce kein Handel mehr stattfinden wird. Alle Einkaufs- und Vertriebshandlungen, die nicht im Vorhinein standardisierbar sind, werden weiterhin per Aushandlungsprozess im direkten Gespräch oder per Telefon erfolgen. Eine Abschätzung beider Segmente für die Zukunft fällt schwer. Die Situation in den USA zeigt jedoch – berücksichtigt man das gegenwärtige Niveau und die Steigerungsraten –, dass alles in allem auf absehbare Zeit der E-Commerce-Anteil auch im B2B-Sektor deutlich unter 50 % bleiben wird.

Was elektronische Marktplätze angeht, steht zu erwarten, dass die Anzahl der Marktplatzbetreiber deutlich abnehmen wird. Die Chancen für Kleinunternehmen mit (kleinen) elektronischen Marktplätzen sind eher gering. Gerade auf dem Marktplatz zählt Größe – in Bezug auf die Anzahl der Teilnehmer, ein umfassendes Produktangebot, den Service, den Umsatz und die wirtschaftliche Leistungsfähigkeit des Betreibers. Das Marktforschungsunternehmen Jupiter schätzt, dass bis 2004 in Europa 80 % der noch im Jahr 2001 existierenden Marktplätze verschwunden sein werden (Stobbe/Zampieri 2001, S. 6).

4 B2C-E-Commerce

Daten zur Internetnutzung und zum Online-Shopping gibt es zuhauf. Beratungs- und Marktforschungsunternehmen befragen in immer neuen Wellen im Internet, per Telefon oder im direkten Gespräch per Interviewer die „Onliner" und die gesamte Bevölkerung, ob und wie sie das Internet nutzen. Das Problem dieser Datenfülle steckt in ihrer mangelnden Vergleichbarkeit auf Grund unterschiedlicher Definitionen, Erhebungstechniken und Stichproben. So macht es einen deutlichen Unterschied, ob der „Online-Käufer" operationalisiert wird als einer, der „überhaupt schon einmal im Internet eingekauft" hat, oder als einer, der „in den letzten drei Monaten (dem letzten Monat, der letzten Woche) mindestens einmal online eingekauft" hat. Befragungen im Internet können zwar kostengünstig und schnell durchgeführt werden, haben aber das Problem mangelnder Repräsentativität für die Bevölkerung insgesamt. Ob die Bevölkerung im Alter „von 14 bis 54", „von 14 bis 64" oder „ab 14 Jahren" befragt wird, macht selbstverständlich einen Unterschied.

Die Daten der folgenden Ausführungen stammen im Wesentlichen aus zwei Quellen (vgl. den Textkasten). Der Vorteil der ACTA besteht in der Kontinuität jährlicher Datenerhebungen seit 1997; der Vorteil des GfK-Webscope in einem hohen Detaillierungsgrad bei der Erfassung des Online-Kaufverhaltens. Außerdem standen für beide Untersuchungen die Frageformulierungen und detaillierte Angaben zur Erhebungsmethode zur Verfügung, und es war weitgehend möglich, auf die Originaldaten zurückzugreifen.

Zum methodischen Ansatz von ACTA und GfK-Webscope

ACTA

Seit 1997 führt das Institut für Demoskopie Allensbach jährlich die Allensbacher Computer- und Telekommunikations-Analyse durch (ACTA). Dies ist eine durch geschulte Interviewer durchgeführte persönliche Befragung von mehr als 10.000 Personen, die repräsentativ für die deutsche Wohnbevölkerung zwischen 14 und 64 Jahren (1997: nur bis 54-Jahre) ausgewählt wurden. Die ACTA untersucht die Entwicklungen auf dem Computer-, Informationstechnologie- und Telekommunikationsmarkt einschließlich des Internets. Neben Besitz im Haushalt, Anschaffungsplänen und Nutzung werden zugleich Veränderungen von Einstellungen und Gewohnheiten, Wünschen und Interessen in der Bevölkerung beobachtet. Die ACTA ermittelt auch die Nutzung von Medien wie Zeitschriften und Zeitungen, Fernsehen und Kino sowie von Online-Angeboten (Institut für Demoskopie Allensbach 1998-2002).

GfK-Webscope

Der GfK-Webscope ist seit Juli 2000 eine kontinuierliche Erhebung der Käufe und Bestellungen von Waren und Dienstleistungen per Internet bei einer repräsentativen Stichprobe von 10.000 Internetnutzern ab 14 Jahren in Deutschland. Er wird außerdem bei einer Stichprobe von jeweils 2.000 Personen in den Niederlanden und Großbritannien durchgeführt. Die Erhebung erfolgt in Form eines „Tagebuchs", in das jeder Online-Kauf eines Haushalts eingetragen wird (GfK 2003).

4.1 Entwicklung der Internetnutzung und des Internet-Shopping

Die Erhebung des Instituts für Demoskopie Allensbach im Rahmen der ACTA-Studien erfasst die Online- bzw. Internetnutzung sowie das Online-Shopping zwar relativ detailliert (Ort der Nutzung, Intensität der Nutzung, Art der Nutzung, Nutzungsgründe, Nutzungspläne etc.), es wird dabei jedoch eine sehr breite Definition für die Internetnutzung und das Einkaufen im Internet verwendet: Wurde „schon einmal" das Internet genutzt bzw. im Internet eingekauft? (Tab. 1, zu den Details der Fragestellungen siehe die Legende in der Tabelle).

Tab. 1: Internetnutzung und Internet-Shopping seit 1998

	1998	1999	2000	2001	2002
Internetnutzung	11,8%	16,9%	28,6%	40,0%	46,0%
Online-Einkaufen	1,3%	3,7%	9,7%	25,3%	30,2%
schon häufiger im Internet eingekauft	nicht erhoben		2,0%	1,7%	3,8%	6,3%

Legende: In Prozent der Bevölkerung von 14 bis 64 Jahren.
Operationalisierung der *Internetnutzung*: „Nutzen Sie das Internet, ... egal ob zu Hause, am Arbeitsplatz oder anderswo?" (Institut für Demoskopie Allensbach 2001, Basisinformationen, S. 166).
Operationalisierung des *Online-Einkaufens*: 1998: „Wir haben hier aufgeschrieben, wozu man Online-Dienste oder das Internet ... nutzen kann. Was davon trifft auf Sie zu, wozu nutzen sie Online Dienste? Um einzukaufen ..." (Institut für Demoskopie Allensbach 1998, Berichtsband Märkte, S. 111); 2000: „Haben Sie über das Internet schon einmal etwas bestellt oder in Anspruch genommen, das etwas gekostet hat?" (Institut für Demoskopie Allensbach 2000, Basisinformationen, S. 130); 2001: Es wird eine Liste mit Waren- und Serviceangeboten des Internets vorgelegt, zu denen jeweils gefragt wird, ob der oder die Befragte diese im Internet „nutzt oder kauft".
Operationalisierung der *Häufigkeit des Online-Einkaufens*: 1999: „Haben Sie schon einmal etwas per Internet gekauft oder nicht? Ja, schon häufiger ..." (Institut für Demoskopie Allensbach 1999, Basisinformationen, S. 147); 2000 und 2001: „Wie häufig haben Sie schon im Internet eingekauft: Schon häufiger, hin und wieder, erst ein- oder zweimal?" (Institut für Demoskopie Allensbach 2001, Basisinformationen, S. 176).
Quelle: Institut für Demoskopie Allensbach 1998-2002.

Damit wird der maximal erreichte Bevölkerungsanteil abgebildet. In anderen Untersuchungen wird die Internetnutzung beispielsweise mit einer Frage nach einer Nutzung des Internets „in den letzten drei Monaten" operationalisiert.

Es zeigt sich, dass sich das enorme Wachstum zwischen 1998 und 2001 im Jahr 2002 sowohl bei der Internetnutzung als auch beim Internet-Shopping deutlich abgeflacht hat.

Es gibt eine auffallende Diskrepanz zwischen dem Umfang und der Entwicklung der Online-Shopper insgesamt („haben sie schon einmal ...") und denjenigen, die von sich behaupten „schon häufiger" online einzukaufen. Während fast jeder Dritte schon einmal im Internet eingekauft hat, sind häufigere Interneteinkäufer nur bei 6,3% der Bevölkerung (zwischen 14 und 64 Jahren) auszumachen. Während sich der Abstand zwischen Online-Shoppern insgesamt und häufigen Online-Shoppern bis 2001 eher vergrößerte, deuten die Zahlen für 2002

4 B2C-E-Commerce

darauf hin, dass die häufigen Interneteinkäufer nun stärker zunehmen als die Online-Einkäufer insgesamt.[8]

4.2 Volumen und Produktstruktur der Einkäufe im Internet

Nach dieser übersichtsartigen Darstellung der Entwicklung der Internetnutzung und der Reichweite der Online-Shopper seit 1998 können auf Basis der Daten des GfK-Webscope für die Jahre 2001 und 2002 die Anzahl der Kaufvorgänge, der Umsatz insgesamt und die gekauften Produkte und Dienste repräsentativ für die gesamte deutsche Bevölkerung genauer dargestellt werden (Tab. 2 und 3). Es bedürfte allerdings längerer Zeitreihen, um die Entwicklung in ihrer Dynamik wirklich abschätzen zu können.

Tab. 2: B2C-E-Commerce in Deutschland 2001 und 2002

	2001	*2002*	*jährliche Steigerungsrate*
Umsatz in Mio. Euro	4.266	4.668	9,4 %
„Bonsumme" in Euro	81	76	-6,6 %
Kaufvorgänge in Mio.	52,4	61,5	17,3 %
Käufer in Mio.	11,9	13,3	11,8 %
Käufe pro Jahr	4,4	4,6	4,5 %

Legende: Daten basieren auf einer repräsentativen Stichprobe von Internetnutzern ab 14 Jahren. Ab dem 1. Quartal 2002 werden im Rahmen des GfK-Webscopes keine „digitalen Dienste" („kostenpflichtige Downloads, Shareware, Dienstleistungen") mehr erhoben.

Quelle: GfK 2003.

Für das Jahr 2001 ergab der GfK-Webscope einen Umsatz von 4,3 Mrd., der im Jahr 2002 auf 4,7 Mrd. Euro anstieg. Dies entspricht einer Steigerungsrate von 9,4 %, die unter derjenigen der Zahl der Internetkäufer (11,8 %) und der Zahl der Kaufvorgänge insgesamt (17,3 %) liegt. Dies erklärt sich dadurch, dass zwar mehr Internetnutzer häufiger online eingekauft, aber pro Einkauf weniger ausgegeben haben (-6,6 %). Beachtenswert ist auch, dass die Zahl der Internetnut-

---

8 Nach den Daten des GfK-Webscope gehörten im Jahr 2002 7,7 % der Online-Käufer zu den „Intensivkäufern" mit jährlich 12 und mehr Online-Einkäufen; 61,3 % haben zwischen zwei- und elfmal, 31 % nur einmal online eingekauft. Die nach den Daten der ACTA feststellbare überproportionale Zunahme der Intensivkäufer von 2001 bis 2002 wird von den GfK-Daten nicht bestätigt. Im Jahr 2001 lag der Anteil der Intensivkäufer noch bei 9 %. Deren Anteil am Umsatz stieg allerdings von 19,6 % auf 25,5 % (GfK 2003).

zer im Vergleich der Jahre 2001 und 2002 stärker zunahm als die der Internetkäufer. Erstere stiegen von 27,3 auf 31,2 Mio. um 14,3 %, letztere von 11,9 auf 13,3 Mio. um 11,8 %. Die Vorstellung also, dass immer mehr Internetnutzer quasi automatisch auch zu Internetkäufern würden, lässt sich danach jedenfalls nicht stützen.

Tab. 3: B2C-E-Commerce Umsatzanteile nach Produktgruppen 2001 und 2002 (in %)

Produkte und Dienste	2001	2002
Reisen/Flug-/Fahrscheine/Hotels	25,5	21,8
Bekleidung/Schuhe	12,1	14,3
Computer/Computerzubehör	11,0	12,6
Bücher/Karten/Zeitschriften	8,5	8,8
Unterhaltungselektronik/Foto/Videokamera/Zubehör	6,6	6,6
CD/bespielte Tonträger/CD-ROM	4,5	5,5
Veranstaltungen/Veranstaltungstickets	3,6	3,9
Güter des täglichen Bedarfs/Lebensmittel	3,2	3,2
Elektrogeräte	2,6	3,0
Spielwaren/Spielzeug	2,7	2,6
Sport-/Freizeitartikel	1,8	2,1
Videofilme/DVD	1,4	1,8
Telekommunikationsgeräte	1,1	1,4
Heimwerken/Garten/Pflanzen	1,3	1,4
Accessoires	1,2	1,0
Textilien für Haus und Heim	1,0	1,0
Sonstiges	11,9	9,0
Summe	100,0	100,0
Summe absolut (in Mio. Euro)	4.266	4.668

Quelle: GfK 2003.

Eine produktspezifische Betrachtung zeigt Tabelle 3, in der die Produktgruppen nach ihrem wertmäßigen Anteil – nicht nach der Anzahl der Transaktionen – aufgeführt sind. Danach wurde im Jahr 2002 gut jeder fünfte Euro im Internet für Reisen, Flug- und Fahrscheine sowie Hotelbuchungen ausgegeben. Es folgen auf den Plätzen zwei und drei ebenfalls höherpreisige Produktgruppen, nämlich

4 B2C-E-Commerce

Bekleidung und Schuhe sowie Computer und Computerzubehör. Auf Platz vier stehen dann Bücher, Karten und Zeitschriften, eine Produktkategorie, die nach der Anzahl der Kaufvorgänge an der Spitze liegt.

Digitale Dienste, die nur bis Ende 2001 erfasst wurden („kostenpflichtige Downloads, Shareware und Dienstleistungen") erreichten im vierten Quartal 2001 2,1 % der Kaufvorgänge und 0,9 % des Umsatzes. Der (kostenpflichtige) Download von Computerprogrammen sowie die Nutzung von Informations-, Auskunfts- und Datenbankdiensten sind in dieser Kategorie die am häufigsten gezählten Unterkategorien.

4.3 Anteil des B2C-E-Commerce am Einzelhandelsumsatz

Neben der Entwicklung und der Struktur des elektronischen Handels interessiert auch sein Anteil am herkömmlichen Handel. Dabei liegt der Vergleich zwischen B2C-E-Commerce und Einzelhandel nahe. Teilweise wird auch das Bruttoinlandsprodukt als Vergleichsgröße herangezogen (NOIE 2002, S. 33 f.). Bei einer Betrachtung einzelner Branchen wird auf den jeweiligen Branchenhandelsumsatz Bezug genommen (z.B. in der Buchbranche). Sinnvoll ist auch, einen Vergleich des Online-Umsatzes – als eine neue Form des Versandhandels – mit dem Umsatz des Versandhandels insgesamt bzw. in bestimmten Branchensegmenten vorzunehmen. Bei den im Folgenden aufgeführten Zahlen ist zu berücksichtigen, dass es sich weder um amtliche noch um exakt nachvollziehbare Erhebungen handelt, sondern um freiwillige, nicht methodisch abgesicherte Umfragen und um begründete Schätzungen, die unter Berücksichtigung einer Vielzahl von Quellen zustande kommen.

Der Hauptverband des Deutschen Einzelhandels (HDE) beschäftigt sich seit einigen Jahren mit dem Thema E-Commerce, führt eine E-Commerce-Umfrage durch und veröffentlicht Zahlen zum E-Commerce im *Einzelhandel*, dem Bereich also, der im Wesentlichen unter das B2C-Segment fällt.

Nach Schätzungen des HDE wurden in Deutschland im Jahr 2002 rund 8 Mrd. Euro Online-Umsätze im B2C-Segment des elektronischen Handels erreicht (HDE 2002).[9] Die 8 Mrd. Euro Internetumsatz entsprechen rund 1,6 % des Einzelhandelsumsatzes insgesamt. Für das Jahr 2003 erwartet der Einzelhandel einen Anstieg auf 11 Mrd. Euro, was einem Anteil von 2,1 % gleich käme. Die noch in den letzten Jahren erreichten Steigerungsraten von 100 % werden sich in den nächsten Jahren indes deutlich abflachen (Tab. 4).

---

9 Das liegt deutlich über den Werten des GfK-Webscope von 4,7 Mrd. Euro (Kap. I.4.2).

Tab. 4: Anteil der B2C-E-Commerce-Umsätze am Einzelhandelsumsatz 1999 bis 2003

	1999	2000	2001	2002	2003
Internetumsatz in Mrd. Euro	1,25	2,5	5,0	8,5	11,0
Anteil am Einzelhandelsumsatz in %	0,25	0,5	1,0	1,6	2,1

Legende: Werte für 1999 bis 2002 Schätzungen auf Basis einer Umfrage, für 2003 Prognose.
Quelle: HDE 2002.

In Deutschland beträgt der Anteil des *Versandhandels* am Einzelhandel im Jahr 2002 6% (21,3 Mrd. Euro). Mit diesem Anteil belegt Deutschland unter den Versandhandelsnationen eine führende Position. Der Online-Anteil am Versandhandel liegt im gleichen Jahr bei 13% (2,7 Mrd. Euro) (BVH 2003).

Die E-Commerce-Anteile der umsatzstarken Einzelhandelssegmente sind insgesamt noch sehr gering. Sie liegen nach Schätzungen des HDE im Jahr 2000 im *Lebensmittelhandel* unter 0,15%, im *Bekleidungshandel* bei unter 0,5% und in der *Konsumelektronik* bei unter 1% (HDE 2001). Selbst im Buchhandel, der „Vorzeigebranche" des Online-Handels, haben die Online-Umsatzanteile im Jahr 2001 nach einer Umfrage des Branchenverbandes erst 3% erreicht (Börsenverein des Deutschen Buchhandels 2002, S. 26).[10]

Während vor Jahren noch Prognosen veröffentlicht wurden, in denen der erreichbare Online-Anteil am Einzelhandel zweistellig angegeben wurde – für den *Buchhandel* wurden beispielsweise von Ernst & Young für das Jahr 2005 25% vorausgesagt (Riehm et al. 2001, S. 104) – so wird heute die Frage gestellt: „Will E-Commerce ever beat the 1 percent problem?" (Vigoroso 2002b).

4.4 Nutzung unterschiedlicher Vertriebs- und Lieferkanäle (Multichannel)

Ein methodisches Problem bei der Erfassung des Internetkaufumsatzes besteht darin, wie man einerseits Online-Einkäufe, die durch den Besuch von Ladengeschäften, oder andererseits Einkäufe in Ladengeschäften, die durch die Produktauswahl im Internet ausgelöst wurden, zuordnen soll. Dieses Problem tritt insbesondere bei dem heute breit verfolgten *„Multichannel-Ansatz"* auf, worunter die Nutzung und gegenseitige positive Beeinflussung möglichst aller Vertriebskanäle verstanden wird. Die in Deutschland besonders erfolgreichen Internetanbieter – Otto, Quelle, Tchibo – sind prominente Vertreter dieses Ansatzes. Sie treten nicht nur als klassischer Versandhändler auf, die Bestellungen per Post, Fax und

---

10 Vgl. zur Bedeutung der einzelnen Handelsbranchen im Online-Handel auch die Tabelle 3.

heute in einem großen Umfang auch per Telefon entgegennehmen, sondern auch über Ladengeschäfte und „Online-Filialen". Der Vorteil dieses Ansatzes gegenüber den „reinen" Internethändlern wird darin gesehen, dass der Kunde das ihm jeweils geeignetste Bestellmedium wählen kann, dass die Markenreputation des herkömmlichen Geschäfts auch für das Internet ausgenutzt wird und dass die logistischen Prozesse jenseits der Bestellannahme gemeinsam abgewickelt werden können (vgl. auch Dach 2002). Es soll hier nun diskutiert werden, welche Bedeutung dieser Multichannel-Ansatz hat. Dazu werden zunächst die Daten des GfK-Webscope herangezogen. Dann wird auf eine Spezialuntersuchung des Instituts für Handelsforschung (Köln) eingegangen.

Die aktuellsten uns zur Verfügung stehenden Daten des *GfK-Webscope* für das *4. Quartal 2001* zeigen (Tab. 5), dass nach der Anzahl der Kaufvorgänge die reinen Online-Anbieter auf einen Anteil von 47,8% an allen Internetkaufvorgängen kommen, die Multichannel-Anbieter auf 42,4% (verbleibt ein Rest von 9,8% ohne Zuordnung). Betrachtet man das Umsatzvolumen, beträgt der Anteil der reinen Online-Anbieter nur noch 32,5% und der der Multichannel-Anbieter 48,1% (ohne Angabe 19,4%). Die Domäne der reinen Online-Anbieter mit Anteilen an allen Online-Kaufvorgängen von 75% und mehr sind Bücher, Karten und Zeitschriften, CDs und bespielte Tonträger sowie Videofilme und DVDs. Diese Anteile ergeben sich auch, wenn man das Umsatzvolumen betrachtet. Umgekehrt sind die Multichannel-Anbieter mit einem Anteil von 75% und mehr besonders stark bei Heimtextilien, Bekleidung, Möbeln, Sport- und Freizeitartikeln, Gütern des täglichen Bedarfs und Lebensmitteln, Haushaltswaren, Pflanzen und Blumen sowie Elektrogeräten.[11]

Tab. 5: Online-Transaktionen und Verkaufsvolumen der reinen Online- und Multichannel-Anbieter in Deutschland im 4. Quartal 2001

	reine Online-Anbieter	*Multichannel-Anbieter*	*Sonstige, ohne Zuordnung*
Kaufvorgänge in %	47,8	42,4	9,8
Kaufumsatz in %	32,5	48,1	19,4

Quelle: GfK 2003.

Im Jahresvergleich nimmt der Anteil der reinen Online-Anbieter nach der Anzahl der Kaufvorgänge leicht ab. Er lag im 4. Quartal 2000 bei 50,7% und im 4.

---

11 Hier nach der Anzahl der Kaufvorgänge; betrachtet man das Kaufvolumen, ergeben sich leichte Abweichungen.

Quartal 2001 bei 47,8%. Nur in einer längerfristigen Betrachtung wird sich zeigen, ob sich der Trend zum Multichannel-Anbieter stabilisiert.

Durch Multichannel-Strategien hat der Kunde meist die Möglichkeit, die gewünschte Ware im Internet zu bestellen, aber im Ladengeschäft abzuholen. Auch hierzu stellt der GfK-Webscope Daten zur Verfügung. Danach wurden im 4. Quartal 2001 91,1% alle Kaufvorgänge an den Kunden direkt ausgeliefert und nur 2,7% *im Ladengeschäft abgeholt* (Sonstiges, z.B. Online-Abruf, 6,2%). Eine Aufschlüsselung nach Produktkategorien zeigt, dass es in erster Linie die hochpreisigen Produkte sind, die vom Kunden im Ladengeschäft abgeholt werden. So liegen Veranstaltungstickets mit 31,7% an der Spitze der Abholerrate (nach den Kaufvorgängen). Es folgen mit 9,3% Reisen, Flug- und Fahrscheine und Hotelbuchungen, mit 5,4% Haushaltswaren, mit 4% Kraftfahrzeuge und Kraftfahrzeugzubehör, mit 3,8% Elektrogeräte und mit 3,4% Fotos, Videokameras und Zubehör.

In einer Untersuchung des *Instituts für Handelsforschung* (Köln) wurde dem Verhalten der Konsumenten in Bezug auf einen Wechsel der Vertriebskanäle im Detail nachgegangen (Dach 2002). Es wurden im November 2001 1.239 Personen befragt, davon 1.094 „Online-Shopper", d.h. Personen, die schon mindestens einmal aus einem privaten Anlass Konsumgüter über das Internet gekauft haben und sich dies auch noch zukünftig vorstellen können, und 145 Nicht-Online-Shopper. Gefragt wurde – transaktionsbezogen – die eine Hälfte der Internetkäufer nach dem letzten Einkauf im Internet, die andere Hälfte und die „Nicht-Online-Shopper" nach dem letzten Einkauf im Ladengeschäft. Einbezogen in die Untersuchung wurden solche Produkte, die mehr oder weniger zu den besonders häufig gekauften Gütern im Internet gehören oder zu denen ein breites Internetangebot existiert: Bücher, Videokassetten/DVD, PC-Zubehör/Hardware, Software, Unterhaltungselektronik, Drogerie- und Kosmetikartikel, Spielwaren, Bekleidung, CD/Tonträger, Möbel, Schuhe.

Prinzipiell lassen sich vier Fälle unterscheiden, bei denen ein Wechsel des Vertriebskanals erfolgt:

- Kaufanbahnung über das Internet (Information im Internet) und Kauf (Vereinbarung und Abwicklung) im Ladengeschäft,
- Kaufanbahnung über ein Ladengeschäft und Kauf im Internet,
- Kaufanbahnung im Ladengeschäft, Kauf im Internet und Abwicklung (Abholung) im Ladengeschäft,
- Kaufanbahnung und Kauf (Vertragsabschluss) im Internet und Abholung im Ladengeschäft.

Die Untersuchung zeigt, dass der Fall 1 – Kauf im Ladengeschäft mit vorheriger Information im Internet – bei 28,5% aller Käufe in Ladengeschäften vorkommt.

Allerdings stammten nur in 10% der Fälle die Informationen von den Internetseiten des Ladengeschäfts, bei dem auch gekauft wurde.

Der Fall 2 – Kaufanbahnung im Ladengeschäft und Kauf im Internet – tritt mit 28,5% genauso häufig auf. Daraus wird ersichtlich, dass es eine ausgewogene Wechselbeziehung zwischen Ladengeschäft und Internet gibt: Das Ladengeschäft ist für rund 30% Wegbereiter der Internetkäufe und das Internet für ebenfalls rund 30% Wegbereiter der Einkäufe im Ladengeschäft. Die Zahl der Käufer, die Beratungsleistungen in Ladengeschäften in Anspruch nehmen, aber dann im Internet bei anderen Anbietern kaufen („Trittbrettfahrer"), ist allerdings mit 97,4% viel höher als im Fall 1. Nur 2,6% der Käufe erfolgen bei dem Anbieter im Internet, bei dem sich die Käufer auch vorher informiert hatten. Diese Form des „Multichannel-Vertriebs" ist aus Sicht des stationären Anbieters extrem unwirtschaftlich. Den Aufwendungen für die Beratungsleistung im Ladengeschäft steht kein entsprechender Umsatz gegenüber.

Überraschenderweise kamen die Fälle 3 und 4, bei denen im Internet gekauft und im Ladengeschäft ausgeliefert wird, in dieser Untersuchung überhaupt nicht vor. Dies hängt u.a. mit den Produktkategorien zusammen, die in die Untersuchung einbezogen wurden. Die oben referierten Daten des GfK-Webscope hatten diesbezüglich gezeigt, dass solche Fälle tatsächlich insgesamt nicht sehr bedeutend sind (2,7%), dass aber in bestimmten Branchen durchaus Anteile bis zu 31,7% erreicht werden (z.b. Eintrittskarten für Veranstaltungen, eine Produktkategorie, die in der IfH-Studie nicht einbezogen wurde).

Die Rate der „Kanalwechsler" innerhalb eines Kaufprozesses ist mit ca. 30% nach der IfH-Studie relativ hoch. Aus Sicht der Anbieter entstehen durch das Angebot mehrerer Vertriebskanäle zunächst nur zusätzliche Kosten. Nach der vorliegenden Untersuchung führen die zusätzlichen Aufwendungen in den seltensten Fällen zu einer direkten Erhöhung des Umsatzes, da die Käufer überwiegend nicht bei dem Unternehmen kaufen, bei dem sie sich informiert hatten, sondern bei einem anderen Unternehmen.

Kein Wunder, dass es mit der Profitabilität von Internetangeboten im Einzelhandel noch nicht weit her ist. Nach den Ergebnissen der E-Commerce-Umfrage 2001 des HDE erbrachte der Online-Verkauf nur bei einem Viertel der Unternehmen bisher eine Rendite. Dieser Wert hat sich auch im Jahr 2002 nicht verbessert (HDE 2001; HDE 2002).

4.5 B2C-E-Commerce in den USA

Seit dem vierten Quartal 1999 erfasst das U.S. Census Bureau des Department of Commerce der Vereinigten Staaten im Rahmen einer monatlichen Umfrage unter 11.000 repräsentativ ausgewählten Einzelhandelsunternehmen (Monthly Retail Trade Survey) auch die elektronischen Verkäufe. Dabei ist zu beachten,

dass die folgenden Branchen nicht in diese Umfrage mit einbezogen werden, da sie nach der NAICS (North American Industry Classification System) nicht zum Einzelhandel („retail") gezählt werden: (online) Reisebüros, Verkauf von Veranstaltungskarten, Finanzbroker oder -händler und die Gastronomie.
Betrachtet man die mittlerweile drei Jahre, zu denen vollständig Erhebungen vorliegen, dann stieg der E-Commerce-Einzelhandelsumsatz von 28,9 Mrd. US-Dollar im Jahr 2000 auf 45,6 Mrd. US-Dollar im Jahr 2002 um 57,8 %. Der E-Commerce-Anteil am Einzelhandelsumsatz erhöhte sich von 0,9 % im Jahr 2000, über 1,1 % im Jahr 2001 auf 1,4 % im Jahr 2002. Die Quartals- und Jahreszahlen im Einzelnen zeigt Tabelle 6.

Tab. 6: B2C-E-Commerce-Umsätze in den USA 1999 bis 2002

Periode	E-Commerce-Umsatz (Mio. US-Dollar)	E-Commerce-Anteil am Einzelhandelsumsatz	jährliche Steigerungsrate	
			E-Commerce	Einzelhandel
4. Quartal 1999	5.481	0,7 %	-	9,1 %
1. Quartal 2000	5.814	0,8 %	-	11,2 %
2. Quartal 2000	6.346	0,8 %	-	7,4 %
3. Quartal 2000	7.266	0,9 %	-	5,5 %
4. Quartal 2000	9.459	1,2 %	72,6 %	3,3 %
Summe 2000	28.885	0,9 %	-	-
1. Quartal 2001	8.256	1,1 %	42,0 %	1,8 %
2. Quartal 2001	8.246	1,0 %	29,9 %	4,3 %
3. Quartal 2001	8.236	1,1 %	13,3 %	2,2 %
4. Quartal 2001	11.178	1,3 %	18,2 %	5,7 %
Summe 2001	35.916	1,1 %	24,3 %	3,3 %
1. Quartal 2002	9.880	1,3 %	19,7 %	2,7 %
2. Quartal 2002	10.265	1,2 %	24,5 %	2,5 %
3. Quartal 2002	11.083	1,3 %	34,6 %	5,8 %
4. Quartal 2002	14.334	1,6 %	28,2 %	1,6 %
Summe 2002	45.562	1,4 %	26,9 %	3,1 %

Quelle: U.S. Department of Commerce (2003), teilweise revidierte Zahlen im Vergleich zu früheren Veröffentlichungen.

4 B2C-E-Commerce 61

Vier Ergebnisse verdienen dabei besonders hervorgehoben zu werden.
1. Der relative Anteil des E-Commerce am Einzelhandelsumsatz insgesamt stieg kontinuierlich an, befindet sich mit 1,4 % für das Jahr 2002 aber weiterhin auf niedrigem Niveau.
2. Die jährlichen Steigerungsraten des E-Commerce liegen allerdings deutlich über denen des allgemeinen Einzelhandels.
3. Sie erreichen in keinem Fall mehr dreistellige Prozentwerte, die sie vielleicht einmal Ende der 1990er-Jahre inne hatten, sondern haben sich in den letzten zwei Jahren mit saisonalen Schwankungen bei etwa 25 % eingependelt.
4. In den ersten drei Quartalen des Jahrs 2001 sowie im ersten Quartal des Jahrs 2002 kam es zum ersten Mal zu einem absoluten Rückgang bzw. zu einer Stagnation der E-Commerce-Umsätze.

Dieser Blick in die USA zeigt auch, dass dort die Situation im Vergleich zu Europa und Deutschland keineswegs grundsätzlich anders oder „besser" ist.

4.6 Perspektiven

Die weitere Entwicklung des E-Commerce hängt von einer Vielzahl von Bedingungen ab, die, wie in Kapitel II zu sehen sein wird, je nach Produkt und Branche sowie den dort geltenden Rahmenbedingungen auch ganz unterschiedlich ausgestaltet sind. Versucht man trotzdem allgemeine Aussage zu den weiteren Perspektiven zu formulieren, die insbesondere Faktoren auf Seiten der Abnehmer und Konsumenten berücksichtigen, dann ergibt sich folgendes Bild:

- Das Wachstum des B2C-E-Commerce war in großen Teilen getragen von dem starken Wachstum der Internetnutzung insgesamt. Letzteres flacht sich aber deutlich ab. Ob die Sättigungsgrenze der Internetnutzer bei eher 50 % oder 60 % liegt und wann sie genau erreicht sein wird, darüber gehen die Prognosen auseinander. Unumstritten ist, dass das Internet auf absehbare Zeit nicht die flächendeckende Verbreitung in der Bevölkerung gewinnen wird, wie etwa das Telefon, das Radio oder der Fernsehapparat.
- Der Anteil der Internetkäufer unter den Internetnutzern liegt – je nach Messmethode und Untersuchungssample – bei etwa 30% bis 50%. Auch hier trügt offensichtlich die Erwartung, dass in absehbarer Zeit *alle* Internetnutzer zu Online-Einkäufern werden könnten (vgl. auch Lamborghini et al. 2000, S. 31).
- Unter den Online-Shoppern sind die Mehrzahl solche, die – zum Teil sicher aus Neugier – *einmal* im Internet einkaufen. Die wenigsten entwickeln ein routinisiertes, regelmäßiges Einkaufsverhalten.
- Die Nutzung des Internets bleibt ein Phänomen, an dem nicht alle Bevölkerungsgruppen in gleicher Weise partizipieren („digital divide").

- Der anhaltende Zuwachs an neuen Internetnutzern und Interneteinkäufern darf nicht darüber hinwegtäuschen, dass es in Zukunft auch immer mehr Internetnutzer und Interneteinkäufer geben wird, die sich von diesem Medium wieder ganz oder für längere Zeitspannen abwenden[12] (Riehm et al. 2001, S. 48; UCLA 2003).
- Die begrenzenden Faktoren für das elektronische Einkaufen liegen einerseits in einer mangelnden technischen Kompetenz bei den Konsumenten, andererseits in schlecht gestalteten Einkaufssystemen im Internet auf Seiten der Anbieter. Es wäre aber eine Illusion, zu erwarten, dass Interneteinkaufssysteme so einfach gestaltet werden könnten, dass sie ohne Vorkenntnisse und Erfahrung von „jedem" zu bedienen sind.
- Der Anteil des B2C-E-Commerce am gesamten Einzelhandel wird auf absehbare Zeit den einstelligen Prozentbereich nicht übersteigen. Es gibt wenig Gründe, die dafür sprechen, dass der E-Commerce-Anteil den Versandhandelsanteil (der nur in wenigen Ländern über 5%, nirgends aber über 10% liegt) übersteigen könnte.[13]

5 Zentrale Fragestellungen und Untersuchungsfelder

Nach diesem einleitenden Überblick zum E-Commerce (Kapitel I) besteht der Hauptteil dieses Abschlussberichts zum TAB-Projekt „E-Commerce" aus detaillierten Analysen des elektronischen Handels in einzelnen Wirtschaftsbereichen (Kap. II). Daran schließen sich eine vergleichende und bilanzierende Analyse und daraus abgeleitete Vorschläge zum Forschungs- und politischen Handlungsbedarf an (Kap. III). In diesem Kapitel (I.5) werden die zentralen Fragestellungen entwickelt, die sich durch die Branchenanalysen des Kapitels II sowie das abschließende Kapitel III ziehen sowie der „Branchenansatz" und die Branchenauswahl begründet.

5.1 Zentrale Fragestellungen

Es gibt in der Literatur und in der öffentlichen und politischen Diskussion zum elektronischen Handel eine Reihe von Erwartungen und Wirkungshypothesen. Ein typisches Spektrum dieser Hoffnungen und Erwartungen kommt etwa in der folgenden Äußerung des damaligen Bundesministers für Wirtschaft und Technologie zum Ausdruck: Mittels E-Commerce könnten neue Märkte erschlossen,

---

12 Die „Dropout-Rate" unter den Internetnutzern in den USA lag im Jahr 2002 bei 7,7 % (UCLA 2003).
13 So erwartet Jupiter Research für das Jahr 2007 einen Anteil der B2C-Umsatze am gesamten Einzelhandelsumsatz der USA von 5 % (O.A. 2003).

5 Zentrale Fragestellungen und Untersuchungsfelder 63

bisher nicht mögliche Produktivitätszuwächse realisiert und nicht zuletzt Arbeitsplätze geschaffen werden. Entwicklungsmöglichkeiten böten sich allen gesellschaftlichen Gruppen, vor allem auch kleinen und mittleren Unternehmen (Müller 2000).

Das vorliegende TAB-Projekt hatte – neben den Teilen, in denen der Stand des E-Commerce im Einzelnen dargestellt wird – nicht zuletzt die Aufgabe, diesen Hoffnungen und Erwartungen nachzugehen. Im Folgenden wird eine Übersicht über gängige Wirkungshypothesen zum elektronischen Handel gegeben, die in den sich anschließenden Teilen des Berichts auf ihre Plausibilität und Vereinbarkeit mit den empirischen Befunden überprüft werden. Es erfolgt an dieser Stelle keine ausführliche Diskussion der jeweiligen Hypothesen, sondern die Ausführungen beschränken sich auf eine kurze Darstellung mit Verweisen auf die Literatur.

5.1.1 Anbieter

E-Commerce verspricht den Anbietern insbesondere folgende Vorteile:

- Kosteneinsparungen durch Produktivitätszuwächse und Prozessinnovationen,
- Produktinnovationen,
- Erschließung neuer Märkte.

Eine entsprechende typische Formulierung findet man bei Meints/Vollmert (2000, S. 1): „Grundsätzlich bringt E-Commerce zwei große Vorteile: Kosteneinsparung und Neugeschäft." Ähnlich postuliert der EITO-Bericht 2000: „The Internet has the potential to develop a new economy based on new products and services, new markets and new business processes" (Lamborghini et al. 2000, S. 24).

Die Empirica-Studie macht die hohen Erwartungen an das Online-Geschäft aus der Sicht der Anbieter deutlich: 73,9% der befragten Unternehmen in allen fünf Ländern wollen durch E-Commerce den Markt für existierende Produkte und Dienste erweitern, 65,5% wollen neue Geschäftsmöglichkeiten erschließen und Märkte eröffnen und 48,1% wollen ihre Kosten reduzieren (Empirica 2001, S. 36).

5.1.2 Kunden

Bei den kundenbezogenen Erwartungen geht es insbesondere um

- die „neue Macht" des Kunden,
- eine höhere Dienstleistungsqualität sowie
- günstigere Einkaufsmöglichkeiten.

Cole/Gromball (2000) sprechen in ihrem Buch „Das Kunden-Kartell" von der „neuen Macht des Kunden". Der Kunde werde als „Koproduzent" in die Lage versetzt, seine Produkte selbst zu gestalten. Kunden würden sich zu kartellähnlichen Gebilden zusammenschließen und die Anbieter unter Druck setzen (Riehm 2002). Wind/Mahajan (2001) gehen gar von der Möglichkeit des Preisdiktats der Kunden durch Preisvergleichsagenturen und „Powershopping" aus.

Die hohen Erwartungen auf Seite der Kunden zeigen sich z.b. auch in den Antworten der Internetnutzer im Rahmen der ACTA-Befragung 2001 (vgl. Kap. I.4.1). 58% der befragten Internetnutzer schätzen am E-Commerce als besonderen Kundenkomfort, dass man rund um die Uhr bestellen kann und nicht mehr von den Ladenöffnungszeiten abhängig ist; 53% begrüßen die sehr große Auswahl und das große Angebot im Internet; und 52% sehen den Vorteil, dass man vieles ganz einfach von zu Hause aus erledigen kann (Institut für Demoskopie Allensbach 2001, S. 177).

5.1.3 Strukturwandel

In Bezug auf die Branchen- und Marktstruktur werden insbesondere die folgenden Effekte diskutiert:

- Die Transparenz der Märkte werde erheblich gesteigert,
- die Transaktionskosten des Handels gesenkt,
- Handelsstufen könnten umgangen werden (Disintermediation),
- Klein- und Mittelbetrieben böten sich besondere Chancen,
- der grenzüberschreitende Handel würde erheblich profitieren.

So schreiben Litan/Rivlin (2001, S. 315, nach Latzer/Schmitz 2001, S. 61): „One of the major features of the Internet revolution is its potential to make the whole economic system, nationally and internationally, more competitive by bringing markets closer to the economists' textbook model of perfect competition, characterized by large numbers of buyers and sellers bidding in a market with perfect information." Oder Brynjolfsson/Smith (2000) referieren eine vergleichbare Auffassung wie folgt: „The conventional wisdom regarding Internet competition ... is that the unique characteristics of the Internet will bring about a nearly perfect market. In the extreme version of this ‚Internet efficiency' view, the characteristics of the Internet will lead to a market where retailer ‚location' is irrelevant, consumers are fully informed of prices and product offerings ..."

In Bezug auf die Disintermediationsthese – die Umgehung, Ausdünnung oder gar das Obsoletwerden vermittelnder Instanzen zwischen Produzent und Konsument – fasst Schoder die positiven Erwartungen, wie sie sich in der Literatur finden, wie folgt zusammen (2000, S. 11 f., vgl. auch Latzer/Schmitz 2001, S. 77 ff.): Aus einer organisatorischen Sicht bewirke die unmittelbare Koordina-

5 Zentrale Fragestellungen und Untersuchungsfelder

tion zwischen Anbieter und Nachfrager auf elektronischen Märkten eine „Verschlankung" der Zwischenstufen und damit eine Einsparung von Margen und Kosten; die Möglichkeiten der Informationstechnik böten die Chance, viele intermediäre Funktionen zu automatisieren; durch die allgemeine Senkung der Transaktionskosten in globalen Kommunikations- und Informationsstrukturen bestünde kein Bedarf mehr für Intermediäre, da eine weitere Transaktionskostensenkung durch intermediäre Funktionen nicht mehr zu erwarten sei.

Bei den branchenstrukturellen Erwartungen spielen schließlich auch die besonderen Chancen kleiner und mittlerer Unternehmen eine besondere Rolle. Hierzu schreibt etwa die OECD (1999, S. 153, vgl. auch Latzer/Schmitz 2001, S. 90 ff.): „The Internet can make size irrelevant, because it can level the competitive playing field by allowing small companies to extend their geographical reach and secure new customers in ways formerly restricted to much larger firms." Sie greift dabei auch das Argument auf, dass es das Internet ermögliche, den geographischen Handlungsradius zu erweitern.

5.1.4 Arbeitsmarkt

Der Zusammenhang zwischen E-Commerce und Arbeitskräftewachstum wird in der Literatur wie folgt gesehen: Da das Umsatzwachstum des E-Commerce sehr hoch sei und in diesem Segment der Wirtschaft viele neue Unternehmen gegründet würden (Start-up-Unternehmen), die teilweise sehr schnell wachsen, sei ein positiver Effekt für die Gesamtbeschäftigung zu erwarten. Produktivitätssteigerungen würden außerdem zur internationalen Konkurrenzfähigkeit beitragen und durch Preisreduzierungen zu einer Ausweitung der Nachfrage beitragen, was sich wiederum in einer Arbeitskräftenachfrage ausdrücken könnte (Latzer/Schmitz 2001, S. 96).

Die Hoffnung auf neue Arbeitsplätze und auf eine insgesamt positive Arbeitsplatzbilanz ist insbesondere in der Politik besonders ausgeprägt. Im schon zitierten Artikel des damaligen Bundesministers für Wirtschaft und Technologie, Werner Müller, wird dies wie folgt zum Ausdruck gebracht: „Mittels E-Commerce lassen sich neue Märkte erschließen, bisher nicht mögliche Produktivitätszuwächse realisieren und nicht zuletzt Arbeitsplätze schaffen" (Müller 2000, S. 1).

5.1.5 Verkehr und Ökologie

Die Erwartungen an die Reduktion des handelsbezogenen Verkehrsaufkommens können wie folgt unterteilt werden:

- Verkehrsreduktion durch direkte Online-Lieferung digitaler Güter und Dienste,

- Verkehrsreduktion durch Internet-gestützte optimalere Planung und Auslastung logistischer Prozesse (Vermeidung von Leerfahrten etc.),
- Ablösung individueller Einkaufsfahrten durch gebündelte Auslieferungsfahrten.

Bei den ökologischen Erwartungen können die folgenden Aspekte unterschieden werden (Behrendt et al. 2002a):

- der produktivere Umgang mit den eingesetzten Materialien,
- die Einsparung von Energie,
- ein reduzierter Flächenverbrauch und
- Entlastung von Ballungsräumen durch Dezentralisierung.

Insbesondere durch die Digitalisierung von bisher materiellen Produkten und Prozessen – Dematerialisierung – wird eine positive ökologische Wirkung erwartet. Romm argumentiert, dass sich das Energiewachstum in den USA vom allgemeinen Wirtschaftswachstum gerade in der Zeit des ökonomischen Durchbruchs des Internets abgekoppelt habe. Dematerialisierung spare Energie und Ressourcen, effektivere Geschäftsprozesse reduzieren Ausschussproduktion und Lagerhaltung (Romm 1999, S. 5 ff.).

5.1.6 Regulatorische Rahmenbedingungen

In vielen Wirtschaftsbereichen kann von einem „frictionless commerce" nicht gesprochen werden, sondern umfassende Regulierungen begrenzen den elektronischen Handel. Der Versuch, solche Rahmenbedingungen zu verändern, stößt oft auf den erbitterten und nicht selten erfolgreichen Widerstand der betroffenen Akteure und Gruppen. Das globale Einsatzpotenzial des E-Commerce führt aber gegebenenfalls dazu, dass national reglementierte und regulierte Vertriebsformen in Frage gestellt werden. So stellt z.B. die Kommission der Europäischen Gemeinschaften (2001a, S. 12) in einem Papier zu den Auswirkungen der E-Economy auf die Unternehmen Europas fest, dass „e-Business zur Erosion von Marktnischen" beitrage, z.B. in den Fällen, in denen die Vertriebswege vorgeschrieben seien, wie in der Arzneimittelindustrie oder bei reglementierten Berufen, wie Rechtsanwälten oder Ärzten. Die E-Economy bzw. der E-Commerce wird in dieser Perspektive zum Katalysator des Wandels und der Deregulierungsprozesse (Strecker/Weinhardt 2002, S. 1; Kommission der Europäischen Gemeinschaften 2001a, S. 8 ff.).

5.2 Zur Analyse des elektronischen Handels in ausgewählten Wirtschaftsbereichen

Ausgangspunkt für diese TA-Studie ist das seit Mitte der 90er Jahre auftretende neue Phänomen E-Commerce, das als eine bestimmte informations- und kommunikationstechnisch gestützte soziotechnische Innovation aufgefasst werden kann. Untersucht werden sollen der derzeitige Entwicklungsstand, die weiteren Perspektiven und Potenziale sowie die Folgen in unterschiedlichen gesellschaftlichen und wirtschaftlichen Bereichen. Die Technik- und Innovationsforschung (z.B. Weyer 1997) hat gezeigt, dass insbesondere *Informations- und Kommunikationstechnologien* gerade in den Anfangsphasen ihres Innovationsprozesses in einer engen *Wechselbeziehung zu ihren Anwendungskontexten* stehen: sie müssen einerseits angepasst werden an die jeweiligen Anwendungskontexte, die technischer, organisatorischer und institutioneller Natur sind; sie verändern aber auch – direkt und indirekt – diese Anwendungskontexte. Ergebnis dieser Anpassungsprozesse sind in der Regel nicht nur im Vergleich zum Ausgangszustand veränderte, sondern ausdifferenzierte „technologische" Systeme, die – gerade beim elektronischen Handel – eher als *technisch-soziale Konfiguration* aufzufassen sind denn als informationstechnische Systeme im engeren Sinne. Denn zum „System E-Commerce" gehören das entsprechende IuK-System, die genormten oder proprietären Produktkataloge, die informellen und formellen Handelsgepflogenheiten, die rechtlichen Rahmenbedingungen, um nur einige wichtige Bestandteile zu nennen. Damit lässt sich die Analyse des E-Commerce nicht mehr rein technisch und nicht mehr übergreifend und anwendungsunabhängig vornehmen. Das Potenzial und die Folgen des E-Commerce zeigen sich nicht „rein", sondern immer nur in den konkreten Anwendungen und unter Berücksichtigung der jeweiligen Rahmenbedingungen. Eine Möglichkeit, sich mit diesen Anwendungskontexten auseinander zu setzen, bieten die Analysen einzelner Wirtschaftsbereiche. Diese prägen durch die jeweilige Branchenstruktur, den Stand des EDV-Einsatzes, das Produktspektrum und die regulatorischen Rahmenbedingungen die Handelsusancen und die Implementierungsmöglichkeiten des E-Commerce entscheidend.

Die *Forderung nach branchenorientierten E-Commerce-Analysen* wird auch von der Literatur unterstützt. So fordern Preissl et al. (2000, S. 51 f.) in einer Studie zu den Beschäftigungseffekten des E-Commerce detaillierte Branchenkenntnisse, Branchenanalysen und Fallstudien. Der „European Information Technology Observatory" aus dem Jahr 2000 legt solche Branchenstudien zum E-Commerce in der Luftfahrt-, Automobil-, Schiffs-, Pharma- und Textilindustrie vor (Lamborghini et al. 2000, S. 222 f.).

Das Electronic-commerce Business Impacts Project (EBIP), an dem u.a. die OECD, TNO-STB und das IPTS beteiligt waren, analysiert ebenfalls den elektronischen Handel in unterschiedlichen Wirtschaftsbereichen. EBIP entwickelte dabei ein Strukturschema für die Branchen und Formen des elektronischen Handels nach der Anzahl (viel vs. wenig) und der Rolle dominanter Unternehmen.

Eine erste Anwendung dieses Schemas erfolgte für die Textil-, Automobil-, Bank- und Reisebranche (Desruelle et al. 2001, S. 35). Auch die Kommission der Europäischen Gemeinschaften (2001a, S. 11, S. 27 ff.) macht deutlich, dass die Wirkungen des E-Commerce in den einzelnen Wirtschaftszweigen ganz unterschiedlich sein können. Für Sektoren mit starkem Wettbewerb und einer Tradition des Informationstechnikeinsatzes, wie bei der Automobilindustrie, führe die „e-Economy" eher zu zusätzlichen Effizienzsteigerungen, nicht aber zu einem radikalen Umbruch. Branchen mit zersplitterten Marktstrukturen, wie die Textilindustrie, Branchen, die besonders auf Informationen angewiesen sind, wie der Finanzsektor oder andere informationsorientierten Dienstleistungsbranchen, könnten besonders stark vom E-Commerce profitieren.

Das Bundesministerium für Wirtschaft und Technologie setzt in seiner E-Commerce-Förderpolitik ebenfalls einen branchenbezogenen Akzent. Es fördert nicht nur 24 regionale Kompetenzzentren für den elektronischen Geschäftsverkehr im Allgemeinen, sondern auch drei branchenspezifische E-Commerce-Kompetenzzentren: für die Freien Berufe, den Handel und die Touristikbranche.

Für die TAB-Studie zum E-Commerce wurden *acht Wirtschaftsbereiche* für eine detaillierte Analyse ausgewählt. Die Auswahl orientierte sich dabei, neben der absehbaren Verfügbarkeit von Studien und Experten, an einer Reihe von Kriterien (Tab. 7).

Tab. 7:   Kriterien der Branchenauswahl

Kriterien der Branchenauswahl
Branchencharakteristik (Fertigung, Handel, Dienstleistung)
Grad der Durchdringung mit E-Commerce
Grad der Regulierung des Handels
Konzentrationsgrad, Wettbewerbsumfeld
Digitalisierbarkeit der Produkte
Problemdruck

So sollten sowohl traditionelle Fertigungsindustrien (Automobilindustrie) wie informationsorientierte neue Branchen (Wertpapierhandel) enthalten sein, Branchen, in denen der E-Commerce bereits relativ weit fortgeschritten ist (Musikindustrie) und solche, in denen er erst am Anfang steht (Lebensmittelbranche), Branchen mit den Handel stark einschränkenden Rahmenbedingungen (Freie Berufe, Arzneimittelhandel) und solche mit einer relativ großen Handelsfreiheit

(Videobranche, Lebensmittelbranche), solche mit einer starken Konkurrenzsituation (Lebensmittelbranche) und solche mit eher gedämpfter Konkurrenz (Buchbranche), auch solche mit gegenständlichen (Auto, Lebensmittel) und solche mit digitalisierbaren Produkten (Video). Zu berücksichtigen ist dabei, dass die in der Regel entlang der Wertschöpfungskette von Produktion bis Konsum abgegrenzten Wirtschaftsbereiche in sich teilweise äußerst heterogen sind. So unterscheiden sich beispielsweise die Bedingungen für den E-Commerce zwischen dem B2B-Sektor und dem B2C-Sektor in der Automobilindustrie oder der Pharmaindustrie grundlegend.

Die so ausgewählten acht Wirtschaftsbereiche werden im Folgenden knapp charakterisiert. Eine ausführliche Darstellung findet sich in Kapitel II.

1. Der *Lebensmittelhandel* steht für einen Wirtschaftsbereich, der durch extreme Konkurrenz, hohe Konzentration, geringe Handelsmargen und durch weitgehende Kundenanforderungen beim elektronischen Handel in Bezug auf Produktqualität und Belieferung geprägt ist. Die Bedingungen für den elektronischen Handel, insbesondere im B2C-Bereich, sind deshalb besonders schwierig.
2. Die *Automobilindustrie* gilt als Repräsentant der etablierten „old economy", die in Bezug auf informationstechnische Neuerungen schon immer eine Vorreiterrolle einnahm. Internet und E-Commerce können sich in diesen technologieorientierten Innovationsprozess nahtlos einfügen. Die Automobilbranche steht aber auch für besondere Herausforderungen, was die Vertriebsstrukturen betrifft, in denen bisher Sonderrechte die freie Konkurrenz einschränkten.
3. Auch der *Arzneimittelhandel* unterliegt derzeit in Deutschland weitgehenden Vorschriften, die den Versandhandel – damit auch den elektronischen Handel – mit dem Endkunden unterbinden. Nicht zuletzt durch grenzüberschreitende Internetangebote, aber auch durch die Hoffnung auf Preisreduktionen für die Arzneimittelbudgets der Krankenkassen und bei den Patienten, wird eine Deregulierung im politischen Umfeld diskutiert, aber stößt auf den Widerstand der betroffenen Apotheker.
4. Der Handel mit *Medienprodukten* (insbesondere Bücher, Musik- und Filmwerke) ist von besonderem Interesse, weil diese Produkte prinzipiell digitalisierbar sind und deshalb ein „vollständiger" elektronischer Handel, der auch die Phase der Auslieferung mit einschließt, hier vorstellbar wäre. Interessant ist dieser Wirtschaftsbereich auch deshalb, weil mit dem Buchhandel eine Branche vorliegt, in denen die Preise für den Endkunden überall gleich sind (Preisbindung), während man bei CDs und Videos Preiskonkurrenz vorfindet.
5. Erst seit 1998 gibt es überhaupt die Möglichkeit, für Unternehmen und Privathaushalte auf dem freien Markt Strom zu beziehen. Dieser ganz neue *Stromhandel* steht in enger Beziehung zur den Möglichkeiten des E-Com-

merce. Strom als Handelsgut weist besondere Eigenschaften auf, die ihm einen Sonderstatus zwischen materiellen Gütern und digitalen Gütern zuweisen.
6. Der *Wertpapierhandel* ist für den E-Commerce besonders deshalb prädestiniert, weil in ihm in der Regel reine Buchungsvorgänge abgewickelt werden, ohne dass das Produkt, das Wertpapier, noch verändert oder bewegt werden müsste. So ist es kein Wunder, dass der Wertpapierhandel zu den Pionieren des elektronischen Handels gehört. Computerbörsen gab es schon, als über E-Commerce noch gar nicht gesprochen wurde.
7. Die *Dienstleistungen* gehören zu jenen Handelsgütern mit hohen Informationsanteilen, die prinzipiell als digitalisierbar erscheinen. Durch die besonders intensive Anbieter-Kunden-Beziehung sind in diesem Bereich aber auch besonders hohe Anforderungen an eine Umsetzung für den elektronischen Handel gegeben. Außerdem sind viele Sektoren der Dienstleistungsbranche durch besondere gesetzliche Regelungen den Gesetzen des freien Marktes entzogen.
8. *Beschaffungsprozesse im öffentlichen Bereich* sind aus zwei Gründen von besonderem Interesse. Einmal gilt die elektronische Beschaffung als ein besonders erfolgversprechendes Einsatzfeld des elektronischen Handels, mit der Chance auf deutliche Einsparpotenziale. Zum anderen ist der öffentliche Bereich nicht nur einer der größten Einkäufer, sondern steht auch unter einem besonderen Einspar- und Rationalisierungsdruck.

Den nun folgenden Analysen des E-Commerce in einzelnen Wirtschaftsbereichen wird in der Regel ein einheitliches Darstellungsschema zu Grunde gelegt. Begonnen wird mit einer knappen Branchencharakteristik. Es schließt sich eine Beschreibung des Standes und der besonderen Formen des E-Commerce an. Darauf folgen Abschnitte, in denen die in Kap. I.5.1 aufgeworfenen Fragestellungen aufgegriffen werden. Dabei müssen die Schwerpunkte dieser Diskussion vor dem Hintergrund der jeweiligen Branche und der dafür vorliegenden Erkenntnisse immer wieder neu gewählt werden. Es schließen sich Überlegungen zu den weiteren Perspektiven des E-Commerce im jeweiligen Wirtschaftsbereich und eine Zusammenfassung an.

II E-Commerce in ausgewählten Wirtschaftsbereichen

1 Handel mit Lebensmitteln

Die Versorgung mit Nahrungsmitteln und Getränken ist einer der bedeutendsten Wirtschaftszweige in Deutschland. Direkt oder indirekt ist annähernd jeder neunte Arbeitsplatz mit dem so genannten „Agribusiness" verbunden. Im Mittelpunkt dieses Kapitels steht der „Konsumprozess Ernährung" im weiteren Sinne, d.h. nicht nur die zentralen Akteure des klassischen Wertschöpfungsprozesses in der Handelskette – Hersteller/Importeure, Großhändler, Einzelhändler – werden betrachtet, sondern auch die Beziehungen zwischen Handel und Konsumenten sowie die Logistikdienstleister.

Es werden zunächst Grundinformationen zur Branchenstruktur gegeben sowie die Formen des E-Commerce in diesem Wirtschaftsbereich aufgezeigt. Im Weiteren wird der Frage nachgegangen, wie sich Angebot und Nachfrage darstellen, welchen Einfluss E-Commerce auf die Gestaltung dieser Prozesskette ausübt und welche Wirkungen und Folgen zu erwarten sind. Die durch den Einsatz internetbasierter Technologien bewirkten Wechselwirkungen zwischen möglichen Veränderungen von Konsumverhalten, Distributionsstrategien und Logistikkonzepten, Raumstrukturen und Mobilität von Personen und Gütern sollen ermittelt und die Auswirkungen auf Umwelt und Arbeit benannt werden, um abschließend politische Handlungsoptionen anzusprechen.

Dieses Kapitel stützt sich in wesentlichen Teilen auf das für den Deutschen Bundestag von Flämig et al. (2002) erstellte Gutachten.

1.1 Grunddaten zur Branche

Die allgemeine Wirtschafts- und Branchenentwicklung, soziodemographische Veränderungen sowie neue Lebens- und Konsumstile führen dazu, dass ein immer geringer werdender Teil des zur Verfügung stehenden Einkommens für die Ernährung ausgegeben wird und dies zu einem immer geringer werdenden Teil im Lebensmitteleinzelhandel.

Das „Agribusiness" ist durch Globalisierung, Internationalisierung und Konzentration gekennzeichnet. Vor allem im Lebensmitteleinzelhandel sind diese Prozesse weit vorangeschritten und führen in Deutschland zu einem hohen Konkurrenzdruck sowohl zwischen der Vielzahl an Betriebsformen als auch zwischen den Standorten des Handels.

Den Handel prägt heute die fließende Grenze zwischen Groß- und Einzelhandel. Die Kernkompetenzen des Großhandels liegen in der Überbrückung von

Zeit und Raum sowie der Vermittlung von Mengen zwischen den Produzenten von Gütern und dem Einzelhandel. Dieser intermediären Funktion kommt durch die besondere Struktur im deutschen Lebensmitteleinzelhandel eine zentrale Rolle zu, da sie von dem Zusammenschluss vieler kleiner und mittelständischer Unternehmen zu Einzelhandels- und Dienstleistungsunternehmen geprägt ist.

1.1.1 Ernährungsverhalten und Bevölkerungsstruktur

Das Ernährungs- und Einkaufsverhalten wird stark durch die jeweilige Haushaltsstruktur beeinflusst. Bei einer insgesamt steigenden Anzahl an Haushalten nahm insbesondere die Anzahl der Single-Haushalte stark zu. Seit Mitte der 70er Jahre stellen Ein-Personen-Haushalte die größte Haushaltsgruppe.

Insgesamt verändert sich das Ernährungsverhalten der Bevölkerung. Jeder fünfte Deutsche gehört inzwischen zum so genannten Convenience-Typ, der nahezu alle Erleichterungen nutzt, die ihm von der Nahrungsmittelindustrie und durch die Schnell-Gastronomie geboten werden. Auch die anderen, sich nach Ernährungsgewohnheiten unterscheidenden, Verbrauchertypen nutzen diese Möglichkeiten.

So verliert der Lebensmitteleinzelhandel jährlich rund ein Prozent an Umsatz. Gewinner dieser Entwicklung sind – neben den Pizzerien und Schnellrestaurantketten sowie Lieferdiensten – vor allem die so genannten Systemanbieter. Zu diesen Systemanbietern gehören vor allem Bäckereien und Fleischereien, die neben ihrem normalen Sortiment kalte und warme Speisen sowie Getränke in ihrem Angebot führen.

1.1.2 Lebensmittelindustrie

Vor dem Hintergrund eines insgesamt wachsenden Außenhandels der Ernährungsindustrie übersteigen die Importe von Lebensmitteln die Exporte. Für das Jahr 2000 veranschlagte die Bundesvereinigung der Deutschen Ernährungsindustrie (BVE) den Saldo auf minus 7,2 Mrd. DM (BVE 2001).

Trotz des hohen Importanteils stellen in Deutschland die Ernährungsindustrie und das Ernährungshandwerk den viertgrößten Wirtschaftszweig dar. Das produzierende Ernährungsgewerbe ist in Deutschland zu großen Teilen noch durch kleine und mittelständische Strukturen gekennzeichnet, ein zunehmender Konzentrationsprozess ist jedoch zu verzeichnen.

1.1.3 Großhandel

Zum Großhandel werden u.a. Großverbraucherhandel, Sortimentsgroßhandel, Cash and Carry (C+C) und Regalgroßhändler[14] gezählt. Die Absatzformen des Großhandels werden in Streckengroßhandel (ohne Lagerung) und Lagergroßhandel unterteilt. Die Bedienungsformen des Großhandels gliedern sich in den Selbstbedienungsgroßhandel und den herkömmlichen Großhandel. Der Großhandel versorgt die Produzenten, aber auch gewerbliche Verbraucher und Dienstleistungsunternehmen mit Roh- und Fertigware, Investitions-, Hilfs- und Betriebsmitteln, die Einzelhandelsstufe mit den Konsumgütern zum Weiterverkauf an den privaten Verbraucher sowie allen für die Betriebserfüllung erforderlichen Waren.

Der Umsatz der *Großverbraucher (GV)–Zustelldienste* lag 1992 noch bei 4,2 Mrd. DM und wuchs bis zum Jahr 2000 auf 7,7 Mrd. DM an (M+M Eurodata 2001). Die Großverbraucherzustelldienste haben in den letzten Jahren insbesondere auf Grund des zunehmenden Außer-Haus-Verzehrs an Bedeutung gewonnen.

Zum *Sortimentsgroßhandel* zählen Großhandelsbetriebe, die tendenziell ein breites Sortiment vorrätig halten und ein Bündel an Beschaffungs-, Absatz-, Finanzierungs- und Informationsfunktionen in der Regel kleinen gewerblichen Abnehmern zur Verfügung stellen. Zum Sortimentsgroßhandel gehören auch Betriebe, die sich auf bestimmte Produktlinien spezialisiert haben (Obst, Gemüse und Kartoffeln; Fleisch, Fleischwaren, Geflügel und Wild; Milcherzeugnisse, Eier, Speiseöle, Getränke sowie Kaffee, Tee, Kakao und Gewürze).

1.1.4 Einzelhandel

Mit dem Verkauf von Nahrungs- und Genussmitteln werden fast 30% des gesamten Umsatzes im deutschen Einzelhandel erzielt. Die zehn größten Unternehmen des deutschen Lebensmitteleinzelhandels hielten im Jahr 2001 einen Marktanteil von 84%. Vom Gesamtumsatz, der im Jahr 2001 194 Mrd. Euro betrug, wurden rund 132 Mrd. Euro mit Lebensmitteln und Drogerieartikeln und rund 62 Mrd. Euro mit Non-Food-Artikeln realisiert (M+M Eurodata 2002). Es wird prognostiziert, dass die fünf größten Unternehmen des Lebensmitteleinzelhandels im Jahr 2010 einen Marktanteil von 81,6% erreichen könnten.

Insgesamt gesehen nimmt die Zahl der Lebensmittelgeschäfte ab. Wie die Abbildung 4 zeigt, hat sich in den vergangenen Jahren lediglich die Anzahl der

---

14 Regalgroßhändler (Rack-Jobber) sind Großhändler oder Hersteller, denen in Handelsbetrieben Verkaufsräume oder Regalflächen zur Verfügung gestellt werden und die das dortige Sortiment mit eigenen Waren erweitern. Die Rack-Jobber sind Eigentümer der Ware. Der Abverkauf erfolgt jedoch über die POS-Systeme (Kassensysteme) der Handelsbetriebe.

SB-Warenhäuser/Verbrauchermärkte und Discounter erhöht. Die Gesamtverkaufsfläche nahm in den letzten Jahren kontinuierlich zu. Dabei ist die Flächenproduktivität gesunken, weil die Umsatzerlöse nicht gesteigert werden konnten.

Abb. 4: Anzahl der Lebensmittelgeschäfte nach Betriebsformen

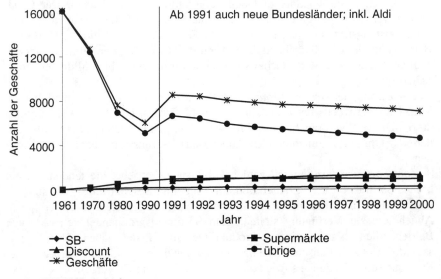

Quelle: EHI 2000, S. 84 f.

Im Jahr 2001 hatten *Produkte aus biologischem Anbau* nur einen Anteil von durchschnittlich ein bis zwei Prozent am Gesamtumsatz der im Rahmen einer Studie befragten Lebensmitteleinzelhandelsketten (Imug 2001, S. 3). Der derzeitige Anteil von Bio-Kost am deutschen Lebensmittelumsatz soll sich allerdings von 2 auf 25 % im Jahr 2005 erhöhen. Um diese Wachstumsraten zu realisieren, müssen die Vertriebswege ausgebaut werden.

Die Vermarktung von Ökoprodukten ist differenziert gegliedert. Von den geschätzten vier Mrd. DM Umsatz im Jahr 1999 entfiel über ein Drittel auf den Naturkosthandel, mehr als ein Viertel auf den konventionellen Lebensmitteleinzelhandel, knapp ein Fünftel auf die Direktvermarktung über Hofläden und Wochenmärkte sowie je rund ein Zehntel auf Reformhäuser und das Lebensmittelhandwerk, insbesondere auf Bäcker und Metzger (Willer et al. 2001).

Ein weiterer Trend besteht in der Zunahme der hersteller-, händler- bzw. herkunftsbasierten Markenorientierung. Regional erzeugte Produkte des täglichen Verzehrs wie Fleisch und Fleischwaren oder Brot- und Backwaren werden zunehmend in das Sortiment von Fachgeschäften aufgenommen (Henke 2000,

S. 227 f.). Der Erfolg der Vermarktungsstrategie für regionale Produkte steigt mit dem Image der Region und sinkt mit deren Verarbeitungsgrad.

1.2 Stand und Formen des E-Commerce

Bei der Darstellung des elektronischen Handels mit Lebensmitteln wird im Folgenden der Handel zwischen Unternehmen (B2B) und der Handel mit Privatkunden (B2C) unterschieden. Elektronische Marktplätze oder elektronische Handelsplattformen spielen insbesondere im B2B-Bereich eine besondere Rolle. Über den reinen Handelsprozess hinausgehende Dienstleistungen (Logistik, Transport, Versicherungen etc.) werden hierbei immer wichtiger. Im B2C-Sektor kommen in erster Linie Katalogsysteme zum Einsatz. Die Bestellabwicklung im Einzelnen und die Lieferkonditionen sind hierbei von besonderem Interesse.

1.2.1 Elektronische Handelsplattformen im B2B-Bereich

Eher kleine elektronische Marktplätze stehen typischerweise am Beginn, größere elektronische Marktplätze am Ende der Wertschöpfungskette. Dies könnte unter anderem darauf zurückzuführen sein, dass der Konzentrationsprozess am Anfang der Wertschöpfungskette in der Landwirtschaft und der Lebensmittelindustrie – abgesehen von einigen großen Markenherstellern – noch nicht so stark vorangeschritten ist, wie dies am Ende der Wertschöpfungskette auf der Stufe des Handels der Fall ist.

Elektronische Marktplätze im Bereich Landwirtschaft und Fischfang

Im Bereich der Landwirtschaft liegen die Schwerpunkte der elektronischen Marktplätze im Handel mit Vieh, Gebrauchsmaschinen oder Produktionsmitteln. Funktional gesehen handelt es sich um Auktionen (z.B. Agrodealer), B2B-Shops (z.B. Agrenius), Marktplätze mit Kleinanzeigen (z.B. Tec24) oder um Seiten, die mit allen drei Funktionen ausgestattet sind (z.B. Farmworld, Farmking).

Da es sich bei Lebensmitteln um eine besonders sensible Warenform handelt, sind die Käufer besonders an geschlossenen Marktplätzen (closed trading platforms) interessiert. Viele der Marktplätze integrieren bereits mehrere Handelsstufen und werden dadurch langfristig die vertikale Integration vorantreiben (Fritz et al. 2001, S. 345). Tabelle 8 gibt einen Überblick über ausgewählte elektronische Agrarmarktplätze.

Im Bereich des Fischhandels gibt es die Möglichkeit, an real stattfindenden Fischauktionen in Echtzeit teilzunehmen und mitzubieten (Abb. 5). Pefa bietet als weiteres Angebot einen Katalog, aus dem außerhalb von Auktionen Waren ausgesucht und gekauft werden können. Das Manko, auf die persönliche Begutachtung der Ware verzichten zu müssen, versuchen die Plattformen durch unabhängige Zertifizierung und eine detaillierte Beschreibung der Ware auszugleichen.

Tab. 8: Ausgewählte elektronische Agrarmarktplätze

Bereich	Getreide	Milch	Fleisch
Unternehmen	Egrain AG	Milchwelt GmbH	HMW Fleisch Forum GmbH
Reichweite	Europa	Europäische Union	Deutschland
eingebundene Wertschöpfungsstufen	landwirtschaftliche Erzeugnisse, insbesondere Getreide, Ölsaaten und Kartoffeln.	k.A.	Industrie, Großverbraucher, Einzelhandel
angebotene Produkte	Getreide	flüssige Milchprodukte	Fleisch und Tierteile
Logistikpartner	Transport muss von den Handelspartnern eigenständig ausgehandelt und organisiert werden.	Transport muss von den Handelspartnern eigenständig ausgehandelt und organisiert werden.	Transport muss von den Handelspartnern eigenständig ausgehandelt und organisiert werden.
ausgewählte Teilnehmer	k.A.	k.A.	1.282 Fleischvermarkter, 111 Fleischabnehmer, 1.262 Fleischfabriken

Quelle: modifiziert nach Flämig et al. (2002).

Abb. 5: Auktionsuhr einer Fischauktion über Pefa.com

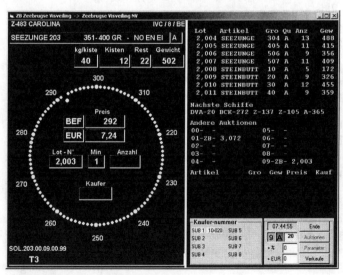

Quelle: Pefa.com.

Ökologische Agrarmarktplätze

Prinzipiell sind alle Marktplätze auch offen für ökologische Waren, z.T. wurden auch eigene Öko-Rubriken eingerichtet (vgl. beispielsweise für Biofleisch: Fleischforum). Im Bereich der ausschließlich mit ökologisch erzeugten Waren handelnden Marktplätze ist ein vielfältiges Angebot entstanden, deren Handelstätigkeit unterschiedlich erfolgreich ist. Anlaufschwierigkeiten haben alle, einige von ihnen mussten bereits Insolvenz anmelden (vgl. Unitednaturex). Erfolgreich stellt sich beispielsweise die kleine, funktionierende und länderübergreifende Plattform von Naturabella dar, ein italienisches Unternehmen aus dem Biobereich.

Marktplätze für Produzenten, Groß- und Einzelhändler

Im Gegensatz zu den bisher vorgestellten Plattformen weisen die im Folgenden beschriebenen elektronischen Marktplätze bereits ein hohes Handelsvolumen auf. Dies ist vor allem deshalb möglich, weil sich hier eine Vielzahl von zentralen Akteuren der Wertschöpfungskette aktiv beteiligt. Insbesondere die Groß- und Einzelhandelsketten sowie die großen Konzerne der Konsumgüter- und Lebensmittelindustrie treten als Anbieter oder als Nachfrager auf (Flämig et al. 2002, S. 55 ff.).

GlobalNetXchange (GNX) wurde am 28. Februar 2000 gegründet. GNX hat seinen Hauptsitz in San Francisco und steht Lieferanten und Einzelhändlern aller Größenordnungen und aus allen Geschäftsbereichen der Konsumgüterindustrie weltweit offen. GNX ermöglicht dem Einzelhändler, direkt mit dem Lieferanten zu kommunizieren und organisiert mögliche Verhandlungen. Um diese Kommunikation zu gewährleisten, stellt GNX seinen Kunden Systeme zur Realisierung von Echtzeit-Auktionen zur Verfügung. Im Jahr 2001 liefen nach eigenen Angaben über GlobalNetXchange 2.600 Transaktionen mit einem Gesamtwert von mehr als 2,73 Mrd. US-Dollar.

CPGmarket war der erste elektronische Marktplatz für die europäische Konsumgüterindustrie (Start Ende Oktober 2000). Im Gegensatz zur einzelhandelsorientierten GlobalNetXchange-Plattform konzentriert sich CPGmarket auf die Hersteller. Die Gründungsmitglieder Danone, Henkel, Nestlé sowie SAPMarkets schlossen sich im März 2000 mit dem Ziel zusammen, die Zusammenarbeit zwischen Handel, Industrie und Vorlieferanten entscheidend zu verbessern. Der gemeinsame elektronische Marktplatz bietet fünf Hauptservices an: E-Requisitioning, E-Supply Chain Management, E-Intelligence, E-Sourcing und E-Fulfillment. Von Oktober 2000 bis März 2002 wurden Transaktionen im Wert von mehr als 1 Mrd. Euro abgewickelt. 2.500 Anbieter und 600 Käufer haben bisher die Dienste von CPGmarket genutzt. Die Geschäftspartner können wichtige

Transaktionsdokumente wie Bestellung, Planungsvereinbarungen, Vertragsbestätigung, Lieferplan, Lieferschein und Wareneingangsbestätigung über den Marktplatz austauschen. Dieser Service beschleunigt die traditionellen Abwicklungsprozesse. Durch Online-Auktionen, so CPGmarket, konnten im Durchschnitt die Kosten um 15% reduziert werden (CPGmarket 2002).

Die derzeit größte Handelsplattform im Internet ist die *WorldWide Retail Exchange (WWRE)*. WWRE wurde im März 2000 gegründet. Mitte 2002 gehörten WWRE 62 bedeutende Einzelhändler und Hersteller aus den Bereichen Lebensmittel, „Non-Food", Textilien und Drogerie-Artikel an. So u.a. aus Deutschland Edeka, Otto Versand, Rewe, Schlecker und Tengelmann, aus Europa C&A, Coop Italia, Coop Schweiz, El Corte Ingles, Galeries Lafayette, Marks & Spencer sowie Tesco und aus den USA Albertson's, Best Buy, Kmart, Safeway sowie Toys R Us. Ziel der gemeinsamen Internetplattform ist es, den Geschäftsverkehr zwischen Händlern, Herstellern und Lieferanten einfacher, schneller und effizienter zu gestalten. Im Jahr 2001 wurde ein Transaktionsvolumen von mehr als 2 Mrd. US-Dollar erzielt, und die Teilnehmer konnten dadurch mehr als 270 Mio. US-Dollar an Kosten einsparen (WWRE 2001; WWRE 2002).

Die Gründung von *Efoodmanager B2B Internet AG* erfolgte im Januar 2000. Sie ist aus der 1997 gegründeten Fruchtnetz GmbH, dem ersten europäischen Internetmarktplatz in der Lebensmittelbranche, hervorgegangen. Im Gegensatz zu den anderen großen Marktplätzen beschränkt sich der Handel über die Plattform von Efoodmanager auf Meeresfrüchte, Obst und Gemüse sowie Geflügel. Prinzipiell steht der elektronische Marktplatz allen Händlern und Produzenten im Lebensmittelbereich offen.

Zusammenfassung

Die Idee der elektronischen Marktplätze entspricht in weiten Teilen der Ursprungsidee des Großhandels: der Reduktion von Schnittstellen. Mit elektronischen Marktplätzen verbinden sich im Einzelnen folgende positive Effekte:

- Reduzierung der Informationskosten,
- Verringerung der Transaktionskosten durch integrierte Logistikdienstleistungen,
- Ersparnis von Marketingkosten durch einen gemeinsamen Marktauftritt,
- Reduzierung der Kommunikationskosten,
- Erhöhung der Aktualität von Produkt- und Unternehmensinformationen,
- Angebot von Mehrwertdiensten und Zusatzleistungen wie Finanz-, Versicherungsinstituten und/oder Logistikdienstleistern,
- 24 Stunden-Verfügbarkeit.

Heute existieren auf und nahezu zwischen allen Wertschöpfungsstufen elektronische Marktplätze im B2B-Bereich der Lebensmittelbranche. Am erfolgreichsten sind bislang die neutralen Marktplätze, darunter vor allem diejenigen, welche zwischen Herstellern und Händlern vermitteln. Hier werden Auktionen durchgeführt, Rahmenverträge ausgehandelt und umfangreiche Mehrwertdienste – wie standardisierter Datentransfer oder CPFR (Collaborative Planning, Forecasting and Replenishment) – angeboten. Von besonderer Bedeutung im B2B-Bereich der Lebensmittelbranche sind die virtuellen, vertikalen Marktplätze. Dabei dient das Internet zur Verbesserung des Informationsflusses zwischen Herstellern und Lieferanten und stellt damit eine größere Markttransparenz her. Dies hat zum einen Auswirkungen auf den weiteren Preiswettbewerb, zum anderen trägt der verbesserte Informationsfluss zur Reduzierung von Durchlaufzeiten, zur Erhöhung der Lieferflexibilität und zum Abbau von Lagerbeständen bei.

1.2.2 Elektronische Handelsplattformen im B2C-Bereich

Das Angebot an Online-Lebensmitteln

Die umfangreichsten Suchmaschinen zum Einkaufen in Deutschland sind unter Shop.de und Easyeinkauf.de zu finden. Die eingetragenen Unternehmen wurden nach eigenen Angaben alle getestet und bieten Waren aus den Bereichen Lebensmittel, Getränke sowie Non-Food-Artikel an, die auch in einem stationären Supermarkt angeboten werden. Das Spektrum (Stand Ende 2001) umfasst 677 Einträge unter der Rubrik Getränke, 281 Einträge unter Lebensmittel sowie jeweils 36 Einträge unter Supermärkte und Lieferservices (Flämig et al. 2002, S. 65 ff.).

Die Entwicklung des Online-Angebotes an Lebensmitteln in Deutschland hat in der zweiten Hälfte des Jahres 2001 eine Konsolidierungsphase durchlaufen. Infolgedessen mussten zahlreiche Anbieter Konkurs anmelden. Andere Anbieter schränkten wegen ausbleibender Rentabilität die Liefergebiete ein oder stellten ihr Sortiment derart um, dass sie das Kriterium Lebensmittelvollsortiment nicht mehr erfüllten, wie beispielsweise My-world von KarstadtQuelle.

Gleichzeitig konnten jedoch auch Neuplatzierungen von Internetservices beobachtet werden. Dazu zählt der zur Rewe-Gruppe gehörende Anbieter Konze (Dortmund), der seit Februar 2001 mit einem eigenen Internetauftritt am Markt ist. Auch treten neue Anbieter in den Markt ein, wie Doit24, die nach einer zweijährigen Testphase (seit 1999) in Dresden das Liefergebiet ihres Internet-Supermarktes auf Berlin und München ausdehnen wollen (Kapell 2001a).

Den bundesweiten und flächendeckenden Vertrieb von typischen Supermarktsortimenten (ohne Mehrweggetränke, Frische- und Tiefkühlartikel) bieten bislang nur Edeka-online und Otto-Supermarkt sowie in begrenztem Umfang auch Schlecker an. Unter den Ökoanbietern sind Tegut, Naturkost24 und Meinnaturshop diejenigen Online-Anbieter mit dem breitesten Sortiment, das sie auch flächendeckend vertreiben. Diese Systeme sind inzwischen derart flexibel, dass Anbieter neben der regionalen auch die nationale Zustellung betreiben und für unterschiedlichste Liefergebiete speziell zusammengestellte Sortimente anbieten können. Die nationalen Lieferdienste beschränkten ihr bundesweites Sortiment auf Artikel des Trockensortiments, des Non-Food-Bereichs und auf Getränke ohne Pfand (Otto-Supermarkt), während sie in einzelnen Regionen ein breiteres Sortiment anbieten.

Eine von Flämig et al. (2002) im Herbst 2001 durchgeführte *Befragung ausgewählter Online-Lebensmittelhändler*[15] hinsichtlich der Lieferkonditionen, der Kundenanbindung, der Bestellvolumen etc. vermittelt folgendes Bild:

Kundenanbindung: Bei nahezu allen Anbietern konnte per Telefon, Telefax und Internet bestellt werden. Nach den Umfrageergebnissen gingen bei den Händlern mit Online- und Offline-Angeboten zwischen 2 und 50 % der Bestellungen über das Internet ein. Verbesserte Software und Möglichkeiten, kundenbezogene Daten und Informationen zu speichern und auszuwerten, nutzten fast alle der Online-Händler. Die meisten Unternehmen boten ihren Kunden an, persönliche Einkaufslisten abzuspeichern. Teilweise wurden den Kunden in Abhängigkeit zu ihrem bisherigen Einkaufsverhalten spezielle Angebote unterbreitet.

Bestellvolumen: Der durchschnittliche Wert einer Online-Bestellung durch gewerbliche Kunden lag zwischen 150 und 1.500 DM. Der Durchschnittsbon der privaten Kunden der Hybriden variierte zwischen 70 und 150 DM. In ähnlicher Größenordnung lagen auch die jeweiligen Durchschnittsbons der privaten und gewerblichen Kunden der Unternehmen, die nur das Online-Geschäft betreiben und über keine stationären Läden verfügen. Die Öko-Anbieter gaben an, dass sie nur private Kunden betreuen. Der Durchschnittsbon lag dort mit einer Bandbreite von 32 bis 80 DM deutlich unter dem der Hybriden. Dies ist auf eine andere Sortimentszusammensetzung, worin der hohe Anteil an Obst und Gemüse zu Buche schlägt, zurückzuführen.

Lieferkonditionen: Der Mindestbestellwert (exklusive Pfand) war sehr unterschiedlich, z.T. entfällt er. Der Mindestbestellwert korrelierte in einigen Fällen mit der geforderten Lieferpauschale: Je geringer diese war, desto höher bemaß

---

15 Insgesamt wurden 43 Unternehmen angeschrieben, darunter 21 klassische Lebensmitteleinzelhändler mit Online- und Offline-Angeboten, sechs neugegründete Lebensmittelunternehmen mit ausschließlichem Online-Angebot, 14 Anbieter mit Ökoprodukten und zwei Anbieter mit einem ausschließlich Tiefkühlprodukte umfassenden Sortiment. Der Rücklauf betrug allerdings nur 18 % (10 Unternehmen). Sechs weitere Unternehmen beantworteten einen einseitigen verkürzten Fragebogen.

1 Handel mit Lebensmitteln

sich der Mindestbestellwert. Die Lieferpauschale lag mehrheitlich zwischen 5 und 10 DM. In zwei Fällen war die Lieferpauschale an die Entfernung zum Zustellort gebunden. Ein Händler bot ein Staffelsystem an und band die Liefergebühr an den Einkaufswert (Edeka). Ebenso uneinheitlich war diejenige Höhe des Bestellwerts, ab der die Lieferpauschale dem Kunden erlassen wurde. Hier reichte das Spektrum von 35 bis 175 DM. Am häufigsten wurde die Schwelle auf 50 DM (vier Anbieter) oder auf 150 DM (ebenfalls vier Anbieter) festgelegt. Bei allen Anbietern konnte die Bezahlung durch Barzahlung beim Fahrer oder per Kreditkarte erfolgen.

Die Zeitspanne vom Bestelltermin bis zur frühestmöglichen Zustellung betrug nach Angaben der jeweiligen Homepage zwischen 90 Minuten und 72 Stunden, je nach Größe des Zustellgebietes und des Bestellzeitpunktes. Zumeist wurde von Montag bis Freitag drei feste und am Samstag zwei feste Lieferzeitfenster angeboten. Die Länge der festen Lieferzeitfenster variierte zwischen 30 Minuten und vier Stunden. Andere Händler boten für bestimmte Liefergebiete feste wöchentliche Lieferzeitfenster an.

Kommissionierung: Die meisten Hybriden kommissionierten auf Grund des geringen Bestellaufkommens im eigenen Verkaufsraum, Edeka-Online je nach Zustellgebiet in Filialen an unterschiedlichen Orten. Für den Fall der Kommissionierung im Verkaufsraum wurden die Waren für die Bestellungen zumeist während der Ladenöffnungszeiten zusammengestellt. Rewe nahm die Bestellungen zentral in einem Call-Center entgegen und leitete sie von dort an die für das Liefergebiet zuständige Filiale weiter, in der die Waren kommissioniert wurden. Von dort wurden sie auch an den Endkunden ausgeliefert. Tengelmann nahm die Bestellungen für die beiden gegenwärtigen Liefergebiete München und Berlin ebenfalls zentral in einem Call-Center entgegen. Die Waren wurden allerdings in dem jeweiligen Distributionscenter kommissioniert und von dort verteilt. Das hohe, gebündelte Bestellaufkommen scheint diese logistische Variante zu rechtfertigen.

Zustellung: Die Lieferung der Ware erfolgte bei allen Anbietern sowohl zum Wohnstandort – dort nimmt sie entweder der Empfänger selbst oder eine Vertrauensperson entgegen – als auch an den Arbeitsplatz. Eine Ausnahme stellt die Abwicklung der Distribution durch die Post dar, bei der die Empfänger, sofern sie bei der Zustellung nicht angetroffen wurden, die Ware in der Postfiliale abholen müssen. Inzwischen wieder eingestellt wurde die Auslieferung von Tengelmann via Shopping-Box in Frankfurt am Main. Die Zustellung der Waren in Abwesenheit des Käufers ist vor allem bei den Ökoanbietern eine praktizierte Lösung, um Doppelanfahrten zu vermeiden. Nur zwei Anbieter gaben an, auch mehrfache Zustellversuche zu unternehmen. Bei den Öko-Anbietern wurde der Zustelltag in Abhängigkeit von der jeweiligen Lieferadresse bestimmt. Die Bestellung musste bei allen Öko-Anbietern drei Tage vorher eingegangen sein, damit sie am kommenden Zustelltag berücksichtigt werden kann. Auch die Zustellung der Waren folgte keinem festen Schema. Die meisten der regional anbietenden Händler stellten die Waren in Eigenregie zu. Davon ausgenommen sind einzelne Geschäftsinhaber der Edeka-Gruppe. Beispielsweise wurde für die Zustellung in Hannover und Celle mit dem Unternehmen Transport-Taxi zusammengearbeitet. Reichelt kooperierte für die Zustellung in Berlin mit der Otto-Tochter Hermes (o.A. 1999a). Konsum Dresden hatte für die Zustellung im Dresdner Raum einen Lieferservice beauftragt. Die national anbietenden Händler nutzten fast ausschließlich die Deutsche Post AG als Zusteller. Eine Ausnahme bildete Otto-Supermarkt.de. Dieses Joint-Venture des Großhändlers CITTI und des Hermes Versand Service baute gerade darauf auf, dass einer der Partner – die Otto-Tochter Hermes – ein eigenes Zustellnetz für den Endkunden betreibt.

Die Nachfrage nach Online-Lebensmitteln

Für die Einschätzung und Bewertung der heutigen und künftigen Online-Nachfrage nach Lebensmitteln kann auf zwei Untersuchungen zurückgegriffen werden: den *GfK-Webscope* mit seiner detaillierten Erfassung von im Internet gekauften Produktgruppen (Kap. I.4.2) und hinsichtlich des Zusammenhangs von Nutzerstruktur und Produkten, die im Internet gekauft werden, der nun im zweiten Jahr erschienene *Internetshopping Report* 2001.

Nach dem GfK-Webscope wurden im Jahr 2001 insgesamt 1,6 Mio. Online-Transaktionen getätigt, bei denen (u.a.) Nahrungsmittel (ohne Getränke) bestellt wurden. Damit wurde ein Umsatz mit Nahrungsmitteln im Wert von 33,6 Mio. Euro generiert. Betrachtet man die Entwicklung der Quartalszahlen vom 4. Quartal 2000 bis zum 1. Quartal 2002, dann zeigt sich, dass die Online-Transaktionen mit Lebensmitteln und die dadurch erzielten Umsätze relativ stabil sind – eine Ausnahme stellt das 4. Quartal 2001 dar (Tab. 9). Der Anteil der nahrungsmittelbezogenen Transaktionen an allen Online-Transaktionen liegt um den Wert von 3%, der Anteil der Nahrungsmittelumsätze an allen Online-Umsätzen mit Ausnahme des 4. Quartals 2001 unter 1%.

In Abbildung 6 sind – nach dem Internetshopping Report 2000 – die drei Produktgruppen aufgenommen, die am engsten dem Bereich Ernährung zuzuordnen sind: Delikatessen, Wein und Spirituosen, Lebensmittel des täglichen Bedarfs. Sie wurden um diejenigen Warengruppen ergänzt, die häufig im Lebensmitteleinzelhandel angeboten werden (z.B. Putz- und Waschmittel) oder in Deutschland entweder traditionell einen hohen Anteil am Versandhandel aufweisen, wie beispielsweise Bekleidung, oder die besonders häufig innerhalb der letzten 6 Monate über das Internet gekauft worden sind (z.B. Bücher).

1 Handel mit Lebensmitteln 83

Tab. 9: Online-Bestellungen von Nahrungsmitteln (nicht Getränke)

Zeitraum	Trans-aktionen in Tsd.	Anteil an allen Online-Transaktionen	Umsatz in Tsd. Euro	Anteil an allen Online-Umsätzen
4. Quartal 2000	335	2,8 %	6.036	0,7 %
1. Quartal 2001	384	3,8 %	7.285	0,8 %
2. Quartal 2001	381	3,0 %	6.407	0,6 %
3. Quartal 2001	333	2,7 %	6.445	0,6 %
4. Quartal 2001	550	3,1 %	13.447	1,0 %
1. Quartal 2002	327	3,1 %	5.536	0,6 %

Quelle: eigene Berechnungen nach Daten des GfK-Webscope.

Abb. 6: Internetshopping Report 2001: Welche dieser Produkte haben sie online bestellt oder gekauft?

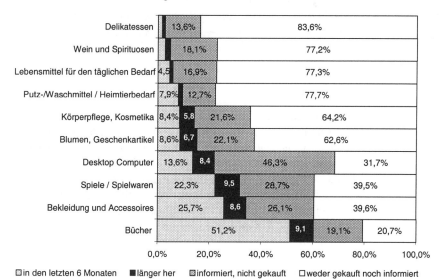

Anmerkung: Erhebungszeitraum: 10.10.2000 – 21.11.2000   N = 8.132 (Internetnutzer).
Quelle: Flämig et al. 2002, S. 136.

77,3% der befragten Internetnutzer haben bisher noch nie über das Internet Lebensmittel geordert oder Informationen über Lebensmittel eingeholt. Ein detaillierterer Blick auf die Nutzerstruktur zeigt, dass auch online der Lebensmitteleinkauf Frauensache ist (vgl. auch Abb. 7). Denn 7,4% der befragten Frauen haben schon einmal online Lebensmittel gekauft, 5,9% von ihnen innerhalb der letzten sechs Monate. Durchschnittlich bestellten nur 4,5% der befragten Internetnutzer in den letzten sechs Monaten Lebensmittel im Internet. Dabei gaben sie innerhalb dieser sechs Monate insgesamt 255 DM für Lebensmittel aus. Es sind vor allem Erlebniseinkäufer, die das Internet als Einkaufsort für Lebensmittel nutzen (Symposion Publishing 2000, S. 140).

Bezogen auf die Gesamtausgaben in den letzten sechs Monaten gaben durchschnittlich 38,4% der Online-Lebensmitteleinkäufer an, dass sie weniger als 5% online für Lebensmittel ausgegeben haben. 16,6% gaben an, dass sie zwischen 5% und unter 10% ihrer Ausgaben für Lebensmittel online tätigen. 10,3% kaufen zwischen 10 und unter 15%, 9,8% zwischen 15 und unter 25% online ein. 9,4% der Befragten tätigten mehr als 50% der Gesamtausgaben für Lebensmittel online. 1,2% der Befragten gaben an, Lebensmittel nur noch online zu kaufen (Symposion Publishing 2000, S. 165).

Die Abbildung 7 bildet dieses Ausgabenverhalten differenziert nach Geschlecht, Alter, Interneterfahrung und Konsumtyp ab. Von den 354 Lebensmittel-Online-Käufern wollten 44,4% der Befragten zukünftig mehr Geld online ausgeben (Symposion Publishing 2000, S. 167).

Zusammenfassung

Im Internet lassen sich mit Hilfe von deutschsprachigen Suchmaschinen heute (Stand 2002) rund 1.500 Anbieter von Lebensmitteln finden. Es gibt eine Vielzahl an Spezialanbietern, die neben der Lieferung von Systemprodukten noch weitere Leistungen anbieten (z.B. Catering-Service). Ihnen steht eine deutlich geringere Anzahl von Unternehmen gegenüber, die das klassische Vollsortiment des Lebensmitteleinzelhandels vorrätig halten. Deren Sortimentsbreite reicht jedoch selten an diejenige eines stationären Supermarktes heran. Bekanntermaßen sind Zustelldienste keine Erfindung der Internetära. Wirklich neu für den Kunden sind vor allem drei Dinge:

- Der Kunde kann über das neue Medium Internet ordern und teilweise auch bezahlen.
- Die Zustellung bleibt nicht mehr nur auf die Adresse des eigenen Haushaltes beschränkt.
- Der Kunde kann auch regionale bzw. nationale Anbieter nutzen und ist nicht mehr auf das Angebot der nahe gelegenen Geschäfte angewiesen.

Abb. 7: Internetshopping Report 2001: Anteil der Online-Ausgaben an den Gesamtausgaben für Lebensmittelkäufe in den letzten 6 Monaten

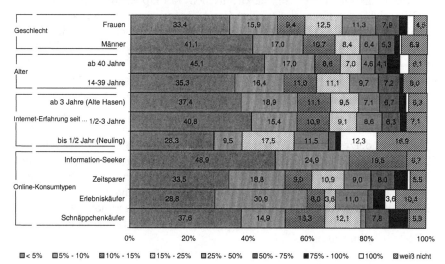

Anmerkung: Erhebungszeitraum: 10.10.2000 – 21.11.2000   N = 354.
Quelle: Flämig et al. 2002, S. 139; Symposion Publishing 2000, S. 165.

Nach einer Studie hatten durchschnittlich 4,5 % der befragten Internetnutzer in den letzten sechs Monaten Lebensmittel im Internet bestellt (Symposion Publishing 2000, S. 140). In Zukunft wollen rund 20 % (RMS 2000, S. 4) bzw. 44,4 % (Symposion Publishing 2000, S. 167) der Befragten Lebensmittel über das Internet ordern.

Dabei wies die durchschnittliche Bonsumme im Distanzhandel nach den Erhebungen im Jahr 2001 von Flämig et al. mit 125 DM einen höheren Betrag auf als im stationären Lebensmitteleinzelhandel, wo dieser Betrag je nach Betriebsform zwischen 28 und 44 DM variierte (Flämig et al. 2002, S. 15). Auf Grund von Mindestbestellmengen und Nachlässen bei den Zustellgebühren für Internetbestellungen verwundert es nicht, dass rund 80 % der Einkäufe einen Betrag zwischen 50 und 500 DM aufwiesen. Damit würde heute eine Internetbestellung zwischen drei und neun stationären Einkäufen entsprechen.

Bezogen auf die Gesamtausgaben in den letzten sechs Monaten gaben 38,5 % der Online-Lebensmitteleinkäufer an, dass sie weniger als 5 % online für Lebensmittel ausgegeben hätten. 9,4 % der Befragten tätigten mehr als 50 % der Gesamtausgaben für Lebensmittel online, davon gaben 1,2 % an, Lebensmittel nur noch online zu kaufen (Symposion Publishing 2000, S. 165).

1.3 Spezifische Folgenbetrachtungen

Um die Funktionsweise von elektronischen Marktplätzen (insbesondere im B2C-Bereich) und die Folgen für den Handel besser zu verstehen, sollen an dieser Stelle verschiedene Unternehmensbeispiele exemplarisch dargestellt werden. Ausgewählt wurden die Unternehmen nach ihrem Innovationsgrad (Webvan), ihrem Erfolg (Tesco) sowie ihrer Repräsentativität für das Online-Lebensmittelangebot in Deutschland (Konze/Rewe) (vgl. Flämig et al. 2002, S. 87 ff.):

- Webvan versuchte einen Lebensmittelzustelldienst mithilfe von zentraler Lagerhaltung und Logistik zu verwirklichen. Das ist letztlich an der zu geringen Nachfrage bei zu hohen Kosten gescheitert.
- Tesco ist derzeit der in Europa erfolgreichste Online-Lebensmittelhändler. Da Tesco auf bestehende Strukturen aufbaut, stellt das Unternehmen unter logistischen Gesichtspunkten den Kontrapunkt zu Webvan in der Bandbreite möglicher Geschäftsmodelle für den Online-Lebensmittelhandel dar.
- Konze/Rewe steht für die vielen mittelständischen Unternehmen des deutschen Lebensmitteleinzelhandels, die versuchen, das Internet als ein weiteres Bestellmedium zu nutzen.

1.3.1 Webvan

Webvan stand beispielhaft für einen neu gegründeten reinen Online-Anbieter im Lebensmittelhandel. Webvan wurde im Dezember 1996 von Louis Borders gegründet. Ziel des Unternehmens war es, bis zum Jahr 2001 in den 26 größten regionalen Märkten der Vereinigten Staaten hochtechnisierte Distributionszentren zum Vertrieb von Lebensmitteln aufzubauen, die jeweils eine Kapazität von 20 stationären Supermärkten aufweisen sollten. Webvan hatte zum Ende seiner Geschäftstätigkeit im Juli 2001 insgesamt 762.000 Kunden in Chicago, San Francisco, Los Angeles, San Diego, Orange County, Seattle und Portland. Beim Webvan-System wurde die Zusammenstellung der Waren nahezu vollständig automatisch durchgeführt, und die Routing-Software in den Lieferfahrzeugen wurde speziell für die Erfordernisse von Webvan entwickelt. Das System ist daher von Webvan auch als „frictionless" (reibungslos) bezeichnet worden. Am 9. Juli 2001 musste das Unternehmen jedoch Konkurs anmelden. Fast alle 2.000 Angestellten wurden entlassen.

Das Geschäftsmodell von Webvan

Webvan war ein Online-Händler, der einen Lieferdienst für Lebensmittel anbot. Durch das internetbasierte Geschäftsmodell verknüpfte man über den Webstore das Front-End und das Back-End miteinander, indem auch die Distributionszent-

1 Handel mit Lebensmitteln

ren und das Auslieferungssystem informationstechnisch integriert wurden. Für generelle Fragen seitens der Kunden, den Bestellvorgang, den Status ihrer Bestellung, die Lieferbedingungen und Zahlungsmodalitäten betreffend, war ein eigenes Kundenbetreuungs- und Serviceteam zuständig.

Das Unternehmen beschloss 1999, die Expansion in den USA zu beschleunigen und in den folgenden drei Jahren insgesamt 26 Zentren zu errichten. Durch die Beschleunigung des Expansionskurses stiegen die Ausgaben erheblich. Neben den Bau- und Ausstattungskosten für die Distributionszentren entstanden hohe Aufwendungen für das Softwaresystem. Ende Juni 2000 kündigte Webvan den Kauf von Homegrocer an, einem seiner großen Konkurrenten, um durch die Fusion die Expansion weiter vorantreiben zu können.

Als wichtigstes Geschäftsmodell innerhalb der Unternehmensstrategie von Webvan kann man das Handelsmodell (Merchant Model) ansehen, das im Untermodell des Virtual Merchant (Virtuelle Händler) eine genauere Eingrenzung erfuhr. Die Waren wurden hier normalerweise anhand von Listenpreisen verkauft oder im Rahmen einer Auktion versteigert. Das Modell umfasste Waren- und Dienstleistungsangebote sowohl aus dem traditionellen als auch dem webspezifischen Groß- und Einzelhandel.

Neben dem Handelsmodell verbesserte Webvan seinen Service, in dem auch Funktionen eines Gemeinschaftsmodells (Community Model) zum Einsatz gelangten. Dieses Geschäftsmodell integrierte Strategien der Wissensnetze und Expertenseiten, in denen Informationen von Fachleuten oder Erfahrungen von Kunden anderen Nutzern zur Verfügung standen, was Abwägungs- und Kaufentscheidungen erleichterte. Dieses Modell eröffnete den Kunden beispielsweise die Gelegenheit, sich mit Fachleuten aus dem Bereich Ernährung i.w.S. auszutauschen.

Ein weiteres Modell offerierte eine spezielle Suchfunktion, durch die sich der Kunde alle Produkte einer Kategorie so anzeigen lassen konnte, als ob er in die Regale eines Geschäftes geschaut hätte (Maklermodell). Die Beziehung zum Verbraucher wurde durch das so genannte personalisierte Portal geschaffen, ein Untermodell des Werbemodells. Mit Hilfe dieses Modells sah sich Webvan in der Lage, dem Kunden je nach dessen Vorlieben und Geschmack verschiedene Dienste und Informationen anbieten zu können.

Der Webstore von Webvan konnte nach den Vorstellungen des Kunden und nach seinen Kaufgewohnheiten individuell gestaltet werden. So wurde es beispielsweise möglich, aus einem wöchentlich aktualisierten Magazin besondere Rezepte und Tipps zum Kochen und Backen abzurufen. Zudem ließen sich verschiedene Einkaufslisten anlegen, die dann zum wiederholten Kauf nur noch angeklickt und nicht neu zusammengestellt werden mussten. Der Einkauf im Internet wurde somit um eine persönliche Dimension bereichert.

Logistische Abwicklung bei Webvan

Um in den 13 Hauptmärkten Ende des Jahres 2001 auslieferungsfähig sein zu können, plante Webvan, für jeweils 35 Mio. US-Dollar an jedem Standort automatisierte Distributionszentren zu bauen. Die Logistikinvestitionen wurden sowohl im Bereich der Transportinfrastruktur als auch in die Automatisierung der Auslieferungslager getätigt, um den Materialfluss vor dem Ladevorgang zu koordinieren. Außerdem verauslagte man hohe Investitionen, um diese automatisierten Fördersysteme in das Software- und Hardwaresystem zu integrieren. Die Entwicklungskosten der Software stiegen daraufhin von 200.000 US-Dollar im Jahre 1996 auf mehr als 11 Mio. US-Dollar allein im ersten Halbjahr des Jahres 2000. Webvan entwickelte Softwaresysteme, mit denen es möglich war, die Warenbestände und die Vertriebswege genau zu kontrollieren. Damit sollte sichergestellt werden, dass die vom Kunden bestellten Lebensmittel immer vorrätig blieben, so dass sie innerhalb kürzester Zeit zugestellt werden konnten.

Teilprozesse Bestellung, Order-Abwicklung und Zustellung

Man bestellte online und wählte ein einstündiges Zeitfenster, in dem die Lieferung erfolgen sollte. Für die logistische Optimierung bei der Wahl des Lieferzeitfensters konnte der Kunde Bonuspunkte erwerben, wenn er ein Zeitfenster wählte, in dem bereits in seinem Lieferbezirk eine Zustellung registriert war.

Nachdem die Kunden ihre Bestellung aufgegeben hatten, führte die Software alle Bestellungen in einem Zeitplan für das jeweilige Zeitfenster zusammen und übermittelte sie dem regionalen Distributionszentrum, wo die Waren kommissioniert werden konnten. Jeder Bestellung wurden automatisch drei Kommissionierbehälter in unterschiedlichen Farben zugewiesen, die für unterschiedliche Temperaturbereiche bereitstanden. Roboterarme nahmen die bestellten Waren aus einem Regal und legten sie in den Behälter. Dort, wo keine vollständig automatisierte Kommissionierung erfolgen konnte, gingen Kommissionierer mit so genannten „Finger-Tabs" durch die Regale und verbuchten über Handscanner automatisch die Ware beim „Pick-Vorgang". Am Ende des Kommissioniervorgangs wurden die drei Behälter (wieder) zusammengeführt und zum Warenausgang transportiert.

Das Konzept sah vor, die Bestellungen nochmals in lokalen, etwa 1.000 Quadratmeter großen Auslieferungsstationen erneut umzuschlagen und mit kleineren Fahrzeugen an die Haushalte auszuliefern. Die Stationen sollten innerhalb eines 50 Meilen Radius vom Distributionszentrum angesiedelt werden und ein Auslieferungsgebiet mit einem Radius von zehn Meilen versorgen. Um die kommissionierten Waren vom Distributionszentrum zu den lokalen Stationen zu transportieren, sollten temperaturgeführte Lkw eingesetzt werden. Dieses Kon-

1 Handel mit Lebensmitteln

zept wurde jedoch nie umgesetzt. Zum Einsatz kamen nur kleine temperaturgeführte Lieferwagen, welche die bestellte Ware direkt vom Distributionszentrum zum Kunden transportierten. Mehrmals wurden die Lieferzeiten und die Liefergebiete entsprechend der Nachfrage angepasst, um die Ressourcen des Unternehmens besser nutzen und das Liefergebiet vergrößern zu können.

Am Ende konnten die Kunden wählen, ob die Anlieferung der Ware in einem einstündigen Zeitfenster zwischen 6.00 Uhr und 22.00 Uhr an sieben Tagen in der Woche erfolgen sollte. Bis zu sechs Tage im voraus konnte der Liefertermin vorgeplant werden. Falsche oder unerwünschte Ware nahm der Auslieferungsfahrer bis zu 14 Tage nach dem Kauf wieder mit zurück, und das Geld wurde vollständig zurückerstattet.

Schlussfolgerungen

Prinzipiell bedeutet das Scheitern von Webvan nicht, dass ein Vollsortiment an Lebensmitteln sich nicht auf diese Art wirtschaftlich realisieren ließe. Auch die logistischen Herausforderungen sind zu lösen. Obwohl sich Webvan auf die 13 erfolgversprechendsten Ballungsräume in den USA konzentrierte, scheint es, dass Webvan zuviel auf einmal wollte. Die hohen Investitionen wurden getätigt, ohne die entsprechenden Anlaufkosten bis zum tatsächlichen Erreichen einer ausreichend großen Kundenzahl tragen zu können, so dass man in die Gewinnzone hätte eintreten können. Trotz Einsparmaßnahmen konnte nicht verhindert werden, dass das Eigenkapital durch laufende Kosten verbraucht wurde. Die Investition in komplett neue Distributionssysteme und die Entwicklung und Integration der Soft- und Hardware führte zudem häufig zu Störungen des komplexen Systems, wodurch Waren nicht immer verfügbar waren und Verzögerungen in der Auslieferung auftraten. Insgesamt konnten die Distributionszentren nie voll ausgelastet werden.

1.3.2 Tesco

Tesco wird hier als Beispiel für einen großen, etablierten Lebensmittelhändler vorgestellt, der bisher relativ erfolgreich eine zusätzliche Vertriebsschiene im Internet aufgebaut hat (Multichannel-Strategie). Tesco.com ist ein Tochterunternehmen des 1924 gegründeten britischen Lebensmitteleinzelhändlers Tesco Plc. Tesco begann in den 90er Jahren nach Mitteleuropa sowie Asien zu expandieren. Der Gesamtumsatz der Tesco-Gruppe lag im Jahr 2002 bei 25,7 Mrd. GBP (38,6 Mrd. Euro). Weltweit beschäftigte Tesco in diesem Jahr rund 260.000 Angestellte. Tesco ist mit einem Marktanteil von 15,6 % der größte Lebensmitteleinzelhändler in Großbritannien und der achtgrößte Lebensmittelhändler der

Welt. Mit 195.000 Angestellten ist Tesco der größte private Arbeitgeber in Großbritannien (Flämig et al. 2002, S. 96; Tesco 2002).

Das Online-Angebot von Tesco

Im November 1996 wurde mit „Tesco Home Shopper" das erste Internetlebensmittelgeschäft in Großbritannien eröffnet. Ende der 90er Jahre wurde Tesco.com unter der Bezeichnung „Internet Superstore" im Großraum London eingeführt. Im Umkreis von zehn Verbrauchermärkten in London konnten Bestellungen per Internet, Telefon und Fax aufgegeben werden (o.A. 1997).

Tesco.com deckt im Jahr 2002 mit seinem Heimlieferservice 95 % der Bevölkerung Großbritanniens ab. Gegen eine Liefergebühr von umgerechnet etwa 8 Euro können sämtliche Produkte des örtlichen Supermarktes bestellt und nach Hause geordert werden. Darüber hinaus ist ein großes Angebot an Non-Food-Artikeln vorhanden. Im Internet gibt es zudem Exklusivangebote. Die Preise entsprechen denen des jeweiligen Supermarktes inklusive der Sonderangebote. Allerdings wird eine Transaktionsgebühr von 2% fällig, es werden jedoch auch im Internet die üblichen Rabatte und Punkte gewährt. Neben Rezeptvorschlägen können auf einer personalisierten Seite auch die eigenen Favoriten eingesehen und bestellt werden.

Tesco.com ist weltweit der umsatzstärkste internetbasierte Lebensmittelhändler. Der Umsatz entwickelte sich von 52 Mio. GBP im Jahr 2000, über 235 Mio. GBP im Jahr 2001 auf 356 Mio. GBP (536 Mio. Euro) im Jahr 2002 und erreicht damit einem Anteil von 1,8 % am Tesco-Umsatz in Großbritannien. Während der Bereich des Lieferservices von Nahrungsmitteln profitabel war, machte der Non-Food-Lieferservice noch Verluste (etwa 9 Mio. DM im Jahr 2000). Spätestens Anfang des Jahres 2002 wollte jedoch Tesco.com (Food und Non-Food) den Break-even-Point erreicht haben (Flämig et al. 2002, S. 96 ff.; Kapell 2001b; Rode 2002; Tesco 2002).

Logistik: Bestellung, Order-Abwicklung und Zustellung

Das Angebot von Tesco.com ist über verschiedene Webseiten zugänglich. Mit Kundennummer und Passwort kann rund um die Uhr das gesamte im nächstgelegenen Tesco-Supermarkt vorhandene Sortiment bestellt werden. Bei den im Internet angezeigten Preisen handelt es sich um Richtpreise, da sie sich je nach Bestellzeitraum verändern können. Der Kunde zahlt den tagesaktuellen Preis am Tag der Auslieferung. Seit Mitte 2001 kann auch über interaktives Fernsehen („Tesco Access") und einen speziell für Blinde geeigneten Shop bei Tesco.com bestellt werden. Ermöglicht wird dies mittels Sprachkonverter, der geschriebenen Text in gesprochenen Text überträgt.

1 Handel mit Lebensmitteln

Die Kommissionierung der Online-Bestellungen erfolgte bisher in 230 stationären Tesco-Filialen am Tag der Auslieferung (Rode 2001). Speziell entworfene Kommissionierwagen ermöglichen es, bis zu sechs Kundenbestellungen gleichzeitig zusammenzustellen. Die Kommissionierer scannen die Ware direkt am Wagen ein, so dass automatisch die Rechnungsstellung an den Kunden erfolgen kann.

Es ist möglich, die Auslieferung zwischen wenigen Stunden und drei Wochen im voraus auf ein bestimmtes zweistündiges Zeitfenster festzulegen. Diese Auslieferungszeiten liegen von Montag bis Samstag zwischen 8 Uhr und 22 Uhr und Sonntag zwischen 10 Uhr und 15 Uhr. Die Lieferung kann bis zu 24 Stunden im voraus komplett gestoppt oder zu einem anderen Liefertermin vereinbart werden. Die Auslieferung findet mit speziellen Lieferfahrzeugen innerhalb dieses Zeitfensters ohne weitere vorherige Kontaktnahme statt. Kann der Kunde nicht angetroffen werden, versucht man telefonisch, einen neuen Liefertermin zu vereinbaren, oder es wird zu einem späteren Zeitpunkt ein erneuter Zustellversuch unternommen. Falsche oder unerwünschte Ware nimmt der Auslieferungsfahrer bis zu 14 Tage nach dem Kauf wieder mit zurück – der Preis wird voll erstattet.

Sonstige Angaben zum logistischen System bei Tesco

Das warenwirtschaftliche und logistische System von Tesco gilt in Fachkreisen als führend. Unter anderem setzt Tesco Scannerkassen, ein Warenwirtschaftssystem und Kundenkartenprogramme ein, wodurch es möglich ist, den Bedarf bzw. den Nachschub der Waren bedarfsgerecht zu steuern. Wie viele der 190.000 Beschäftigten von Tesco in Großbritannien im Online-Geschäft eingesetzt sind, kann nicht gesagt werden. Viele der Beschäftigten sind auf Grund der Überschneidung mit dem stationären Handel in beiden Bereichen tätig. Die Anzahl der Neueinstellungen auf Grund des Online-Engagements bezifferte der Geschäftsführer von tesco.com, Terry Leahy, für das Geschäftsjahr 2000 auf 600 (Knowlegde@Wharton 2001).

1.3.3 Rewe/Konze

Der selbständige Einzelhandel bildet mit knapp 40% aller Rewe-Geschäfte die Basis der Rewe-Gruppe. Die Rewe-Dortmund ist ein eigenständiger Teil der Rewe-Handelsgruppe. Sie ist die letzte Genossenschaft, die nicht als Niederlassung in der Konzernstruktur aufgegangen ist. Viele der in der Rewe-Dortmund zusammengeschlossenen Selbständigen praktizieren in unterschiedlicher Weise und unabhängig voneinander Heimzustellungen. Beispielhaft wird im Folgenden das Einzelhandelskaufhaus Konze vorgestellt.

Das Online-Angebot von Konze

Anfang August 1999 startete das Kaufhaus Konze im Internet den „Home-Service" als Franchise-Nehmer des Konzeptes „Ihr-Home-Service". Seit Juli 2000 kann der Lieferservice im gesamten Stadtgebiet von Dortmund genutzt werden. Anfang Februar 2001 gestaltete das Kaufhaus Konze seinen Internetauftritt neu und beendete die Zusammenarbeit mit Ihr-Home-Service. In Zusammenarbeit mit der Fraunhofer Gesellschaft für Materialfluss und Logistik wurde ein eigenes Distributions- und Logistiksystem sowie ein eigener Internet-Shop realisiert. Für 2001/2002 war der Aufbau einer zentralen Abholstation für Berufstätige im Dortmunder Technopark vorgesehen, in dem rund 8.000 Menschen beschäftigt sind.

Im Jahr 2001 erwirtschaftete das Kaufhaus Konze mit seinem Lieferdienst mehr als 10% des Gesamtumsatzes, der sich auf rund 40 Mio. DM belief. Während die kostenintensiveren Telefon- und Faxaufträge über 90% der Bestellungen ausmachten, gingen weniger als 10% der Bestellungen via Internet ein. Nach eigenen Angaben standen im ersten Halbjahr 2002 mehr als 1.500 Kunden aus dem gesamten Stadtgebiet von Dortmund in der Kundendatei. Der Inhaber Markus Gröblinghoff gab an, dass er seit Anfang 2002 mit dem „Home-Service" im Internet erstmals Erträge erwirtschaftet. Der Umsatz im Jahr 2001 lag knapp unter einer Million DM (Kapell 2002).

Das Unternehmen hatte insgesamt 120 Beschäftigte. Für den Home-Service wurde ein Call-Center eingerichtet, in dem sich vier Angestellte um den Lieferservice kümmern. Hinzu kommen Hilfskräfte, welche die Kommissionierung übernehmen, und zwei festangestellte Fahrer, welche die Ware ausliefern.

Logistik: Bestellung, Order-Abwicklung, Zustellung

Ausgehend von dem bereits bestehenden Lieferservice baute das Kaufhaus Konze seine Logistik für den Online-Supermarkt auf. Aus einem 2.500 Artikel umfassenden gedruckten Katalog kann die Ware mittels Telefon oder per Fax bestellt werden. Der Katalog wird dem Kunden gegen eine Schutzgebühr von 20 DM zugestellt (Stand: 2001). Beim ersten Auftrag wird dieser Betrag mit dem Bestellwert verrechnet. Die telefonische Bestellung erfolgt zu den üblichen Geschäftszeiten.

Aus dem Online-Katalog kann der Verbraucher die gewünschten Artikel auswählen und seine Bestellung rund um die Uhr per Fax oder E-Mail übermitteln. Auch das Online-Sortiment umfasst 2.500 Artikel aus den Bereichen Trockenprodukte, Frischprodukte, Getränke sowie Drogerieartikel, Tabakwaren und Presse. Auf Wunsch kann außerdem jeder der übrigen 52.500 Artikel des Kaufhauses in einem dafür vorgesehenen Textfeld durch freie Beschreibung des Produktes bestellt werden. Diese werden später entsprechend dem Rechnungsbetrag und der Lieferung hinzugefügt.

Alle administrativen Tätigkeiten im Bereich des Lieferdienstes übernimmt das kaufhauseigene Call-Center. Sofern die Bestellung bereits vorliegt, werden das Trockensortiment, die Kühlware, Getränke und Kosmetika am Vortag zusammengestellt, während am Tage der Auslieferung Tabak und Zeitschriften sowie das Frischesortiment (Obst und Gemüse, Brot, Fleisch, Käse) hinzugefügt werden.

Bestellungen bis 9.30 Uhr werden noch am gleichen Tag bis 20 Uhr ausgeliefert, wobei jeder Stadtteil an zwei Tagen pro Woche beliefert wird. Die Lieferung erfolgt in einem vom Kunden auswählbaren Lieferzeitfenster (12-16 Uhr, 14-17 Uhr, 16-19 Uhr, 18-20 Uhr oder 19-20 Uhr und zusätzlich donnerstags und freitags auch 9-12 Uhr).

Als Servicegebühr für Einkauf und Zustellung fielen im Jahr 2001 pauschal 6,50 DM an (4 Euro im Jahr 2003). Je Getränkepfandkiste wurde 1 DM zusätzlich berechnet, wobei dieser Zuschlag max. 5 DM betrug. Alle Preise entsprechen den Ladenpreisen, wobei auch die jeweiligen Sonderangebote des Kaufhauses Konze online geordert werden können. Der Kunde kann die Ware zzgl. der Zustellgebühr bei Lieferung durch den Home-Service-Fahrer in bar oder mit seiner Unterschrift bargeldlos per Kundenkarte bezahlen. Umzutauschende oder falsche Waren sowie Leergut holt der Auslieferungsfahrer ab.

Schlussfolgerungen

Es zeigt sich, dass das Internet in Kombination mit weiteren Telekommunikationsmitteln auch für kleinere Warenhäuser mit begrenzter Reichweite eine interessante zusätzliche Möglichkeit bietet, ihre Umsätze zu steigern. Interessanterweise machen dabei jedoch die klassischen Bestellformen des Versandhandels (Telefon, Fax) den größten Anteil am Bestellaufkommen aus, während die Bestellungen über das Internet noch recht bescheiden ausfallen.

1.3.4 Logistische Herausforderungen

Im B2C-Segment, das in diesem Kapitel im Mittelpunkt steht, stellt der E-Commerce einen neuen Distributionskanal dar. Langfristig wird damit gerechnet, dass der Anteil des Distanzhandels am gesamten Umsatz des Einzelhandels mit Lebensmitteln maximal 10% erreichen wird. Der Blick auf die Struktur der Lebensmittel-Online-Anbieter in Deutschland zeigt, dass es größtenteils professionelle Anbieter aus dem Lebensmitteleinzelhandel sind, die diesen Distributionskanal bedienen. Wenig Erfahrung haben die heutigen Online-Anbieter allerdings mit der Abwicklung der so genannten letzten Meile, was insbesondere die Zustellung der Waren an den Endkunden betrifft.

Die hohen logistischen Anforderungen entstehen einerseits aus den rechtlichen Auflagen, insbesondere bedingt durch die Vorschriften der Lebensmittelhygieneverordnung. Andererseits sind es vor allem organisatorische Anforderungen, die eine ökonomische Abwicklung erschweren. Gesucht wird daher nach Konzepten, die sicherstellen, dass eine Zustellung effizienter durchgeführt werden kann.

In der öffentlichen Diskussion herrscht weitgehend Einigkeit darüber, dass die Gewinner des E-Commerce aus dem Bereich der Kurier-, Express- und Paketdienstleister (KEP-Dienste) stammen werden. Sie sind gleichsam prädestiniert, diese Leistung zu erbringen. Allerdings gilt dies für die Zustellung von Lebensmitteln nur eingeschränkt. Gerade wenn es sich um Frische- oder Tiefkühlprodukte handelt, übersteigen die Anforderungen an die Logistik den sonst üblichen Servicegrad einer Zustellleistung von KEP-Dienstleistern. Hier könnte sich jedoch für die vielen kleineren und mittleren Unternehmen in der KEP-Branche, also vor allem für die Stadtkuriere und die regionalen Anbieter, zukünftig ein Geschäftsfeld eröffnen.

1.3.5 Anforderungen der Endkundenbelieferung

Zustelldienste treffen auf eine Vielzahl von Schwierigkeiten, die einem effizienten Abwicklungsprozess entgegenstehen. Dazu gehören vor allem produktspezifische logistische Anforderungen, ein hoher Zustellaufwand bei (noch) niedriger Zustelldichte und die zu beobachtende Diskrepanz zwischen den entstehenden Zustellkosten und der Zahlungsbereitschaft von Kunden.

Produktspezifische logistische Anforderungen

Das Produktspektrum im Lebensmitteleinzelhandel ist von einer starken Heterogenität bezüglich der Verpackungen, dem einzuhaltenden Temperaturbereich sowie der Empfindlichkeit gegenüber mechanischen Einwirkungen geprägt. Dies erschwert die Automatisierung von Kommissionierprozessen. Über die gesamte Distributionskette, vom Hersteller bis zum Kunden, müssen zahlreiche lebensmittelrechtliche Vorschriften eingehalten werden.

Die größte logistische Herausforderung liegt in der Zustellung von Frische- und Tiefkühlprodukten. Eine unterbrechungsfreie Kühlkette, die sich vom Hersteller bis zum Kunden erstreckt, ist nicht nur aufwendig, sondern auch teuer. Geschuldet dem geringen Warenwert der meisten Lebensmittel, gestaltet sich das Verhältnis von Logistikkosten zum Warenwert ungünstig. Die logistischen Anforderungen an die Zustellung unterscheiden sich neben der auszuliefernden Warengruppe auch durch die Organisation der Sendungszusammenstellung und die Art der Warenübergabe.

1 Handel mit Lebensmitteln

Hoher Zustellaufwand

Der Zustelldienst an die Haustür mit persönlicher Warenübergabe ist bei hohem Zustellaufwand mit einem niedrigen Zustellfaktor verbunden. Häufig müssen mehrere Zustellversuche unternommen werden, bevor der Kunde angetroffen wird. Dies ist mit einem entsprechenden Warenhandling verbunden, dessen Aufwand größer wird, wenn die Sendung auch Artikel aus dem Frische- und Tiefkühlsortiment umfasst. Hinzu kommt das zumeist aufwendige Übergabeprozedere der Ware an den Endkunden, welches zudem oftmals mit der sofortigen Bezahlung verbunden wird. Außerdem liegen die bevorzugten Zustelltermine der Kunden häufig in den Tagesrandzeiten, die logistisch nur durch Nachtarbeit (mit entsprechenden Zuschlägen) zu realisieren sind. Dadurch entstehen zusätzliche Kosten.

Niedrige Zustelldichte

Das Sendungsaufkommen von Lebensmittelzustelldiensten entspricht noch nicht demjenigen Aufkommen, das beispielsweise KEP-Dienstleister im B2B-Geschäft des innerstädtischen Bereichs realisieren können. Die geringe Zustelldichte führt zu langen „unproduktiven" Wegen zwischen den einzelnen Kunden. Viele Lebensmittelanbieter versuchen daher ihre Touren zu optimieren, indem sie für verschiedene Liefergebiete feste Liefertermine vorgeben. Diese Strategie hat allerdings zumeist negative Rückwirkungen auf die Gewinnung von Neukunden und damit wiederum auf die Erhöhung der Zustelldichte.

Zustellkosten und Zahlungsbereitschaft

Der hohe Zustellaufwand und die niedrige Zustelldichte führen letztlich dazu, dass die Kosten der Zustellung im Verhältnis zum Warenwert sehr hoch sind.
Nach Angaben der Manner-Romberg Unternehmensberatung (MRU) GmbH (Interview vom 12.09.2001 im Rahmen des Gutachtens von Flämig et al. 2002) kann von einem Betrag von 3,45 Euro pro Paket bei einem durchschnittlichen KEP-Dienstleister ausgegangen werden. Dem Hermes Versand entstehen nach Aussagen der MRU GmbH Kosten von lediglich 1,80 Euro pro Paket. Nach einer anderen Quelle liegen die Kosten pro Stopp im Privatkundengeschäft zwischen 2,55 Euro (bei hoher Stoppdichte und 100 Zustellungen pro Tour) und 5,10 Euro (bei einer geringeren Zustelldichte) (o.A. 2001d, S. 13).
Insgesamt gesehen dürften sich die Kosten für den gesamten Prozess der Zustellleistung einer Online-Bestellung von Lebensmitteln jedoch auf durchschnittlich 7,70 bis 10,25 Euro belaufen. Erkenntnisse zur Zahlungsbereitschaft der Kunden zeigen jedoch, dass – je nach Art des Produktes – höchstens 5,10 bis 7,70 Euro für diese Leistung zu erzielen sind. Für Lebensmittel scheint die Zah-

lungsbereitschaft eher niedriger zu liegen. Online-Supermärkte sind mit einer Klientel konfrontiert, die sehr preisbewusst handelt und damit kaum bereit sein dürfte, für diese Zustellleistung einen angemessenen Preis zu bezahlen. Zudem sind Konsumenten in der Regel keine „Vollkostenrechner", die die Einsparungen, beispielsweise von Kosten für den privaten Pkw und dessen Nutzung, den Zustellkosten gegenüberstellen. Vor diesem Hintergrund ist es derzeit kaum möglich, am deutschen Markt entsprechend angemessene Zustellgebühren zu erheben. Die heute durchschnittlich erhobene Zustellgebühr von 2,55 bis 5,10 Euro, die häufig ab einem bestimmten Bestellwert von z.B. 18 Euro erlassen wird, ist demnach nicht kostendeckend (Flämig et al. 2002, S. 166).

Alternative Zustellkonzepte zur Verringerung des Zustellaufwands

Um die Zustellkosten zu senken, werden zukunftsfähige Strategien der Kundenbelieferung vor allem in Konzepten gesehen, die von der Anwesenheit des Endkunden unabhängig sind und die zudem die Zustelldichte erhöhen sowie die Warenübergabe erleichtern. Die Abbildung 8 gibt hierzu einen Überblick.

Abb. 8: Kunden-Probleme mit dem Distanzhandel

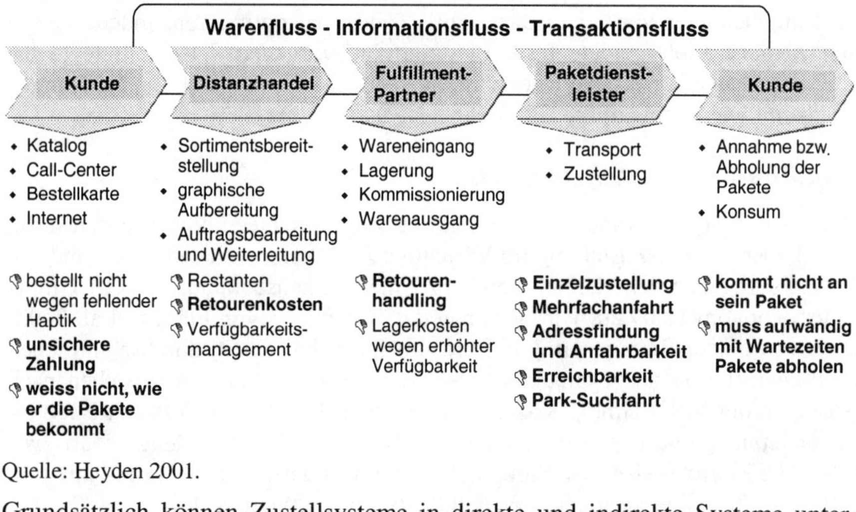

Warenfluss - Informationsfluss - Transaktionsfluss

Kunde	Distanzhandel	Fulfillment-Partner	Paketdienstleister	Kunde
• Katalog • Call-Center • Bestellkarte • Internet	• Sortimentsbereitstellung • graphische Aufbereitung • Auftragsbearbeitung und Weiterleitung	• Wareneingang • Lagerung • Kommissionierung • Warenausgang	• Transport • Zustellung	• Annahme bzw. Abholung der Pakete • Konsum
? bestellt nicht wegen fehlender Haptik ? unsichere Zahlung ? weiss nicht, wie er die Pakete bekommt	? Restanten ? Retourenkosten ? Verfügbarkeitsmanagement	? Retourenhandling ? Lagerkosten wegen erhöhter Verfügbarkeit	? Einzelzustellung ? Mehrfachanfahrt ? Adressfindung und Anfahrbarkeit ? Erreichbarkeit ? Park-Suchfahrt	? kommt nicht an sein Paket ? muss aufwändig mit Wartezeiten Pakete abholen

Quelle: Heyden 2001.

Grundsätzlich können Zustellsysteme in direkte und indirekte Systeme unterschieden werden (Tab. 10). Bei den direkten Systemen erfolgt die Warenübergabe persönlich an den Kunden, am Arbeitsplatz oder an der Haustür. Auch die Übergabe der Ware an Nachbarn oder in einem (Convenience-)Store kann zu den direkten Systemen gezählt werden.

1 Handel mit Lebensmitteln

Tab. 10: Vergleich unterschiedlicher Konzepte für die Zustellung

	persönliche Übergabe		Übergabestationen		
	Kunde oder Vertrauensperson	(Convenience-) Stores	kleine Boxensysteme	mittlere Boxensysteme	große Boxensysteme
Ansatz	Zustellung an Kunden bzw. an Nachbarn	Mitnahme der Päckchen z.B. an der Tankstelle oder im Sonnenstudio	Box an der Haustür, die beispielsweise durch spezielle Codes gesichert sind	automatisiertes Schließfachsystem mit 20 bis 50 Schließfächern	große vollautomatisierte Box für besonders stark frequentierte Standorte (Bürogebäude, Innenstädte)
Investition	k.A.	k.A.	100 bis 200 Euro pro Kunde	k.A.	180.000 Euro pro Turm 50.000 – 100.000 Euro pro Automat
Betriebskosten	k.A.	k.A.	k.A.	k.A.	25.000 Euro pro Turm p.a.
Nutzungsentgelt	k.A.	1,50 bis 3 Euro je Sendung	k.A.	k.A.	2,50 Euro je Sendung am Automaten
Vorteile	persönlicher Kontakt flexible Paketgrößen eigener Weg des Kunden nicht notwendig	Mikroversorgung der Bevölkerung möglich One-Stop-Shopping ggf. flexible Paketgrößen Barzahlung/ Nachnahme möglich persönliche Übergabe	geringeres Volumen pro Standort bis zur Effizienzschwelle nötig ggf. Kühlung	geringeres Volumen pro Standort bis zur Effizienzschwelle nötig ggf. Zahlung und Kühlung	voll automatisiert flexible Paketgrößen ggf. Zahlung und Kühlung

	persönliche Übergabe		Übergabestationen		
	Kunde oder Vertrauensperson	(Convenience-) Stores	kleine Boxensysteme	mittlere Boxensysteme	große Boxensysteme
Nachteile	persönliche Koordination notwendig bei Übergabe an Nachbar: – keine garantierte Übergabe – Hygiene – Kühlkette – Lagerung – keine Bezahlung	Übergabeaufwand des Store-Betreibers Kühlung Koordinations- und Schulungsaufwand	hohe Investition seitens des Kunden notwendig Sicherheit keine persönliche Übergabe keine 2. Lieferung bzw. Mehrfacheinlieferung möglich Zahlung	Einlieferungsproblematik Mengensteuerung keine flächendeckende Verfügbarkeit keine Mikrostandorte möglich hohes Verkehrsaufkommen und Wartezeiten	hohe Investition seitens des Anbieters notwendig keine flächendeckende Verfügbarkeit keine Mikrostandorte möglich
Beispiele	persönlich/ Nachbar	PickPoint	Condelsys Brivo	Dropbox 24 Provido	Tower 24 Shopping-Box

Quelle: Heyden 2001.

Bei den indirekten Systemen erfolgt die Übergabe der Ware hingegen nicht direkt vom Transporteur an eine Privatperson, sondern die Ware wird im Convenience-Store zur Übergabe hinterlegt oder an Übergabestationen eingelagert. Übergabestationen lassen sich grundsätzlich in kleine, mittlere und große Boxensysteme unterscheiden.

1.3.6 E-Commerce und potenzielles Sendungsaufkommen

Die Prognosen über den zukünftigen Anteil der Online-Verkäufe am Lebensmittelhandel differieren erheblich. Eine eindeutige Abschätzung der Sendungen, die durch E-Commerce generiert werden, ist daher kaum möglich. Dennoch soll folgende Betrachtung dazu beitragen, die Wirkungszusammenhänge zwischen dem E-Commerce und der Generierung von Sendungen besser zu verstehen.
    Die potenzielle Zunahme des Sendungsaufkommens hängt von verschiedenen Faktoren ab. Eine wesentliche Rolle spielen für die über das Internet getätigten Einkäufe die Höhe (Wert, Gewicht, Volumen) und deren Häufigkeit (pro Person, Haushalt, insgesamt). Da bisher keine genauen Wertangaben und Prognosen vorliegen, werden Wertebereiche aus früheren Primärerhebungen und Se-

1 Handel mit Lebensmitteln

kundärquellen angegeben, die mit den Kennziffern im stationären Lebensmitteleinzelhandel einer Plausibilitätsprüfung unterzogen werden.

Umsatzanteil des Distanzhandels am Gesamtumsatz

Verlässliche Prognosen zum Umsatzanteil des Distanzhandels am Gesamtumsatz mit Lebensmitteln liegen bisher nicht vor. Bei Tesco, dem derzeit erfolgreichsten europäischen Online-Lebensmittelhändler, beträgt der Anteil der Online-Umsätze an den Gesamtumsätzen der Tesco-Gruppe rund 2% (o.A. 2001g). Laut Forrester Research sollte im Jahr 2001 der Lebensmittel-Online-Umsatz in Europa bei 3,1 Mrd. Euro gelegen haben. Die weitere Entwicklung im Online-Lebensmittelhandel in Europa wird für das Jahr 2006 auf 40 Mrd. Euro bzw. 6% des Lebensmittelhandelsvolumens beziffert (EHI 2001, S. 85). Es kann davon ausgegangen werden, dass dieser Anteil in absehbarer Zeit nicht mehr als 10% betragen wird. Daher wird dieser Wert in den folgenden Abschätzungen als Obergrenze gewählt.

Wert je Einkauf bzw. Sendung

Befragungen (Flämig et al. 2002) ergaben einen durchschnittlichen Bestellwert eines Online-Lebensmitteleinkaufs von 125 DM. Demnach ist das durchschnittliche Volumen eines Lebensmitteleinkaufs online dreimal höher als im stationären Handel. Im Jahr 2000 variierte je nach Vertriebsform des stationären Handels die durchschnittliche Bonsumme zwischen 18 DM in Drogeriemärkten, 26 DM im Supermarkt, 28 DM im Discounter und 44 DM im Verbrauchermarkt (Tab. 11). Nur bei Großeinkäufen bzw. bei den so genannten Kofferraumeinkäufen dürfte auch im stationären Handel die Höhe eines Einkaufs derjenigen im Online-Handel entsprechen.

E-Commerce-Anteil und die Zunahme des Sendungsaufkommens

Zur Ermittlung eines zusätzlich generierten Sendungsaufkommens wurden auf der Grundlage des gesamten Lebensmitteleinzelhandelsumsatzes im Jahr 2000 von 186,3 Mrd. Euro für unterschiedliche E-Commerce-Anteile von 1%, 5% und 10% die sich daraus ergebende Anzahl an Sendungen ermittelt. Bei einem Online-Umsatz des Lebensmitteleinzelhandels von 1% würde man also Produkte im Wert von 1,863 Mrd. Euro über das Internet verkaufen.

Die Anzahl der durch den E-Commerce generierten Sendungen variiert mit der zu Grunde gelegten Bonsumme bzw. mit dem angenommen Gewicht der Bestellung. Nach den getroffenen Annahmen würde bei einem E-Commerce-Anteil von 5% und einer Bonsumme von 64 Euro die Anzahl der Sendungen um 145,6 Mio. zunehmen. Die Tabelle 12 stellt den Anteil des durch Online-

Lebensmitteleinkäufe zusätzlich generierten Sendungsaufkommens für verschiedene Bonsummen gegenüber.

Tab. 11: Einkaufsstättenpräferenz im Jahr 2000

Betriebsform	Einkaufs-stätten-präferenz[1] in %	Gesamt-ausgaben DM	Einkaufs-frequenz[2] Besuche	Ausgaben je Einkauf DM	Besuchte Geschäfte[3] Anzahl
Verbrauchermarkt	97	2.300	52	44	4,4
Discounter (ohne Aldi)	87	1.082	39	28	3,0
Aldi	77	937	24	40	-
Supermarkt (LEH<400qm)	78	739	29	26	2,3
Drogeriemarkt	83	301	17	18	2,6

1) ...% aller Haushalte besuchten mindestens einmal pro Jahr einen ...
2) Im Schnitt besuchten die Haushalte ... mal pro Jahr einen ...
3) Die Haushalte besuchten 4,4 unterschiedliche Verbrauchermärkte im Jahr.

Quelle: EHI 2001, S. 95.

Tab. 12: Zusammenhang von Distanzhandel und Sendungsaufkommen (Modellrechnung)

Anzahl der Sendungen bei ...	E-Commerce-Anteil 1%	E-Commerce-Anteil 5%	E-Commerce-Anteil 10%
17 Euro Bonsumme (8 kg Paket)	109,2 Mio.	546,0 Mio.	1.092,0 Mio.
26 Euro Bonsumme (Mindestbestellwert)	72,8 Mio.	364,0 Mio.	728,0 Mio.
64 Euro Bonsumme (eigene Erhebung)	29,1 Mio.	145,6 Mio.	291,2 Mio.

Quelle: modifiziert nach Flämig et al. (2002).

Vor dem Hintergrund des heutigen Einkaufsverhaltens, der bevorzugten Mindestbestellmengen und des Bestellvolumens, ab dem der Konsument keine Zustellgebühr mehr entrichten muss, erscheint mittelfristig eine durchschnittliche Online-Bonsumme von 26 bis 64 Euro realistisch. Bei einer Online-Bestellung in Höhe von durchschnittlich 64 Euro und einem durchschnittlichen Zustellgewicht von 30 Kilogramm – wie sie im Rahmen der Gutachtenerstellung von Flämig et al. (2002) ermittelt wurde – würde ein E-Commerce-Anteil von 1% zu 29,1 Mio. zusätzlichen Sendungen führen (Tab. 12). Bezogen auf das Marktvo-

1 Handel mit Lebensmitteln

lumen der Paketzusteller von 1.053 Mio. Paketen im Jahr 1999, würden die zusätzlichen Lebensmittellieferungen durch E-Commerce zu einer Erhöhung dieses Paketaufkommens zwischen 2,8% (bei einer Bonsumme von 64 Euro und einem E-Commerce-Anteil von 1%) und 103,7% (bei einer Bonsumme von 17 Euro und einem E-Commerce-Anteil von 10%) führen (Flämig et al. 2002, S. 189 f.).

1.4 Weiterführende Folgenbetrachtungen

1.4.1 Logistik, Verkehr und Umwelt

Es ist deutlich geworden, dass sich durch E-Commerce die physischen Prozesse bzw. Warenströme verändern werden. Dies gilt insbesondere für die Endkundenbelieferung im B2C-Geschäft. Aber auch im B2B-Geschäft sind gewisse Auswirkungen zu erwarten.

Im Lebensmittelbereich werden in den vorgelagerten Wertschöpfungsstufen des Handels die Produktivitätsgewinne durch E-Commerce gering ausfallen, da sich Kosteneinsparungen im Lebensmittelbereich fast nur noch über die Einstandspreise erzielen lassen. Die OECD geht von Kosteneinsparpotenzialen durch E-Commerce *im B2B-Bereich* für Lebensmittel von höchstens 3 bis 5% aus (Coppel 2000, S. 16). Kostensenkungen durch eine andere räumliche Arbeitsteilung, verbunden mit anderen Transport- und Verkehrsströmen, scheinen kaum realistisch. Der bisher eingeschlagene Weg im Handel, Sortimente weiter auszuweiten und Lagerflächen in (produktive) Verkaufsflächen umzuwandeln, führt zu einer weiteren Zunahme der Lieferfrequenzen bei gleichzeitiger Abnahme des Sendungsvolumens.

Größere Veränderungen hinsichtlich des logistischen Systems werden im *B2C-Bereich* gesehen. Der Zustelldienst an den privaten Kunden hat durch das Internet eine deutliche Aufwertung erfahren. Hier sind derzeit eine Vielzahl an möglichen Geschäftsmodellen und Logistikkonzepten in der Erprobung und Entwicklung. In Modellrechnungen wurden diese auf ihre potenziellen ökologischen Wirkungen hin untersucht (Flämig et al. 2002, S. 226 ff.):

Folgende *Ausgangssituation* der Distribution (*Vorkette*) wurde angenommen: Die Belieferung des Distributionscenters (DC) erfolgt mit einem Lkw, der mit insgesamt 24 Tonnen Liefergut beladen ist. Der zurückgelegte Weg vom Lieferanten zum Distributionscenter beträgt ca. 600 Kilometer. Nach der Kommissionierung im Distributionscenter wird die Ware durch kleine Lkw verteilt. Hierbei wird von einem gewichtsmäßigen Auslastungsgrad von 60% ausgegangen, so dass eine Beladung von rund 1,5 Tonnen gegeben ist. Insgesamt werden 16 Touren mit je 1,5 Tonnen Liefergut gefahren, um die 24 Tonnen vollständig an die Filialen zu distribuieren. Jedes Verteilfahrzeug beliefert auf seiner 27 Kilometer langen Tour 15 Filialen, wobei zwischen DC und erster Filiale bzw. zwischen letzter Filiale und DC je 5 Kilometer liegen. Jeder Endkunde hat einen angenommenen durchschnittlichen Weg von 5,5 Kilometer zu seiner Filiale. Die durchschnittliche Einkaufsmenge beträgt 30 Kilogramm, so dass folglich 800 Pkw-Touren stattfinden, um die insgesamt angelieferten 24 Tonnen Waren vollständig an die Endkunden zu verteilen.

Für die *Übergabe/Übernahme der Ware an den Kunden* bzw. durch den Kunden wird als *Ausgangsszenario* folgendes angenommen: Der Kunde fährt mit seinem Pkw von seiner Wohnung zum Einkaufscenter und nach Erledigung der Einkäufe wieder zurück zur Wohnung.

Mit diesem Ausgangsszenario werden die folgenden Szenarien hinsichtlich ihrer durch Verkehr induzierten ökologischen Wirkungen verglichen:

- *Zustellung an Haushalte*: In diesem Szenario erfolgt die Zustellung der Lebensmittel an die Endkunden durch einen Kleintransporter (ca. fünf Kunden pro Lieferung).
- *Zustellung über einen Convenience-Store in der Stadt*: Die Übergabe der Ware erfolgt beispielsweise in einer Videothek, Tankstelle etc., die fußläufig in Kundennähe liegt.
- *Zustellung über einen Convenience-Store im ländlichen Raum:* Die Kunden holen ihre Sendung mit dem Pkw ab, wenn sie von der Arbeit nach Hause fahren.
- *Zustellung über große Boxensysteme im städtischen Raum*: Die Vorkette ist identisch bis zur Filialenbelieferung. Die Belieferung eines großen Boxensystems (Waren-Übergabestation) erfolgt von ortsnahen Filialen aus.
- *Zustellung über kleine und mittlere Boxensysteme:* Die Vorkette ist identisch bis zur Filialenbelieferung. Die Belieferung des Kunden erfolgt an seinem Arbeitsplatz.

Bezogen auf den Status Quo, in dem die Konsumenten die Ware selbst im Geschäft abholen, sind fast alle „E-Commerce-Szenarien" als ökologischer zu bezeichnen. Bei der Zustellvariante *große Boxensysteme im städtischen Raum* könnten prinzipiell die größten ökologischen Einsparpotenziale (Indikator CO_2-Ausstoß) erzielt werden. Diese Lösung muss aber unter anderen Gesichtspunkten (z.B. Auslastung) in seiner Realisierungschance als relativ unwahrscheinlich angesehen werden. Grundsätzlich lässt sich festhalten, dass die Zustellung von einem Verteilzentrum über einen Convenience-Store mit einem größeren Fahrzeug bzw. eine ausgelastete Direktbelieferung mit einem großen Fahrzeug eher ökologisch sinnvolle Zustellmodelle darstellen. Ökologisch weniger sinnvoll ist die Direktbelieferung von kleinen Boxensystemen eines Distributionscenters.

1 Handel mit Lebensmitteln

Die Lage des Depots zum Zustellgebiet stellt bei der Abschätzung der wirtschaftlichen, verkehrlichen und ökologischen Folgen eine zentrale Stellgröße dar. Der harte Standortwettbewerb im Einzelhandel führt dazu, dass sich das Einzelhandelsangebot in den Stadtteilen bzw. in kleinen Orten immer weiter ausdünnt. Die Konzentration der Standorte im Einzelhandel trägt dazu bei, dass die durchschnittliche Entfernung zwischen Haushalts- und Einzelhandelsstandorten anwächst. Damit nehmen auch potenzielle Zustellentfernungen zu den Kunden zu. Wie die Einzelhandelsfunktion so verlagert sich ebenso die Logistikfunktion aus den Städten. Also haben alternative Zustellkonzepte, die nicht die Filiale zum Auslieferungspunkt haben, tendenziell weitere Wege zu den Kunden als der heutige stationäre Lebensmitteleinzelhandel.

1.4.2 Auswirkungen auf die Beschäftigung

Von den insgesamt rund 1,194 Mio. Beschäftigten im *Großhandel* waren 1999 rund 0,214 Mio. im Großhandel mit Nahrungsmitteln, Getränken und Tabakwaren tätig, wobei mehr als die Hälfte in Unternehmen arbeiteten, die weniger als eine Million Euro Umsatz verzeichneten. Die kleinen und mittleren Unternehmen sind im Lebensmittelgroßhandel wichtige Arbeitgeber, da sie überproportional viele Arbeitsplätze zur Verfügung stellen. Der Anteil der Teilzeitarbeitsverhältnisse ist im Vergleich zum Einzelhandel relativ gering (Flämig et al. 2002, S. 271 ff.; Statistisches Bundesamt 2002).

Im *Einzelhandel* waren im ersten Halbjahr 2001 durchschnittlich 2,5 Mio. Personen beschäftigt, 0,5 % weniger als im Vorjahr. Der Personalabbau betraf allerdings nur die Vollzeitbeschäftigten. Im stationären Einzelhandel mit Waren verschiedener Art der Hauptrichtung Nahrungsmittel, Getränke und Tabakwaren arbeiteten im Jahr 1999 690.000, im Facheinzelhandel mit Nahrungsmitteln, Getränken und Tabakwaren 150.000 Beschäftigte. Insgesamt waren im Jahr 1999 2,555 Mio. Personen im deutschen Einzelhandel tätig. Rund jeder Dritte Beschäftigte des Einzelhandels hatte damit mit dem Verkauf von Nahrungsmitteln zu tun (Flämig et al. 2002, S. 273 ff.; Statistisches Bundesamt 2002).

Vor dem Hintergrund des anhaltenden Sterbens der so genannten „Tante-Emma-Läden" ist es dennoch erstaunlich, dass die kleinen Läden mit wenig Beschäftigten immer noch einen großen Anteil ausmachen: Die durchschnittliche Anzahl der Beschäftigten im Einzelhandel liegt in Deutschland bei rund acht Personen (Täger et al. 1998, S. 27). Die durchschnittlichen Beschäftigtenzahlen im Supermarkt sind gestiegen, während sie in Discountern weiter abnehmen.

Die Gegenüberstellung von Groß- und Einzelhandel zeigt, dass durch den bereits intensiv vollzogenen Personalabbau im Großhandel bei einer möglichen Zunahme des Umsatzes, die Produktivität im Großhandel deutlich erhöht werden kann. Durch Rationalisierungsmaßnahmen hat sich die Beschäftigungsstruktur in den letzten Jahren stark verändert: Im Einzelhandel wurden *Vollzeitarbeitsplätze abgebaut* und teilweise in Teilzeitarbeitsplätze und in Arbeitsplätze für geringfügig Beschäftigte umgewandelt.

Zunehmende Teilzeitarbeit im deutschen Lebensmitteleinzelhandel geht Hand in Hand mit einer sich vertiefenden *geschlechtsspezifischen Segmentierung* des Arbeitsmarktes: Im gesamten Einzelhandel beträgt der Frauenanteil an allen Beschäftigten 71,1 % (Jacobsen/Hilf 1998). Im Lebensmitteleinzelhandel betrug er 82,6 %. Der Anteil der Teilzeitbeschäftigten an allen Beschäftigten beläuft sich im gesamten Einzelhandel auf 44,8 %, im Lebensmitteleinzelhandel auf 60,4 %. Im gesamten Einzelhandel sind 92,2 % aller Teilzeitbeschäftigten weiblichen Geschlechts, im Lebensmitteleinzelhandel 97,9 %. Auch die geringfügige Beschäftigung ist auf Frauen konzentriert: Geringfügig Beschäftigte machen 28,7 % aller Beschäftigten im Lebensmitteleinzelhandel aus, davon sind 87,4 % Frauen (Kirsch et al. 1999, S. 25 f.).

Die *Beschäftigungsbedingungen* verschlechtern sich seit einigen Jahren durch einen gestiegenen Wettbewerbsdruck. In der Diskussion über Arbeitsbedingungen im Einzelhandel stehen v.a. die ungünstigen Arbeitszeiten (über die Hälfte der Beschäftigten arbeitet in Teilzeitverhältnissen) und die geringe Entlohnung im Mittelpunkt. Um die Personalkapazität den starken zeitlichen Schwankungen der Nachfrage anzupassen, wird gerade im Lebensmitteleinzelhandel verstärkt mit Teilzeitarbeitsverhältnissen gearbeitet. Ein zunehmender Distanzhandel könnte sich hier positiv auf die Art der Beschäftigungsverhältnisse auswirken: Wenn vorhandene Infrastrukturen für die Kommissionierung der bestellten Waren genutzt werden, könnten die zeitlichen Schwankungen gezielt eingesetzt werden, um Angebote kundenorientierter zu gestalten. Auch wenn der Anteil des elektronischen Handels am Produktions-, Distributions- und Konsumptionsprozess von Lebensmitteln noch sehr gering ist, liegen hier Potenziale, deren Aktivierung tiefgreifende Änderungen der Arbeitswelt erwarten lassen.

Die Möglichkeit, Essen per E-Commerce zu ordern (z.B. Pizza), scheint den Trend eines B2C-E-Commerce in der Lebensmittelbranche zu forcieren. Neue Arbeitsplätze werden jedoch durch E-Commerce nicht erwartet. Höchstens im Bereich der Bringdienste sind leichte Beschäftigungseffekte möglich.

Im Großhandel werden insbesondere an die Lager- und Kommissioniertätigkeiten veränderte Anforderungen gestellt, da mit der Kommissionierung von kleineren Sendungen in der Regel ein anderes Kommissioniersystem verbunden ist. Hier sind einige qualitative Veränderungen der Tätigkeiten zu erwarten.

Unter den Waren- und Dienstleistungskaufleuten sind es vor allem die Speditionskaufleute, die vom Online-Handel profitieren und eine deutliche Aufwertung erfahren. Verkaufs- und Filialleiter werden verstärkt mit den neuen Technologien konfrontiert. Hier besteht ein hoher Weiterbildungsbedarf.

1.5 Politische Handlungsfelder und Forschungsbedarf

Heute erfolgt die Aufklärung der Verbraucher über ihr Verhalten und dessen Auswirkungen auf Ökonomie, Aufenthaltsqualität sowie Ökologie und Verkehr, wenn überhaupt, nur punktuell. Auch Lebensmittel- und Ernährungspolitik ist in Deutschland – jenseits aktueller Krisen – ein eher vernachlässigtes Thema. Die aktive Mitgestaltung der Politik hinsichtlich der Online-Aktivitäten rund um die Ernährung könnte dabei einen wichtigen Beitrag zu einem bewussteren Ernährungsverhalten und damit einer veränderten Nachfrage leisten.

„Qualitätssiegel" für Online-Anbieter

Mangelndes Vertrauen der Kunden gegenüber dem Online-Handel ist nach wie vor eine der zentralen Nutzungsbarrieren auf Seiten der Kunden. Erste *Prüfsiegel für Online-Shops* existieren bereits. Aber ebenso wie in der Öko-Label-Entwicklung gibt es derzeit eine quantitative und qualitative Vielfalt an Prüfsiegeln, die kaum von den Konsumenten zu überschauen ist. Zunächst sollte daher eine (internationale) Einigung auf ein allgemein gültiges Label erzielt werden, um den Verbraucher nicht durch eine Vielzahl von Siegeln zu verwirren. Das Label sollte neben ökologischen Aspekten auch die Qualität der Waren, der Logistik und der Zahlungsabwicklung bewerten. Hier nun sollte eine enge Verzahnung mit dem sich noch im Gesetzgebungsverfahren befindlichen neuen Verbraucherinformationsgesetz erfolgen.

Langfristige Sicherung der Nahversorgung mit Lebensmitteln

Dorfläden als traditionelle „Marktplätze" können unter den heutigen Rahmenbedingungen langfristig nicht bestehen. Es gibt bereits erste Beispiele, in denen Städte bzw. Gemeinden die Initiative ergriffen und die Rahmenbedingungen für den Erhalt der Handelsfunktion am Standort neu definierten. Diese Kommunen haben erkannt, dass zum „Vorsorgeprinzip der Planung" auch die langfristige Sicherung der Nahversorgung der Bevölkerung mit Lebensmitteln gehört. Auf den Rückzug des Handels aus der Fläche sollte reagiert werden, da Einzelhandelsstandorte eine soziale Funktion übernehmen, die insbesondere in den ländlichen Gebieten kaum von anderen Standorten übernommen werden können. In einigen anderen Ländern existieren hierzu bereits Förderprogramme, beispielsweise in Österreich, die hinsichtlich ihrer Übertragbarkeit auf Deutschland überprüft werden sollten.

Stadt- und Raumplanung bzw. -politik

Die Verlagerung der klassischen Handels- und Transportfunktion, das Entstehen neuer baulicher Infrastrukturen (Übergabestationen wie der Tower24) und materieller Infrastrukturen (Daten- statt Verkehrsautobahnen) stellen die Stadt- und Raumplanung vor neue Aufgaben. Wenn sich das Raum-Zeit-Gefüge verändert, müssen auch die Planungsprinzipien angepasst werden. Benötigt wird ein angemessenes Planungs- bzw. Steuerungsverfahren, das flexibel genug ist, sich an die sich verändernden Anforderungen stetig anzupassen.

Wirtschaftsstatistik

Neben den unterstützenswerten Initiativen zur internationalen Standardisierung der klassischen statistischen Zugänge (z.B. Klassifizierung der Wirtschaftszweige) bedarf es einer Forschung zu flexiblen Anpassungs- und Aktualisierungsmöglichkeiten der amtlichen Beschäftigungsstatistik an heutige und zukünftige Wirtschaftsstrukturen. Gerade im Bereich der Beschäftigung könnte eine Anpassung bzw. Erweiterung der Nomenklatur der Statistik (ISCO) zu einem erhöhten Aussagegehalt hinsichtlich der Wirkung von E-Commerce beitragen.

Die bisher vorgenommene Unterscheidung nach B2B und B2C reicht nicht aus. Vor allem bedarf es einer internationalen Systematik für unterschiedliche Produktgruppen, die so fein gegliedert ist, dass sie nicht nur mit der Statistik des stationären Handels vergleichbar wird, sondern einen Schritt darüber hinaus geht und die Möglichkeit zulässt, Aussagen zu treffen, die eine integrierte, querschnittsorientierte Politikgestaltung erst ermöglichen. Dazu gehört beispielsweise, dass die Erfassung des Warenverkehrs in einer vergleichbaren Systematik sowohl Wert-, Gewichts- als auch Sendungseinheiten ermöglicht und berücksichtigt.

Empirische Forschungen zum Distanzhandel

Bisher sind empirisches Material und empirische Forschungen zur exemplarischen Abschätzung von Umfang, Reichweite und Wirkung eines zunehmenden Distanzhandels auf Logistik und Verkehr, Raum und Ökologie sowie auf die Beschäftigung kaum verfügbar.

Unklarheit herrscht auch darüber, wer die treibende Kraft im derzeitigen Wandlungsprozess ist: die neuen Technologien oder der Handel bzw. die Logistik. Die Bedeutungszunahme der Logistik in der Zulieferkette, die Einbindung logistischer in vertikale Marktplätze, neue Modelle in der Endkundenbelieferung, das alles ist zu konstatieren. Die Frage nach den optimalen Distributionsstandorten und Lagerstrukturen kann heute noch nicht beantwortet werden. In Reaktion auf Prognosen einer exorbitanten Verkehrszunahme, insbesondere bei

1 Handel mit Lebensmitteln

den KEP-Dienstleistern, ist zu klären, welche verkehrs- und wirtschaftspolitischen Strategien in Ballungsräumen angezeigt sind.

Die Untersuchung der Systemdynamiken und die Beobachtung der realen Entwicklung sollten im Rahmen einer Zukunftsexploration zusammengeführt und regelmäßig fortgeschrieben werden.

1.6 Perspektiven

1.6.1 Hemmende und unterstützende Faktoren

Derzeit stehen viele Konsumenten der Nutzung des Internets kritisch gegenüber. *Vorbehalte* von potenziellen Kunden gegen den E-Commerce äußern sich unter anderem im Abbruch eines bereits begonnenen Bestellvorgangs. Als Abbruchgründe wurden bei der Befragung im Rahmen des Internet-Shopping Report 2000 (Symposion Publishing 1999, S. 62) vor allem folgende Gründe angeführt:

- die Höhe der Lieferkosten (Kunden sind keine „Vollkostenrechner"),
- der Zeitaufwand zum Suchen und Bestellen,
- die teilweise verwirrende Online-Navigation und begrenzte Serviceoptionen, vor allem ein Mangel an persönlicher Beratung (durch Verkaufspersonal),
- die teilweise mangelhafte technische Umsetzung von Online-Shops führt zu Medienbrüchen und damit umständlichen Bestellvorgängen,
- Sicherheitsprobleme bei der Bezahlung,
- die Erwartung, dass Waren „sofort" geliefert werden, die nicht immer erfüllt werden kann,
- die fehlende Möglichkeit, Produkte zu testen (schmecken, riechen, tasten) und in realer Größe betrachten zu können.

Darüber hinaus geht das Einkaufen von Lebensmitteln über den bloßen Besorgungsvorgang hinaus, erfüllt auch eine soziale Funktion und wird häufig mit anderen Aktivitäten verbunden („Shoppen" ist mehr als Einkaufen).

Insgesamt kann jedoch davon ausgegangen werden, dass der Anteil des E-Commerce in Zukunft steigt. *Treibende Kräfte* für eine Erhöhung des Anteils des E-Commerce sind u.a.:

- eine steigende Anzahl von Haushalten mit Internetanschluss,
- bessere Computerkenntnisse der Bevölkerung,
- bessere Online-Navigation und Kundenbetreuung,
- Lösungen von Sicherheitsproblemen für Transaktionen, Vorschriften zum Datenschutz bzw. Transaktionsvorschriften,
- höhere Verfügbarkeit von Bestellsystemen und angebotenen Waren,
- bessere technische Lösungen (Kapazität, Geschwindigkeit usw.),

- neue Multimediaprodukte, die TV, PC, Telefon und andere Geräte des Haushalts miteinander vernetzen,
- die Kunden können ihren Zeitvorteil abschätzen und sind unabhängig von Ladenöffnungszeiten.

Die meisten *Barrieren* werden sich abbauen lassen, wobei die Geschwindigkeit, mit der dies erfolgt, entscheidend sein wird für eine erhöhte Nutzung des E-Commerce. Für bestimmte Kunden ist die Bestellung von Lebensmitteln reizvoll, doch das Potenzial erscheint nicht so groß wie für andere Produkte zu sein, die schon heute erfolgreich über das Internet verkauft werden.

Der zukünftige Anteil der im Distanzhandel erworbenen Lebensmittel wird zudem entscheidend durch die Affinität der Konsumenten bestimmt, sich diese liefern zu lassen. Diese Affinität wird wiederum durch eine Vielzahl von Faktoren beeinflusst, wie z.B. die rechtlichen Rahmenbedingungen im stationären Handel etwa zu den Ladenöffnungszeiten. Als Vorteil wird oft der Bequemlichkeitsaspekt eines Online-Einkaufs gegenüber einem Einkauf im stationären Geschäft angeführt.

Neben dem Angebot spielen sowohl soziodemographische und technische („Access"-)Faktoren, aber vor allem auch psychologische Gründe eine entscheidende Rolle beim Einkaufsverhalten. Für viele Menschen stellt der regelmäßige Lebensmitteleinkauf einen Kontakt zur Außenwelt dar. Einkaufen besitzt eine soziale Komponente und wird bei weitem nicht von allen Konsumenten als lästige Pflicht empfunden. Die GfK kam zu dem Ergebnis, dass Lebensmitteleinkäufe zunehmend Spaß machen und von rund 60 % der Befragten derart bewertet werden (vgl. Abb. 9).

Gleichzeitig zeigt sich ein ambivalentes Bild, denn die gleichen Befragten antworteten auch, dass sie einen Zustelldienst für die Einkäufe als eher sinnvoll bzw. nützlich ansehen würden (vgl. Abb. 10). Die Zukunft für Online-Käufe wird also vor allem davon abhängen, inwieweit das Angebot in der Lage ist, die Erwartungen der Konsumenten zu erfüllen und die Bedürfnisse der Kunden zu befriedigen.

Zwei zentrale Voraussetzungen für eine erhöhte Nachfrage im Online-Lebensmittelhandel müssen jedoch erfüllt sein: Erstens der Abbau der Bedenken, dass auch Frischesortimente in der gewünschten Qualität den Kunden erreichen, und zweitens die Bereitschaft der Konsumenten, für diese Dienstleistung angemessen zu zahlen.

1 Handel mit Lebensmitteln

Abb. 9: „Einkaufen macht mir Spaß"

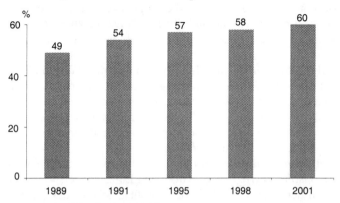

Quelle: GfK 2001, Basis: 2.075 Personen.

Abb. 10: Neue Dienstleistungen im Lebensmitteleinzelhandel

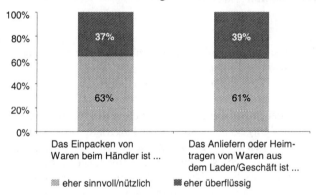

Quelle: GfK 2001, Basis: 2.075 Personen.

1.6.2 Ausblick

B2B-Bereich

Die neuen Kommunikationsstandards, der leichte Zugang zum Internet auch für kleine und mittlere Unternehmen sowie der kostengünstige Daten- und Informationstransfer bei zunehmender Standardisierung von Produkten und Dokumenten im Handel zwischen zwei Marktteilnehmern erhöhen die Effizienz des Wertschöpfungsprozesses. Das Potenzial hängt daher stark vom jeweiligen Produkt ab, welches über elektronische Marktplätze gehandelt werden soll. Eine Grundvoraussetzung, dieses Potenzial zu erhöhen, ist die Möglichkeit, das Produkt exakt elektronisch bzw. web-basiert zu beschreiben. Die Zunahme an Eigen- und Herstellermarken vereinfacht auch im Lebensmittelbereich diese Produktspezifizierung.

Elektronische Marktplätze werden die Konzentration in der Konsumgüterbranche fördern. Dem deutschen Handel kommt dabei zugute, dass er schon seit Jahren durch funktionierende große Einzelhandels- und Dienstleistungsunternehmen geprägt ist. Chancen für mittelständische Unternehmen liegen eher in den Marktnischen. Strategische Allianzen und Joint-Ventures scheinen notwendig zu sein, um neue Märkte erschließen zu können.

Im Bereich des Lebensmittelhandels wird es vermutlich weniger zur Disintermediation kommen, also zum Wegfall von Groß- und Einzelhandel. Vielmehr findet eine Redefinition der klassischen Rolle des Großhandels als des führenden Intermediärs statt. Durch die so genannte Reintermediation von virtuellen Marktplätzen als neuem Bindeglied zwischen Hersteller und Kunde entstehen qualitativ veränderte Wertschöpfungsstrukturen.

B2C-Bereich

Insgesamt sind bisherige Prognosen wenig verlässlich und weisen eine hohe Streubreite auf. Keine geht heute allerdings davon aus, dass langfristig mehr als 10 % des gesamten Volumens des Lebensmitteleinzelhandels (Nahrungsmittel und „Non-Food") über das Internet geordert werden.

Einer schnelleren und weiteren Ausweitung stehen neben technischen vor allem nachfrageseitige Faktoren entgegen. Es kann zwar langfristig davon ausgegangen werden, dass die bisherigen Barrieren, wie Zahlungssicherheit, Zugangs- bzw. Nutzungsmöglichkeiten sowie logistische Ablaufprobleme, behoben werden. Es ist jedoch nicht damit zu rechnen, dass im Lebensmittelsektor die Preisorientierung der Konsumenten verloren geht. Online-Supermärkte sind im Gegensatz zu den Spezialisten mit einer Klientel konfrontiert, die kaum bereit ist, für diese Zustellleistung den adäquaten Preis zu bezahlen. Konsumenten sind in der Regel keine „Vollkostenrechner", die Einsparungen (z.B. Kosten für den privaten Pkw und dessen Nutzung) den Zustellkosten gegenüberstellen.

1.7 Fazit

Die Versorgung mit Nahrungsmitteln und Getränken ist einer der bedeutendsten Wirtschaftszweige in Deutschland. Direkt oder indirekt ist annähernd jeder neunte Arbeitsplatz mit dem so genannten Agribusiness verbunden.

1 Handel mit Lebensmitteln

Eine zunehmende Convenience-Orientierung der Bevölkerung hat zu einem Anstieg der Nachfrage nach Systemprodukten und Lieferdiensten (Lebensmittel, Pizza usw.) bzw. des Außer-Haus-Verzehrs geführt. Diese neuen Angebotsformen substituieren Eigenleistungen (Einkaufen und Kochen) durch Dienstleistungen (Zustellservice, Pizzaservice, Restaurant) und spiegeln den wirtschaftlichen Wandel zur Dienstleistungsgesellschaft wider.

Der Handel ist heute vom Zusammenschluss vieler kleiner und mittelständischer Unternehmen zu Einzelhandels- und Dienstleistungskontoren geprägt. Das Angebotsspektrum der neu entstandenen *elektronischen B2B-Marktplätze* entspricht in weiten Teilen den Funktionen des Intermediärs und damit dem klassischen Großhandel. Die Bestandsaufnahme hat gezeigt, dass heute auf allen und nahezu zwischen allen Wertschöpfungsstufen elektronische Marktplätze existieren. Dabei bleiben jedoch die Angebote in den vorgelagerten Wertschöpfungsstufen des Handels zumeist auf den B2B-Handel beschränkt. Eine Ausnahme stellen die Produzenten von ökologischen Produkten dar, die auch direkt mit den Endverbrauchern in Beziehung treten.

Heute bieten *im B2C-Bereich rund 1.500 Anbieter* Lebensmittel im Internet an, das klassische Vollsortiment des Lebensmitteleinzelhandels jedoch nur wenige. Der derzeitige Markt an Online-Vollsortimentern besteht aus einem großen Joint-Venture, einigen regionalen und wenigen lokalen Anbietern. Teilweise bieten diese den Zustellservice schon seit Jahren an, vor allem aus Gründen des Marketings und der Kundenbindung. Für diese Einzelhändler stellt der Online-Verkauf daher nur einen weiteren Distributionskanal dar. Online-Supermärkte sind im Gegensatz zu den Spezialisten jedoch mit einer Klientel konfrontiert, die kaum bereit ist, für diese Zustellleistung einen kostendeckenden Preis zu bezahlen. Konsumenten sind in der Regel keine „Vollkostenrechner", die Einsparungen (z.B. Kosten für den privaten Pkw und dessen Nutzung) den Zustellkosten gegenüberstellen.

Nach Umfrageergebnissen haben 4,5 % der Internetnutzer in Deutschland in den letzten sechs Monaten Lebensmittel im Internet bestellt. Die Durchschnittsbonsumme im Distanzhandel von Lebensmitteln mit privaten Kunden weist mit 16 bis 77 Euro einen höheren Betrag auf als im stationären Lebensmitteleinzelhandel, wo dieser Betrag je nach Betriebsform zwischen 13 und 23 Euro variiert. Damit würde heute eine Internetbestellung drei bis neun stationären Einkäufen entsprechen. Insgesamt sind bisherige Prognosen wenig verlässlich und weisen eine hohe Streubreite auf. Keine Prognose geht heute allerdings davon aus, dass langfristig mehr als 10 % am gesamten Lebensmitteleinzelhandelsvolumen (Nahrungsmittel und „Non-Food") über das Internet geordert werden.

Zusammenfassend lässt sich für die *zukünftige Entwicklung des Online-Handels mit Lebensmitteln* festhalten:

- Elektronische Marktplätze werden die Konzentration in der Konsumgüterbranche fördern. Die Chancen für mittelständische Unternehmen liegen eher in Marktnischen. Neue Märkte werden nur durch strategische Allianzen und Joint-Ventures erschlossen werden können.
- Die neuen Kommunikationsstandards, der leichte Zugang zum Internet auch für kleine und mittlere Unternehmen sowie der kostengünstige Daten- und Informationstransfer bei zunehmender Standardisierung von Produkten und Dokumenten im Handel zwischen zwei Marktteilnehmern erhöhen die Effizienz des Wertschöpfungsprozesses.
- Die Möglichkeiten, die mit dem elektronischen Handel verbunden sind, liegen insbesondere in der Erhöhung der Markttransparenz durch die weitgehende Entkopplung des Handels von Zeit und Raum.
- Die erhöhte Markttransparenz führt dazu, dass sich die Wertschöpfungsstufen neu organisieren, versehen mit fließenden Übergängen zwischen Einzelhandel, Großhandel, Hersteller und Logistikdienstleistern, die sich veränderten Aufgabeninhalten stellen müssen.
- Im Bereich des Lebensmittelhandels kommt es weniger zur so genannten Disintermediation, also zum Wegfall von Groß- und Einzelhandel. Vielmehr wird die klassische Rolle des traditionellen Großhandels als des führenden Intermediärs neu gestaltet.

Für den Einzelhandel stellen virtuelle Marktplätze ein weiteres Handelsmedium dar. Durch die so genannte Reintermediation von virtuellen Marktplätzen als neuem Bindeglied zwischen Hersteller und Kunden entstehen neue Wertschöpfungsstrukturen. Der Distanzhandel (Online-Handel, Fax usw.) mit Lebensmitteln kann langfristig ein Volumen von 10% erreichen, wird sich dabei aber nur auf Kosten des traditionellen Handels ausdehnen können.

2 Automobilindustrie und Autohandel

Mit mehr als 700.000 direkt Beschäftigten (Stand 2001) ist die Automobilwirtschaft einer der bedeutendsten Sektoren der deutschen Volkswirtschaft. Zugleich gehört die Autoindustrie zu den fortgeschrittensten Branchen, was den Einsatz von IuK-Technologie insgesamt anbelangt. Die Vernetzung mit Zulieferern über Electronic Data Interchange (EDI) hat eine lange Tradition, wie auch die enge elektronische Bindung an spezialisierte Vertriebspartner. Durch E-Commerce ist mittlerweile neben dem B2B-Handel (z.B. zwischen Zulieferern und Herstellern) auch das Marktgeschehen zwischen Unternehmen und privaten Konsumenten (B2C) sehr stark in Bewegung geraten.

In diesem Kapitel werden zunächst einige wesentliche Grundinformationen zur Branchenstruktur gegeben sowie die Formen und Erfolgskriterien des E-Commerce in diesem Wirtschaftsbereich aufgezeigt. Es wird der Frage nachgegangen, wie sich die Perspektiven des E-Commerce in den Bereichen von Zulieferung, Produktion und Handel zukünftig gestalten, und welche Folgen zu erwarten sind. Schließlich sind politische und regulatorische Handlungsoptionen anzusprechen. Die möglichen Gewinner und Verlierer der durch E-Commerce beeinflussten Branchenentwicklung werden kurz beleuchtet.

Dieses Kapitel stützt sich in Teilen auf das für den Deutschen Bundestag von Büllingen/Hillebrand (2002) erstellte Gutachten. Gegenstand der Untersuchung ist der Pkw-Markt. Ausgespart blieben die Segmente Lkw, Wohnmobile, Motorräder, Kfz-Zubehör.

2.1 Strukturen und Trends

Innerhalb der deutschen Volkswirtschaft gilt der Automobilsektor nach wie vor als Wachstumsmotor. Nach Angaben des Verbandes der Automobilindustrie (VDA 1999; 2000) hängt jeder siebte Arbeitsplatz in Deutschland direkt oder indirekt mit dem Automobil zusammen. Entwicklung, Herstellung, Vertrieb und Nutzung erzielten Ende der 90er Jahre insgesamt eine Bruttowertschöpfung von ca. einem Fünftel des Bruttoinlandsprodukts. Die Steuereinnahmen des Staates in diesem Bereich belaufen sich beinahe auf ein Viertel des gesamten Steueraufkommens.

Der Anteil der Pkw-Produktion deutscher Automobilhersteller an der Weltproduktion betrug 1999 rund 23%. Der Anteil des Pkw-Exports an der Pkw-Gesamtauslieferung im Jahr 2000 wird vom VDA mit 67,4% angegeben. Der Umsatz der Automobilindustrie insgesamt betrug 2000 rund 188 Mrd. Euro. Mitte 2001 hat der Gesamtbestand an Pkw in Deutschland ein Rekordniveau von 53,2 Mio. Fahrzeugen erreicht. Ein hoher Fahrzeugbestand lässt erwarten, dass der (auch grenzüberschreitende) Gebrauchtwagenhandel künftig ein weiter wachsender Sektor sein wird (Büllingen/Hillebrand 2002, S. 15). Nach allgemeiner Einschätzung sind als die bestimmenden Faktoren für die weitere Entwicklung der Automobilindustrie Globalisierungstrends, technologische Entwicklungstrends, Effektivitätssteigerungen sowie regulatorische Rahmenbedingungen in der EU zu nennen (vgl. hierzu auch Lamborghini et al. 2000, S. 252 ff.).

Globalisierungstrends

Ein Ausdruck des globalen Wettbewerbs auf dem Automobilmarkt ist die immer stärker werdende *Internationalisierung sowohl des Produktionsstandortes als auch des Absatzmarktes*. Die großen Autokonzerne unterhalten mittlerweile Produktionsstandorte auf fast allen Kontinenten. Hierdurch erhofft man sich Einsparungen bei den Produktions- und Vertriebskosten, aber natürlich zielt diese Strategie auch auf die Erschließung neuer Absatzmärkte (z.b. China, ehemalige Ostblock-Staaten). Als ein weiteres Indiz für die forcierte Globalisierung können die internationalen *Unternehmenszusammenschlüsse* der letzten Jahre angesehen werden. Von den 52 unabhängigen Automobilherstellern weltweit im Jahr 1964 sind im Jahr 1999 noch 16 übriggeblieben. Die bislang größte Fusion war die von Daimler-Benz und Chrysler im Jahr 1998. Auch danach gingen weitere Hersteller gegenseitige Beteiligungen ein, wenn auch in geringeren Größenordnungen. Nach Dudenhöffer (2001) dürften bis zum Jahr 2010 weltweit vermutlich nur noch etwa fünf bis zehn Hersteller Autos in eigener Regie produzieren.

Als wesentliche Gründe für die Globalisierungstrends gelten vor allem der steigende Wettbewerbs- und Preisdruck, gesättigte Märkte sowie immer kürzer werdende Innovationszeiträume.

Technologische Entwicklungstrends

Spezifische technologische Entwicklungstrends, die die Innovationsdynamik der Branche beeinflussen, stellen sich in solchen *Neuentwicklungen* wie beispielsweise der Brennstoffzelle oder der Mechatronik dar. Die Ausrüstung der Fahrzeuge mit Telematik- und Medien-Anwendungen (DAB, Navigationssysteme, Internetzugang) ist schon nicht mehr nur den Luxus-Automobilen vorbehalten. Als wichtigster Trend gilt der wachsende *Anteil der Elektronik* am Wert eines Autos. Dieser stieg von etwa 15 % am Gesamtwert eines Autos im Jahr 1995 auf bis zu 35 % im Jahr 2000 bei hochpreisigen Modellen (Lamborghini et al. 2000, S. 253).

Effektivitätssteigerungen

Intensive Rationalisierungsbemühungen der Hersteller konzentrieren sich auf Kosteneinsparungen im Bereich von Beschaffung und Produktion. So werden in der Herstellung komplette *Komponenten*, wie z.B. Konsolen, von spezialisierten Zulieferern eingesetzt. Diese standardisierten Systemkomponenten integrieren verschiedene Hersteller in ihre Produkte. Durch die Möglichkeit, vollständige Plattformen für unterschiedliche Aufbauten von Automodellen einzusetzen, sind erhebliche Kostenersparnisse realisierbar (Dudenhöffer 2001, S. 396 ff.).

Unter dem Schlagwort „*Just-in-time*" demonstrierte die Automobilindustrie, dass sich mit einer Verschlankung der Produktion („lean production") und einer radikalen Verringerung der kapitalintensiven Lagerbestände erhebliche Kostensenkungen und Produktivitätssteigerungen erreichen lassen (Behrendt et al. 2002b, S. 50 f., 58 f.; Monse/Weyer 2001, S. 22 f.). Erforderlich ist hierfür allerdings eine enge und gut funktionierende Kooperation mit den Zulieferern sowie eine leistungsfähige Logistik. In diese Richtung zielen auch die etwa ab 2000 eingeführten elektronischen Beschaffungsplattformen, wie beispielsweise Covisint u.a. (Kap. II.2.2.1).

Regulierung

Anfang 2002 galt in der EU noch eine wettbewerbsrechtliche Sonderregelung für den Automobilvertrieb. Die Kfz-Gruppenfreistellungsverordnung (GVO) Nr. 1475/95 besagt, dass Hersteller Neuwagen über ein Netz von Händlern vertreiben, die nach quantitativen und qualitativen Kriterien ausgewählt werden. Die Vertragsbeziehungen zwischen Hersteller und Automobilhändler beinhalten ein exklusives, regionales Vertriebsrecht für den Händler. Unautorisierten Dritten ist es nicht gestattet, sich als Automobilhändler zu betätigen. Die bis dato exklusiven Händlernetzwerke werden indes nur noch bis September 2002 Bestand haben, da ab diesem Zeitpunkt die kartellrechtliche Ausnahmegenehmigung der EU endet (Kap. II.2.5.1).

2.2 Stand und Formen des E-Commerce

Nach der schon frühzeitig praktizierten elektronischen Vernetzung der Autohersteller mit der Zulieferindustrie sowie dem konsequenten Einsatz von IuK-Technologien nutzt die Branche heute auch das Internet intensiv für verschiedene Ziele des E-Commerce. Beispiele für den E-Commerce in den unterschiedlichen Bereichen der Automobilbranche zeigt Abbildung 11.

Abb. 11: Beispiele für Handelsplattformen in der Automobilindustrie

Komponenten-Zulieferer	Hersteller	Händler	Banken
Hersteller-/Zuliefererplattformen: COVISINT BMW VW	Hersteller-/Händler-Portale: OE Connection (Ersatzteile) TradingCars.Com (Ankauf v. Neuwagen)	Neuwagen, Gebrauchtwagen: autoscout24.de autocert.de mobile.de	Online-Banken: AKB-Bank Bank 24 norisbank VW-Bank BMW-Bank
	Hersteller-Internetauftritte: Volkswagen.de Mercedes-Benz/T-Online BMW	Re-Importe: getyourcar.de eu-car.de carorder.de	
		Händler-Internetauftritte: (regional ausgerichtet)	

Quelle: verändert nach Büllingen/Hillebrand (2002, S. 34).

2.2.1 B2B-E-Commerce zwischen Zulieferern und Herstellern

Handelsplattformen sollen ihre Nutzer bzw. Mitglieder bei folgenden Aktivitäten unterstützen:

- *Produktentwicklung:* Indem Informationen zur Marktentwicklung und zu rechtlichen Rahmenbedingungen zur Verfügung gestellt werden, lassen sich Entwicklungszyklen verkürzen;
- *E-Procurement:* Über Kataloge und Online-Auktionen werden die Angebote der Zulieferer und die Herstellernachfrage zusammengebracht, die Beschaffung kann besser koordiniert werden und effizienter erfolgen (vgl. hierzu auch Kap. II.8);
- *Supply Chain Management:* Über die Plattform sind aktuelle und zukünftige Materialflüsse, Bestände und Kapazitäten abrufbar. Damit steht allen Akteuren einschließlich der Logistikpartner eine verbindliche Datenbasis zur Planung ihrer Produktionsprozesse zur Verfügung. Durch Verkürzung der Reaktionszeiten soll ein optimierter Ressourceneinsatz erreicht werden.

Bei der Beurteilung von B2B-Plattformen wurde in den letzten Jahren ein gewisses Umdenken erkennbar. Anfänglich schien in der Bündelung von „Einkaufsmacht" der Hauptwert der elektronischen Marktplätze zu liegen, heute rückt der Aufbau einer einheitlichen Infrastruktur in den Vordergrund. Dabei standen die Automobilhersteller vor der Wahl, entweder Konsortiallösungen anzustreben, oder im Alleingang eine Plattform zu entwickeln. Die Firmen entschieden sich je nachdem, ob der Aufbau eines Marktplatzes eher wettbewerbs-

2 Automobilindustrie und Autohandel

differenzierend oder stärker als kostengünstiges Standardisierungswerkzeug angesehen wurde (Behrendt et al. 2002b, S. 47 f.).

Kooperative Plattform

Wenn auch die Handelsplattform *Covisint* eine gewisse Führungsrolle inne hat, so ist sie dennoch nicht der einzige elektronische Marktplatz für die Automobilindustrie. Von Bedeutung sind u.a. noch SupplyOn und NewtronAutomotive (Cell Consulting 2002). Covisint ist seit Oktober 2000 online und mittlerweile in den USA, Europa und Asien präsent. Gegründet wurde Covisint durch die Automobilhersteller DaimlerChrysler, Ford, General Motors, Nissan, Renault sowie die Softwarefirmen Oracle und Commerce One; PSA Peugeot Citroen ist dem Betreiberkreis später beigetreten. Die Plattform wird zusammen mit zahlreichen Kooperationspartnern aus der Internet- und Softwarebranche realisiert. Der Internetauftritt ist für eine geschlossene Benutzergruppe (nur Mitgliedern zugänglich) konzipiert, der Beitritt aber prinzipiell jedem möglich. Die angeschlossenen Zulieferer haben die Möglichkeit, anonym zu bleiben. Auf dem Web-Angebot von Covisint werden 19 teilnehmende Zulieferer ausgewiesen (Stand: September 2002). Covisint bezeichnet sich als Technologieunternehmen, dessen Produkte und Dienstleistungen es der weltweit agierenden Automobilindustrie ermöglichen soll, ihre Kosten zu reduzieren, die Effizienz zu erhöhen, die Qualität zu verbessern und die Markterschließung zu beschleunigen. Im Mittelpunkt stehen der Austausch von Informationen sowie die Möglichkeit für Zulieferer und Hersteller, ihre Geschäfte online abzuwickeln (Covisint 2002).

Zuliefererplattform Covisint

Bis Ende Oktober 2001 hat Covisint nach eigenen Angaben mehr als 1.200 Online-Auktionen veranstaltet. Über 74.000 Transaktionen erbrachten 48 Mrd. US-Dollar Umsatz. Nach anderen Angaben wurden in den ersten drei Quartalen des Jahres 2001 bereits 130 Mrd. US-Dollar über Covisint realisiert. Das Online-Beschaffungssystem bestand zu diesem Zeitpunkt aus mehr als 200 Katalogen mit rund 2,5 Mio. Einzelposten. Ferner nutzten etwa 500 Mitglieder die Möglichkeit der virtuellen Produktentwicklung. Den Service Supply Chain Management zwischen bestimmten OEMs und ihren Zulieferern setzen 1.500 Unternehmen ein. Insgesamt waren mehr als 4.100 potenzielle Nutzer bei Covisint registriert (Büllingen/Hillebrand 2002, S. 36; Cell Consulting 2002).

Im Vergleich mit anderen branchenspezifischen Marktplätzen kann Covisint die höchsten Nutzerzahlen aufweisen. Die Plattform hat sich bis Anfang 2002 zu einer Art Kernmarktplatz eines Teils der Automobilbranche entwickelt und gilt als eine mögliche zukünftige gemeinsame Grundlage für die zurzeit mehr als 40 automobilrelevanten Marktplätze. Aus Sicht der Zulieferer erscheint auf Dauer eine integrierte Plattform vorteilhaft, da ein „One-Stop-Shop" den Organisationsaufwand senkt und die Kosten für die Teilnehmergebühren mindert, zumal die bisherige Vielzahl von Marktplätzen zu einer Unüberschaubarkeit an Softwarestandards sowie zu erheblichem Verwaltungs- und Programmieraufwand führte (Büllingen/Hillebrand 2002, S. 35 f.).

Nach den Angaben beteiligter Hersteller, die ihre Beschaffung teilweise über die Plattform abwickeln, hat z.b. Ford im Jahr 2000 auf diese Weise über 70 Mio. US-Dollar eingespart und gibt an, dass dieser Betrag die in die Plattform getätigten Investitionen übersteigt. Für 2001 rechnet der Hersteller mit Einsparungen von insgesamt 350 Mio. US-Dollar (Freise et al. 2001).

Die größte Einzelauktion (Stand: 2001) führte DaimlerChrysler im Mai 2001 durch. An vier Tagen wurden insgesamt 1.200 Positionen mit Einzelauktionsergebnissen von bis zu 1,77 Mrd. US-Dollar versteigert. Das Gesamtvolumen belief sich 2001 auf über 10 Mrd. US-Dollar – das entspricht einem Drittel des Neuauftrags-Volumens. Während sich die Ersparnisse bei den Materialkosten im Durchschnitt noch im einstelligen Prozentbereich bewegen, fallen die Reduzierungen der Prozesskosten wesentlich deutlicher aus: Die Durchlaufzeiten im Einkauf konnten um 80% verkürzt werden, und von der Einführung eines Online-Katalogsystems wird die Halbierung der Prozesskosten erwartet (Büllingen/Hillebrand 2002, S. 36; o.A. 2002c).

Firmenintegrierte Plattform

Insbesondere begründeten Sicherheitsbedenken – sowohl im Hinblick auf die Verfügbarkeit als auch die Vertraulichkeit von Informationen – für andere Hersteller den Schritt, einen firmeneigenen privaten Marktplatz zu betreiben. So entschied sich beispielsweise VW gegen die Teilnahme an Covisint und fasste stattdessen im Oktober 2001 seine zulieferseitigen E-Business-Aktivitäten unter dem Dach eines eigenen Marktplatzes zusammen. Die Plattform *„VW Group Supply.com "* wendet sich exklusiv an die VW-Zulieferer. 80% des gesamten Beschaffungsvolumens werden nach Angaben von VW über dieses Internetportal abgewickelt (Gammel 2001).

Eine wichtige Marktplatz-Komponente ist das von VW seit Mitte der 90er Jahre entwickelte *Kapazitätsplanungssystem* „E-Cap" für die Zusammenführung der konzernweiten Bedarfsgruppen. E-Cap soll die Lieferanten mit Bedarfsinformationen versorgen und VW im Gegenzug mit Kapazitätsaussagen der Zulieferer. Bislang hat der VW-Konzern über 230 Zulieferer an sein Kapazitäten-Management-System E-Cap angebunden. Bis Ende 2002 sollten insgesamt 500

2 Automobilindustrie und Autohandel

Lieferanten angeschlossen sein. Angeblich ist der Konzern jetzt in der Lage, den Planungshorizont für die operative Kapazitätssteuerung bis zu 26 Wochen und die programmorientierte Kapazitätssicherung für einen Zeitraum von bis zu 24 Monaten zu realisieren (Gammel 2002, S. 36 f.).

Neben E-Cap hat VW drei weitere E-Business-Projekte auf seinem Marktplatz zusammengeführt: Ein Online-Anfragesystem (ESL) wurde bisher von 5.500 integrierten Lieferanten genutzt. Die darüber abgewickelten 250.000 Anfragen entsprechen einem Beschaffungsvolumen von über 50 Mrd. Euro. Ferner können 6.000 interne Nutzer über den Katalog auf rund 360.000 Artikel der über 200 Zulieferer zugreifen. Über das System für Online-Verhandlungen und -Auktionen konnte VW bei mehr als 600 Abschlüssen via Internet mit 4.000 Lieferanten rund 12 Mrd. Euro umsetzen (Gammel 2002, S. 36).

Der VW-Konzern strebt an, zukünftig nicht nur die Geschäftsprozesse gemäß eigener Standards komplett zu integrieren, sondern auch die Kooperationsbeziehungen mit Händlern und Importeuren über seine Plattform abzuwickeln. Ein gewisses Risiko besteht für die Zulieferer und Händler in so genannten Lock-in-Effekten, d.h. eventuell könnten sich Abhängigkeiten unter den Gegebenheiten eines „closed shop" mittel- bis langfristig verstetigen und in Folge die Spielräume der eigenständigen Geschäftstätigkeit einschränken (Büllingen/Hillebrand 2002, S. 37).

2.2.2 B2B-E-Commerce zwischen Hersteller, Handel und Großkunden

„Tradingcars.com" gibt ein Beispiel für einen jener elektronischen Marktplätze ab, über die *Händler* untereinander den *An- und Verkauf von Neuwagen* abwickeln. Die niederländische Firma wurde im Jahr 2000 gegründet. Obgleich neuer Intermediär auf dem Automobilmarkt, kann sie bereits auf rund 800 registrierte Nutzer in 35 Ländern verweisen. Die Betreiber unterstützen ihre Kunden bei der Vertragsabwicklung durch Versicherungen, Logistik, Finanzierung und technische Inspektionen. Der Handel wird über unterschiedliche Formen von Online-Auktionen abgewickelt. Bieten und Verkaufen erfolgt für die Teilnehmer kostenlos, ein erfolgreicher Käufer muss jedoch eine Gebühr an die Betreiber entrichten.

Weitere Beispiele für elektronische Geschäftsbeziehungen im Bereich des Vertriebs sind *Logistik-Netzwerklösungen*, wie sie z.B. Fiat im Sommer 2001 eingeführt hat. Fiat Auto wird hier zusammen mit DHL Worldwide Express und der Postbank ein Logistiknetzwerk in Europa aufbauen. Durch die Kooperation soll nicht nur eine zeitnahe Lieferung von Ersatzteilen gewährleistet werden, sondern auch die Zwischenfinanzierung erfolgen. Das Beispiel zeigt, dass Logistik zunehmend zu einer wichtigen Komponente des E-Commerce wird, wenn

Unternehmen das Bestellmanagement, die Distribution und Lagerhaltung an externe Logistikdienstleister übertragen (Büllingen/Hillebrand 2002, S. 39). Im Übrigen sind die Hersteller mehr und mehr bestrebt, das *Großkundengeschäft* über das Internet abzuwickeln und ein online-gestütztes Flottenmanagement anzubieten. Dies geschieht zumeist in Kooperation mit dem eigenen Händlernetz (z.b. bei VW, Mercedes-Benz) oder mit externen Dienstleistungspartnern (z.B. BMW mit Alphabet). Die Prozessoptimierung mit Hilfe des Internets stellt bei allen Akteuren zurzeit ein wichtiges strategisches Ziel dar. Der Ankauf von Geschäftswagen für Großkunden erfolgt beispielsweise über Rahmenverträge mit einem Händler, wobei Sonderkonditionen garantiert sind. Die Leistungen erstrecken sich von der Finanzierung über die herstellereigene Bank oder das Leasing über eine Leasing-Tochter des Herstellers über die Fuhrpark-Verwaltung (z.B. Schadensfallmanagement, Wartung, Dokumentation, Wirtschaftlichkeitsberechnungen) bis hin zur späteren Vermarktung gebrauchter Geschäftswagen (Büllingen/Hillebrand 2002, S. 40).

2.2.3 B2C-Bereich

Der B2C-Bereich in der Automobilindustrie lässt sich grob in zwei Marktsegmente unterteilen: den Neuwagenmarkt und den Markt für Gebrauchtwagen. Grundsätzlich sind sowohl Hersteller als auch gewerbliche Betreiber von Internetplattformen im Online-Handel aktiv. Auch bieten immer mehr Autohändler ihre Fahrzeuge im Internet an, z.T. mit eigener Homepage, sehr viel öfter mit Angeboten auf den bekannteren Seiten der Internetautobörsen. Schließlich sind noch die Autovermietungen zu nennen, die ausgemusterte Fahrzeuge aus dem eigenen Flottenbestand, aber auch Neuwagen dem Privatkunden online anbieten (Heymann 2002, S. 2).

Hersteller/Endkunde

Bisher dient das Internet den deutschen Herstellern in erster Linie zur *Geschäftsanbahnung* und nicht zur Abwicklung des *Direktvertriebs* von *Neuwagen*. Anfragen über die Hersteller-Website werden üblicherweise an lokale Händler weitergeleitet.

Opel startete 2001 einen Versuch, Neuwagen direkt über das Internet zu vertreiben. Die Anzahl der Direktverkäufe über das Internet belief sich von März bis August 2001 auf 70 Fahrzeuge. Weitere 600 Verkäufe liefen internetgestützt ab, d.h. Privatkunden traten über das Internet zwar an die am Online-Verkauf beteiligten Händler heran, die Transaktion wurde jedoch nicht über das Internet abgewickelt (o.A. 2001b).

Im Jahr 2002 war die MCC smart GmbH (DaimlerChrysler) der einzige Autohersteller, der die Möglichkeit bot, einen Neuwagen im Internet nach eigenen Wünschen zu konfigurieren und online zu kaufen. Der Anteil, der über diesen Vertriebsweg verkauften Neuwagen, lag aber bei deutlich unter 1% des gesamten Absatzes des Unternehmens (Heymann 2002, S. 2).

Im internationalen Vergleich liegt Deutschland mit einem Internetverkaufsanteil an allen Neuzulassungen von unter 1% im Mittelfeld, hinter den USA und Japan, aber vor Frankreich und Italien (Heymann 2002, S. 3). Die Zurückhaltung der Hersteller ist nach Auffassung des Zentralverbands Deutsches Kraftfahrzeuggewerbe (ZDK) durch die eher als mangelhaft angesehenen Erfolgsaussichten dieser Vertriebsform begründet (Büllingen/Hillebrand 2002, S. 40).

Neben der Geschäftsanbahnung erfüllen die an private Verbraucher gerichteten Internetauftritte der Hersteller auch die Funktion der *Image- und Markenpflege*. Angebote wie personalisierte Websites, Nachrichten, Wetter, Verkehrsinformationen, E-Mail-Versand mit persönlicher Automarken-Adresse, Online-Banking oder Börseninformationen stehen im Vordergrund. Etliche Portale bieten Geschäfts- und Ferienreisenden sowie Pendlern spezifische Dienstleistungen an. Neben neuen Einnahmequellen (z.B. Zusatzprodukte rund um die Marke, Fanartikel) soll vor allem eine stärkere Kundenbindung über das Internet sowie eine direkte Erreichbarkeit der Kunden realisiert werden.

Inzwischen verfügen einige Autohersteller in Deutschland auch über *Gebrauchtwagenbörsen* im Internet (für eigene und konzernfremde Fabrikate). Teilweise sind es spezielle Angebote von „jungen" Gebrauchten oder Jahreswagen. So kann man beispielsweise bei Mercedes-Benz junge Gebrauchte direkt im Internet bestellen und nach Hause liefern lassen (Heymann 2002, S. 7).

Händler/Endkunde

Online-Angebote von Händlern werden in wachsendem Maße genutzt. Einer Untersuchung von Cap Gemini Ernst & Young zufolge, halten 38% der potenziellen Autokäufer das Internet für eine wichtige Informationsquelle (o.A. 2001e). In nur wenigen Fällen jedoch führt die Information über das Internet auch zu einem Vertragsabschluss. Eine repräsentative Befragung von Neu- und Gebrauchtwagenkäufern im Jahr 2000 hat ergeben, dass 9% der *Gebrauchtwagenkäufer* für ihren getätigten Kauf das Internet zur Information genutzt haben, aber lediglich 2,4% (knapp 180.000) der Gebrauchtwagen wurden auf Grund von Internetangeboten tatsächlich erworben (DAT 2001, S. 6 f.).

Eine etwas größere Bedeutung wächst dem Internet nach Ergebnissen dieser Studie beim *Neuwagenkauf* zu. Branchenexperten schätzen, dass heute gut ein Drittel der Neuwagenkäufer in Deutschland das Internet zur Informationsbeschaffung nutzt (Heymann 2002, S. 3). 15% der Käufer nutzen das Internet für ihre Kaufentscheidung, für ein Drittel dieser Käufer war die Information aus dem Internet dafür entscheidend, bei welchem Händler das Fahrzeug – „offline" vor Ort – gekauft wurde. Die Informationsquelle Internet ist somit ein entscheidendes Kauf- und Verkaufselement, und Händler werden künftig auf eine Präsenz im Internet nicht verzichten können.

Mit Sonderaktionen treten auch branchenfremde Handelsunternehmen als Verkäufer (bzw. Vermittler) von Autos über das Internet auf. So bot der Lebensmittelhändler Edeka im Mai 2001 Fiat Puntos in seinen Supermärkten und über das Internet an. Im Mai 2002 verkaufte der Drogerie-Handelsriese Schlecker über seinen Online-Shop Kleinwagen mit Tageszulassung der Marken Ford, Fiat und Smart, die gegenüber dem offiziellen Listenpreis zwischen 12 und 24% günstiger waren (Fiutak 2002; o.A. 2001c; o.A. 2002b).

In diesem Zusammenhang sind auch sowohl die unterschiedliche, länderspezifische Preisgestaltung bzw. Preisvorgabe der Hersteller als auch die fehlende Harmonisierung der Steuer- und Abgabensätze bei Kauf und Zulassung eines Kraftwagens innerhalb der EU relevant, die ein weiteres Phänomen des B2C-Autohandels über das Internet zur Folge haben: Der so genannte *Reimport von Neuwagen*.[16] Die häufig mit geringeren Steuerabgaben belasteten Reimporte können für den Verbraucher eine attraktive Alternative (10 bis 30% unter den jeweiligen Listenpreisen der Hersteller) zum national verfügbaren Händlerangebot sein (Büllingen/Hillebrand 2002, S. 18 f.).

Dabei handelt es sich nicht um eine durch den Online-Handel induzierte Möglichkeit, sondern um eine Ergänzung zum bestehenden Handel. Wie im Bereich der Neu- und Gebrauchtwagen existieren auch für diesen Markt eigene Portale. Häufig betreiben neue Akteure (Intermediäre) diese spezialisierten Plattformen und treten als Vermittler zwischen Endkunden und Importeur auf. Vollständige Transaktionen sind auch hier nicht üblich (Büllingen/Hillebrand 2002, S. 42). Anfragen werden entweder über den Plattform-Betreiber online an den Händler weitergeleitet (z.B. bei Getyourcar, mittlerweile nicht mehr aktiv) oder der Nutzer kontaktiert den Händler direkt (z.B. Euro Car Market oder Carorder).

Großkunden

Der Verkauf gebrauchter Geschäftswagen findet entweder über das Händlernetz des Herstellers statt, und damit auch optional über die vorhandenen Internetpor-

---

16 Reimportierte Pkw sind faktisch Neuwagen, die zum Zweck des Reimports aus einem EU-Land eine so genannte Tageszulassung besitzen. Juristisch gesehen handelt es sich dann aber nicht mehr um Neuwagen. Im Jahr 2000 wurden ca. 45.000 Gebrauchtwagen und 25.000 „echte" Neuwagen im Ausland gekauft (DAT 2001, S. 7).

tale der Hersteller und Händler, oder durch den Fuhrparkbesitzer selbst. Grundsätzlich sind die Hersteller bestrebt, die Händlermargen beim Verkauf von Jahreswagen und Flottenrückläufen von Firmengroßkunden und Autovermietungen selbst einzustreichen (Heymann 2002, S. 7). Doch zunehmend bieten Großkunden ausgemusterte Autos selbst im Internet an – teilweise auch im Rahmen von Online-Versteigerungen. So vermarkten die Deutsche Post und die Deutsche Bahn z.b. regelmäßig ausgemusterte Fahrzeuge. Für Unternehmen mit einem großen, regelmäßig anfallenden Gebrauchtwagenbestand bietet sich eine relativ kostengünstige Vermarktung über das Internet an. Dieses Vorgehen stellt jedoch eher eine Substitution des bisherigen „Offline"-Verkaufs dar, das die bestehenden Händlerstrukturen nicht wesentlich beeinflusst (Büllingen/Hillebrand 2002, S. 40 f.).

Hersteller- und händlerunabhängige Intermediäre

Online-Automarktplätze (Autoportale) bieten ein weiteres E-Commerce-Potenzial. Sie finanzieren sich über *Händler-Angebote für Neu- und Gebrauchtwagen*, die kostenpflichtig vermarktet werden. Die Angebote der Portale haben u.a. die folgenden Merkmale:

- mehrsprachige und multifunktionale Suchmaschinen für Gebraucht- und Neuwagen, z.T. auch Leasing,
- Suchmaschinen für Preisvergleiche,
- kostenlose Inserate für Private (An- und Verkauf von Gebrauchtwagen, Zubehör und Ersatzteile),
- Online-Finanzierungsberatung,
- Webspace für Händler (zumeist kostenpflichtig),
- Informationen rund ums Auto (Versicherung, Musterkaufverträge, Straßenverkehr, Routenplaner, neue technische Entwicklungen, Testergebnisse),
- Community (Gewinnspiele, Newsletter, Chat, Umfragen).

Über die rund 70 aktiven Auto-Börsen gibt es keine genauen Daten zur Anzahl der direkten Verkäufe über die Plattform. Dies liegt vermutlich daran, dass die Stückzahlen im Vergleich zu den Autogesamtverkäufen gering sind. Derzeit wirtschaften die meisten Autoportale noch nicht rentabel, und im Zuge der Börsen-Crashs musste bereits eine Vielzahl von Anbietern aus dem Markt ausscheiden.

In Deutschland dienen Portale noch in erster Linie als *Informationsplattformen*. Zurzeit werden auf dem deutschen Markt „reinen" Online-Händlern keine großen Erfolgschancen eingeräumt. Die Gründe dafür sind vielfältig, so spielt für den typischen deutschen Autokäufer die emotionale Bindung an das Auto eine große Rolle. Besonders bei Gebrauchtwagen haben die Käufer den Wunsch, das Fahrzeug selbst in Augenschein zu nehmen und eine Probefahrt zu machen.

Beim „Offline"-Kauf ergeben sich weitere Vorteile aus Sicht der Kunden, wie etwa Inzahlungnahme des Altwagens, individuelle Beratung und nicht zuletzt die direkte Aushandlung der Serviceleistungen und des Endpreises „face-to-face".

Autoportal Autobytel
Als Vorbild für deutsche Anbieter gilt das 1995 gegründete US-Unternehmen *Autobytel*. Hier – wie auch bei deutschen Portalen – handelt es sich um einen „Vermittler", der mit den Händlern vor Ort kooperiert und die Möglichkeit bietet, virtuell zu inserieren. Eine Kaufanfrage über die Portal-Website wird zu einem Händler übermittelt. Innerhalb von 24 Stunden unterbreitet Autobytel dem Interessenten ein Angebot, das nicht nachverhandelbar ist. Gleichzeitig kann der Kunde über das Portal auf Daten wie Herstellerpreisempfehlung und Händlereinkaufspreise zugreifen. Nach eigenen Angaben wurden im Jahr 2001 4% der Neuwagenverkäufe in den USA mit einem Wert von 17 Mrd. US-Dollar über die Marktplätze des Unternehmens Autobytel vermittelt. Autobytel unterhält zu 9.400 Händlern Geschäftsbeziehungen sowie zu 30 internationalen Automobilherstellern (Autobytel 2002).

Online-Marktplätze wie Autoscout24, Mobile.de oder Car4you zählen in Deutschland zu den bekanntesten Auto-Websites. Sie vermitteln sowohl Neu- als auch Gebrauchtwagen, treten aber nicht selbst als Verkäufer auf. Der Verkauf wird in der Regel nicht online abgeschlossen. Aber immerhin 12% der potenziellen Käufer können sich zukünftig beim Neuwagenkauf eine Komplettabwicklung über das Netz vorstellen (nach einer Befragung der GfK im Jahr 2001 unter 1.570 Autofahrern; Büllingen/Hillebrand 2002, S. 12). Diese Größenordnung wird durch eine Verbraucherbefragung im Jahr 2002 in USA, Großbritannien, Deutschland, Frankreich, Italien, Schweden, Belgien, Niederlande, Luxemburg und Japan bestätigt, nach der mehr als 20 % der befragten Verbraucher (24 % in Deutschland) zukünftig ihr Auto über das Web-Angebot eines Markenhändlers bestellen würden und 13 % (15% in Deutschland) auch über herstellerunabhängige Autoanbieter (Cap Gemini Ernst & Young 2002a).

2.2.4 C2C-Bereich

Ein weiteres E-Commerce-Potenzial bietet der Handel zwischen Privatpersonen. Nach Angaben eines Autoportal-Betreibers werden zurzeit 48% der Gebrauchtfahrzeuge von privat an privat verkauft. In diesem Bereich eröffnen sich auch Chancen für neue Akteure, die eine Internetplattform für den Gebrauchtwagenhandel anbieten. Im Prinzip handelt es sich dabei um einen erweiterten Kleinanzeigenmarkt, in dem die Möglichkeiten des Internets – z.B. im Hinblick auf die

2 Automobilindustrie und Autohandel

Veröffentlichung von Fotos und die Vernetzung mittels Hypertext-Funktionen (Zusatzinformationen, E-Mail-Kontakt-Fenster) – voll ausgeschöpft werden. Auf manchen Web-Plattformen kann unter 500.000 Angeboten ausgewählt werden, die monatlichen Zugriffe belaufen sich inzwischen auf einige Millionen. Private Inserenten können den Service meist kostenlos nutzen. Als Marktführer gelten Autoscout24 und Mobile.de (Büllingen/Hillebrand 2002).

Gebrauchtwagenbörsen bilden nach Experteneinschätzung künftig ein Substitut für Printmedien und sind schon heute ein wichtiger Informationskanal für viele Verkäufer und Käufer. Der Zusatznutzen gegenüber den Print-Kleinanzeigen liegt für den Kunden dabei weniger in der Online-Abwicklung des gesamten Kaufprozesses, sondern eher in den komfortabel aufbereiteten Informationen. Zudem ist der direkte Vergleich zwischen Privat- und Händlerangeboten möglich. Die höhere Transparenz im Gebrauchtwagenmarkt durch online-gestützte Vergleichsmöglichkeiten kann künftig zu sinkenden Preisen führen (Büllingen/ Hillebrand 2002, S. 44 f.). In dieser Hinsicht zählen die Endkunden und Internetnutzer zu den Gewinnern des E-Commerce in der Automobilbranche. Angesichts der noch relativ wenigen mit Hilfe von Internetrecherchen erworbenen Gebrauchtfahrzeuge (der DAT Veedol Report 2001 geht von einem Anteil von 2,4% an allen privat gehandelten Gebrauchtfahrzeugen aus) kann jedoch die Dauerhaftigkeit dieses Trends noch nicht abgeschätzt werden (DAT 2001).

2.3 Spezifische Folgenbetrachtungen

2.3.1 Veränderungen in der Wertschöpfungskette

Im Automobilsektor umfasst die *institutionelle Wertschöpfungskette* im Wesentlichen die Teilehersteller – in Europa rund 2.000 –, etwa 500 Subkomponentenhersteller sowie 15 Komponentenintegratoren, zehn Pkw- sowie drei Lkw-Hersteller (Lamborghini et al. 2000, S. 253). Auf der Vertriebsseite existiert in Deutschland ein Netz von rund 48.000 Händlerbetrieben, die etwa zur Hälfte an eine Marke gebunden sind. Sehr häufig ist den Betrieben eine Werkstatt und ein After-Sales-Service angeschlossen; Finanzierungsdienstleistungen spielen eine immer größere Rolle. Hier sind unter anderem Hersteller mit eigenen Banken aktiv. Modifikationen der *funktionalen Wertschöpfungskette* sind sowohl für die Zulieferung als auch für den Vertrieb zu erwarten. Auf der Händlerseite ist mit neuen elektronisch gestützten Vertriebssystemen und mit der Entwicklung neuer Serviceleistungen zu rechnen (Lamborghini et al. 2000, S. 236).

Im Folgenden soll anhand der Bereiche Zulieferung sowie Vertrieb die Veränderung der Wertschöpfungskette exemplarisch beleuchtet werden.

Zulieferung

Unabhängige Zulieferer werden zunehmend – insbesondere auf elektronischem Wege – in die Fahrzeug-Entwicklungsprozesse integriert, so dass die vertikale Fertigungstiefe, gemessen als Anteil des Automobilherstellers an den Herstellungskosten des Fahrzeuges, bereits bei unter 30% liegt, mit weiter sinkender Tendenz. Dagegen gewinnt die Expansion auf horizontaler Ebene an Bedeutung. Die neuen Wertschöpfungsketten werden sich stärker entlang der jeweiligen Endkundensegmente ausrichten; z.b. erlauben Internetanwendungen direkte Endkundenkontakte (Dudenhöffer 2001, S. 394).

Im Bereich der Zulieferung/Beschaffung wird die Wertschöpfungskette im Wesentlichen durch das Element des Handelsportals oder des elektronischen Marktplazes erweitert, über das Angebot und Nachfrage elektronisch via Internet (z.b. als E-Procurement) abgewickelt werden (vgl. Abb. 12). Zu beachten ist, dass die Pfeilform der einzelnen „Funktionskästen" in den Abbildungen keine zeitliche Abfolge bezeichnet, sondern z.T. parallel ablaufende Funktionen. Um die gewünschten Einsparungseffekte zu erzielen, muss die neue, elektronisch basierte Beschaffung bzw. Lieferung jeweils in das eigene Supply Chain Management eingebunden werden.

Abb. 12: Veränderung der Wertschöpfungskette in der Automobilindustrie durch E-Commerce: Zulieferung

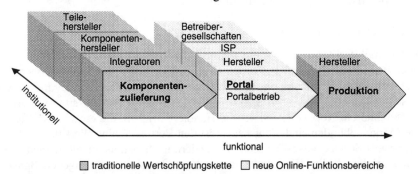

Quelle: Büllingen/Hillebrand 2002, S. 23.

Die Akteure im Rahmen des Portalbetriebs sind neben den Herstellern auch branchenfremde Akteure wie z.B. Internet-Service-Betreiber (ISP). Als bedeutsamer erweisen sich jedoch die Betreibergesellschaften, die von Akteuren aus der Automobilindustrie direkt ins Leben gerufen werden.

> *Portale für Zulieferung und Beschaffung*
> In der Phase der Beschaffung dienen Portale den Herstellern dazu, die Partnersuche, die Partnerinformation, die Vertragsverhandlung und die Transaktionsabwicklung effizienter zu gestalten. Für Zulieferer und Hersteller tragen die Portale zu einer verbesserten Planungssicherheit bei, wenn die Lager- und Produktionsdaten aktuell abrufbereit gehalten werden. Durch ihren Beitrag zu höherer Markttransparenz und den Allokationsmechanismus der Auktion entsteht für die Zulieferer ein erhöhter Kostendruck (Büllingen/Hillebrand 2002, S. 22).

Vertrieb

In den 90er Jahren hat die deutsche Automobilindustrie vor allem beim Einkauf und in der Produktion (Outsourcing, Rationalisierung und Automatisierung) große Kosteneinsparungen erzielt. Nun ist es erklärtes Ziel aller Automobilhersteller, die Vertriebskosten, die momentan etwa 35% des Autopreises ausmachen, deutlich zu senken. Zwar werden auch künftig – gemessen an den Stückzahlen – zunächst relativ wenige Fahrzeuge (ob neue oder gebrauchte) direkt über das Internet verkauft werden. Dennoch verfügt das Internet in den kommenden Jahren auch diesbezüglich über ausreichendes Potenzial, um auch hier die Marktstrukturen deutlich zu verändern (Heymann 2002, S. 9).

Der Vertrieb ist in Deutschland traditionell über ein Händlernetz organisiert. Hier können über das Internet völlig neue Optionen für den Kundenkontakt entstehen, denn ein nicht geringer Teil der Aktivitäten entlang der Wertschöpfungskette lässt sich prinzipiell über das Internet abwickeln (vgl. Abb. 13). Dazu könnte beispielsweise die *Aggregationsfunktion* gehören, was bedeutet, dass der Handel das Produktangebot im Blick auf die Nachfrage (persönlich oder via Internet) quantitativ bündeln würde, um dadurch den Aufwand der Marktkommunikation zu reduzieren.

Diese Art der Mengenaggregation bei einem Händler wird jedoch zurzeit in Europa – anders als in den USA – noch von den Herstellern und ihren Vorgaben zur Mindestabnahme (bestimmte Mengen an Typklassen mit bestimmten Ausstattungsvarianten in einem bestimmten Zeitrahmen in einer bestimmten Region) oder Ähnlichem eingeschränkt, unabhängig davon, ob der Händler traditionell oder online tätig ist. Hierdurch wird eine Reduzierung des Aufwandes der Marktkommunikation momentan noch erheblich erschwert. Der Händler kann nicht wirklich frei disponieren und entsprechend auf alle Kundenwünsche mit einem abgestimmten Gesamtangebot reagieren.

Abb. 13: Veränderung der Wertschöpfungskette in der Automobilindustrie durch E-Commerce: Vertrieb

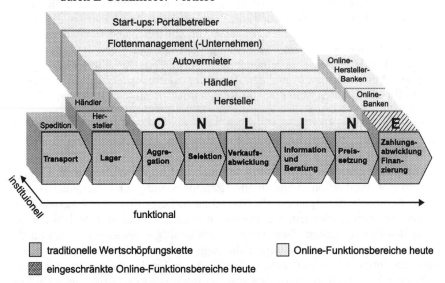

Quelle: Büllingen/Hillebrand 2002, S. 25.

Verkauf, Information und Beratung stellen ebenfalls Funktionsbereiche dar, die sich virtuell gut abwickeln lassen. Durch das Internet entsteht für Händler die Möglichkeit, die Anbahnungsphase des Verkaufs kostengünstig zu realisieren und somit für ein wichtiges Transaktionselement des Autokaufs zu nutzen. Experten halten daher die Internetpräsenz der Händler zukünftig für unumgänglich.

Die Online-Verfügbarkeit der Preis- und Produktinformationen sorgt für Transparenz und mehr Wettbewerb auf dem Automarkt. Die Preissetzung kann sowohl online, z.B. über Auktionen, als auch traditionell im direkten Gespräch erfolgen. Auf den heute vorhandenen Portalen wird in der Regel der Preis von den Händlern (unter Berücksichtigung der Herstellervorgaben) festgesetzt. Die Erleichterung des Suchprozesses für den Endkunden ist ein wesentlicher Effekt des E-Commerce (Büllingen/Hillebrand 2002, S. 24 f.).

2.3.2 Neue Geschäftsbeziehungen in der Autobranche

Wie gezeigt, ändern sich durch den Einsatz von elektronischen Vertriebswegen nicht die Handelsfunktionen selbst. Die funktionalen Bestandteile bleiben bestehen, es verschiebt sich aber ihre Bedeutung und die Funktionswahrnehmung durch die Akteure. Die funktionale Wertschöpfungskette ändert sich insofern, als neue, online-spezifische Aufgaben hinzutreten. Es werden jedoch keine klassischen Händlerfunktionen eliminiert. Aus diesem Grunde sind im Autohandel besonders in institutioneller, nicht so sehr in funktionaler Hinsicht Umwälzungen zu erwarten (Büllingen/Hillebrand 2002, S. 25 ff.).

Nach Expertenschätzung werden etwa 50% aller Neuwagen in Deutschland als *Geschäftswagen* bestellt. Hier bietet die Online-Abwicklung Effizienzgewinne. Internetplattformen ermöglichen es, in stärkerem Maße als bisher direkte Beziehungen zum jeweiligen Kundenkreis aufzubauen. Dies ist insbesondere vorteilhaft für Großkunden mit Geschäftswagenflotten oder Autovermietungen, vor allem dann, wenn beide Partner sich auf dem elektronischen Vertriebsweg abstimmen und Rahmenverträge über Mengenrabatte abgeschlossen werden. Rahmenverträge zwischen Händlern und Kunden, deren Bedingungen zuvor von den Herstellern mit den Händlern ausgehandelt werden, können Sonderkonditionen für die Großkunden gewährleisten. Der Hersteller bietet den Großkunden gemeinsam mit den Händlern Leistungen im Hinblick auf Finanzierung und Flottenmanagement an (Büllingen/Hillebrand 2002, S. 26).

Zwar wird es für die Hersteller erstmals einfacher möglich sein, parallel zu ihrem bestehenden Vertriebsnetz direkte Marketing-Beziehungen zum Endkunden zu etablieren, den Händlern bleibt jedoch die zentrale Funktion als Dienstleister für Service, Reparatur und Wartung. Daher wird der derzeit betriebene *Direktvertrieb* vom Hersteller zum Verbraucher voraussichtlich eher eine Nische für bestimmte Kundensegmente (Großkunden), Finanzierungsarten (Miet- und Leasingverträge) oder bestimmte Produkte (Luxussegment) bleiben (Büllingen/Hillebrand 2002, S. 30f.). Der Kfz-Handel sieht allerdings einen deutlichen Trend zum Direktverkauf der Hersteller – ganz unabhängig von den Entwicklungen im Internet. Nach seinen Angaben stieg der Anteil der Direktverkäufe am gesamten Neuwagengeschäft durch Hersteller und Importeure von 10,1% im Jahr 2000 auf beachtliche 15,4% im Jahr 2001 (o.A. 2002 f.).

Wie in anderen Branchen zeigt sich auch im Automobilbereich, dass eine umfangreiche Substitution der Händler – eine *Disintermediation* – nicht stattgefunden hat (Volz/Hunziker 2000). Vielmehr spielt der Händler als Garant für das „fulfillment" im E-Commerce, also für Flexibilität, Kundenkontakte, Kaufgarantie, Lieferung, Reklamation und Umtausch nach wie vor eine wichtige Rolle (Büllingen/Hillebrand 2002, S. 22). Nach dem anfänglich erwarteten Substitutionseffekt ist heute eher ein Trend dahingehend zu beobachten, dass die Online-Möglichkeiten als zusätzlicher, komplementärer Marketing- und Vertriebsweg genutzt werden.

Dass trotz E-Commerce traditionelle Händler weiterhin einen zentralen Platz im Pkw-Vertrieb einnehmen werden, liegt auch darin begründet, dass private

Verbraucher nach Studien des Autoherstellers Ford (o.A. 2001b) immer noch großen Wert auf den persönlichen Kontakt, die Probefahrt und die Servicegarantien der Händler mit ihren Vertragswerkstätten legen. Die Kooperationen zwischen Hersteller und Händler bleiben daher auch im Internetzeitalter zentral. Diesen Zusammenhang verdeutlicht Abbildung 14.

Abb. 14: Neue Geschäftsbeziehungen in der Automobilindustrie durch E-Commerce

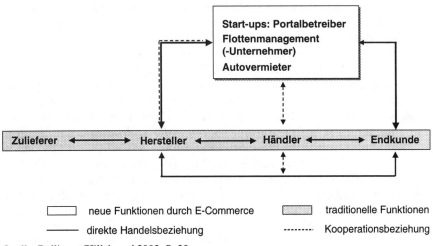

Quelle: Büllingen/Hillebrand 2002, S. 30.

Für die Zukunft der Händler ist es eine bedeutende Frage, ob die angesprochenen Funktionen zukünftig von markengebundenen Vertragshändlern, von „freien Werkstätten" oder von „Handelsketten" wahrgenommen werden. Wenn z.B. Autos von branchenfremden Händlern verkauft werden dürfen, kann dies erhebliche Auswirkungen auf die Beziehungen zwischen Herstellern, Händlern und Endkunden haben. Möglicherweise werden neue reine Distributoren (wie Handelsketten) neben ihrer Händlerrolle zukünftig auch besondere Servicefunktionen anbieten, um nicht nur mit dem – sich evtl. entwickelnden – Direktvertrieb der Hersteller konkurrieren, sondern auch dem Druck durch traditionelle Händler standhalten zu können. Diese wiederum werden sich voraussichtlich in noch stärkerem Maße als bisher zu umfangreichen Servicezentren mit Werkstatt, Gebrauchtwagenservice, Mobilitäts- und Versicherungsdienstleistungen sowie Shopping- und Eventfunktionen entwickeln.

Zurzeit ist eine Disintermediation, d.h. eine Zunahme des Direktvertriebs und damit eine sinkende Bedeutung traditioneller Intermediäre noch nicht in größerem Umfang zu beobachten. Dennoch bietet die Online-Abwicklung der verschiedenen Funktionen im Vertrieb *Chancen für neue Akteure*, Teile der Handelsfunktion zu übernehmen. Entsprechend treten zunehmend neue Intermediäre auf den Markt, bzw. andere Akteure übernehmen Teile der Handelsfunktion. Beispielsweise vermarkten große Autovermieter (wie Sixt) über ihre Portale (E-Sixt) ausgemusterte *Leihwagen* direkt an Endkunden. Angeboten werden auch Leasing-Verträge.

Des Weiteren treten neue Unternehmen im Bereich des Flottenmanagements auf den Markt, die Einkauf, Finanzierung und Serviceabwicklung für Firmenkunden und deren Geschäftswagenflotte übernehmen und somit als neue Intermediäre beim Online-Automobilhandel anzusehen sind (vgl. auch Abb. 14). Neue Chancen ergeben sich im Privatkundengeschäft für Portalbetreiber, die herstellerunabhängig Angebote bündeln und so Informations- und Beratungsfunktionen wahrnehmen. In der Regel bleiben aber auch hier wesentliche Funktionen, wie etwa der Verkauf, beim traditionellen Händler angesiedelt, der seine Produkte auf dem Portal offeriert (Büllingen/Hillebrand 2002, S. 30 f.).

2.3.3 E-Commerce als Gesamt-Vernetzungsstrategie

Bei einigen Automobilherstellern ist E-Commerce nicht als eigener Funktionsbereich im Unternehmen etabliert, sondern wird eher als Transformationsprozess aller Unternehmensbereiche verstanden. So startete z.B. DaimlerChrysler Ende 2000 die konzernweite Initiative „DCXNET", der Vertreter aller Geschäftsfelder sowie der Konzernentwicklung angehören. Die DCXNET-Initiative setzt sich aus vier Bausteinen zusammen (Behrendt et al. 2002b, S. 47):

- BusinessConnect für den B2B-Bereich, also insbesondere die Zusammenarbeit mit den Zulieferern;
- CustomerConnect für die Vernetzung zum Kunden (B2C);
- VehicleConnect für die Vernetzung von Fahrzeugen (Telematik);
- WorkforceConnect für die Vernetzung der Belegschaft (Business-to-Employee/B2E).

Die DCXNET-Initiative soll die Umsetzung der Ziele sicherstellen, die der Konzern innerhalb einer weitreichenden Perspektive verfolgt, nämlich die Vernetzung aller Prozesse, sowohl intern als auch nach außen zu den Zulieferern und Kunden. Hier wird also E-Commerce quasi als ein Vehikel zu einer alle Bereiche umfassenden Vernetzungsstruktur angesehen und eingesetzt.

2.4 Weiterführende Folgenbetrachtungen

Die elektronische Geschäftsabwicklung ist im Selbstverständnis der Akteure in der Automobilbranche längst Realität und wird durch die neuen Möglichkeiten des Internets nur graduell verändert. Einschneidende strukturelle Umgestaltungen durch E-Commerce sind daher kaum zu erwarten. Als Motor eines Strukturwandels gelten vielmehr die ständigen technischen Herausforderungen und der Zwang zu Kosteneinsparungen. E-Commerce kann aber als Katalysator dieser Entwicklungen wirken.

2.4.1 Strukturwandel und Arbeitsmarkt

Da E-Commerce sich noch am Anfang seiner Entfaltung befindet, ist heute quantitativ kaum zu bestimmen, welche Effekte durch seine Einführung oder Etablierung – insbesondere im B2B-Bereich – erzielt werden können. Die Haupteffekte eines möglichen Strukturwandels in der Automobilbranche bzw. Arbeitsmarkteffekte werden eher durch allgemeine wirtschaftliche und strukturelle Gegebenheiten ausgelöst. Dennoch lassen sich Trends erkennen.

Zulieferer/Hersteller

Experten rechnen mit einem starken Verdrängungswettbewerb bei den Zulieferbetrieben. Dies wird nur zu einem Teil auf die Veränderungen im Bereich des E-Commerce – in diesem Fall auf die Digitalisierung der „Supply-Chains" der Hersteller und die Einführung von Online-Beschaffungsplattformen – zurückgeführt. Dadurch entsteht ein hoher Kostendruck auf Seiten der Zulieferer. Es steht zu erwarten, dass sich innerhalb der nächsten fünf Jahre alle Zulieferer an elektronisch basierten Beschaffungsplattformen beteiligen werden. Alle Hersteller bauen Plattformen dieser Art auf (Kap. II.2.2.1). Sie tun dies entweder im Verbund (Covisint) oder warten mit eigenen Lösungen auf (BMW und VW). Als gravierender wird jedoch der technologische Wandel eingeschätzt, der einen hohen Anpassungsdruck auf die Unternehmen ausübt, und zwar sowohl auf die Zulieferer als auch auf die Automobilhersteller (Mercer/HypoVereinsbank 2001).

Für eine Einschätzung, welche Arbeitsmarkteffekte zu erwarten sind, ist es derzeit noch zu früh (Büllingen/Hillebrand 2002, S. 38 f.). Effekte, die durch eine stärkere Rationalisierung mittels E-Commerce erzielt werden, könnten mittel- bis langfristig zu einem Arbeitsplatzrückgang führen. Neue Arbeitsplätze durch E-Commerce dürften dagegen in den Zulieferern und Herstellern vor- oder nachgelagerten Branchenbereichen wie Telekommunikations- und Internetwirtschaft entstehen, z.B. im Bereich des Web-Designs und des Web-Hostings.

2 Automobilindustrie und Autohandel

Vertrieb und Handel

Der Strukturwandel bei den Händlern wird insbesondere von den an sie gerichteten hohen Anforderungen der Hersteller und Kunden hinsichtlich der Qualität von Serviceleistungen bestimmt.

Das Internet stellt zwar einen zusätzlichen Vertriebsweg dar, der Informationsdefizite und -kosten auf der Kundenseite verringern kann. Die Präsenz vor Ort mit den damit verbundenen Service-Leistungen bleibt dennoch bedeutsam. Zudem besitzt der (private) Autokauf in Deutschland noch immer den Charakter eines Erlebniskaufs, von dem viele Elemente nicht durch das Internet substituiert werden können.

Insgesamt wird erwartet, dass die Händler mittelfristig den Bereich der Serviceleistungen weiter ausbauen und dadurch dauerhaft einen Mehrwert für die Autokäufer generieren (Büllingen/Hillebrand 2002, S. 51 ff.).

Im Kfz-Gewerbe (Handel und Werkstätten) in Deutschland gab es im Jahr 2001 insgesamt 45.800 Betriebe, darunter befanden sich 22.571 an einen Hersteller gebundene Betriebe, mit insgesamt 514.000 Beschäftigten (ZDK 2002). Für die Zukunft wird in verschiedenen Prognosen mit einem dramatischen Abbau an Unternehmen und Arbeitsplätzen gerechnet (Heymann 2002, S. 10; Lamparter 2002; o.A. 2002d; Weingärtner 2002). Die Reform der Gruppenfreistellungsverordnung könnte diese Effekte verstärken (Kap. II.2.5.1). Die Europäische Kommission ist der Auffassung, dass unabhängig von Veränderungen bei den Wettbewerbsvorschriften ein Rückgang der Zahl der herstellergebundenen Kfz-Händler bis 2010 um 20 bis 25% zu erwarten ist (Europäische Kommission 2002b).

Dennoch, hinter dem erwarteten Konzentrationsprozess im Handel stehen deutlicher die prinzipiellen wirtschaftlichen Rahmendaten und strukturellen Gegebenheiten, eine vermutliche Nachfragesättigung für Neuwagen und die Konkurrenz durch Reimporte von EU-Neuwagen als die Strukturen und Instrumente des E-Commerce.

Die Automobilbranche insgesamt bleibt vor allem von den Schwankungen in der Nachfrage nach Kraftwagen im In- und Ausland abhängig, die meist direkte Auswirkungen auf das Beschäftigungsniveau in der Automobilindustrie haben (Büllingen/Hillebrand 2002, S. 53 ff.).

2.4.2 Verkehr und Umwelt

Prinzipiell besteht bezüglich der branchenbezogenen verkehrlichen Auswirkungen des E-Commerce in Deutschland noch großer Forschungsbedarf, die gegenwärtige Situation ist weitgehend durch Nicht-Wissen und spekulative Thesen gekennzeichnet.

Dabei ist nach Einschätzung mancher Experten Eile geboten, da zurzeit allerorten wichtige Entscheidungen über das Design künftiger Produktions- und Logistikstrukturen fallen, die möglicherweise später ggf. nur schwer zu revidieren sein werden (Monse/Weyer 2001, S. 66). Konstatiert wird auch, dass die momentanen ökonomischen Randbedingungen ein Anreizsystem bilden, das die Entstehung verkehrsintensiver Logistikstrategien fördert, die zu einer zunehmenden Belastung der Straßeninfrastruktur durch Lkws führen, welche als rollende Lager fungieren (Monse/Weyer 2001, S. 60).

Andererseits werden von Automobilherstellern im Bereich der Beschaffungslogistik beim Lieferverkehr durch E-Commerce große Optimierungspotenziale gesehen, die eine entscheidende Verbesserung bei der Fahrzeugauslastung – und somit eine Reduzierung des Verkehrsaufkommens – erlauben würden. E-Commerce-Systeme könnten die vorhandenen Logistiknetze transparenter machen und damit Leerfahrten von Lkws reduzieren. Das Potenzial wird als groß angesehen, da nach Schätzungen durchschnittlich 60 % der Lieferfahrzeuge nicht zu allen Zeiten ausgelastet sind.

Der Hersteller Ford hat dies zum Anlass genommen, zunächst das Logistiknetz von Ford Nordamerika transparenter zu machen. Einigen großen Zulieferern und anderen Autoherstellern wurde zudem vorgeschlagen, die logistischen Netze zu verbinden, was allerdings bisher auf Ablehnung stieß, von Ford als Zukunftsoption aber weiter verfolgt wird. Nach Branchenschätzungen in den USA könnte ein E-Commerce-gestütztes Auslastungsmanagement in der automobilen Lieferkette die Leerfahrten um bis zu 40 % reduzieren (Behrendt et al. 2002b, S. 55, S. 58).

Auch bei DaimlerChrysler werden die Potenziale zur Auslastungsverbesserung durch ein E-Business-unterstütztes Flottenmanagement für beträchtlich angesehen. Neben der Verkehrsreduktion auf Grund höherer Fahrzeugauslastung erwartet man dort demnächst durch den vermehrten Einsatz von Telematiklösungen auch eine bessere Kontrolle der Fahrweise und somit eine Reduktion des Kraftstoffverbrauchs (Behrendt et al. 2002b, S. 50 f.).

Es lässt sich insgesamt gesehen die vorsichtige Folgerung ableiten, dass ein durch E-Commerce unterstütztes Management von Entwicklung, Lagerhaltung und Logistik Potenziale zur Erhöhung der verkehrs- und umweltbezogenen Ressourcenproduktivität in der Automobilbranche bietet.

2.5 Regulierungsfragen

2.5.1 Reform der Gruppenfreistellungsverordnung

Am 30. September 2002 endete die in den Ländern der Europäischen Union (bzw. des Europäischen Wirtschaftsraums) geltende wettbewerbsrechtliche Sonderregelung für den Automobilvertrieb („Kfz-Gruppenfreistellungsverordnung Nr. 1475/95"). Sie wurde ersetzt durch die zum 01.10.2002 in Kraft getretene Verordnung 1400/2002 vom 31.07.2002. Damit ist ein Reformprozess abgeschlossen worden, der sowohl innerhalb der Automobilindustrie und des Kfz-Gewerbes als auch der Politik in den letzten Jahren einige Kontroversen ausgelöst hatte (vgl. etwa Anderson Consulting 2001; Diez 2002). Die zukünftige Rolle des Internets beim Automobilvertrieb hat in diesen Diskussionen immer auch eine Rolle gespielt (vgl. im Folgenden nach Europäische Kommission 2002a).

Die *bisherige Regelung* sah u.a. vor, dass die durch die Hersteller ausgewählten Händler nur über ein lokal abgegrenztes Absatzgebiet verfügten, der Vertrieb mehrerer Automarken über einen Hersteller nicht möglich war und der Markenhändler immer auch den technischen Kundendienst mit anbieten musste. Die Zusammenarbeit mit Zwischenhändlern (z.B. Supermärkte oder Internetanbieter) war für den Kfz-Händler nur sehr eingeschränkt möglich.

Die *neue Regelung* sieht nun mehrere Vertriebsmodelle vor. Wie bisher kann der Hersteller einen ausschließlichen, exklusiven Vertriebsweg wählen, bei dem den Händlern ein festes Absatzgebiet zugewiesen wird. Bei diesem Vertriebsmodell entscheidet der Hersteller allein über Auswahl, Anzahl und Standort seiner Händler. Im Gegensatz zur bisherigen Verordnung ist es dem exklusiv gebundenen Händler jedoch möglich, unbeschränkt an unabhängige Zwischenhändler, Auto-Supermärkte, Internetanbieter oder Supermärkte weiter zu verkaufen. Neben dem exklusiven Vertriebsmodell steht auch ein selektives Vertriebsmodell zur Auswahl. Händler innerhalb dieses Vertriebsmodells können über den lokalen Bereich hinaus im Gebiet des gesamten Europäischen Wirtschaftsraums aktiv verkaufen, nicht jedoch an unabhängige Zwischenhändler, die im eigenen Namen handeln wollen, sondern nur an solche Zwischenhändler, die das Verkaufsgeschäft im Namen des Endkunden vermitteln. Beim selektiven Vertriebsmodell kann der Händler qualitative (z.B. Schulung des Personals, Anforderungen an die Ausstellungsräume) oder quantitative (z.B. jährliche Mindestabnahmemengen, Lagergröße etc.) Anforderungen definieren. Wenn diese erfüllt sind, muss der Hersteller den jeweiligen Händler dann auch beliefern. Des Weiteren wird der Mehrmarkenvertrieb bei einem Händler deutlich erleichtert, die Notwendigkeit, dass der Händler auch Werkstattdienstleistungen anbieten muss, aufgehoben und (ab Oktober 2005) die Gründung von Filialen in ganz Europa (bei selektivem Vertriebsmodell) erlaubt. Insgesamt soll damit der Wettbewerb gefördert, die Stellung des Handels und der Verbraucher gegenüber den Herstellern gestärkt und der einheitliche europäische Wirtschaftsraum weiter entwickelt werden.

Folgen für den Handel – Chancen für den E-Commerce?

Es stellt sich die Frage, inwieweit die Reform der GVO den Handel mit Automobilen über das Internet beeinflusst und ob sich hier neue Chancen für die Händler ausmachen lassen (vgl. hierzu auch Cap Gemini Ernst & Young 2002a). Den Automobilherstellern eröffnen sich unterschiedliche Möglichkeiten. Eine wahrscheinliche Option besteht darin, die Händler auf Grundlage qualitativer Kriterien auszuwählen, was zur Folge hätte, dass die Hersteller alle Händler als Vertriebspartner akzeptieren müssten, die diese Kriterien erfüllen. Der Nachteil eines solchen Systems bestünde für den Händler darin, dass sich der Vertrieb weniger verlässlich kalkulieren ließe, da die vorgegebenen und garantierten Liefermodalitäten und -vorgaben durch die Hersteller entfallen (Büllingen/Hillebrand 2002, S. 48).

Vermutlich werden sich die Ausweichstrategien der Hersteller vermehren. Diese umfassen im Wesentlichen die Präsentation des eigenen Produktportfolios im Internet und den Direktvertrieb über das Internet oder über eigene „Autohaus-Erlebniswelten" sowie evtl. den Vertrieb über Supermärkte bzw. Handelsketten. Des Weiteren bestünde die Möglichkeit, dass Hersteller Mehrheitsanteile an bestimmten Händlern erwerben und so faktisch den Direktvertrieb zu ihrer einzigen Vertriebsform machen. In all diesen Fällen erfolgte der Neuwagenvertrieb ohne die heute am Markt etablierten Händler (Büllingen/Hillebrand 2002, S. 49).

Die neue GVO sieht nicht vor, dass Hersteller reinen Internethändlern uneingeschränkten Zugang zu ihren Vertriebsnetzen einräumen müssen, da diese dann als „Trittbrettfahrer" von den Vertriebshändlern, die Verkaufsräume und einen Service unterhalten müssen, profitieren würden. Insgesamt geht die EU-Kommission davon aus, dass der reine Internethandel geringe Marktchancen besitzt, da der Verbraucher nicht auf persönliche Beratung und Probefahrten verzichten will (Lademann & Partner 2001, S. 56 ff.).

Ein Händler, der den Auswahlkriterien des Herstellers entspricht, darf jedoch nicht von diesem daran gehindert werden, über das Internet zu verkaufen, oder ein Internetportal Dritter für seinen Vertrieb einzusetzen. Die Kommission geht davon aus, dass der Einsatz des Internets zur Senkung der Vertriebskosten und damit der Verbraucherpreise beiträgt und daher nicht behindert werden darf. In der Konsequenz bedeutet dies, dass die vorhandene Struktur des Vertriebs über das Internet weitgehend festgeschrieben wird: Händler dürfen über das Internet vertreiben, reine Portal-Betreiber (ohne Händlerlizenz eines Herstellers) treten nur als Vermittler zwischen den Vertragsparteien auf. Die neue GVO eröffnet somit kaum Chancen für neu auf den Markt tretende Online-Händler ohne Herstellerbindung, klärt aber die Stellung des Online-Handels (Büllingen/Hillebrand 2002, S. 49 f.).

Das Institut für Automobilwirtschaft (IFA) erwartet daher den Verlust der Marktdominanz der Hersteller, die sie bislang gegenüber den Händlern durchsetzen konnten. Dies führe in erster Linie zu einer Stärkung großer Händler, die finanziell in der Lage seien, Mehrmarken- sowie regionale Expansionsstrategien zu verfolgen. Folglich rechnet das IFA mit *Konzentrationsprozessen* und einem drastischen Rückgang der selbständigen Automobilhandelsunternehmen (so auch VDA 2002). Die wachsende Marktmacht der Händler könne zudem eine Senkung der Werksabgabepreise bewirken. Für die Hersteller ergeben sich möglicherweise höhere Vertriebskosten durch die Unsicherheiten in der Absatzplanung. Es erscheint plausibel, dass in der Konsequenz die bereits oben genannten Möglichkeiten für den Einsatz von Ausweichstrategien der Anbieter bezüglich des Direktvertriebs – besonders über das Internet – verstärkt genutzt werden. (Büllingen/Hillebrand 2002, S. 51).

Die Automobilclubs ADAC und ACE erwarten deutlich sinkende Preise in Deutschland bzw. eine Harmonisierung der Endverbraucherpreise in der EU und damit Vorteile für die Verbraucher (Büllingen/Hillebrand 2002, S. 51). Andere Experten rechnen mit nur 5% billigeren Neuwagen (o.A. 2002d).

2.5.2 Kartellrechtliche Aspekte von Handelsplattformen

Zu Beginn der Implementierung neuer Handelsplattformen – z.B. Covisint – wurden verschiedentlich wettbewerbsrechtliche Vorbehalte geäußert.

Sowohl das deutsche Bundeskartellamt als auch die Generaldirektion Wettbewerb der Europäischen Kommission haben jedoch zurzeit keine Einwände gegen den Betrieb von Covisint (Bundeskartellamt 2000; Europäische Kommission 2001a). Zwar sind die Hauptinitiatoren (GM, Ford und DaimlerChrysler) die größten Automobilhersteller der Welt, sie dominieren nach Auffassung der zuständigen Behörden aber nicht die Plattform. Da ohne Beschränkungen auch weitere OEMs in den Kreis der Betreiber aufgenommen wurden, und weil der Marktplatz grundsätzlich allen Zulieferern offen steht, sind keine Hemmnisse für den Wettbewerb zu erwarten. Es gibt offenbar keine Anzeichen für Diskriminierung, widerrechtliche Absprachen der Akteure oder die Bündelung von Einkäufen bzw. Zuliefererangeboten.

Das Bundeskartellamt kommt in seiner Entscheidung vom September 2000 zu dem Schluss, dass das Gemeinschaftsunternehmen keine marktbeherrschende Stellung begründet oder verstärkt. Es besteht aus Sicht der Behörde ein diskriminierungsfreier Zugang für alle potenziellen Teilnehmer, da offene technische Standards eingesetzt werden und für alle gleiche und angemessene Teilnahmekonditionen gelten. Die Betreiber verlangen keine Ausschließlichkeit der Nutzung, solange weiterhin Alternativen zum B2B-Marktplatz bestehen und ein gemeinsamer Einkauf der OEMs über die Plattform nicht stattfindet.

Die EU-Kommission bestätigte die Einschätzung des deutschen Bundeskartellamtes Mitte 2001. Auch für die Generaldirektion Wettbewerb stellt Covisint in der Konsequenz keinen Zusammenschluss dar, da die beteiligten Unternehmen das Projekt weder allein noch gemeinsam kontrollieren. B2B-Marktplätze dieser Art tragen aus Sicht der Kommission zur Transparenz und Effizienz der Märkte bei, führen letztlich zu Preissenkungen und werden daher aus wettbewerblicher Sicht nicht beanstandet (Büllingen/Hillebrand 2002, S. 37 f.).

Trotzdem wird von Marktbeobachtern eine kontinuierliche Beobachtung der Konzentrationstendenzen im E-Commerce und möglicher wettbewerblicher Beschränkungen durch elektronische Marktplätze als notwendig empfunden und wegen der starken internationalen Verflechtung der elektronischen Handelsbeziehungen eine bessere internationale Kooperation der Kartellbehörden gefordert (Schaaf 2002b, S. 11).

2.6 Perspektiven

Stellt man abschließend die Frage, wie sich unter den neuen Online-Modalitäten die Situation der Akteure zukünftig entwickeln wird, so lässt sich das folgende Bild zeichnen (Büllingen/Hillebrand 2002, S. 32 f.):

B2B-Bereich

- Das Internet besitzt ein erhebliches Potenzial zur Senkung von Transaktionskosten. B2B-Handelsplattformen werden es *Zulieferern und Herstellern* weiter ermöglichen, diese Potenziale auszuschöpfen. E-Commerce stellt für die Unternehmen keine völlig neue Option, sondern eine Weiterführung der bisherigen Strategien zur Erzielung von Kostenersparnissen dar. Im Bereich B2B zwischen Hersteller und Zulieferer werden insgesamt gesehen die stärksten Auswirkungen erwartet.
- Im Bereich der Geschäftsbeziehungen zwischen *Hersteller und Händler* sind keine wesentlichen Effekte durch den Einsatz von E-Commerce zu erwarten. Folgewirkungen ergeben sich eher indirekt aus dem Aufbau neuer Online-Vertriebsinitiativen der Hersteller, die den stationären Handel als Kooperationspartner für die Vertragsabwicklung sowie After-Sales-Services einbinden.
- Trends zur *Disintermediation* könnten sich beim Vertrieb von Firmenwagen ergeben, da die Abwicklung über das Internet Vorteile für Unternehmen, Hersteller und Händler bietet. Hier sind jedoch auch *weitere Intermediäre* aktiv: Flottenmanagement-Unternehmen organisieren An- und Verkauf sowie weitere Dienstleistungen im Geschäftswagensegment über das Internet. Insofern kann auch von einer Re-Intermediation gesprochen werden.

B2C-Bereich

Der Internetauftritt ist heute bei Herstellern und vielen großen Händlern eine Selbstverständlichkeit. Über Portale mit zusätzlichen Informationen und Angeboten wird eine Intensivierung der Kundenbeziehungen angestrebt. Das *Internet als ein Marketing- und Informationsinstrument* dürfte zukünftig noch stärker genutzt werden. Die Hersteller erschließen sich über das Internet aber auch neue Vertriebswege, teilweise allein, teilweise gemeinsam mit ihren Händlern. Durch E-Commerce entstehen deshalb wahrscheinlich parallele Vertriebsstrukturen.

Anreize zum Ausbau des E-Commerce bestehen für Händler, da sie einen zusätzlichen Vertriebskanal einsetzen können. Da der Autokauf für die meisten Kunden jedoch immer noch ein „Erlebnis" darstellt, ist zu erwarten, dass das Internet nur eine Nischenfunktion für den Autovertrieb erfüllen wird, und sich Händler als „Click-and-Mortar"-Firmen etablieren müssen. Das Internet bietet dabei die Möglichkeit, die Kundenbeziehungen zu intensivieren.

- Auch zukünftig wird sich das Internet in Deutschland vermutlich nicht als herausragender Vertriebskanal für Neuwagen unabhängig von traditionellen Vertriebswegen etablieren (Prognose: Anteil der von Privaten getätigten Direktkäufe im Internet in fünf Jahren unter 3%). Als Informationsinstrument dürfte es dann aber bei mindestens 70 bis 100 % aller Neuwagenkäufe genutzt werden (Dudenhöffer 1998, S. 140 ff.; Heymann 2002, S. 6). Gewisse Veränderungen für das Neuwagensegment verspricht auf mittlere Sicht die Build-To-Order-Strategie: Die Kunden stellen sich online ihr Wunschauto zusammen und lösen dann den Produktionsprozess aus (TAB 2001b).
- Im Gebrauchtwagensegment ist das Internet fest etabliert. Auf so genannten Automarktplätzen (Websites der Autoportale; Online-Autobörsen) finden sich derzeit in Deutschland mehr als die Hälfte aller am Markt verfügbaren Gebrauchtwagen. Während die Vermittlung von Gebrauchtwagen über Online-Autobörsen auch künftig die wichtigste Funktion des Internets bleiben wird, dürfte der private direkte Online-Verkauf auch in fünf Jahren kaum mehr als 2 % aller Besitzumschreibungen ausmachen (Heymann 2002, S. 7 f.).

Auch vor dem Hintergrund des gegenwärtig noch sehr dichten Händlernetzes in Deutschland – in den USA gibt es nur gut zwei Händler je 1.000 km^2, in Deutschland jedoch über 60 – ist nicht zu erwarten, dass der elektronische Handel mit Automobilen ähnliche Größenordnungen erreichen wird wie in den USA (Heymann 2002, S. 9).

2.7 Fazit

Die Automobilbranche in Deutschland zählt zwar zu den Vorreitern im Bereich des IuK-Einsatzes, von einer umfassenden Etablierung des E-Commerce kann trotzdem noch keine Rede sein. Betrachtet man die einzelnen Segmente der Automobilbranche, so zeigen sich die Auswirkungen des Internets in recht unterschiedlichem Maße:

Bei den *Zulieferern* wächst der ohnehin starke Druck seitens der Hersteller, Abhängigkeiten werden zunehmen. Online-Auktionen von Herstellergruppen auf B2B-Plattformen verstärken den Wettbewerb. Die Spielräume der Zulieferer hinsichtlich ihrer Gewinnmargen gelten als ausgereizt. Daher sind bei einem noch stärkeren Kostendruck weitere Konzentrationsprozesse und Marktaustritte zu erwarten.

Die *Autohersteller* können durch das Internet ihre Beschaffungs- und Vertriebskosten senken und werden – neben verstärkter Kooperation mit den Händlern – neue eigene Vertriebsstrukturen etablieren. Es ist ihnen prinzipiell möglich, umfangreicher in den Direktvertrieb einzusteigen. Sie bleiben jedoch auf das Service-, Reparatur- und Wartungsnetzwerk der Händler angewiesen und werden daher bei Internetauftritten mit diesen kooperieren. Das Internet bietet aber eine zusätzliche Möglichkeit für die Marken- und Imagepflege. Vorzüge und Nachteile halten sich in etwa die Waage.

Der stationäre *Automobilhandel* bekommt die Auswirkungen des Internethandels besonders zu spüren; ohnehin zu beobachtende Konzentrationsprozesse werden sich beschleunigen. Die traditionellen Händler werden das Internet auch als Vertriebskanal verstärkt nutzen, zugleich aber vor Ort als Serviceanbieter präsent bleiben müssen. Konkurrenz erwächst ihnen nicht nur von den Herstellern, sondern auch von neuen Intermediären, die Handelsfunktionen übernehmen.

Die neue GVO wird die vorhandene Vertriebsstruktur über das Internet jedoch insofern festigen, als auch zukünftig herstellergebundene, stationäre Händler über das Netz vertreiben dürfen, Betreiber von elektronischen Autobörsen (ohne Händler-Lizenz eines Herstellers) jedoch weiterhin nur als Vermittler und nicht als eigenständige Online-Händler agieren können.

Die Händler werden zukünftig vielfach Multichannel-Strategien verfolgen. Dabei müssen sie aufwändige Internetpräsenzen – die ihnen aber neue und zusätzliche Informations- und Kommunikationsmöglichkeiten bieten – realisieren und auf Autoportalen präsent sein, um wettbewerbsfähig zu bleiben. Sie werden mit informierteren Online-Nutzern konfrontiert, die noch stärker als bisher auf Rabatten bestehen dürften. Auch hier wird es nicht nur Gewinner, sondern auch Verlierer geben.

Die unabhängigen *Automobilmarktplätze* im Internet können ihre Rolle ausbauen, allerdings ist auch hier ein Konzentrationsprozess unausweichlich. Chancen ergeben sich – besonders beim Gebrauchtwagenhandel – im Privatkundengeschäft für *Portalbetreiber,* etwa aus der Druckbranche, die herstellerunabhängig Angebote bündeln und so Informations-, Vermittlungs- und Beratungsfunktionen übernehmen – für Privatkunden kostenlos, für Händler gegen Entgelt.

Der Bereich des *Flotten- und Fuhrparkmanagements* wird vermutlich vom Einsatz der E-Commerce-Instrumente profitieren. Durch Bestellvorgänge, die im eigenen und im Kundenunternehmen elektronisch integriert sind, sowie durch Rahmenverträge mit den Herstellern unter Einbeziehung von Händlern lassen sich Kostensenkungen realisieren. *Autovermieter* haben verbesserte Möglichkeiten, zu geringen Grenzkosten Kauf- und Leasing-Angebote abzuwickeln.

Auch *die privaten Autokäufer* werden vom E-Commerce weitgehend profitieren können, da das Internet Informationsdefizite verringern hilft, und bei Direktkäufen von Neuwagen künftig stärkere Abschläge vom Listenpreis zu erzielen sind. Die Verbraucher können die Online-Plattformen zum vorteilhaften Preis- und Produktvergleich nutzen. Die Suche nach Neu- und Gebrauchtwagen wird wesentlich vereinfacht. Zusatzinformationen und Finanzierungsangebote rund um das Auto bieten Mehrwert für den Kunden.

Es lässt sich konstatieren, dass E-Commerce in der Automobilbranche allenfalls ein Verstärker, nicht aber die treibende Kraft der Entwicklung ist. Der Strukturwandel wird in erster Linie von der Anpassung der Produkte an technische Innovationen und der globalen Konkurrenz beeinflusst.

3 Arzneimittelhandel

Der elektronische Handel mit Arzneimitteln ist erst in letzter Zeit vor allem durch die Medien ins öffentliche Bewusstsein gerückt. Schlagzeilen lauten etwa: „Doofkarte gespielt. Das Geschäft ist verboten, trotzdem liefern Internetapotheken nach Deutschland billige Pillen" oder „Klick Dich krank". Dabei ist der E-Commerce in Deutschland auf der Einzelhandelsstufe (also auf der Ebene Apotheke – Kunde) nicht erlaubt; ein Handel aus dem EU-Ausland ist hinsichtlich seiner Zulässigkeit zumindest umstritten.

Höchst *umstritten ist* auch *die Einschätzung der Chancen und Risiken*, die sich ergäben, wäre der elektronische Handel mit allen Arzneimitteln zulässig. Auf der einen Seite argumentieren die Befürworter einer Zulassung, eine Aufhebung des Versandhandelsverbots könnte Preiswettbewerb ermöglichen, Distributionskosten senken und letztlich zu erheblichen Einsparungen im Gesundheitswesen führen. Auf der anderen Seite bezweifeln die Gegner eines online abgewickelten Arzneimittelhandels diese Erwartung und sehen im Geschäft der Versandapotheken eher „Rosinenpickerei", da sie sich auf ertragsstarke Arzneimittel konzentrieren. Auch wird befürchtet, dass z.B. qualifizierte Beratung nicht mehr erfolgt oder nicht zugelassene Arzneimittel die Gesundheit der Bevölkerung gefährden könnten.

Bei den folgenden Überlegungen geht es um den Versuch, mögliche „Zukünfte" eines (rechtlich zulässigen) elektronischen Handels darzustellen und einzuschätzen. Ausgehend von einer aktuellen Bestandsaufnahme des Ist-Zustandes werden anhand von Modellrechnungen ein möglicher Anteil des Internethandels antizipiert und dessen Folgen im Lichte möglicher neuer rechtlicher Bestimmungen diskutiert. Die Ausführungen basieren im Wesentlichen auf einem Gutachten, das Prinz/Vogel (2002), Universität Münster, dem TAB vorgelegt haben.

3.1 Marktregulierung und Regulierungsziele

Das Apothekenwesen und der Handel mit Arzneimitteln sind in Deutschland in vielfältiger Weise und bis ins Detail reguliert. So werden für Arzneimittel bestimmte Vertriebsformen und den Apotheken genaue Einzelheiten ihrer Ausstattung vorgeschrieben. Die Preisbildung ist weitestgehend reguliert, die zulässigen Zuschläge im Großhandel und in den Apotheken sind fixiert, ein einheitlicher Apothekenabgabepreis ist die Folge. Wettbewerb über den Preis zwischen den Apotheken ist damit bei den verschreibungspflichtigen Arzneimitteln ausgeschlossen. Mit diesen (und anderen) Regelungen sollen drei Ziele erreicht werden:

3 Arzneimittelhandel

- *Sicherung der qualitativen und quantitativen Versorgung mit Arzneimitteln* (Versorgungssicherheit): Nach § 1 I Apothekengesetz (ApoG) obliegt den Apotheken „die im öffentlichen Interesse gebotene Sicherstellung einer ordnungsmäßigen Arzneimittelversorgung der Bevölkerung".
- *Schutz des Lebens und der Gesundheit der Arzneimittelkonsumenten* (gesundheitlicher Verbraucherschutz): Zweck des Arzneimittelgesetzes (AMG) ist es, „für die Sicherheit im Verkehr mit Arzneimitteln, insbesondere für die Qualität, Wirksamkeit und Unbedenklichkeit der Arzneimittel ... zu sorgen" (§ 1).
- *Wirtschaftlichkeit* (wirtschaftlicher Verbraucherschutz): Im Mittelpunkt steht hier das Wirtschaftlichkeitsgebot in § 12 I Sozialgesetzbuch (SGB) V: „Die Leistungen müssen ausreichend, zweckmäßig und wirtschaftlich sein; sie dürfen das Maß des Notwendigen nicht überschreiten. Leistungen, die nicht notwendig oder unwirtschaftlich sind, können Versicherte nicht beanspruchen, dürfen die Leistungserbringer nicht bewirken und die Krankenkassen nicht bewilligen."

Zu diesen drei Zielen treten ergänzend zwei weitere, die in § 78 AMG niedergelegt sind: die Berücksichtigung der „berechtigten Interessen" von Verbrauchern, Apotheken und Großhändlern sowie einheitliche Apothekenabgabepreise für Arzneimittel.

Mit den genannten Zielsetzungen ist der politische Rahmen für die Arzneimittelversorgung im Allgemeinen und damit auch für den Handel bzw. die Vertriebswege im Besonderen gesetzt. Bestehende wie zukünftige Vertriebswege müssen sich deshalb an den genannten politisch gewollten und rechtlich normierten Zielen messen lassen.

3.2 Branchenstruktur

Im Folgenden werden die Marktstrukturen auf den drei Ebenen der Wertschöpfungskette – Arzneimittelhersteller, pharmazeutischer Großhandel und Apotheken – skizziert, allerdings beschränkt auf solche Tatbestände, die für den elektronischen Arzneimittelhandel tatsächlich relevant sind.

3.2.1 Arzneimittelhersteller

Die chemische Industrie zählt in Deutschland zu den großen Industriebranchen. Sie setzte 209 Mrd. DM im Jahr 2000 um, wobei die pharmazeutische Industrie daran einen Anteil von über 20 % aufwies. Die *Zahl der deutschen Pharmahersteller* beläuft sich auf ungefähr *1.100* (Prinz/Vogel 2002, S. 69). Hierbei ist allerdings zu berücksichtigen, dass die zu Grunde liegende (gesetzliche) Definition recht weit gefasst ist und z.B. auch Apotheken einschließt, die unter eigenem

Namen Arzneimittel vertreiben. Absolut beliefen sich die *Umsätze* aus der Herstellung von pharmazeutischen Erzeugnissen im Jahr 1999 auf *40,5 Mrd. DM*. Die *Zahl der Beschäftigten* in dieser Sparte lag bei ungefähr *113.000*. Die Nettowertschöpfung je Beschäftigtem ist in der pharmazeutischen Industrie etwas geringer als im Durchschnitt der Chemiebranche, aber mit 116.200 DM (1997) deutlich höher als in den meisten anderen Sparten des Verarbeitenden Gewerbes (Prinz/Vogel 2002, S. 67 f.).

3.2.2 Pharmazeutischer Großhandel

In Deutschland gibt es momentan *16 vollsortierte pharmazeutische Großhandelsunternehmen* mit insgesamt über 102 Betriebsstätten und rund 13.000 Beschäftigten. Vier dieser Großhändler agieren bundesweit, zwölf (mit jeweils einer bis fünf Betriebsstätten) regional. Der *Gesamtumsatz* des pharmazeutischen Großhandels belief sich im Jahr 2000 auf rund *34,0 Mrd. DM*.

Die pharmazeutischen Großhändler beliefern jede einzelne Apotheke im Durchschnitt dreimal, in der Spitze bis zu sechsmal pro Tag. Ihr Sortiment umfasst über 120.000 registrierte Darreichungsformen von Arzneimitteln. Insgesamt werden etwa *92%* der über Apotheken an Patienten ausgegebenen Arzneimittel durch den Großhandel geliefert.

Die Hersteller haben über die Jahre systematisch nahezu alle Funktionen des Vertriebs ausgelagert, nicht zuletzt um Kosten zu sparen. Das Resultat ist mittlerweile ein ausgefeiltes und feinmaschiges Liefersystem, das dem Zwischen- und Großhandel als Drehscheibe dient. Eine Reintegration von Funktionen des Vertriebs in die Wertschöpfungskette der Hersteller käme insofern einem fundamentalen Umbau des gesamten Systems gleich und wäre betriebswirtschaftlich wohl kaum zu schultern (Bockhorni 2001, S. 1).

3.2.3 Apotheken

In Deutschland erfolgt die Versorgung der Bevölkerung mit Arzneimitteln durch öffentliche Apotheken und Krankenhaus-Apotheken. Letztere – von ihnen gab es zum Jahresende 2001 563 (Sachverständigenrat für die Konzertierte Aktion im Gesundheitswesen 2002, S. 68) – dienen ausschließlich der Versorgung von Krankenhäusern mit Arznei-, Heil- und Hilfsmitteln. Auf sie soll nicht eingegangen werden. Wenn im Folgenden von Apotheken gesprochen wird, sind also stets „öffentliche Apotheken" gemeint. Zum Jahresende 2001 gab es in Deutschland 21.569 öffentliche Apotheken (ABDA 2002). In allen westlichen Bundesländern ist die Apothekendichte höher als in den östlichen.

Seit der Einführung der Budgetbegrenzung für Arzneimittelausgaben im Rahmen des Gesundheitsstrukturgesetzes (GSG) im Jahr 1993 belaufen sich die

3 Arzneimittelhandel

durchschnittlichen jährlichen *Steigerungsraten des Apothekenumsatzes* auf ca. *4,7%* (Prinz/Vogel 2002, S. 88). Unterschiedliche Einschätzungen liegen zur wirtschaftlichen Lage vor. Aus einem statistischen Vergleich der Betriebsergebnisse von Apotheken mit denen des Einzelhandels jedenfalls lässt sich schließen, dass die Apotheken nicht schlecht dastehen (Prinz/Vogel 2002, S. 99).

Der Gesamtumsatz aller Apotheken betrug im Jahr 2000 52,6 Mrd. DM (ohne Umsatzsteuer), davon stammten 79% aus ärztlichen Verordnungen. Betrachtet man die Umsatzverteilung auf die Apotheken, so zeigt sich, dass im Jahr 1998 der Anteil der Apotheken mit einem Umsatz zwischen 0,5 und 1 Mio. DM bei 9%, mit einem Umsatz von 1-2 Mio. DM bei 40%, sowie mit einem Umsatz von 2-5 Mio. DM bei gut 41% aller Apotheken lag (Prinz/Vogel 2002, S. 89; s.a. Kap. II.3.4.3).

3.3 Rechtlicher Rahmen und Stand des elektronischen Handels

3.3.1 Der wirtschaftliche Sonderstatus der Apotheken (Apothekenmonopol)

Apotheken verfügen in Deutschland über das Monopol zum Handel mit bestimmten Arzneimitteln. Nach § 43 AMG dürfen Arzneimittel, die nicht zum Verkehr außerhalb von Apotheken freigegeben sind (§§ 44, 45 I AMG), für den Endverbrauch nur in Apotheken abgegeben werden. Damit besteht für diese Arzneimittel – bis auf einige Ausnahmen – *Apothekenpflicht*. Apotheken haben also eine Sonderstellung am Markt, da bestimmte Arzneimittel nur über sie bezogen werden können. Damit *wird die Konkurrenz anderer Vertriebsformen unterbunden*. Für dieses Apothekenmonopol werden drei Gründe angeführt: der Schutz vor Heilmittelmissbrauch, die besondere Fachkunde der Apotheker und die wirtschaftliche Absicherung der Apotheken.

Für die Apotheken bestehen zahlreiche Regulierungsvorschriften, die ihren wirtschaftlichen Handlungsspielraum nicht unerheblich beeinträchtigen und die Konkurrenz unter den Apotheken beschränken (Prinz/Vogel 2002, S. 25 ff.). Dazu gehören zunächst Regelungen, *welche den Marktzutritt bei Apotheken begrenzen*.

Für den Betrieb einer Apotheke ist nach dem Apothekengesetz eine Erlaubnis erforderlich (§ 1 II ApoG). Diese wird nur bei Vorliegen einer deutschen Approbation als Apotheker oder eines entsprechenden Diploms bei Angehörigen der Europäischen Gemeinschaften oder des Europäischen Wirtschaftsraums (EWR) erteilt. Nichtapothekern ist dadurch der Zutritt zum Markt verwehrt. Die Begrenzung des Marktzutritts wird noch klarer, wenn man § 7 ApoG einbezieht: Danach verpflichtet die Erlaubnis zum Betrieb der Apotheken „zur persönlichen Leitung der Apotheke in eigener Verantwortung". Da dies die volle Arbeitskraft erfordert, ist de facto ausgeschlossen, dass ein Apotheker mehr als eine Apotheke betreiben kann (Mehrbesitzverbot). Da eine Erlaubnis ferner nur natürlichen Personen erteilt wird, sind in der Konsequenz auch Apothekenketten nicht möglich. Und schließlich regelt § 8 ApoG, dass im Falle von Apotheken, die von mehreren Personen betrieben werden, die Gesellschafter Apotheker sein müssen und jeder einer Erlaubnis bedarf (Ausschluss von Nichtapothekern).

Für den Wettbewerb unter Apotheken ist weiterhin von großer Bedeutung, dass der Preis als Wettbewerbsvariable im Bereich apothekenpflichtiger Fertigarzneimittel nicht zum Tragen kommt. § 78 II Satz II AMG schreibt *einheitliche Apothekenpreise* vor. Während die Herstellerabgabepreise von den Pharmaunternehmen im Prinzip selbst bestimmt werden können, sind auf der Großhandels- und Apothekenstufe Zuschläge vorgesehen. Auf der Großhandelsstufe sind *Höchstzuschläge* (§ 2 AMPreisV) vorgeschrieben. Die Apotheken sind an *Festzuschläge* gebunden.

Um zu einheitlichen Apothekenabgabepreisen zu kommen, wird vom Herstellerabgabepreis plus dem Großhandelshöchstzuschlag (ohne die Umsatzsteuer) ausgegangen (§ 3 II Nr. 1 AMPreisV), d.h. Rabatte des Großhandels an die Apotheken werden nicht berücksichtigt. Darauf werden dann der Apothekenzuschlag und die Mehrwertsteuer aufgeschlagen. Rabatte der Apotheken an Kunden (Patienten und Ärzte) sind nicht erlaubt. Dieser Preisbildungsprozess führt zu einer so genannten Preisbindung der zweiten Hand: Mit dem Herstellerabgabepreis steht auch der Apothekenabgabepreis fest. Preiswettbewerb im Bereich der apothekenpflichtigen Fertigarzneimittel ist damit ausgeschlossen. Lediglich bei freiverkäuflichen Arzneimitteln (so genannte Over-the-Counter-Produkte) können die Apotheken den Preis als Wettbewerbsinstrument einsetzen.

Als weitere Einschränkungen des Wettbewerbs sind z.B. die Beschränkung auf apothekenübliche Waren (§ 25 ApBetrO, § 2 IV ApBetrO) sowie die Werbebeschränkungen des Heilmittel-Werbegesetzes (HWG) zu nennen. Darüber hinaus schränkt auch die Verschreibungspflicht für viele Arzneimittel den Umsatz der Apotheken ein (§ 17 V ApBetrO) – auch wenn diese aus guten Gründen besteht.

Neben den genannten Regelungen, die bewirken, dass die wettbewerblichen Aktionen, welche die Einnahmen der Apotheken steigern könnten, beschränkt werden, gibt es noch Regelungen, welche die *Kostenseite* der Apotheken beeinflussen (Prinz/Vogel 2002, S. 34 ff.). Vor allem die Apothekenbetriebsordnung enthält entsprechende Vorschriften, wie z.B., dass pharmazeutische Tätigkeiten nur von pharmazeutischem Personal ausgeführt, Arzneimittel ausschließlich in den Apothekenbetriebsräumen in den Verkehr gebracht werden dürfen und die Apotheke außerhalb der Ladenschlusszeiten ständig dienstbereit sein muss.

Neben dem „Apothekenmonopol", den Regelungsvorschriften zur Begrenzung des Wettbewerbs und dem einheitlichen Apothekenpreis besteht eine wei-

3 Arzneimittelhandel 147

tere Besonderheit der Branche im *Fehlen einer* so genannten *autonomen Nachfrage* der Endverbraucher: Zum einen wird die Nachfrage durch die Verschreibungen der Ärzte bestimmt, zum zweiten erfolgt die Bezahlung des Arzneimittels über die Krankenversicherungen. Die *Preiselastizität* der Nachfrage – in den anderen Wirtschaftsbereichen eine entscheidende Größe – spielt deshalb bei Arzneimitteln außerhalb des Bereichs der Selbstmedikation keine Rolle.

3.3.2 Status quo des elektronischen Handels mit Arzneimitteln nach geltendem Recht

Elektronischer Handel in Deutschland

Durch die Bestimmungen des AMG ist der E-Commerce mit Arzneimitteln nicht nur hinsichtlich der Produktseite und der Handelsebenen (Hersteller, Groß- und Einzelhandel), sondern auch bezüglich der Vertriebs- und Versandwege genau fixiert.

- § 43 I schreibt Folgendes fest: „Arzneimittel ... die nicht ... für den Verkehr außerhalb der Apotheken freigegeben sind, dürfen außer in den Fällen des § 47 berufs- oder gewerbsmäßig für den Endverbrauch nur in Apotheken und nicht auf dem Wege des Versandes in den Verkehr gebracht werden." Durch diese rechtliche Bestimmung *ist der Versandhandel* mit Arzneimitteln auf der Ebene des pharmazeutischen Einzelhandels in Deutschland bisher *ausgeschlossen*. Arzneimittel müssen also in den Räumlichkeiten der Apotheke angeboten und verkauft werden. Ausgenommen von dieser Regelung sind Arzneimittel, „die von dem pharmazeutischen Unternehmer ausschließlich zu anderen Zwecken als zur Beseitigung oder Linderung von Krankheiten, Leiden, Körperschäden oder krankhaften Beschwerden zu dienen bestimmt sind". Ebenfalls nicht apothekenpflichtig sind weitere Produkte wie z.B. natürliche und künstliche Heilwässer, Heilerde, Pflanzen und Pflanzenteile. Diese Produkte können somit im Versandhandel vertrieben werden. Ausdrücklich ausgeschlossen von dieser Freigabe sind verschreibungspflichtige Arzneimittel (§ 44 AMG).
- § 47 AMG erlaubt andere Vertriebswege als die über die Apotheken. Die *Ausnahmebereiche* beziehen sich zunächst auf den Zwischen- und Großhandel mit Arzneimitteln, also den Handel zwischen pharmazeutischen Unternehmen und zwischen Großhändlern sowie zwischen diesen beiden. Des Weiteren betreffen die Regelungen den Handel mit bestimmten Produkten zwischen pharmazeutischen Unternehmen und Großhandel einerseits und Krankenhäusern, Ärzten, Zahnärzten, Gesundheitsämtern, Impfzentren, Be-

hörden, Einrichtungen von Forschung und Wissenschaft sowie Hochschulen andererseits.

In rechtlicher Perspektive bedeuten diese Regelungen, dass in Deutschland der Zwischen- und Großhandel von der Apothekenpflicht ausgenommen ist und dass somit der Versandhandel und folglich auch der Handel über das Internet zulässig sind. Für den pharmazeutischen Einzelhandel gilt aber, dass mit Ausnahme der nicht apothekenpflichtigen Arzneimittel elektronischer Handel innerhalb Deutschlands ausgeschlossen ist. Damit ergibt sich, dass auf Einzelhandelsebene lediglich die Bestellung von Arzneimitteln über das Internet (wie auch z.B. über das Telefon) zulässig zu sein scheint (Prinz/Vogel 2002, S. 14).

Hinsichtlich der *Versendung* von Arzneimitteln *aus der Apotheke* sowie der *Zustellung durch Boten* legt § 17 II ApBetrO fest, dass diese nur im begründeten Einzelfall zulässig sind. Zudem muss dafür Sorge getragen werden, dass das Arzneimittel dem Empfänger in zuverlässiger Weise ausgeliefert wird. D.h. ein beispielsweise über das Internet bestelltes Medikament müsste eigentlich in der Apotheke abgeholt werden. Es muss an dieser Stelle aber gesagt werden, dass in der Praxis die Zustellung durch Boten weit verbreitet ist. Viele Apotheken mit Internetpräsenz weisen ausdrücklich auf die Möglichkeit der (ausnahmsweisen) Lieferung nach Hause hin (Prinz/Vogel 2002, S. 124). In einer Befragung durch das Internationale Institut für empirische Sozialökonomie gaben 29% der befragten Apotheker an, bis zu 30 Kunden pro Woche, weitere 12% mehr als 30 Kunden zu beliefern (Inifes 2001). So gesehen gibt es einen Versandhandel zwar nicht de jure aber de facto.

E-Commerce aus dem EU-Ausland nach Deutschland

Augenblicklich wird kontrovers diskutiert, ob *elektronischer Arzneimittelhandel aus dem EU-Ausland nach Deutschland* zulässig ist. Diese Debatte wurde durch den Rechtsstreit um die Versandhandels-Apotheke DocMorris (vgl. den Textkasten) weiter forciert und hat in der Rechtsprechung zu kontroversen Einschätzungen geführt. Dabei spielt § 8 HWG (in Verbindung mit § 73 II AMG) eine wichtige Rolle. Dort wird festgelegt: „Unzulässig ist eine Werbung, die darauf hinwirkt, Arzneimittel, deren Abgabe den Apotheken vorbehalten ist, im Wege des Versandes zu beziehen" (§ 8 I HWG). Dieses Verbot gilt nicht für die in § 47 AMG genannten Produkte. Eine ausländische Internetapotheke darf also auf dem deutschen Markt nicht damit werben, Arzneimittel zu versenden. Das Gleiche gilt auch für Pharmunternehmen, Großhändler und Vertriebsorganisationen, welche bei ihnen eingehende Aufträge an Versandapotheken weiterleiten könnten.[17] Des Weiteren ist es nach § 8 Abs. II HWG unzulässig, dafür zu werben, Arzneimittel über das Teleshopping oder bestimmte Arzneimittel auf dem Wege der Einzeleinfuhr (§ 73 II Nr. 6a AMG) zu beziehen.

Teilweise wird die Ansicht vertreten, dass schon dieses *Werbeverbot* – eng ausgelegt – *den grenzüberschreitenden Internethandel mit Arzneimitteln praktisch unmöglich macht* (Prinz/Vogel 2002, S. 15). Da nämlich nur allgemeine Image- und Unternehmenswerbung erlaubt ist, dürfen auch keine elektronischen Bestellformulare mit bestimmten Arzneimittelinformationen bereitgestellt werden. Damit ist ein elektronischer grenzüberschreitender Internethandel mit Arzneimitteln nicht möglich (Prinz/Vogel 2002, S. 16).

Internetapotheke 0800DocMorris

Die Internetapotheke 0800DocMorris wurde Anfang Juni 2000 in Kerkrade (Niederlande) als erste europäische Online-Apotheke in Betrieb genommen. Das Unternehmen belieferte, nach einer Meldung in den Heise Online News, im Jahr 2001 insgesamt 70.000 Kunden mit Medikamenten im Wert von 10 Mio. DM (o.A. 2002e). Ein vollkommener Internethandel liegt bei rezeptpflichtigen Arzneimitteln aber noch nicht vor, da die Rezepte über den Postweg übermittelt werden müssen. Dieser – und nicht das Internet – ist auch der bevorzugte Bestellweg. DocMorris behauptet, Arzneimittel durchschnittlich 20% und in Einzelfällen bis zu 60% billiger anbieten zu können als ortsgebundene Apotheken in so genannten Hochpreisländern.

Zwei Entscheidungen des Landgerichts Frankfurt haben DocMorris mittlerweile untersagt, Medikamente und gewerbsmäßigen Internetversandhandel an deutsche Endverbraucher auszuliefern (Landgericht Frankfurt am Main 2000a und 2000b). Dagegen hat das Kammergericht Berlin die Vertriebspraxis für rechtmäßig erklärt. Während die Richter in Frankfurt in der auf den deutschen Markt zielenden Werbung u.a. einen Verstoß gegen § 8 II HWG sahen, war das Berliner Gericht gegenteiliger Ansicht (Landgericht Berlin 2000). Auf den Umstand, dass die E-Commerce-Richtlinie für den grenzüberschreitenden elektronischen Handel das Herkunftslandprinzip normiert, und damit für DocMorris niederländisches Recht gilt, hat jüngst die Monopolkommission in ihrem 14. Hauptgutachten zum Thema „Netzwettbewerb durch Regulierung" aufmerksam gemacht. Sie bescheinigt verschiedenen deutschen Gerichten in diesem Punkt „fehlerhafte Rechtsanwendung" (Monopolkommission 2002a, S. 44).

---

17 Diese Bestimmung steht allerdings im Widerspruch zur E-Commerce-Richtlinie, nach der für Produkte (und deren Einzeleinfuhr) geworben werden darf (so Graefe/Zieglwalner 2000).

Augenblicklich ist die rechtliche Wertung des § 8 HWG bezüglich der Anwendung auf das Angebot dieser Internetapotheke aus dem Ausland nicht endgültig geklärt. In der juristischen Auseinandersetzung spielen darüber hinaus weitere Rechtsquellen eine Rolle, die ebenfalls strittig interpretiert werden: § 73 II Nr. 6a AMG sowie die Electronic Commerce- und die Fernabsatz-Richtlinie der EU. Letztere sieht vor, dass Mitgliedstaaten im Interesse der Allgemeinheit den Vertrieb im Fernabsatz für bestimmte Waren und Dienstleistungen, insbesondere Arzneimittel, verbieten dürfen. Die strittige Frage dort ist die nach der Vereinbarkeit einer nationalen Schutzvorschrift, die geeignet ist, den Handel aus dem EU-Ausland zu verbieten bzw. einzuschränken, mit dem EU-Recht und den Prinzipien des freien Warenverkehrs. Die sehr unterschiedlichen Positionen in der Fachdiskussion und der Rechtsprechung sollen an dieser Stelle nicht aufgegriffen werden. Letztlich laufen die juristischen Dispute darauf hinaus, dass höchstrichterlicher Klärungsbedarf hinsichtlich der Zulässigkeit des Internetversandes aus dem Ausland besteht: In diesem Sinne hat am 10.08.2001 das Landgericht Frankfurt im Rechtsstreit zwischen dem Deutschen Apothekerverband e.V. und 0800DocMorris N.V. dem EuGH einige Fragen zur Vorabentscheidung vorgelegt (Landgericht Frankfurt am Main 2001, S. 2 f.):

- Verstößt das deutsche Versandhandelsverbot, das Versendungen auf Grund von Bestellungen über das Internet verbietet, gegen den freien Warenverkehr?
- Ist die Bereitstellung von Informationen und Möglichkeiten der Bestellung von Arzneimitteln über das Internet als verbotene Werbung anzusehen?
- Muss trotz möglicherweise teilweise verbotener Werbung die Internetpräsentation einer Apotheke zulässig sein, um den freien Warenverkehr zu ermöglichen?

Erst die Entscheidung des EuGH wird endgültig klären, wie die europarechtliche Situation und damit die Zukunft des elektronischen Handels mit Arzneimitteln insgesamt zu beurteilen sind. Wäre auf europäischer Ebene der E-Commerce mit Arzneimitteln allgemein zulässig, ließe sich ein Verbot des Versandhandels in Deutschland nicht mehr aufrechterhalten.

Die Rechtslage beim E-Commerce mit Arzneimitteln in bzw. nach Deutschland kann wie folgt zusammengefasst werden:

- Im Zwischen- und Großhandel ist E-Commerce mit Arzneimitteln (zwischen Herstellern und Apotheken) zulässig.
- Im Einzelhandel ist der so genannte OTC-Arzneimittelhandel ebenso zulässig.
- Verschreibungs- und apothekenpflichtige Arzneimittel können auf Einzelhandelsebene zwar elektronisch bestellt werden, Versand oder Lieferung sind aber grundsätzlich nicht zulässig, werden allerdings de facto praktiziert.

3 Arzneimittelhandel 151

- Elektronischer Arzneimittelhandel auf der Ebene der Endverbraucher über das EU- bzw. EWR-Ausland ist – bis auf Einzelfälle – vermutlich nicht zulässig.
- E-Commerce mit Arzneimitteln auf der Ebene der Endverbraucher über das Nicht-EU- bzw. Nicht-EWR-Ausland ist nicht zulässig.

B2B-E-Commerce

Betrachtet man abschließend den elektronischen Handel mit Arzneimitteln zwischen Unternehmen, der in diesem Kapitel jedoch nicht im Vordergrund der Analyse steht, dann zeigt sich, dass dieser zwar in technischer Hinsicht und auch was die Integration aller Akteure anlangt bei weitem noch nicht ausgereift, aber in bestimmten Segmenten doch weit fortgeschritten ist. Nach Angaben des Bundesverbandes des pharmazeutischen Großhandels (PHAGRO 2001a, 2001b) erfolgt die Datenübertragung im Geschäftsverkehr.

- zwischen Großhandel und 180 Herstellern mittels eines Mailbox-Systems, über das mehr als *70% des Bestellvolumens des Großhandels* elektronisch abgewickelt werden (Stand: Ende 2001). Kleinere Hersteller sind in der Praxis nicht integriert, über das Internet als ergänzendes Medium wird diskutiert;
- zwischen Großhandel und Apotheken mittels eines Systems, das den Bestellverkehr regelt und dabei die Computersysteme der Apotheken integriert. Das Internet wird ergänzend genutzt. *93% der Bestellungen aus Apotheken* wurden 2001 über ein Verfahren der Datenfernübertragung abgewickelt. Nach Angaben des Verbandes spielt das Internet „eine zunehmende Rolle" vor allem bei Dienstleistungen und Marketingaktivitäten.

3.4 Folgen eines B2C-E-Commerce mit Arzneimitteln

3.4.1 Mögliche Marktvolumina

Um eine Vorstellung über die Potenziale des elektronischen Handels mit Arzneimitteln zu gewinnen, haben Prinz/Vogel (2002) für das TAB-Projekt ausführliche Berechnungen durchgeführt. Hierbei sind eine Vielzahl von Annahmen wie beispielsweise die Prognose der Ausgabenentwicklung bei Arzneimitteln, der Internetnutzung in Deutschland, des Verbrauchs der Arzneimittel nach Alter sowie die Annahmen zur Dringlichkeit (Vorhersehbarkeit) des Arzneimittelbedarfs eingegangen.

In ihren *Modellrechnungen* gehen die Gutachter von folgenden vier Varianten für ein bis zum Jahr 2010 realisierbares *Volumen des elektronischen Handels mit Arzneimitteln* (zunächst ohne Selbstmedikation) aus:

- Bei Variante 1 liegen die Anteile des elektronischen Handels am Umsatz mit verschreibungspflichtigen Medikamenten bei 12 % der Ausgaben für verordnete Arzneimittel bzw. bei 9 % des gesamten Apothekenumsatzes.
- In Variante 2 werden vor allem auf Grund einer angenommenen steigenden Internetnutzung 18 % der Ausgaben für verordnete Arzneimittel bzw. 14 % des Apothekenumsatzes insgesamt elektronisch abgewickelt.
- In Variante 3 werden rund 23 % der Ausgaben für verordnete Arzneimittel bzw. 18 % des gesamten Apothekenumsatzes über das Internet getätigt.
- In Variante 4 (angenommen wird hier eine Sättigungsphase der Internetnutzung) werden 28 % der Ausgaben für verordnete Arzneimittel bzw. 22 % des gesamten Apothekenumsatzes elektronisch abgewickelt.

Zu den genannten Werten wurden noch die *Umsätze für Selbstmedikation* über das Internet addiert. Prinz und Vogel gehen davon aus, dass dadurch der realisierbare elektronische Umsatz mit Medikamenten um rund vier Prozentpunkte wächst. Damit läge der elektronische Arzneimittelhandel (je nach Annahme über die Intensität der Internetnutzung) *zwischen 13 und 26 % des Gesamtumsatzes* der Apotheken. In Tabelle 13 sind die Ergebnisse für die vier Varianten zusammengefasst.

Tab. 13: Ergebnisse der Modellrechnungen für einen realisierbaren Anteil des Internethandels am Apothekenumsatz

Varianten	Anteil des Internethandels am Apothekenumsatz mit verschreibungspflichtigen Medikamenten	Anteil des Internethandels am gesamten Apothekenumsatz	
		ohne	mit
		Selbstmedikation	
Variante (1)	12 %	9 %	13 %
Variante (2)	18 %	14 %	18 %
Variante (3)	23 %	18 %	22 %
Variante (4)	28 %	22 %	26 %

Legende: Die Varianten basieren im Wesentlichen auf Annahmen über den Anteil der Internetnutzer an der Bevölkerung (vgl. Kap. III.1.9.1).

Quelle: Prinz/Vogel 2002, S. 187.

Nun mag ein Anteil des Internethandels von maximal 26 % den einen oder anderen erstaunen. Es soll aber mit diesen Annahmen und Resultaten nicht gesagt werden, dass diese Entwicklung wahrscheinlich eintritt. Vielmehr soll nur eine quantitative Basis geliefert werden, um näher beurteilen zu können, welche Folgen bestimmte Anteile haben könnten. Diese möglichen Folgen sollen im Weiteren quantitativ erfasst und danach qualitativ diskutiert werden: Zunächst werden

3 Arzneimittelhandel

erzielbare Einsparpotenziale quantifiziert, danach die Auswirkungen der unterstellten Varianten von Anteilen des E-Commerce auf die Umsätze der Apotheken und auf die Apothekendichte errechnet. Hiervon ausgehend werden dann die möglichen Potenziale und Auswirkungen in Bezug auf die politisch gewollten Ziele der Arzneimittelversorgung qualitativ diskutiert.

3.4.2 Einsparpotenziale

Insbesondere die Krankenkassen erhoffen sich durch eine Lockerung oder gar ein Aufheben des Versandhandelsverbots deutliche Einsparungen bei den Arzneimittelausgaben. Vor allem – so wird argumentiert – könnte ein verschärfter Wettbewerb die hohen Preisspannen des Großhandels und der Apotheken drücken.[18]

Legt man Angebote existierender Online-Apotheken zu Grunde, scheint es nicht unrealistisch, tatsächlich Einsparungen erzielen zu können. Um ein mögliches Spektrum abzudecken, wird im Folgenden von vier *Einsparvarianten* ausgegangen: 10, 15, 20 und 25%. Die Einspareffekte sollen sich auf alle Arzneimittel (verordnete und Selbstmedikation) beziehen. In Tabelle 14 wird das realisierbare Einsparpotenzial beim Internethandel mit Arzneimitteln dargestellt.

Tab. 14: Realisierbares Einsparpotenzial beim Internethandel mit Arzneimitteln

Varianten	Anteil des Internethandels am gesamten Apothekenumsatz	Einspareffekte des Apothekenumsatzes Einsparvarianten			
		10%	15%	20%	25%
Variante (1)	13%	1,3%	2,0%	2,6%	3,3%
Variante (2)	18%	1,8%	2,7%	3,6%	4,5%
Variante (3)	22%	2,2%	3,3%	4,4%	5,5%
Variante (4)	26%	2,6%	3,9%	5,2%	6,5%

Legende: Die Varianten basieren im Wesentlichen auf Annahmen über den Anteil der Internetnutzer an der Bevölkerung (vgl. Kap. III.1.9.1).
Quelle: Prinz/Vogel 2002, S. 188.

Unter der Annahme, dass zwischen 13 und 26% des Apothekenumsatzes elektronisch getätigt werden, liegen die *Einspareffekte zwischen 1,3 und 6,5%* des

---

[18] Nach Daten der Betriebskrankenkassen liegt Deutschland mit einer Vertriebsspanne von 38% des Einzelhandelspreises europaweit an der Spitze, wobei von anderer Seite diesen Zahlen auch widersprochen wird.

Apothekenumsatzes. Dies wären in Werten von 2001 *0,7 bzw. 3,6 Mrd. DM* (ohne Umsatzsteuer). Zum Vergleich seien die Ergebnisse einer Modellrechnung des Wissenschaftlichen Instituts der AOK (WidO 2001) mit den AOK-Rezeptdaten des Jahres 2000 angeführt. Das WidO hat errechnet, welche Kosten die Gesetzliche Krankenversicherung und ihre Versicherten hätten einsparen können, wenn die Rezepte nicht in einer heimischen Apotheke, sondern bei der niederländischen Versandapotheke DocMorris eingereicht worden wären. Nach diesen Berechnungen hätte die Nutzung dieser Bezugsquelle zu *Einsparungen in Höhe von 2,05 Mrd. DM* geführt. Vom Direktbezug profitieren neben den Krankenkassen auch die Versicherten, da beim Bezug über die Internetapotheke die gesetzlich vorgeschriebenen Zuzahlungen erlassen werden. Dies sind – bezogen auf das DocMorris-Sortiment – 330 Mio. DM bzw. knapp 10% der gesamten Eigenbeteiligung für Arzneimittel, die die Versicherten 2000 erbracht haben. Die Gesetzlichen Krankenkassen wären dabei um knapp 1,7 Mrd. DM entlastet worden.[19]

Einspareffekte von „bis zu 500 Mio. DM" hat das Internationale Institut für empirische Sozialökonomie (Inifes) auf Grund verschiedener Modellrechnungen geschätzt. Diese legen u.a. die Existenz – unterschiedlich umsatzstarker – Versandapotheken zu Grunde, die gegenüber stationären Apotheken – je nach Marktanteil – Kosteneinsparungen zwischen 6% und 12% realisieren könnten (Inifes 2001).

3.4.3 Auswirkungen auf die Apotheken

Nach den Einsparpotenzialen sollen die Auswirkungen des Internethandels auf die traditionellen Apotheken erörtert werden. Dazu ist die Verteilung der Apotheken nach Umsatzklassen von Bedeutung. Die große Mehrheit – 81,7% – der insgesamt 22.538 Apotheken nach der Umsatzsteuerstatistik von 1998 lag in einem Bereich zwischen 1 Mio. und 5 Mio. DM Jahresumsatz. 14,6% der Apotheken setzten weniger als 1 Mio. DM pro Jahr um, und 3,6% zählten zu den Großapotheken mit einem Jahresumsatz von mehr als 5 Mio. DM (eigene Berechnungen nach Prinz/Vogel 2002, S. 189).

Auswirkungen auf die wirtschaftliche Situation

Der potenzielle Umsatz im Internet bei den vier angenommenen Varianten (13%, 18%, 22%, 26%) wird den einzelnen Größenklassen der Apotheken zugerechnet. Dabei wird zum einen angenommen, dass sich die Umsatzeinbußen durch den elektronischen Handel gleichmäßig auf alle Größenklassen verteilen,

---

19 Es soll nicht unterschlagen werden, dass die WidO-Ergebnisse umstritten sind.

3 Arzneimittelhandel

zum anderen, dass traditionelle Apotheken nicht in den E-Commerce mit Arzneimitteln einsteigen (dürfen). Tabelle 15 (Spalten 3-6) zeigt auf der Basis der Umsatzzahlen für 1998, wie sich durch den Umsatzverlust der durchschnittliche Umsatz je Apotheke in den jeweiligen Größenklassen verändern würde. Grundsätzlich *würden* durch eine solche Entwicklung *Apotheken mit einem Umsatz unter 2 Mio. DM* im Jahr *gefährdet* (Prinz/Vogel 2002, S. 190).

Tab. 15: Durchschnittlicher Umsatz stationärer Apotheken ohne und mit Internethandel nach Größenklassen (in 1.000 DM)

Größenklasse von ... bis unter ... DM	*Durchschnittlicher Umsatz 1998 (vor Internethandel)*	*Umsatz bei einem angenommenen Anteil des Internethandels von*			
		13%	18%	22%	26%
32.500 – 50.000	40,2	34,9	32,9	31,3	29,7
50.000 – 100.000	74,0	64,4	60,7	57,7	54,7
100.000 – 250.000	157,1	136,7	128,9	122,6	116,3
250.000 – 500.000	374,9	326,2	307,4	292,5	277,5
500.000 – 1 Mio.	798,3	694,6	654,6	622,7	590,8
1 Mio. – 2 Mio.	1.515,9	1.318,8	1.243,0	1.182,4	1.121,7
2 Mio. – 5 Mio.	2.845,4	2.475,5	2.333,2	2.219,4	2.105,6
5 Mio. – 10 Mio.	6.339,2	5.515,1	5.198,2	4.944,6	4.691,0
10 Mio. – 25 Mio.	13.842,7	12.043,1	11.351,0	10.797,3	10.243,6
25 Mio. und mehr	39.544,4	34.403,7	32.426,4	30.844,7	29.262,9
Durchschnitt	2.146,7	1.867,7	1.760,3	1.674,4	1.588,6

Quelle: Berechnungen von Prinz/Vogel (2002, S. 192) auf der Basis von Statistisches Bundesamt (2000b, S. 99).

Um einen Anhaltspunkt dafür zu gewinnen, wie viele Apotheken durch den elektronischen Handel *existenziell bedroht* sein könnten, wird die Zahl der Apotheken in den Größenklassen bis 2 Mio. DM berechnet, die ausscheiden müssen, damit die verbleibenden Apotheken einen durchschnittlichen Umsatz wie vor dem Internethandel erreichen. Je nach Umfang des elektronischen Arzneimittelhandels *müssten* demnach *zwischen 1.606 und 3.211 Apotheken ausscheiden.* Bezogen auf die Zahl der in der Umsatzsteuerstatistik ausgewiesenen Apotheken sind dies *7,1 bzw. 14,2% aller Apotheken.* Die Ergebnisse sind in Tabelle 16 zusammengefasst.

Tab. 16: Zahl der ausscheidenden Apotheken bei Internethandel mit Arzneimitteln

Größenklasse von ... bis unter ... DM	Zahl der Apotheken 1998 (ohne Internethandel)	Zahl der ausscheidenden Apotheken bei einem angenommenen Anteil des Internethandels von			
		13%	18%	22%	26%
32.500 – 50.000	117	15	21	26	30
50.000 – 100.000	242	31	44	53	63
100.000 – 250.000	539	70	97	119	140
250.000 – 500.000	403	52	73	89	105
500.000 – 1 Mio.	1.999	260	360	440	520
1 Mio. – 2 Mio.	9.050	1.177	1.629	1.991	2.353
mehr als 2 Mio.	10.188	keine ausscheidenden Apotheken ab dieser Größenklasse erwartet			
Summe	22.538	1.605	2.224	2.718	3.211
Anteil an allen Apotheken		7,1%	9,9%	12,1%	14,2%

Quelle: Prinz/Vogel (2002, S. 192) auf der Basis von Statistisches Bundesamt (2000b, S. 99).

Zur realistischen Einordnung der in dieser Modellrechnung sich ergebenden Effekte sind einige *Relativierungen* angebracht. Es ist implizit unterstellt, dass der elektronische Umsatz im Arzneimittelhandel in vollem Umfang nicht von den existierenden, sondern von anderen – beispielsweise ausländischen - Apotheken getätigt wird. Ob das aber tatsächlich der Fall sein wird, hängt entscheidend davon ab, wie die Rechtslage in Deutschland gestaltet wird und wie die existierenden Apotheken auf Veränderungen der rechtlichen Situation reagieren werden.

Wenn es zur Zulassung des E-Commerce mit Arzneimitteln kommen sollte, würde sich auch für die inländischen Apotheken grundsätzlich ein *neues Geschäftsfeld* eröffnen, wenngleich hier sicher nicht alle Apotheken tätig werden könnten. Auch wäre es für sie möglich, in weitaus größerem Maß als bisher zusätzliche Dienstleistungen anzubieten, die ihre wirtschaftliche Lage verbessern. Zu denken ist hier in erster Linie daran, *Arzneimittel direkt nach Hause* zu liefern – wobei eine entsprechende Änderung des § 17 II ApBetrO vorausgesetzt werden muss. Darüber hinaus wäre es möglich, durch Einzelmaßnahmen gerade mit Hilfe des Internets eine *bessere Kundenbindung* zu erzeugen, die nicht nur im Handel mit verschreibungspflichtigen Medikamenten von Vorteil sein könnte.

3 Arzneimittelhandel

Im Endeffekt wäre zu erwarten, dass ein bestimmter Teil des potenziellen elektronischen Arzneimittelhandels auch über die existierenden Apotheken abgewickelt würde und ein weiterer Teil sich auf wenige spezialisierte Internet- oder Versandapotheken konzentrierte (Prinz/Vogel 2002, S. 193).

Auswirkungen auf Apothekendichte und Versorgungssicherheit

Im europäischen Vergleich liegt Deutschland bei der Apothekendichte (mit 3.800 Einwohnern je Apotheke) im vorderen Mittelfeld (zum Vergleich: Frankreich 2.590, Niederlande 10.020) (Prinz/Vogel 2002, S. 86 nach Bauer 2001, S. 30 ff.).

In Tabelle 17 ist die – abnehmende – Apothekendichte bei den angenommenen vier Varianten eines zukünftigen Internethandels im Vergleich mit dem augenblicklichen Zustand dargestellt.[20]

Tab. 17: Apothekendichte und elektronischer Arzneimittelhandel

Anteil des Internethandels am Gesamtumsatz	Apothekendichte
kein Internethandel	3.640
Internethandel 13%	3.919
Internethandel 18%	4.038
Internethandel 22%	4.139
Internethandel 26%	4.245

Legende: Apothekendichte gleich Einwohner je Apotheke, bezogen auf die Bevölkerung im Jahr 1998. Zahl der Apotheken: Apotheken im Jahr 1998 minus die in Tabelle 16 angegebene Zahl der jeweils ausscheidenden Apotheken („Summe").

Quelle: Berechnungen von Prinz/Vogel (2002, S. 194) auf der Basis von Statistisches Bundesamt (2000a, S. 60; 2000b, S. 99).

Eine *Verschlechterung der Versorgungssituation* (durch ein Ausscheiden von 1.606 bis 3.211 Apotheken und eine abnehmende Apothekendichte) träte ein, wenn Apotheken dort geschlossen werden, wo die Apothekenzahl sehr gering ist, wie häufig in ländlichen Regionen. Gegen diese Vermutung spricht, dass die

---

20 In einer weiteren Berechnung auf einer etwas anderen Datenbasis kommen Prinz/Vogel (2002, S. 196 ff.) zum Ergebnis, dass anteilsmäßig die stärksten Rückgänge bei den Apothekenzahlen in den neuen Bundesländern zu verzeichnen sind. Dies ist weitgehend auf die relativ niedrige Zahl der Apotheken dort zurückzuführen, so dass ein Rückgang relativ stärker ins Gewicht fällt.

Entfernung zur nächstgelegenen Apotheke nur noch eine relativ geringe Rolle spielt, da die Lieferung der Arzneimittel nach Hause zum legalen Vertriebsweg würde. Die erforderlichen Arzneimittel könnten dann per Telefon, Fax oder Internet bestellt und – je nach Dringlichkeit – sofort oder mit geringer zeitlicher Verzögerung geliefert werden. Dies erforderte allerdings – neben rechtlichen Änderungen – eine Umstellung bei den Konsumenten. *In Einzelfällen wären Benachteiligungen und Probleme* (Ältere, Behinderte) sicher nicht auszuschließen.

Noch eine abschließende Anmerkung zu den *Arbeitsmarkteffekten*: Die durchschnittliche Zahl der Beschäftigten pro Apotheke wird in verschiedenen Quellen mit sechs angegeben. Unterstellt man für eine grobe Kalkulation möglicher Arbeitsmarkteffekte drei Beschäftigte pro ausscheidende Apotheke, dann wären die Auswirkungen vernachlässigbar gering (zwischen ca. 4.800 und ca. 9.600 Beschäftigte).

3.5 Perspektiven: Mögliche Entwicklungspfade und ihre Regulierung

Weder ein dauerhaftes Verbot des elektronischen Handels mit Arzneimitteln noch dessen völlig unregulierte Zulassung sind wahrscheinlich oder erwünscht. Vor- und Nachteile eines (weiterhin bestehenden) *Verbots des elektronischen Arzneimittelhandels in Deutschland* stellen sich so dar: Als Vorteil ist zu verbuchen, dass in erster Linie die Hersteller, der Großhandel und die Apotheken (zumindest kurzfristig) vor Wettbewerb geschützt sind, wodurch das dichte Apothekennetz in Deutschland aufrechterhalten werden kann. Damit sind auch die Ziele der qualitativen und quantitativen Arzneimittelversorgung erreichbar. Zudem können die gesetzlichen Vorgaben der einheitlichen Apothekenpreise und der angemessenen Preise und Preisspannen für Großhandel und Apotheken erfüllt werden.

Als Nachteil des Verbots eines elektronischen Handels ist zu verbuchen, dass kein EU-weiter Wettbewerb um die kostengünstigste Versorgung mit Arzneimitteln in Deutschland existiert (Sachverständigenrat für die Konzertierte Aktion im Gesundheitswesen 2002, S. 80). Zudem müssen die Kosten einer Verzögerung des technischen Fortschritts und damit Wettbewerbsnachteile bedacht werden. Insgesamt gesehen wird das Ziel der Wirtschaftlichkeit der Arzneimittelversorgung (bei gegebenem Standard der Arzneimittelversorgung) durch ein Verbot des E-Commerce negativ beeinflusst (Prinz/Vogel 2002, S. 205).

Als Vorteile eines *unregulierten elektronischen Handels* sind der freie Wettbewerb und die damit zu erwartenden günstigeren Preise zu nennen. Zudem wird die Konsumentensouveränität gestärkt. Dies auch deshalb, weil etablierte Apotheken als Alternative wahrscheinlich konkurrenzfähig bleiben. Bezogen auf die Ziele der Arzneimittelpolitik muss aber konstatiert werden, dass alle weiteren Ziele weniger gut erfüllt werden als im Ausgangszustand. Insbesondere bei der qualitativen und quantitativen Versorgungssicherheit sowie beim gesundheitlichen Verbraucherschutz wären sehr wahrscheinlich Abstriche zu machen.

Daher ist zu fragen, ob nicht durch ein ausgewogenes Maß an Regulierung die Rahmenbedingungen so gestaltet werden könnten, dass sowohl die wirtschaftlichen Vorteile des elektronischen Vertriebs von Arzneimitteln ausgeschöpft als auch die Risiken soweit wie möglich begrenzbar wären.

Im Folgenden sollen konkrete Ausgestaltungsmöglichkeiten des elektronischen Handels mit Arzneimitteln untersucht und bewertet werden. Dabei werden in Anlehnung an Prinz/Vogel (2002, S. 245-270) zwei Modelle einer Regulierung für Internetapotheken zu Grunde gelegt: ein in engen Grenzen zulässiger Versandhandel unter weitgehender Beibehaltung der Arzneimittelpreisverordnung („Kleine Apothekenfreiheit") und ein Versandhandel mit weitgehendem Preiswettbewerb („Große Apothekenfreiheit").

3.5.1 Kleine Apothekenfreiheit

Die tragende Struktur der „Kleinen Apothekenfreiheit" wird durch lizenzierte Apotheken, die Arzneimittel über weite Entfernungen versenden dürfen, gebildet. Hinsichtlich der Preisgestaltung kann in diesem Modell davon ausgegangen werden, dass die *Arzneimittelpreisverordnung grundsätzlich beibehalten* wird. Allerdings müssten Versandapotheken nicht zu gleichen Preisen liefern wie die traditionellen Apotheken, da sie sonst keine Kostenvorteile realisieren können, die dem Verbraucher oder den Krankenversicherungen zugute kommen könnten. Um dies zu ermöglichen, wäre es denkbar, einen *Versandhandelsabschlag* von 15 bis 20 % von den Preisen der traditionellen Apotheken festzulegen. Den Versicherten der gesetzlichen Krankenversicherung wird ein *Anreiz* zur Inanspruchnahme dieser Apotheken geboten, beispielsweise der Art, dass bei Nutzung der Versandapotheken die ansonsten fälligen *Zuzahlungen entfallen*, so dass ein finanzieller Vorteil bei Inanspruchnahme von Versandapotheken besteht.

Regulierung

Da im Vergleich mit der Lieferung der Versand zusätzliche Maßnahmen zur *Gewährleistung von Arzneimittelsicherheit und -qualität* notwendig macht, wären besondere rechtliche Bestimmungen erforderlich.

Als ein denkbares Regulierungsmodell kann das *Heilmittelgesetz der Schweiz* herangezogen werden, in dem der Versandhandel mit Arzneimitteln grundsätzlich untersagt wird, aber Ausnahmen zulässig sind (Art. 27 HMG). Eine Bewilligung wird nur erteilt, wenn entsprechende persönliche Qualifikationen und sachliche Voraussetzungen gegeben sind (wie insbesondere die ärztliche Verschreibung). In der Verordnung zum Gesetz wird ferner festgelegt, dass ein Qualitätssicherungssystem der Antragssteller sicher stellen muss, dass

- die Person, an die das Arzneimittel versandt wird, mit derjenigen Person, auf welche das ärztliche Rezept ausgestellt ist, identisch ist,
- das ärztliche Rezept in Bezug auf mögliche unerwünschte Interaktionen mit anderen an die betreffende Person abgegebene Arzneimittel überprüft wurde,
- das zu versendende Arzneimittel in einer Weise verpackt, transportiert und ausgeliefert wird, dass weder Qualität noch Wirksamkeit beeinträchtigt werden,
- dass das Arzneimittel in der Originalverpackung (einschließlich Packungsbeilage) ausgeliefert wird und mit einer spezifischen Gebrauchsanweisung versehen ist,
- das versandte Arzneimittel nur an diejenige Person, auf welche das ärztliche Rezept ausgestellt ist, oder an von ihr schriftlich bevollmächtigte Dritte ausgeliefert wird,
- die sachgemäße Beratung durch eine Fachperson wahrgenommen wird,
- die Patientin oder der Patient darauf hingewiesen wird, dass sie oder er mit der behandelnden Ärztin oder dem behandelnden Arzt Kontakt aufnehmen soll, sofern Probleme bei der Medikation auftreten.

Ergänzend wären Regelungen zu treffen, die den elektronischen Geschäftsverkehr im engeren Sinn betreffen. Hierzu könnte auf EU-Regelungen zur Werbung für Arzneimittel sowie auf die Richtlinien zum elektronischen Geschäftsverkehr und zum Fernabsatz zurückgegriffen werden. Diese Regelungen wären entweder direkt anzuwenden oder speziell für das elektronische Angebot und den Versand von Arzneimitteln zuzuschneiden, so dass entsprechende (europäische oder nationale) Qualitätsstandards für den elektronischen Handel mit Arzneimitteln gesetzt wären. Beispielsweise müsste für den Übermittlungsprozess von Patientendaten eine Verschlüsselung sichergestellt sein, die diese Daten vor dem Zugriff Dritter schützt. Die über das Internet bereitgestellten Informationen zu den jeweiligen Medikamenten müssten regelmäßig kontrolliert und auf ihre Richtigkeit überprüft werden.

Vor- und Nachteile

Wie ist dieses Konzept anhand der drei Ziele der Arzneimittelpolitik zu bewerten? Zunächst ist zu erwarten, dass auf Grund genauer gesetzlicher Vorschriften gewährleistet ist, dass *Arzneimittelsicherheit und -qualität* durch die Zulassung der neuen Vertriebswege nicht beeinträchtigt werden.

Die *Wirtschaftlichkeit* der Kleinen Apothekenfreiheit ist aus mehreren Gründen günstig einzuschätzen. Es ist anzunehmen, dass die Größe der entsprechenden Apotheken sowohl die Realisierung von Größeneffekten ermöglicht als auch eine bessere Verhandlungsposition gegenüber dem Großhandel und den Herstellern. Zudem könnten diese Apotheken zumindest teilweise auch Großhandelsfunktionen wahrnehmen oder sich vertikal in den Großhandel integrieren. Ferner ist nicht auszuschließen, dass Großhandelsunternehmen Versandhandelsapotheken betreiben, da sie hohe Kompetenz hinsichtlich der Logistik haben.

Hinsichtlich der Frage der *quantitativen Versorgungssicherheit* ist zu sagen, dass in diesem Modell den traditionellen Apotheken ein gewisser Teil ihres Umsatzes verloren gehen wird. In welchem Umfang dies geschieht, das dürfte davon abhängen, welches Marktverhalten traditionelle Apotheken an den Tag legen und ob sich Teile des elektronischen Handels auf die traditionellen Apotheken umleiten lassen. Zwar bleiben diese an die Arzneimittelpreisverordnung gebunden, Prinz und Vogel sehen hier aber vor, dass sie Medikamente nach Hause liefern dürfen. Dementsprechend hat der Patient einen Vorteil, wenn die Lieferung nach Hause ohne zusätzliche Kosten erfolgt. Für ihn besteht der Unterschied zwischen dem Kauf eines Medikamentes in einer traditionellen Apotheke (inkl. der Lieferung) gegenüber Kauf und Versand über eine Versandapotheke darin, dass er beim Versand die Zuzahlung spart, dafür aber auf das Medikament warten muss. Dies eröffnet durchaus gute Chancen für traditionelle Apotheken, einen Teil des Umsatzes des elektronischen Handels an sich zu binden. Die in Kapitel II.3.4.3 angenommenen Zahlen zu den ausscheidenden Apotheken würden sich dann reduzieren, der Strukturwandel moderat ausfallen (Prinz/Vogel 2002, S. 252).

3.5.2 Große Apothekenfreiheit

Alternativ zum eben diskutierten Modell, beruht das folgende auf einer Aufhebung des Versandhandelsverbots und auf einem *sehr viel weitergehenden Preiswettbewerb* durch Verzicht auf einen einheitlichen Apothekenabgabepreis.

Regulierung

- Das *Versandhandelsverbot* in § 43 I AMG *wird aufgehoben* und § 17 I, II ApBetrO werden so angepasst, dass Lieferung und Versand möglich sind und die Aushändigung der Arzneimittel im Rahmen von Lieferung und Versendung auch durch nicht-pharmazeutisches Personal erfolgen darf. Ferner werden auch die im Modell der „Kleinen Apothekenfreiheit" beschriebenen Regelungen eingeführt.
- Die *Arzneimittelpreisverordnung* wird dahingehend *geändert*, dass die Apothekenzuschläge nicht mehr Festzuschläge, sondern *Höchstzuschläge* sind. Im Zusammenhang damit wird auch § 78 AMG geändert. Insbesondere wird § 78

II Satz 2 („Ein einheitlicher Apothekenabgabepreis ... ist zu gewährleisten.") gestrichen.

- Es wird den Apotheken in begrenztem Umfang *erlaubt*, mit niedrigeren Preisen und den von ihnen bereitgestellten Vertriebswegen (elektronischer Arzneimittelhandel, Lieferung, Versand) *zu werben*. Zu ändern wären entsprechend § 3a HWG und § 8 I HWG.
- Zur *Sicherstellung der Qualität und Sicherheit der Versorgung* werden für den Internetversandhandel genauere Regelungen getroffen, die in etwa denen im Modell der „Kleinen Apothekenfreiheit" entsprechen.

Vor- und Nachteile

Die – begrenzte – Freigabe der Apothekenabgabepreise soll wirkungsvollen Wettbewerb unter den Apotheken ermöglichen, um insbesondere die Kostensenkungspotenziale, die im elektronischen Arzneimittelhandel angelegt sind, in vollem Umfang realisierbar zu machen. Dieses wettbewerbsbasierte Konzept erfordert also von den Apotheken nicht nur pharmazeutisches, sondern auch wirtschaftliches Denken.

Der Wettbewerb würde wahrscheinlich dazu führen, dass die bisherigen Margen zumindest teilweise über niedrigere Preise an die Endverbraucher und die Krankenkassen weitergegeben werden könnten. Dies setzt aber *Endverbraucher mit* einem ausgeprägten *Preisbewusstsein* voraus. Dies wird sich allerdings nur herausbilden, wenn sie von niedrigeren Preisen auch direkt (und nicht nur indirekt über niedrigere Krankenkassenbeiträge) profitieren können. Bei festen Zuzahlungen, wie sie gegenwärtig gelten, wäre dies nicht der Fall.

Prinz und Vogel sehen deshalb in diesem Modell vor, die Frage der *Anreizgestaltung* für die Patienten den Krankenkassen zu überlassen, wodurch auch der Wettbewerb unter den Kassen gestärkt werden könnte. Zur Diskussion gestellt werden Anreize in Form von monetären und nicht-monetären Vergünstigungen, wie z.B.: die Gewährung von Boni, die Bereitstellung von zusätzlichen Leistungen, die Teilnahme an Verlosungen von Geld- und Sachpreisen oder die Reduktion der Beitragszahlung. Solche Angebote könnten u.U. sogar zuzahlungsbefreite Patienten zu einer sorgfältigen und preisbewussten Wahl der Apotheke veranlassen (Prinz/Vogel 2002, S. 260).

Die unmittelbare Folge einer Freigabe der Preise unter den genannten Rahmenbedingungen wäre vermutlich eine gewisse *Differenzierung der Preise*. Diese wird bei Arzneimitteln, die wiederholt gekauft werden, geringer sein als bei den übrigen. Bei teuren Arzneimitteln (wenn der Anteil an den Arzneimittelkosten für die Patienten erheblich ist) wird der Anreiz, Preisvergleiche durchzuführen und das preiswerteste Mittel zu kaufen, relativ hoch sein. In der Folge ist eine geringe Preisdispersion zu erwarten (Prinz/Vogel 2002, S. 261).

In einem *theoretischen Modell*, das auf einer ausgeprägten Markt- und Preistransparenz beruht, würden die Preise sowohl sinken als auch sich annähern. Als Folge heftigen Preis- (und zusätzlichen Qualitäts-)Wettbewerbs käme es u.a. zu einem Konzentrationsprozess bei den Apotheken. Es ergäbe sich schließlich ein vermutlich hoher Anteil des Internethandels am Apothekenumsatz. Sofern zulässig, würden auch Großhandelsunternehmen Apotheken übernehmen.

In der *Wirklichkeit* träten diese Effekte allerdings allenfalls in Ansätzen auf, da es – trotz Internet, Werbung und Anreizen – nur zu einer relativ geringen Markttransparenz käme und in der Folge die Preise weiterhin differenziert ausfielen. Gleichwohl käme es voraussichtlich zu einem niedrigeren Endverbraucherpreisniveau. Hinsichtlich der weiteren Folgen erwarten Prinz und Vogel (2002, S. 269), dass die Apothekengewinne nicht so stark fallen werden, die Distributionskosten höher bleiben werden, die Zahl der wirtschaftlich eigenständigen Apotheken größer sein wird, die vertikale Integration nicht so weit fortschreiten dürfte. Insgesamt werde die Zahl der Apotheken vermutlich nur wenig abnehmen. *Der Strukturwandel fällt also relativ moderat aus.*

Als nächstes wäre die Frage nach der Sicherstellung der *Qualität der Versorgung* zu stellen. Da diesem Modell die Annahme zu Grunde liegt, dass eine sorgfältige Regulierung den elektronischen Handel auf hohe Standards verpflichtet, würde eine Freigabe der Apothekenpreise keine besonderen Risiken mit sich bringen. Zudem sind in dieser Konzeption alle Apotheken im Inland angesiedelt und unterliegen somit dem nationalen Recht. Sollten die regulativen Vorgaben nicht eingehalten werden, ist es möglich, die entsprechenden Anbieter vom Markt zu entfernen. Zudem gilt das Produkthaftungsrecht. Schließlich würden Krankenkassen nur Verträge mit Versandapotheken schließen, wenn Qualität und Sicherheit gewährleistet wären (Sachverständigenrat für die Konzertierte Aktion im Gesundheitswesen 2002, S. 80). Unter diesen Bedingungen „*ist nicht zu erwarten, dass Qualität und Sicherheit der gehandelten Arzneimittel sinken*" (Prinz/Vogel 2002, S. 264).

Schwierig einzuschätzen ist die Frage, wie viele und welche Apotheken in der Folge einer freien Preisbildung weichen müssten. Dabei ist zu erwarten, dass eher im innerstädtischen Bereich die Apothekendichte abnehmen würde. Dort sind die Kosten höher als in ländlichen Gegenden, und eine Apotheke kann viel leichter durch eine andere substituiert werden. Selbst wenn auch auf dem Land die Apothekendichte abnähme, muss das nicht mit einer grundsätzlichen Verschlechterung der Arzneimittelversorgung einhergehen. Wenn – wie hier angenommen – alle Apotheken Arzneimittel nach Hause liefern dürfen, entfällt nämlich zu einem erheblichen Teil die bisherige Notwendigkeit einer wohnortnahen Apotheke. Punktuelle Abstriche bei der Versorgungsqualität müssten aber wohl in Kauf genommen werden.

Als Gesamtergebnis kann demnach festgehalten werden, dass die Ziele der quantitativen und qualitativen Versorgung mit Arzneimitteln durch dieses Konzept ebenso wenig verletzt werden wie das Ziel der Arzneimittelsicherheit. Zu erwarten sind positive Effekte für die Vielseitigkeit der Versorgung sowie die Zunahme der Apothekerleistungen. Gewisse Abstriche für die Konsumenten sind zu machen, da die Preisdispersion zunehmen wird und punktuell Einbußen bei der Versorgungsdichte zu erwarten sind. Diese Folgen müssten dann aber auch im Lichte der zu erwartenden Wohlfahrtsgewinne gewichtet werden (Prinz/ Vogel 2002, S. 266).

3.6 Fazit

Der Arzneimittelmarkt ist in Deutschland ein hochgradig regulierter und vom Wettbewerb auf der Apothekenebene nahezu freier Sektor. Durch Bestimmungen des einschlägigen Regelwerks ist auch der elektronische Handel mit Arzneimitteln eng begrenzt. Im Widerspruch zu einem Teil dieser Regelungen findet auf der Einzelhandelsebene in gewissem Umfang elektronischer Handel mit Arzneimitteln aus dem Ausland statt.[21]

Bei einer Bewertung einer Zulassung des B2C-Handels mit verschreibungspflichtigen Arzneimitteln in Deutschland wird man prüfen müssen, ob und inwieweit Versorgungssicherheit, gesundheitlicher und wirtschaftlicher Verbraucherschutz gewährleistet sowie die berechtigten Interessen der Hersteller, des Großhandels und der Apotheken gewahrt bleiben. Die Folgen eines zugelassenen elektronischen Handels mit Arzneimitteln hängen wesentlich von der Ausgestaltung der (rechtlichen) Rahmenbedingungen ab. Deren Ziel müsste es vor allem sein, sowohl Wettbewerb zuzulassen, als auch – durch regulierende Maßnahmen – sicherzustellen, dass das quantitativ und qualitativ hohe Versorgungsniveau in Deutschland gewährleistet bleibt. Der Vorteil einer Freigabe der Preisbindung in gewissem Umfang läge darin, dass eine kostengünstigere Arzneimittelversorgung in Deutschland möglich würde.

Die Dynamik der technischen Entwicklung wird im Augenblick aber noch von geltenden rechtlichen Bestimmungen gebremst. Es deutet aber alles darauf hin, dass dies nicht so bleiben wird. Zusammen mit den mittlerweile auch poli-

---

21 In einer kürzlich und nach Redaktionsschluss vorgelegten Studie von Cap Gemini Ernst & Young (2002b) wurden die Erfahrungen mit dem Arzneimittelversand in den USA sowie in den Niederlanden und der Schweiz analysiert. Wie die Studie deutlich macht, sind Schlussfolgerungen für die deutsche Situation schon auf Grund der unterschiedlichen Gesundheitssysteme, Versorgungssituationen und Arzneimittelpreisbildung kaum zu ziehen. Dazu kommt, dass in den USA beim Handel mit Arzneimitteln das Internet fast keine Rolle spielt und die Nutzungsraten des Versandhandels in den Niederlanden und der Schweiz mit unter 1 % bzw. 2 % der Bevölkerung gering ist.

tisch gewünschten Reformen beim Handel werden die Erwartungen der mit E-Commerce verbundenen positiven ökonomischen Effekte zur weitgehenden Erosion der rechtlichen Restriktionen führen. Weitere Faktoren wie eine relativ hohe Akzeptanz bei den Verbrauchern oder die grundsätzliche Eignung von Arzneimitteln für den Handel im Internet werden eine entsprechende Evolution der Branche beschleunigen.

Ein konsequentes – augenblicklich noch visionäres – Geschäftsmodell wäre dann eine virtuelle Apotheke, die weit mehr als nur Versandapotheke ist. Als „infomediary" würde sie zwar auch Produkte vermarkten, verkaufen und vertreiben, darüber hinaus aber auch Information über Ärzte und Krankenkassen sowie Beratung und andere Dienstleistungen offerieren – böte also ein perfektes „one stop shopping" (Burcham 2000, S. 95). Ein Unternehmensmodell für eine elektronische Apotheke vereinte potenziell sowohl die Vorzüge der Erwirtschaftung von zusätzlichen Einnahmen als auch der Erzielung „immaterieller" Vorteile wie die Erhöhung der Kundenloyalität (und damit der Reduktion der Kosten zur Gewinnung von Neukunden).

Der augenblickliche Streit um Pro und Kontra könnte sich schon recht bald als unerheblich für die weitere Entwicklung herausstellen: Die Wahrscheinlichkeit, dass der EuGH die europaweite Zulässigkeit des E-Commerce mit Arzneimitteln feststellt, ist groß. Spätestens dann werden alle Beteiligten sich darauf einstellen müssen, mit dieser Form des Handels in Deutschland zu leben. Manche Aktivitäten zeigen, dass das bereits jetzt geschieht. Aufgabe der Politik wäre es, die geeigneten Rahmenbedingungen zu setzen, um dann die Frage nach den Chancen und Risiken des E-Commerce in diesem Feld praktisch zu beantworten. Mit den vorgestellten Modellen sollten entsprechende Handlungs- und Gestaltungsmöglichkeiten zur Diskussion gestellt werden. Sie sollten auch zeigen, dass bestimmte Weichenstellungen bereits jetzt erfolgen können.

4 Handel mit Medienprodukten (Buch, Tonträger, Video)

In diesem Kapitel werden die Entwicklungen und Besonderheiten des elektronischen Handels mit Medienprodukten exemplarisch an den drei Beispielen *Buch*, *Musik* und *Video* dargestellt. Dabei wird auf den Vergleich zwischen dem E-Commerce mit herkömmlichen physischen Medienprodukten und dem mit digitalisierten Medienprodukten besonderer Wert gelegt. Zunächst werden die Eigenschaften von digitalisierten Medienerzeugnissen beleuchtet. Vor einer vertieften Betrachtung des E-Commerce mit den ausgewählten Medienprodukten werden die allgemeinen Rahmendaten und Trends in den jeweiligen Handelsbereichen skizziert, die als Hintergrund für die Einschätzung der E-Commerce-Entwicklung dienen. In den darauf folgenden Abschnitten kommen die Beschäftigungseffekte und Umweltwirkungen zur Darstellung. Abschließend wird auf die aktuellen politischen Handlungsfelder eingegangen.

Mit Medienprodukten liegt eine besondere Güterart vor, die sich von herkömmlichen Gütern insbesondere dadurch unterscheidet, dass sie als Informationsgüter *vollständig digitalisiert* werden können (z.b. Shapiro/Varian 1999). Mit der zunehmenden Verbreitung und Verwendung der auf der digitalen Kodierung basierenden Computertechnik werden neue Verwendungsformen von Medienprodukten möglich bzw. wirtschaftlich tragfähig. Von besonderer Bedeutung ist, dass bei digitalen Medienprodukten nicht nur die E-Commerce-Phasen Produktinformation, Geschäftsanbahnung und -abschluss, sondern auch die Lieferung über elektronische Kommunikationsnetzwerke erfolgen kann.

Medienprodukte sind *Informationsgüter*, die an sich schon besondere ökonomische Eigenschaften aufweisen, wodurch sich ihre Märkte bereits von den herkömmlichen unterscheiden. Hier ist etwa an die leichte Weitergabe und die begrenzten Ausschlussmöglichkeiten der Nutzung von Informationsgütern durch Nichtzahler zu denken. Mit ihrer Digitalisierbarkeit werden diese Eigenschaften zum Teil verstärkt, wie dies etwa die kostengünstige und qualitätsverlustfreie Kopierbarkeit digitaler Informationsprodukte verdeutlicht (z.b. CD-Brennen oder Online-Tauschbörsen) (TAB 2002b). Weitere Besonderheiten, wie sie Informationsgüter im Allgemeinen und digitale Informationsprodukte im Besonderen aufweisen, werden in die folgenden Betrachtungen eingeflochten.

4.1. Rahmendaten zum Buch-, Musik- und Videomarkt

In den Wertschöpfungsketten der ausgewählten Mediensektoren hat sich eine Arbeitsteilung herausgebildet, nach der die verschiedenen *Akteure* den einzelnen Phasen wie folgt zugeordnet werden können (Abb. 15). Die Aufgabenverteilung entlang der Wertschöpfungsstufen ist aber nicht immer trennscharf.

4 Handel mit Medienprodukten (Buch, Tonträger, Video)

Abb. 15: Wertschöpfungsketten und Medienunternehmen

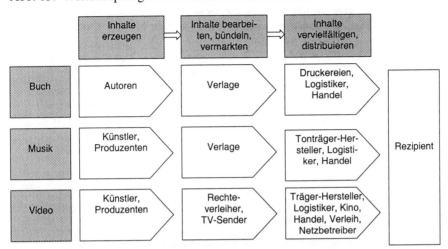

Quelle: in Anlehnung an Schumann/Hess (2000, S. 9) und Seufert (2001, S. 22 ff.).

In der *Produktionsstufe* sind unterschiedliche Akteure aktiv, z.B. in der Musikwirtschaft die Komponisten, Texter, Interpreten oder die Tonstudios. Bei der Videoproduktion umfasst diese Gruppe z.B. die Filmautoren, Film- und TV-Produzenten etc. Derartige Akteure, die mediale Inhalte konzipieren und technisch umsetzen, sind in der Regel kleine und mittlere Unternehmen sowie Selbständige.

Auf der nächsten Wertschöpfungsstufe finden sich Verlage, Rechteverleiher und Rundfunksender, die im Wesentlichen *Inhalte bündeln* und dazu die Rechte an den Inhalten aufkaufen und diese vermarkten. Diese Stufe wird z.T. auch als Endproduktionsstufe bezeichnet und von Großunternehmen dominiert (Seufert 2001, S. 22 ff.).

In der *Distributionsstufe* finden sich die Hersteller der physischen Trägermedien bzw. die Vervielfältigungs-, Transport- und Logistikunternehmen, diverse Handelsunternehmen (Groß- und Einzelhandel) sowie im Bereich „Video" die Netzbetreiber des Rundfunks, die Kinos und der Videoverleih.

Medienprodukte werden häufig als bedeutende *Kulturgüter* und als *Informationsgrundlage für staatsbürgerliche Handlungskompetenz* angesehen. Dabei wird die Annahme, dass Medienprodukte auf einem freien Markt nicht in einem gesellschaftlich wünschenswerten Maße bereitgestellt oder konsumiert würden (meritorische Güter), kontrovers diskutiert (z.B. Kiefer 2001, S. 136 ff.). Zudem sorgen besondere ökonomische Charakteristika von Medienprodukten für die latente Gefahr der Anbieterkonzentration (Kap. II.4.3.3), welche die Möglichkeit einer einseitigen Beeinflussung der öffentlichen Meinung mit sich bringt. Dagegen wird eine Angebotsvielfalt präferiert, bei der sich alle wesentlichen sozialen und kulturellen Minderheiten am gesellschaftlichen Kommunikationsprozess beteiligen können (Seufert 2001, S. 46). Deshalb gelten aus der Sicht von (Kultur-) Politikern oft weitgehende Regulierungen, Ausnahmen vom Wettbewerb, Subventionen oder sonstige staatliche Aktivitäten als gerechtfertigt. Sie sollen vor allem der Schaffung und Sicherung eines breiten, qualitativ hochwertigen Angebots im Sinne der Produkt- und Meinungsvielfalt und der weiten räumlichen Versorgung auch entlegener Gebiete dienen. Beispielhaft können hier die Preisbindung in der Buchwirtschaft, die Rundfunkregulierungen oder die Filmförderung genannt werden.

4.1.1 Buchwirtschaft

In der Wertschöpfungskette der Buchwirtschaft lassen sich im Wesentlichen die folgenden *Akteure* unterscheiden:

- Autoren als Produzenten der Buchinhalte (Urheber),
- Verlage mit Selektions-, Herstellungs-, Vermarktungs- und z.t. Distributionsfunktionen, bei der Buchproduktion unterstützt durch die Druckereien und Buchbindereien,
- Verlagsvertreter, die entweder selbständig oder im Auftrag von Verlagen ebenfalls die Vermarktung übernehmen,
- der Groß- und Zwischenbuchhandel mit z.B. dem Barsortiment (Buchgroßhandel) und der Verlagsauslieferung sowie
- der Bucheinzelhandel in seinen unterschiedlichsten Formen.

Während Autoren im *Direktvertrieb*, d.h. unter Umgehung weiterer Handelsstufen, meist nicht dauerhaft erfolgreich waren, scheint der Direktvertrieb durch Verlage in Buchbereichen mit klar umrissenen Kundengruppen, die insbesondere per Post gut zu erreichen sind, wirtschaftlich tragfähig zu sein (z.B. an einzelne Berufsgruppen). Die Umsatzzahlen des Direktvertriebs durch Verlage haben sich in den letzten 20 Jahren erhöht (Tab. 18; Riehm et al. 2001, S. 13 ff.). Der größte Anteil kommt jedoch dem indirekten Vertrieb zu, d.h. dem Vertrieb durch den Bucheinzelhandel, die als Intermediäre wirken.

Der *Zwischenbuchhandel* übernimmt nicht nur die Zusammenführung von verschiedenen Verlagsangeboten, sondern auch weite Teile der Buchlogistik, wie etwa die Übernachtbelieferung des Bucheinzelhandels mit bestellten Büchern oder die Auslieferung von Verlagserzeugnissen im Namen und auf Rechnung der Verlage. Der Bucheinzelhandel bezieht etwa 30% seiner Waren über das Barsortiment des Zwischenbuchhandels, den Rest bei den Verlagen, die allerdings teilweise die Verlagsauslieferung an den Zwischenbuchhandel abgegeben haben. Die Barsortimenter, die als ständig abrufbares Hintergrundlager für den Bucheinzelhandel fungieren, haben in den letzten Jahren einen *Konzentrationsprozess* erfahren. Heute gibt es nur noch zwei sehr große Barsortimente (KNO&KV sowie Lingenbrink) – mit einem geschätzten Anteil am Barsortimentsumsatz von über 80% – und einige wenige kleine, wie z.b. Umbreit (Riehm et al. 2001, S. 18).

Tab. 18: Buchvertriebswege und Umsätze zu Endverbraucherpreisen 1980 bis 2001 (in %)

	1980	*1985*	*1990*	*1995*	*1997*	*1998*	*1999*	*2000*	*2001*
Sortiments-buchhandel	61,9	64,0	60,2	60,2	59,3	59,1	58,8	58,2	57,8
sonstige Verkaufsstellen	7,5	7,6	9,3	9,5	9,4	9,1	8,9	8,9	8,7
Warenhäuser	5,3	5,3	4,9	5,0	4,7	4,6	4,6	4,6	4,6
Reise- und Versandbuchhandel	6,5	5,8	7,8	6,4	6,9	7,0	7,3	8,1	8,5
Verlage direkt	11,3	11,4	13,8	14,7	15,9	16,4	16,7	16,6	16,8
Buchgemeinschaften	7,5	5,9	4,0	4,2	3,8	3,7	3,7	3,7	3,6
gesamt	*100,0*	*100,0*	*100,0*	*100,0*	*100,0*	*100,0*	*100,0*	*100,0*	*100,0*
Umsatz in Mrd. Euro gesamt	*3,9*	*4,7*	*6,5*	*8,4*	*8,9*	*9,1*	*9,2*	*9,4*	*9,4*

Legende: Es handelt sich hier um geschätzte Umsätze, die neben Büchern die Vertriebserlöse für Fach- und wissenschaftliche Zeitschriften sowie audiovisuelle Medien wie Hörbücher, CD-ROMs, Videos etc., soweit diese von Buchverlagen stammen, enthalten.

Quelle: Börsenverein des Deutschen Buchhandels 1982, S. 8; 1986, S. 10; 1992, S. 22; 2000, S. 31; 2001, S. 27; 2002, S. 25.

Der *Bucheinzelhandel* ist – wie auch aus der Tabelle 18 ersichtlich – sehr differenziert und wird nach der Statistik des Börsenvereins in den Sortimentsbuchhandel (stationärer Facheinzelhandel mit Büchern), die sonstigen Verkaufsstellen (z.B. Bahnhofsbuchhandlungen, Kioske oder Supermärkte), die Buchabteilungen der Warenhäuser, den Reise- und Versandbuchhandel (Außendienstverkäufer und Versand), den Verlagsdirektvertrieb und die Buchgemeinschaften unterteilt. In unserem Kontext ist besonders der Reise- und Versandbuchhandel interessant, der u.a. den „klassischen" Buchversandhandel über gedruckte Kataloge und den Online-Buchhandel der „reinen" Online-Buchhändler umfasst. Die

Umsatzentwicklung des Reise- und Versandbuchhandels weist keinen einheitlichen Trend auf. Nach einem Hoch im Jahre 1990 mit einem Anteil von 7,8% am gesamten Buchumsatz – was mit der besonderen Kaufsituation im Zuge der deutschen Wiedervereinigung erklärt werden könnte – ist er auf 6,4% im Jahr 1995 gesunken, allerdings bis zum Jahr 2001 wieder auf 8,5% angestiegen. Im Jahr 2001 wies der Reise- und Versandbuchhandel von allen Vertriebswegen die höchste Wachstumsrate auf.

Schwieriger ist es, Aussagen über die Konzentration auf der Stufe des Bucheinzelhandels abzuleiten. Einerseits ist die *Zahl der Buchhandelsbetriebe* – zumindest die Zahl der Mitgliedsbetriebe im Börsenverein – von 3.115 Buchhändlern im Jahr 1960, über 3.422 (1970), 3.148 (1980), 3.612 (1990) auf 4.045 im Jahr 2000 angestiegen (nur alte Bundesländer) (mit neuen Bundesländern 4.661 im Jahr 2002) (Börsenverein des Deutschen Buchhandels 1960, S. 50; 1970, S. 39; 1980, S. 49; 1989/90, S. 50; 2000, S. 24; 2002, S. 18). Andererseits finden sich auf der Stufe des Bucheinzelhandels Hinweise, die auf einen *Konzentrationsprozess* deuten (Kahlefendt 2001a, 2001b). So kommt es insbesondere zu einem Anwachsen der Groß- und Filialbuchhandlungen bzw. Buchhandelsketten. Beispielsweise entstand im Jahr 2001 mit der Übernahme der Thalia-Kette durch die Douglas-Tochter Phoenix-Montanus das größte Buchhandelsunternehmen – die Thalia Gruppe – mit 88 Geschäften (einschließlich der Online-Buchhandlungen Buch.de und Buch.ch) und einem Umsatz von 285 Mio. Euro im Jahr 2001 (o.A. 2002j).

Die Vertriebswege in der Buchbranche sind relativ beständig, was u.a. mit der *Buchpreisbindung* erklärt wird (kritisch dazu z.B. Monopolkommission 2000, S. 376 ff.). Im Jahr 2002 wurde das bis dahin privatwirtschaftliche Branchenabkommen – der so genannte „Sammelrevers" – durch das Buchpreisbindungsgesetz ersetzt. Danach sind Buchhändler verpflichtet, Bücher, Noten und karthographische Produkte zu den von den Verlagen vorgegebenen Preisen an den Endkunden zu verkaufen. Ferner werden auch Schutzregelungen für kleinere Buchhandlungen festgelegt. Zweck des Gesetzes ist es, ein breites Buchangebot zu sichern und die Existenz einer großen Zahl von Verkaufsstellen zu fördern.

4.1.2 Musikwirtschaft

Aus dem Bereich der Musikwirtschaft interessiert im E-Commerce-Kontext vor allem der Musikhandel (die Märkte für Musikveranstaltungen, Rundfunk und Musikinstrumente werden im Folgenden ausgenommen). Der *Musikhandelsmarkt* war bis vor wenigen Jahren durch ansehnliche Wachstumsraten, aber auch von einem beschleunigten Konzentrationsprozess gekennzeichnet. So hat sich in Deutschland beispielsweise das Umsatzvolumen aller Unternehmen von ca. 2,3 Mrd. Euro im Jahr 1991 auf ca. 2,7 Mrd. Euro im Jahr 1997 vergrößert, ist

4 Handel mit Medienprodukten (Buch, Tonträger, Video)

dann aber wieder auf 2,4 Mrd. Euro im Jahr 2001 zurückgegangen (inkl. der hochgerechneten Umsätze der nicht im Verband organisierten Unternehmen) (BPW 2001; BPW 2002a). Die Ursachen für den *Umsatzrückgang* lassen sich in den allgemein abnehmenden Konsumausgaben, der steigenden Unterhaltungskonkurrenz durch PC-Software und Computerspiele, nachlassenden Ersatzkäufen für die Vinyl-LPs (in den 90er Jahren) und im Rückgang der Anzahl der Tonträgerhändler finden (Schaber 2000, S. 6; Wegner 1999, S. 203 f.). Von Seiten der Musikindustrie werden jedoch für die Umsatzrückgänge vor allem das Angebot in den Online-Tauschbörsen und das Kopieren von Musik-CDs verantwortlich gemacht (Kap. II.4.3.2).

Auf der Seite der Musikverlage (Rechteverwerter) – häufig sind ihnen *Tonträgerhersteller* angegliedert – teilen sich den Weltmarkt neben einigen „Independents" weitestgehend fünf große Unternehmen, die so genannten „Majors", auf: Universal Music Group, BMG Entertainment (Bertelsmann), Sony Music, AOL Time Warner und die EMI Group. Sie erfüllen entlang der Wertschöpfungskette gleich mehrere Aufgaben selbst oder über Tochterunternehmen, die von der Künstlerauswahl und -finanzierung (Risikoausgleich), der Tonträgerherstellung, der Vermarktung mittels verschiedener Tonträger-Label, der Verwertung über verschiedene Nebenrechte, Aufführungs- und Senderechte bis zur Distribution reichen (Brodbeck et al. 1991, S. 43 ff.). Der Wettbewerb zwischen den Majors findet weniger über die Abgabepreise an den Handel statt, sondern mehr auf der Ebene von Produktinnovationen und Produktvariationen, wozu Vertragsabschlüsse mit etablierten Künstlern, Verwertungsrechte an älteren Musikstücken sowie Neuerscheinungen und neue Musiker gehören. Auf der Seite der *Inhaltsproduzenten* bzw. *Musikschaffenden* finden sich relativ wenige Musiker, die einen bekannten „Markennamen" etablieren konnten. Die Mehrzahl der weniger bekannten Künstler konnte keinen Vertrag mit Musikverlagen abschließen (Schaber 2000, S. 9).

Die *Handelsstufe* ist durch *zunehmende Konzentration* gekennzeichnet, auch wenn sich mit Warenhäusern, Elektromärkten, Verbrauchermärkten, dem Versand- und Facheinzelhandel mehrere Vertriebstypen finden lassen. Der Umsatzanteil des Facheinzelhandels ging von 1992 bis 1995 von 25,7% auf 20,1% zurück, während er bei Elektromärkten, Verbrauchermärkten und Versandhandel anstieg (Schaber 2000, S. 11 ff.). Nach 1995 stellte sich die Situation, zwar mit einer anderen Zuordnung der Handelsformen, doch in der Tendenz ähnlich dar. Der Umsatzanteil der Filialunternehmen, des Facheinzelhandels und der Verbrauchermärkte fiel von 38,6% im Jahr 1996 auf 35,6% im Jahr 2000, während die Großbetriebsformen („Megastores", Warenhauskonzerne und Elektromärkte) einen Umsatzanteil von 39,8% im Jahr 2000 realisieren konnten. Interessant ist auch der Anstieg des Umsatzanteils des „Direct Mail" (z.B. Versandhäuser,

Club-Center, Kataloganbieter und der Online-Handel), der von 16,5% im Jahr 1996 auf 18,8% im Jahr 2000 kletterte (BPW 2001). Insgesamt ist die Situation im Musikhandel durch einen *starken Preiskampf* gekennzeichnet, insbesondere zwischen den Warenhauskonzernen und den Elektromärkten. Dabei werden von beiden Handelsformen Niedrigstpreise – sie liegen z.T. unter den Einkaufspreisen – als Kundenlockmittel eingesetzt und über Mischkalkulation, d.h. mit den Gewinnen, die in anderen Sortimentsbereichen erzielt werden, finanziert. Über eine solche Kompensationsmöglichkeit verfügen die Tonträger-Fachgeschäfte nicht, die dadurch zunehmend verdrängt werden (BPW 2000). Die zehn größten Händler hatten 1995 im Tonträgerhandel einen Umsatzanteil von 60% (40% im Jahr 1986). Dabei dominierten die Konzerne Karstadt-Quelle (mit den Kaufhäusern, WOM-Filialen und Schaulandt) und Metro (mit Kaufhof, Saturn, Mediamarkt). Die Zahl der Verkaufsstellen sank von ca. 15.000 im Jahr 1975 auf ca. 7.000 im Jahr 1995 (Mahlmann 1997, S. 177). Branchenexperten sind der Meinung, dass die Zahl der Verkaufsstellen bis zum Jahr 2001 weiter auf schätzungsweise 5.000 Verkaufsstellen sinken werde. Die sich ausweitenden Vertriebstypen seien durch eine geringe Beratungsleistung gekennzeichnet.

4.1.3 Videowirtschaft

Aus technischer Sicht sind *Videos* bzw. Filme Bewegtbilder, die im Allgemeinen durch Ton ergänzt (audiovisuelle Produkte) und auf verschiedenen Trägermedien (Zelluloid, analoge und digitale Videobänder, Compact Discs (CDs), Digital Versatile Discs (DVDs), Computer-Festplatte etc.) gespeichert werden können (Bildtonträger). Inhaltlich dienen Videos bzw. Filme nicht nur der Unterhaltung (Spielfilm oder Fernsehfilm), sondern auch der Information, Werbung und Bildung (Industriefilm, Werbefilm oder Lehrfilm). Im Folgenden interessiert in erster Linie die Form des Spielfilms. Aus ökonomischer Sicht bezeichnet „Video" neben Kino und Fernsehen ein weiteres Verwertungsfenster für Filme, welches den Videoverkauf und den Videoverleih umfasst. Die gesamte Wertschöpfungskette für Filme beginnt bei der Filmproduktion, führt über den Rechteverleih und die Distribution und endet beim Konsum.

Auf der Stufe der *Film- bzw. Videoproduktion* existiert mit den großen Filmstudios (z.B. Sony Pictures Entertainment oder Walt Disney), spezialisierten Filmstudios, Werbeagenturen und Fernsehsender eine differenzierte Produzentenstruktur. Auf Grund dieser Differenzierung lässt sich das Produktionsvolumen nur annäherungsweise abschätzen. Die Zahl der Erstaufführungen deutscher Spielfilme kann dabei als Indikator für das *Produktionsvolumen von Spielfilmen* in Deutschland genutzt werden. Die Produktionskosten liegen derzeit bei ca. 1 Mio. Euro je Spielfilm (Klingsporn 2001, S. 1). Die Zahl der Erstaufführungen lag im Jahr 2001 bei 83 Spielfilmen (SPIO 2002).

Die *Rechte- bzw. Filmverleiher* haben die Funktion eines Großhandels, der die Verwertungsrechte für Filme (Filmrechte bzw. Lizenzen) verwaltet und diese an die Unternehmen der Distributionsstufe verkauft. Sie erfüllen dabei vor allem die Funktion des *Marketings*, aber z.T. auch der Finanzierung der Filme und der Produktion der physischen Videoträgermedien. Auf dem deutschen Rechtemarkt agieren zwar ca. 50 Filmverleihfirmen, es dominieren jedoch US-amerikanische Verleihfirmen, die so genannten „*Majors*", zu denen Buena Vista (Walt Disney), Columbia TriStar (Sony Pictures Entertainment), Paramount (Viacom), Twentieth Century Fox (News Corporation), Universal Pictures (Vivendi Universal) und Warner (AOL Time Warner) zählen. Der gesamte Handelsumsatz der Rechteverleiher belief sich im Jahre 2000 auf 693,4 Mio. DM, wobei u.a. auf das Herstellerland USA 81,9% und auf das Herstellerland Deutschland 9,4% Marktanteil am gesamten Verleihumsatz entfielen (SPIO 2001).

Auf der *Distributionsstufe* erfolgt der Vertrieb der Spielfilme an die Konsumenten über das „Kino", den „Videoverkauf" und „Videoverleih" sowie das „Fernsehen", die in Abbildung 16 in der üblichen zeitlichen Reihenfolge der Verwertung dargestellt sind (d.h. zuerst erfolgt in der Regel die Aufführung im Kino, danach die Vermarktung als „Video" etc.).

Abb. 16: Verwertungskette von Spielfilmen

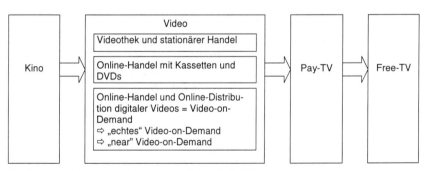

Quelle: modifiziert nach Schumann et al. (2001, S. 10, 73).

Im Verwertungsfenster „*Kino*" wurde im Jahr 2001 ein Gesamtumsatz von 1,9 Mrd. DM erzielt (1,6 Mrd. DM im Jahr 2000) (FFA 2002). Der *Videoverkauf und -verleih* im selben Jahr erreichte ein Marktvolumen von insgesamt 2,2 Mrd. DM (1,8 Mrd. DM im Jahr 2000). Dabei war ein starker Anstieg des DVD-Anteils sowohl beim Verkauf (796 Mio. DM) als auch beim Verleih zu beobachten, so dass der DVD-Anteil den Verkauf von VHS-Kassetten (751 Mio. DM) überstieg. Auch der gesamte Verleihmarkt mit DVDs und VHS-Kassetten wuchs weiter auf 696,3 Mio. DM Umsatz (BVV 2002; IVD 2002).

Es ist festzustellen, dass die Konsumenten von DVDs und VHS-Kassetten unterschiedliche Absatzkanäle bevorzugen. Während bei VHS-Kassetten der Absatz im Jahr 2001 in etwa gleich auf Elektrofachhandel (21%), Verbraucher- und Supermärkte (20,8%) und Versandhandel (18%, davon 4,7% von „reinen" Online-Anbietern) verteilt ist (40,2% Sonstige), dominieren beim DVD-Verkauf die Elektrofachgeschäfte (50,8%), wie z.B. MediaMarkt oder Saturn. Der Rest verteilt sich auf 14,0% bei „reinen" Online-Händlern, 10,5% bei Verbrauchermärkten und 24,7% bei Sonstigen. Die Differenz zu den unten genannten Umsatzzahlen des Online-Handels (19,3% bei DVDs und 7,7% bei VHS-Kassetten) ist dadurch zu erklären, dass dort neben den Umsätzen der „reinen" Online-Händler auch die der stationären Händler mit parallelen Internetaktivitäten gezählt wurden (BVV 2002).

Beim Videoverleih ist ein Rückgang der Verleihstellen auszumachen, der sich über die Jahre 1997 mit 5.500, 1999 mit 5.050 bis 2001 mit 4.550 Stellen fortsetzte. U.a. wird dies auf einen höheren Grad der Professionalisierung und die Umwandlung in „Entertainment-Center" zurückgeführt, die eine gewisse Unternehmensgröße voraussetzen (BVV 2002).

Auf der Distributionsstufe *„Fernsehen"* wird im Allgemeinen zwischen dem Pay-TV (Bezahlfernsehen) und dem gebühren- und werbefinanzierten Fernsehen (ungenau auch als „Free-TV" bezeichnet) unterschieden. Dabei standen auf dem deutschen Markt den anbietenden Rechteverleihern im Wesentlichen zwei private Konzerne (Bertelsmann und die Kirch-Gruppe) sowie zwei öffentlich-rechtliche Unternehmen (ARD und ZDF) als Hauptnachfrager gegenüber (Klingsporn 2001, S. 3). Im Fernsehbereich wurden im Jahr 1998 mit „Free-TV"-Programmen Vertriebserlöse von 14,7 Mrd. DM erzielt, im Kabelfernsehen 4,7 Mrd. DM und im Bereich Pay-TV-Abo 0,8 Mrd. DM (Seufert 2001, S. 13).

4.2 Stand und Formen des E-Commerce

4.2.1 Formen des E-Commerce

Im Wesentlichen kann man für Medienprodukte *zwei Typen des E-Commerce* unterscheiden, die sich aus der Art der gehandelten Produkte und den damit verbundenen Vertriebs- und Transportwegen ergeben: Zum einen den Online-Versandhandel mit materiellen Medienprodukten, zum anderen den vollständigen elektronischen Handel mit digitalen Medienprodukten, wobei die Auslieferung über elektronische Netzwerke erfolgt.

Beim *Online-Versandhandel von materiellen Produkten* werden diese von den Produzenten selbst (Direktvertrieb) oder durch Händler bzw. Intermediäre

4 Handel mit Medienprodukten (Buch, Tonträger, Video)

an den Endkunden gesandt. Hierbei liegen die Medienprodukte als materielle bzw. physische Güter vor, beispielsweise als gedruckte Bücher, CDs, DVDs, Musik- oder Videokassetten. Es findet lediglich eine Unterstützung der konventionellen Versandhandelstransaktionen über elektronische Netzwerke statt, wobei in der Regel die Transaktionen „Produktinformation" sowie „Verkaufsabschluss" online, die Zahlung und die Auslieferung zum größten Teil noch auf konventionellen Wegen erfolgen. Weitere Unterschiede ergeben sich für die jeweiligen *Typen von Handelsintermediären*. Allerdings verwischen die Grenzen zwischen den Geschäftsmodellen mit der weiteren E-Commerce-Entwicklung zunehmend:

- *„Reine" Online-Versandhändler*, wie etwa der Online-Händler Amazon, haben keinerlei physische Verkaufsräume, und die Produktinformation sowie der Verkaufsabschluss werden online abgewickelt. Die Belieferung des Endkunden erfolgt in der Regel per Post oder Kurier-, Express- und Paketdienst (KEP-Dienst) an die Haustür.
- Auch *„klassische" Versandhandelsunternehmen* haben neben ihrem Katalog- bzw. Telefongeschäft den Online-Handel als weiteren Geschäftszweig ausgebaut.
- Eine dritte Form von Online-Versandhandel wurde durch den *konventionellen stationären Einzelhandel* etabliert, d.h. als „Online-Filiale" der Einzelhandelsketten, einzelner (Fach-)Einzelhändler oder der Warenhäuser. Neben der Haustürbelieferung per Post oder durch einen Paketdienst können die Endkunden die bestellten Waren z.T. auch in den stationären Filialen abholen.
- Des Weiteren sind die *„reinen" Online-Vermittler* zu finden, d.h. Online-Plattformen, die lediglich die technische und organisatorische E-Commerce-Grundlage für die Abwicklung von Handelstransaktionen bereitstellen und selbst keine Eigentumsrechte an den gehandelten Produkten erlangen (zumeist für gebrauchte und antiquarische Medienprodukte).

Im Gegensatz zu den materiellen Produkten über den Online-Versandhandel können Medienprodukte in digitaler Form *vollständig über elektronische Netzwerke transportiert und vertrieben* werden, so beispielsweise als elektronisches Buch, als digitales Musikstück (z.B. als MP3-Datei) oder in Form des Video-on-Demand (d.h. die Übertragung audiovisueller Medien über das Kabelnetz oder Internet gegen Bezahlung; Kap. II.4.2.3).

4.2.2 Aktueller Stand des E-Commerce

Zahlen der amtlichen Statistik, die z.B. den Anteil der Online-Umsätze quantitativ verdeutlichen, liegen noch nicht vor. Deshalb ist man zunächst auf die nichtamtliche Statistik, insbesondere auf die Angaben der Branchenverbände angewiesen. Hierbei wird der Anteil der über elektronische Netzwerke vollständig ausgelieferten digitalen Medienprodukte allerdings nicht gesondert ausgewiesen. Im Jahr 2001 wurden insgesamt 288 Mio. Euro *Online-Umsatz mit Büchern* erzielt (193 Mio. Euro im Jahr 2000). Im Jahr 2000 entfielen 75% des Online-Umsatzes (58% im Jahr 1999) auf die 87 „reinen" Internetbuchhändler. Die verbleibenden 25% verteilen sich auf die restlichen über 2.000 Buchhändler, die neben anderen Vertriebsformen auch das Internet nutzen. Der Online-Umsatz mit Büchern ist nicht nur sehr stark auf die reinen Online-Buchhandlungen konzentriert; diese Gruppe weist wiederum selbst einen hohen Konzentrationsgrad auf. Nach Schätzungen entfielen etwa 90% der Umsätze im reinen Online-Buchhandel auf die vier Großen, d.h. auf Amazon.de, Bol, Booxtra (mit Übernahme von Buecher.de bzw. Mediantis) und Buch.de (Riehm et al. 2001, S. 74).

Im Jahre 2001 lag der Anteil des *Online-Handels mit Tonträgern* bei 6,4% des gesamten Branchenumsatzes (BPW 2002a). Auch die „Majors" der Tonträgerhersteller haben den Online-Handel für sich entdeckt und versuchen diesen durch Beteiligungen und Neugründungen für sich zu sichern. So haben sich Sony und Warner an „CDnow" und die EMI Group an „Musicmaker" beteiligt, Vivendi Universal hat „MP3.com" sowie „Emusic" aufgekauft und der Online-Händler „Bol" stammt aus dem Hause Bertelsmann. Bertelsmann will sich allerdings mittlerweile wieder weitgehend auf seine Kernkompetenz konzentrieren und seine Internetaktivitäten reduzieren oder verkaufen.

Tabelle 19 dokumentiert die Umsatzentwicklung der drei Medienträger von 1997 bis 2001. Den höchsten Online-Anteil der betrachteten Medienprodukte hat der *Online-Handel mit Bildtonträgern bzw. Videos*, das sind in erster Linie VHS-Kassetten und DVDs. Hierbei wurden im Jahr 2001 von den 791 Euro Gesamtumsatz bereits 13,6% bzw. 108 Mio. Euro online erzielt. Der Online-Umsatz wurde zu 73% mit DVDs (19,3% des Gesamtumsatzes) und zu 27% mit VHS-Kassetten bestritten (7,7% des Gesamtumsatzes). Dabei spielen die „reinen" Online-Händler, wie z.B. Amazon oder Primus Media, eine bedeutende Rolle, die im Jahr 2001 ihren Anteil auf drei Viertel (77,3% der Online-Umsätze) weiter steigern konnten (71,8% im Jahr 2000). Nur zu einem Viertel (22,7% der Online-Umsätze im Jahr 2001) wurde der Online-Umsatz von stationären Unternehmen mit Internetfiliale oder dem klassischen Versandhandel erzeugt (BVV 2001, 2002).

4.2.3 Vollständiger elektronischer Handel mit digitalen Medienprodukten

Die Realisierung wesentlich größerer wirtschaftlicher Potenziale und Nutzungsvorteile, sowohl für die Unternehmens- als auch für die Kundenseite, wird mit den *digitalen Medienprodukten* anstelle der materiellen Medienprodukte erwartet.

4 Handel mit Medienprodukten (Buch, Tonträger, Video)

Tab. 19: Umsatzentwicklung bei den Medienprodukten Buch, Ton- und Bildtonträger

Medienprodukt	1997	1998	1999	2000	2001
Bücher in Mio. Euro[1,2]	8.057	8.153	8.279	8.492	8.565
– davon Online-Umsatz in Mio. Euro[1,2]	13	31	84	193	288
– Anteil des Online-Handels in Prozent[1,2]	0,2%	0,4%	1,0%	2,3%	3,4%
Tonträger in Mio. Euro[3]	2.748	2.710	2.648	2.615	2.380
– davon Online-Umsatz in Mio. Euro[3]	k.A.	k.A.	ca. 50	ca. 123	ca. 152
– Anteil des Online-Handels in Prozent[3]	k.A.	k.A.	1,9%	4,7%	6,4%
Bildtonträger-Verkauf in Mio. Euro[4]	471	534	520	594	791
– davon Online-Umsatz in Mio. Euro[4]	k.A.	k.A.	k.A.	49	108
– Anteil des Online-Handels in Prozent[4]	k.A.	k.A.	k.A.	8,3%	13,6%
Bildtonträger-Verleih in Mio. Euro[4]	323	326	340	340	356

Quellen: 1) Umfrage des Börsenvereins für die Jahre 1998 bis 2001. Bezüglich der Online-Umsätze wurden 2.149 deutsche Unternehmen, die Bücher im Internet anbieten, befragt. Davon haben sich 834 Unternehmen beteiligt. Die Antworten der Umfrageteilnehmer wurden auf die Gesamtheit der deutschen Anbieter hochgerechnet (Riehm et al. 2001). 2) Börsenverein des Deutschen Buchhandels 2002, S. 26. 3) BPW (2000, 2001, 2002a), die darin enthaltenen Umsatzzahlen der Nichtverbandsunternehmen wurden vom BPW hochgerechnet. 4) BVV 2001, 2002.

Man kann hierbei vom *vollständigen elektronischen Handel* sprechen, da nicht nur die Transaktionsphasen Information, Vertragsanbahnung und Vertragsabschluss, sondern auch die Auslieferung sowie mögliche „after sale"- Dienstleistungen über elektronische Netzwerke ohne Medienbruch erfolgen können.

Produktivitätssteigerungen stellen sich bereits bei der *Produktion* digitaler Medienprodukte ein, da sie (zumindest langfristig) kostengünstiger erstellt und bearbeitet werden können. Einige menschliche Teilleistungen können durch Computerleistungen ersetzt werden. So können etwa Expertensysteme statt persönlicher Beratung oder gedruckter Ratgeber eingesetzt werden oder Klangcomputer anstelle eines Orchesters, virtuelle Schauspieler und computeranimierte

Landschaften statt realer Szenen. Heute stehen den angestrebten Produktivitätseffekten allerdings meist hohe Anfangsinvestitionen für Entwicklungsarbeiten gegenüber, die sich erst bei der mehrfachen Erstellung von Kopien des Datenmaterials wirtschaftlich rechnen. Zudem ist die Produktion von Medieninhalten generell durch einen intensiven Austausch in Akteursnetzwerken gekennzeichnet, bei dem die menschliche Leistung (auch künftig) eine wichtige Rolle spielt (Kap. II.4.4.1).

Digitale Medienprodukte können sowohl auf physischen Trägern gespeichert werden – z.B. auf CDs oder DVDs – als auch über elektronische Netzwerke übertragen werden. Gegenüber den analogen Medienprodukten ist jedoch nicht nur die *Verbreitung bzw. Distribution*, sondern auch die *Vervielfältigung, Weiterverwendung und -verarbeitung mit IuK-Systemen kostengünstiger*. Insbesondere bei der Übertragung digitaler Medienprodukte über elektronische Netzwerke werden Kosteneinsparungen sowie Vorteile hinsichtlich Geschwindigkeit und Verfügbarkeit deutlich. Für die Übertragung der digitalisierten Medienprodukte kommen das Internet und (eher zukünftig) die Mobilfunknetze sowie die zur TV-Versorgung eingesetzte Infrastruktur (vor allem das um Interaktivität erweiterte Kabelnetz) in Frage.

Digitale Medienprodukte sind, wenn sie entsprechend im Internet bereitgestellt werden, *kontinuierlich verfügbar*, was sie insbesondere vom programmgebundenen Angebot des terrestrischen Rundfunks unterscheidet. Mit der Digitalisierung wird eine weitere Stufe der zeitlichen und räumlichen Ablösung von der menschengebundenen, kostenintensiven Dienstleistung der Erstellung von Informations- bzw. Kulturgütern möglich. Mit Video-on-Demand folgt eine weitere Ablösung von der zeitlichen und räumlichen Gebundenheit der Darbietung. Gleichzeitig wird am Beispiel des Video-on-Demand deutlich, dass technisch die Durchsetzung des Nutzungsausschlusses und die individuelle Verrechnung des Nutzungsentgelts gegenüber den traditionellen Rundfunkmedien besser möglich wird (Kiefer 2001, S. 161 ff., 188 f.).

Des Weiteren erlauben die Online-Medien die Rückkoppelung vom Empfänger zum Sender, d.h. die *Interaktivität*. Dadurch wird die zielgruppenadäquate Bereitstellung von Medienprodukten effektiviert. Diese interaktive Nutzung und gegebenenfalls die Zusammenstellung des Online-Angebots erzeugen allerdings Such- und Opportunitätskosten beim Empfänger.

Es besteht die Hypothese, dass mit den Kostenreduktionen in der digitalen Produktion und im Online-Vertrieb *mehr Medienprodukte* wirtschaftlicher angeboten werden könnten. Dies wäre ein Vorteil in dem Sinne, dass sich damit die Angebots- und Meinungsvielfalt erhöhte. Ob sich die Hypothese allerdings bewahrheitet, ist nicht allein von den tatsächlichen Kostenreduktionen, sondern

4 Handel mit Medienprodukten (Buch, Tonträger, Video) 179

vor allem auch von der Realisierung bestimmter Geschäftsmodelle abhängig (Kap. II.4.3.1).
Bisher liegen Zahlen für das *Volumen des vollständigen E-Commerce mit digitalen Medienprodukten* nur unvollständig vor (z.B. fehlen die Umsatzangaben für elektronische Bücher, die als sehr gering zu veranschlagen sind). Man kann jedoch anhand der Tabelle 20 einen ersten Eindruck über die Dimension der im Jahr 2001 in Deutschland online gehandelten digitalen Produkte erhalten.

Tab. 20: Geschätzte Online-Umsätze der privaten Nachfrage mit elektronisch vertriebenen digitalen Produkten im Jahr 2001

Warengruppe	Online-Umsätze in Mio. Euro
Musik	0,1
Video/Filme/Bilder	1,9
Spiele	1,8
Computer Programme/Utilities	17,4
Informations-, Auskunfts- und Datenbankdienste	6,6
Sonstiges	10,6
Gesamt	38,5

Legende: Es wurde nur die private Nachfrage ermittelt. Die Erhebung fand innerhalb einer Repräsentativumfrage von 10.000 Internetnutzern statt. Die erfragten Umsatzzahlen wurden auf die gesamte angenommene Zahl der Internetnutzer (im 1. Halbjahr 2001 ca. 24 Mio. und im 2. Halbjahr 2001 ca. 27 Mio.) hochgerechnet (Kap. I.4).

Quelle: GfK 2003.

In der Buchwirtschaft trat die Verbreitung *digitaler* bzw. *elektronischer Bücher* – auch „*E-Books*" genannt – über elektronische Kommunikationsnetzwerke erst in den letzten Jahren in Erscheinung. Als Vorläuferangebote im World Wide Web gelten die kostenlosen *digitalen Bibliotheken* mit einer breiten Fülle insbesondere an klassischen Werken, bei denen der urheberrechtliche Schutz erloschen ist (wie z.B. das Projekt Gutenberg). E-Books unterscheiden sich von diesen Angeboten insbesondere dadurch, dass sie mit einem kommerziellen Interesse angeboten werden.

Zwar liegen derzeit keine verlässlichen Zahlen vor, doch die Umsätze mit E-Books dürften im Jahre 2001 lediglich einen Bruchteil der ca. 288 Mio. DM Gesamtumsätze der in Deutschland online verkauften Bücher ausmachen (Riehm et al. 2001, S. 74).

In der *Musikwirtschaft* stehen kommerzielle Angebote den relativ erfolgreichen nichtkommerziellen *Online-Tauschbörsen* gegenüber (Kap. II.4.3.2). Neben dem Preisverfall bei leistungsfähigen PCs, die das Abspielen und Speichern von Musikstücken erst ermöglichten, sowie der Entwicklung und Verbreitung von Webagenten oder P2P-Software wird der Erfolg der Online-Tauschbörsen oft mit der weiten Verbreitung des Musikdateiformats MP3 erklärt (Altinkemer/ Bandyopadhyay 2000). Durch seine dominante Verwendung in den Online-Tauschbörsen wurde der massenhafte Austausch von Musikstücken zwischen Privatpersonen erst ermöglicht (s.a. Hertz 1999). Mit dem MP3-Format ist es zudem möglich geworden, eine erhebliche Kompression des Dateivolumens bei kaum geringerer Klangqualität vorzunehmen.

Trotz des breiten und kostenlosen Angebots der Online-Tauschbörsen versuchen sich mehrere Unternehmen als *Online-Anbieter für kostenpflichtige digitale Musik* zu positionieren. Dazu gehören beispielsweise „Musicnet" der Unternehmen AOL Time Warner, EMI, BMG (Bertelsmann Music Group) und RealNetworks oder „Pressplay" der Unternehmen Vivendi Universal und Sony Music, die Musik in geschützten proprietären Dateiformaten anbieten. Daneben werden auch auf CD übertragbare MP3-Formate online bereitgestellt, wie z.B. durch „Emusic.com" oder durch den Dienst „Popfile.de", beides Unternehmungen von Universal. Auffallend ist, dass sich hierbei die Rechteverleiher direkt an den Endkunden wenden. Dies ist als Bestandteil einer Strategie der Kombination von Inhalten und Netzwerkbetrieb zu sehen, die auf direkte Angebote an den Endnachfrager setzt: Nach der Übernahme von Time Warner durch AOL gründete beispielsweise auch Sony die „Sony Broadband Entertainment" und Bertelsmann richtete die „Bertelsmann E-Commerce Group" ein und beteiligte sich an dem Internet Service Provider Terra Lycos (Poel/Rutten 2000, S. 20 f.).

Im Gegensatz dazu lassen sich allerdings auch Online-Händler, die Musikangebote verschiedener Rechteverleiher bzw. Platten-Labels zusammenführen, finden, wie beispielsweise „Listen.com", „Lycos Rhapsody", „Musicline.de" des deutschen Branchenverbands oder das Angebot „Music on Demand" der Deutschen Telekom.

Im Gegensatz zum Online-Handel mit Videokassetten und DVDs kann man erst beim *Video-on-Demand* (VoD) von einem vollständigen elektronischen Handel mit digitalen Videos sprechen, da neben dem Online-Handel auch die Distribution der Videos über elektronische Netzwerke erfolgt. Bei internetbasiertem VoD werden Videos zum Download bereitgestellt. Im Gegensatz dazu bezeichnet „Livestream" das Verfahren, bei dem über das Internet Videos im Streamingverfahren, d.h. ohne Download auf die Festplatte, zur einmaligen Nutzung übermittelt werden. VoD kann auch über die Fernsehkabelnetze erfolgen, wobei den Kunden die Videos entweder zu den individuell gewünschten Startzeitpunkten („echtes" VoD) oder in kurzen Zeitabständen („Near VoD") gezeigt werden (siehe Abb. 16). Von VoD ist das „Pay-TV" zu unterscheiden – das

4 Handel mit Medienprodukten (Buch, Tonträger, Video)

Abonnement eines oder mehrerer Fernsehkanäle mit festgelegtem Programmschema zu einer festen Gebühr (z.B. Premiere World). Die Verwertung als VoD kann auch zeitlich parallel zu der Verwertung als „Pay-TV" und „Free-TV" erfolgen. In Deutschland stehen seit 2001 z.B. die *Internetangebote* Cinedrome.tv der Firma Media Netcom, der Video-on-Demand-Dienst von Arcor oder das VoD-Angebot von HanseNet zur Verfügung. Die Nutzungsdauer der heruntergeladenen Filme beträgt in diesen Beispielen 24 Stunden, danach müsste ein neuer digitaler „Schlüssel" gekauft werden (Koyro 2001).

4.3 Spezifische Folgenbetrachtungen

4.3.1 Anbieter und Angebote

Geschäftsmodelle

Der Online-Handel mit materiellen Medienprodukten gilt oft als *Vorreiter des B2C-E-Commerce*, da die gehandelten Produkte für den Online-Handel als besonders geeignet erscheinen. So sind die physischen Eigenschaften der Produkte, wie z.B. Haltbarkeit, Größe und Gewicht, für den effektiven Versand von Vorteil. Die gehandelten Produkte sind in der Weise homogen, dass einzelne Titel, wie etwa ein bestimmter Spielfilm, bei allen Händlern gleich ist. Das reduziert den Vermittlungsaufwand von kaufrelevanten Informationen an die Kunden, die zudem im größeren Umfang bzw. kostengünstiger als im stationären Handel mit Online-Katalogen zur Verfügung gestellt werden können. Dazu verfügen Online-Händler in der Regel über gut ausgebaute und strukturierte Datenbanken mit Cover-Abbildungen, Inhaltsbeschreibungen, aber auch Rezensionen und Kundenkritiken. Zudem gewährleistet eine vergleichsweise etablierte und gut funktionierende logistische Infrastruktur, ein breites Sortiment der Online-Händler und sorgt für eine rasche und zuverlässige Belieferung der Online-Kunden.

Nach dem Abkühlen der E-Commerce-Euphorie im Jahr 2001 zeigte sich jedoch, dass viele *Geschäftsmodelle* wirtschaftlich nicht tragfähig waren. In der Diskussion, in der die Erfolgsbedingungen für reine Online-Händler und konventionelle Händler mit Internetaktivitäten in Rede stehen, werden häufig die folgenden Argumente vorgebracht:

• Lange nutzten die Online-Händler die *Versandkostenfreiheit* als Werbeargument. Den dadurch verursachten hohen Versandkostenanteil, insbesondere bei Bestellungen mit geringem Verkaufswert, konnten viele Online-Händler langfristig nicht tragen, weshalb sie sich zunehmend gezwungen sehen, Versandkosten zu erheben (z.B. bei Amazon.de, Bol oder Buch.de).

- Im Gegensatz zu reinen Online-Händlern können traditionelle stationäre Händler mit einem Online-Absatzkanal so genannte *Multichannel-Strategien*, d.h. die gleichzeitige Nutzung von Offline- und Online-Absatzkanälen, anbieten. Hierbei wird den Kunden die Möglichkeit eröffnet, sich zum einen im Internet über Produkte zu informieren, um sie dann im Ladengeschäft zu kaufen. Zum anderen können auch die Information offline und der Kauf online erfolgen. Die Multichannel-Strategie wird von vielen konventionellen Handelsunternehmen gewählt, um sich neue Geschäftsfelder zu erschließen. Hierüber wird auch möglich, die im stationären Handel gewonnene Reputation auf den Online-Bereich zu übertragen (ggf. auch umgekehrt) oder Kunden an sich zu binden (Kaapke et al. 2001, S. 63 ff.; Dach 2002, S. 10). Doch die Multichannel-Strategie scheint *kein Erfolgsgarant* zu sein. In einer Studie ermittelte das Institut für Handelsforschung, dass ungefähr ein Drittel der befragten Internetnutzer die Möglichkeit nutzten, sich erst im Internet zu informieren und dann offline zu kaufen, und ungefähr ein Drittel die umgekehrte Möglichkeit – im Laden informieren, online kaufen. Allerdings informieren sich die meisten Online-Kunden nicht bei den Händlern, bei denen sie dann später online einkaufen (Trittbrettfahrerverhalten). Die Vorteile einer Multichannel-Strategie fallen daher gerade bei der Distribution von Medienprodukten eher gering aus. Dies wird mit einem relativ geringen Informationsbedarf in Zusammenhang gebracht, dessen Umfang sich im Vergleich zu erklärungsbedürftigen Produkten wie PC-Hardware, Möbel oder Unterhaltungselektronik deutlich reduziert darstellt (Kap. I.4.4; Dach 2002, S. 22).
- Den „reinen" Online-Händlern, die nur Bücher anbieten, räumen Branchenexperten lediglich geringe Chancen ein. Stattdessen gehen sie davon aus, dass sich einerseits Online-Buchhändler *fachlich spezialisieren* und zur Kundenbindung Zusatzleistungen, insbesondere Zusatzinformationen zum Fachgebiet bereitstellen. Andererseits wird dem *Internetkaufhaus* Chancen eingeräumt, bei dem Image und Vertrauen, die zuerst mit den Medienprodukten gewonnen wurden, sich für andere Warengruppen mit eventuell höheren Margen nutzen ließen (Riehm et al. 2001, S. 100 ff.).
- Generell spielt im Internet der *Markenname* der Produkte, Hersteller- und Handelsunternehmen eine große Rolle (Latzer/Schmitz 2001, S. 71, 73), denn der Internetnutzer steht einer Vielzahl von z.T. unbekannten Anbietern und Angeboten gegenüber, deren Leistungen und Leistungsfähigkeit der Kunde nur schlecht beurteilen kann. Daher verfügen Online-Händler, die entweder schnell im Internet eine Marke etablieren konnten oder diese aus dem konventionellen Handel mitbringen, über Wettbewerbsvorteile.

Während sich der Online-Handel mit materiellen Medienprodukten auch derzeit noch in einem *fortwährenden Entdeckungsverfahren* nach optimalen oder zumindest lebensfähigen Geschäftsmodellen befindet, gilt dies erst recht für den *E-Commerce mit digitalen Medienprodukten*. Gerade bei ihm werden Rationalisierungseffekte durch die vielfältigen Automatisierungs- und Einsparungsmöglichkeiten bei Produktion und Distribution gesehen, die vor allem dadurch entstehen, dass kostenintensive Medienbrüche vermieden werden können. Neben der Kostenreduktion erhofft man sich, durch Produkt- und Verfahrensinnovationen neue Erlösquellen zu erschließen. Neben den wirtschaftlichen Chancen, die dies eröffnet, werden im Folgenden aber auch die mitlaufenden Realisierungsprobleme diskutiert:

- Digital gespeicherte Produkte können relativ einfach und z.T. automatisiert zu neuen Produkten weiterverarbeitet und vergleichsweise einfach „verwaltet" werden, d.h. indexiert, organisiert oder mit Verknüpfungen bzw. Hyperlinks versehen werden. Die Digitalisierung erleichtert tendenziell die *Individualisierung* von Medienprodukten („mass customization") bzw. die Differenzierung der Angebotsformen und ihrer Bepreisung. So können digital gespeicherte Medienprodukte auf Abruf bereitgestellt („on-demand"), in kundenspezifischen Produktbündeln zusammengefasst (*Bündelung*), aus größeren Produkteinheiten individuell separiert oder in verschiedenen Varianten angeboten werden (*Versionenbildung*, z.B. nach Erscheinungstermin, Abnehmergruppe oder Nutzungsdauer). Beispielsweise sind digitale Bücher auch in einzelnen Kapiteln aus dem Internet bezieh- oder digitale Musikstücke zu individuellen Alben zusammenstellbar (Altinkemer/Bandyopadhyay 2000). Individuellere und vielfältigere Produktangebote erhöhen jedoch auf der Kundenseite die Such- und Opportunitätskosten und konfrontieren den Kunden mit der zusätzlichen Mühe, das tatsächlich nachgefragte Produkt genau zu spezifizieren oder zusammenzustellen.
- Da digitale Medienprodukte relativ leicht weiterverarbeitbar sind und mehrere Nachfrager mit nahezu gleichen Kosten beliefert werden können, erscheinen Geschäftsmodelle, welche die *Mehrfachverwertung* favorisieren, als besonders wirtschaftlich lukrativ (Werbach 2000). Digitale Produkte können z.B. an Unternehmenskunden verkauft werden, die ihrerseits versuchen, die fremdbezogenen Inhalte in die eigenen Unternehmensabläufe und -leistungen zu integrieren. Allerdings setzt dies die Verwendung von standardisierten Datenformaten voraus. Solch ideale Voraussetzungen sind jedoch nur selten gegeben.

Technische Aspekte

Aus Anbietersicht stellt beim E-Commerce mit digitalen Medienprodukten derzeit die *Sicherung der Verwertungsrechte* ein gravierendes technisches Problem dar. Auf Grund der nahezu qualitätsverlustfreien Kopierbarkeit und ihrer kostengünstigen Übertragung können digitale Informationsprodukte relativ leicht auch an Personen transferiert werden, die nicht für sie bezahlt haben. Derartige Nutzungen werden insbesondere von Medienunternehmen häufig mit entgangenen Einnahmen einer kommerziellen Verwertung in Verbindung gebracht. Gefördert wird dieses Phänomen durch die Entwicklung von Technologien des *Online-Filesharings* bzw. der *Online-Tauschbörsen*, die im Wesentlichen auf Softwarelösungen und elektronischer Vernetzung beruhen. Ihnen werden Technologien der „Digital Rights Management Systeme" entgegengesetzt (Kap. II.4.3.2).

Auch die derzeit noch geringe Verbreitung von sicheren *elektronischen Zahlungssystemen* ist hinderlich für eine rasche Entwicklung des vollständigen Online-Handels. Sie sollen insbesondere zur Bezahlung von Kleinstbeträgen für einzelne digitale Medienprodukte im Internet eingesetzt werden (Micropayment-Systeme). Neben der geringen Verbreitung fehlt auch ein allgemein akzeptierter Standard. Generell ist bei Micropayment- oder auch Microbilling-Systemen das Problem zu lösen, dass die Abwicklungskosten der Zahlungsvorgänge im Verhältnis zum Wert der Zahlungen oft zu hoch sind (Riehm/Böhle 1999).

Im Hinblick auf die *Distributionskosten* muss man zwischen den einzelnen Medienprodukten differenzieren. Digitale Musik und Bücher können mit akzeptablen Übertragungsraten über das Internet distribuiert werden, wodurch sich die Kosten der Distribution verringern und teilweise auf den Konsumenten verlagern, insbesondere in Form der Telekommunikationsgebühren und von Geräteinvestitionen. Videoinhalte erfordern allerdings eine leistungsfähigere Übertragungsinfrastruktur. Dies verursacht beim Anbieter nicht nur hohe fixe Kosten für den Aufbau der Infrastruktur. Dazu gehören insbesondere die leistungsfähigen Server für die Bereitstellung von Videoinhalten und der Erwerb bzw. der digitale, interaktive Ausbau der TV-Kabelnetze oder der Anschluss der Kunden an ADSL- oder Powerline-Netze. Ferner fallen zudem hohe variable Kosten für den individuellen Abruf an, die der Anbieter zu tragen hat. Schließlich sind auch die Kosten für die Filmlizenzen und ggf. für die Aufbereitung zu bedenken.

Allerdings können die Kosten für den internetbasierten VoD-Dienst einmal durch die Weiterentwicklung der Kompressionsverfahren sowie dadurch gesenkt werden, dass die Videodateien nicht auf einem zentralen Web-Server, sondern dezentral, beispielsweise in regionalen Netzen, gelagert werden. Die Online-Tauschbörsen können hier konzeptionelle Beispiele für die Kostenvorteile dezentraler Lösungen liefern. Im Vergleich zum webbasierten zentralen VoD ist auch das Konzept der TV-Kabelnetzbetreiber kostengünstiger. Dabei werden Videoinhalte lokal auf den Servern der Kabelnetzbetreiber gelagert und die Distribution erfolgt lediglich über eine breitbandige „letzte Meile" bis zum Kunden.

Zudem entstehen keine zusätzlichen Kosten für die Durchleitung bei anderen Netzbetreibern (Schumann et al. 2001, S. 75 f.).

4.3.2 Kunden und Nachfrage

Nutzungsvorteile des Online-Handels und deren Grenzen

Für Online-Kunden von physischen oder digitalen Medienprodukten ergeben sich die oft zitierten *Vorteile* des E-Commerce. Computergestützte Verzeichnis-, Filter- und Bewertungsdienste können potenziell dafür sorgen, dass Konsumenten auf den Webseiten der Online-Anbieter schneller, bequemer und zielgenauer die Medienprodukte entsprechend ihren Präferenzen finden. Online-Anbieter verfügen in der Regel über eine beachtliche *Sortimentsbreite* sowie z.t. über eingehende *Zusatzinformationen* zu Autoren, Musikgruppen, Künstlern, Filmstars oder einzelnen Medienprodukten. Der Online-Versandhandel könnte deshalb aus Konsumentensicht die Verluste der Verkaufsflächen und der Beratung, wie sie beispielsweise durch den zunehmenden Handel in Warenhäusern und Supermärkten auftreten, auffangen (siehe insbesondere im Musikhandel). Allerdings muss damit gerechnet werden, dass die Entwicklung des Online-Handels *durch bestimmte Konsumgewohnheiten begrenzt* ist, wozu die Neigung der Konsumenten zum „Erlebnisshopping" oder zum „Durchstöbern" von Warenangeboten in Ladenlokalen zählt. Veränderungen in den konventionellen, stationären Absatzkanälen, wie beispielsweise Sortimentsverbreiterungen oder die Verlängerung der Öffnungszeiten von Videotheken, dürften zudem einige Wettbewerbsvorteile des Online-Handels abschwächen.

Mit dem *vollständigen elektronischen Vertrieb digitaler Medienprodukte* eröffnen sich dem Online-Nutzer weitere Nutzungsvorteile. Beispielsweise können in digitaler Form große Inhaltsmengen auf kleinstem Raum gespeichert und Such- und Querverweisfunktionen angebracht werden (z.B. bei elektronischen Büchern). Die Bezugswege über elektronische Netzwerke ermöglichen den relativ schnellen Abruf der bereitgestellten digitalen Medienprodukte zu den von den Kunden gewünschten Zeiten. Durch die Ablösung starrer Programmschemata, wie sie im Rundfunk oder Kino üblich sind, wird die *asynchrone Nutzung* entsprechend individueller Zeitpräferenzen möglich.

Der elektronische Vertrieb von digitalen Medienprodukten kann eine *generelle Grenze* in den wenig variablen Nutzungs- und Konsumgewohnheiten finden. Häufig werden materielle Medienprodukte als Geschenk oder Sammelobjekt gekauft. Beispielsweise wurden, nach Verbandsangaben, im Jahr 2001 37% der gekauften Videokassetten und 17% der DVDs als Geschenk erworben (BVV 2002). Die Anteile bei Büchern und CDs dürften vermutlich noch höher liegen.

Übertragungswege und Endgeräte

Digitale Medienprodukte erfordern stets technische Mittel der Übertragung und Darstellung, wie z.B. Speicher- und Übertragungstechniken sowie adäquate Endgeräte (digitaler Fernseher, Computer, mobile Endgeräte, digitale Lesegeräte etc.). In vielen Fällen sind damit hohe Anfangsinvestitionen vor dem eigentlichen Konsum verbunden. Noch entscheidender ist jedoch, dass der Markterfolg der digitalen Medienprodukte von der Art und Weise der Realisierung der technischen Nutzungsinfrastruktur, d.h. der Übertragungs- und Darstellungsmittel, abhängt.

Im Hinblick auf die Übertragungswege gestatten die noch weit verbreiteten Internetzugänge mit *analogen und ISDN-Modems* lediglich Übertragungsraten, bei denen das Herunterladen von digitalen Medienprodukten z.T. unkomfortabel lange Wartezeiten verursacht. Echtzeitübertragung und -konsum von audiovisuellen Daten ist dabei kaum möglich. Derzeit gelangen die Techniken der Digital Subscriber Line (DSL) für Telefonanschlüsse zunehmend zur Anwendung, und beim (TV-)Kabelnetz werden interaktive Dienste ausgebaut. Diese Breitbandinfrastruktur ist insbesondere für die vollständige elektronische Distribution von Videoinhalten erforderlich. Allerdings machen diese Maßnahmen hohe Aufwendungen der Investoren sowie hohe Anfangsausgaben beim Nutzer notwendig und setzen sich daher langsamer als erwartet durch (Woldt 2002). In Deutschland verfügten beispielsweise im Juni 2001 1,9% aller Haushalte über einen ADSL-Zugang zum Internet (BDRC 2001, S. 8, s.a. TAB 2002a, S. 49).

Auch die Frage nach den geeigneten *Endgeräten* für eine komfortable Nutzung digitaler Produkte ist noch weitgehend ungelöst. Universell einsetzbare, herkömmliche Computer werden zur Nutzung digitaler Medienprodukte nur bedingt akzeptiert. So erscheint das Lesen elektronischer Bücher am Bildschirm als unkomfortabel und digitale Videos (inkl. DVDs) werden bevorzugt auf dem Fernsehbildschirm reproduziert. Spezialisierte Geräte, wie z.B. E-Books, werden im Vergleich zu ihrem eingeschränkten Nutzungspotenzial als zu teuer empfunden. Beispielsweise mangelt es den E-Books in den Augen vieler Nutzer noch am ausreichenden Komfort, was sich auf Größe, Gewicht, Lesbarkeit, Handhabbarkeit und Nutzungsumfang erstreckt. Eine Änderung dieser Situation könnte durch technische Weiterentwicklungen, wie z.B. flexible und höher auflösende Oberflächen (z.B. elektronisches Papier) oder die Verschmelzung mehrerer Kleinstgeräte (Mobilfunk, Organizer, Lesegerät etc.) zu einem preisgünstigen Endgerät, eintreten.

Zahlungsbereitschaft und Online-Werbeakzeptanz

Ein weiteres Problem des Online-Handels sowohl mit materiellen als auch mit digitalen Medienprodukten rührt daher, dass generell der Wert von Medien- bzw. Informationsprodukten erst beim Gebrauch erkannt werden kann und insbesondere im Internet die *Unsicherheit bezüglich der Produktqualität* in besonderem Maße besteht, da ohne persönlichen Kontakt, oft mit neuen Anbietern und zum Teil grenzüberschreitend gehandelt wird. Derzeitige Entwicklungen des Probekonsums, des Aufbaus bzw. der Übertragung eines Markennamens oder der Produktselektion und -bewertung durch dritte Akteure können als Versuche interpretiert werden, dieses Problem zu lösen und die ausreichende Zahlungsbereitschaft auf dem Online-Markt zu stimulieren.

Für die Umsetzung der wirtschaftlichen Potenziale bei vollständig elektronisch vertriebenen, digitalen Medienprodukten stellt die nur *langsam wachsende Zahlungsbereitschaft* für digitale Inhaltsprodukte aus dem Internet ein weiteres Problem dar. Eine der Ursachen ist die generell begrenzte Zahlungsbereitschaft der deutschen Privathaushalte für Medienprodukte aller Art. Der Anteil am Konsumbudget ist seit Beginn der 1980er Jahre lediglich von 2,3% auf 2,7% im Jahre 1998 gestiegen (Seufert 2000, S. 501). Zudem rührt die mangelnde Zahlungsbereitschaft im Internet von der Erwartung eines *„kostenlosen Konsums"* her, die insbesondere durch die gebührenfreie Verfügbarkeit von Medienprodukten in den Online-Tauschbörsen und durch kostenlose Informationsangebote von kommerziellen Anbietern (z.B. Webverzeichnisse oder Einstiegsportale der ISPs) gestützt wird.

Gegen den Trend einer geringen – oder zumindest äußerst langsam wachsenden – Zahlungsbereitschaft versuchen Online-Anbieter vermehrt, *bisher freie Angebote in kostenpflichtige* umzuwandeln (z.B. ansatzweise beim Wochenmagazin „Der Spiegel") oder neue hochwertigere Bezahlangebote mit redaktioneller Aufbereitung, multimedialer Anreicherung oder mit Zusatzdiensten, wie Datenbankrecherchen, zu lancieren. Allerdings finden sich auch Anbieter, die von ihrem einst (vollständig) kostenpflichtigen Online-Angebot mittlerweile wieder abgegangen sind, wie z.B. die oft als Bespiel für erfolgreiche Bezahlangebote angeführte New York Times, die weite Teile ihres Inhalts nun kostenlos zur Verfügung stellt.

Ein weiterer Nutzeraspekt ist die relativ *geringe Werbeakzeptanz* der Online-Nutzer und damit die derzeit begrenzte Möglichkeit der Werbefinanzierung der Online-Inhaltsangebote. Im Vergleich zu anderen Medien ist die Internetnutzungszeit relativ gering und Anbieter von Werbeflächen im Internet sind häufig nicht in der Lage, die relevanten Daten über die soziodemographischen Merkmale ihrer Webseiten-Nutzer zu liefern (Seufert 2001). Auch dem technisch möglichen Fall der maßgeschneiderten personenbezogenen Werbung ("one-to-one Marketing") stehen Vorbehalte der Internetnutzer entgegen, ihre soziodemographischen Daten wahrheitsgemäß zu übermitteln. Hier können insbesondere Fälle abschreckend wirken, bei denen die so ermittelten Kundenprofile an Dritte weiterverkauft wurden (Krempl 1999). Nach Angaben des Zentralverbands der deutschen Werbewirtschaft (ZAW) sind im Jahr 2001 lediglich 185 Mio. Euro Nettoeinnahmen mit Online-Angeboten erzielt worden. Das waren gerade einmal ca. 1 % der gesamten Werbeeinnahmen (ZAW 2002).

Online-Tauschbörsen und technischer Schutz der Verwertungsrechte

Der *Zusammenhang* insbesondere zwischen der *Zahlungsbereitschaft* und den *Online-Tauschbörsen* wird kontrovers gesehen, ein einfacher Kausalnexus ist umstritten. Dabei konnte der negative Einfluss der Online-Tauschbörsen auf die kommerziellen Angebote bislang nicht eindeutig nachgewiesen werden, obgleich dieser Vorwurf von der Medienindustrie massiv vorgebracht wird. Jüngste Untersuchungen zeichnen kontroverse Zusammenhänge auf, die zudem nicht mit amtlich bzw. interessenunabhängig erhobenen Daten gestützt werden können:

- Über die alternativen Tauschbörsen wurden weltweit im August 2001 mehr als 3 Mrd. Dateien getauscht, wobei die Anbieter mit FastTrack-Technologie (d.h. KaZaA, Grokster, Morpheus u.a. mit 970 Mio. Downloads), Audiogalaxy (910 Mio.), iMesh (640 Mio.) und Gnutella (530 Mio.) hervorstachen (Schumann et al. 2001, S. 33). Neben Musik werden auch digitale Bücher, Videos oder Software getauscht. Nach Angaben einer US-amerikanischen Beratungsfirma werden derzeit weltweit täglich schätzungsweise zwischen 400.000 und 600.000 digitale Filme online getauscht (Frank 2002a). Derartige Angaben sind allerdings noch nicht durch eingehende Untersuchungen gestützt worden. Allerdings sind diesen Angaben kein Beleg dafür, dass die Verkaufszahlen durch den Gebrauch von Online-Tauschbörsen rückläufig waren. Der Wirkungszusammenhang bleibt eine Vermutung und bedarf eingehender empirischer Untersuchungen. Die Schwierigkeiten, einen eindeutigen Zusammenhang herzustellen, zeigten sich bereits im Rechtsstreit gegen die Tauschbörse Napster in den USA (Liebowitz 2002).
- Nach einer Studie der Gesellschaft für Konsumforschung (GfK) haben in Deutschland im Jahr 2001 ca. 4 Mio. Personen 492 Mio. Musikstücke aus dem Internet heruntergeladen. Des Weiteren kopierten 17,1 Mio. Personen Musik auf 182 Mio. CD-Rohlinge (zitiert in BPW 2002a). Auch hier kann ein konkreter Zusammenhang zum Rückgang der Verkaufszahlen nicht hergestellt werden. Die Phänomene „Musikherunterladen" und „CD-Brennen" sind zudem von einander zu trennen. Nicht jeder Nutzer von Online-Tauschbörsen

ist fähig und willens, heruntergeladenen MP3-Dateien auf eine CD zu brennen. Unabhängig von den Online-Tauschbörsen wird ein hoher Anteil der Zahlen für das CD-Brennen durch das z.T. legale Kopieren von Dateien (Privatkopie) erzeugt.
- In einer US-Umfrage des Beratungsunternehmens Jupiter Research gaben 34% der längerfristigen Nutzer von Online-Tauschbörsen an, eher mehr für Musik ausgegeben zu haben, nachdem sie mit der Nutzung der Tauschbörsen begonnen hatten. Angaben zu den verbleibenden 66% sind in den vorliegenden Quellen nicht enthalten. Im Durchschnitt sei der Ausgabenrückgang aber größer als der Ausgabenzuwachs (Borland 2002).
- Für Deutschland fand das Allensbach-Institut für Demoskopie im Rahmen der ACTA-Studie heraus, dass 23% der Befragten mehr und 30% weniger Musik als im Vorjahr gekauft hatten (BPW 2002b). Ein Zusammenhang zwischen der Veränderung der Kaufaktivitäten und der Nutzung von Online-Tauschbörsen wird nicht hergestellt.
- Erste empirische Erkenntnisse liefert eine Online-Befragung von Haug und Weber, die keinen negativen Zusammenhang zwischen der Zahl der gekauften CDs und den Online-Aktivitäten sehen, d.h. keine Beeinflussung des Kaufverhaltens durch MP3-Konsum (Haug/Weber 2002, S. 86).
- Zudem können in begrenztem Umfang auch Werbeeffekte dafür sprechen, dass Konsumenten probeweise am Computer gehörte Musikstücke oder gesehene Filme („Sampling") auch kaufen oder im „Gemeinschaftserlebnis Kino" anschauen. Allerdings ist auch hier der Effekt des Probehörens über Online-Tauschbörsen unklar. Die durch „Probekonsum" erlangte Information über den CD-Inhalt kann dazu führen, dass die CD nicht gekauft wird, wenn sie den Präferenzen der Nutzer nicht entsprechen (Vermeidung von Fehlkäufen). Oder es werden weniger CDs gekauft, weil Konsumenten dank besserer Information gezielter, aber weniger Musik kaufen, die die Präferenzen der Konsumenten dann vollständig befriedigt (Liebowitz 2002, S. 11). Musiktauschbörsen bewirken, so eine noch nicht veröffentlichte Studie von R. D. Gopal, S. Bhattacharjee und L. Sanders, dass große Stars nicht mehr allein wegen ihres Namens hohe Verkaufszahlen erreichten. Neue CDs würden nicht mehr wegen des berühmten Namens gekauft, sondern vermehrt erst nachdem über Online-Tauschbörsen die Titel probegehört würden. Diese Entwicklung habe mit dazu beigetragen, dass die Anzahl der Pop-Musiker mit Hitparadenplatzierungen in den letzten zehn Jahren um 35% zugenommen habe. Nutznießer der Tauschbörsen seien bisher unbekannte Gruppen (Bruschke-Reimer 2002; Siegle 2002). Auch hierzu sind weitergehende empirische Untersuchungen notwendig.

- Für die Umsatzrückgänge in der Musikindustrie werden nach Forrester Research darüber hinaus auch andere Ursachen angeführt, wie z.B. die Konkurrenz durch Videospiele oder die allgemeine wirtschaftliche Rezession (o.A. 2002g).
- Der Einfluss der Online-Tauschbörsen muss zudem für einzelne Medienprodukte differenziert werden. So dürften bei elektronischen Büchern die wenig verbreiteten Endgeräte sowie verfestigte Lesegewohnheiten und bei digitalen Videos die derzeit noch weitgehend fehlenden breitbandigen Übertragungskapazitäten gegen eine aktuelle (aber möglicherweise ebenso künftige) Bedrohung dieser beiden Mediensektoren sprechen. Allerdings kann im Musiksektor von einem beachtlichen Konsum digitaler Musikstücke aus den Online-Tauschbörsen ausgegangen werden.

Neben der gerichtlich geschlossenen Online-Tauschbörse Napster existiert eine große Fülle von alternativen Peer-to-Peer-Netzwerken (P2P). Während Napster noch den Tauschverkehr anhand von Dateilisten auf einem zentralen Server koordinierte, findet der Tauschverkehr bei vielen Nachfolgemodellen nur noch dezentral zwischen den Nutzern ohne zentral gespeicherte Dateilisten statt.

Die Bemühungen der Musikindustrie, ihre Verwertungsrechte durch technische Vorkehrungen (*Digital Rights Management Systemen bzw. DRM-Systemen*) zu schützen oder in kommerziellen Online-Angeboten zu vermarkten, sind nachvollziehbar. Digital Rights Management Systeme bestehen im Wesentlichen aus Kryptographieverfahren sowie Softwareelementen zur Definition von erlaubten Nutzungsmöglichkeiten. Sie dienen zur Verwaltung des Zugangs, des Gebrauchs und der Reproduktion digitaler Produkte (Bechtold 2002). Es ist zu erwarten, dass elektronische Zahlungsverfahren (insbesondere für kleine Beträge) in DRM-Systeme integriert werden (Böhle 2002a). Der Nutzer erwirbt dann lediglich eine Lizenz, in der das Ausmaß sowie die Art der tatsächlichen Nutzung festgelegt wird. Derartige Systeme stellen die Grundlage des Online-Handels mit digitalen Gütern dar und kommen neben den Musikstücken auch bei digitalen Videos und elektronischen Büchern zur Anwendung und können ferner für andere Anwendungen (z.B. E-Mail) eingesetzt werden.

Im Gegensatz dazu sind die Gründe nachvollziehbar, warum derartige kommerzielle Angebote nur auf eine *mangelnde Kundenakzeptanz* stoßen. Dabei sind die Argumente, die zunächst vor allem die Musikindustrie betreffen, auch auf den Buch- und Videosektor übertragbar:

- CDs werden zunehmend mit *Kopierschutzeinrichtungen* versehen, wodurch sie insbesondere auf Computern nicht mehr abspielbar und kopierbar sein sollen. Der Kunde wird über die Nutzungsmöglichkeiten der erworbenen CD, die ihm bisher im vollen Umfang zustanden (z.B. die Privatkopie), verunsi-

chert (King 2002) und weicht gegebenenfalls direkt auf die Online-Tauschbörsen als Bezugsquelle aus.
- Kommerzielle Online-Angebote, die ihre Medienprodukte mit DRM-Techniken schützten, gestatten in der Regel nur einen *beschränkten Nutzungsumfang* der gekauften Medienprodukte und erlauben beispielsweise nicht, dass die heruntergeladenen Musiktitel auf MP3-Playern oder auf CDs übertragen werden können (Kuhlen 2002). Die Titel sind dann beispielsweise nur noch auf dem Computer abspielbar, auf dem sie heruntergeladen wurden. In einigen Fällen sind Musikstücke lediglich im Streaming-Verfahren einmalig direkt am PC zu hören. Generell werden bei mit DRM-Systemen vertriebenen Medienprodukten die Bedenken geäußert, dass mit der Anwendung dieser Technologien auch einige *Nutzungsrechte, wie z.b. das Recht auf die Privatkopie, beschnitten werden*. Ebenso scheinen die Fragen der Übertragbarkeit der so geschützten Dateien auf andere Systeme, z.b. wenn Nutzer sich einen neuen Computer kaufen, noch weitgehend ungelöst. Angesichts der nicht garantierten Kompatibilität mit zukünftigen Dateiformaten ist die Frage der Dauerhaftigkeit der erworbenen Werte noch nicht befriedigend beantwortet, was bei elektronischen Büchern als Nebeneffekt u.a. den Archivierungsauftrag der öffentlichen Bibliotheken gefährdet, so Hermann Leskien, Vertreter des Deutschen Bibliotheksverbandes auf einem Hearing zur geplanten Revision des Urheberrechts am 30.11.2001 in Berlin (Grassmuck 2002). Ebenso dürfte der Wert privater Sammlungen beeinträchtigt sein. Generell sind die langfristigen Fragen einer zunehmenden Lizenzierung von spezifischen Nutzungen an Medienprodukten anstelle des Erwerbs mit allgemeinen Nutzungsrechten nach dem Urheberrecht (z.b. als gedrucktes Buch) gesellschaftlich noch wenig diskutiert.
- Einige kommerzielle Online-Angebote setzen die Verwendung eines unternehmenseigenen (proprietären) Dateiformats voraus, wobei zuvor eine *proprietäre Darstellungs- bzw. Abspielsoftware* geladen und installiert werden muss, so dass auch das Übertragen auf andere Endgeräte, wie z.B. CD-Spieler, nicht möglich ist. Der *Installationszwang* dürfte allerdings viele Nutzer abschrecken: Die Installation kann technisch aufwendig sein oder für Mitarbeiter in Unternehmen untersagt werden. Konsumenten vermeiden eher die Installation mehrerer Programme mit gleichen oder ähnlichen Funktionen (z.B. verschiedene Musik-Player). Kunden könnten sich durch die notwendige Installation einer proprietären Darstellungssoftware an das Unternehmen als alleinigem Anbieter der Medienprodukte gebunden sehen (*geschlossener Bezugsweg*). Sie werden daher, wenn überhaupt, nur einen oder wenige Anbieter mit proprietären Geräten und Software wählen. Es ist nicht auszuschließen, dass die Existenz verschiedener konkurrierender DRM-Systeme

das Interesse der Konsumenten verringert, sich überhaupt an einem bestimmten proprietären System zu beteiligen. Eine „kritische Masse" an Nutzern kann dann nicht erreicht werden und Netzwerkeffekte bleiben aus. Bei einem Kundenpotenzial auf niedrigem Niveau werden letztendlich auch die Inhaltsproduzenten davon abgehalten, sich an diesen Systemen zu beteiligen. Ähnliche Gründe gelten für die Kundenakzeptanz von *proprietären Hardware-Systemen*, die in der Regel lediglich den Konsum von Informationsprodukten des Systemanbieters erlauben. Im Buchbereich treten beispielsweise die Hardware-Anbieter der E-Book-Geräte gleichzeitig als alleinige Anbieter der diesbezüglichen Buchinhalte auf. Andere kommerzielle Buchinhaltsangebote, die nicht das proprietäre Dateiformat besitzen und aus dem Bezugssystem stammen, können auf den jeweiligen E-Book-Geräten nicht gelesen werden (z.B. Buchdateien für den Palm PDA nicht auf dem Gemstar E-Book). Generell gilt es, das Dilemma zwischen der von Konsumenten präferierten Offenheit des Systems einerseits und der von den Anbietern geforderten Geschlossenheit, die eine Zugangs- und Nutzungskontrolle ermöglichen soll, zu lösen.

- Bei DRM-Systemen ist ferner der *Umgang mit personenbezogenen Daten* problematisch, da nicht allein die Online-Käufe registriert, sondern auch die einzelnen Nutzungen der Produkte verfolgt werden (z.B. die Anzahl des Dateiöffnens, -kopierens oder -verleihens).
- Die Entwicklung von Schutztechnologien ist von der parallelen Entwicklung der so genannten digitalen *Umgehungstechnologien* begleitet, so dass das Ende des Wettlaufs nicht abzusehen ist, allenfalls dann, wenn der individuelle Aufwand für die Verbreitung und Nutzung der Umgehungstechnologien den Wert der digitalen Produkte übersteigt. Dieser Aufwand ist in der Regel jedoch gering, da die Umgehungstechniken meist selbst digitale Produkte in Form von Software sind, d.h. leicht kopiert und verbreitet werden können. In diesem sich wandelnden technischen Kontext erfährt das Urheberrecht nicht nur eine wachsende Bedeutung, sondern bedarf auch der Anpassung (Kap. III.3.3.4).

4.3.3 Strukturwandel und Wettbewerb

Alte und neue Intermediäre beim E-Commerce

Grundsätzlich bietet das Internet die Möglichkeit, dass sich Autoren, Künstler oder Produzenten über das Internet direkt an den Verbraucher wenden und ihm ihre materiellen und digitalen Bücher, Musikstücke oder Filme verkaufen. Dadurch würden Handelsstufen übersprungen (*Disintermediation*), und die eingesparten Handelsmargen könnten durch niedrigere Preise an Kunden weitergegeben werden. Diese Erwartungen bestehen insbesondere für den *Direktvertrieb von digitalen Medienprodukten.* Die Reduktion der Kosten für einige Bereiche der digitalen Produktion und vor allem für die elektronische Distribution haben die Hoffnungen auf eine Zunahme des vollständigen elektronischen Direktvertriebs und auf eine Erhöhung der Produktvielfalt genährt. Internetangebote von bekannten Einzelpersonen (z.B. des Autors Stephen King), von diversen Musikgruppen und Videokünstlern sind allerdings in der Regel eher Ausnahmeerscheinungen, die z.T. ohne langfristigen wirtschaftlichen Erfolg blieben oder in die Vermarktung durch Intermediäre übergingen.

In der Praxis zeigt sich vielfach, dass die Distributionskanäle zwischen Kreativen und Kunden in erster Linie durch *Intermediäre* kontrolliert werden und dass dabei z.T. wenige große multinationale Unternehmen dominieren.

Auch im Online-Handel haben *Intermediäre vielfältige Funktionen*, insbesondere die, Informationen zum Produktangebot zusammenzutragen, zu bewerten, aufzubereiten und zur Verfügung zu stellen, die Medienprodukte von verschiedenen Produzenten zu aggregieren, zu bewerten, zu selektieren und strukturiert anzubieten (Bakos 2001). Dies reduziert den entsprechenden Such- und Bewertungsaufwand (Transaktionskosten) für die Konsumenten, da u.a. die Angebote in einem singulären Anlaufpunkt für Konsumenten („one-stop-shopping") angeboten werden. Darüber hinaus übernehmen Online-Intermediäre die Abwicklung der Verkaufstransaktionen (z.B. Zahlungsabwicklung, -einforderungen oder Retourenbearbeitung). Um das Vertrauen in den Online-Handel zu verbessern, wird von ihnen versucht, die Privatsphäre zu garantieren, sichere Zahlungssysteme zu installieren und eine verlässliche Distribution zu ermöglichen. Die auf Online-Verkaufstransaktionen und Distribution spezialisierten Unternehmen („fulfilment") können zumindest prinzipiell die Beteiligungsmöglichkeiten am Online-Handel verbessern, in dem sie E-Commerce-Technologien und Logistik für konventionelle Händler, kleine und mittlere produzierende Unternehmen oder Einzelpersonen zur Verfügung stellen.

Allerdings besteht im Online-Handel grundsätzlich das Problem, Aufmerksamkeit auf die Online-Angebote zu ziehen. Es zeigt sich, dass die hohen Marketingaufwendungen zur Erlangung der Aufmerksamkeit und die erforderlichen Mittel zum Aufbau einer Markenreputation *gravierende Markteintrittsbarrieren* sind. Man kann demnach schlussfolgern, dass *Intermediäre* weitgehend den Vertrieb sowohl der materiellen als auch der digitalen Medienprodukte übernehmen. Allerdings lässt der derzeitige Stand der E-Commerce-Entwicklung lediglich *Tendenzaussagen* über eine mögliche Rollenverteilung verschiedener Typen von Intermediären zu:

- Konventionelle Intermediäre, die z.T. auch Aufgaben der Produktion übernehmen, wie *Verlage* bzw. *Rechteverleiher*, vertreiben in unterschiedlichem Ausmaß Medienprodukte in digitaler Form über elektronische Netzwerke. Im

Buchbereich geben nur wenige Verlage selbst elektronische Bücher und Zeitschriften, meist im Wissenschaftsbereich, heraus (z.B. das Angebot „Link" von BertelsmannSpringer). Andere Verlage scheuen noch vor einer vollständigen Online-Verwertung zurück, solange die technischen Maßnahmen zum Schutz der Verwertungsrechte nicht ausgereift sind. Im *Musikbereich* wenden sich bei den jüngsten Online-Angeboten, wie z.B. „Musicnet" oder „Pressplay", die Rechteverleiher direkt an die Endkunden. In der oligopolistischen Marktstruktur besitzen die Rechteverleiher bzw. Musik-Verlage eine ausreichende Unternehmensgröße, um die Mittel für die direkte Vermarktung aufzubringen. Auch im *Videosektor* versuchen die „Majors" sich mit eigenen Online-Angeboten direkt an die Endkunden zu wenden. Hier sind beispielsweise bei den US-amerikanischen Filmproduzenten bzw. Rechteverleihern Video-on-Demand-Dienste geplant, wie z.B. „Movielink", einem Joint-Venture von Sony Pictures, Paramount Pictures, Metro-Goldwyn-Mayer, Warner Brothers und den Universal Studios. Allerdings stehen solche Direktangebote von Musik und Videos durch die „Majors" vor einem grundsätzlichen Problem: Sobald das Angebot eines Anbieters durch Kooperationen verbreitert werden soll – wie dies bei „Musicnet" oder „Movielink" der Fall ist –, werden auf Grund der Unternehmensgröße der Majors unmittelbar *kartellrechtliche Bedenken* relevant (Mathews et al. 2002).

- *Online-Händler* für materielle und digitale Medienprodukte haben sich zwischen Produzenten und Endkunden angesiedelt, wie beispielsweise die relativ bekannten Internetmedienkaufhäuser oder spezialisierte Online-Händler (z.B. der europäische Online-Anbieter Vitaminic bei digitaler Musik). Der Vorteil der Online-Händler gegenüber Online-Direktangeboten der Produzenten besteht darin, dass sie die Produkte mehrerer Anbieter zusammenführen können.
- Neben den Online-Händlern haben sich *reine Online-Vermittler* auf die „Matching"-Funktion spezialisiert, wie z.B. Ebay oder für den Buchbereich Abebook. Sie vermitteln vor allem Handelsgeschäfte zwischen Privatpersonen – häufig für gebrauchte Medienprodukte.
- Einige Online-Intermediäre erfüllen bestimmte Handelsfunktionen computergestützt automatisiert und werden dementsprechend auch *„Cybermediäre"* genannt. Mit technischen Bewertungs- und Empfehlungssystemen („rules-based personalisation" oder „collaborative filtering") werden insbesondere Daten zum Kaufverhalten und zu den Präferenzen verschiedener Nutzer verknüpft, um latente Bedürfnisse der Käufer anzusprechen und gezielt Produkte zu empfehlen. Allerdings gelangen diese Systeme an ihre Grenzen, wenn Konsumenten die anonyme Information vorziehen. Andere Lösungen verwerten individuelle Meinungen von Konsumenten zu bestimmten Produkten oder

Anbietern, indem sie die gesammelten Kundenbeurteilungen den Anfragen anderer Konsumenten zuordnen (z.B. bei Amazon). Derartige Lösungen sind jedoch mit den Problemen mangelnder Beteiligungsanreize und schwer nachprüfbarer Qualität der Beiträge behaftet. Eine redaktionelle Bearbeitung der Beiträge ergibt zwar eine Verbesserung, bedeutet jedoch einen zusätzlichen Aufwand für den Anbieter.

- Da *konventionelle stationäre Einzelhändler* auch in Zukunft spezifische, von den Kunden gewünschte Handelsfunktionen erfüllen, ist eher nicht damit zu rechnen, dass er durch die Online-Vertriebsformen vollständig verdrängt wird. Dies dürften die Kaufgewohnheiten (z.B. Spontankäufe, Durchstöbern von Verkaufsräumen, genaue Inspektion der materiellen Medienprodukte oder Erlebnisshopping), die Gewohnheiten des Entspannungskonsums (z.B. gemütliches, geräteunabhängiges Lesen), der kollektiven Nutzung (z.B. Verleihen von gedruckten Büchern, Videokassetten oder DVDs) oder des individuellen Sammelns und Wertaufbewahrens garantieren. Bisher sind diese Gewohnheiten und Nutzungsansprüche nur wenig bei den technischen Entwicklungen des vollständigen Online-Vertriebs berücksichtigt worden, in einigen Fällen wird ihre Entsprechung sogar bewusst blockiert oder verhindert. Im Gegensatz dazu scheint es gerade im Musikbereich ein Erfolgsfaktor von „Napster & Co." zu sein, dass der Nutzer mit den heruntergeladenen Musikstücken ein breites Nutzungsspektrum abdecken kann, d.h., er vermag die Titel beliebig oft auf CD zu brennen, an Freunde weiterzugeben, auf verschiedenen Endgeräten abzuhören sowie aufzubewahren und zu sammeln.
- Auch der *konventionelle Großhandel* kann beim elektronischen Handel eine Rolle spielen. Allerdings ist dies für die einzelnen Medienbereiche differenziert zu betrachten (Kap. II.4.3.4). Im Buchbereich konnten die Zwischenbuchhändler ihre starke Position sogar durch den Online-Buchhandel ausbauen (Riehm et al. 2001). Als oligopolistische Marktteilnehmer sind das vergleichsweise große Unternehmen, die über ausreichende Mittel verfügen, für eigene Online-Shops Technologien zu entwickeln, zu betreiben und deren Kernmodule als Bausteine für andere Internetanbieter zur Verfügung zu stellen (z.B. „Libri" von Lingenbrink sowie „Buchkatalog" von KNO/K&V). Die relativ kleinen Unternehmen des stationären Bucheinzelhandels, die oft nicht über ausreichende Ressourcen verfügen, eigene Online-Shops zu führen, beteiligen sich an den Partnermodellen des Zwischenbuchhandels, indem sie beispielsweise die E-Commerce-Module der Zwischenbuchhändler auf ihren Webseiten integrieren. Auf diese Weise gelingt es den Zwischenbuchhändlern, mehr Buchbestellungen der Bucheinzelhändler auf sich zu ziehen. Zudem beherrschen die Zwischenbuchhändler seit langem weite Teile der Buchlogistik, wodurch sie entscheidende Wettbewerbsvorteile gewonnen haben.

Diese beziehen sich auch auf die Datenverarbeitung, insbesondere auf die Erstellung und Verwaltung der Buchkataloge, die nicht nur die bibliographischen Angaben, sondern auch Coverabbildungen oder Buchbeschreibungen enthalten. Reine Online-Buchhändler, wie z.B. Amazon, greifen auf diese Buchkataloge zurück und bauen ihre Kataloge auf diesen Beständen auf. Viele Online-Buchhändler lassen dann auch gleich große Teile ihrer Logistik und Distribution und sogar die Auslieferung an den Endkunden unter ihrem Namen von den Zwischenbuchhändlern ausführen (z.B. Buch.de, Booxtra oder Books.de).

Es dürfte wahrscheinlich mittelfristig eher auf eine *Koexistenz* von verschiedenen Offline- und Online-Intermediären und direkt anbietenden Medienunternehmen sowohl für materielle als auch für digitale Medienprodukte hinauslaufen, so dass aus Anbieterperspektive auf diese Weise eine möglichst hohe Stückzahl absetzbar wäre. Aus Abnehmersicht bietet sich der Vorteil, dass unterschiedliche Vertriebsformen für verschiedene Zwecke (schnelle Verfügbarkeit, Einkaufserlebnis etc.) genutzt werden können.

Beispiel Videodistribution

Für den *Videobereich* lassen sich unterschiedliche Tendenzaussagen über die strukturelle Wirkung des Übergangs von der konventionellen Distribution zur elektronisch unterstützten bzw. vollständig elektronischen Vertriebsform ableiten. Hier findet man traditionell die *verschiedenen Distributionsformen* Kino, Videoverkauf und -verleih sowie Fernsehen vor, die in unterschiedlich starkem Ausmaß von der Substitution bedroht sind.

Dabei wird das Verwertungsfenster „*Kino*" auf Grund seines Erlebnischarakters als relativ stabil gegenüber Substitutionsbedrohungen durch VoD-Dienste angesehen. Zudem sind mit der Umstellung auf die „Volldigitalisierung" der Auslieferung und Verwendung der digitalen Vorführtechnik Kosteneinsparungen verbunden, die tendenziell zu einer Ausweitung des Filmangebots führen können (z.B. zeitgleiche Vorführung auch in weniger attraktiven Lagen). Allerdings geht das Wachstum des Online-Handels mit materiellen Datenträgern sowie alternativer Video-on-Demand-Dienste zu Lasten des *stationären Videokaufs und -verleihs*, da sie das gleiche Bedürfnis des selbstbestimmten Konsums von Filmen erfüllen. Der Videokaufmarkt wird auf Grund des bestehenden Nutzungsverhaltens in bestimmtem Maße auch langfristig bestehen bleiben (Schumann et al. 2001, S. 80 f.). Dabei ist insbesondere an die Funktion von physischen Trägermedien als Geschenke oder Sammelobjekte zu denken. Des Weiteren bürden VoD-Dienste die z.T. erheblichen Übertragungskosten den Konsumenten auf. In einer *Prognose* (Schumann et al. 2001, S. 80 f., siehe auch Kap.

III.1.9.1) für einen mittelfristigen Zeitraum (fünf bis zehn Jahre) wird ein Anteil von ca. 20 % des vollständigen Online-Videohandels an den gesamten Videomarktumsätzen (Kauf und Verleih) geschätzt. VoD kann dabei mehrere existierende Strukturen (d.h. Videotheken, Videokauf, Pay-TV oder Pay-per-view) teilweise substituieren, so dass die Autoren für ihn langfristig (mehr als 10 Jahre) mit einem Anteil von ca. 42 % des gesamten Videomarktes rechnen.

Medienkonzentration im Allgemeinen

Unabhängig von der Entwicklung und Verbreitung des Online-Handels ist der Strukturwandel in der Medienwirtschaft vornehmlich von der *zunehmenden Konzentration* gekennzeichnet, die vor allem auf Größenvorteilen bei der Finanzierung (bessere Risikostreuung bei unsicherer Nachfrage), der Vermarktung und beim Vertrieb basieren. Unternehmensaufkäufe und -zusammenschlüsse führen insbesondere zu einer Zunahme der medienübergreifenden bzw. (medien-)diagonalen Konzentration („cross-ownership") (KEK 2000; Seufert 2001, S. 46 f.).

In der Medienbranche ist es in der Regel schwieriger, neue Kundenbeziehungen aufzubauen, als innerhalb vorhandener Kundenbeziehungen auf neue Produkte auch in anderen Medienteilmärkten hinzuweisen („cross-selling" bzw. „cross-promotion"). Wie bereits erläutert, ist es für den Konsumenten schwierig, die Qualität der Medienprodukte vor dem Gebrauch zu bestimmen. Daher gewinnt das Vertrauen des Kunden in bestimmte „Medienmarken" entscheidend an Bedeutung und trägt zu einer Verfestigung der Kundenbeziehung bei. Medienunternehmen mit derart stabilen Kundenbeziehungen sind in der Regel auch in der Lage, das für ein qualitativ hochwertiges Angebot notwendige Arbeits- und Kreativpotenzial – der entscheidende Produktionsfaktor im Medienbereich – zu erschließen, das wiederum neue Kunden anzieht. Dieser *selbstverstärkende Prozess* lässt auf den meisten Medienmärkten nur wenige Anbieter übrig (Seufert 2001, S. 47).

Auf der Stufe der Distribution gewinnen aus Konsumentensicht die Breite des Sortiments der vor Ort verfügbaren Buch-, Musik- und Videotitel, Niedrigstpreise oder das Erlebnisshopping (z.B. Cafes in Buchhandlungen) an Bedeutung. In dieser Hinsicht weisen insbesondere große Handelsunternehmen, Handelsketten oder Warenhäuser Wettbewerbsvorteile auf.

Größenvorteile und Medienkonzentration beim E-Commerce

Einige Argumente sprechen für eine weitere Zunahme des *Größenwachstums von Medienunternehmen und der Marktkonzentration* durch den elektronischen Handel:

- Der eben erwähnte *selbstverstärkende Prozess* dürfte auch für den elektronischen Handel relevant sein. Medienunternehmen, die bereits offline eine bekannte „Medienmarke" aufgebaut haben, erwerben sich auch online Wettbewerbsvorteile. Ihnen gelingt es zudem leichter, in ihren konventionellen Medienprodukten auf neue Online-Produkte hinzuweisen (Seufert 2001, S. 45 und 47). Hohe Investitionen, die dem *Aufbau von Markenreputation* in elektronischen Netzwerken zugute kommen sollen, stellen jedoch insbesondere für kleine und mittlere Unternehmen Markteintrittsbarrieren dar, die hinwiederum die weitere Konzentration des Marktes begünstigen (Latzer/Schmitz 2001, S. 39, 68, 88).
- Da Bekanntheit und Aufmerksamkeit für die Angebote im Internet entscheidend für deren wirtschaftlichen Erfolg sind, gewinnen Unternehmen bei der Vermarktung Wettbewerbsvorteile, deren Webseiten aus anderen Gründen stark frequentiert werden, beispielsweise *Internetzugangsanbieter*, wie z.B. T-Online, AOL, Compuserve, Microsoft, oder die *Such- bzw. Verzeichnisdienste*, wie Yahoo, Web.de etc. Sie können ihre zentrale Stellung nutzen, um sich als Online-Anbieter von Medienprodukten zu etablieren (Varian 1998, S. 16 f.).
- Vor diesem Hintergrund sind die Strategien der großen Medienkonzerne zu sehen, die mit der Kombination von Inhalten und Netzzugang einen doppelten Zweck verfolgen: Zum einen sichern sie den garantierten Online-Zugang zu den Märkten, um zum anderen versuchen sie, mit attraktiven Inhalten Internetnutzer auf bestimmte Internetdienste, -plattformen und -portale zu lenken (Poel/Rutten 2000, S. 22). Wettbewerbsprobleme entstehen insbesondere immer dann, wenn *Netzbetreiber und Anbieter von Medienprodukten identisch* oder über Unternehmensbeteiligungen verflochten sind bzw. intensiv untereinander kooperieren. Auch hierbei besteht die Gefahr, dass Netzbetreiber eigene Medienprodukte bevorzugt anbieten bzw. freie Inhalteanbieter durch ungünstigere Positionierung oder Preisgestaltung benachteiligen. Im Videobereich führte diese Befürchtung beispielsweise dazu, dass das Bundeskartellamt das Übernahmegesuch von Kabelnetzen durch das Unternehmen Liberty Media ablehnte. Liberty Media, das an diversen Medienunternehmen beteiligt ist, wollte vor allem eigene Programminhalte in den erworbenen Kabelnetzen verbreiten (z.B. Woldt 2002).
- In ähnlicher Weise können auch *Authentifizierungsanbieter* (z.B. die Liberty Alliance oder Microsoft mit dem Dienst „Passport") auf Grund ihrer möglicherweise zukünftigen zentralen Stellung Käuferinteressen beeinflussen, indem sie bevorzugt auf eigene Angebote oder auf diejenigen kooperierender Unternehmen verweisen. Zentrale Authentifizierungsdienste („single-sign-on services") sollen vor allem bei Online-Käufen von niedrigpreisigen digitalen

Produkten eingesetzt werden, um dem Käufer vielfache Registrierungen und die mehrfache Offenlegung persönlicher Daten zu ersparen.
• Konsumenten sind in der Regel nicht bereit, in großem Umfang unterschiedliche *proprietäre Hard- und Software* (z.B. „Mediaplayer", „E-Books") zu erwerben bzw. zu installieren, die für die Sicherung der Urheberschutzrechte von den Unternehmen gleichzeitig mit den Medienprodukten angeboten werden. Da der Bezugsweg meist an den Erwerb derartiger Hard- und Software gebunden ist, ist damit zu rechnen, dass sich nur wenige Unternehmen in der Handelsstufe am Markt durchsetzen werden. Unternehmen, die eine bestimmte Hard- oder Software als Standard durchsetzen konnten, haben beim Vertrieb der diesbezüglichen Medienprodukte eine starke Wettbewerbsposition inne, die durch Netzwerkeffekte zudem gefördert wird (Beck 1999; Mestmäcker 2001).

Grenzüberschreitender Handel

Generell weisen Medienprodukte im Vergleich zu Investitions- und Konsumgütern *relativ niedrige Import- und Exportquoten* auf, die in erster Linie mit der starken Kultur- und Sprachabhängigkeit dieser Güter erklärt werden. Der Grad der Abhängigkeit dürfte für die einzelnen Arten von Medienprodukten jedoch unterschiedlich hoch ausfallen, ebenso das Ausmaß der Veränderungen, die im Vertrieb durch E-Commerce ausgelöst werden. Soweit dies aus den amtlichen Statistiken abzuleiten ist, können beispielhafte Export- und Importquoten aus der gesamten Informationsgüter-Wirtschaft („Content-Wirtschaft") diesen Sachverhalt verdeutlichen. So lag die Exportquote (d.h. die Exporte bezogen auf den Produktionswert) und die Importquote (d.h. die Importe bezogen auf die Inlandsverfügbarkeit) beispielsweise in der Kategorie „Verlage und Nachrichtenbüros" jeweils bei 9%. Eine deutliche Diskrepanz zwischen der Exportquote (1,5%) und der Importquote (10,5%) findet sich in der Kategorie „Filmwirtschaft und Rundfunk" (Seufert 2001, S. 39 f.).

Mit Ausnahme von internationaler Popmusik und klassischer Musik stehen dem internationalen Absatz von Medienprodukten zusätzliche Aufwendungen mindestens für die Adaption an unterschiedliche Sprachräume (Synchronisation bzw. Untertitelung, Übersetzungen) entgegen. Bei der Ausstrahlung von privaten Fernsehsendern ist der zu Beginn hohe Anteil US-amerikanischer Produktion stark rückläufig, da z.B. Serien mit deutschen Schauspielern und „Themen" in der Regel höhere Einschaltquoten erbringen (Seufert 2001, S. 40). In der Buchwirtschaft dürften der relativ hohe Übersetzungskostenanteil an den gesamten Kosten eine Barriere für den grenzüberschreitenden Handel darstellen. In der Musiksparte kann der elektronische Handel nicht nur dazu führen, dass die Präsenz ausländischer Anbieter durch (vollständig) elektronische Absatzkanäle erhöht wird, sondern auch dazu, dass deutsche Unternehmen oder Einzelpersonen E-Commerce für ihr internationales Engagement nutzen.

4.3.4 Gemeinsamkeiten und Unterschiede der Medienbranchen

Die drei betrachteten Medienbereiche sind durch unterschiedliche Grade der vertikalen Integration und horizontalen Konzentration gekennzeichnet. In der Buchwirtschaft findet sich eine vergleichsweise geringe vertikale Integration: Unternehmen der Produktion (hier auch Verlage), der Logistik und des Handels sind nur in Ausnahmefällen auf mehreren Stufen der Wertschöpfungskette vertreten, wie beispielsweise beim Direktvertrieb durch die Verlage oder bei den Buchclubs von Bertelsmann. Hier könnte die Buchpreisbindung als Erklärungshypothese für die bestehende Branchenstruktur herangezogen werden, die für eine vergleichsweise hohe Stabilität der branchenbezogenen Arbeitsteilung sorgen dürfte (für Musikstücke, Videos oder Multimediaprodukte gibt es keine gesetzliche Regelung der Preisbindung). Sie garantiert bestimmte Mindestmargen beim Buchbezug (Rabatte des gebundenen Preises) auch bei kleineren Bestellmengen, die kleinen Einzelhändlern in gewissem Maße eine Existenzgrundlage sichern (Riehm et al. 2001, S. 16 ff.). Obwohl diese Margen bei unterschiedlich hohen Abnahmemengen verschieden sind, so dürften sie doch bei kleinen Abnahmemengen höher sein als bei anderen Medienprodukten. Genaue Untersuchungen, die diese Wirkung belegen würden, liegen jedoch nicht vor. Zudem haben die Zwischenbuchhändler eine vergleichsweise starke Position in der Wertschöpfungskette, die unabhängig von den Produzenten, d.h. den Verlagen, die Distribution an den Einzelhandel ausführen. Zwar ist das Titelspektrum bei den Zwischenbuchhändlern relativ breit, doch kleinere Verlage mit „exotischen" Angeboten werden in der Regel nicht aufgenommen. Sie sind auf die direkte Bestellung des Bucheinzelhandels angewiesen, was jedoch Marketingaufwendungen zur Erlangung der Bekanntheit im Einzelhandel voraussetzt.

Unternehmen der Musikwirtschaft sind dagegen stärker vertikal integriert. Sie haben insbesondere als große Rechteverleiher bzw. „Majors" die Kontrolle nicht nur über die Produktionskapazitäten, sondern auch über die Distributionswege und Vermarktung (Schaber 2000, S. 72). Der Zwischenhandel hat hier eine vergleichsweise geringere Bedeutung. Unabhängige und i.d.R. kleine Plattenlabels sind weitgehend darauf angewiesen, entweder bei der Distribution zu kooperieren oder sich den Majors anzuschließen. Dies gilt bis zu einem bestimmten Maße auch für den Film- bzw. Videosektor. Zudem ist die dominierende Präsenz der Majors mit einer relativ hohen Konzentration in den genannten Wertschöpfungsstufen gleichzusetzen. In der Einzelhandelsstufe setzt sich der hohe Konzentrationsgrad bei den Handelsunternehmen fort. Es ist zu beobachten, dass die oligopolistische Marktstruktur und der intensive Preiswettbewerb tendenziell zu einer Reduktion der Verkaufsberatung und zu Verminderung der Verkaufsstellen geführt haben. Hier kann man alternativen Handelsformen, wie der Online-Handel, eine vergleichsweise gute Ausgangssituation einräumen, wenn Defizite in der Angebotsbreite und der Beratung aufgewogen werden können.

Die unterschiedlichen Situationen deuten jedoch auf gemeinsame Probleme der kleinen produzierenden Medienunternehmen und Selbständigen hin, sich in der Distribution und letztendlich im Einzelhandel zu positionieren, und damit zur Produktvielfalt beizutragen. Funktioniert der Online-Handel wie der konventionelle Versandhandel, so wird sich an dieser Situation vermutlich nicht viel ändern. Erst mit dem Übergang auf die vollständige elektronische Distribution kann – zumindest vom Aspekt der Distributionskostensenkung her – mit einer Erhöhung der Chancen an der Marktteilnahme kleiner und mittlerer Unternehmen gerechnet werden. Hohe Aufwendungen im Marketing und in der Verkaufsabwicklung stehen dem jedoch wieder entgegen.

Im Musik- und Videobereich verfügen einzelne Rechteverleiher über relativ umfangreiche Archive an Verwertungsrechten, wodurch im Vergleich zum Buchhandel eher mit dem eigenen *direkten Vertrieb* allein oder durch Kooperationen zu rechnen ist, da sie ein vergleichsweise breites Sortiment im Angebot haben. Dies gilt vor allem dann, wenn bei der vollständigen elektronischen Distribution die Distributionskosten gesenkt werden können. Vor allem im Musikbereich bieten große Medienunternehmen die Voraussetzungen für die vollständige elektronische Distribution durch die Beteiligungen an oder durch die Etablierung von Online-Shops. Im Gegensatz dazu ist im Buchbereich die Produzentenstruktur differenzierter, weshalb ein einzelner Anbieter im eigenen Direktvertrieb nur ein relativ schmales Sortiment anzubieten in der Lage ist. Dort überwiegen Handelsunternehmen.

Im Offline- und Online-Einzelhandel hat sich das Konzept des *„Medienkaufhauses"* unterschiedlich erfolgreich durchgesetzt. Im stationären Einzelhandel existieren Buchgeschäfte und Vertriebsstätten für Musik und Video im Vergleich zum Online-Handel relativ unabhängig voneinander, mit Ausnahme der Warenhäuser und einiger „Kulturkaufhäuser". Dies kann möglicherweise mit der traditionellen Kleinunternehmensstruktur des Buch- und Musikfachhandels erklärt werden, der auf Grund von begrenzten fachlichen Ressourcen oder Flächenbegrenzungen sich im Medienangebot beschränken musste.

Beim Online-Handel ist die Kombination von Buch-, Musik- und Videoangeboten bei den großen Online-Anbietern *(„Internetmedienkaufhäusern")* zum Regelfall geworden. Gründe können in der Übertragung der Markenreputation des Händlers vom anfänglichen Buchbereich auf andere Medienprodukte gesehen werden, um neue Geschäftsfelder zu erschließen. Zum Teil kann auch die Möglichkeit, komplementäre Güter anbieten zu können (z.B. das Buch oder die

Musik-CD zum Film oder umgekehrt bzw. das passende Sportvideo zum Sportratgeber), dafür sprechen, soweit der Online-Händler die Softwarelösungen dazu vorhält. Hier ist der stationäre Handel allein auf Grund der Ladenorganisation im Nachteil. Auch die Bündelungseffekte durch die einmal geschaffene Kundenbasis beim Marketing, bei der Abwicklung der Bestellung und bei der Logistik können entscheidend sein (Riehm et al. 2001, S. 102 f.). Kunden, die einmal ein Konto bei einem Online-Händler z.b. für einen Buchkauf eingerichtet haben, sind sicher eher geneigt, Musik-CDs oder Videos bei dem selben Händler zu kaufen.

Beim vollständigen elektronischen Handel mit digitalen Medienprodukten ergeben sich Unterschiede insbesondere aus den *unterschiedlichen Konsumbzw. Nutzungsgewohnheiten*. Die Nutzungszahlen der Online-Tauschbörsen weisen auf die ausgeprägte Nutzungsakzeptanz von digitalen Musikstücken und Videos hin, die für elektronische Bücher weit weniger gegeben ist. Der Konsum von Musik und Video setzt stets nicht nur die Trägermedien (z.b. CDs), sonder auch Darstellungsmittel (z.b. CD-Spieler) voraus. Beim gedruckten Buch sind Trägermedium und Darstellungsmittel eins, d.h. ein zusätzliches Gerät neben dem Buch ist nicht notwendig. Die Entkoppelung von Trägermedium und Darstellungsmittel findet erst bei den elektronischen Büchern statt, und zwar in elektronische Netzwerke, spezielle Lesegeräte und Buchdateien. Zum einen dürfte den Konsumenten die Notwendigkeit eines zusätzlichen Gerätes kaum ersichtlich sein, zum anderen fehlen adäquate und kostengünstige Endgeräte noch weitgehend.

Der bisher vorherrschende technische Unterschied, der auf sehr unterschiedlichen Übertragbarkeits- und Kopierbarkeitsmodi von Musik- und Videodateien basierte, dürfte künftig eher eine geringe bis keine Rolle mehr spielen. Hier sind in absehbarer Zeit weitere Entwicklungen und Nutzungsdurchdringungen bei der Datenkompression, den Speichermedien und hinsichtlich der Übertragungswege zu erwarten.

4.4 Weiterführende Folgenbetrachtungen

4.4.1 Beschäftigungsbezogene Aspekte

Auf Grund der vielfältigen entwicklungsfördernden sowie -hemmenden Faktoren und der Unsicherheit bezüglich des Tempos, innerhalb dessen die Einflussfaktoren ihre Wirkung zeigen, ist eine *exakte Prognose* bezüglich der Beschäftigungswirkungen des elektronischen Handels mit Medienprodukten *nicht möglich*. So ist es schwierig abzuschätzen, ob die durch den E-Commerce angestoßenen Aktivitäten im Inland oder im Ausland aufgebaut werden, wie z.B. der für

4 Handel mit Medienprodukten (Buch, Tonträger, Video)

den E-Commerce notwendige Aufbau der Infrastruktur (Seufert 2001, S. 41 ff.; siehe auch TAB 2002b). Dennoch lassen sich Tendenzaussagen treffen, nach denen damit zu rechnen ist, dass der potenzielle Beschäftigungsabbau *weniger bei der Produktion von Medienprodukten stattfindet, als vielmehr bei ihrer Distribution*, d.h. in der Vervielfältigung, beim Transport und im Handel (Kap. II.7.2.3). Dabei beruht die Annahme der vergleichsweise geringen Substitutionspotenziale bei der Produktion von Medienprodukten insbesondere darauf, dass sie in der Regel als Unikate in immer wieder neugestalteten Produktionsnetzwerken produziert werden. Die dabei notwendigen Austauschprozesse zwischen den Beteiligten (z.B. Künstler, Autoren, technische Spezialisten auf der kreierenden Vorproduktionsstufe sowie Verlage und Rundfunkanstalten auf der programmanbietenden Endproduktionsstufe) erfordern einen vergleichsweise hohen Koordinationsaufwand und enge persönliche Kontakte (Fuchs/Wolf 2000, S. 63 f.). Sie lassen sich auch künftig nur relativ wenig rationalisieren, u.a. deshalb, weil die Produktion und der Austausch der Vorprodukte heute schon weitgehend elektronisch erfolgen (Seufert 2001, S. 22, 36). Allerdings ist langfristig auch mit dem teilweise Ersatz menschlicher Produktionsleistungen durch synthetisch erstellte digitale (Vor-) Produkte (z.B. computeranimierte Szenen, Landschaften, Schauspieler, Klänge und Musikstücke) zu rechnen (Kap. II.4.2.3). Das Ausmaße der Substitution ist weitgehend von der Akzeptanz der Produkte durch die Endnachfrager abhängig, die zwar langfristig veränderbar, insgesamt aber kaum abschätzbar ist.

In der *Distribution der Medienprodukte* werden bereits Beschäftigungseffekte durch den Übergang zum elektronisch unterstützten Handel mit materiellen Medienprodukten erwartet, die insbesondere aus der Automatisierung von Handelsprozessen resultieren. Viel weitergehende *positive und negative Beschäftigungseffekte* können jedoch bei der vollständigen elektronischen Distribution der digitalen Medienprodukte erwartet werden, die sich jedoch *langfristig ausgleichen*.

Substitutionseffekte resultieren insbesondere aus dem Wegfall von wirtschaftlichen Aktivitäten bei der Vervielfältigung, dem Transport der materiellen Produkte sowie auch beim Handel der Medienprodukte. Zusätzlich zu den direkt betroffenen Arbeitsplätzen kommen die indirekten Beschäftigungseffekte in der Vorleistungsstufe hinzu, wie z.B. die Herstellung von Druckmaschinen und Zeitungsdruckpapier.

Es ist jedoch abzusehen, dass das hohe Rationalisierungspotenzial *erst langfristig umgesetzt* werden wird. Hier sprechen die oben genannten technischen und wirtschaftlichen Aspekte sowie die bestehenden Nutzungsgewohnheiten gegen eine schnelle Realisierung. Des Weiteren sind die folgenden *gegenläufigen Aspekte* bei der Beurteilung von mittel- und langfristigen Beschäftigungswirkungen zu berücksichtigen (Seufert 2001, S. 25):

- Viele Anbieter von Medienprodukten sind für einen längeren Zeitraum gezwungen, offline und online Vertriebsformen parallel zu betreiben, da ansonsten keine ausreichenden Verkaufs- und Werbeerlöse erzielt würden.
- Der Übergang zu elektronischen Vertriebsformen erfordert auch zusätzliche wirtschaftliche Aktivitäten, wie die Anpassung an neue Gestaltungsregeln für die Online-Präsentation und die Realisierung der Interaktivität (z.B. besonderer Konvertierung und Aufbereitung der Medienprodukte).
- Mit Kostensenkungen, die durch den Übergang auf den elektronischen Vertrieb erreicht werden können, werden auch zusätzliche Angebote für kleinere Zielgruppen („Special-Interest"-Angebote) rentabel. Im Allgemeinen wird beim vollständigen E-Commerce mit digitalen Medienprodukten mit *neuen Produkten und Diensten* gerechnet.
- Nicht zuletzt kann der Aufbau der für den E-Commerce notwendigen Infrastruktur Beschäftigungsimpulse bewirken.

4.4.2 Umwelteffekte der „Dematerialisierung"

Im Folgenden sollen die Erwartungen an die Umweltentlastungen durch die *„Dematerialisierung"* diskutiert werden, die mit der Verlagerung von Medieninhalten von den Trägermedien Papier, CD, DVD etc. auf die digitalen Trägermedien Computer und elektronische Netzwerke verbunden sind (im Folgenden auch nach Behrendt et al. 2002a). Hierzu liegen bereits einige Studien vor, die partielle Folgeaspekte von Digitalisierung und Virtualisierung der Medienprodukte verdeutlichen:

- Ein ökobilanzieller Vergleich der Umweltwirkungen eines journalistischen Referenzartikels als gedruckte Zeitungsausgabe und als Online-Version kommt zu dem Ergebnis, dass die gedruckte Zeitung der Online-Zeitung vorzuziehen ist. Insbesondere wird dies dadurch begründet, dass beim Ausdruck der Online-Artikel in der Regel einseitig bedrucktes, holzfreies weißes Papier verwendet würde, während Zeitungen zweiseitig auf Recyclingpapier gedruckt werden. Allerdings wurde nicht berücksichtigt, dass eine komplette Zeitung gekauft werden muss. Mit dieser Annahme und der weiteren, dass der Online-Artikel auf Recyclingpapier gedruckt wird, kommt es zu einem „Gleichstand" zwischen gedruckter und digitaler Zeitung (Plätzer 1998; Plätzer/Göttsching 1998).
- Ein Vergleich von Print- und Online-Katalogen im Versandhandel kommt zu dem Schluss, dass unter dem Gesichtspunkt des Primärenergieverbrauchs die gedruckte Ausgabe vorzuziehen ist (Greusing/Zangl 2000). Allerdings wird nur der Primärenergieverbrauch betrachtet, nicht aber z.B. die Materialverbräuche.

4 Handel mit Medienprodukten (Buch, Tonträger, Video)

- In einer weiteren Studie für das EMPA (Eidgenössisches Materialprüfungs- und Forschungsanstalt) wurden die ökologischen Auswirkungen der privaten Mediennutzung anhand der Beispiele „Suche einer Telefonnummer" und „Sehen/Lesen einer Tagesnachricht" untersucht. Elektronische Nachschlagewerke und elektronische Medien (hier WWW-Angebote und Fernsehen) seien nur bei einem selektiven bzw. zeitlich stark eingeschränkten Gebrauch im Hinblick auf ökologische Gesichtspunkte überlegen. Ein Ausdruck der Informationen auf dem heimischen Drucker würde das Ökoprofil bedeutend verschlechtern. Allerdings gelten die Ergebnisse nur vor dem Hintergrund des Schweizer Strommixes mit einem relativ hohen Wasserkraftanteil, der nicht auf Deutschland übertragbar ist (Reichart/Hischier 2001).

Der partielle Charakter und die eingeschränkte Aussagekraft der zitierten Studien weist auf einen erhöhten *Forschungsbedarf* bezüglich der Umweltwirkungen der Digitalisierung und Virtualisierung hin. Für eine umfassende Einschätzung der Umweltwirkungen des vollständigen elektronischen Handels mit digitalen Produkten müssten die positiven und negativen Umweltfolgen weitestgehend erfasst und bilanziert werden:

- *Positive Umwelteffekte* einer „*Dematerialisierung*" können sich insbesondere durch Verringerungen der Produktion der materiellen Trägermedien sowie durch die Reduktion der Transporte für ihre Distribution ergeben. Auch die Umweltverbräuche, die mit den Lager-, Verteil- und Verkaufsstellen materieller Medienprodukte verbunden sind, könnten vermindert werden. Diese Effekte ergäben sich bereits mit der Digitalisierung der Medieninhalte im Zuge einer Produktionsweise „on-demand" (z.B. Books-on-Demand), die zu einer Einsparung bei Lagerhaltung und Überschussmengen führen, jedoch weiterhin die konventionelle Vertriebsinfrastruktur und Transportleistungen erfordern. Erst die vollständige elektronische Distribution würde die Substitution durch die elektronische Infrastruktur real werden lassen. Allerdings können digitalisierte bzw. virtualisierte Produkte wieder materialisiert werden, etwa durch den Ausdruck digitaler Texte oder durch das Speichern heruntergeladener digitaler Musik auf CDs (Behrendt et al. 2002a, S. 28 ff.).
- *Negative Umweltwirkungen* resultieren aus der Bereitstellung und dem Betrieb der für den E-Commerce erforderlichen technischen *Infrastruktur*, die nicht nur die elektronischen Netze, Schaltsysteme oder Server, sondern auch diverse Endgeräte (mobile und stationäre Computer, Mobilfunkgeräte, persönliche digitale Assistenten etc.) umfasst.
- Auch *indirekte Umwelteffekte* sind zu beachten, die insbesondere durch Strukturwandel, Wirtschaftswachstum, Veränderungen der Wertschöpfungsketten sowie veränderte Konsum- und Lebensstile in Folge der Durchsetzung

des E-Commerce hervorgerufen werden können. Negative Umweltauswirkungen ergäben sich bereits, wenn E-Commerce-induzierte Kosten- und Preissenkungen für einen gesteigerten Konsum genutzt werden. Durch Online-Käufe eingesparte Einkaufsfahrten können durch vermehrte Erlebnis- und Freizeitfahrten substituiert werden. Ebenso kann die Umweltentlastung, die durch Reduzierung der Umweltverbräuche durch die „Dematerialisierung" oder bei einzelnen Geräten erzielt wurden, wieder durch eine gestiegene Gesamtzahl der Geräte (z.b. zusätzliche MP3-Player) aufgezehrt werden.

Ergebnisse von Abschätzungen und Modellrechnungen hängen stark von den *Annahmen* ab, etwa zur Multifunktionalität der eingesetzten Geräte oder zum Verhalten der Nutzer (z.B. Dauer der Mediennutzung). Insbesondere wäre zu klären, ob digitale Produkte eher substitutiv, also anstelle ihrer physischen Pendants, konsumiert werden oder additiv, also zusätzlich zu den bereits bestehenden Produkten, was dann mit einer zusätzlichen Umweltbelastung verbunden sein würde (z.B. Fichter 2001).

4.5 Regulierungsfragen und politischer Handlungsbedarf

Medienprodukte gehörten zu den ersten Produkten, die grenzüberschreitend online gehandelt wurden. Bereits bei den materiellen Medienprodukten ergab sich dadurch ein gewisser politischer Handlungsdruck. Im Gefolge des vollständigen E-Commerce mit digitalen Medienprodukten werden zusätzliche *politische Handlungsfelder* im Hinblick auf eine internationale Harmonisierung sichtbar, die besonders die folgenden Bereiche betreffen (Erber et al. 2001b; TAB 2002b):

- Im Buchbereich übte beispielsweise der grenzüberschreitende Handel Druck auf die deutsche *Buchpreisbindung* aus, die in seiner privatwirtschaftlichen Form insbesondere von der Europäischen Kommission heftig kritisiert wird (s.a. Monopolkommission 2000). Ausländische Online-Händler hatten deutsche Buchtitel unter dem gebundenen Preis angeboten, wurden allerdings daraufhin nicht mehr von den betroffenen Verlagen beliefert. Mittlerweile ist auf Initiative der Bundesregierung die Buchpreisbindung Gesetz geworden. Der Online-Buchhandel kann damit allerdings seine möglichen Kostenvorteile z.b. bei der automatisierten Information und Transaktionsabwicklung nicht durch niedrigere Buchpreise an den Kunden weitergeben.
- Durch den grenzüberschreitenden E-Commerce mit digitalen Medienprodukten entsteht zudem ein Harmonisierungsdruck auf *Zölle und Steuern*, der derzeit beispielsweise in die Bemühungen zur Anpassung des Mehrwertsteuersystems mündet (Kap. III.3.3.2; Hauser/Wunsch-Vincent 2002; Schindhelm/ Reiß 2000). In den europäischen Mitgliedstaaten soll dies mit der Umsetzung

des Vorschlags für eine Richtlinie zur Umsatzbesteuerung elektronisch erbrachter Leistungen geschehen (Europäische Kommission 2000c).
- Die *Konvergenz der elektronischen Medien*, d.h. die Annäherung der Bereiche IuK-Technologien, Telekommunikation und Massenmedien kann bestehende Regulierungsstrukturen obsolet werden lassen, wie beispielsweise die unterschiedlichen Regulierungsmuster und –intensitäten beim Fernsehen über terrestrische Ausstrahlung oder Online-Medien.
- Die dargestellten Auswirkungen des E-Commerce auf das Größenwachstum und die Marktkonzentration (Kap. II.4.3.3) führen vermehrt zu *wettbewerbspolitischen Fragestellungen*, die sich sowohl auf die horizontale Konzentration (wenige Anbieter auf einer Wertschöpfungsstufe oder Kooperationen zur Ausweitung des Online-Angebots), die vertikale Integration (Unternehmen übernehmen z.B. gleichzeitig Produktion, Rechteverleih und Vertrieb) als auch insbesondere auf die medienübergreifenden Unternehmenszusammenschlüsse beziehen (Kap. III.3.2.5; Beck 1999; Mestmäcker 2001; Wissenschaftlicher Beirat beim Bundesministerium für Wirtschaft und Technologie 2001). Ferner ergeben sich wettbewerbspolitische Fragen durch neue Anbieter bei der vollständigen Online-Distribution, wenn z.B. die Kabel- oder Mobilfunknetzbetreiber zusätzliche Medienprodukte anbieten. Hierbei haben Netzbetreiber auf Grund des direkten Zugangs zum Endkunden eine monopolartige Stellung, bei der unabhängige Anbieter einen Wettbewerbsnachteil erleiden können (z.B. durch überhöhte Übertragungs- bzw. Durchleitungsgebühren).
- Das Urheberschutzrecht bedarf zur *Sicherung der Verwertungsrechte* im Internet einer Anpassung (Kap. III.3.3.4). Auf der einen Seite bedürfen die Schutztechniken zur Durchsetzung von Verwertungsansprüchen (DRM etc.) einer gesetzlichen Absicherung, indem ihre Umgehung unterbunden wird. Andererseits ist mit den Schutztechniken eine Reihe von Problemen verbunden, die z.B. dasjenige Potenzial betreffen, die vom Recht gesetzten Grenzen des Urheberrechtsschutzes (z.B. Recht auf die Privatkopie) zu unterlaufen (Dreier 2000; Hoeren 2001, S. 6 f.). Derartige Systeme bedürfen damit einer fortwährenden kritischen Überprüfung, nicht zuletzt um gesellschaftliche Ansprüche an den Zugang zu Informationen und Wissen (z.B. in Bibliotheken) und ihren freien Austausch zu garantieren.

4.6 Fazit

Grundsätzlich sind die bereits sichtbaren Folgen sowie die zukünftigen Perspektiven des elektronischen Handels mit Medienprodukten bezüglich der beiden Hauptformen – dem elektronisch unterstützten Versandhandel mit materiellen

Medienprodukten und dem vollständigen elektronischen Handel mit digitalen bzw. virtuellen Medienprodukten – zu differenzieren.

- Die Perspektiven des E-Commerce mit Medienprodukten werden zu weiten Teilen durch *Kauf- und Konsumgewohnheiten* bestimmt. Der Online-Handel sowohl mit materiellen als auch mit digitalen Medienprodukten ist grundsätzlich durch bestimmte Kaufgewohnheiten – das „Durchstöbern" von Ladenlokalen oder das Erlebnisshopping – begrenzt, obwohl der Online-Handel große Anstrengung unternimmt, Spontankäufe z.b. durch automatisierte Empfehlungen anzuregen.
- Unterschiede bei den *Chancen des Online-Handels* zwischen den betrachteten Medienprodukten Buch, Musik und Video müssen im Hinblick u.a. auf die alternative Angebotsbreite, Beratungskompetenz und regionale Ladendichte des stationären Handels bewertet werden. Da diese im stationären Buchhandel aus Konsumentensicht besonders günstig ausfallen, könnte dies auf den verhältnismäßig geringen Anteil des Online-Buchhandels hindeuten (3,4% der Gesamtumsätze im Jahr 2001), der auch kurz- bis mittelfristig nur leicht steigen dürfte. Im Musikhandel könnten die relativ hohen Online-Umsätze (6,4% der Gesamtumsätze im Jahr 2001) u.a. mit dem vergleichsweise geringeren Beratungsangebot im stationären Handel erklärt werden. Besonders „erfolgreich" werden im Online-Handel DVDs und VHS-Videokassetten verkauft (zusammen 13,6% der Gesamtumsätze im Jahr 2001). Hier kann vermutet werden, dass das Beratungsangebot in stationären Geschäften vergleichsweise gering und/oder der Kaufwunsch eines speziellen Titels schon weitgehend außerhalb des Geschäfts, z.B. im Kino oder in anderen Medien, geprägt wurde. Langfristig (mehr als zehn Jahre) räumen Schumann et al. (2001, S. 80 f.) beispielsweise dem Online-Handel mit DVDs und Videokassetten einen Anteil von ca. 32% am Gesamtvolumen ein.
- Die *Akzeptanz der digitalisierten Medienprodukte* hängt ebenfalls von den Nutzungsgewohnheiten der Konsumenten ab. Hierzu gehören nicht nur die Art der Rezeption, d.h. die Gewohnheiten des Lesens, Musikhörens, Filmkonsums, Austausches oder Verleihens, sondern auch eingeschliffene Bezugs- und Zahlungsbereitschaften. So sind Konsumenten bereits im materiellen Medienbereich an das kostenlose Angebot von durch Werbung finanzierten Medienprodukten gewöhnt. Auch werden die gewohnten Nutzungsmöglichkeiten (z.B. Verleihen, Sammeln, langfristiges Aufbewahren) durch die derzeit vorgestellten Online-Angebote mit Kopierschutzmechanismen für digitale Medienprodukte wenig oder gar nicht beachtet. Zudem haben Online-Tauschbörsen bereits Maßstäbe bezüglich der Angebotsbreite, Verfügbarkeit oder Nutzungsmöglichkeiten der heruntergeladenen Produkte gesetzt. Hier scheinen die Realisationschancen der wirtschaftlichen Potenziale weniger von

4 Handel mit Medienprodukten (Buch, Tonträger, Video)

der Lösung technischer Probleme, als vielmehr davon abhängig zu sein, ob konsumentenfreundliche Angebote gefunden werden, die gleichzeitig die ausreichende wirtschaftliche Vergütung sichern.

- Unternehmen, die in den Wertschöpfungsketten auch vor der Durchsetzung des Online-Handels eine *starke Wettbewerbsposition* haben, können diese dazu nutzen, die dort gewonnenen Mittel für die kostenintensiven Aktivitäten im E-Commerce zu verwenden. Sehr hohe Investitionsvolumina sind für das Marketing sowie den Aufbau und den Unterhalt einer Verkaufsinfrastruktur, insbesondere die technische E-Commerce-Infrastruktur in Form entsprechender Hard- und Software notwendig. Diese Investitionen bilden Markteintrittsbarrieren für kleine Unternehmen und insbesondere für Einzelpersonen, weshalb auch ein *Direktvertrieb* durch Akteure auf der Vorproduktionsstufe (wie z.B. Künstler) eher die Ausnahme bleiben wird und auch eher bei vergleichsweise großen Verlagen oder Rechteverleihern zu erwarten ist.

5 Handel mit Strom

Strom kam schon immer aus der Steckdose. Dass man Strom bei verschiedenen Stromverkäufern „kilowattstundenweise" einkaufen kann, ist eine relativ neue Möglichkeit und immer noch ungewohnt. Ob diese besondere Form des Handels auch für das Internet geeignet ist, in welchem Umfang, auf welchen Ebenen und in welchen Formen elektronischer Stromhandel bereits betrieben wird und wie dessen Perspektiven aussehen – davon handelt dieses Kapitel. Es stützt sich im Wesentlichen auf das Gutachten für den Deutschen Bundestag von Strecker/ Weinhardt (2002), das im Rahmen dieses TAB-Projekts erstellt wurde.

5.1 Elektrizitätswirtschaft und Stromhandel

5.1.1 Vom „Verbundhandel" zum Stromhandel – das regulatorische Umfeld

„In der Elektrizitätswirtschaft herrschte in der Vergangenheit die Vorstellung, die physikalisch-technischen und ökonomischen Spezifika des Gutes Strom erlaubten keine wettbewerbliche Preisfindung im offenen Handel der Marktkräfte. Wesentliche Begründung lag in einer *'Besonderheitenlehre'* (Hervorhebung d. V.), die die gesamte Elektrizitätswirtschaft als einen natürlichen Monopolbereich auffasst. Im deutschen Wettbewerbsrecht wurde deshalb ein wettbewerblicher Ausnahmebereich geschaffen und u.a. eine staatlich geregelte, kostenorientierte Preisbildung für Haushaltskunden eingeführt. Ein Stromhandel fand innerhalb der geschlossenen Versorgungsgebiete nur zum Ausgleich von unvorhergesehenen Nachfrageschwankungen in Ausnahmesituationen (z.B. bei Kraftwerksausfällen) zur Gewährleistung der Versorgungssicherheit statt. Auf europäischer Verbundebene diente der ‚Stromhandel', der eher einem Stromaustausch entsprach, zur Optimierung der Kraftwerksfahrweise. Eine Verrechnung der gelieferten Energie basierte nicht auf wettbewerblichen Marktpreisen, sondern auf Kostenpreisen, und die ‚Bezahlung' erfolgte i.d.R. durch Saldierung im Zeitverlauf und nicht durch direkten finanziellen Ausgleich" (Strecker/ Weinhardt 2002, S. 3). Mit dem Inkrafttreten des *Gesetzes zur Neuregelung des Energiewirtschaftsrechts (EnWG)* am 29. April 1998 und der dadurch initiierten Neuordnung des Regulierungsrahmens wurden die Weichen auf Wettbewerb und Handel gestellt – Strom gilt nun als ein Gut wie andere auch. Eine „neue Zeitrechnung" (Müller 2001, S. VI) hat begonnen.

Im Einzelnen hebt das EnWG die kartellrechtliche Ausnahmegenehmigung für die Bildung von Gebietsmonopolen in der Elektrizitätswirtschaft und damit das System der geschlossenen Versorgungsgebiete auf. Die wesentlichen Bestimmungen, die den Stromhandel im Wettbewerb ermöglichen, sind die Öff-

5 Handel mit Strom

nung der bisher durch monopolistische Strukturen abgeschotteten Übertragungsnetze für die Nutzung durch Dritte und die Bestimmungen zum „Unbundling", d.h. der getrennten Rechnungslegung für die Bereiche der Erzeugung, der Übertragung, der Verteilung und des Handels. Deutschland öffnete – im Gegensatz zu etlichen europäischen Nachbarn, aber ähnlich wie Finnland, Großbritannien und Schweden – von Anfang an den Strommarkt für den freien Handel auf allen Handelsstufen sowohl mit Industrie- als auch mit Privatkunden.

Die Netzzugangsregelung beruht auf einer *„Verbändevereinbarung"* der Spitzenverbände der deutschen Elektrizitätswirtschaft. Seit 1.1.2002 ist die dritte Version dieser Verbändevereinbarung (VV II plus) in Kraft getreten. Darin werden der Netzzugang und die Preisfestsetzung für die Netznutzung geregelt (Winkler 2002). Deutschland verfolgt diesen nicht unumstrittenen Weg der *Selbstregulierung* im Gegensatz zu den meisten anderen Ländern der EU, in denen Regulierungsbehörden eingerichtet wurden.[22]

5.1.2 Zur Struktur der deutschen Elektrizitätswirtschaft

Bei der Öffnung der Elektrizitätswirtschaft für den Handel geht es im Kern um die Transportebene. Die folgende überblicksartige Darstellung beschränkt sich daher auf die Übertragungs- und Verteilnetze der deutschen Elektrizitätswirtschaft sowie auf einige wenige Angaben zur Stromerzeugung.[23]

Netze

Die Elektrizitätsnetze kann man unterscheiden nach der Betriebsspannung (zwischen 380 kV und 230 Volt) und nach ihrer Funktion (Verbundnetz, Übertragungsnetz, Verteilnetz). Die *Übertragungsnetze* leiten die elektrische Energie von den Großkraftwerken zu Umspannanlagen in der Nähe der Verbrauchsschwerpunkte. Sie werden als *Höchstspannungsnetze* mit 220 oder 380 kV Betriebsspannung gefahren und überbrücken große Entfernungen im überregionalen und europäischen Rahmen. Die deutschen Übertragungsnetze sind zum deutschen *Verbundnetz* zusammengeschaltet, das wiederum mit einem synchron betriebenen europäischen Höchstspannungsnetz verbunden ist. Ursprünglicher Sinn dieser Verbundnetze war es, beim Ausfall eines Kraftwerks durch die Zuschaltung oder Erhöhung der Leistung anderer Kraftwerke die Versorgungs-

---

22 Vgl. zu den regulativen Mechanismen in den EU-Ländern etwa Kommission der Europäischen Gemeinschaften (2001b); zur Kritik an der deutschen Selbstregulierung Kapitel II.5.5.
23 Im Folgenden in Anlehnung an „Das Stromnetz" (RWENet o.J.). Für den gesamten Bereich der Elektrizitätswirtschaft inklusive der Elektrizitätserzeugung wird auf die einschlägige Fachliteratur verwiesen, z.B. Müller (2001) oder Schiffer (1999).

sicherheit im gesamten Netz zu gewährleisten. Vor der Deregulierung der Stromwirtschaft vollzog sich der „Stromhandel" national wie international allein zwischen den großen „Verbundunternehmen". Die Öffnung der Verbundnetze ist heute eine wesentliche, technische Voraussetzung für den Stromhandel unter Beteiligung aller Stromerzeuger. Über die Verbundnetze sind die Elektrizitätserzeuger in der Lage, je nach Angebot und Nachfrage, ihre Kombination aus Eigenproduktion und Fremdbezug zu optimieren.

Die *Verteilnetze* werden als Hoch-, Mittel oder Niederspannungsnetze mit einer Betriebsspannung zwischen 110 kV und 230 Volt betrieben. Sie verteilen die elektrische Energie an den Endkunden in der jeweils benötigten Spannung. Im *Hochspannungsnetz* mit normalerweise 110 kV sind dies typischerweise stromintensive Industrieunternehmen oder Umspannanlagen mit einem Leistungsbedarf von 10 bis 100 MW. Im *Mittelspannungsnetz* mit einer Betriebsspannung von 10 bis 60 kV werden Unternehmen mit geringer bis mittlerer Stromintensität versorgt. Das *Niederspannungsnetz* mit üblicherweise 230 oder 400 Volt Betriebsspannung dient der Versorgung des überwiegenden Teils der Endverbraucher, nämlich der Privathaushalte und der kleinen Gewerbebetriebe.

Erzeuger

Die meisten Stromerzeuger verfügen selbst über Übertragungs- und Verteilnetze. Tabelle 21 zeigt die Struktur der allgemeinen Elektrizitätsversorgung in Deutschland.

Tab. 21: Struktur der allgemeinen Elektrizitätsversorgung (Ende der 90er Jahre)

Elektrizitätsversorgungsunternehmen	Überregionale	Regionale	Stadtwerke (lokal)
Anzahl Unternehmen	6 (~1 %)	ca. 80 (~ 8 %)	ca. 800 (~ 91 %)
Erzeugungsanteil	85%	10%	5%
Übertragungsanteil	100%	0%	0%
Verteilungsanteil	33%	33%	33%
Stromabgabe an Endkunden	33%	35%	32%

Quelle: Strecker/Weinhardt 2002, S. 9.

Die Tabelle zeigt, dass die sechs überregionalen Elektrizitätsversorgungsunternehmen nicht nur 85% der elektrischen Energie erzeugen, sondern auch über 100% der Übertragungsnetze und über ein Drittel der Verteilnetze verfügen.

Die Liberalisierung des Marktes hat den *Konzentrationsprozess* in der Branche weiter beschleunigt.[24] Nach Angaben des VDEW kam es seit der Liberalisierung von 1998 bis Mitte 2002 zu mehr als 30 Unternehmensfusionen mit mehr als 80 beteiligten Unternehmen, darunter die Großfusionen von VEBA und VIAG zur E.On Energie, von RWE und VEW zur RWE sowie von HEW, Bewag, Veag und Laubag zu Vattenfall Europe (Meller 2002). Prognosen aus dem Jahr 2000 gingen davon aus, dass in drei bis vier Jahren auf der Ebene der Verbundunternehmen drei bis vier unabhängige Unternehmen am Markt verbleiben würden, die Zahl der Regionalunternehmen auf 20 zurückginge und von den derzeit etwa 800 Stadtwerken noch 100 übrig blieben (Schneider/Schürmann 2000). Dieser dramatische Strukturwandel wird vermutlich so schnell nicht eintreten (Schürmann 2002), aber die Konzentrationsprozesse werden sich weiter fortsetzen. Das wird sich auch auf die Zahl der *Beschäftigten* auswirken. Von 1991 bis 2000 stieg bei den deutschen Stromversorgern die Produktivität um 68% und die Zahl der Beschäftigten ging bereits von 217.590 im Jahr 1991 auf etwa 127.000 im Jahr 2001 um rund 42% zurück (Meller 2002, VDEW 2001).

5.1.3 Gegenstand, Formen und Akteure des Stromhandels

Nach Preußer versteht man unter *Stromhandel* „den An- und Verkauf bzw. die Vermittlung von Strom oder Finanzprodukten, die auf Strom basieren (Stromderivate), unabhängig von eigenen Erzeugungskapazitäten und Netzen" (Preußer 1998, S. 232, nach Strecker/Weinhardt 2002, S. 20).

Physischer und finanzieller Handel

Beim *physischen Handel* werden bisher im Wesentlichen kurzfristig Strommengen ge- oder verkauft, z.B. Stundenlieferungen für den nächsten Tag im Spot- oder Kassa markt. Der Spotmarkt dient insbesondere dazu, kurzfristige Schwankungen in der Stromerzeugung und im Stromverbrauch auszugleichen. Beim *finanziellen Handel* (Stromderivate) geht es um eine Form der Risikoabsicherung gegen stark schwankende Preise, ein Phänomen, das es erst seit der Liberalisierung des Strommarktes gibt. Der finanzielle Handel ist ein Terminhandel, d.h. es wird über einen längerfristigen Zeitraum „auf Termin" gehandelt. Zu den standardisierten Formen dieses Terminhandels gehören beispielsweise „Futures"; hier wird eine festgelegte Menge Strom zu einem festgelegten Preis in einem festgelegten zukünftigen Zeitraum gekauft – allerdings ohne physische Lieferung, d.h. als rein finanzielles „Produkt".

---

24 Vgl. zur aktuellen Entwicklung in Deutschland Meller 2002, Monopolkommission 2002b, S. 67 ff., o.A. 2002k; zur Konzentration in der europäischen Stromindustrie Haslauer/Kröger (2002).

Groß- und Einzelhandel

Wie in anderen Handelssektoren kann man auch im Stromhandel zwischen Groß- und Einzelhandel unterscheiden. Unter *Stromgroßhandel* versteht man technisch gesehen den Handel auf der Hoch- und Höchstspannungsebene innerhalb der Übertragungsnetze. Das gesamte Handelsvolumen im Großhandel belief sich nach einer nichtrepräsentativen Expertenumfrage im Jahr 2000 auf rund 218 TWh und sollte bis zum Jahr 2002 auf rund 550 TWh ansteigen (Strecker/Weinhardt 2002, S. 14, 80). Der Stromverbrauch in Deutschland liegt mit etwa 500 TWh in einer ähnlichen Größenordnung.

Der *Stromeinzelhandel* wird im Verteilnetz auf der Mittel- und Niederspannungsebene zwischen Stromvertriebsunternehmen und Endverbrauchern abgewickelt. Endkunden können hierbei sowohl Privathaushalte als auch Unternehmen sein.

Internationaler Stromhandel

Grenzüberschreitender Stromhandel findet bisher nur auf der Höchstspannungsebene im Wesentlichen zwischen den Stromerzeugern statt. Für einen vollständig liberalisierten europäischen Strombinnenmarkt, bei dem auch die Endkunden Strom von Anbietern aus anderen europäischen Ländern beziehen können, fehlen noch die gesetzlichen Grundlagen.[25]

Akteure des Stromhandels

Während vor der Liberalisierung der Elektrizitätswirtschaft „Handel" im Wesentlichen zwischen den Verbundunternehmen, den netzunabhängigen Stromerzeugern und Großabnehmern – eine relativ überschaubare Gruppe – stattfand, treten nun neben den etablierten Stromversorgern mit eigenen Erzeugungsaktivitäten auch Unternehmen auf, die weder über eine eigene Stromerzeugung noch über ein eigenes Transportnetz verfügen.

Die Marktteilnehmer lassen sich danach klassifizieren, ob sie auf eigene Rechnung oder nur als Vermittler tätig sind und ob sie über eine Börse oder außerbörslich handeln (Müller 2001, S. 408 f.; Strecker/Weinhardt 2002, S. 21).

Stromhändler kaufen und verkaufen Strom im eigenen Namen und auf eigene Rechnung. Das Geschäftsmodell beruht auf der Erzielung von Handelsgewinnen

---

25 Der EU-Gipfel von Barcelona im März 2002 hatte nur die EU-weite Öffnung des Strommarktes für gewerbliche Großkunden ab 2004 vereinbart, während die Entscheidung über eine EU-weite Auswahl des Stromlieferanten für Privatkunden u.a. auf Drängen Frankreichs auf einen späteren Zeitpunkt verschoben wurde (o.A. 2002l). Zum Umfang des grenzüberschreitenden europäischen Stromhandels vgl. Kumkar (2001, S. 10).

5 Handel mit Strom

über die Differenz von Einkaufs- und Verkaufspreis. Im Stromhandel sind sowohl die traditionellen Akteure der Energiewirtschaft als auch neue tätig. Fast alle größeren Stromversorgungsunternehmen haben eigene Vertriebsabteilungen oder Tochterunternehmen für den Stromhandel gegründet. Zu den neuen Akteuren zählen Elektrizitätsversorgungsunternehmen aus dem europäischen Ausland und den USA, die mit Handelsgesellschaften in Deutschland aktiv sind. Aber auch Neugründungen sind zu beobachten, die rabattierte Stromkontingente bei großen Stromproduzenten einkaufen und an Endkunden, z.B. Firmenkunden mit vielen Filialen, Wohnungsbaugenossenschaften, aber auch an Privathaushalte verkaufen.

Daneben gibt es den *Strombroker* oder Strommakler, der ausschließlich auf Rechnung und im Namen Dritter tätig wird, und dessen Funktion darin besteht, Angebot und Nachfrage zusammenzuführen. Die Leistung des Strombrokers wird über eine Provision auf den Handelsumsatz vergütet. Ein neuer Akteur im Stromhandel sind die *Strombörsen* (vgl. den Textkasten).

Übersicht zur Entwicklung der Strombörsen

Zu den Pionieren unter den Strombörsen zählt die 1993 gegründete *NordPool ASA* in Oslo. Es folgten die amerikanische Terminbörse *Nymex* 1996 und der Spotmarkt der *California Power Exchange* (CalPX) 1998. Im Mai 1999 startete die *Amsterdamer Power Exchange* (APX) ebenfalls mit einem Spotmarkt. In Deutschland wurde im Juni 2000 die *Leipziger Power Exchange* (LPX) als erste Börse gegründet (Spotmarkt), gefolgt von der in Frankfurt am Main angesiedelten *European Energy Exchange* (EEX) im August des gleichen Jahres (Spotmarkt, ab März 2001 auch im Terminmarkt). Beide haben mit Beginn des Jahres 2002 zur EEX mit Sitz in Leipzig fusioniert.

An der *European Energy Exchange* handeln mit Stand Januar 2003 114 Unternehmen aus 12 Ländern. Am kontinuierlichen Blockhandel sind insgesamt 42 Unternehmen beteiligt. Die EEX hat ihr Handelsvolumen im Jahr 2002 gegenüber dem Vorjahr von 43 auf 150 TWh mehr als verdreifacht. Davon fielen auf den Terminmarkt 117 TWh und den Spotmarkt 33 TWh. Der starke Umsatzanstieg ist dabei in erster Linie auf die Einführung eines neuen Produktes im Termingeschäft zurückzuführen (Phelix Futures), auf das allein 100 TWh entfiel. Der Spotmarkt nahm im Jahr 2002 gegenüber 2001 um 10 TWh zu. An den Spotmärkten von LPX und EEX wurden im Jahr 2001 insgesamt etwa 90.000 MWh pro Tag umgesetzt, was einem Anteil von ca. 6,6% des in Deutschland abgesetzten Stroms entspricht. Das längerfristige Ziel ist ein 20%-Anteil.

Quelle: APX 2002; EEX 2003; LPX 2001; LPX 2002; Müller 2001, S. 409 ff.

Die Errichtung und der Betrieb einer Börse unterliegt – nach dem Börsengesetz – der Börsenaufsicht. Börsen sind gesetzlich besonders geregelte Marktplätze mit öffentlich-rechtlichem Charakter für Wertpapiere, Waren und den Terminhandel. Börsen gewähren, im Gegensatz zu ungeregelten Marktplätzen, eine Garantie für die Abwicklung der finanziellen Transaktionen im Börsenhandel. Die Teilnehmer an den Börsen bedürfen einer speziellen Zulassung.

Daneben gibt es den *außerbörslichen* oder *OTC-Handel* (Over-the-Counter-Handel). In diesem Segment des Stromhandels sind die Handelspartner freier in der Festlegung ihrer Geschäftsbedingungen. Das größte Volumen des Stromhandels wird außerbörslich gehandelt, wobei das Verhältnis zwischen börslichem und außerbörslichem Stromhandel – je nach Quelle – mit 1 zu 3 bis 1 zu 20 angegeben wird (Müller 2001, S. 412; Strecker/Weinhardt 2002, S. 27, 80, 83).

5.2 Stand und Formen des E-Commerce

Bei der Darstellung des E-Commerce im Stromhandel werden drei Segmente unterschieden: der elektronische Handel im Rahmen des Stromgroßhandels, der elektronische Stromeinzelhandel mit Geschäftskunden (B2B) und der elektronische Stromeinzelhandel mit Privatkunden (B2C). In der traditionellen Terminologie der Stromwirtschaft werden die Kunden in den beiden ersten Marktsegmenten als Sondervertragskunden und im Privatkundensegment als Tarifkunden bezeichnet.

5.2.1 E-Commerce im Stromgroßhandel

Während im Stromeinzelhandel, insbesondere mit Endkunden, im Prinzip bisher nur *Vollversorgungsverträge* gehandelt wurden[26], sind Gegenstand des Stromgroßhandels eine *Fülle von physischen und finanziellen Produkten*, so z.B. kurz- oder langfristige stundenweise Lieferungen einer Strommenge, Systemdienstleistungen (Regel- und Reserveleistung), Transportkapazitäten an den Kuppelstellen zu ausländischen Netzen, Risikoabsicherungen über Termingeschäfte etc. Je stärker der Handel elektronisch unterstützt und automatisiert erfolgt, desto mehr müssen diese Produkte und die Handelsverfahren standardisiert sein. So werden z.B. an den deutschen Strombörsen, die als reine Computerbörsen geführt werden, u.a. die folgenden standardisierten Produkte gehandelt (Strecker/Weinhardt 2002, S. 74):

---

26 Unter Vollversorgungsverträgen wird die Vereinbarung über die in der Regel zeitlich nicht befristete Belieferung eines Privathaushaltes oder Unternehmens mit Strom verstanden, mit der diese ihren gesamten Bedarf decken.

5 Handel mit Strom

- Stromlieferungen für Einzelstunden des darauf folgenden Werktages („day-ahead"),
- Stromlieferungen für Stundenblöcke (0-6 Uhr, 6-10 Uhr, 10-14 Uhr, 14-18 Uhr und 18-24 Uhr) des darauf folgenden Werktages,
- Stromlieferung von konstanter Leistung von je 1 MW pro Kontrakt im Zeitraum von 8.00 Uhr bis 20.00 Uhr für den nächsten Werktag (Spitzenlastblöcke),
- Stromlieferung von konstanter Leistung im Zeitraum von 0.00 Uhr bis 24.00 Uhr für den nächsten Werktag und für die Wochenenden (Grundlastblöcke),
- Monats-, Quartals- und Jahresfutures mit einer Laufzeit von bis zu 18 Monaten im Spitzen- und Grundlastbereich (Terminkontrakthandel).

Der Stromgroßhandel findet überwiegend im außerbörslichen Bereich statt (Kap. II.5.1.3). Charakteristisch für den Stromgroßhandel ist, dass die Handelsteilnehmer sowohl als Käufer als auch als Verkäufer auftreten. Bei Kapazitätsengpässen muss der Stromversorger Strom zukaufen, bei Produktionsüberschüssen will er verkaufen. Beteiligt am Stromgroßhandel sind im Wesentlichen die Verbundunternehmen und die Wiederverkäufer. Es sollen drei Grundformen des E-Commerce im Stromgroßhandel unterschieden werden: einseitige außerbörsliche Marktplätze, zweiseitige außerbörsliche Marktplätze und Strombörsen.

Einseitige, außerbörsliche Marktplätze

In diesen Systemen (single dealer systems) werden Käufe und Verkäufe mit dem jeweiligen Systembetreiber, der gleichzeitig Handelsunternehmen und Versorger ist, abgeschlossen (Abb. 17).

Abb. 17: Einseitige, außerbörsliche Marktplätze (schematische Darstellung)

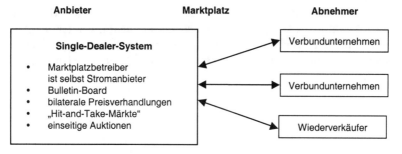

Auf einem „bulletin board" werden die Angebote bzw. die Kaufabsichten bekannt gegeben. Die Angebote und Kaufaufträge der Marktteilnehmer sind bei den einseitigen Marktplätzen in der Regel nur dem Plattformbetreiber zugänglich. Single-Dealer-Systeme zielen bei standardisierten Kontrakten auf hohe Transaktionsgeschwindigkeit und niedrige Transaktionskosten.

Die *Preisfindung* wird in bilateralen Verhandlungen in der Regel über das Telefon, teilweise aber auch über einfache elektronische Chat-Systeme abgewickelt (Beispiel: NetStrom). Nur bei der letzten Variante würde man von elektronischem Handel im engeren Sinne sprechen. Eine fortgeschrittenere Variante der Preisbildung sind so genannte „Hit-and-Take-Märkte", bei denen das im „bulletin board" angezeigte Angebot per Mausklick angenommen wird (Beispiel: Enron.Online und Click&Trade). Bilaterale Einzelverhandlungen finden dann nicht mehr statt.

Eine weitere automatisierte Variante der Preisfindung, die in einseitigen Marktplätzen zum Tragen kommen kann, besteht in einseitigen Auktionen. Sie sind dadurch gekennzeichnet, dass nur Teilnehmer einer Marktseite (die Anbieter oder die Abnehmer) in Konkurrenz zueinander treten. Einseitige Auktionen kommen in erster Linie im Stromeinzelhandel zwischen Stromanbietern und Unternehmenskunden (B2B) zum Einsatz, teilweise aber auch im Großhandel. So werden von einigen Plattformbetreibern (z.B. Energy & More) Ausschreibungen für „Fahrplanlieferungen" auf Hoch- und Höchstspannungsebene angeboten. Außerdem wird dieses Verfahren bei der Versteigerung von Transportkapazitäten an den wenigen Kuppelstellen der Transportnetze zum Ausland eingesetzt. In diesen Fällen kommt meist die umgekehrte englische Auktion zum Einsatz, bei der der Käufer einen Maximalpreis zum Startpunkt der Auktion vorgibt und die Verkäufer durch Gebote den Preis solange nach unten drücken, bis kein weiteres Angebot mehr erfolgt bzw. ein festgelegter Zeitraum abgelaufen ist.

Zweiseitige, außerbörsliche Marktplätze

Diese Systeme unterstützen den Handel zwischen beliebig vielen Marktpartnern auf jeder Marktseite (Abb. 18). Die gleichen Unternehmen treten als Anbieter und Abnehmer auf. Es sind in der Regel Verbundunternehmen oder Handelsgesellschaften (Wiederverkäufer). Die Betreiber der jeweiligen Handelsplattform sind Maklerunternehmer (Broker), branchenneutrale Dienstleister (z.B. Bloomberg Powermatch) oder beruhen auf einer Kooperation von Versorgungsunternehmen (Beispiel: Intercontinental Exchange). *„Electronic brokerage systems"* dienen in der Regel der Ergänzung des herkömmlichen Handels per Telefon („voice brokerage"). Beispiele hierfür sind die Handelsplattformen PowerITS, GFInet und Spectron Trayport Global Vision. Bei *„pure electronic exchanges"* wird dagegen auf ein ergänzendes „voice brokerage" verzichtet. Zentrales Ziel dieser Systeme sind niedrige Transaktionskosten und hohe Transaktionsgeschwindigkeit.

5 Handel mit Strom

Abb. 18: Zweiseitige, außerbörsliche Marktplätze (schematische Darstellung)

Die Preisfeststellung in zweiseitigen elektronischen Marktplätzen erfolgt über zweiseitige Auktionen. Diese Variante (auch Doppelauktion genannt) kommt heute an allen vollelektronischen Handelsplätzen und Strombörsen zum Einsatz. Kennzeichen ist die gleichzeitige Konkurrenz von Anbietern und Abnehmern. Verkäufer konkurrieren um die Nachfrage und Käufer um das Angebot. Die Preisfeststellung erfolgt fortlaufend oder periodisch in einem festgelegten zeitlichen Rhythmus.

Strombörsen

Die beiden *deutschen Strombörsen* in Leipzig und Frankfurt am Main (seit 2002 fusioniert zur EEX in Leipzig, vgl. den Textkasten in Kap. II.5.1.3) waren von Anfang an *vollelektronische Computerbörsen* und zählen damit zum elektronischen Handel (Abb. 19). Ein Parketthandel findet nicht statt. Das Besondere der Strombörse ist, dass nur zugelassene Börsenteilnehmer an der Börse direkt handeln können. Das sind z.B. bei der EEX Anfang 2003 ca. 110 Unternehmen unterschiedlichster Art: Verbundunternehmen, Regionalversorger, Stadtwerke, industrielle Stromerzeuger und Stromabnehmer, Broker, Handelsgesellschaften etc. Jeder zugelassene und autorisierte Händler – für die Autorisierung wird eine spezielle Zugangskontrollhardware eingesetzt – kann über öffentliche Datennetze (Internet) mit einem handelsüblichen PC an diesen Börsen teilnehmen. Die Preisfestsetzung erfolgt über Auktionen (s.o.).

Handelsvolumen, Anteil elektronischer Handel, Zukunftsperspektiven

Im Stromgroßhandel sind neben der EEX in Leipzig noch etwa zehn außerbörsliche elektronische Handelsplätze aktiv. Außerdem werden teilweise elektronische Marktplätze im Ausland von deutschen Marktteilnehmern genutzt (Strecker/Weinhardt 2002, S. 80). Es wird vermutet, dass sich die Zahl der außerbörslichen Markplätze in Zukunft deutlich verringern wird, weil der Markt nur für Wenige ausreichende Gewinnmargen bietet (Strecker/Weinhardt 2002, S. 94).

Abb. 19: Elektronische Strombörsen (schematische Darstellung)

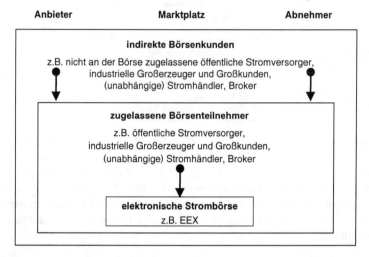

Das *Handelsvolumen* der damals noch getrennten beiden Strombörsen lag im Kassahandel (Spotmarkt) im Jahr 2001 bei 6,8% des Stromverbrauchs (LPX 2002). Während der börsliche Handel komplett elektronisch abgewickelt wird, dominieren im außerbörslichen Großhandel noch herkömmliche Handelsformen, die überwiegend im direkten persönlichen Gespräch oder über das Telefon realisiert werden. Exakte Erhebungen zum E-Commerce-Anteil im außerbörslichen Handel gibt es nicht. Die Schätzungen von Experten streuen stark: Der Anteil des elektronischen am gesamten außerbörslichen Stromgroßhandel wird für das Jahr 2000 auf 20 bis 30% und für das Jahr 2001 auf 30 bis 70% geschätzt (Strecker/Weinhardt 2002, S. 83).

Zukünftig kann der elektronische Handel im Stromgroßhandel in den folgenden Bereichen weiter an Bedeutung gewinnen: in den „untertägigen Märkten" (Märkte für Stromlieferungen innerhalb einer Stunde ab Kaufzeitpunkt) und bei Systemdienstleistungen (Kraftwerkskapazitäten für die Primär- und Sekundärregelung in den Übertragungsnetzen bzw. zur Sicherstellung von Reserveleistungen). Der elektronische Handel bietet hier Vorteile auf Grund der Markttransparenz, der geringeren Suchkosten und der hohen *Transaktionsgeschwindigkeit*. Auch für Auktionen von Transportkapazitäten an den Kuppelstellen zum Ausland wie generell für den grenzüberschreitenden Handel − bei Ausweitung des europäischen Binnenmarktes für Elektrizität – wird der elektronische Handel voraussichtlich verstärkt Anwendung finden.

5.2.2 E-Commerce im Stromeinzelhandel mit Unternehmenskunden (B2B)

Im Stromeinzelhandel mit Unternehmenskunden geht es in erster Linie um *Vollversorgungsverträge*, d.h. um die komplette Belieferung des jeweiligen Unternehmens, oft auch mit Betriebsteilen oder Filialen an verschiedenen Orten, rund um die Uhr mit Strom. Daneben werden auch Reservekapazitäten oder ein besonderer Spitzenbedarf gehandelt. Die Unternehmen können ihren Strombedarf auf elektronischen Handelsplattformen ausschreiben. Im Wesentlichen gelangen – mit Ausnahme der Strombörsen – vergleichbare Handelsformen zum Einsatz wie beim elektronischen Stromgroßhandel (Strecker/Weinhardt 2002, S. 63 f.).

„Bulletin Boards" kommen typischerweise für Unternehmenskunden mit einem Bedarf ab 30.000 kWh/a in Frage. Die Vorteile liegen in der Kosten- und Zeiteinsparung gegenüber dem Versand von Unterlagen per Post. Außerdem können die elektronisch veröffentlichten Ausschreibungen einen größeren Kreis an Adressaten erreichen. Ein Problem kann die teilweise unbekannte Bonität der Kontraktpartner darstellen. Oft unterstützen die Bulletin Boards nur die Wissens- und Anbahnungsphase, während die eigentliche Vereinbarungsphase dann per E-Mail, Telefon, Fax oder Brief erfolgt. Damit werden die Automatisierungspotenziale des elektronischen Handels nicht voll ausgeschöpft. Beispiele für Handelsplattformen dieses Typs sind Enyco und Interstrom.

In *Auktionsverfahren* wird auch die Preisfindung in der Vereinbarungsphase elektronisch unterstützt – meist mit den schon erwähnten „Reverse Auctions". Solche Verfahren werden typischerweise ab einer Abnahmemenge von 1 GWh pro Jahr eingesetzt. Betreiber solcher Plattformen sind beispielsweise Energy & More und Kilowatthandel.

Nach Schätzungen von Strecker/Weinhardt (2002, S. 68) bieten ca. 15 elektronische Marktplätze für mittlere bis große Unternehmenskunden die Abwicklung des Stromhandels an. Nach einer telefonischen Befragung von fünf Plattformbetreibern lag die Anzahl der Online-Transaktionen zwischen 1 und 12 pro Monat und generierte ein durchschnittliches monatliches Handelsvolumen zwischen 10 und 60 GWh. Das Vertragsvolumen pro Online-Transaktion lag danach zwischen 1 und 30 GWh Jahresabnahmemenge. Das wertmäßige Mindestkontraktvolumen wurde von einigen Betreibern auf 50.000 Euro beziffert. Zum Anteil des elektronischen Handels am gesamten Stromeinzelhandel mit Unternehmenskunden liegen weder exakte Erhebungen noch Schätzungen vor. Selbst zur Zahl der Unternehmenskunden, die ihren Stromlieferanten gewechselt haben, schwanken die Angaben zwischen 12 und 50% (Strecker/Weinhardt 2002, S. 69).

5.2.3 E-Commerce im Stromeinzelhandel mit Privatkunden (B2C)

Im Stromeinzelhandel mit Privatkunden geht es nur um *Vollversorgungsverträge*, also die Wahl oder den Wechsel des Stromlieferanten oder des Vertragstyps (z.B. Laufzeit). Ein flexibler, kurzfristiger Wechsel des Stormlieferanten, ähnlich den Call-by-Call-Möglichkeiten beim Telefonieren, ist derzeit nicht möglich, prinzipiell aber vorstellbar.

Bisher ist die „Handelsbereitschaft" bei den Privathaushalten nur schwach ausgeprägt. Rund 1,4 Mio. Haushalte wechselten seit Beginn des Wettbewerbs 1998 den Stromanbieter. Das waren 3,7% der 39 Mio. deutschen Haushalte. Weitere 28% haben ihren Vertrag verändert ohne dabei den Anbieter zu wechseln (Stand: November 2001; Meller 2002; o.A. 2002i). Entsprechend gering ist das Potenzial für den elektronischen Handel.

Nach Schätzungen von Strecker/Weinhardt (2002, S. 67) nutzen fast alle der rund 1.000 Stromanbieter das Internet als Informationsmedium und unterstützen damit die Informationsphase des E-Commerce. Bei etwa 500 Anbietern gibt es die Möglichkeit, sich online für einen Stromliefervertrag anzumelden, womit die Absichtsphase des E-Commerce unterstützt wird. *Keiner* bietet jedoch zurzeit einen *Vertragsabschluss online* an. Das hängt im Wesentlichen damit zusammen, dass der neue Energieversorger den Kunden beim bisherigen Stromlieferanten abmeldet und die dortigen Kundendaten übernimmt. Dass dadurch unnötigerweise persönliche Daten zwischen Unternehmen ausgetauscht werden, wirft Fragen des Datenschutzes auf, die bisher noch kaum diskutiert wurden. Die alten Stromlieferanten bestehen auf der Vorlage einer schriftlichen Vollmacht des wechselnden Kunden durch den neuen Energieversorger. Das macht einen vollständigen elektronischen Handel derzeit unmöglich. Den prinzipiellen Ablauf des Stromeinzelhandels mit Endkunden zeigt das dokumentierte Formular von „Yello" sowie die schematische Darstellung (Abb. 20, 21).

Prinzipiell lassen sich zwei Varianten des (elektronischen) Stromeinzelhandels mit Endkunden unterscheiden (Abb. 22):

- Einmal der Direkteinkauf beim Stromerzeuger (Versorger). Das bekannteste Beispiel ist die EnBW-Tochter Yellow mit 700.000 Geschäfts- und Privatkunden (Stand Ende 2001). Aber auch die Bewag-Tochter Best Energy gehört zu diesem Vertriebstyp oder die Ares Energie-direkt, ursprünglich ein unabhängiger Einzelhändler, der dann als Tochterunternehmen von der weltweit agierenden TXU-Gruppe übernommen wurde.[27] Ares hatte nach eigenen Angaben im September 2002 220.000 Kunden.

---

27 Der Energieversorger TXU gehört zu den zehn größten Energiekonzernen der Welt. TXU hält an den Stadtwerken Kiel einen Anteil von 51%. Ares Energie-direkt hatte allerdings nach vier Jahren Geschäftstätigkeit im Dezember 2002 Insolvenz angemeldet.

Abb. 20: E-Commerce im Stromeinzelhandel am Beispiel Yello Strom

Der Anmeldeprozess ist bei Yello in neun Schritte unterteilt:

Im ersten Schritt erfolgt die Erfassung der Adress- und Personendaten zur betroffenen Stromabnahmestelle.

Darauf folgen Angaben zum bisherigen Versorger.

Im dritten Schritt werden der bisherige Stromverbrauch und die eindeutige Zählerkennung erfasst.

In drei weiteren Schritten muss der Kunde bestimmen, ob er die Abmeldung bei seinem bisherigen Versorger durch Yello erledigen lassen möchte und ob er die Vertragsbedingungen akzeptiert.

Die eingegebenen Daten werden zum Schluss noch einmal zusammenfassend angezeigt und müssen vom Kunden mit den Zahlungsmodalitäten bestätigt werden. Danach erhält der Kunde die Nachricht, dass ihm eine Vollmachtskarte postalisch zugesandt wird, die er unterschrieben an Yello zurückschicken muss. Sie wird von Yello zur Kündigung des bisherigen Vertrages benötigt.

Quelle: Strecker/Weinhardt 2002, S. 58 ff.; Yellow.

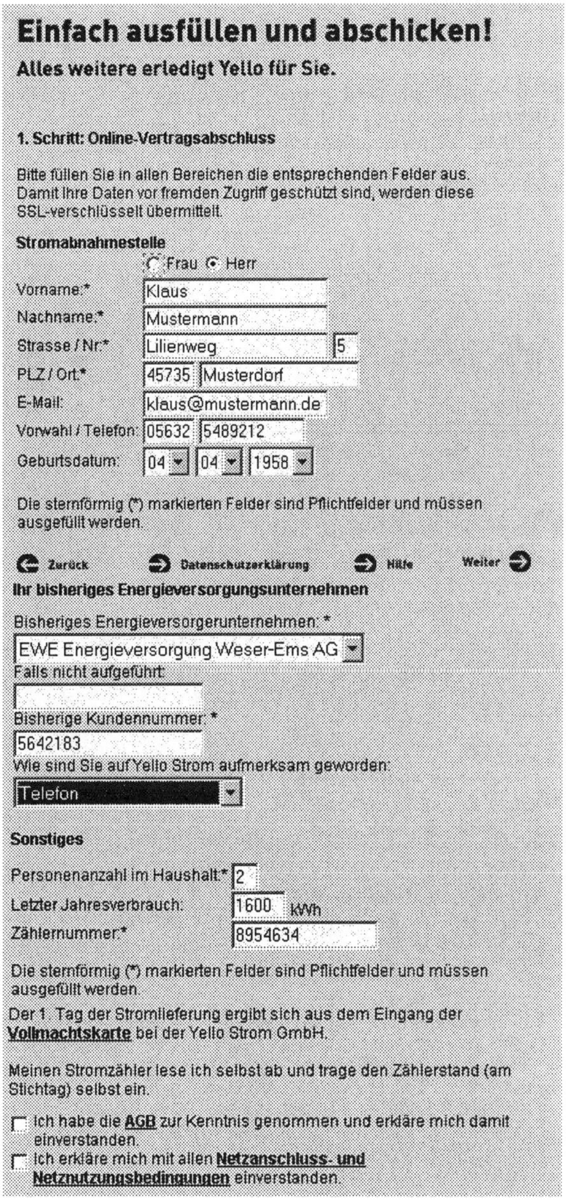

Abb. 21: Prinzipieller Ablauf beim Wechsel des Stromlieferanten

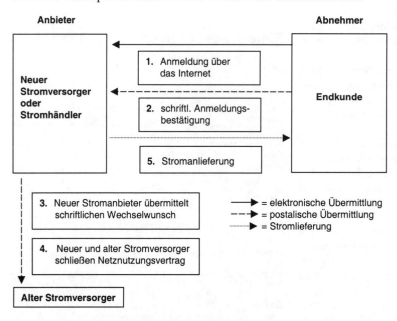

Abb. 22: Zwei Varianten des (elektronischen) Stromeinzelhandels mit Endkunden (schematische Darstellung)

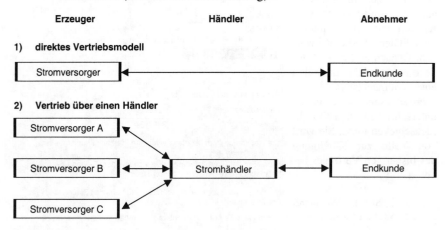

- Zum zweiten kann sich der Kunde an einen Stromhändler wenden, der selbst den Strom beim Erzeuger einkauft. Dazu zählt beispielsweise der Öko-Stromanbieter LichtBlick.

Der *Umsatzanteil* des B2C-E-Commerce im weiteren Verständnis – genaue Daten liegen wiederum nicht vor – dürfte unter 5 % liegen (siehe auch Strecker/ Weinhardt 2002, S. 68).

5.3 Spezifische Folgenbetrachtungen

Das generelle Problem einer Folgenbetrachtung, die allein auf den Faktor „E-Commerce" abstellt, tritt beim elektronischen Stromhandel in besonders drastischer Weise auf. Stromhandel existiert erst seit 1998. Von Anfang an spielten Formen des elektronischen Handels hierbei eine Rolle. Die Strukturveränderungen, die in der Branche seit der Öffnung der Märkte 1998 beobachtbar sind, können sowohl dem Faktor „Deregulierung" als auch dem Faktor „E-Commerce" zugerechnet werden. Eine Identifizierung des speziellen Faktors „E-Commerce" fällt schwer. Auf Grund der – je nach Handelssegment – relativ geringen Bedeutung des E-Commerce im Stromhandel wird man die Hauptwirkungen der Liberalisierung zurechnen. Dies sei einschränkend den unternehmens- und branchenbezogenen Folgenbetrachtungen, die nun zur Darstellung kommen, vorausgeschickt.

5.3.1 Produkteignung und Potenzialausschöpfung

Betrachtet man die *Eignung* des Gutes „Strom" für den Handel im Netz, dann ist diese fast als ideal zu bezeichnen:

- Es ist zwar kein digitales, aber ein leitungsgebundenes Gut, das sich gemäß den physikalischen Gesetzen im Netz automatisch verteilt. Die besonderen logistischen Probleme der Zustellung von gegenständlichen Produkten zum Endkunden gibt es beim Strom nicht.
- Im Prinzip ist der Betrieb der Verbundnetze nicht zuletzt eine – zwar datenintensive und komplexe – aber hochautomatisierte Datenverarbeitungsaufgabe. Der elektronische Stromhandel kann gut auf dieser Stromflussdatenverarbeitung aufsetzen.
- Strom ist weitgehend ein homogenes und standardisiertes bzw. standardisierbares Produkt. Der „Strom aus der Steckdose" weist immer die gleichen Eigenschaften auf – sieht man von Spannungsschwankungen ab. Anprobieren, Ausprobieren, Betasten, Beriechen, Vergleichen etc. wie bei anderen Handelsgütern ist ebenso überflüssig wie eine intensive persönliche Beratung.

- Selbst wenn es auf die Herkunft oder die Art der Erzeugung ankommt (z.B. „Ökostrom"), kann der Kunde dies nicht direkt überprüfen. Er muss sich auf unabhängige, vertrauenswürdige Instanzen verlassen können, die die Herkunft des Stroms zertifizieren. Diesbezüglich gibt es in der Umsetzung, z.B. durch eine Vielzahl konkurrierender Zertifikate, noch Probleme, prinzipiell stellt die Zertifizierung von Produkten für den „Fernhandel" kein besonderes Problem dar.
- Das hauptsächliche Differenzierungskriterium des Gutes Strom für den Käufer ist der Preis. Elektronische Handelsplätze eignen sich besonders gut dafür, Verkäufer und Käufer nach deren Preispräferenzen zusammenzubringen und solche Transaktionen automatisiert abzuwickeln.
- Gleichzeitig sind im Stromhandel – d.h. außerhalb der langfristig abgeschlossenen Versorgungsverträge – besonders große Ausschläge bei den Preisen zu beobachten. Dies liegt u.a. an den besonderen Eigenschaften des Stromsystems – Nicht-Speicherbarkeit, Gleichzeitigkeit von Produktion und Verbrauch, jahreszeitliche und im Tagesablauf schwankende Nachfrage, Abhängigkeit von Rohstoffmärkten etc. Preisvolatile Güter wiederum eignen sich besonders gut für elektronische Märkte.

Trotz dieser guten Eignung des Stroms für den elektronischen Handel ist das Potenzial des E-Commerce noch wenig ausgeschöpft. Vorliegende Schätzungen – mit einer sehr breiten Streuung – gehen zwar für den Stromgroßhandel von einem Anteil von 30 bis 70% aus, dafür ist der Anteil im Stromeinzelhandel, sowohl mit Unternehmenskunden als auch mit Privatkunden, mit weniger als 5% eher bescheiden. Die geringe Intensität des Handels ist dem Umstand zuzuschreiben, dass der Großteil der Kunden mit den Stromlieferanten Vollversorgungsverträge abschließt, die zwar mehr oder weniger kurzfristige Kündigungsfristen enthalten, aber faktisch längerfristig angelegt sind. Sie reduzieren damit ihre Handelstransaktionskosten zuungunsten ihrer Flexibilität und treten als Abnehmer auf dem Strommarkt nicht mehr auf (s.a. zu den Hürden und Hindernisse Kap. II.5.3.3).

5.3.2 Anbieterbezogene Aspekte

Das bisher erfolgreichste *Geschäftsmodell* des elektronischen Stromhandels hat sich im Spotmarkt auf außerbörslichen oder börslichen elektronischen Marktplätzen entwickelt, bei denen es um den Ausgleich mehr oder weniger kurzfristiger Lieferüberschüsse oder -engpässe geht.

Trotzdem ist auffallend, dass es auch hier noch viele Beispiele für „unvollkommenen" elektronischen Handel gibt, bei dem zwar die Angebote elektronisch übermittelt werden, aber der eigentliche Vertragsabschluss außerhalb des elektronischen Systems – per direktem Gespräch, per Telefon, per Fax etc. – erfolgt. Dies liegt nicht nur an der Unvollkommenheit der Systeme, die ja alle erst wenige Jahre alt sind, so dass man mit der Zunahme an Erfahrung, Weiterentwicklung und Perfektionierung mit einem entsprechend wachsenden Anteil des vollständigen elektronischen Handels rechnen könnte. Es liegt auch nicht nur an den eingefahrenen Verhaltensweisen der beteiligten Personen, sondern es liegt vermutlich in erster Linie an den Kommunikationsbestandteilen im Verhandlungsprozess – besondere Formen des Vertrauens, der Sicherheit, der Differenzierung –, die sich nur ungenügend in EDV-typischen Abläufe abbilden lassen.

Dieser noch mangelnde Entwicklungsstand zeigt sich auch bei einer Betrachtung der *Produktivitätseffekte* des E-Commerce im Stromhandel für die Anbieter elektronischer Plattformen und Marktplätze. Empirische Studien hierzu liegen nicht vor. Die von Weinhardt/Strecker geführten Expertengespräche und Befragungen ergeben aber ein erstes qualitatives Bild (2002, S. 95 f.):

- Im Großhandel erwartet die Mehrzahl der Experten keine Kosteneinsparungen auf Grund von E-Commerce. Nur rund ein Viertel berichtet von Kosten- und Zeiteinsparungen und einem effizienteren Personaleinsatz durch den elektronischen Handel.
- Im elektronischen Stromeinzelhandel seien Produktivitätseffekte momentan nicht eindeutig nachweisbar. Kosteneinsparungen seien zwar relevant, so die Mehrheit der befragen Experten, aber genaue Angaben ließen sich dazu nicht machen. Besonders kleine und mittlere Unternehmen sehen den E-Commerce teilweise sogar als kontraproduktiv an, da man mehr oder weniger gezwungen sei, in relativ kostspielige elektronische Handelsplätze zu investieren, diese sich aber auf Grund des sehr schwierigen Endkundengeschäfts nicht lohnten.

5.3.3 Nutzen und Hürden aus Abnehmersicht

Welches sind die Hürden auf Seiten der Kunden für die Teilnahme am elektronischen Stromhandel und welcher Nutzen ist zu erwarten? Der *Nutzen* besteht – in erster Linie bei den Unternehmenskunden – in einer größeren Flexibilität in der Versorgung mit Strom und in gesunkenen Preisen – deutliche Preissenkungen bei den Groß- und Unternehmenskunden, weniger deutliche bei den Klein- und Haushaltskunden (Auer 2002). Die *Hürden* sind technischer, insbesondere aber regulatorischer Natur (dazu mehr in Kap. II.5.5).

Im Prinzip geht es um einen grundlegenden Wandel der Rolle der Abnehmer: Der Kunde soll aus seiner bisher mehr oder weniger passiven Rolle als Stromverbraucher in eine aktive Rolle als Marktteilnehmer wechseln, in der er seinen Stromlieferanten aussucht, womöglich um den Preis feilscht, immer wieder nach dem besten (= dem billigsten) Strom sucht und dann erneut wechselt. Diesen

Anspruch, aktiv zu handeln, kann man auch als Verzicht auf einen bereits erreichten Grad des Versorgungskomforts ansehen. In ökonomischen Kategorien würde man dies als einen Anstieg der Transaktionskosten kennzeichnen, die mit den im Handel erreichten Strompreissenkungen aufgerechnet werden müssten. Nicht umsonst heißen die Elektrizitätsunternehmen „Versorger". Nun soll das Versorgtwerden ersetzt werden durch das Besorgen. Wenn die Vermutung trägt, dass der Kunde jedoch bereit ist, für den „Versorgungskomfort" ein paar Cent mehr zu bezahlen, dann ergeben sich daraus deutliche Begrenzungen der Potenziale des elektronischen Handels.

Die Bereitschaft, dem Handelsparadigma zu folgen, statt der Versorgungsmentalität zu frönen, hängt nicht allein vom zu realisierenden Nutzen, sondern auch von der *Gebrauchsfreundlichkeit* der Handelssysteme ab. In Deutschland ist diese offensichtlich noch zu gering. Selbst im Geschäftskundenbereich ist der Abschluss von Verträgen per Mausklick noch nicht an der Tagesordnung. Im Einzelhandel mit Privatkunden funktioniert dies – im Gegensatz etwa zu England – noch überhaupt nicht. Im „intelligenten Haus" der Zukunft könnte man sich den Stromhandel so vorstellen, dass jeder Stromzähler ein Display enthält, auf dem die Herkunft und der Preis des gelieferten Stromes angezeigt wird und man diesen per Handy auf Tastendruck, wie beim Call-by-Call-Telefonieren, wechseln könnte.

Als Indikator für die Güte von Märkten gilt die *Preistransparenz*. Insbesondere durch die Bildung von veröffentlichten *Preisindizes* (z.B. Dow Jones/VIK-Strompreisindex, Central European Power Index der PreussenElektra oder die Indizes der EEX) konnte der Stromhandel hinsichtlich seiner Effektivität befördert werden (Strecker/Weinhardt 2002, S. 17 ff.). Für den Privatkunden sind „Tarifrechner" im Internet ein hervorragendes Mittel, Preisvergleiche zwischen verschiedenen Anbietern anzustellen (z.B. Verivox).

5.3.4 Branchenbezogene Aspekte und Strukturwandel der Branche

Unter dem Aspekt des Branchenstrukturwandels durch E-Commerce wird immer wieder die Frage der *Disintermediation* diskutiert. Die Entwicklungen erscheinen zunächst widersprüchlich und – wie bereits betont – eng mit der Deregulierung verknüpft. Auf der einen Seite gibt es tatsächlich eine Tendenz zum *Direktvertrieb* der großen, überregionalen Energieversorger, die zurzeit der Gebietsmonopole einen Großteil ihrer Endkunden nur indirekt über lokale und regionale Versorger erreichten. Da die Gebietsmonopole abgeschafft sind, ist das Verkaufsangebot nun per definitionem ein nationales, und der überregionale Stromproduzent tritt mit seinem endkundenorientierten Angebot in Konkurrenz zum regionalorientierten Stadtwerk. Der genaue Verlauf dieser neuen Konkurrenzbeziehung durch Formen des erweiterten und in der Regel ja internetgestütz-

5 Handel mit Strom

ten Direktvertriebs lässt sich noch nicht abschätzen. Es ist aber anzunehmen, dass die kleinen lokalen Stromversorger mittel- bis langfristig überzeugende Konzepte entwickeln müssen, um dieser starken Konkurrenz zu begegnen.

Auf der anderen Seite treten im Stromhandel *neue Akteure* auf, die sich zwischen den bisherigen „Versorgungsstufen" – überregional, regional, lokal – etablieren wollen. Dies sind in erster Linie die Börsen und Betreiber elektronischer Handelsplätze, die zwar oft mit den etablierten Unternehmen verbunden sind, teilweise aber auch ausländische, branchenfremde und unabhängige Neugründungen darstellen. Dazu zählen auch so genannte „virtuelle Versorger", die Nachfrage bündeln und dadurch bessere Preiskonditionen erreichen. Auch hier haben die ersten Jahre des (elektronischen) Stromhandels gezeigt, dass zu viele mit unklaren und zu optimistischen Geschäftsmodellen angetreten sind und nur wenige überleben werden.

Generell ist die *Konzentrationstendenz* in der Branche stark und ungebrochen – auch dies ist natürlich keineswegs eine Entwicklung, die allein und ursächlich auf den elektronischen Handel zurückzuführen wäre (Strecker/Weinhardt 2002, S. 97 f.). Wie in anderen Handelsbranchen auch, werden die kleinen und mittleren Unternehmen zunehmend Probleme bekommen, dem Konkurrenzdruck standzuhalten. Eine Gegenstrategie, die teilweise bereits verfolgt wird, bedient sich unternehmensübergreifender Kooperationsbeziehungen, bei Wahrung der unternehmerischen Unabhängigkeit. Aber auch Aufkäufe und Fusionen sind an der Tagesordnung (vgl. Kap. II.5.1.2).

Die Probleme der kleinen und mittleren Unternehmen werden sich verschärfen, wenn sich der internationale, insbesondere der *europäische Handel* noch weiter ausweiten wird. Auf Grund technischer, insbesondere aber auch regulatorischer Beschränkungen ist zurzeit noch kein ungehinderter Stromhandel in Europa möglich. Diese Schranken werden aber mit Sicherheit in den nächsten Jahren abgebaut. Allerdings sollte das Potenzial des grenzüberschreitenden Stromhandels auch nicht überschätzt werden, da im Stromhandel signifikante entfernungsabhängige Transportkosten entstehen (Kumkar 2001, S. 15). Diese logistische Komponente des elektronischen Handels konterkariert, wie in anderen Fällen auch, die prinzipiell globalen Handelsmöglichkeiten über das Internet.

Die besonderen technisch-physikalischen Eigenschaften des Elektrizitätssystems verweisen auf ein weiteres und besonderes Branchenthema. Insbesondere von den „Technikern" der Branche wird auf die mittel- bis langfristigen Gefahren hingewiesen, die die Deregulierung der Stromwirtschaft in Bezug auf die *Versorgungssicherheit* und Versorgungsqualität des Stromsystems (z.B. was Frequenz- und Spannungshaltung angeht) haben könnte. Eine Zunahme von „Störfällen" wird vorausgesagt, für die die Stromversorgungskrisen in Auckland am 20.2.1998, in Chicago am 30.7. sowie am 12.8.1999 und in Kalifornien im Frühjahr 2000 nur als erste Vorzeichen gelten (zu Auckland und Chicago: Müller 2001, S. 416 ff.; zu Kalifornien: Kumkar 2001, S. 29; Kommission der Europäischen Gemeinschaft 2001b, S. 53 f.).[28]

Es erscheint unter dem Druck der ökonomischen Konkurrenz fast unumgänglich, dass das – mit entsprechenden Kosten verbundene – hohe Niveau der deutschen Versorgungsqualität und -sicherheit so nicht aufrecht erhalten werden kann.[29] Durch die in Deutschland und in Europa gegenwärtig verfügbaren großen Überkapazitäten wird diese Gefahr noch verdeckt. Die Ökonomie des liberalisierten Marktes wird aber den Abbau der Überkapazitäten beschleunigen und die Stromverbraucher, insbesondere Unternehmenskunden, werden sich selbst vermehrt um private Notfallversorgungssysteme kümmern müssen. So müsste der Nutzen durch die Strompreisreduzierung mit neuen, zusätzlichen Kosten beim Verbraucher – wegen der Reduzierung der Versorgungssicherheit – verrechnet werden: möglicherweise ein Nullsummenspiel.

5.4 Beschäftigungs- und ökologiebezogene Folgenbetrachtungen

Zum dramatischen *Abbau von Beschäftigten* in der Strombranche von 1991 bis 2001 um 42 %, der im Zusammenhang mit der Liberalisierung der Märkte und der Verschmelzung der Stromversorgungssysteme der beiden deutschen Staaten gesehen werden muss, hat der sich entwickelnde elektronische Stromhandel vermutlich nur wenig beigetragen. Generell bilden die direkt im E-Commerce Beschäftigten nur ein äußerst kleines Segment der insgesamt noch rund 127.000 Beschäftigten in der Branche (vgl. Kap. II.5.1.2).

Die Expertenbefragung von Strecker/Weinhardt (2002, S. 95) hat für den Einzelhandel ein zweigeteiltes Bild ergeben: Etwa die Hälfte hält Arbeitsplatzeinsparungen durch E-Commerce für relevant, während die andere Hälfte entweder solche nicht erwartet oder hierzu keine Meinung hat. Im Großhandel werden bei einem Teil der Unternehmen dagegen neue Arbeitskräfte eingestellt, und zwar solche mit Erfahrungen im börslichen und außerbörslichen Handel, einem Bereich, der vor der Liberalisierung 1998 in der Branche nicht vorhanden war. Zum Stellenabbau auf Grund von E-Commerce kam es dagegen bislang nicht (Strecker/Weinhardt 2002, S. 96 f.).

---

28 Unter einem anderen Gesichtspunkt, nämlich dem der Konsequenzen eines Ausstiegs aus der Kernenergie, wird das Problem der Versorgungssicherheit behandelt in TAB (2000, S. 101 ff.).

29 In Bezug auf die Versorgungssicherheit nahm Deutschland im internationalen Vergleich im Jahr 1999 eine Spitzenstellung ein. Während in Deutschland pro Stromkunde und Jahr 15 Minuten kein Strom zur Verfügung stand, lag dieser Wert in z.B. Frankreich bei 57, in Schweden bei 152 und in Italien bei 191 Minuten (Westphal 2003).

5 Handel mit Strom

Generell drückt sich der Struktur- und Funktionswandel der Branche in erster Linie in Form *neuer Anforderungen* an die Beschäftigten aus: neben den für das Internet und den E-Commerce spezifischen Fähigkeiten sind dies in erster Linie Kompetenzen im Marketing und Vertrieb – Bereiche, die in den alten Stromversorgungsunternehmen nur wenig ausgeprägt waren.

Unter *ökologischen Gesichtspunkten* können zwei gegenläufige Tendenzen des elektronischen Stromhandels identifiziert werden. Auf der einen Seite wird erwartet, dass durch eine höhere Markttransparenz ein effizienterer Einsatz von Ressourcen erreicht wird. Der Abbau von Überkapazitäten bzw. die Reduzierung des Nachbaus neuer Kapazitäten für die Stromproduktion wäre ein solcher ökologisch positiv zu bewertender Effekt. Auf der anderen Seite könnten die durch den Marktmechanismus erreichten Preisreduzierungen einen höheren Stromverbrauch anregen. Die Politik könnte diesem „Rebound-Effekt" durch regulatorische Maßnahmen (z.B. „Ökosteuer") entgegenwirken.[30]

5.5 Regulierungsfragen und politischer Handlungsbedarf

Bevor auf einzelne Regulierungsfragen und den damit im Zusammenhang stehenden politischen Handlungsbedarf eingegangen wird, soll zunächst die Frage nach der Rolle der Technologie – hier: des Internets und des E-Commerce – in Bezug auf Veränderungen der Regulierungsregimes eingegangen werden. Im Prinzip können die folgenden Positionen unterschieden werden (vgl. auch Kap. III.1.8):

- die Technologie wirkt gegen die Veränderungen,
- die Technologie verhält sich neutral,
- die Technologie ist Trendverstärker oder Katalysator,
- die Technologie ist Auslöser der Veränderung des Regulierungsregimes (Technologie als „change agent").

Für die Deregulierung des Strommarktes treten das Internet und der E-Commerce nicht als treibende Kraft in Erscheinung. Das Liberalisierungsprojekt des Strommarktes ist ein in erster Linie politisch angestoßenes Vorhaben der EU-Kommission. Sein Ziel besteht darin, einen einheitlichen europäischen Binnenmarkt zu schaffen und die globale Konkurrenzfähigkeit der europäischen Industrien zu stärken. Man folgt damit allgemeinen politischen und ökonomischen Trends weltweit und reagiert nicht auf eine spezifische, durch Entwicklungen im Informations- und Kommunikationssektor bedingte Herausforderung. Welche

---

30 Zum Thema deregulierte Stromwirtschaft und Umwelt vgl. auch Deregulierungskommission (1991, S. 87 ff.).

Erklärung kann man für diese allenfalls fördernde, aber nicht auslösende Rolle geben?

Es hängt vermutlich mit der „Besonderheit" des Gutes Strom zusammen, die ein „Ausbrechen" aus dem großtechnischen und infrastrukturellen Elektrizitätssystem nicht möglich macht: Die Energieleistung des Stroms ist unmittelbar an den Transport gekoppelt; Strom ist ein Mischprodukt verschiedener Erzeuger; Strom ist des Weiteren kaum oder nur zu unverhältnismäßig hohen Kosten speicherbar; Erzeugung und Verbrauch sind untrennbar verbunden (Strecker/Weinhardt 2002, S. 4 ff.).[31] Diese Eigenschaften ergeben kaum Ansatzpunkte zu einer technikgetriebenen Herausforderung, wie dies beim Arzneimittelhandel über das Internet aus dem Ausland oder bei den Videotauschbörsen der Fall ist. Der Stromkunde kann zwar über das Internet erreicht, aber nicht über das Internet oder über andere alternative Lieferwege zum etablierten Stromnetz versorgt werden.

Die Öffnung des Verteilsystems zum offenen Handelssystem konnte unter diesen Voraussetzungen nur politisch erfolgen. Technisch gesehen gab es Herausforderungen des bestehenden Elektrizitätssystems durch die wachsenden Möglichkeiten dezentraler Energieerzeugung (siehe z.B. als Vorreiter dieser Entwicklung die „Stromrebellen" aus dem Südschwarzwald, die die örtlichen Elektrizitätswerke Schönau in Eigenregie übernommen haben, sowie die Möglichkeiten zur dezentralen Energieerzeugung durch Blockheizkraftwerke, Wind- und Sonnenenergie sowie zukünftig auch durch Brennstoffzellen[32]), die aber nicht zu einem alternativen Stromhandel führten, sondern allenfalls zu einem (partiellen) Ausstieg aus dem Verbundsystem – mit den entsprechenden, von manchen befürchteten Nachteilen für die Zuverlässigkeit und Kontinuität der Stromlieferung. Das Netzmonopol wurde deshalb zunächst für die Einspeisung dezentral und „fremd" erzeugten Stroms geöffnet, bevor dann in einem weiteren Schritt auch die Durchleitung des Stroms, die erst den Handel möglich macht, erreicht wurde.

E-Commerce ist also weder Auslöser oder „Treiber" noch Hindernis der Deregulierung und Liberalisierung des Strommarktes, sondern Trendverstärker oder Katalysator (Strecker/Weinhardt 2002, S. 1).

Im Einzelnen werden in der Branche im Wesentlichen vier Themen der gegenwärtigen Regulierung diskutiert, deren Ausgestaltung von einem Teil der Akteure als ungenügend kritisiert wird. Diese Probleme sind allgemeiner Natur, deren Lösung würde aber auch dem elektronischen Stromhandel bessere Rahmenbedingungen verschaffen:

---

31 Zur „Besonderheitenlehre" des Gutes Strom vgl. auch Deregulierungskommission (1991, S. 69 ff.).
32 Zur Brennstoffzellen-Technologie vgl. Oertel/Fleischer (2001).

1. Die *Stromzähler* beim Kunden sind in der Regel im Besitz und der Verfügung der alten monopolistischen Netzbetreiber und Versorgungsunternehmen. Zähler sind aber die entscheidenden „Waagen" für das zu handelnde Gut Strom. Wer beim konkurrierenden Kaufmann erst um die Nutzung seiner Waage bitten muss, hat schon verloren. Neben der Modernisierung der Stromzähler für die automatische Auslesung der Stromnutzungsdaten oder für die Nutzung von Smart Cards zur Autorisierung und Bezahlung wird deshalb von unabhängigen Marktteilnehmern eine verbesserte Regulierung für den Zugang zum Stromzähler gefordert, denn, so ein befragter Experte: „Der Wettbewerb entscheidet sich am Zähler" (Strecker/Weinhardt 2002, S. 91). Die Lösung könnte ein „Stromzählergesetz" sein, das die Hoheit über die Zähler an die Endkunden überträgt und eine unabhängige Infrastruktur für das Zählermanagement schafft.
2. Auch die *Verteilnetze* unterliegen regionalen Monopolen. Ihre Nutzung durch Dritte ist durch die so genannte Verbändevereinbarung geregelt. Diese im europäischen Kontext einmalige Form der Selbstregulierung durch die Industrie wird ebenfalls von den kleinen und unabhängigen Elektrizitätsunternehmen und Stromhändlern kritisiert, die darin noch zu viele Hindernisse im *freien Zugang zu den Netzen* erkennen. Statt dessen wird eine verbindliche, gesetzliche Regelung mit einer unabhängigen Regulierungsbehörde (wie im Post- und Telekommunikationsbereich) gefordert. Strecker/Weinhardt sehen in den durch die freiwillige Selbstregulierung entstehenden Problemen das zentrale Hindernis für E-Commerce im deutschen Strommarkt (2002, S. 85)[33]. Die Expertenbefragung von Strecker/Weinhardt hat gezeigt, dass im Stromgroßhandel 77% der Befragten (im Stromeinzelhandel 46%) die bestehende Verbändevereinbarung als unzureichend ansehen und 46% (im Stromeinzelhandel 60%) eine Regulierungsbehörde befürworten (2002, S. 85, 90 f., 93).
3. Ein kritischer Faktor für den freien Handel sind auch die *Informationen* über den *Zustand der Übertragungs- und Verteilnetze*. Diese *Informationen* fallen wiederum bei den großen Netzbetreibern an und geben ihnen einen entsprechenden Informationsvorsprung. Gefordert wird deshalb eine schnellere, verbindliche und transparente Informationspflicht über wichtige und kritische Zustände des Stromerzeugungs- und -verteilungssystems, auf die sich alle Marktteilnehmer in gleicher Weise einstellen können. Die gleiche *Transparenzforderung* gilt für die *Netzzugangsentgelte* (Strecker/Weinhardt 2002, S. 85, 90 f., 93).

---

33 Vergleiche etwa auch die kritischen Stimmen aus der Energiewirtschaft von Hartung (2002) und Schack (2002) und aus der Wissenschaft von Kumkar (2001).

4. Schließlich ergibt sich aus der Liberalisierung die Notwendigkeit der *Standardisierung* von Daten und Übertragungsprotokollen. Je mehr unabhängige Akteure Daten (Fahrplandaten für den Netzbetrieb, Abrechnungsdaten, Kundendaten etc.) austauschen müssen, desto deutlicher wird die hier existierende Lücke. Gleichwohl sind die Standardisierungsinteressen unterschiedlich gelagert. Großunternehmen meinen nicht nur, ihre Verfahren als eigenen Standard durchsetzen zu können, sondern können gegebenenfalls auch auf einen allgemeinen Standard verzichten, da das von ihnen beherrschte Marktsegment ausreichend groß ist, während die neuen, kleinen und mittleren Unternehmen essentiell darauf angewiesen sind, in andere Marktbereiche vorzudringen. Eine mittelstandsorientierte Politik hätte nicht zuletzt in diesem Sektor eine Aufgabe zu erfüllen (Strecker/Weinhardt 2002, S. 88).

5.6 Gewinner und Verlierer

Fragt man nach den Gewinnern und Verlierern des elektronischen Stromhandels, so lässt sich das folgende Bild zeichnen (im Folgenden in Anlehnung an Strecker/Weinhardt 2002, S. 102 ff.):

Verlierer

Die *Stromkunden im Einzelhandel* gehören zu den *Verlierern* des elektronischen Handels. Ob Haushalts- oder Unternehmenskunde – die gestiegene Markttransparenz steht komplizierten, langwierigen und umständlichen Versorgerwechseln gegenüber. Auch im sechsten Jahr des liberalisierten Strommarktes ist noch kein einfacher Versorgerwechsel per Mausklick möglich. Auf Grund dieser Hürden entgehen den Verbrauchern die Einsparmöglichkeiten durch die Wahl eines preisgünstigeren Versorgers.

Lässt man die „Ökostromer" außen vor, zählen insbesondere die meist neuen, *unabhängigen Einzelhändler* zu den *Verlierern*. Einerseits ist ein Handelsplatz im Internet Voraussetzung, um mit der (etablierten) Konkurrenz bei Image- und Markenbildung mithalten zu können. Auf der anderen Seite stehen den Investitionen heute kaum Umsätze im elektronischen Handel gegenüber, so dass sich E-Commerce für diese Gruppe von Unternehmen zum Verlustgeschäft entwickelt hat. Von den ohnehin nur wenigen unabhängigen Versorgern ist die Mehrzahl wieder aus dem Haushaltskundengeschäft ausgestiegen (Beispiel: KaWatt), in Konkurs gegangen (Beispiele: Zeus, Vossnet, Zweitausend) oder von etablierten Versorgern übernommen worden (Beispiel: Ares Energie-direkt). Die meisten der bekannten Einzelhändler sind nicht unabhängig, da sie als Vertriebsgesellschaften etablierter Versorger auftreten (Beispiele: Yello Strom der EnBW, Best Energy der Bewag, Ampere der Stadtwerke Hannover). Im Jahr 2002 sind nur noch eine Handvoll unabhängiger neuer Akteure am Markt vertreten (Beispiel: Deutsche Strom).

Zu den Verlierern zählt auch der *Mittelstand*, der meist nicht über das ausreichende Know-How und die personellen Ressourcen verfügt, um von den neuen Handelsmöglichkeiten im E-Commerce zu profitieren. Kleine und mittlere Unternehmen mit geringem bis mittlerem Stromverbrauch profitieren deshalb bisher nicht in gleichem Maße von den Vorteilen des elektronischen Handels (u.a. Preissenkungen, transparente Preisfindung) wie große Industrieunternehmen.

Einige etablierte Lokalversorger (*Stadtwerke*) sind ebenfalls als Verlierer im E-Commerce anzusehen, da Personal und Know-How fehlen, um konkurrenzfähige Handelsplätze aufbauen und betreuen zu können (Beispiele: Stadtwerke Wuppertal, Stadtwerke Giessen, Stadtwerke Karlsruhe). Diese Versorger betreiben zwar Websites, bieten jedoch keine über die Informationsphase hinausgehenden Online-Dienstleistungen an. Sollte sich der B2C-E-Commerce in Deutschland weiterentwickeln und ein Versorgerwechsel mit nur geringem Aufwand für die Kunden möglich sein, werden sie zu den Verlierern gehören.

Gewinner

Zu den Gewinnern zählen die *Handelsgesellschaften* überregionaler Elektrizitätsversorgungsunternehmen und der industriellen Kraftwirtschaft sowie *Großhändler* und *Großhandelsbroker*, die entweder eine eigene Plattform betreiben und/oder Stromhandel als ihr Kerngeschäftsfeld betrachten. Diese Unternehmen sind in der Regel in der Lage, die Vorteile des E-Commerce in Unternehmenserfolg umzusetzen. In Zukunft werden diejenigen Betreiber und Nutzer elektronischer Handelsplattformen zu den Gewinnern zählen, welche die Verrechnung von Forderungen und andere finanzielle Transaktionen auch in außerbörsliche Handelsplätze integrieren, um das Kreditrisiko zu kontrollieren.

Als eine weitere Gruppe von Gewinnern sind die *Netzbetreiber* anzusehen, deren datenintensives Geschäft sich sehr gut für den elektronischen Datenaustausch eignet. Obwohl hierbei nicht von E-Commerce im Sinne von Handelsgeschäften gesprochen werden kann, dient das Internet als Transaktionsplattform. Auch die Netzbetreiber werden in Zukunft E-Commerce verstärkt im engeren Sinne einsetzen, beispielsweise um Transportkapazitäten zu versteigern oder Regelenergie einzukaufen.

Im Endkundengeschäft werden diejenigen Unternehmen zu den Gewinnern zählen, die es schaffen, ein *virtuelles Warenhaus für Energiedienstleistungen* anzubieten, das ein „One-Stop-Shopping" für Ver- und Entsorgungsdienstleistungen (Strom, Gas, Wasser, Müll usw.) anbietet (Multi-Utility-Konzept).

5.7 Perspektiven

Will man abschließend die Frage beantworten, welchen Anteil der elektronische Stromhandel am Stromhandel insgesamt erlangen kann, dann fällt die Antwort für die drei Segmente des Stromhandels unterschiedlich aus. Im *Stromgroßhandel* wird sich der elektronische Handel weiter durchsetzen und in bestimmten Segmenten (Spotmärkte, Kurzfristlieferungen, Derivathandel, Leitungskapazitäten) das Handelsgeschehen weitgehend bestimmen. Wenn man eine Größenordnung angeben will, dann liegt diese *eher über 50%* als darunter. Im *Stromeinzelhandel* mit *Unternehmen* sind ähnliche Entwicklungen zu erwarten. Allerdings ist auf Grund der in der Regel langfristigen und stabilen Nachfrage der Unternehmen für den größten Teil ihres Strombedarfs generell mit einem geringeren Handelsbedarf zu rechnen. Der Anteil des elektronischen Handels daran dürfte sich aber in der gleichen Höhe bewegen wie im Stromgroßhandel.

In der Stromversorgung der *Privatkunden* wird auch zukünftig der längerfristig angelegte Vollversorgungsvertrag dominieren. Die ständige Überprüfung dieser Vertragsbeziehung und der häufige Wechsel des Versorgers wird nicht an der Tagesordnung sein, obwohl das Internet und elektronische Verkaufsplattformen schon heute beträchtliche Hilfen bieten, und in Zukunft auch der „Vertragswechsel per Mausklick" möglich sein wird. Auf Grund der anderen, viel grundlegenderen, auf Dauer angelegten und alternativlosen Nutzungsstruktur beim Strom wird der elektronische Handel nicht die Höhe des „elektronischen Handels" z.B. bei den Internetzugängen per Call-by-Call erreichen. Vermutlich wird der E-Commerce-Anteil im Stromeinzelhandel mit Haushaltskunden *eher unter 10%* bleiben als darüber ansteigen.

5.8 Fazit

Der Handel mit Strom ist in Deutschland erst seit 1998 möglich. Internet und E-Commerce spielten bei der Etablierung dieser ganz neuen Handelsbranche von Anfang an eine wichtige Rolle. Besonders intensiv wurde und wird das Internet in der Informationsphase des Stromhandels genutzt – deutlich weniger in der Vertragsabschlussphase.

Betrachtet man die einzelnen Segmente des Stromhandels, dann ist im *Stromgroßhandel* der elektronische Handel relativ *gut etabliert*. Das hat u.a. damit zu tun, dass ein bedeutender Teil des Stromgroßhandels der Optimierung des Erzeugungs- und Transportsystems gilt. Hier handeln die Stromerzeuger untereinander, um unvorhergesehene Über- oder Unterkapazitäten auszugleichen. Dieser Markt ist auf Grund seiner hohen Flexibilitätsanforderungen und seiner Kurzfristigkeit besonders gut für den elektronischen Handel geeignet. Auch im *Endkundengeschäft mit Unternehmen* entwickelt sich der Handel über elektronische

5 Handel mit Strom

Marktplätze und die neuen Strombörsen. Gerade hier kommt es oft auf die *Beschaffungsoptimierung* an, für die z.B. elektronische Auktionen ein geeignetes Instrument darstellen. Trotzdem ist beobachtbar, dass Vertragsverhandlungen und Vertragsabschlüsse häufig im persönlichen Gespräch oder über das Telefon erfolgen. Im *Stromeinzelhandel mit Privatkunden* ist momentan ein Vertragsabschluss (Wechsel des Stromversorgers) allein über das Internet nicht möglich, da der bisherige Stromlieferant auf einem schriftlichen Wechselauftrag des Kunden besteht.

Insgesamt erscheint das leitungsgebundene und mit automatisch erfassten Liefer- und Nutzungsdaten versehene Produkt „Strom" gut für den elektronischen Handel geeignet. Trotzdem ist dieses *Potenzial* bisher *nicht ausgeschöpft*. Dies liegt an einer ungenügenden tatsächlichen Marktliberalisierung. Bei der Herstellung einer Markt- und Informationstransparenz, beim Zugang zu den Verteilnetzen und zum Stromzähler, bei der Standardisierung gibt es noch einen erheblichen Handlungsbedarf. Ein einschränkender Faktor ist auch das bei den Kunden etablierte Versorgungsinteresse, das nur partiell und höchstens längerfristig zu Gunsten eines optimierenden Handelsinteresses aufgegeben wird.

Die *arbeitsmarktbezogenen Folgen* des E-Commerce werden, soweit überhaupt vorhanden, überlagert von den dramatischen Folgen durch Konzentrationsprozesse im Zuge der Deregulierung. Vier von 10 Arbeitsplätzen wurde von 1991 bis 2001 in der Strombranche abgebaut. Von den relativ vielen, neu entstandenen, unabhängigen Stromhandelshäusern, Brokern oder Betreibern von elektronischen Stromplattformen werden die wenigstens überleben. Gerade in dieser Branche gilt das *Gesetz der Größe*.

Das Stromhandelsvolumen im Groß- und Einzelhandel mit Unternehmenskunden wird weiter ansteigen, und in diesem Segment wird der Anteil des elektronisch abgewickelten Handels über 50% erreichen können. Das Stromhandelsvolumen im Einzelhandel wird dagegen nicht im gleichen Maße zunehmen. Auf absehbare Zeit ist hier ein viel geringerer E-Commerce-Anteil zu erwarten, der eher unter 10% liegen dürfte als darüber.

6 Wertpapierhandel

Als einer der Vorreiter des E-Commerce gilt der elektronische Wertpapierhandel, der seine Anfänge in der Computerisierung der Wertpapierbörsen hatte, noch bevor irgendjemand von E-Commerce sprach. Mit der Verbreitung der Internetnutzung entwickelten sich schnell die Angebote des elektronischen Wertpapierhandels (Online-Brokerage) und Online-Banking. Die Vorreiterposition hat der Wertpapierhandel zu weiten Teilen den Besonderheiten des gehandelten Gutes zu verdanken, denn auf Grund der Immaterialität eignen sich Wertpapiere, oder allgemeiner gesprochen Anrechte, besonders dafür, in elektronischen Netzwerken übertragen zu werden. Ferner scheinen die Wertpapierbörsen auf Grund der Standardisierung der Transaktionsprodukte und -prozesse für eine Elektronisierung und auf Grund der hohen Informationsintensität für den Einsatz von IuK-Technologien besonders gut geeignet zu sein (Picot et al. 1996, S. 1).

Wegen dieses besonderen Charakters sowie der grundlegenden volkswirtschaftlichen Bedeutung des Wertpapierhandels wurde dieser Bereich für eine vertiefte Analyse ausgewählt. In diesem Abschnitt werden – nach einer grundlegenden Beschreibung der Rahmendaten dieses Wirtschaftsbereichs – die Erscheinungsformen des elektronischen Wertpapierhandels und die von ihm ausgelösten Veränderungen detailliert untersucht, wobei die Phasen der Information, des Orderrouting, des Abschlusses und der Abwicklung einzeln betrachtet werden. Anschließend wird auf den ausgelösten Strukturwandel und die künftige Beschäftigungssituation eingegangen und es werden einige politische Handlungsfelder aufgezeigt. Die folgenden Ausführungen beruhen zu weiten Teilen auf einem Gutachten von Holtmann et al. (2002), das im Auftrag des TAB erstellt wurde.

6.1 Rahmendaten zum Wertpapierhandel

6.1.1 Bedeutung des Wertpapierhandels und der Aktie

Der Wertpapiermarkt, oft auch als Kapitalmarkt im engeren Sinne bezeichnet, erhält seine *besondere volkswirtschaftliche Bedeutung* durch seine Marktfunktion, die darin zum Ausdruck kommt, den Ausgleich von Kapitalangebot und -nachfrage herzustellen. Durch die Kapitalallokationsfunktion wird Kapital den Produktions- und Investitionsvorhaben zugeführt, wodurch auf der Seite der Investoren Vermögen gebildet werden kann. Der Wertpapiermarkt teilt sich in den Markt für Neuemissionen (Primärmarkt) und den Markt für Transaktionen der bereits auf dem Markt befindlichen Wertpapiere (Sekundär- bzw. Zirkulationsmarkt) auf. Der Sekundärmarkt bestimmt durch seine Liquidität die Bedingungen

6 Wertpapierhandel

auf dem Primärmarkt, denn je liquider der Sekundärmarkt ist, desto einfacher kann sich ein Unternehmen durch Neuemissionen finanzieren und desto einfacher können Anlageentscheidungen der Investoren revidiert werden. Zum Sekundärmarkt gehört schwerpunktmäßig der *börsliche* und der *außerbörsliche Wertpapierhandel*. Der außerbörsliche Wertpapierhandel (oft als „Over-the-Counter"-Handel bzw. OTC-Handel bezeichnet) findet traditionell im Telefonverkehr zwischen den Banken und Brokern, im hausinternen Ausgleich innerhalb von Kreditinstituten und zunehmend über weitere elektronische Medien, insbesondere dem Internet, mittels der so genannten *„alternativen Handelssystemen"* bzw. „Alternative Trading Systems" (ATS) statt.

Die Neuerungen im Zuge der Entwicklung des Online-Wertpapierhandels ergaben sich in den letzten Jahren vor allem beim Aktienhandel des privaten Investors auf den Sekundärmärkten. Der börsliche und der außerbörsliche Wertpapierhandel stehen demnach im Mittelpunkt der weiteren Betrachtung. Die E-Commerce-Entwicklungen sind zudem vor dem Hintergrund einer allgemein *wachsenden Bedeutung der Aktie als Geldanlageform* zu sehen.

Abb. 23: Anzahl der Aktionäre und Fondsbesitzer in den Jahren 1997 bis 2001

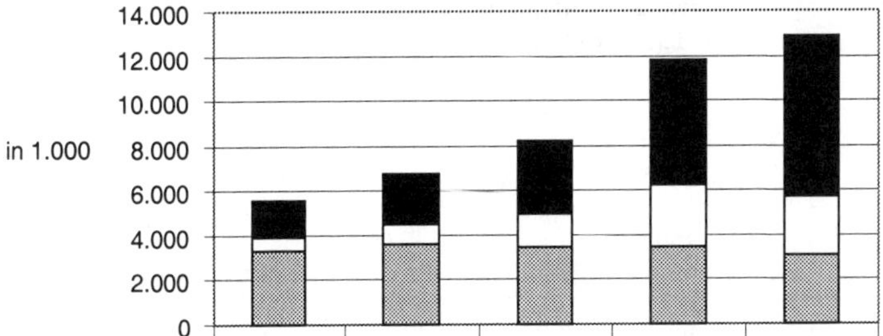

in 1.000	1997	1998	1999	2000	2001
■ nur Fonds	1681	2274	3226	5617	7159
□ Aktien und Fonds	627	911	1518	2748	2607
▨ nur Aktien	3293	3604	3487	3463	3087

Quelle: Leven 2002, S. 1.

Die Anzahl der Aktionäre und Fondsbesitzer steigerte sich von ca. 5,6 Mio. im Jahre 1997 auf fast 13 Mio. im Jahre 2001 (Abb. 23) (Leven 2002, S. 1). Sie unterteilt sich in die Zahl der direkten Aktienbesitzer und der indirekten Aktienbesitzer. Der Anteil der Haushalte mit Aktienbesitz (direkte Aktionäre) ist dabei von 6,8 % im Jahre 1995 auf 13,7 % im Jahre 2000 gestiegen (Holtmann et al. 2002, S. 35). Insbesondere die Zahl der indirekten Aktionäre, die Aktienfondsanteile oder diese zusammen mit Aktien halten, wuchs in den letzten Jahren stark: Von ca. 2,3 Mio. im Jahre 1997 auf ca. 9,8 Mio. im Jahre 2001 (Abb. 23). Allerdings war im zweiten Halbjahr 2001 die Zahl sowohl der direkten als auch der indirekten Aktienbesitzer rückläufig, was mit den starken Kursverlusten am Neuen Markt und bei den DAX 30-Werten und nicht zuletzt als Folge der Terroranschläge am 11. September 2001 erklärt werden kann (Leven 2002, S. 1).

6.1.2 Transaktionsphasen und Volumen des Wertpapierhandels

Für eine Analyse des elektronischen Wertpapierhandels sollen die Transaktionsphasen in die Informations-, Orderrouting- sowie Abschluss- und Abwicklungsphase unterteilt werden (Tab. 22; Picot et al. 1996).

Tab. 22: Transaktionsphasen des Wertpapierhandels

Transaktionsphase	Aktivitäten	Intermediäre und Akteure
Informationsphase ⇩	Informationsbeschaffung über Markt, Produkte und Teilnehmer	Informationsanbieter
Orderroutingphase ⇩	Marktzugang: Weiterleitung des Auftrags an den Ausführungsort	Banken, Broker
Abschlussphase ⇩	Auffindung eines Gegenauftrags und Preisfeststellung	Börsen, alternative Handelssysteme
Abwicklungsphase	Abrechnung und Erfüllung	Clearinghäuser

Quelle: modifiziert nach Holtmann et al. (2002, S. 17, 20) sowie Picot et al. (1996, S. 16 ff.).

Grundlegend versorgen sich die Investoren mit Informationen für die Entscheidungen, auf welchem Markt, welches Produkt und zu welchen Konditionen beschafft oder angeboten werden soll (*Informationsphase*). Hierzu stehen eine Reihe von etablierten und neuen Informationsintermediären zur Verfügung, die von Beratungsabteilungen der Banken oder Brokerunternehmen, Analysten, Wirtschaftsfachpresse bis zu den Angeboten im Internet und sonstigen elektronischen Netzwerken reichen.

Beim *Orderrouting* wird der Wunsch nach der Transaktion, d.h. die Order, an den entsprechenden Wertpapiermarkt weitergeleitet. Dabei erlangen private Investoren regelmäßig nur indirekt Marktzugang, d.h. durch die Einschaltung der Zugangsintermediäre Banken und Broker, die für eine ausreichende Ausfallsicherheit und Bonität sorgen sollen. Im Wesentlichen besteht das Broker-

6 Wertpapierhandel

Geschäft („Brokerage") darin, Wertpapiere für fremde Rechnung im eigenen Namen zu kaufen und zu verkaufen und nach Kontraktpartnern zu suchen. (Universal-)Banken bieten traditionell das „Full-Service Brokerage" an, das neben dem Brokerage-Geschäft auch die personalisierte Beratung vor allem in der Filiale umfasst. Im Zuge der Internet- und E-Commerce-Entwicklung kam es zu einer Abspaltung der Informations- und Beratungsrolle von der Zugangsrolle. Am Endpunkt dieser Entwicklung steht das „Discount-Brokerage", das personalisierte Beratung ausschließt und sich ganz auf das Orderrouting konzentriert.

In der *Abschlussphase* (Preisfeststellungsphase) findet auf dem gewählten Wertpapiermarkt die Suche nach dem Gegenauftrag und die Einigung über die Vertragskonditionen statt. Beim hoch standardisierten Aktienhandel bestehen die Vertragskonditionen häufig nur in den Preis-/Mengenkomponenten, da weitere Vertragskonditionen durch den regulatorischen Rahmen vorgegeben sind. Ist ein korrespondierender Auftrag gefunden („order-driven market") oder wird ein „Market-Maker" – ein von der Börse speziell befugter Marktteilnehmer, der jederzeit auf Anfrage verbindliche Kauf- und Verkaufskurse stellt – zum Handelspartner („quote-driven market"), werden die Aufträge durch den Handel ausgeführt. Beim auftragsgesteuerten bzw. *„Order-driven"-Handel* liegt ein Orderbuch vor, in dem Transaktionswünsche gesammelt werden. Die Aufträge stehen direkt im Wettbewerb miteinander. Der Handel kann automatisiert erfolgen oder ein aktives Handeln der Marktteilnehmer erfordern. Beim notierungsgesteuerten bzw. *„quote-driven"* Preisfeststellungsverfahren gibt es einen oder mehrere Market-Maker bzw. Händler, die mit den Auftraggebern handeln und die Preise festlegen. Die Market-Maker halten Eigenbestände an Wertpapieren, um die Effizienz des Marktes zu erhöhen. Die Orders werden jeweils gegen die Quotierung, d.h. dem gleichzeitigen Setzen eines Kauf- und Verkaufskurses, ausgeführt. Bei beiden Verfahren werden anschließend in der *Abwicklungsphase* die Angaben zur Abwicklung an Clearinghäuser bzw. Abwickler weitergeleitet (z.B. Euroclear oder Clearstream).

Traditionell führen die regulierten *Wertpapierbörsen* zu weiten Teilen die Prozessschritte der Abschluss- und Abwicklungsphase aus. Allerdings erhalten die „alternativen Handelssysteme" vermehrten Zulauf (Kap. II.6.3.3). Die regulierte Börsenlandschaft wird in Deutschland durch die Deutsche Börse AG mit Sitz in Frankfurt am Main dominiert, an der im Jahr 1999 über 85 % der Aktienumsätze stattfanden. Im Bereich des Aktienhandels mit Standardwerten besitzt sie eine Quasi-Monopolstellung. Die kleineren Regionalbörsen in Stuttgart, Berlin, München, Düsseldorf, Hamburg, Hannover und Bremen haben sich auf Nischenprodukte, u.a. auf Optionsscheine und Auslandsaktien, spezialisiert (Holtmann et al. 2002, S. 20, 108).

Im *europäischen Vergleich* belegte die Deutsche Börse AG mit einem Handelsvolumen mit inländischen Aktien von 1.969 Mrd. Euro im Jahr 2000 den zweiten Platz hinter der Londoner Börse (2.039 Mrd. Euro) und vor der Euronext (1.889 Mrd. Euro), dem Zusammenschluss der Börsen Paris, Brüssel und Amsterdam.

Im *internationalen Vergleich* lag der gesamte deutsche Aktienhandel gemessen am Börsenumsatz der gehandelten in- und ausländischen Aktien mit einem Volumen von 4.219 Mrd. Euro im Jahre 2000 hinter New York (22.012 Mrd. Euro), Großbritannien und Irland (9.098 Mrd. Euro) und Tokio (4.611 Mrd. Euro) sowie vor Frankreich (2.116 Mrd. Euro) (Holtmann et al. 2002, S. 104 ff.). Bei diesen Zahlen wird allerdings der Aktienumsatz doppelt gezählt, da Käufe und Verkäufe einzeln erfasst werden.

6.1.3 Regulierung

Der Wertpapierhandel gilt als ein *besonders intensiv regulierter Wirtschaftssektor*. Die bedeutendste Institution zur Überwachung und Durchsetzung der Regulierungen ist die *Bundesanstalt für Finanzdienstleistungsaufsicht* (BAFin), die seit dem 01.05.2002 die zuvor getrennten Aufgaben des Bundesaufsichtsamtes für den Wertpapierhandel (BAWe) und des Bundesaufsichtsamtes für das Kreditwesen (BAKred) – ferner des Bundesaufsichtsamtes für das Versicherungswesen (BAV) – übernommen hat. Die Arbeit der BAFin wird durch die Deutsche Bundesbank, auf Länderebene durch die Börsenaufsichtsbehörden und auf Börsenebene durch die Handelsüberwachungsstellen ergänzt. Aus dem engen Regulierungsgeflecht werden im Folgenden die für den vorliegenden Kontext wichtigsten Regelungen erläutert (Holtmann et al. 2002, S. 68 ff.):

- Neben den *Verpflichtungen zur Regelpublizität* wird insbesondere mit den *Regelungen der Ad-hoc-Publizität*, die die gehandelten Unternehmen zur frühzeitigen Veröffentlichung aller potenziell kursbeeinflussenden Informationen verpflichten, das Ziel verfolgt, dem Missbrauch von Insiderinformationen vorzubeugen, um Fairness (Chancengleichheit) und Effizienz (Preise spiegeln alle Informationen wider) des Kapitalmarkts zu erreichen.
- Mit der *Regelung des Marktzugangs* werden private Investoren vom direkten Zugang zu den Wertpapierhandelsplätzen abgehalten und nur Intermediäre (Banken und Broker) zugelassen. Dies wird u.a. damit begründet, dass der private Investor weder über die Zeit noch über die Expertise verfügt, um den Handel in eigener Regie durchführen und überwachen zu können. Spezialisierte Intermediäre sind eher in der Lage, die vielfältigen Risiken des Wertpapierhandels (z.B. Kurswechsel oder Forderungsausfälle) zu beherrschen (z.B. mit Bonitätsprüfungen). Sie sind auch verpflichtet, den privaten Anleger

6 Wertpapierhandel

über diese Risiken abgestuft und entsprechend seiner Erfahrungen aufzuklären. Grundsätzlich entfällt diese Beratungspflicht beim Wertpapierhandel über elektronische Netzwerke nicht (Holtmann et al. 2002, S. 45). Da (Online-) Broker auch das Finanzkommissions- und Depotgeschäft betreiben, fallen sie unter die Bankenregulierung, insbesondere unter das Kreditwesengesetz (KWG) und das Wertpapierhandelsgesetz (WpHG).

- Des Weiteren existieren – insbesondere im KWG – Regelungen, die *Voraussetzungen für das Betreiben von Bankgeschäften* schaffen, wie z.b. Zugangsvoraussetzungen und die laufende Aufsicht über Mindestvolumina an Eigenmitteln oder die Liquidität betreffend. Ziel ist die Sicherung der Funktionsfähigkeit des Kreditgewerbes und der Schutz der Kundengelder.
- Ferner gibt es Regelungen für *Unternehmen, deren Aktien an den Börsen gehandelt werden*. Es gelten die aufsichtsrechtlichen Bestimmungen des Wertpapierhandelsgesetzes (WpHG), insbesondere die Einhaltung von Verhaltensregeln, Meldepflichten, Regelungen zum Insiderhandel, Veröffentlichungspflichten bezüglich kursrelevanter und sonstiger Informationen. Im Rahmen dieses Aufgabenfeldes ist auch die Überwachung der Einhaltung von Wohlverhaltensregeln und Organisationspflichten für die Wertpapierdienstleistungsunternehmen zu gewährleisten.
- Die *Zulassung von Börsen* wird durch das Börsengesetz (BörsG) geregelt, nach dem eine staatliche Genehmigungspflicht vorliegen muss (Kap. II.6.5.2).

Durch die Schaffung einer sektorübergreifenden Aufsichtsbehörde BAFin („Allfinanzaufsicht") soll der Entwicklung in der Finanzwirtschaft Rechnung getragen werden, die in der *sektorübergreifenden Konzernbildung* aus Banken, Finanzdienstleistern und Versicherungsunternehmen besteht, wie dies die Beispiele Allianz/Dresdner Bank bzw. Münchner Rück/HypoVereinsbank verdeutlichen. Auslöser dieser Entwicklung sind u.a. jene Kunden, die zunehmend *Allfinanzprodukte*, wie z.B. das „Asset-Management", verlangen. Ein entsprechendes Angebot lässt die Grenzen zwischen den Kredit- und Finanzdienstleistungsunternehmen sowie Versicherungsunternehmen mehr und mehr verschwimmen (Stobbe 2001). Beispielsweise stoßen Banken in exklusive Kernbereiche der Versicherungsunternehmen vor und Versicherungen in den Bereich der Bankgeschäfte, wodurch der Wettbewerb mit ähnlichen oder sogar identischen Produkten zunimmt. *Elektronische Vertriebswege* wie das Internet, verschärfen nach Meinung der Aufsichtsbehörde diesen Wettbewerb, wobei aus Kundensicht in erster Linie das Produkt im Vordergrund steht und weniger der Anbieter (BAFin 2002).

6.2 Stand und Formen des E-Commerce

Im Wertpapierhandel ist E-Commerce im Sinne der vollständigen IuK-Unterstützung aller Stufen des Handelsprozesses bereits in einem großen Umfang realisiert. Allerdings wird nicht das gesamte Handelsvolumen vollständig elektronisch abgewickelt. Die Entwicklung zum elektronischen Handel verlief über die IuK-Unterstützung der Informationsdistribution und Entscheidungsfindung in den 70er Jahren, die Anbindung der Handelsteilnehmer (z.B. Banken, Broker und Börsen) über private elektronische Netze in den 80er Jahren bis zur Elektronisierung der Preisfindung und durchgängigen IuK-Unterstützung der Prozesskette in den 90er Jahren (Picot et al. 1996; Holtmann et al. 2002, S. 13).

Der rasche Erfolg des *Online-Brokerage bzw. Online-Banking*, das weitgefasst den Marktzugang über primär elektronische Medien bedeutet, kann nicht nur mit den allgemeinen Vorteilen des E-Commerce erklärt werden. Dabei sei an dieser Stelle nur auf die entfallende Mehrfacherhebung der Daten, die (vollautomatische) Durchführbarkeit der Transaktionsprozesse ohne Stillstandszeiten oder auf die Ortsungebundenheit der Teilnehmer und die dadurch ausgeweitete räumliche Reichweite verwiesen (z.B. Malone et al. 1987). Auch auf Grund der Immaterialität der gehandelten Güter ist der Wertpapierhandel für die elektronische Ausführung besonders geeignet (Holtmann et al. 2002, S. 21, 25).

Zur Abschätzung der *quantitativen Verbreitung des Online-Brokerage* liegen gegenwärtig *uneinheitliche Angaben* aus nichtamtlichen Erhebungen und Umfragen vor, die lediglich als Annäherung an das tatsächliche Volumen des Online-Brokerage gesehen werden können. Bei Angaben zu den Wertpapierdepots, die online geführt werden, ist generell zu berücksichtigen, dass Online-Anleger häufig mehrere Online-Depots parallel halten und die geschätzte Zahl der „toten" Depots ohne Umsätze im Jahre 2001 nach Auskunft des Deutschen Aktieninstituts stark zugenommen hat.

- Die Anzahl der Online-Brokerage-Konten der vier größten deutschen Online-Broker (Comdirect, Consors, DAB Bank und Maxblue) lag im 2. Quartal 2001 bei 2,14 Mio. Online-Konten, während sie im 1. Quartal 2000 noch bei 1,2 Mio. Konten lag. Die Zahl der ausgeführten Aufträge der vier Online-Broker ist stark gesunken und zwar von 16,3 Mio. Orders im 2. Halbjahr 2000 auf 12,6 Mio. im 1. Halbjahr 2001 und auf ca. 10 Mio. im 2. Halbjahr 2001 (Schaaf 2002a, S. 2).
- Eine vergleichbare Erhebung kommt zu den Resultaten, dass die fünf größten Online-Broker (Comdirect, Consors, DAB Bank, Maxblue und Postbank) Ende 2000 ca. 2 Mio. Online-Konten und Ende 2001 ca. 2,5 Mio. Online-Konten führten (Comdirect nur bis zum 3. Quartal) (Scheuerer 2002, S. 141).

6 *Wertpapierhandel* 245

- Nach Angaben von NetValue verfolgten im Jahr 2001 22% der Internetnutzer in Deutschland online die Entwicklung ihrer Aktiendepots, wobei 14% der Internetnutzer tatsächlich online mit Aktien handelten (Graumann/Köhne 2002, S. 376).
- Auf Grundlage einer Befragung im Rahmen des „Online Brokerage Monitor Deutschland 2001" errechnete NFO Infratest, dass die Zahl der Personen, die ihre Aktiengeschäfte über das Internet abwickeln, für das Jahr 2001 bei ca. 1,6 Mio. Depotbesitzer lag (Graumann/Köhne 2002, S. 382).

Des Weiteren ist gegenwärtig ein neuer Trend beim *Wandel in der Kundenstruktur* zu erkennen: Der Anteil der frühen Online-Kunden, die sich sowohl mit der Internettechnologie als auch mit dem Wertpapierhandel auskennen, verringert sich gegenüber dem Anteil neuer Kunden, die geringere Erfahrungen, aber z.T. höhere Depotvolumina aufweisen.

6.3 Veränderungen in den Transaktionsphasen des Wertpapierhandels

Die technischen Entwicklungen des Internets und des E-Commerce haben tiefgreifende Auswirkungen auf die Wettbewerbssituation der Anbieter von Wertpapierhandelsleistungen und mittelbar auf die Branchenstruktur insgesamt (Holtmann et al. 2002, S. 21). Ebenso werden durchgreifende Folgen für den Investor, d.h. den Kunden der Handelsleistung, sichtbar. Diese Folgen stellen sich in den verschiedenen Transaktionsphasen des Wertpapierhandels unterschiedlich dar, weshalb sie im Folgenden gesondert behandelt werden (s.a. Picot et al. 1996).

6.3.1 Informationsphase

Generell wird den elektronischen Medien und insbesondere dem Internet das Potenzial zugeschrieben, die *Informationsversorgung* der Marktteilnehmer zu *verbessern* und die *Markttransparenz* sowie dadurch die Effizienz des Wertpapiermarktes zu *erhöhen*. Die niedrigen Kosten, die in der Informationsverbreitung über elektronische Netzwerke anfallen, führen jedoch auch dazu, dass die verbreitete Menge der irrelevanten oder sogar falschen Informationen aus z.T. anonymen Quellen zunimmt. Die individuell aufzuwendenden Kosten zur Überprüfung der Informationsqualität durch den Empfänger können die erleichterte Verfügbarkeit aufwiegen (Holtmann et al. 2002, S. 13). Während elektronische Medien eindeutig die *Quantität der verfügbaren Informationen* des privaten Investors erhöhen und ihn im Hinblick auf die Breite und Zeitnähe der Informationen mit institutionellen Anlegern nahezu gleichstellen, muss dies für die *Informationsqualität*, d.h. die entscheidungsrelevante Information in der richtigen Menge am richtigen Ort, nicht zutreffen. Ganz im Gegenteil, die Menge an verfügbaren Informationen kann auch die Illusion ausreichenden Wissens erzeugen (Barber/Odean 2001).

Unternehmenskommunikation

In zunehmender Weise nutzen Unternehmen die kostengünstige Informationsverbreitung über elektronische Medien für ihre *Unternehmenskommunikation*, d.h. die direkte Kommunikation des Unternehmens mit verschiedenen Adressaten, insbesondere den Kapitalgebern, meinungsbildenden Analysten und Medien („Investor Relations"), darüber hinaus mit einer breiten Öffentlichkeit, Kunden, Mitarbeitern oder Konkurrenten („Public Relations"). Der Anstieg des Volumens der elektronischen Unternehmenskommunikation führt dazu, dass auch die Menge an Informationen, die keinen oder einen geringen Wert für die Anlageentscheidung des Investors haben, drastisch zunimmt. Insbesondere wird das Internet für die *Ad-hoc-Publizität* genutzt, nach der Unternehmen auf Grund der Bestimmungen des Wertpapierhandelsgesetzes (WpHG) verpflichtet sind, alle – möglicherweise kursbeeinflussenden – Informationen bereits frühzeitig bekannt zu geben. So hat sich die Zahl der Veröffentlichungen im Sinne der Ad-hoc-Publizität seit 1995 bis 2000 auf ca. 5.700 verzehnfacht (Feinendegen/Nowak 2001, S. 1). Die Anforderungen der „Frühzeitigkeit" geraten jedoch in Konflikt zur Exaktheit der Angaben. Die Ad-hoc-Publizität kann daher z.T. ungenaue oder zumindest vorläufige Meldungen enthalten. Auch das zunehmende Ausmaß der überflüssigen Mitteilungen wird beklagt (Feinendegen/Nowak 2001, S. 1).

Kapitalmarktkommunikation

Gegenüber der Unternehmenskommunikation meint die *Kapitalmarktkommunikation* die Kommunikation der Kapitalmarktteilnehmer, Analysten, Medien und Anleger untereinander. Auf Grund der hohen Nachfrage nach entscheidungsrelevanten und richtigen Informationen durch die Investoren kommt *Informationsintermediären* eine hohe Bedeutung zu, besteht doch ihre Aufgabe darin, Informationen zu sammeln, zu prüfen, zu bewerten, zu selektieren und verständlich zu kommunizieren. Allerdings ist die Professionalität der Informationsintermediäre derzeit nicht immer gegeben (Holtmann et al. 2002, S. 13), auch weil neue Informationsanbieter auftreten, die im Vergleich zu den traditionellen Informationsintermediären (Banken, Broker, Analysten oder Wirtschaftsfachpresse) noch wenig institutionell eingebunden oder reglementiert sind.

Beispielsweise hat sich die Zahl der *Wirtschaftsjournalisten* von ca. 500 in der Mitte der 90er Jahren bis heute ungefähr verzehnfacht (Holtmann et al. 2002, S. 53 f.). Die Trennung zwischen fachlich hoch qualifizierten Analysten sowie Wirtschaftsjournalisten, die z.T. einer Selbstregulierung unterstehen, gegenüber weniger qualifizierten, selbst ernannten „Experten" ist verschwommen und für Privatinvestoren kaum noch nachvollziehbar. Werden derartige Personen in der Öffentlichkeit breitenwirksam, gewinnen sie die Möglichkeit der Kursmanipulation durch gezielt abgegebene Meinungsäußerungen, insbesondere bei Aktien mit relativ geringen Umsätzen (marktenge Papiere) (von Rosen/Gerke 2001, S. 9 ff.).

Es besteht generell ein Spannungsverhältnis zwischen dem Ziel der Informationsversorgung einerseits und der Ausnutzung des Informationsvorsprungs zur eigenen Gewinnerzielung oder der Möglichkeit der Kursmanipulation durch Informationsverbreitung andererseits. Dieser allgemeine Zielkonflikt wird durch so genannten *„Chat-Rooms"* bzw. *„Internet Discussion Sites"* (IDS) auch zu einem Problem des elektronischen Wertpapierhandels. Unter Chat-Rooms werden in erster Linie selbstorganisierte Diskussionsplattformen zu unterschiedlichsten Themen im Internet verstanden, die als Internetseite oder als Teil eines Internetangebots teils privat, teils kommerziell betrieben werden. In der Regel können die Nutzer, die nur teilweise bei diesen Diensten registriert sind, in Echtzeit über derartige Computersysteme kommunizieren oder stillschweigend die Diskussion verfolgen („lurking") (Holtmann et al. 2002, S. 60).

In Chat-Rooms sind Privatanleger nicht nur Informationsnachfrager, sondern in der Regel auch Informationsanbieter. Da relativ effektiv und kostengünstig Erfahrungen und Einschätzungen von „Gleichgesinnten" gewonnen werden können, erfreuen sie sich einer gewissen Beliebtheit. Die Informationsqualität und die Sanktionierung von Urhebern falscher Informationen kann jedoch auf Grund der technischen Strukturen des Internets nicht bzw. noch nicht gewährleistet werden. Chat-Rooms können als schneller und kostengünstiger Weg zur Beeinflussung von Börsenkursen durch irreführende oder falsche Informationen missbraucht werden (Holtmann et al. 2002, S. 13, 60 f.). Gerade im Internet findet sich häufig das traditionelle *„Pump and Dump"-Verfahren*, bei dem u.a. Mitteilungen in den Chat-Foren von mehreren scheinbar unabhängigen Quellen die Euphorie und damit Nachfrage und Preis für bestimmte Papiere anheizen sollen („pump"). Die Initiatoren verkaufen ihre im Vorfeld erworbenen Papiere dann zu Höchstpreisen, sprechen Verkaufsempfehlungen aus und der Kurs fällt („dump") (U.S. SEC 2000).

Internettechnologien begünstigen die Möglichkeit der Kursmanipulationen auf Grund der schnellen, komfortablen und kostengünstigen Verbreitungsmöglichkeit von Informationen und auf Grund der schwer zu realisierenden systematischen Kontrolle. Diesem Problem wird durch Reglementierung in Form von Selbstregulierungen oder staatlichen Maßnahmen Rechnung getragen (Kap. II.6.5.1). Darüber hinaus kann die *Reputation der Informationsintermediäre*, wie Banken und Broker, dazu beitragen, dass der Investor mit gefilterten, qualitativ hochwertigen und entscheidungsrelevanten Informationen zum richtigen Zeitpunkt versorgt wird. Informationsintermediäre, die diese Reputation aus dem konventionellen Bereich mitbringen, haben im elektronischen Wertpapierhandel einen entscheidenden Wettbewerbsvorteil (Holtmann et al. 2002, S. 14).

6.3.2 Orderroutingphase

In der Orderroutingphase traten mit der Durchsetzung des Internetwertpapierhandels durchgreifende Veränderungen ein. Insbesondere konnten sich Online-Anbieter mit neuartigen Geschäftsmodellen in den angestammten Geschäftsbereichen der Banken und Broker etablieren. Hierzu zählt insbesondere die rein transaktionsorientierte elektronische Auftragsabwicklung der Online-Broker unter Ausschluss der Beratung („execution-only business") (Holtmann et al. 2002, S. 14). Im Allgemeinen etabliert sich ein Trend, das Leistungsangebot zum einen auf das Orderrouting zu verkürzen *("Discount-Brokerage")* und es zum anderen ausschließlich mittels Brief, Fax oder Telefon zu erbringen und dabei auf ein Filialnetz zu verzichten *("Direct-Brokerage")*. Das *Online-Brokerage* verknüpft die beiden Elemente des Discount- und des Direct-Brokerage und erbringt die Leistungen in erster Linie über das Internet. Populäre Angebote des Online-Brokerage in Deutschland sind beispielsweise als eine der ersten Anbieter Consors oder die Direkt Anlage Bank; ferner finden sich auch Online-Angebote der Advance Bank, Citibank, Entirum, Fimatex, 1822direkt, Comdirect, SBroker, Diba, Brokerage24, E-Cortal, Maxblue, Netbank, Easytrade, SEBdirect, Wallstreet:Online Trading oder der Credit Suisse (s.a. die Übersicht und Bewertung auf der Webseite Gelon und die Internetadressen im Anhang).

In der Regel informiert sich der Anleger beim Online-Brokerage selbst, muss seine Anlageentscheidungen eigenständig fällen und übernimmt einige Prozessschritte des Orderroutings, indem er z.B. die Order selbst in eine elektronische Maske eingibt und an den Online-Broker abschickt, ohne dass er die Order auf einem Wertpapierhandelsplatz selbst ausführen kann. Der besondere *Vorteil des Online-Brokerage* besteht – insbesondere auch gegenüber dem Direct-Brokerage – darin, dass durch die durchgängig informationstechnische Abwicklung aller Prozessschritte und damit durch die *Vermeidung von Medienbrüchen* die Orderroutingphase schnell und kostengünstig abgewickelt werden kann. Dies betrifft den Kursbezug, die Abgabe der Order, die Eingangs- und Ausführungsbestätigung sowie die Darstellung der Depot- und Kontenbewegungen. Zudem kann die Effizienz der Prozessschritte durch stark *standardisierte Produkte* gesteigert werden.

Die jüngsten Entwicklungen zeigten jedoch, dass sich neue Geschäftsmodelle oft eher an der technischen Leistungsfähigkeit bzw. Machbarkeit und weniger an ökonomischen Kalkülen orientierten. So wurden transaktionsspezifische Gebühren erhoben, die sich bei rückläufigen Handelsvolumina stark negativ auf die Gewinnsituation der Online-Anbieter auswirken. Bei der Baisse im Jahre 2001 sind dementsprechend die *neuen Online-Anbieter unter starken wirtschaftlichen Druck geraten.* Darüber hinaus zeigte sich, dass das Geschäftsmodell des rein transaktionsorientierten Online-Brokerage nur für das begrenzte Kundensegment der technikaffinen „heavy trader" mit Erfahrungen im Wertpapierhandel sinnvoll ist. Dieses frühe Nutzersegment schätzte vor allem die schnelle und kostengünstige Orderabwicklung, die zeitliche Unabhängigkeit sowie die Informationsversorgung mit Unternehmens- sowie historischen und aktuellen Marktdaten, die sie nahezu mit den institutionellen Investoren gleichstellten (Holtmann et al. 2002, S. 76).

Da die Zurverfügungstellung von Echtzeitkursen zu einem kritischen Erfolgsfaktor wurde, integrierten die Online-Broker und Informationsdienstleister ihre Systeme. Die Kooperation zwischen dem Online-Broker Consors und dem Verlagsunternehmen Handelsblatt gibt hierfür ein Beispiel. Bei Consors eingeloggte Kunden können vielfältige Informationen des Abonnementdienstes „Handelsblatt-Interaktive" nutzen und z.B. direkt über die Wertpapierkennziffer in den Artikeln zum Ordermenü wechseln (Weinhardt et al. 2000). Allerdings sehen sich die Online-Anbieter dem Problem des „Rosinenpickens" gegenüber, denn Kunden nutzen beispielsweise den einen Dienst zur Information (z.B. Echtzeitkurse oder Alarmfunktionen) und einen anderen Dienst zur Ordererteilung. Anbieter sehen sich zunehmend weniger in der Lage, Einnahmen zur Finanzierung der Zusatzleistungen zu erzielen (Holtmann et al. 2002, S. 77, 92).

Mittlerweile ist die *„zweite Welle" der Nutzer* des Online-Brokerage nachgerückt. Diese Nutzer erwarten einen höheren Bedarf an Zusatzleistungen, insbesondere Beratung. Dadurch werden nicht nur Anpassungen in den Geschäftsmodellen notwendig (hin zum „Value-Added Brokerage", d.h. mit personalisierter Beratung auch über mehrere Vertriebswege), sondern es wird auch eine leistungsfähigere IuK-Infrastruktur erforderlich, die nicht nur den Multichannel-Vertrieb an der Kundenschnittstelle, sondern auch eine effektive Organisation der bankinternen Systeme und deren Integration gestattet. Es steht weniger die IuK-Funktion als Beschleuniger der jeweiligen Orderprozesse im Fokus („processing platform"), sondern eine Infrastruktur, die unterschiedliche Funktionen und Zugangskanäle integriert („connectivity system/e-services platform"). Nach derzeitigem Stand zeichnet sich eine *leistungsfähigere IuK-Infrastruktur* durch folgende Elemente aus (Holtmann et al. 2002, S. 15, 72 ff., 79):

- Unterstützung verschiedener elektronischer Vertriebskanäle mit den jeweiligen Mechanismen der Datenverschlüsselung, z.B. Internet, WAP, GPRS/UMTS, Telefon oder Fax;

- Durchführung mehrere Geschäftsvorfälle (Wertpapierauftrag, Depotverwaltung etc.) in Echtzeit über die verschiedensten Zugangskanäle;
- Zusatzfunktionalitäten wie z.B. Alertfunktion, Fundamentalanalysen oder die personalisierte elektronische Kundenbetreuung im Sinne des „Customer Relation Managements";
- Skalierbarkeit, d.h. Anpassungsfähigkeit mit ausreichenden Kapazitäten für z.b. Belastungsspitzen;
- Systemintegration von neuen Anwendungen an der Kundenschnittstelle mit den bankinternen (Alt-)Systemen („Connectivity" im „Front-/Back-Office").

Während die technischen Leistungen relativ leicht und kurzfristig im Wettbewerb imitierbar sind, erwerben sich *angepasste Geschäftsmodelle* mit einem Schwergewicht auf Beratung und einem ausgebauten Filialnetz mittelfristig einen weniger angreifbaren Wettbewerbsvorteil. Die persönliche Online-Beratung als komplexe, personalisierte Dienstleistung über elektronische Netze wurde bisher noch kaum realisiert, da zum einen den Online-Brokern die notwendigen Qualifikationen und die technischen Lösungen fehlen. Zum anderen werden Angebote der Online-Beratung (bisher) nur bedingt vom Kunden akzeptiert. Anbietern, denen die Realisierung und Akzeptanz gelingt, dürften schnell Wettbewerbsvorteile erlangen. Solange dies allerdings nicht in breitem Maße umgesetzt worden ist, spielt das Filialnetz eine entscheidende Rolle, dessen Aufbau für die reinen Online-Broker allerdings einen erheblichen Kapitalaufwand erfordert. Hier sind die traditionellen Anbieter mit einem ausgebauten Filialnetz besser positioniert (Holtmann et al. 2002, S. 81, 91, 93).

6.3.3 Abschluss- und Abwicklungsphase

E-Commerce in der Abschluss- und Abwicklungsphase des Wertpapierhandels verändert beide Formen des Sekundärmarktes, den börslichen und den außerbörslichen Handel.

Elektronisierung des börslichen Wertpapierhandels

Beim *börslichen Wertpapierhandel* verdrängen die *vollelektronischen Handelssysteme (Computerbörsen)* zunehmend die klassischen Parkettbörsen. Der Wertpapierhandel wird in sämtlichen Transaktionsphasen stärker informationstechnisch unterstützt:

- Computergestützte Ordereingaben übertragen die Aufträge per Datenfernübertragung an das Börsensystem.

6 Wertpapierhandel

- Die korrespondierenden Aufträge werden automatisch gegeneinander ausgeführt und an die entsprechenden Abwicklungssysteme weitergeleitet (computergestützter Abschluss).
- Die computergestützte Informationsverbreitung sorgt für eine rasche Verbreitung der Handelsinformation (z.b. Kurse) an andere Marktteilnehmer.

Die rasche Entwicklung des elektronischen Wertpapierhandels beruht auf einer ganzen Reihe von *Vorteilen*, die die Nachteile, wie z.b. unzureichende Ausfallsicherheit und z.T. fehlende Skalierbarkeit, überwiegen. Mit der durchgehenden Elektronisierung des Handelsgeschehens werden nicht nur die Handelsprozesse beschleunigt und optimiert (z.b. durch die automatisierte Plausibilitätsüberprüfung der Eingaben), sondern es entfallen die Kosten der Mehrfachdatenerhebung und der physischen Präsenz. Ferner können die elektronischen Daten den Marktteilnehmern in Echtzeit besser präsentiert werden, wodurch die Markttransparenz steigt. Auch die zentrale Archivierung der Handelsdaten wird erleichtert, was die jederzeitige Überprüfbarkeit der Handelstransaktionen gestattet und die Integrität des Handelsplatzes steigert (Holtmann et al. 2002, S. 99).

In Deutschland löst die *elektronische Handelsplattform Xetra* seit ihrer Einführung im Jahre 1997 in zunehmender Weise den Parketthandel ab (Tab. 23). Durch den Fernzugang („Remote-Membership"-Modell), mit dem weltweit standortunabhängig Kauf- und Verkaufsaufträge erteilt werden können, konnte der Teilnehmerkreis auf das Ausland stark ausgedehnt werden. Ende Juli 2001 handelten auf Xetra 425 Banken aus 18 europäischen Ländern (zukünftig verstärkt auch außereuropäische Unternehmen).

Tab. 23: Börsenumsätze mit allen Wertpapierarten auf Xetra, Parkett Frankfurt und Regionalbörsen im Jahr 2000 und 2001

Börse	Umsatzvolumen in Mio. Euro im Jahr 2000	Marktanteil im Jahr 2000	Umsatzvolumen in Mio. Euro im Jahr 2001	Marktanteil im Jahr 2001
Parketthandel der Deutschen Börse AG	3.218.337	53,0%	1.969.895	44,7%
Xetra	1.874.978	30,9%	1.824.674	41,4%
Regionalbörsen	978.936	16,1%	614.184	13,9%
gesamt	*6.072.251*	*100,0%*	*4.408.753*	*100,0%*

Quelle: Deutsche Börse AG 2001, S. 33; 2002, S. 16.

Obwohl nahezu alle Handelsstufen inzwischen vollständig elektronisiert wurden, wird *von einer vollständigen Automatisierung* – die technisch durchaus denkbar wäre – häufig *Abstand genommen*. Die Marktteilnehmer möchten die Entscheidungsgewalt nicht vollständig aus der Hand geben und sehen darin, neben dem Problem einer effizienten Kontrolle der Aktionen der Software, u.a. vielfach auch die Gefahr, sich selbst „weg zu rationalisieren". Innovative Ansätze der Informationstechnologie, wie z.B. Softwareagenten, werden daher voraussichtlich weniger dazu verwendet, den menschlichen Marktteilnehmer vollständig zu ersetzen. Vielmehr können sie eine Teilautomatisierung vorantreiben, indem sie wiederkehrende und unkritische Aufgaben übernehmen (z.B. „Quote-Machines" bei Standardvolumina). Oder sie verfolgen spezielle Handelsstrategien ihres Benutzers, stehen aber mit diesem weiterhin fortwährend in Verbindung, um dessen Unterstützung bei Bedarf einzufordern. Softwareagenten bieten diese Potenziale in größerem Maße als traditionelle Softwarekonzepte, da sie ihre Umgebung „beobachten" und beeinflussen sowie „autonom" handeln können, gleichzeitig aber mit ihrem Auftraggeber „kommunizieren" und sensible Informationen vor anderen Teilnehmern verbergen („Kapselung") (z.B. Gomber et al. 1999).

Ein weiterer Aspekt der Elektronisierung ist, dass – anders als beim Parketthandel – der *soziale Kontakt* mit den Kontrahenten unterbunden wird und damit wichtige Informationen (wie z.B. Stress, Nervosität etc.) nicht mehr vermittelbar sind. Dies wird in der Wissenschaft kontrovers diskutiert. Einerseits wird argumentiert, dass existierende elektronische Systeme auf Grund der Aggregation der Darstellung ohnehin besser in der Lage sind, die „Marktstimmung" einzufangen und abzubilden. Es wurden bereits Systeme entworfen, die z.B. über die Lautstärke eines Signaltons versuchen, die „Stimmung" im System abzubilden. Andererseits können elektronische Systeme auch dazu benutzt werden, die Anzahl der potenziellen Handelspartner ex ante durch automatisierte Vorauswahl zu reduzieren (elektronisches „Kontrahentenmatching"), was in prototypischen Systemen bereits realisiert wurde (Gomber et al. 1999).

Im Allgemeinen ist die Entwicklung, nach der die Märkte dahingehend vollständig automatisiert werden, so dass die automatische Orderzusammenführung nur nach dem Prinzip der kontinuierlichen Doppelauktion (auftragsgesteuert bzw. „order-driven") erfolgte, zum Erliegen gekommen. Immer mehr Märkte bieten ihren Teilnehmern verschiedene Formen der Orderzusammenführung an: Es entwickeln sich zunehmend *hybride Formen*. Einerseits werden kontinuierliche und periodische Preisermittlungsverfahren kombiniert (Gesamtpreisermittlung am Anfang, in der Mitte und am Ende des Handelstages); andererseits werden diese (auftragsgesteuerten) Verfahren zunehmend auch mit Market-Maker-Ansätzen kombiniert (notierungsgesteuert, z.B. mit „specialists", Betreuer, „designated sponsors"). Auf diese Weise sind die spezifischen Potenziale beider Verfahren gemeinsam nutzbar.

Beispielsweise besteht der Vorteil der Liquiditätsspender („designated sponsors") im Xetra-System darin, dass sie den Marktteilnehmern Liquidität bei schlechter Orderlage bereitstellen (wenig gehandelte Papiere oder viele Orders auf einer Marktseite) und damit zu geringerer Volatilität beitragen (Holtmann et al. 2002, S. 121). Der „Erfolg" des Handels mit einem Papier wird damit an spezielle, verantwortliche „Personen" gebunden, die einerseits an diesem Erfolg gemessen werden und andererseits helfen, die *Schwächen eines elektronischen Automatismus* zu vermindern. Automatische Systeme haben effektverstärkend gewirkt, z.b. beim Kurssturz im Oktober 1987 an der New York Stock Exchange, da die unterschiedlichen automatischen Systeme oft die gleichen Verhaltensweisen aufwiesen. In Auswertung dieser Erfahrungen kann auch von einer „*Re-Manualisierung*" gesprochen werden.

Elektronisierung des außerbörslichen Handels

Im börslichen Aktienhandel ist nicht mit neuen Marktplätzen zu rechnen, jedoch im *außerbörslichen Handel* werden zukünftig vermehrt neue Systeme erwartet. Im Allgemeinen wird der außerbörsliche Handel, der traditionellerweise über den Telefonhandel erfolgt, auf Grund seiner individuellen Preis- und Vertragsgestaltung, zur Aufhebung der Anonymität, bei fehlender Liquidität börslich notierter Papiere oder auf Grund befristeter Börsenöffnungszeiten aufgesucht oder wenn seine Intransparenz zur verdeckten Ausführung großvolumiger Orders (Blockorder) genutzt wird, die ansonsten adverse Preiseffekte auslösen würden (Holtmann et al. 2002, S. 15, 123).

Neuaufkommende außerbörsliche Handelsplätze im Internet, die so genannten alternativen Handelssysteme – „*Alternative Trading Systems*" (ATS) bzw. „*Electronic Communication Networks*" (ECN) –, setzten sich schnell durch, weil mit ihnen einige Probleme des traditionellen außerbörslichen Wertpapierhandels gelöst wurden. So wird die Suche nach Kontraktpartnern mit der Suche über das Internet erleichtert und Medienbrüche, wie sie der Telefonhandel kannte, werden ganz oder teilweise vermieden. Zugangsintermediäre der ATS überprüfen das Ausfallrisiko und die Bonität, wodurch das Wiederbeschaffungsrisiko bei Geschäftsausfall reduziert wird. Gegenüber dem Telefonhandel ist die Markttransparenz insbesondere bezüglich des Preisbildungsprozesses erhöht. Ebenso fließen Informationen von einer größeren Anzahl Investoren in die Preisbildung ein, was die Preisqualität des Marktes steigert. Die Liquidität wird zwar weiterhin auf mehrere ATS zersplittert, allerdings wird sie gegenüber dem bilateralen Telefonhandel auf den einzelnen ATS stärker gesammelt. Die Flexibilität bei der Produkt- und Vertragsgestaltung ist jedoch auf den ATS gegenüber dem Telefonhandel reduziert, weil sie sich in der Regel nur auf umlauffähige Wertpapiere beschränken.

ATS bieten ähnliche Funktionalitäten wie Börsen an, sie unterscheiden sich von Börsen nur durch die geringere Regulierungsintensität (Holtmann et al. 2002, S. 128). *Unzureichende Regulierung und fehlende Aufsicht* sind jedoch zugleich das Hauptproblem der ATS, denn sie bedeuten für den privaten Investor generell eine größere Unsicherheit. Hier wird ein künftiger Regulierungsbedarf gesehen (Kap. II.6.5.2; Börsensachverständigenkommission 2001).

Auf Grund der genannten Vorteile haben in den *USA* die ATS bereits ca. 30 % des Volumens der Nasdaq bei einer jährlichen Steigerungsrate von nahezu 20 % erreichen können. ATS waren in den USA erfolgreich, da sie einen auftragsgesteuerten Handel („order-driven") anbieten, der gegenüber dem Nasdaq-Handel mit Market-Maker („quote-driven") effizienter ist. Beim „order-driven" Handel kann der Ausgleich kompatibler Order („matching") automatisch durch das System erfolgen oder ein aktives Handeln der Marktteilnehmer erfordern.

In der *Europäischen Union* konnten ATS bisher einen nicht so hohen Anteil erreichen, da Börsen, wie z.B. Xetra in Deutschland, traditionell nach dem Orderbuch-Konzept (order-driven) organisiert sind, und somit bereits einen hohen Elektronisierungsgrad und damit eine hohe Geschwindigkeit aufweisen (Schuster/Rudolf 2001, S. 382 ff.). Allerdings können ATS Wettbewerbsvorteile durch die Preisführerschaft gegenüber den relativ hohen Preisen für das Clearing und Settlement, die die Wertpapierbörsen verlangen, erreichen. In Deutschland bieten etwa die Online-Broker DAB, Fimatex, SBroker, 1822direkt, Consors, Comdirect, Advance Bank, Maxblue, CitiBank oder Patagon den Zugang zu außerbörslichen Parallelmärkten. Beispiele für elektronische außerbörsliche Handelssysteme sind in Deutschland das System XEOS der IBM Deutschland GmbH sowie auf internationaler Ebene das System Jiway.

IBM betreibt *XEOS* als unabhängiger Dienstleister, der selbst keine aktive Handelsrolle einnimmt. Die eigentlichen Kunden von XEOS sind insbesondere die Intermediäre, d.h. Banken und Broker, über die die Investoren den Zugang zu XEOS erhalten. Das elektronische Handelssystem tritt dementsprechend nicht direkt beim Investor in Erscheinung. Derzeit sind beispielsweise die Deutsche Bank 24, Comdirect, LBBW Direkt oder die 1822direkt Bank die Intermediäre bei XEOS. XEOS ist ein notierungsgesteuertes (quote driven) Handelssystem und die Preisfeststellung erfolgt nach dem Market-Maker-Prinzip. Die Wertpapiergeschäfte über XEOS kommen immer mit einem Market-Maker als Gegenpartei zustande. Es findet kein systemseitiges Matching statt. Die Preise werden außerhalb des Systems durch den jeweiligen Kursanbieter bzw. Market-Maker generiert und sind vor Abschluss des Geschäfts bekannt (Festpreisgeschäft). Demnach weist das System XEOS nicht die Eigenschaften einer Börse auf.

6 Wertpapierhandel   255

Auf *Jiway* werden die US-amerikanischen und europäischen Wertpapiere von zehn verschiedenen angeschlossenen Börsen gehandelt („one-stop trading"). Dazu zählen die Deutsche Börse AG, London Stock Exchange mit SETS (Stock Exchange Electronic Trading Service) und SEAQ (Stock Exchange Automated Quotations System), Borsa Italiana, Euronext Paris SA sowie Euronext Amsterdam, OM Stockholm Exchange, New York Stock Exchange sowie Nasdaq und die Swiss Exchange mit der Plattform Virt-x. Jiway konzentriert sich auf den privaten Investor und möchte ihm den kostengünstigen internationalen Wertpapierhandel in Echtzeit erleichtern. Auch bei Jiway stehen Intermediäre (trading parties) zwischen Jiway und dem Investor, wozu in Deutschland etwa die Lang & Schwarz Wertpapierhandels AG zählt. Bei Jiway findet die Preisfeststellung sowohl über ein Orderbuch als auch über Market-Maker statt.

6.3.4 Strukturwandel und Wettbewerb

Zunehmender Wettbewerb der Wertpapierhandelsplätze

Der zunehmende Wettbewerb der Wertpapierbörsen ergibt sich zum einen durch die Verbreitung der „Alternative Trading Systems" (ATS) des außerbörslichen Handels und zum anderen durch die vermehrten Tätigkeiten ausländischer Börsen im Inland (Holtmann et al. 2002, S. 96 ff.).

Da im Vergleich zum traditionellen Parkett mit computergestützten Handelsplätzen die Aufbau- und Betriebskosten und damit die *Kosten der Erbringung der Börsenleistung erheblich reduziert* werden, sind die Markteintrittsbarrieren für neue Anbieter gesunken. Hierbei sind vor allem die „Alternative Trading Systems" (ATS) des außerbörslichen Handels zu nennen, die insbesondere mit niedrigen Transaktionsgebühren versuchen, Orderströme auf ihre Plattformen zu ziehen. Gleichzeitig haben sich die *Wechselkosten* für die Zugangsintermediäre, d.h. der Banken und Broker, *reduziert*, da die Anbindung an eine Computerbörse im Vergleich zur Präsenzbörse mit geringeren Kosten verbunden ist (z.B. keine Büroräume an der physischen Börse). Auch die Zahl der Kunden der Wertpapierhandelsplätze, insbesondere die Banken, reduziert sich durch die fortschreitende Branchenkonzentration. Die Anzahl der Kreditinstitute verringert sich und die übrig gebliebenen vergrößerten und global tätigen Kreditinstitute gleichen zunehmend ihre Orders hausintern ab („Inhouse-Crossing"). Dies ist insofern problematisch, da dadurch die Kapitalmärkte fragmentiert werden, die Liquidität auf den jeweiligen Märkten knapper wird und sich so die Effizienz reduziert.

Zusätzlich hat sich die räumliche Reichweite durch den Fernzugang („remote membership") an computergestützten Handelsplätzen ausgeweitet, wodurch den Investoren mittelbar über die Zugangsintermediäre ein *grenzüberschreitendes*

Aktionsfeld eröffnet wird (siehe z.B. die Aktivitäten der Nasdaq Europe). Dies bedeutet, dass Wertpapierhandelsplätze zunehmend auch im internationalen Wettbewerb um die Aufträge der Investoren stehen. Die Auswahl des Ausführungsortes der Orders bzw. des Börsenplatzes, die herkömmlicherweise von den Banken und Brokern erfolgte, wird mit zunehmender Informiertheit von den Investoren selbst übernommen, wobei nicht nur die Preise, sondern auch anderer Faktoren, wie Ausführungsgeschwindigkeit und Sicherheit, eine Rolle spielen.

Insgesamt hat der *Wettbewerb zwischen den Wertpapierhandelsplätzen an Intensität* stark zugenommen. Aus volkswirtschaftlicher Sicht wird dies uneinheitlich beurteilt. Auf der einen Seite sorgen mehrere Parallelmärkte für eine Aufsplitterung der Liquidität (Fragmentierung). Größenvorteile, die bei Börsen auf Grund der Netzwerkeffekte einer Konzentration der Liquidität auf einen Handelsplatz stets gegeben sind, können nicht erreicht werden (Vorteile der Konsolidierung). Auf der anderen Seite sorgt der Wettbewerbsdruck paralleler Märkte dafür, dass die Effizienzsteigerungen durch den IuK-Einsatz und Kosteneinsparungen durch die Größenvorteile auch tatsächlich an die Kunden weitergegeben werden. Aus dieser Perspektive ist der Wettbewerb zwischen den Wertpapierhandelsplätzen essentiell für einen funktionsfähigen Kapitalmarkt.

Unternehmensverhalten bei gestiegenem Wettbewerb

Börsen versuchen mit verschiedenen Strategien auf den gestiegenen Wettbewerbsdruck zu reagieren. Die *Markt- und Geschäftsmodelle* werden der veränderten Wettbewerbsposition *angepasst* (z.B. durch drastische Gebührensenkungen), wobei auch der private Anleger in den Fokus gerückt wird. Um seinen Anforderungen nach größerer Transparenz und Flexibilität zu entsprechen, werden insbesondere offene Orderbücher, Kursanzeigen in Echtzeit, Verlängerungen der Geschäftszeiten, reduzierte Mindestabschlüsse oder eine garantierte Sofortigkeit der Orderausführung angeboten. Auch das „Best-Price"-Prinzip wird als Mittel benutzt, Kunden an sich zu binden. Danach garantiert eine Börse die Ausführung der Orders auch zu einem günstigeren Kurs, der sich auf Referenzbörsen gebildet hat. Insbesondere die Regionalbörsen versuchen sich mit Marktmodellen, bei denen der private Investor und Kleinanleger als Kunde gewonnen werden soll, zu positionieren (Holtmann et al. 2002, S. 15). Die Regionalbörsen wenden sich dabei mit ihren Angeboten direkt an den privaten Investor, der allerdings weiter auf den Zugang über Banken oder Broker angewiesen ist.

Die Entwicklung des zunehmenden Wettbewerbs um den privaten Investor kann einem Problem des Online-Brokerage entgegenwirken – allerdings ohne es vollständig zu lösen: Durch die vergleichsweise geringen Kommissionen des Online-Brokers können Investoren zu häufigeren Transaktionen verleitet werden. Statt der geringen sichtbaren Kosten durch die Kommissionen entstehen beim Investor eher versteckte Kosten dadurch, dass der E-Broker sich z.T. auch über einen Anteil an der Preisspanne zwischen Kauf- und Verkaufspreis („Bid-Ask Spread") des Market-Makers oder über sonstige Entgelte vom Market-Makers für die Lenkung des Orderstroms finanziert. Der E-Broker handelt in diesen Konstellationen also auch im eigenen Interesse und nicht allein im Interesse des Investors. Die Preisspanne wird durch den Market-Maker zur Finanzierung seines Risikos des Haltens der Aktienbestände erhoben (Konana et al. 1999, 2000). In diesem Kontext sorgen noch nicht ausreichend geklärte Fragen für *Forschungsbedarf*. So geht es z.b. um die Frage, ob Regulierungs- und Aufsichtsnotwendigkeiten (z.B. Offenlegungspflichten über das Orderrouting, die Ausführungspreise, Entgelte des E-Brokers oder über die Interessenlagen) entstehen (Kap. II.6.5.2) oder ob transparente Angebote von Wettbewerbern für Abhilfe sorgen oder ob der Investor durch eigene Informationsmöglichkeiten bzw. Erfahrungen oder durch die Reputation der Anbieter ausreichend geschützt ist.

Das *Beispiel Quotrix* zielt als Modell einer Regionalbörse auf den privaten Investor. Es ist ein Gemeinschaftsprodukt der Düsseldorfer Börse, des Finanzinformationsdienstleisters Vereinigte Wirtschaftsdienste (vwd) und des Düsseldorfer Market-Maker Lang und Schwarz Wertpapierhandel AG. Quotrix funktioniert nach dem Market-Maker-Prinzip, das einen bestimmten Grad an Sofortigkeit garantiert, weil der Market-Maker durch Selbsteintritt jederzeit die Liquidität garantiert. Der Market-Maker hat die Aufgabe, verbindliche Kurse auf Anforderung „zu stellen" und damit als Marktpartner während der Börsenzeit ständig zur Verfügung zu stehen. Daneben bietet Quotrix das „Best Price" Prinzip an, nach dem die Kurse mindestens den aktuellen Preisen der festgelegten Referenzbörsen entsprechen, wie z.B. Xetra, Nasdaq oder der Londoner Börse. Allerdings zieht im Wettbewerb um den privaten Investor auch die dominierende Deutsche Börse AG nach, in dem sie mit „Xetra-Live" – insbesondere mit dem Einblick in das Orderbuch in Echtzeit und der Absenkung der Mindestauftragsgröße auf eine Aktie – den Privatanleger bedienen will. Für die Regionalbörsen scheint demnach die Fokussierung auf den privaten Investor auch keine dauerhafte Überlebensgarantie.

In diesem Zusammenhang ist auch das angekündigte *„Xetra Best"-Modell* der Deutschen Börse AG zu nennen, mit dem *durchgreifende Änderungen* erwartet werden. Unter dem Dach und auf den Systemen der Börse wird es Kreditinstituten ermöglicht, ihre Kundenaufträge gegeneinander auszugleichen, um damit dem zunehmenden „Inhouse-Crossing" entgegenzutreten. Dabei wird „best execution" garantiert: Der Investor schließt in keinem Fall schlechter ab, als er es zum gleichen Zeitpunkt im offenen Orderbuch des Börsenmarktes getan hätte und die Order muss sofort ausgeführt werden. Ist beides gewährleistet, wird die Order gegen den Eigenbestand seines Kreditinstitutes ausgeführt. Ist beides nicht gewährleistet, wird seine Order dem offiziellen Markt (dem Xetra Orderbuch) zugeführt. Dieses Regelwerk, sowie der Handel selbst, unterliegen dabei den normalen Kontrollorganen der Börse. Das Konzept stellt deshalb eine durchgreifende Änderung dar, da sich die Börse einen Teil ihres traditionellen Geschäftes selbst wegnimmt – nicht alle Kunden erreichen das Xetra Orderbuch. Dies geschieht aber, um den speziellen Anforderungen der Privatkunden und der Banken zu entsprechen, bevor dies andere Anbieter (wie z.b. die Regionalbörsen, Anbieter spezieller ATS oder die Banken im internen Ausgleich selbst) tun.

Darüber hinaus wird der *rechtliche Status und die Unternehmensorganisation* („Corporate Governance" Struktur) als Wettbewerbsfaktor betrachtet. So kommt es vermehrt zur Umwandlung der Wertpapierbörsen von öffentlich-rechtlichen Anstalten in private Unternehmen, die als flexibler gelten („der Gang der Börse an die Börse"). Dies verdeutlichen die Beispiele der Londoner Börse, der Deutschen Börse oder der Euronext. Hiermit verspricht man sich ein einfacheres Durchsetzen von Börseninnovationen und ein institutionell abgesichertes Streben nach Wirtschaftlichkeit. Eine verbesserte Wirtschaftlichkeit dient wiederum der Finanzierbarkeit der (technischen) Weiterentwicklungen. Zudem erleichtert die Öffnung der Eigentümerstrukturen internationale Fusionen. Zum Teil wird auch eine intensive Fusionspolitik neben den internationalen Kooperationsbemühungen betrieben (siehe z.B. die gescheiterten Fusionsbestrebungen der Londoner Börse und der Deutschen Börse AG).

Experten gehen davon aus, dass eine *„substanzielle Konsolidierung "* bis zum Jahre 2006 stattfindet, nach der auf dem europäischen Aktienmarkt nur zwei bis drei Handelsplätze übrig bleiben. Nischenbörsen werden nur dann eine Chance haben, wenn sie sich auf bestimmte Produkte oder Transaktionsbedürfnisse spezialisieren (Holtmann et al. 2002, S. 114).

Kooperations- und Integrationsbestrebungen

Der zunehmende Wettbewerbsdruck zwingt einzelne Börsen dazu, neue Markt- und Geschäftsmodelle zu suchen und zu adaptieren. Dabei können vermehrt Unternehmenskooperationen und -integrationen sowohl auf horizontaler als auch auf vertikaler Ebene beobachtet werden, die durch die leichtere technische Integration der Prozessschritte ermöglicht wurden:

- Das Beispiel für eine *horizontale Konzentration* zur Erreichung der privaten Investoren ist Quotrix, das eben skizziert wurde. Dabei basiert Quotrix auf der Technologie des ehemaligen außerbörslichen Handelssystems Tradelink. Dadurch, dass Quotrix unter dem Dach der Düsseldorfer Börse agiert, wird versucht, die Reputation der Börse auf Quotrix zu übertragen.

- Als Beispiel für eine *vertikale Integration* zwischen einem Online-Broker und einem Informationsdienstleister wurde bereits die Kooperation von Consors und Handelsblatt beschrieben.
- Einzelne Anbieter *integrieren mehrere Marktmodelle* bzw. Preisfindungsverfahren auf ihren Handelsplattformen. So hat beispielsweise die Deutsche Börse AG neben dem Angebot „Xetra Live" auch mit „Xetra Best", d.h. mit einer „Best-Execution"-Garantie und der sofortigen Ausführung von Privatanleger-Orders eine Erweiterung der Handelsplattform angekündigt, die insbesondere den privaten Investoren neue Handelsmöglichkeiten schaffen sollen. Da die privaten Investoren die Klientel der Regionalbörsen sind, könnten sich daraus für diese erhebliche Folgen ergeben (Holtmann et al. 2002, S. 144 ff.).
- Daneben finden sich auch an *Regionalbörsen Integrationsbestrebungen*, die in den Überlegungen zu einer „Retail-Börse", die sich auf den privaten Anleger spezialisiert, zum Ausdruck kommen. Die Retail-Börse soll durch eine Integration der Regionalbörsen mittels verknüpfender IuK-Systeme (logischer Layer) zustande kommen. Dadurch könnte Transparenz über die heutigen Einzelsysteme hinaus und einheitliche Handels- und Wettbewerbsregeln geschaffen werden. Auch das Marktdesign soll ganz auf den privaten Anleger, der eher nicht die Kursschwankungen an einem Tag ausnutzen kann und will, zugeschnitten sein, z.B. durch den Einsatz von Market-Makern zur treuhänderischen Betreuung von Aufträgen. Auf der einen Seite können somit durch die Integration die Nachteile der Fragmentierung und Intransparenz vermindert werden, auf der anderen Seite sichert man durch die verbleibende Unabhängigkeit den Wettbewerb zwischen den Börsen.

6.4 Beschäftigungsbezogene Aspekte

Die Elektronisierung des Wertpapierhandels hat generell eine Automatisierung von Handelstransaktionen im Gefolge, was negative Effekte für die Gesamtbeschäftigung haben muss. Andererseits sind auch positive Beschäftigungseffekte denkbar, etwa durch die Erschließung neuer Geschäftsfelder. Eine genaue, bilanzierende Berechnung der quantitativen *Beschäftigungseffekte des elektronischen Wertpapierhandels* ist insbesondere auf Grund der mangelnden Datenlage an dieser Stelle nicht möglich. Die folgenden Argumente können jedoch auf Beschäftigungswirkungen hinweisen:

- Mit dem IuK-Einsatz wird Human- durch Sachkapital ersetzt, wodurch in der Regel die Arbeitsproduktivität gesteigert werden kann. So lag im *Bereich der Finanzintermediation* in Deutschland im Zeitraum der Jahre 1994 bis 1997 die jahresdurchschnittliche Wachstumsrate der Arbeitsproduktivität bei 6,1 %, die jahresdurchschnittliche Wachstumsrate der Beschäftigung dagegen bei

-0,1% (die jahresdurchschnittliche Wachstumsrate der Wertschöpfung lag bei 5,9%). Gerade bei der Finanzintermediation besteht ein hoher Automatisierungsgrad (z.B. Marktzugang oder Preisfeststellung), der allerdings in anderen Bereichen, insbesondere bei der Beratung, mittelfristig nicht gegeben ist, da z.b. automatisierte Online-Beratungsformen bisher wenig akzeptiert werden.

- Allerdings müssen qualitative Unterschiede bei verschiedenen Arbeitsformen im Finanzsektor berücksichtigt werden. Insbesondere wird mit einer *Reduktion des Personals ohne formale Ausbildung* gerechnet, die auf die Ausdünnung des Filialnetzes und die zunehmende Automatisierung, damit auf die Wegrationalisierung von Routinetätigkeiten und redundanten Arbeiten zurückzuführen ist. Insbesondere wird die Datenerfassung mehr und mehr überflüssig, denn durch die Virtualisierung der Kundenschnittstelle können die Daten ohne Medienbruch in die internen Systeme weitergeleitet werden. Mitarbeiter ohne formale Ausbildung können zunehmend durch Mitarbeiter mit formaler Ausbildung ersetzt werden. Bei Letzteren kommen die Einschätzungen allerdings zu keinem einheitlichen Schluss. Mittelfristig ist jedoch mit einer Anstieg der Anteile der Beschäftigten mit (Fach-)Hochschulabschluss zu rechnen (Holtmann et al. 2002, S. 157). Steigerungen beim Beschäftigtenanteil werden vor allem im EDV-Bereich erwartet, nicht zuletzt durch den E-Commerce (Gerke et al. 2001, S. 83).

- Generell ist eine Reduktion der Zahl der Kreditinstitute und Bankfilialen in den letzten Jahren festzustellen. So ging die Anzahl der Bankfilialen von 71.564 im Jahre 1995 auf 59.715 Filialen (inkl. Postbankfilialen) im Jahre 2000 zurück. Insbesondere durch Fusionen verringerte sich die Zahl der Kreditinstitute von 3.651 im Jahr 1995 auf 2.792 im Jahr 2000. Diese Entwicklung spiegelt sich erst undeutlich bei den Beschäftigtenzahlen im Banksektor wieder. So fielen zwar die Beschäftigtenzahlen nach Angaben von Eurostat von 757.800 Beschäftigten im Jahr 1995 auf 751.517 im Jahr 1998, stiegen dann aber wieder auf 758.645 im Jahr 2000 an (Eurostat 1999; Sneijers 2002). Der Bundesverband deutscher Banken stellt zur Beschäftigtenentwicklung allerdings fest: „Trotz der rückläufigen Zahl von Banken blieb die Beschäftigtenzahl im Kreditgewerbe in den letzten Jahren weitgehend unverändert. Im Jahre 2001 ging die Zahl der Mitarbeiter erstmals seit 1993 merklich zurück. Damit reagieren die Banken mit erheblicher Verzögerung auf die schon seit geraumer Zeit andauernde Verschlechterung ihrer Ertragslage" (Bundesverband deutscher Banken 2002a). Zu beachten sind in diesem Zusammenhang auch statistische Effekte, z.B. durch Neuaufnahme der Postbank (1992) und der Bausparkassen (1999) in den Bankensektor (Bundesverband deutscher Banken 2002b).

- Allgemein wird zukünftig mit **höheren Geschäftsvolumina im Finanzsektor** gerechnet, wodurch die Beschäftigung zumindest in einigen Bereichen, insbesondere in der Beratung und beim Brokerage, gesteigert werden kann (Gerke et al. 2001, S. 83).

- Ein weiterer Aspekt, der sich allerdings nur schwer quantitativ nachzeichnen lässt, ist die *positive Beschäftigungswirkung eines funktionierenden Kapitalmarktes*, da Finanzierungen von Investitionsvorhaben erleichtert werden. Gelingt es, mittels des elektronischen Wertpapierhandels die Aktie stärker beim privaten Anleger als Anlageform zu etablieren, so können sich durchaus positive Auswirkungen auf die gesamtwirtschaftlichen Daten, u.a. auf den gesamten Arbeitsmarkt, ergeben (von Rosen 2001).

6.5 Regulierungsfragen und politischer Handlungsbedarf

Die Leistungsfähigkeit der Börsen und außerbörslichen Handelsplätze wird stark durch die rechtlichen Rahmenbedingungen bestimmt, wodurch diese über die Chancen, Liquidität zu halten, entscheiden. Dies gilt insbesondere dann, wenn der Wettbewerb zunehmend internationaler wird. Bei nationalen Regulierungsinitiativen ist demnach der internationale Kontext zu beachten. Regulierungen, die nur auf nationale Verhältnisse Bezug nehmen, können allerdings durch Anlegerentscheidungen konterkariert werden. Auf Grund der Mobilität der Kapitalströme ist eine Angleichung der unterschiedlichen Regulierungsintensitäten zu erwarten.

Die Regulierung des elektronischen Wertpapierhandels bezweckt insbesondere den Investorenschutz und vertrauensbildende Maßnahmen, mit denen die zunehmende Bedeutung des privaten Investors und einer sich verbreitenden „Aktienkultur", d.h. der allgemeinen Akzeptanz der Aktie als Anlageform, unterstützt werden soll (Holtmann et al. 2002, S. 16). Für diese Zwecke finden sich *zwischen gesetzlicher Regelung und Selbstregulierung* die verschiedensten Ansätze, die sich vor allem auf die Informationsintermediäre beziehen. Beispielsweise betonen von Rosen/Gerke (2001, S. 56 f.), dass eine freiwillige Selbstverpflichtung zu bestimmten Verhaltensweisen zusammen mit Sanktionsmöglichkeiten auf privatrechtlicher Basis den Kapitalmarkt am wenigsten reglementieren würden. Gleichzeitig können durch die Sanktionsmöglichkeiten die Anerkennung und das Vertrauen in die Integrität der Informationsintermediäre gesichert werden. Gesetzliche Regelungen seien dennoch in einzelnen, besonders wichtigen Punkten angebracht.

Insgesamt sollte der *Fokus der (Selbst-)Regulierungen* vom engen Segment erfahrener Investoren hin zu unerfahrenen Anlegern ausgeweitet werden. Als Folge wird die Aufklärungs- und Schulungsarbeit hervorgehoben, die von allen beteiligten Institutionen erbracht werden kann (Holtmann et al. 2002, S. 16).

Neben den im folgenden genannten Regulierungsfragen ist für den Online-Wertpapierhandel die Funktionsfähigkeit und ständige Zugänglichkeit der elektronischen Handelsplattformen entscheidend, da Störungen für den Investor Gewinnausfälle mit sich bringen. (Selbst-)Regulierungsfragen können sich hier nicht nur auf die im Folgenden näher erläuterten Veröffentlichungspflichten (s.u.) beziehen, sondern auch auf mögliche Pflichten für Ersatzmaßnahmen bei Systemausfällen oder Störungen sowie diesbezügliche (Teil-)Garantieleistungen und Haftungsansprüche für den Investor.

6.5.1 Informationsregulierungen

Grundlegende Voraussetzung für einen funktionsfähigen Kapitalmarkt ist die Versorgung der Investoren mit zuverlässigen Informationen. Eine *vertrauenswürdige Informationsbasis* ist insbesondere für die Akzeptanz der Anlageform Aktie beim privaten Investor notwendig. Dieses Erfordernis kann Gründe für die Reglementierung der Kapitalmarktkommunikation liefern, sei es durch Selbstregulierung oder durch staatliche Intervention. Letztere kann beispielsweise durch eine eigenständige gesetzliche Regelung der Chat-Foren oder die Ausdehnung bestehender Regelungen auf dieses Gebiet erfolgen (Holtmann et al. 2002, S. 62).

- In diesem Zusammenhang ist die *Initiative der International Organization of Securities Commissions* (IOSCO), dem Zusammenschluss nationaler Aufsichtsorgane für den Wertpapierhandel auf internationaler Ebene, zu sehen, in der umfangreiche Informations- und sonstige Pflichten für die Nutzer und Betreiber der Chat-Foren vorgeschlagen werden. Beispielsweise sollen Warnhinweise in Chat-Foren den Leser der Einträge daran erinnern, dass keine registrierten oder lizenzierten Anlageberater die Einträge einstellen, der Leser vor der Investitionsentscheidung einen Anlageberater konsultieren soll und dass bei auffällig unrichtigen Einträgen das Regulierungsorgan zu informieren ist. Daneben sollten z.B. auch Autoren der Einträge darauf hingewiesen werden, dass auf Anfrage ihre Identität dem Regulierungsorgan mitgeteilt wird. Für den Betreiber sind etwa die Pflichten vorgesehen, die Identitäten der Autoren sicherzustellen und das Chat-Forum auf irreführende oder täuschende Einträge hin zu überwachen (IOSCO 2001).
- Von Rosen/Gerke (2001, S. 68) fordern in ihrem „*Kodex für die anlegergerechte Kapitalmarktkommunikation*" die Selbstverpflichtung der Anbieter von Chat-Foren, jederzeit die Identität des Diskussionsteilnehmers zu überprüfen und gegebenenfalls der Aufsichtsbehörde mitzuteilen. In erster Linie sollen die Selbstverpflichtungen bei der Strafverfolgung behilflich sein. Die Autoren weisen jedoch darauf hin, dass weitergehende Pflichten, insbesondere die in-

haltliche Kontrolle und gegebenenfalls die Korrektur der Diskussionsbeiträge, wenig praktikabel sind und dem Charakter des Mediums Internet widersprechen würde (von Rosen/Gerke 2001, S. 75).

- Auf europäischer Ebene gibt es den Kommissionsvorschlag für eine *EU-Richtlinie über Insider-Geschäfte und Marktmanipulation (Marktmissbrauch)* (Europäische Kommission 2001b), der die Regulierung u.a. von Instrumenten zur laufenden Verbreitung kursrelevanter Informationen vorsieht. Die Umsetzung und Ausdehnung auf internetbasierte Informationsdienste werden derzeit diskutiert.

Informationsregulierungen betreffen neben den Chat-Foren und sonstigen Informationsdiensten auch die Online-Broker selbst. Die vorgeschlagene europäische Richtlinie über den *Fernabsatz von Finanzdienstleistungen* an Verbraucher sieht die Angabe der Identität, der Anschrift, der Hauptmerkmale der Leistung, des Gesamtpreises, der Einzelheiten der Zahlungsweise und der Leistungserbringung, der Dauer der Gültigkeit des Angebots und der Preise etc. vor (Europäische Kommission 1998b). Ein Widerrufsrecht besteht aus Gründen der Spekulationsgefahr nur bei unlauterem Verhalten des Anbieters (Mai 2002). Angesichts der Bedeutung eines funktionsfähigen Aktienmarktes und zum Schutz der Verbraucher werden z.T. weitergehende Veröffentlichungspflichten vorgeschlagen, wie beispielsweise auch Informationen zu Statistiken über vergangene Systemausfälle und Leistungsschwierigkeiten oder über Notfall- oder Ersatzmaßnahmen sowie Informationen zu Haftungsansprüche bei möglichen Systemfehlern (Konana et al. 2000, S. 41).

6.5.2 Regulierungswettbewerb bei Börsenplätzen

Generell steht die Börsenregulierung in einem Spannungsverhältnis zwischen der Sicherung der Integrität (beispielsweise Schutz vor Manipulationen und Ausfällen) einerseits und andererseits den dadurch entstehenden Kosten der Kontrolle. Dieses Spannungsverhältnis wird durch die Entwicklungen des E-Commerce zusätzlich belastet. Zwischen dem sich rasch wandelnden technisch Möglichen und der gesetzlichen Regelung entsteht in der Regel auf Grund des formalen Gesetzgebungsverfahrens eine zeitliche Lücke. Zudem sind eine Vielzahl heterogener Präferenzen unterschiedlicher Anlegergruppen zu berücksichtigen, die nur schwer mit einheitlichen Regulierungsstandards zu befriedigen sind. Generell können demnach Formen der Selbstregulierung Vorteile haben. Allerdings sind auch Fälle des Missbrauchs und des Versagens der Selbstverwaltungsorgane denkbar. Dies zeigt beispielsweise der Skandal an der Nasdaq-Börse im Jahre 1994, bei dem mit Absprachen zwischen den Market-Makern systematisch überhöhte Marktspannen erzielt wurden (Holtmann et al. 2002, S. 112).

Alternative außerbörsliche Handelssysteme haben regelmäßig einen *Kostenvorteil*, da sie einer geringeren Regulierungsintensität unterliegen. Sie können sich als Trittbrettfahrer verhalten, indem sie Aktien handeln, die auf regulierten Börsen nach eingehender, kostenintensiver Prüfung gelistet werden. Dadurch treten Verzerrungen zwischen regulierten Börsen und dem außerbörslichen Handel auf. Auf europäischer Ebene steht die (einheitliche) Regulierung von alternativen außerbörslichen Handelssystemen, die z.b. den Preisbildungsprozess oder einheitliche Handelsbedingungen betrifft, erst am Anfang, insbesondere durch die Standardisierungsarbeiten des Ausschusses der Wertpapieraufsichtsbehörden (CESR 2002) oder durch die derzeit erarbeitete Änderung der Europäischen Richtlinie über Wertpapierdienstleistung. Deutschland ist mit der Einbeziehung der ATS im Rahmen des *4. Finanzmarktförderungsgesetzes*, das zu weiten Teilen am 1.7.2002 in Kraft getreten ist und zu *Anpassungen des Börsengesetzes* geführt hat, der Standardisierung und Harmonisierung auf europäischer Ebene vorausgeeilt. Danach unterliegen ATS als börsenähnliche Einrichtungen diversen Organisations- und Aufsichtspflichten, die gegenüber denjenigen der Börsen weit eingeschränkt sind. Die spezifischen ATS-Regelungen des Börsengesetzes treten am 1.2.2003 in Kraft. Die Landesbehörden für die Börsenaufsicht kontrollieren im Einzelfall die jeweilige ausreichende Umsetzung der Regulierungsvorgaben durch die ATS.

Im Allgemeinen gilt es, bei der Gestaltung der Regulierung der ATS eine Balance zu finden zwischen dem Schutz der Investoren sowie einer zu weit gehenden Fragmentierung des Wertpapierhandels auf der einen und einer Förderung innovativer außerbörslicher Handelssysteme auf der anderen Seite. Die potenziellen negativen Wirkungen einer Fragmentierung der Märkte durch ATS auf Liquidität und Effizienz müssten genauer nachgewiesen und Möglichkeiten der (elektronischen) Integration von konkurrierenden Handelssystemen untersucht werden.

Auch auf *internationaler Ebene* treten durch unterschiedliche Regulierungsintensitäten Wettbewerbsverzerrungen auf. Anleger wandern zu den Wertpapierhandelsplätzen, die am besten ihren Präferenzen für Sicherheit und Kostenbelastung entsprechen, wobei diese Wanderungsbewegungen durch die Möglichkeiten des elektronischen Wertpapierhandels verbessert werden. Sie wirken als Regulativ bei den spezifischen Lösungen des Spannungsverhältnisses zwischen Integrität und Kosten.

6.6 Fazit

Der Wertpapierhandel gehört zu den Handelsbereichen, die in einem sehr hohem Maße elektronisch organisiert sind, was nicht nur die Abwicklung der Aufträge, sondern auch die Schnittstellen zu den Investoren betrifft. Die Übertragung der Erfahrungen aus dem Wertpapierbereich auf andere Handelsbereiche ist jedoch auf Grund seiner besonderen Charakteristika nur bedingt möglich.

- Auf die besondere Eignung der Immaterialität von Wertpapieren für den computerisierten Handel wurde bereits hingewiesen. Darüber hinaus werden mit Wertpapieren in erster Linie auf zukünftige Ereignisse gerichtete Anrechte bzw. Forderungen und Beteiligungen gehandelt, die demnach unsichere Erträge bedeuten. Dieses Risiko erzeugt beim Investor einen kontinuierlichen Informationsbedarf, der weit über den eigentlichen Wertpapierkauf hinausgeht. Demnach sind besondere institutionelle Vorkehrungen zur Informationssicherung und -versorgung vor und nach dem Kauf notwendig, etwa die bedeutende Rolle der Informationsdienstleister oder informationsbezogene gesetzliche Regelungen.
- Private Kunden des Online-Brokerage übernehmen Prozessschritte, die zuvor von den Informations- und Zugangsintermediären erfüllt wurden. Neben der eigenständigen Informationsbeschaffung gehört hierzu oft die selbständige Portfolio- und Investitionsentscheidung, die Eingabe der Orderdaten in die Formulare der Online-Kundenschnittstellen sowie die Entscheidung über den Handelsplatz zur Orderausführung (Holtmann et al. 2002, S. 130). Für den gesamten Online-Handel bedeuten vergleichbare Aufgaben nicht allein nur neue Freiheiten oder die Einsparung der Kosten der Intermediäre, sondern auch neue Lasten. Es werden erforderliche Erfahrungen, nicht nur im Umgang mit der zu Grunde liegenden Technik, sondern auch das notwendige Wissen hinsichtlich der Funktionsweise des Marktes und eine verlässliche Informationsbasis für die Entscheidungsfindung notwendig. Um dies zu ermöglichen, kann nicht allein die Ausdehnung von (Selbst-)Regulierungen notwendig werden, auch Schulungsmaßnahmen durch die Handelsplatzbetreiber könnten dazu beitragen (siehe etwa die Schulungsangebote der (Regional-) Börsen).
- Die vollständige Computerisierung von Handelsprozessen findet dann ihre Grenzen, wenn die persönliche Handelsinteraktion selbst als Informationsquelle, z.B. über die Absichten des Handelspartners, dient oder wenn man die persönliche Entscheidungsfähigkeit und -gewalt im Handel nicht verlieren will.
- Effizienzgewinne des „durchgängig elektronisierten" Handels resultieren insbesondere aus der Vermeidung von Medienbrüchen (Vermeidung von Kon-

vertierung und Mehrfachdatenerhebung). Weitere technisch geschaffene Vorteile ergeben sich durch automatisierte Plausibilitätsprüfung der erfassten Daten und die entfallenen Kosten der physischen Präsenz (Gebäude und Personal). Personelle Tätigkeiten und Arbeitsfelder der routinemäßigen Datenerfassung entfallen.

- Der durch die Elektronisierung intensivierte Wettbewerb der Handelsplätze wird von deren Betreibern mit Fusionen und Integration von Leistungen (und damit von Unternehmen) beantwortet. Im Allgemeinen ergeben sich die Konzentrationstendenzen bei Handelsplätzen und damit einhergehende Fusionsbestrebungen vor allem aus Größenvorteilen in der Leistungserstellung. Diese werden durch den elektronischen Handel gefördert, da er die Zusammenführung von Auftragsströmen von einzelnen Handelsplätzen erleichtert. Durch die Konzentration werden kleinere Handelsplätze bedrängt, die sich im Positionierungswettbewerb schwer behaupten können, weil technische Innovation aber auch innovative Geschäftsmodelle von größeren Anbietern relativ leicht zu imitieren sind.
- Die Fusionsbestrebungen finden auch grenzüberschreitend statt, wodurch es zu aufsichtsrechtlichen und sonstigen Regulierungsproblemen kommen kann. Schwierigkeiten der internationalen Regulierbarkeit erwachsen nicht allein deshalb, weil der elektronische Handel leichter grenzüberschreitend abzuwickeln ist, sondern auch, weil die Handelsplatzbetreiber selbst zu international tätigen Unternehmen („global player") geworden sind.

7 Dienstleistung und E-Commerce am Beispiel des Rechtsbereichs

Die Zeit, als die Gesellschaft noch als „Dienstleistungsgesellschaft" bezeichnet wurde, liegt gar nicht so weit zurück. In der 19. Auflage der Brockhaus Enzyklopädie von 1988 rangierte der Begriff noch als „Schlüsselbegriff"; die nachfolgende 20. Auflage behielt das Textgerüst zwar im Wesentlichen bei, brachte nötige Aktualisierungen an, stufte aber den Artikel in der Relevanzhierarchie wieder zurück. Stattdessen wurden, nahe liegender Weise, Begriffe wie „deutsche Einheit" oder „Datenschutz" in den Vordergrund gestellt. Dabei verhieße doch eine Akzentuierung einer Gesellschaft als Dienstleistungsgesellschaft verbreitete Prosperität, ist doch bei „Dienstleistung" immer eine personelle Komponente mit im Spiel, so dass eine Ausweitung dieses Sektors zunehmende Beschäftigung bedeuten würde. Die Entwicklung folgte bisher tatsächlich dieser Richtung, aber wird dies langfristig so weitergehen? Lässt sich nicht auch Dienstleistung rationalisieren, gar online abwickeln und online abrechnen, so dass dem E-Commerce auch hier kaum noch etwas im Wege stünde? Gibt es Arten von Dienstleistungen, die dies zulassen, andere, die sich dagegen sperren?

Diese Fragen führen ins Zentrum der Probleme, die im vorliegenden Kapitel analysiert werden sollen: Wie verändert sich Dienstleistung durch Technisierung? Nach einführenden Unterscheidungen geht es um Analysen auf drei Ebenen: auf einer Makroebene, wie sie z.B. aus der Volkswirtschaftlichen Gesamtrechnung bekannt ist und wo nach dem Mengengerüst und den Substitutionspotenzialen gefragt werden soll; auf einer Mesoebene branchenbezogener Angebote geht es um Rechtsinformation; auf einer Mikroebene des Handelns um Rechtsberatung.

7.1 Einführende Unterscheidungen und Grunddaten zum Dienstleistungssektor

In den nachfolgenden einführenden Überlegungen geht es darum, nach Unterscheidungsmöglichkeiten und besonderen Merkmalen des Sektors zu suchen, um so den Boden für die nachfolgende Problemanalyse zu bereiten.

7.1.1 Definitionen, Typologien, besondere Merkmale

Eine erste Definition

Eine der zahlreichen Lexikondefinitionen sei an den Anfang gestellt, nämlich jene aus der schon eingangs erwähnten 19. Auflage der Brockhaus Enzyklopädie

(Brockhaus 1988, S. 477), weil an sie später mit feineren Unterscheidungen gut angeknüpft werden kann:
„Dienstleistungen können allgemein als ökonomische Güter aufgefasst werden, die wie Waren (Sachgüter) der Befriedigung menschlicher Bedürfnisse dienen. Im Unterschied zu Sachgütern zeichnen sich Dienstleistungen als an Personen gebundene nutzenstiftende Leistungen durch mangelnde Dauerhaftigkeit und Lagerfähigkeit, durch Standortgebundenheit, durch Gleichzeitigkeit von Produktion und Konsum aus; sie werden oft auch als immaterielle Güter bezeichnet."

Dieses Merkmal, „an Personen gebundene Leistungen", wird insbesondere an pflegerischen und medizinischen Handlungen bzw. „Maßnahmen" deutlich, jedenfalls solange sie noch keiner Technisierung zugeführt bzw. unterworfen wurden, wie dies heute vielfach möglich ist und auch schon praktiziert wird: Wenn etwa nicht mehr der Chirurg das Bohrloch für ein neues Hüftgelenk setzt, sondern ein Roboter, oder wenn der Zivildienstleistende nicht mehr selbst den Patienten über die Krankenhausgänge schiebt, sondern ein ferngesteuerter Rollstuhl die Mobilität besorgt, der zwar noch der Videoüberwachung bedarf, aber den persönlichen, tätigen Handgriff und die aufmunternde Bemerkung nicht mehr kennt. Dieses Beispiel macht deutlich, dass das häufig herausgestellte Merkmal der *Ko-Präsenz von Dienstleistungserbringer und Dienstleistungsempfänger* technisch, zumindest partiell, unterlaufen werden kann, womit sich auch der Charakter der Dienstleistung wandelt. Dies ist zu untersuchen, da sich auf diesem Wege Möglichkeiten für E-Commerce offenbaren, sich aber zugleich auch die Grenzen von Digitalisierbarkeit und Handelbarkeit von Dienstleistungen zeigen.

Damit ist auch die Problemperspektive umrissen, worum es im Verhältnis von „Dienstleistung" und „E-Commerce" letztlich geht, nämlich um die Notwendigkeit – oder Entbehrlichkeit – der Kopplung von Dienstleistung und Objekt der Einwirkung, um jene „nutzenstiftende Wirkung" zu entfalten, und um die Gleichzeitigkeit oder Ungleichzeitigkeit von Produktion und Konsumtion.

Wachstum des Dienstleistungssektors

„Dienstleistungsgesellschaft" ist selbstverständlich nicht nur eine griffige Formel; sie ist Empirie, wie sich an den dafür gewöhnlich herangezogenen Indikatoren zeigen lässt. In der Volkswirtschaftlichen Gesamtrechnung werden zum „tertiären Sektor" Handel, Banken und Versicherungen, das Gaststätten- und Beherbergungsgewerbe, Transport- und Nachrichtenwesen, die öffentliche Verwaltung (z.B. öffentlicher Dienst in Bildung, Erziehung, Krankenpflege, Polizei und in der eigentlichen Verwaltung), die Freien Berufe sowie sonstige private Dienstleistungen gerechnet. Nicht erfasst werden freiwillige, unbezahlte Arbeiten, die privat, in der Nachbarschaft, in Vereinen und anderen Organisationen ohne Entgelt geleistet werden, und auch nicht erfasst werden zwar bezahlte, aber auf keiner Rechnung auftauchende so genannten Schwarzarbeiten.

Die Entwicklung des Dienstleistungssektors kann zum ersten durch den prozentualen Anteil an der Bruttowertschöpfung, zum zweiten anhand der Erwerbstätigkeiten beschrieben werden (Brockhaus Enzyklopädie 1997, S. 489). Letzterer Indikator verdeutlicht noch besser als die Bruttowertschöpfung, wie in der Entwicklung bis Mitte der 80er Jahre Dienstleistungsberufe hinsichtlich ihrer Bedeutsamkeit im Sektor II des Waren produzierenden Gewerbes ab-, und wie sie im Sektor III zugenommen haben. 1960 arbeiteten erst 38% der Erwerbstätigen im Dienstleistungsbereich, 1993 waren es 60%. In einer Projektion bis 2010 soll der Anteil sogar auf 69% steigen (Bundesregierung 2002a, S. 9). Der Trend zur Dienstleistungsgesellschaft ist demnach immer noch ungebrochen.

Weitere Definitionsansätze

Die nachfolgende Darstellung stützt sich auf eine Arbeit von Bruhn (1997), der die zahlreichen Definitionsvorschläge ordnet, Differenzierungsmöglichkeiten aufzeigt und besondere Merkmale von Dienstleistung herausarbeitet, die in der oben aufgeführten Lexikondefinition schon auftauchten. Versuche, Dienstleistung begrifflich zu fassen, setzten auf unterschiedlichen Ebenen an, wobei Dienstleistung als vorzuhaltendes Potenzial, als zu realisierender Prozess und als zu erzielendes Ergebnis verstanden wird:

- In einer *potenzialorientierten* Definition wird auf den Aspekt des Bereithaltens einer Dienstleistung abgestellt, damit auch auf die Fähigkeit des Dienstleisters, unterschiedliche Potenzialfaktoren zu kombinieren. Dieser Aspekt des Potenzials wird bei Dienstleistungen wie Wartung, Überwachung oder bei Sicherheitsdiensten deutlich.
- In einer *prozessorientierten* Definition wird die Synchronisation von Dienstleistungsgeber und -nehmer betont („Uno-actu-Prinzip"). Dienstleistung ist in dieser betriebswirtschaftlichen Sicht ein Prozess der Kombination „interner und externer Faktoren", in einer psychologischen Sicht aber „Handlung" und in einer soziologischen „Tätigkeit", die natürlich nicht in einem „luftleeren Raum" ausgeübt wird, sondern auf einem z.B. durch Berufsordnungen geregelten und abgesteckten Terrain.
- In einer *ergebnisorientierten* Definition kommt es auf die erzielte Wirkung an den betreffenden Personen oder deren Objekten, Gütern oder Anlagen an. Das Gesamtergebnis („Planung", „Sicherheit", „Pflege") ist immateriell, obgleich zum Ergebnis auch dingliche Objekte gehören können wie z.B. ein textliches Gutachten, das auch nach Jahren noch wertvolle Hinweise zu geben

vermag, oder ein Vorgehensplan, der Schritt für Schritt durchgearbeitet und auf diesem Wege auch verändert wird (aber als Plan deshalb seinen Wert nicht völlig verliert).

Alle drei Ansätze kann man (so Bruhn 1997, S. 913) in einer umfassenden Definition zusammenführen:

„Demnach sind Dienstleistungen selbständige, marktfähige (aber nicht handelbare, wie später ausgeführt wird, d.V.) Leistungen, die mit der Bereitstellung und/oder dem Einsatz von Leistungsfähigkeiten verbunden sind (Potenzialorientierung). Externe Faktoren, d.h. solche, die nicht im Einflussbereich des Dienstleisters liegen (dies meint hier den Dienstleistungsnehmer, d.V.), werden im Rahmen des Erstellungsprozesses mit den internen Faktoren kombiniert (Prozessorientierung). Die Faktorenkombination des Dienstleistungsanbieters wird mit dem Ziel eingesetzt, an den externen Faktoren, an Menschen oder deren Objekten, nutzenstiftende Wirkungen zu erzielen (Ergebnisorientierung)."

Die Ausführungen von Bruhn zu Differenzierungsmöglichkeiten verdeutlichen die große Spannbreite zwischen direkten Dienstleistungen mit unmittelbarer Einwirkung auf das „Zielsystem" und den Formen mit indirekter Einwirkung, zwischen personal zu erbringenden Leistungen und solchen unter Einsatz von Hilfsmitteln, was mögliche Ansatzpunkte für eine Technisierung anzeigt.

Besondere Merkmale von Dienstleistung

Unter den besonderen Merkmalen sind im vorliegenden Zusammenhang insbesondere jene Aspekte von Belang, die unter dem Stichwort der *Immaterialität* diskutiert werden (Bruhn 1997, S. 915): „Als erstes konstitutives Element einer Dienstleistung ist auf den immateriellen Charakter zu verweisen. Eine Dienstleistung ist generell nicht stofflich, nicht körperlich, folglich materiell nicht erfassbar. In diesem Zusammenhang sollte deutlich gemacht werden, dass zwar alle Dienstleistungen immateriell sind, was jedoch nicht impliziert, dass auch alle immateriellen Güter Dienstleistungen sind." So sind beispielsweise Nominalgüter wie Geld oder Beteiligungswerte zwar immaterielle Güter, aber keine Dienstleistungen (Maleri 1997, S. 49).

Aus dieser Immaterialität folgen zwei weitere Merkmale, nämlich die *Nichtlagerfähigkeit* und die *Nichttransportfähigkeit*: Dienstleistungen können nicht auf Vorrat produziert werden, weil sie ja im Prozess ihrer Erstellung bestehen; und Dienstleistungen können nicht an einem Ort erstellt, an einem anderen „konsumiert" werden. Freilich ist klar (Bruhn 1997, S. 915): „Im Zuge der technologischen Entwicklung verliert dieses Modell jedoch an Bedeutung." Und hier ist an die vielfältigen Möglichkeiten zu denken, diese „örtliche und zeitliche Kopplung" technisch aufzuheben, wie im Falle einer Lieferung und Distribution per Telekommunikation oder auch per netzbasierter Dienste, so dass es Fern-Messung, Fern-Diagnose, Fern-Beratung, sogar Fern-Operation gibt. Ob diese Leistung dann analog (wie früher) oder digital, über Leitung oder leitungsfrei, kontinuierlich oder paketweise bereitgestellt wird (also über Internet oder nicht), ist nicht der springende Punkt. Entscheidend sind das technisch ermöglichte Aufheben von Simultaneität und das Aufbrechen des „Uno-actu-Prinzips".

Bruhn nennt noch eine zweite entscheidende Bruchstelle, nämlich jene zwischen der Leistung selbst und den Anrechten hierauf (1997, S. 919): Dienstleistung selbst sei zwar nicht handelbar, aber natürlich sind es die Anrechte auf sie: „Mittels eines materiellen Trägermediums, z.B. Vertrag, Eintrittskarte etc., können Anrechte auf eine Dienstleistung in gewissen Grenzen gehandelt werden." Angeboten, verglichen, verkauft und bezahlt werden können (im voraus) also die informatorischen Derivate der Dienstleistung, aber nicht sie selbst, der Hotelvoucher, nicht das Bett, das ich dann wirklich brauche, die Kinokarte, nicht das Kinoerlebnis, auf das ich spekuliere.

7.1.2 Das zentrale Problem und drei Lösungsansätze

Den bisherigen Unterscheidungen folgend lassen sich Dienstleistungen als immaterielle Produkte auffassen, die in einem Prozess erstellt werden, der zwischen Dienstleistungsgeber und -nehmer eine dreifache Kopplung vornimmt, eine zeitliche, eine örtliche und eine sachliche.

Um die Frage der notwendigen Verkopplung bzw. Entkopplung noch weiter zu verschärfen, sei auf einige Probleme hingewiesen, die jeder in der einen oder anderen Form kennen dürfte, z.B., dass eine ärztliche Diagnose auch misslingen kann, wenn die nötige Beratungszeit nicht zur Verfügung steht; oder dass Versuche, ein persönliches Rechtsproblem richtig einzuordnen und einen geeigneten Lösungsansatz zu finden, zum Scheitern verurteilt sind, wenn der Anwalt nicht erkennt, dass das artikulierte Problem nicht das tatsächliche ist.

Auf den Punkt gebracht besagen solche Erfahrungen, dass präsentische Kommunikation, dass Gespräche unter vier Augen, dass persönliche Anwesenheit, dass örtliche, zeitliche und sachliche Kopplung von Berater und Klient nicht garantieren, dass Kommunikation gelingt. Das weist darauf hin, dass die Frage, wie Dienstleistung (z.B. Beratung) leistungsgerecht zu erbringen ist, latent immer schon die Frage nach Alternativen und einer Abkehr von der bisherigen Praxis enthält. Nicht die Charakteristik des Mediums ist demnach entscheidend, sondern die realisierten Leistungen.

Reformuliert man das Kernproblem handlungstheoretisch, dann läuft es auf die paradoxe Frage hinaus, ob man Handlungen „stapeln" kann! Wie könnte das gehen?

Versteht man unter „Handlung" die von einer Person in einer konkreten Situation, zu einer bestimmten Zeit und an einem bestimmten Ort ausgeführte Tätigkeit, dann ist dieser in Echtzeit ablaufende Prozess natürlich nicht stapelbar.[34] Wird aber ein Perspektivenwechsel vorgenommen, verschiebt sich die Frage dann dahin, ob die prozesshaft erbrachten Leistungen u.U., wenngleich partiell, auch auf anderen Wegen erbracht werden könnten. Sie könnte nunmehr lauten: Wie kann eine Beratung, die gegenüber einem Klienten in einer gemeinsamen Situation und „uno actu" erbracht werden muss, ohne diesen Präsenzzwang erbracht werden?

Es scheint drei grundlegende Möglichkeiten zu geben: *Beschreibung, Selbstsortierung* und *Programmierung*. Statt der Beratungshandlung selbst wird Information geliefert (dies wäre das Modell Ratgeber statt Beratung); statt der Diagnose durch den Berater nimmt der Klient (z.B. anhand eines Anamnesefragebogens) die Zuordnungen selber vor, und statt des zeitraubenden Gesprächs der Problemklärung und -einordnung erledigt dies ein Programm in einem verzweigten interaktiven Abfrage-/Eingabemodus.

Übersetzt man diese drei Prinzipien wieder zurück in die Praxis faktischer Rationalisierung von Dienstleistung, dann sind sie alles andere als weit hergeholt. So heißt es in dem schon mehrfach zitierten Brockhaus-Artikel (1988, S. 480): „Die Möglichkeiten zu Produktivitätsverbesserungen im Dienstleistungssektor werden oft auch unterschätzt: Ausbreitung von Selbstbedienungsformen (z.B. Teleshopping, POS-Systeme, elektronischer Zahlungsverkehr), Personaleinsatz entsprechend den Nachfrageschwankungen (z.B. durch vermehrte Teilzeitarbeit), Normierung und Standardisierung von Dienstleistungen, Anwendung industrieller Produktionsverfahren (z.B. Containerverkehr)."

Insbesondere die Prinzipien der *Normierung* und *Standardisierung* sowie der *Selbstbedienung* sind im vorliegenden Zusammenhang wichtig. Wenn der Übergang von der Dienstleistungsgesellschaft zur Informationsgesellschaft auch zur Folge hat, dass sich der Fragesteller, der Ratsuchende und Hilfesuchende die Information selbst besorgt, sich selbst eine Antwort gibt statt Rat zu erhalten, sich selbst bedient statt bedient zu werden, also insgesamt mit weniger Dienstleistung im klassischen Sinne rechnen kann, statt dessen mehr Mühe für die Selbstorganisation aufbringen muss, dann wäre dieser Übergang nicht nur Befreiung des Konsumenten, sondern eben auch Arbeitsumverteilung zu seinen Ungunsten. Streng genommen hat dann die Dienstleistung auf dem Wege von Standardisierung und konfektioniertem Angebot ihren ursprünglichen Charakter

---

34 Wer sich mit Handlungstheorie auskennt, weiß, dass eine solche Bestimmung von „Handlung" als positive Tätigkeit in einem Systemzusammenhang etwas zu kurz greift. Je dichter der Kommunikationszusammenhang und die darauf bezogenen Zurechnungen, desto eher wird auch Nicht-Handeln zu einer „Handlung". Vgl. hierzu Luhmann (1978).

verloren: sie ist nicht mehr Dienst im Beisein, an und für den Kunden, sondern dessen Selbstbedienung an einem Automaten.

Dieser Zug wird an einer Typologisierung von „*E-Services*" (elektronisch gestützten und vornehmlich über das Internet angebotenen Dienstleistungen) deutlich, die Bruhn (2002, S. 8) vornimmt, der im übrigen „E-Services" analog dem klassischen Konzept (s.o.) aufbaut. Aber der „Transaktionsgegenstand" ist nun ein anderer: „Bei einer elektronischen Dienstleistung handelt es sich um eine ex ante erzeugte *maschinelle Leistungsfähigkeit*, die im Internet angeboten wird und an externen Faktoren (gemeint sind die Kunden, d. Verf.) Nutzen stiftet."

Setzt man hier an, dann lassen sich anhand der Dimension der Angepasstheit der Leistung („individualisiert vs. standardisiert") und der weiteren des vom Kunden geforderten Interaktionsgrades (hoch vs. niedrig) vier Felder bilden, die eine Reihe bestehender bzw. denkbarer Angebote gut abbilden können (Tab. 24).

Tab. 24: Elektronische Dienstleistungen nach „Angepasstheit" und „Interaktionsgrad"

		geforderter Interaktionsgrad vom Kunden	
		niedrig	hoch
Grad der Angepasstheit der Dienstleistung	*individualisiert*	Benutzerprofile, z.B. ähnliche Bücher, Buchung Individualreise	ärztliche Beratung über Internet, Arbeitsvermittlung, individualisierte Kleidungsstücke
	standardisiert	FAQs, Online-Nachrichten, Newsletter	Online-Schulung, Online-Banking

Quelle: adaptiert nach Bruhn 2002, S. 19.

Solche Vierfelderschemata lassen sich auch mit weiteren Merkmalen vornehmen (z.B. Grad der Integration des Kunden in den Prozess der Leistungserstellung: hoch vs. gering; Art der Güter bzw. Dienstleistungen: materielle vs. informatorische Produkte). Im Hintergrund solcher Typologisierungen steht immer auch die Frage, ob sich eine Dienstleistung für ein elektronisches und internetgestütztes Format eignet oder ob sie dadurch nicht zuviel von ihrem Charakter einbüßt. Eine allzu unbekümmerte „Transformation" dürfte mehr Schaden anrichten als Nutzen stiften.

7.1.3 Zur Anwendbarkeit der E-Commerce-Kategorien

Der Dienstleistungssektor ist derart umfassend, dass hier selbstverständlich Branchen und Wirtschaftsbereiche zu finden sind, in denen auch gehandelt wird, so dass man die in den anderen „Branchenkapiteln" gewöhnlich herangezogene Unterscheidung in „B2B-" und „B2C-E-Commerce" sinnvoll anlegen kann. Dies geht in anderen Fällen, z.B. bei den Freien Berufen, nicht problemlos. So bestimmen im Gesundheitswesen zwar Ärzte die Kostenstruktur mit, sind aber in keinem nachvollziehbaren Sinne „Händler". Die Anwendbarkeit gestaltet sich für den Bereich Rechtsinformation und -beratung noch schwieriger. Dem „B2B" nachzuspüren läuft hier auf die Analyse der branchenbezogenen Hintergrundsysteme hinaus, die dann eher eine elektronisch gestützte Geschäftsabwicklung als E-Commerce darstellen. Eines dieser sich entwickelnden Systeme ist der „elektronische Rechtsverkehr", dessen Stand aufzuarbeiten ist, weil hier langfristig Austauschbeziehungen vorbereitet werden (z.B. zwischen Gericht, klagendem Anwalt, Klient und dessen Rechtsversicherung), die zwar keinen E-Commerce repräsentieren, aber an solche Formen heranreichen.

Nach diesen einleitenden Analysen werden im Folgenden Formen und Beispiele für E-Commerce (im gerade diskutierten, eingeschränkten Sinne) dargestellt. Dabei folgt die Strukturierung einer Einteilung in Aggregationsebenen: Auf einer Makroebene geht es um Fragen der Digitalisierbarkeit von Dienstleistungen; hier wird auf ein Kurzgutachten von Seufert (2001) über „Handel mit digitalen Gütern" zurückgegriffen. Auf einer Mesoebene sollen „branchenbezogene" Ansätze dargestellt werden (Juris als Anbieter von Rechtsinformation für Experten und Rechtsportale als Rechtsinformation für Laien); schließlich werden auf einer Mikroebene Beispiele für „Rechtsberatung" aufgegriffen. Dies war Teil eines Gutachtens von Büllingen/Hillebrand (2002) in der Phase II des TAB-Projekts. Bei den digitalisierbaren Gütern wird eine Art Folgenbetrachtung gleich angeschlossen (Entwicklungsfaktoren, Substitutionspotenziale und Arbeitsmarkteffekte), um den Zusammenhang zu wahren. Für den Rechtsbereich wird diese Folgenbetrachtung nachgestellt (Kap. II.7.4).

7.2 Digitalisierbare Güter und Dienstleistungen: Mengengerüst und Substitutionspotenziale

Das Gutachten von Seufert (2001) bezieht sich auf „digitale Güter und Dienstleistungen" und versucht, wirtschaftsstrukturelle Wirkungen unter der Frage herauszuarbeiten, ob und inwieweit solche Güter digitalisiert und netzbasiert vertrieben werden könnten. Dabei geht es um Substitutionseffekte (also den Wegfall von Wertschöpfungsstufen), um Verlagerungseffekte (z.B. hin zu einer räumlichen Konzentration), um Beschäftigungseffekte und um Marktstruktureffekte (z.B. in Form von Größenvorteilen).

Die Auswertung dieser Arbeit hat im vorliegenden Kapitel drei Funktionen: erstens zu zeigen, wie „digitale Güter" verstanden werden und um welche Mengengerüste es geht; zweitens zu explizieren, welche Annahmen in die modellhaften Berechnungen eingehen und wie sich insbesondere „digitale Dienstleistungen" verhalten; und drittens zu demonstrieren, mit welchen Veränderungen wahrscheinlich zu rechnen sein wird.

7.2.1 Zum Begriff „digitale Güter"

Angesichts des Fehlens einer international abgestimmten Definition für „digitale Güter" behilft sich Seufert mit einer eigenen Arbeitsdefinition (2001, S. 6), „wonach digitale Güter alle Waren und Dienstleistungen sind, die zu 100% aus Informationen bestehen und deshalb vollständig über elektronische Netze vertrieben werden können". Er unterscheidet weiter drei Typen solcher Güter, nämlich:

- Inhaltsprodukte (Content) wie Medienprodukte, Werbung, Software u.a., die überwiegend noch über materielle Träger (wie Disketten, CD-ROMs) und nicht-interaktive Verteilnetze (Fernsehen, Hörfunk) vertrieben werden;
- Vertriebsdienstleistungen, also Vermittlung und Verkauf von Wertpapieren, Versicherungspolicen, Kfz-Mietverträgen, Tickets u.a., sowie
- „individuelle Beratungs-Dienstleistungen, z.B. Rechts-, Steuer-, Vermögens- oder Verbraucherberatung".

Diese Arbeitsdefinition nimmt insbesondere mit der Mischung von inhaltlichen und vertrieblichen Formen eine andere Akzentsetzung vor als Riehm/Böhle (1999), die zwischen digitalen Produkten, digitalen Diensten (die computerunterstützt oder personal erbracht werden können) und Anrechten unterscheiden. Bei Seufert sind die „Dienstleistungen" eine Kategorie von „Gütern", während im vorliegenden Zusammenhang schärfer zwischen „Gütern" qua Inhalts- und Medienprodukte einerseits und „Dienstleistungen" andererseits unterschieden werden soll.

Seuferts Arbeitsdefinition enthält für den Leser ein mögliches Missverständnis und eine prononcierte These: Mit den wie oben definierten „digitalen Gütern" sind selbstverständlich nicht solche gemeint, die bereits heute in voll digitalisierter Form vorliegen würden, sondern nur jene, die „prinzipiell" digitalisierbar sind (nachfolgend wird deshalb von „digitalisierbaren Gütern" gesprochen). Es geht in diesem Gutachten um eine Art von Maximalabschätzung von Substitutionseffekten.

Die These, die freilich im weiteren Verlauf seiner Argumentation differenziert wird, bezieht sich darauf, dass auch die „individuellen Beratungs-Dienstleistungen" erstens voll digitalisiert werden könnten und zweitens zu „100%" aus Information bestehen. Dies ist in der Tat der springende Punkt: Besteht „Beratung" wirklich zu 100% aus „Information"? Bei Betrachtung konkreter Fälle von Dienstleistung scheint dies offenbar selbst Seufert nicht unterstellen zu wollen. Analysiert man beispielsweise ein Beratungsgespräch nur unter dem Blickwinkel, dass hier zwei Personen Informationen austauschen (wo sie doch mehr tun als dies, nämlich auch Orientierungen abgleichen, Unsicherheiten abbauen, Wertschätzungen vermitteln u.a.m.), dann hat man mit dem Informationsbegriff die Rationalisierbarkeit unterstellt und das Problem bereits eliminiert.

7.2.2 Zum Mengengerüst digitalisierbarer Güter und Dienstleistungen

Um das Mengengerüst zu verdeutlichen, das nach der Seufertschen Definition bei Gütern und Dienstleistungen in wechselnden Graden einer Digitalisierung (und damit Netzlieferung) zugeführt werden könnte, sei hier eine Tabelle wiedergegeben (teilweise modifiziert). Sie bezieht sich auf Produktionswerte und Bruttowertschöpfungen von Content-Produktion und -Distribution sowie von Dienstleistungen; die hier versammelten Werte stammen aus der amtlichen Statistik und beziehen sich auf das Jahr 1998 (Tab. 25). Obwohl es im vorliegenden Kapitel um „Dienstleistungen" geht, sollen die Zahlen zu den „Gütern" nicht eliminiert werden, weil sie weitere Referenzpunkte liefern.

Nach der Zusammenstellung in Tabelle 25 zeigt sich, dass die Content-Industrie 1998 auf ca. 245 Mrd. DM Produktionswert kam, der hier berücksichtigte Dienstleistungsbereich aber auf ein Mehrfaches, ca. 1.076 Mrd. DM. Zählt man die Einzelposten bei der Content-Distribution zusammen (= 88,2 Mrd.) und setzt sie zum Gesamtwert der Content-Industrie ins Verhältnis (244,6 Mrd.), dann ergibt sich für den Distributionsbereich ein Wert von ca. 36%. Der größere Anteil entfällt also auf die Inhaltsproduzenten.

Blickt man auf die Anteile dieses Güter- und Dienstleistungsbereiches an der Gesamtwirtschaft, dann verfügt die Content-Industrie über einen Anteil von 3,3%, die Dienstleistungen aber von 14,3%; und betrachtet man die Erwerbstätigen, dann betragen die Anteile 2,9% zu 14%. Anknüpfend an diese Zahlen lassen sich unter Zuhilfenahme von Annahmen zur möglichen Substitutionsrate in den Einzelbereichen erste Abschätzungen auch zu Arbeitsmarkteffekten erstellen (was im Folgenden ausgeführt wird).

7.2.3 Folgenbetrachtung: Entwicklungsfaktoren, Substitutionsraten, Arbeitsmarkt

Aus der von Seufert vorgelegten Analyse wirtschaftsstruktureller Veränderungen infolge eines sich entwickelnden E-Commerce interessieren im vorliegenden Zusammenhang vor allem folgende Punkte: die Einschätzung zu den treibenden und hemmenden Faktoren, insbesondere hinsichtlich der digitalisierbaren Dienstleistungen; Annahmen zur Substituierbarkeit bei den Gütern und Dienstleistungen und Tendenzaussagen zur wahrscheinlichen Entwicklung.

7 Dienstleistung und E-Commerce am Beispiel des Rechtsbereichs 277

Tab. 25: Produktion und Handel mit digitalisierbaren Gütern und
Dienstleistungen in Deutschland 1998

Wirtschaftsbereiche	Produktionswert	Erwerbstätige	Produktionswert	Erwerbstätige
	Mrd. DM	in 1.000	Anteil an der Gesamtwirtschaft in %	
Content-Produktion				
Verlage	54,2	232	0,7	0,7
Filmwirtschaft (Produktion)	13,3	30	0,2	0,1
Rundfunk	26,5	61	0,4	0,2
Nachrichtenbüros	3,0	11	0,0	0,0
DV-Dienstleistungen (Software, Datenbanken)	16,8	64	0,2	0,2
Werbung	42,5	123	0,6	0,4
Content-Distribution				
Druck, Vervielfältigung	40,5	250	0,5	0,7
Handel mit Verlagserzeugnissen [1]	38,0	175	0,5	0,7
Filmwirtschaft (Verleih, Kino, Videotheken)	5,0	11	0,1	0,0
Telekommunikationsdienste (Rundfunk)	4,7	14	0,1	0,0
Summe Content-Produktion/Distribution	**244,5**	**973**	**3,3**	**2,9**
Kredit- und Versicherungsgewerbe	326,5	1256	4,3	3,7
Verkehrsgewerbe	304,6	1507	4,1	4,5
Grundstückswirtschaft, Unternehmensdienste	251,5	129	3,3	0,4
Erziehung und Unterricht	176,5	1947	2,3	5,8
sonstige öffentliche und private Dienstleister	17,0	7	0,2	0,0
Summe digitalisierte Dienstleistungen	**1.076,1**	**4846**	**14,3**	**14,0**
Alle Wirtschaftszweige	**7.516,7**	**33.561**	**100,0**	**100,0**

1) Schätzung
Quelle: Seufert 2001, S. 11.

Treibende und hemmende Faktoren des E-Commerce

Bei der Diskussion der treibenden und hemmenden Faktoren des E-Commerce und speziell von Beratungsdienstleistungen spielen nach Seufert (2001, S. 26, 27) verschiedene Faktoren zusammen bzw. auch gegeneinander. Um das Kostenniveau personalintensiver Kundenbetreuung zu senken, werden verschiedene Maßnahmen ergriffen, von denen drei herausgestellt werden:

- Es wird persönliche Dienstleistung durch „automatisierte Beratung" ersetzt, also versucht, „individuelle Fragen und Probleme menügesteuert bzw. mit Hilfe von Suchmaschinen zu lösen." Eine andere Variante einer *maschinellen Beratung* ist in den häufig eingesetzten FAQs zu finden, den „frequently asked questions". Seufert schätzt, dass die „Akzeptanz derartiger Techniken ... bislang allerdings gering" sei. „Bei komplexen Fragen gibt es in der Regel keine befriedigenden Lösungen." Dem steht zudem entgegen, dass Kunden eine persönliche Ansprache erwarten. Diese kann, greift der Trend zur maschinellen Beratung um sich, dann sogar wieder einen Marktvorteil mit sich bringen.
- Eine zweite Strategie, die effiziente und kostengünstige Beratung mit persönlicher Ansprache verbindet, wird über *Call Center* bzw. *telefonische Hotlines* (da sie auch internetbasiert abgewickelt werden können, seien sie hier mit betrachtet) realisiert. Freilich kann ein freundlicher Tonfall Sachkunde nicht ersetzen. Bei einem Test von Notebook-Hotlines kam die Stiftung Warentest zu ernüchternden Ergebnissen. Sie fand überall „Geballte Inkompetenz" vor, wie in der Tagespresse (o.A. 2002h) berichtet wurde: „Die Unfähigkeit der Mitarbeiter wurde mit Tricks kaschiert. Zum Beispiel durch Abwimmeln, Wissen vorgeben oder schlichtem Leugnen des vom Nutzer gestellten Problems" (o.A. 2002m).
- Effiziente und kostengünstige Beratung, persönliche Ansprache (natürlich mit Sachkunde gepaart) und Vertrauen schaffende Übertragungstechnik können auf dem Weg zu breitbandigen Netzen kombiniert und in *„Video Service Center"* gebündelt werden. Seuferts Einschätzung hierzu: „Bei einer entsprechend hohen, Vertrauen schaffenden Übertragungsqualität ist es auch vorstellbar, dass individuelle Beratungsgespräche von Rechtsanwälten, Steuerberatern, Architekten u.ä. über Telekommunikationsdienste abgewickelt werden. Gleiches gilt auch für einen Teil der Unterrichtsleistungen."

Es empfiehlt sich, bei solchen Techniken klar zwischen zwei Fällen zu unterscheiden: Bei einem bereits etablierten Kontakt (z.B. zwischen einem Anwalt und einem Klienten) kann das vorhandene Vertrauen ins neue Medium hinüber genommen werden; etwas ganz anderes ist es, dieses Vertrauen im Medium selbst zu schaffen. Die Zeiten naiver Rationalisierungshoffnungen z.B. im Bereich von Teleteaching und E-Learning sind längst vorbei; die Entwicklung geht in Richtung von Hybridformen, z.B. in Form einer Lerngruppe, die sich real trifft, sich aber auch per Online-Medium austauscht.

Informationsprodukte und Beratungsleistungen sind *Vertrauensgüter*. Die Qualität solcher Beratung kann vorab nicht beurteilt, sie muss von einem Vertrauensvorschuss getragen werden. Und es ist über technisch vermittelte Kommunikation schwierig, einen solchen zu erzielen. Ein anderer Aspekt tritt hinzu: Wird Beratung online und damit „vereinzelt" angeboten, entsteht das Problem, dass für sie extra gezahlt werden muss. Heute wird solche Beratung aber als Teilleistung (z.B. bei Vermögensberatung) mitgeliefert, ohne dass die damit verbundenen Kosten extra ausgewiesen und für den Kunden ersichtlich sind.

Digitalisierung und Substitutionsraten

Bei der Analyse der bei den digitalisierbaren Gütern und Dienstleistungen möglichen maximalen Substitutionsraten (also Wegfall von Wertschöpfungsstufen durch E-Commerce) gelangt Seufert (2001, S. 36-39) zum Ergebnis, dass bei den Content-Produkten mit sehr viel höheren Wertschöpfungsanteilen zu rechnen ist, die infolge Digitalisierung und E-Commerce wegfallen können als im Bereich der Dienstleistungen, weil hier zwischen den Unternehmen ohnehin schon ein Großteil der Transaktionen über Online-Medien abgewickelt wird und die individuelle Dienstleistung nur noch wenig rationalisiert werden kann. In diesem Segment rechnet er mit Raten von 5 bis 10%, in einzelnen Fällen auch mit höheren (z.B. im Kredit- und Versicherungsgewerbe mit 15%). Dagegen nimmt er insbesondere beim Druck, der Vervielfältigung und dem Handel mit Verlagserzeugnissen sehr hohe Substitutionsraten an (75%), bei der Filmwirtschaft (Verleih, Kino, Videotheken) infolge der möglichen Online-Zuspielung der Filme immerhin noch 30%.

Bei den maximalen ersetzbaren Arbeitsplätzen kommt Seufert auf eine Zahl von ca. 700.000, die im Content- und im Dienstleistungsbereich wegfallen können (ohne indirekte Effekte, bei deren Berücksichtigung noch einmal 370.000 Arbeitsplätze substituiert würden, Seufert 2001, S. 37). Aber dies sind wohlgemerkt Maximalschätzungen. Natürlich müssten auch gegenläufige Effekte der Schaffung von Arbeitsplätzen in Rechnung gestellt werden (z.B. wenn infolge neuer Dienste auch neue Arbeitsplätze geschaffen werden). Das Zusammenspiel der Effekte wird in den im Folgenden charakterisierten Szenarios dargestellt.

Arbeitsmarkt und wahrscheinliche Entwicklung

Bei der Konstruktion der Szenarien arbeitet Seufert mit je einer „optimistischen" und einer „pessimistischen" Variante bzgl. einerseits der Entwicklungsdynamik des E-Commerce und andererseits der damit verbundenen Beschäftigungswirkungen. Entsprechend gibt es einen E-Commerce-Boom auf der einen, und einen „Verzögerungsfall" auf der anderen Seite, und bei den Beschäftigungswirkungen ebenfalls einen „Boom" und eine „Beschäftigungskrise". Wie sich diese arbeitsplatzbezogenen Wirkungen entfalten könnten, hängt entscheidend davon ab, ob es deutsche Unternehmen und Anwender sind, die auf dem Wege des Ausbaus von Angeboten und der unternehmensinternen Integration die positiven Beschäftigungseffekte gegenüber den Rationalisierungseffekten (z.b. infolge Wegfalls von Wertschöpfungsstufen) maximieren können.

Seufert (2001, S. 44) resümiert bzgl. der Dienstleistungen: „Für das Entwicklungstempo von netzgestützten persönlichen Beratungsdiensten ergibt sich ein ähnliches Bild (wie beim Vertrieb von Inhaltsprodukten, d.V.). Auch hier sind zunächst vor allem technische Hindernisse und damit zusammenhängende ‚Vertrauensbarrieren' zu überwinden (Infrastruktur für Video-Kommunikation sowie fehlende Dienstleistungsmarken). Langfristig verhindern die existierenden Sprach- und Rechtsräume zudem einen stärkeren internationalen Wettbewerbsdruck."

7.3 Rechtsinformation und Rechtsberatung als E-Commerce

Neben einer Übersicht zu den „Freien Berufen" wird es in den folgenden Abschnitten auf einer „mittleren" Ebene um Rechtsinformation, und auf der „unteren", stark handlungsbezogenen Ebene um Rechtsberatung gehen. Angesichts der Heterogenität des Dienstleistungssektors und der Vielfalt beruflicher Tätigkeiten bei den Freien Berufen verlangt die getroffene Auswahl nach einer Begründung.

Zwei Gesichtspunkte waren maßgebend: Nach der Ärzteschaft stellen die „rechtsberatenden Berufe" (Rechtsanwälte und Notare) unter den Freien Berufen die stärkste Gruppe (Tab. 26). Das allein wäre als Grund aber noch nicht ausreichend. Ein weiterer Grund liegt darin, dass ein Anwalt mit seiner Dienstleistung einen besonderen Typ verkörpert. Er steht sozusagen für Beratung in Reinform. Zwar hat auch er Hilfsmittel, in denen seine Arbeit eine Materialisierung erfährt; so verfügt er über Gesetzessammlungen, Kommentare, Formulare, Berechnungstabellen, heutzutage einen Computer und vielleicht einen Online-Anschluss zur Juris-Datenbank. Aber die eigentliche Arbeit ist informatorische Konstruktion, bezieht sich auf den Einzelfall, dessen rechtliche Einordnung, vertragliche Gestaltung usw.

Die Dienstleistung auf diesem Feld steht zwischen zwei besonderen Polen, auf der einen Seite Professionalisierung, was nur mit hohen personalen Anteilen zu erfüllen ist, auf der anderen Commodisierung im Sinne von für alle zugänglichen Rechtsinformationen. Es wird zu zeigen sein, wie auch das Berufsrecht zwischen diesen beiden Polen einer Spannung ausgesetzt ist (geschützte Tätigkeit auf der einen, Liberalisierung auf der anderen Seite).

7 *Dienstleistung und E-Commerce am Beispiel des Rechtsbereichs* 281

Bevor auf die konkreten Beispiele eingegangen wird, sind für ein angemessenes Verständnis Informationen zu drei Kontexten darzustellen: zu den Freien Berufen, zum Elektronischen Rechtsverkehr und zu Entwicklungen in der Anwaltschaft.

Tab. 26: Selbständige Freiberufler in Deutschland 2002

Berufsgruppe	*Anzahl*	*gesamt*	*in %*
heilkundliche Berufe			
Ärzte	121.675		
Zahnärzte	54.562		
Tierärzte	10.247		
Apotheker	21.853		
andere freie Heilberufe	56.200		
Heilberufe gesamt		**264.537**	**34,8**
rechtsberatende Berufe			
Rechtsanwälte	79.700		
Patentanwälte	1.890		
Nur-Notare	1.663		
rechtsberatende Berufe gesamt		**83.253**	**10,8**
wirtschaftsberatende Berufe			
Steuerberater/-bevollmächtiger	49.060		
Wirtschaftsprüfer	10.187		
Unternehmensberater	16.600		
andere wirtschaftsberatende Berufe	43.200		
wirtschaftsberatende Berufe gesamt		**119.047**	**15,7**
technisch/naturwissenschaftliche Berufe			
Architekten	53.378		
Ingenieure (inkl. beratende Ing.)	45.200		
Sachverständige	12.300		
andere technische Berufe	22.400		
technische Berufe gesamt		**133.278**	**17,6**
freie Kulturberufe		**160.500**	**21,1**
Gesamtsumme		**759.615**	**100,0**

Anmerkungen: Daten nach Erhebungen des Instituts für Freie Berufe, Universität Erlangen-Nürnberg; Zwischensummen und Prozente ergänzt (Stand: 1.1.2002; Apotheker, Rechtsanwälte, Patentanwälte und Tierärzte mit Stand 1.1.2001).
Quelle: Bundesregierung 2002a.

7.3.1 Rahmendaten und regulatorisches Umfeld

Überblick zu den „Freien Berufen"

Die Freien Berufe verkörpern in besonderer Weise das, was persönliche Dienstleistung bedeutet; zudem sind sie ein wichtiger Wirtschaftsfaktor.
Der Bundesverband der Freien Berufe (BFB) repräsentiert (Stand 2002) ca. 760.000 Freiberufler mit ca. 2 Mio. Angestellten und 160.000 Auszubildenden.
In der Verbandsstatistik werden vier Gruppen unterschieden, die heilkundlichen Berufe (Ärzte, Zahnärzte, Psychotherapeuten, Krankenpfleger u.a.), die rechts- und wirtschaftsberatenden Berufe (Rechtsanwälte, Notare,[35] Wirtschaftsprüfer, Steuerberater, Versicherungsmathematiker u.a.), die technischen und naturwissenschaftlichen Berufe (Architekten, Ingenieure, Chemiker, Biologen, Erfinder, freiberufliche Informatiker u.a.) sowie die Kulturberufe (Künstler, Tanzlehrer, Schriftsteller, Psychologen, Designer, Tonkünstler u.a.). Der BFB ist der Bundesverband der beruflichen Spitzenverbände auf Bundes- und Landesebene sowie der regionalen Kammern und umfasst ca. 90 Organisationen. Die freiberuflichen Dienstleistungen steuern, nach Angaben des aktuellen Berichts der Bundesregierung über „die Lage der Freien Berufe" (Bundesregierung 2002a) einen Beitrag zum Bruttosozialprodukt von etwa 8% bei; ihr Anteil an den Erwerbstätigen liegt bei 7%.

In der Selbstbeschreibung des Verbandes taucht Dienstleistung als Konzept nur indirekt auf, nämlich unter dem Merkmal „hohe Professionalität": „Sie helfen, beraten und vertreten mit hoher Qualifikation und in neutraler Weise und fachlicher Unabhängigkeit." Es wird die besondere „Verpflichtung gegenüber dem Gemeinwohl", die „strenge Selbstkontrolle" und die „Eigenverantwortlichkeit" des Arbeitens herausgestellt. Damit wird deutlich, dass die von den Freien Berufen erbrachten Dienstleistungen in eine rechtliche, berufsständische und gesellschaftliche Ordnung eingebunden sind.

Zu einer Neuordnung der jeweiligen Berufsrechte kam es vor allem, als 1987 das Bundesverfassungsgericht die damals geltenden Richtlinien des anwaltlichen Berufsrechts aufhob und die Bundesrechtsanwaltsordnung (BRAO) neu gefasst werden musste. Im Gefolge dessen wurden auch andere Berufsordnungen neu geregelt (Architekten, Ingenieure, 1997 auch für die Ärzte). In den ver-

---

[35] Es gibt Anwälte, Anwaltsnotare und „Nur-Notare", als hauptberufliche Tätigkeit. Mit dem neuen „Gesetz über Rahmenbedingungen für elektronische Signaturen" gewinnen die Tätigkeiten von Notaren eine ganz neue Qualität. Die Bundesnotarkammer nimmt unter den zugelassenen Zertifizierungsstellen die Nummer drei ein. Die Notare werden unter einem E-Commerce-Gesichtspunkt also Träger einer Infrastruktur und gewinnen den Charakter von „Zwischenhändlern".

gangenen Jahren wurden die beruflichen Regulierungen gelockert und die Selbstverwaltung gestärkt sowie die Gebührenordnungen überarbeitet (Bundesregierung 2002a). Die Tabelle 26 weist aus, dass die mit Abstand größte einzelne Berufsgruppe unter den Freien Berufen mit ca. 122.000 die Ärzteschaft darstellt, gefolgt von den Rechtsanwälten mit knapp 80.000.[36]

„Elektronischer Rechtsverkehr" als Hintergrund

Es wurde bereits dargelegt, dass der seit dem Jahr 2001 schrittweise eingeführte „elektronische Rechtsverkehr" als ein Hintergrundsystem gesehen werden kann, das für sich herausbildende E-Commerce-Formen von großer Bedeutung ist. Deshalb seien im Folgenden einige exemplarische Regelungen beschrieben.

Am 26. November 2001 wurde von der Bundesregierung die „Verordnung über die Einführung des elektronischen Rechtsverkehrs beim Bundesgerichtshof" erlassen, die am 30. November in Kraft trat. Diese mit drei Paragraphen auskommende Verordnung läutet gewissermaßen ein neues Zeitalter am BGH ein. In einem Pilotversuch werden, zunächst nur an wenigen Senaten, Verfahren des gerichtsinternen und des gerichtsexternen elektronischen Dokumentenverkehrs und des Datenmanagements erprobt, eingeschränkt auf vier Verfahrensbereiche, nämlich nach der Zivilprozessordnung, der freiwilligen Gerichtsbarkeit, der Grundbuchordnung und der Schiffsregisterordnung.

Diese nur für das BGH geltende Verordnung ist selbstverständlich nicht die einzige rechtliche Grundlage; es mussten sehr viel weiter reichende Regelungen, in Umsetzung der EG-Richtlinie zum E-Commerce, geschaffen werden:

- Die wichtigste davon betrifft das „Gesetz zur Anpassung der Formvorschriften des Privatrechts und anderer Vorschriften an den modernen Rechtsgeschäftsverkehr"; dieses regelt im § 130a Zivilprozessordnung (ZPO), dass die Aufzeichnung als elektronisches Dokument der Schriftform genügt; es gibt inhaltsgleiche Regelungen in anderen Verfahrensordnungen;
- im § 130a Abs. 2 ZPO ist festgelegt, dass die Bundesregierung und die Landesregierungen für ihre jeweiligen Bereiche durch Rechtsverordnung festlegen, ab wann solche elektronischen Dokumente bei den Gerichten eingereicht werden können.
- Beim Finanzgericht Hamburg lief schon im August 1999 ein Pilotprojekt an, das nach einer entsprechenden Verordnung der Hamburgischen Landesregie-

---

36 Diese hier wiedergegebenen Werte stimmen mit jenen ca. 116.000 von der Bundesrechtsanwaltskammer berichteten nicht überein, weil in der Tabelle nur die Selbständigen erfasst sind.

rung in den Vollbetrieb gehen kann.[37] Diese erging im April 2002, so dass ab Mai 2002 elektronische Dokumente eingereicht werden können.
- Im neuen Signaturgesetz, das am 1.5.2001 in Kraft getreten ist, werden die „qualifizierten Signaturen" beschrieben, die gemäß § 2 Signaturgesetz von den nun „Zertifizierungsanbietern" genannten Stellen ausgestellt werden;[38]
- schließlich bedurfte es einer Regelung der neuen Zustellungspraxis im „Gesetz zur Reform des Verfahrens der Zustellungen im gerichtlichen Verfahren" (Zustellungsreformgesetz); dies trat am 1.8.2002 in Kraft und regelt in § 174 Abs. 3 die Möglichkeit, ein Urteil, einen Beschluss, eine Ladung oder andere gerichtliche Schriftstücke als elektronisches Dokument per E-Mail an den Empfänger zu versenden, sofern es mit einer elektronischen Signatur versehen ist.[39]

Die Verordnung für den BGH ist in ein umfassendes Programm der Bundesregierung eingebunden („Bund Online 2005"), welches das Ziel verfolgt, bis zum Jahr 2005 alle „internetfähigen Leistungen der Bundesbehörden" im Internet anzubieten (s.a. Kap. II.8). Dies bedeutet natürlich nicht, dass dann Formulare, Klageeinreichungen, Steuererklärungen u.a.m. nur noch auf elektronischem Wege möglich sein werden; es wird immer parallele Strukturen geben und geben müssen. Aber deutlich wird doch, wie hier eine neue Infrastruktur heranwächst, die auch in die Berufsordnungen der Anwälte und Notare (und natürlich auch anderer Berufe) hineinwirken wird.

Entwicklungen im Berufsfeld „Rechtsanwälte"

Am 14. März 2002 wandte sich der Hauptgeschäftsführer des Deutschen Anwalt Vereins mit einer „eiligen Information" an die Mitglieder der örtlichen Anwaltvereine und wies darauf hin, dass am 1.1.2002 das Teledienstegesetz geändert worden sei. „In § 6 sind ‚allgemeine Informationspflichten' für ‚Diensteanbieter ... geschäftsmäßiger Teledienste' festgelegt worden. Diese Bestimmung gilt

---

37 Vgl. zu diesem Pilotversuch Finanzgericht Hamburg (o.J.) und insbesondere den Erfahrungsbericht von Grotheer/Drühmel (o.J.), in dem die rechtlichen Grundlagen erläutert werden, und auf den sich obige Ausführungen ebenfalls stützen.
38 Im „Gesetz über Rahmenbedingungen für elektronische Signaturen" werden unterschiedliche Qualifizierungsniveaus solcher Signaturen unterschieden: unter „elektronischer Signatur" werden Daten verstanden, die mit anderen Daten logisch so verknüpft sein sollen, dass eine Authentifizierung möglich ist; unter „fortgeschrittenen Signaturen" wird festgelegt, dass u.a. die Identifizierung des Signaturschlüssel-Inhabers möglich ist, und unter „qualifizierten Signaturen" sind solche zu verstehen, die darüber hinaus auf einem qualifizierten Zertifikat beruhen und von einer „sicheren Signaturerstellungseinheit" erzeugt wurden.
39 Vgl. Nickels (2002) zu einem Überblick über die nach der EU-Richtlinie zum E-Commerce nötigen Gesetzesanpassungen.

auch für Homepages von Rechtsanwältinnen und Rechtsanwälten." Wäre mit dieser kleinen Änderung auch für Rechtsanwälte das Zeitalter des E-Commerce angebrochen, weil auch sie nun „geschäftsmäßige Teledienste" betreiben? Wie könnte ein entsprechendes Geschäftsmodell aussehen?

Auf der Homepage findet der Ratsuchende, wer in der Kanzlei für welches Rechtsgebiet zuständig ist, natürlich eine Mail-Adresse, über die er eine erste Anfrage zu seinem Rechtsproblem schickt; diese wird auch mit einer ersten Einschätzung beantwortet. Im Gefolge kommt es zu einem lebhaften Briefwechsel, auch per Voice-Mail, bis schließlich der gewünschte Vertragsentwurf ausgetauscht wird und eine Einwilligung des Ratsuchenden eingeht, die angefallenen Kosten über eine Rechtsschutzversicherung abzurechnen.

Ein solcher Ablauf ist gut vorstellbar, ist in Einzelfällen praktisch schon realisiert und stellte damit eine komplette medienimmanente Abwicklung der einzelnen Schritte (Information, Kommunikation, Transaktion) dar.

Damit die von einer Kanzlei betriebene Homepage nicht mit einem Bußgeld auf Grund einer Ordnungswidrigkeit belegt wird, müssen an *sie nach dem Teledienstegesetz einige Anforderungen* gestellt werden. Es sind anzugeben:

- die zuständige Kammer mit Anschrift,
- die gesetzliche Berufsbezeichnung (also etwa „Rechtsanwältin"),
- und die maßgeblichen berufsrechtlichen Regelungen, als da sind die Bundesrechtsanwaltsordnung (BRAO), die Berufsordnung für Rechtsanwälte (BORA), die Fachanwaltsordnung (FAO) und die Bundesrechtsanwalts-Gebührenordnung (BRAGO),
- für den Bereich des internationalen Rechtsverkehrs die „Standesregelung der Rechtsanwälte in der Europäischen Gemeinschaft", und für ausländische Kolleginnen und Kollegen das „Gesetz über die Tätigkeit europäischer Rechtsanwälte in Deutschland".

Es genüge aber, so heißt es im o.g. Schreiben, auf der Homepage einen Link zu diesen Unterlagen zu setzen, z.B. bei der Bundesrechtsanwaltskammer, BRAK. Diese weist ergänzend auf die Grundlagen der deutschen Anwaltsgebühren hin.

Was in der Aufzählung noch fehlt, aber offenbar vom § 6 des Teledienstegesetzes nicht gefordert wird, ist die ursprüngliche rechtliche Grundlage, nämlich das *Rechtsberatungsgesetz*, das noch aus dem Jahr 1935 stammt und das zuletzt im Gefolge des neuen Insolvenzrechts geändert wurde. Dieses Rechtsberatungsgesetz sichert den Anwälten (und einigen anderen Berufsgruppen wie Wirtschaftsprüfern) gewissermaßen die Standesprivilegien, insofern zur „Erledigung fremder Rechtsgeschäfte" nur solche befugt sind, die über die entsprechende Erlaubnis verfügen.

Über dieses Rechtsberatungsgesetz kam es immer wieder und kommt es immer noch zum Streit darüber, wer Rechtsberatung ausüben und in welchen Grenzen dies geschehen darf – und diese Grenzen bestimmen mit, welche internetbasierten Modelle möglich sind und welche nicht mehr. Darf z.b. jemand ohne die o.g. Erlaubnis eine Telefon-Hotline (oder ein entsprechendes Internetangebot) betreiben und über diese den angeschlossenen Anwälten Klienten zuleiten?

Bevor auf solche Streitfälle näher eingegangen wird, seien die o.g. berufsrechtlichen Regelungen kurz umrissen sowie einige Entwicklungen in der Anwaltschaft der letzten Jahre genannt.

Die *Entwicklungen in der Anwaltschaft* sind seit den 90er Jahren vor allem durch überproportionale Zugänge an Studierenden des Fachs Jura gekennzeichnet, was sich auch auf die Zulassungszahl bei den Rechtsanwaltskammern auswirkte. Per 1.1.2002 waren schließlich (nach Zahlen der BRAK) 116.305 Rechtsanwälte und Rechtsanwältinnen gemeldet. Weitere wichtige Eckpunkte sind:

- Es ist eine interne Qualifizierung und Spezialisierung durch Zusatzausbildungen und die Einführung einer Fachanwaltsordnung (FAO) festzustellen. 1999 wurde eine neue Qualifizierung zum Fachanwalt des Insolvenzrechts eingerichtet (dieses Gesetz trat zum 1.1.1999 in Kraft). Schon länger gibt es Fachanwälte/innen für Steuer-, Verwaltungs-, Sozial- und Arbeitsrecht, und seit 1999 auch für Familien- und Strafrecht. Diese Neuerung setzt eine berufspolitische Profilierung in Gang, die auch nach außen wirkt.
- Selbstverständlich ist es weiterhin berufspolitische Strategie der Standesvertretung, sich die „Besorgung fremder Rechtsgeschäfte" von anderen Beraterberufen und Institutionen nicht streitig machen zu lassen. Mit einer solchen Liberalisierung ist aber nach Ansicht der Bundesregierung nicht zu rechnen.
- Durch die Überarbeitung der BRAO 1994 sind die Restriktionen für Anwälte, Werbung zu betreiben, gelockert worden. Eine Umfrage der BRAK bestätigte verbreitete Zufriedenheit der Anwaltschaft mit diesen Regelungen.
- Es wird seit langem eine stärkere Orientierung der Juristenausbildung an anwaltlichen Tätigkeiten gefordert. Die Haupttätigkeiten der Anwälte umfassen mittlerweile fast nur noch außergerichtliche Aufgaben (in der Größenordnung von 70%), aber kaum mehr die Vertretung bei Gericht. Ein diesbezüglicher Beschluss der Justizministerkonferenz wurde im Juni 2001 gefasst (DAV 2001), das Gesetz mittlerweile auch vom Bundesrat verabschiedet.
- Über Verschiebungen im Tätigkeitsspektrum und in der Einkommensstruktur der Anwälte ist die Bundesrechtsanwaltskammer durch jährliche Erhebungen des Instituts für Freie Berufe an der Universität Erlangen-Nürnberg informiert, die in den BRAK-Mitteilungen dargestellt werden. Diese Berichterstat-

tung nennt sich STAR, Statistisches Berichtssystem für Rechtsanwälte (Schmucker 2000 a, b sowie 2002). Danach trifft das Bild vom gut verdienenden Anwalt bestenfalls noch auf wenige Prozent der Anwälte zu (Bundesrechtsanwaltskammer 2002).

- Die früher in der BRAO vorgesehene „Lokalisierung" gilt nicht mehr; Anwälte dürfen seit dem Jahre 2000 auch außerhalb der Landgerichte ihrer Bezirke auftreten, haben also Postulationsrecht. Ob sich daraus ein Bedarf für telekommunikativ gestützte Kommunikation mit Klienten entwickeln wird, dürfte offen sein.
- Unter den *berufsrechtlichen Regelungen* ist neben dem Rechtsberatungsgesetz die BRAO (Bundesrechtsanwaltsordnung) die wichtigste, weil sie unmittelbar das Berufsrecht begründet. Darauf aufbauend konnte die Anwaltschaft im Zuge ihrer Selbstverwaltung sowohl die Berufsordnung (BORA) spezifizieren als auch die Fachanwaltsordnung (FAO). Diese enthält detaillierte Ausführungen über die erforderlichen Ausbildungen, zu bearbeitende Fälle und Prüfungen, die zu durchlaufen sind, bevor ein Anwalt den Titel „Fachanwalt für ..." führen darf.

Aus dem *Rechtsberatungsgesetz* seien im Textkasten die Bestimmungen des § 5 wiedergegeben.

Auszüge aus dem Rechtsberatungsgesetz

§ 5 Ausnahmen

Die Vorschriften dieses Gesetzes stehen dem nicht entgegen, dass

1. Kaufmännische oder sonstige gewerbliche Unternehmer für ihre Kunden rechtliche Angelegenheiten erledigen, die mit einem Geschäft ihres Gewerbebetriebs in unmittelbarem Zusammenhang stehen;
2. dass öffentlich bestellte Wirtschaftsprüfer und vereidigte Buchprüfer sowie Steuerberater und Steuerbevollmächtigte in Angelegenheiten, mit denen sie beruflich befasst sind, auch die rechtliche Bearbeitung übernehmen, soweit diese mit den Aufgaben des Wirtschaftsprüfers, Buchprüfers, Steuerberaters oder Steuerbevollmächtigten in unmittelbarem Zusammenhang steht und diese Aufgaben ohne die Rechtsberatung nicht sachgemäß erledigt werden können;
3. dass Vermögensverwalter, Hausverwalter und ähnliche Personen die mit der Verwaltung in unmittelbarem Zusammenhang stehenden Rechtsangelegenheiten erledigen.

Quelle: Obrembalski (o.J.).

Um den Kontext zu verdeutlichen: Im § 1 wird die besondere Erlaubnis beschrieben, die für Rentenberater, Versicherungsberater, Frachtprüfer, vereidigte Versteigerer, Inkassounternehmen und Rechtskundige in ausländischem und EU-Recht nötig ist. In § 2 wird gesagt, dass das Erstellen wissenschaftlicher Gutachten und die Tätigkeit als Schiedsrichter ohne Erlaubnis nach § 1 möglich ist. Dann bestimmt § 3 die „zugelassene Rechtsberatung" durch Behörden, Rechtsanwälte, Prozessagenten nach ZPO u.a.

Worauf es hier ankommt, hält der § 5 (Textkasten) fest, der bestimmt, dass bei bestimmten Berufen (Kaufmann, Vermögensverwalter, Hausverwalter usw.) solche rechtlichen Angelegenheiten miterledigt werden dürfen, „die mit einem Geschäft ... in unmittelbarem Zusammenhang stehen". Hier ist also latent konkurrierende Rechtsberatung eingebaut, was freilich pragmatisch kaum anders zu lösen ist, es sei denn man forderte, dass bei jeder auch noch so geringen Rechtsberatung ein Anwalt hinzugezogen werden müsste. Freilich ist nicht zu verkennen, dass der Anwaltschaft seit Jahren auf dem Rechtsberatungsmarkt erhebliche Konkurrenz gemacht wird und sie aus bestimmten Geschäftsfeldern (z.B. Abwicklung von Verkehrsunfällen) hinausgedrängt zu werden droht (Hagenkötter 2001).

7.3.2 Rechtsinformation als E-Commerce

Rechtsinformation für Experten: Juris

Die in Saarbrücken ansässige Juris GmbH nennt sich im Untertitel ein „Juristisches Informationssystem für die Bundesrepublik Deutschland" und verdeutlicht damit den Anspruch, für den gesamten Rechtsbereich und für alle Beteiligten Rechtsinformationen zu liefern, Informationen, für die selbstverständlich auch gezahlt werden muss. Diese *doppelte Orientierung* zwischen öffentlicher Informationsinfrastruktur und marktbezogenem Akteur war von Anfang an so angelegt und wird sich auch nach dem Eintritt der SDU, der früheren niederländischen Staatsdruckerei (Staatsdrukkerij/-Uitgeverij), nicht ändern, denn der Bund ist immer noch Mehrheitsgesellschafter mit einem Anteil von 50,01 % und ist damit seinen ordnungspolitischen Vorstellungen treu geblieben (wie Password analysierte; o.A. 2001a); die SDU hält 45,33 %, das Saarland 3 %; die restlichen wenigen Prozentpunkte verteilen sich auf die Bundesrechtsanwaltskammer, den Deutschen Anwaltsverein, die Hans Soldan GmbH, den Haufe Verlag und die Verlegervereinigung Rechtsinformatik. Unter den Fachinformationszentren erreicht Juris derzeit als Einzige eine volle Kostendeckung.

Gegen Gebühr in den Online-Datenbanken von Juris recherchieren konnte man schon zu einer Zeit, als von E-Commerce noch niemand sprach. Der Kern

7 Dienstleistung und E-Commerce am Beispiel des Rechtsbereichs

von Juris ist die Rechtsprechungsdatenbank (630.000 Einheiten), vor allem jene der Obersten Bundesgerichte (und seit 1976 auch der Instanzengerichte), und diese vorwiegend im Volltext (ca. 200.000 Einheiten). Es gibt daneben eine Literaturdatenbank; seit einigen Jahren auch Sammlungen zu Landesrecht (Bayern, Saarland, NRW, Rheinland-Pfalz), ein Bereich, der ausgebaut wird. Alles in allem werden ca. 8,3 Mio. Dokumentationseinheiten (Stand: Anfang 2003) vorgehalten.

Unter dem E-Commerce-Gesichtspunkt interessiert Juris nicht nur als Datenbank für juristische Inhalte, sondern auch als Anbieter, bei dem die preislichen und prozeduralen Aspekte zu betrachten sind. Was *kostet* die Information und was ist *online machbar*?

Abb. 24: Tarifstruktur für „Juris Web" (Preisliste juris Web Professional)

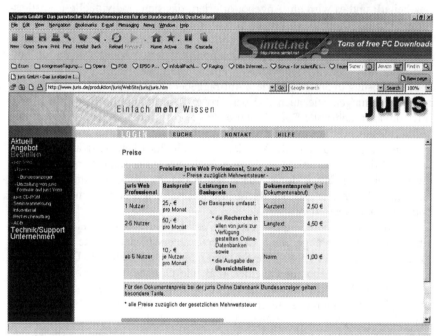

Quelle: Juris Web-Angebot, zuletzt abgerufen am 17.9.2002.

Seit Mitte des Jahres 2001 wird „juris Web" angeboten, ein browser-orientiertes Interface für die Online-Recherche (Abb. 24). Es gibt einen Basistarif, der die Recherchen in den Datenbanken und die Ausgabe bzw. Darstellung der Suchergebnisse abdeckt (je nach Anzahl der angemeldeten Benutzer rangiert der Preis von 25 Euro pro Monat für einen, bis zu 10 Euro je Nutzer ab sechs und mehr Nutzern), aber nicht den Dokumentenabruf umfasst. Die Gebühr hierfür reicht von 1 Euro für einen Gesetzestext (Norm), über 2,50 Euro für einen Kurztext bis hin zu 4,50 Euro für einen Lang- resp. Volltext (zu neueren Entwicklungen in Richtung Pauschalpreise s.u.).

Kann man sich bei Juris online anmelden, eine Lastschriftvollmacht erteilen und dann mit der Recherche gleich loslegen? Geschäftskunden können dies so machen, der Privatkunde meldet sich noch mit Fax und unterschriebenem Formular an. Das Procedere für Geschäftskunden würde also eine *vollständige medienimmanente Transaktionsabwicklung* darstellen.

Unter dem Gesichtspunkt „Dienstleistung" hält Juris noch zwei interessante Angebote bereit: Es kann ein *Rechercheauftrag* auch online erteilt werden (aber dieser wird zu einem Informationsvermittler weitergereicht, also nicht in Juris bearbeitet); und es wird ein Angebot offeriert, das sich „individuelle Dienstleistungen" nennt. Darunter verbergen sich aber nicht die gerade erwähnten Rechercheaufträge oder auf persönliche Bedürfnisse zugeschnittene Datenlieferungen (SDI, selective dissemination of information), sondern *Systemlösungen* für Auftraggeber, die von Juris entwickelt werden, wie etwa die Bereitstellung einer Intranet-Lösung in einer Behörde: „Auftraggeber aus dem Bereich der Behörden und Verwaltungen wie auch aus der Privatwirtschaft nutzen das juris Knowhow, um anspruchsvolle Datenbankprojekte zu realisieren." Dieser Schwerpunkt soll ausgebaut werden, wie der Geschäftsführer Gerhard Käfer in einem Interview mit Password und im Rückblick auf das Jahr 2001 betonte (Käfer 2002).

Berücksichtigt man diese anvisierten Ziele sowie die weitere im Jahre 2002 zu beobachtende Entwicklung,[40] dann lassen sich im Blick auf Juris, aber auch auf den weiteren Kontext der Rechtsinformation, folgende fünf markante Veränderungen herausstellen:

(1) Die in der Abbildung 24 gezeigte Preisstruktur, die neben einem Basistarif Einzelpreise für abgerufene Dokumente unterscheidet, wurde in Richtung Pauschalpreise weiter entwickelt. So kann nunmehr eine einzelne Datenbank zu einem festen Preis abonniert werden (z.B. die Online-Fachdatenbank Arbeitsrecht für 100 Euro pro Monat für bis zu drei Nutzer), so dass es keine Rolle mehr spielt, wie viel recherchiert wird und wie viele Dokumente abgerufen werden. (2) Eine solche Preisstrategie kommt dem Ziel von Juris entgegen, sich stärker dem Endkundensegment zu widmen; dies zielt nicht nur auf die kleineren Kanzleien, sondern auch auf den einzelnen Mitarbeiter etwa in der Finanzverwaltung oder den einzelnen Richter, der von seinem Arbeitsplatz aus alle je-

---

[40] Neben den Interviews mit Käfer (2002) und Schöneberger (2003) sind weitere hier herangezogene Quellen die Berichte in Password sowie in den Juris Briefen, die bei Juris online abgerufen werden können.

7 Dienstleistung und E-Commerce am Beispiel des Rechtsbereichs

ne Rechtsinformationen zugänglich haben soll, die er benötigt. (3) Juris als Anbieter von Primärinformation im Rechtsbereich (paradigmatisch: Rechtsprechung und zugehörige Literatur) entwickelt sich mehr und mehr auch zu einem Verlag, der sich mit klassischen Verlagsprodukten nicht nur an die professionellen Rechtsanwender (z.b. Anwälte) wendet, sondern auch an die Laienöffentlichkeit (z.b. mit einem Textband zum Arbeitsrecht). Um diese Entwicklung abzustützen, kommt es (4) zu neuen Kooperationsformen zwischen Datenbankspezialist und Verlag (so mit Walter Kluwer Deutschland, unter dessen Kooperation der erwähnte Band entstand), wie auch (5) zu neuen Publikationskonzepten: Ab Jahresanfang 2003 kann der erste elektronische Juris Praxiskommentar zu den ersten beiden Büchern des BGB subskribiert werden. Die Kommentare werden online vorgehalten, mit der Juris-Datenbank verknüpft und ständig aktualisiert; zusätzlich kann ein „Push-Dienst" abonniert werden (über E-Mail), der an Änderungen erinnert. Das ist also eine bestimmte Variante von „elektronischem Buch": Normendatenbank mit Kommentar auf Hypertext-Grundlage.

Mit dieser Strategie, das angestammte Datenbankgeschäft mit einem Verlagsgeschäft zu arrondieren, wird die *Konkurrenz zu den Verlagen*, zu denen Juris immer in einem spannungsreichen Verhältnis stand, endgültig offenbar. Diese verfolgen ihrerseits die entgegengesetzte Strategie, nämlich das traditionelle Verlagsgeschäft mit Datenbankangeboten zu vervollständigen, d.h. sie bieten nun ebenfalls Recherchemöglichkeiten in Rechtsprechungsdatenbanken an.

Ein Beispiel hierfür ist der wie Juris im Jahre 1985 gegründete und der WEKA-Gruppe zugehörige „Verlag Recht und Praxis" mit seiner Datenbank „Deutsche Rechtsprechung Online" (deren Bestand mit 140.000 Dokumenten deutscher Gerichte aus allen Instanzen angegeben wird; zur URL vgl. Anhang). Hier ist die Recherche kostenfrei (Leitungsgebühren nicht gerechnet), erst die Lieferung eines Dokuments per E-Mail muss mit 5,50 Euro per Kreditkarte beglichen werden. Auch Beck, einer der großen Rechtsverlage, hat, wie es im Online-Angebot heißt, auf Basis der über 30 Zeitschriften, Rechtsprechungs-Reporte und Entscheidungsdienste eine Rechtsprechungsdatenbank eingerichtet. Diese und die anderen Quellen werden in Module bzw. Rechtsgebiete (wie Zivilrecht, Arbeitsrecht usw.) eingeteilt und auf Abo-Basis angeboten. Weitere Angebote ließen sich aufführen, wie z.B. Legios, eine Online-Plattform, an der neben juristischen auch andere Verlage als Inhaltelieferanten beteiligt sind.[41] Insgesamt ist eine Tendenz zu *weiterer Differenzierung* und Spezialisierung zu beobachten. Zudem befindet sich die gesamte Rechtsinformationsbranche mit dem erwarteten Eintritt weiterer Anbieter (wie Westlaw, Lexis/Nexis) in einem Umbruch.

---

41 Als Einstiegspunkt für die Vielzahl an Quellen eignet sich gut die Link-Liste der BRAK, die zusammen mit der DAV auch einen „Marktplatz Recht" betreibt.

Rechtsinformation für Alle: Rechtsportale für Laien

Ist jemand in einen Rechtsstreit verwickelt, der sich womöglich über Jahre hinzieht und eine wichtige Frage betrifft (z.b. eine Auseinandersetzung über Versicherungs- oder Rentenansprüche), dann mag sich der Laie nach und nach selbst zu einem Experten heranbilden, so dass für ihn auch eine differenzierte Recherche in der Juris-Rechtsprechungsdatenbank keine allzu große Hürde mehr darstellen dürfte. Gleichwohl ist gerade beim Recht *Fachinformation* und *Laieninformation* zu unterscheiden, weil ab einem bestimmten Punkt der Laie die Rechtsmaterie nur unvollständig oder gar nicht mehr zu durchdringen vermag. „Rechtsinformation" kann aber zweifach verstanden werden, sowohl als „rechtliche Information" (z.B. gerichtliche Entscheidungen, deren Begründung und rechtliche Einordnung) als auch als „Information über rechtliche Themen" (Was steht eigentlich im Signaturgesetz? Ist das neue Insolvenzrecht für den Privatmann von Bedeutung?). Im Folgenden werden einige solcher allgemeinen Angebote beschrieben; bevor es um Rechtsberatung i.e.S. gehen wird.

Ein einschlägiges Angebot ist *Rechtsfinder* (mittlerweile mit „Deutscher Anwaltssuchdienst" zusammengelegt), das sich zwar sowohl an Laien als auch an Fachjuristen wendet, aber die obige Unterscheidung zwischen Fachinformation und Laieninformation durch entsprechende farbliche Unterlegung der Menüeinträge beibehält.[42] Bei Rechtsfinder.de kann man z.B. nach Anwälten suchen. Es wird betrieben von einer Tochter der RA-Micro Software AG, die seit langem Anwaltssoftware entwickelt und vertreibt. Es wird auch eine Online-Rechtsberatung angeboten (Kap. II.7.3.3).

Rechtsanwälte und Sachverständige kann man auch bei *Jusline* suchen, auch Rechtsprechungsliteratur, aber dies nicht über eine selbst betriebene Datenbank, sondern auf der Grundlage von Links zu Sammlungen, die etwa an Universitäten, bei Versicherungen, Verbänden oder Behörden vorgehalten werden; Jusline fungiert also als eine Art von Metadienst.

Eine andere Art von Angebot bietet die *ARD* auf der Grundlage der Sendung „Ratgeber Recht". Die Internetseite wird von der Redaktion Recht gepflegt. Die Stiftung Warentest stufte dieses Angebot u.a. als „gut sortierte, redaktionell bearbeitete Urteilssammlung" ein (Stiftung Warentest 2000). Der Laie ist ohnehin gut beraten, sich eine solche Sammlung erst einmal anzusehen und sich dann zu konkreteren Angeboten voranzuklicken. Wer dies tut, bemerkt allerdings auch eines sehr schnell: Vielfalt und Differenzierung erzeugen Orientierungsbedarf, und das Surfen ist nicht nur Lust, sondern auch schlicht Arbeit.

---

42 Der neu gestaltete und mit dem „Deutschen Anwaltssuchdienst" zusammengelegte Internetauftritt enthält diese Differenzierung nicht mehr (Stand: 15.02.2003); das Angebot richtet sich nunmehr ausschließlich an „interessierte Nicht-Juristen".

7.3.3 Rechtsberatung als E-Commerce

Zur Einführung: Abgrenzungen und Streitfälle

Rechtsberatung ist eine durch Berufsprivileg den Rechtsanwälten vorbehaltene beraterische Tätigkeit. „Dienstleistung" bedeutet hier: „einzelfallgerechte Beratung". Wie kann diese hochspezifische Tätigkeit als E-Commerce betrieben werden?

In der dem Projekt zu Grunde gelegten Definition von E-Commerce wird realistischerweise nicht gefordert, dass alle Schritte über ein einziges Medium abgewickelt werden, aber wohl, dass „der Austausch von wirtschaftlichen Gütern gegen Entgelt begründet wird". In den vorliegenden Zusammenhang übersetzt bedeutet dies, dass die erste Information über eine mögliche Rechtsberatung (z.B. eine Homepage einer Kanzlei) den weiteren Kontakt und das weitere Vorgehen „begründen" bzw. „anstoßen" soll. Im Sinne einer für den „Verbraucher" transparenten Information würde man darüber hinaus fordern, dass diese Information erkennen lassen muss, wie die weiteren Schritte hin zur Transaktion ausgeführt werden können (alle medienimmanent oder mit Medienwechseln verbunden?). Das jeweilige Medium muss Beratung erlauben (wechselseitige Kommunikation, die auch per E-Mail möglich ist); aber es ist nicht sinnvoll zu fordern, dass auch die finalen Transaktionen im gegebenen Medium erfolgen müssen.

Folgt man also dem spezifischen Beratungsbegriff, wie er in „Rechtsberatung" angelegt ist, dann ist dieser Typ gegen dreierlei abzugrenzen:

- gegen „allgemeine Information", wie sie etwa ein Fernsehsender ausstrahlt;
- gegen „reine Information", denn Beratung ist mehr als Information, und
- gegen „Selbstberatung", insofern hier der Aspekt der Bedürftigkeit nach einer Dienstleistung fehlt (und ‚Beratung' impliziert, dass sie mit eigenen Mitteln nicht mehr geleistet werden kann).

„Rechtsberatung" ist in diesem Sinne als individuell angepasste, für einen Klienten entwickelte („einzelfallgerechte") Information zu verstehen, die in einem Medium derart erfolgt, dass sich außerinformatorische Prozesse (Vertrauensbildung, Ko-Orientierung u.a.) aufbauen können. Es ist klar, dass es auf allen o.g. drei Dimensionen Grauzonen gibt. Aber es ist so möglich, die hochspezifische Dienstleistung „Rechtsberatung" an E-Commerce anzuschließen. Die beiden folgenden *realen Streitfälle* zeigen, dass die gezogenen Grenzlinien alles andere als nur akademische Übung sind.

Fall 1: Darf ein Fernsehsender, etwa in einer *Ratgebersendung* zu Rechtsfällen im Alltag (Bausparen, Reisepreisminderung), konkrete Fälle einzelner Personen (natürlich unter anderem Namen) darstellen, oder darf er das nicht, weil es

Rechtsberatung wäre? Er darf: „Ratgebersendungen verstoßen nicht gegen das Rechtsberatungsgesetz", wie der WDR, der von vorgängiger Rechtsprechung (wie auch ZDF und RTL) betroffen war, auf seiner Homepage in Bezug auf das ergangene BGH-Urteil klarstellt. Darf er dann auch innerhalb oder außerhalb der Sendung Anrufe von Ratsuchenden entgegennehmen und diese beraten? Darf er nicht. Die zwei entscheidenden Passagen im Wortlaut:
„Die Kläger (in den Vorinstanzen, d.V.) sahen in den Fernsehsendungen Verstöße gegen das Rechtsberatungsgesetz. Der BGH sah in den Ratschlägen und Auskünften keine unzulässige Rechtsberatung, weil nicht der Einzelfall und seine Lösung im Vordergrund stand, sondern die allgemeine Information der Zuschauer über typische Rechtsprobleme." Und: „Lediglich im Fall der Sendung ‚Wir Schuldenmacher' hat der BGH einen Verstoß gegen das Rechtsberatungsgesetz gesehen, da telefonische Rechtsberatung außerhalb der Fernsehsendung angeboten wurde (Bundesgerichtshof 2001).

Fall 2: Darf jemand, der selbst kein Rechtsanwalt ist, eine Telefon-Hotline betreiben und auch andere *Dienste für die Anwälte* anbieten? Darf er nicht. Hierzu ergingen ein Kammergerichtsurteil, in dem eine solche Hotline als wettbewerbswidrig eingestuft wurde, und ein Urteil des OLG München, in dem auf das Rechtsberatungsgesetz und die dortige Regelung hingewiesen wurde, dass Inkasso und ähnliche Tätigkeiten einer Erlaubnis bedürfen. In einem früheren Urteil des OLG Celle wurde die „rechtsberatende Auswahlleistung" betont, die über das bloße Vermitteln hinausginge und deshalb gegen das Rechtsberatungsgesetz verstoße (Klass o.J.). Durch das im September 2002 ergangene Urteil des Bundesgerichtshof in Sachen Anwalts-Hotline hat sich die Sachlage etwas entspannt. Am Ende des nächsten Abschnitts wird darauf noch näher eingegangen.

Die folgenden drei Beispiele folgen dem o.g. strengen Begriff von Rechtsberatung nicht in allen Einzelheiten, da es für die Abschätzung der weiteren Entwicklung auch wichtig ist, Grenzfälle zu betrachten, etwa im zweiten Beispiel, wenn die „Beratung" gar nicht mehr von einem ausgebildeten Anwalt, sondern von einem Programm vorgenommen wird. Auch das Beispiel der Anwalts-Hotline liegt etwas außerhalb, weil solche Hotlines über das ganz gewöhnliche Telefon abgewickelt werden. Da dies aber auch internetbasiert erfolgen könnte, ist die Mediendifferenz nicht mehr groß. Interessant sind diese Hotlines, weil sie das Berufsrecht tangieren.

Schnellberatung und Vorberatung: E-Mail und Anwalts-Hotline

Ein Beispiel einer E-Mail-basierten Rechtsberatung, innerhalb der es, nach Eingang entsprechender Vollmachten, auch zur Begründung eines Mandats kommt, liefert die in Ravensburg ansässige „Advounion", eine Vereinigung von Korres-

7 Dienstleistung und E-Commerce am Beispiel des Rechtsbereichs

pondenzanwälten. Dieses Angebot, dessen einführende Informationen im folgenden Textkasten wiedergegeben sind, erfüllt auch die Forderung nach einer transparenten Strukturierung. Dies bezieht sich gleichfalls auf die Kostentransparenz; es wird nach Eingang der Anfrage mitgeteilt, ob sie überhaupt, in welcher Zeit und zu welchen Kosten (die einen Betrag von 15 bis zu 180 Euro erreichen können) übernommen wird. (vgl. Textkasten; die unterstrichenen Stellen sind im Online-Angebot mit Links versehen.)

Strukturiertes Vorgehen bei der Advounion

Willkommen bei der Online-Rechtsberatung der Advounion

Bitte informieren Sie sich in den Rubriken Leistungen, Kosten und Bezahlung über den Ablauf der Rechtsberatung. Danach wählen Sie bitte in der Rubrik Anwaltsauswahl den Empfänger ihrer Rechtsfrage. Danach gelangen Sie zu dem Formular der Rechtsberatung, in welches Sie ihre persönlichen Daten und ihre Rechtsfrage eingeben können.

Ihre Anfrage ist zunächst kostenfrei und unverbindlich. Erst wenn Sie den Honorarvorschlag des ausgewählten Rechtsanwalts bestätigen, kommt ein Beratungsvertrag zustande. Kostenfreie Rechtsberatung ist berufsrechtlich ausgeschlossen und wird nicht geleistet.

Wenn Sie in dem Anfragetext keine anderweitige Weisung erteilen, gehen wir davon aus, dass die Eingangsbestätigung und das Beratungskostenangebot an die E-Mail Absenderadresse gesandt werden soll.

Wir bitten Sie, nur ernst gemeinte Anfragen zu stellen, da bereits die Durchsicht der Anfrage und die Abschätzung des Arbeitsaufwandes Zeit kostet.

Bei Problemen mit dem Dienst der Onlineberatung oder einzelnen Rechtsanwälten erbitten wir eine E-Mail an info@advounion.de.

Im Gegensatz zu der hier wiedergegebenen transparenten Struktur werden internetbasierte Beratungsangebote dann problematisch, wenn sie zeitbasiert abgerechnet werden. Die Bundesregierung sah aber in der später (Kap. II.7.3.1) noch einmal aufzugreifenden Stellungnahme erst einmal nur, dass sich hier ein neues Segment auf dem Rechtsberatungsmarkt entwickelt. Wird aber bei dieser Antwalts-Hotline zeitbezogen abgerechnet, ergibt sich ein klarer Verstoß gegen die geltende Gebührenordnung, BRAGO. Die bisherige Rechtsprechung und die juristische Wertung hierzu sind freilich widersprüchlich.

So wurde auf dem 4. Kölner Anwalts-Kongress 2000 festgestellt, dass die Anwalts-Hotline nach geltendem Recht zulässig sei, während frühere Urteile von einer Unzulässigkeit ausgehen. In einem vom Anwaltsgerichtshof NRW gefassten Beschluss vom 26.3.1999 wird auf Verstöße gegen geltendes Berufsrecht hingewiesen, u.a. darauf, dass die Abrechnung nach Minuten unabhängig vom Streitwert erfolge, dass die Möglichkeit von Interessenkollisionen kaum auszuschließen sei (wer hat wann angerufen, etwa im Falle eines in Scheidung lebenden Ehepaares, erst die Frau, dann der Mann?) und dass für den Ratsuchenden Gebühren entstehen können, obwohl noch gar keine Beratungsleistung erbracht wurde, weil z.b. der befragte Anwalt zu einer fachlichen Äußerung ad hoc nicht in der Lage ist.

Nicht genau diesen Fall, aber einen ähnlich gelagerten, in dem es ebenfalls um die zeitbasierte Abrechnung über eine 190er Nummer ging, sowie einen weiteren, bei dem eine Firma (eine GmbH) telefonisch zu den beratenden Anwälten vermittelte, hatte der Bundesgerichtshof in einem Ende September 2002 ergangenen Urteil zu entscheiden, mit dem Resultat: „Bundesgerichtshof lässt Anwalts-Hotline zu" (Bundesgerichtshof 2002). In beiden vorgelegten Fällen entschied der BGH pragmatisch: Im ersten Fall stellte er darauf ab, dass der Anrufende am Kontakt mit dem beratenden Anwalt interessiert sei, nicht mit der den Kontakt vermittelnden Firma, dass folglich mit dem Anwalt der Vertrag zustände käme; im zweiten Fall wurde darauf hingewiesen, dass in außergerichtlichen Angelegenheiten die streitwertabhängige Vergütung nicht zur Anwendung kommen muss, eine zeitwertabhängige Abrechnung also zulässig sei, und dies auch dann, wenn es zu einer höheren Vergütung kommt als es die gesetzlich vorgesehenen Sätze bestimmen, vorausgesetzt, der Mandant ist darüber informiert. Die Diskussion und rechtssystematische Würdigung wird in der Literatur sicher bald einsetzen, denn mit den beiden entschiedenen Fällen sind längst nicht alle Problempunkte berührt; aber eine gewisse Entspannung in der Frage „Anwalts-Hotline" kann sicher konstatiert werden.

Zumindest bei einzelnen Kanzleien scheint der Erfolg solcher Hotlines beachtlich; die Haltung des DAV ist durchaus positiv, er begrüßte auch die Entscheidung des BGH, betont aber (DAV 2002) die Differenz zwischen einer durch eine solche Beratung möglichen ersten Orientierung und einer „abschließenden Rechtsbesorgung".

Beratung per Programm

Auch als eine Art von grober Vorberatung kann ein weiteres im Internet zu findendes Angebot eingestuft werden, nämlich „Rechtsberatung" durch ein Programm. Es geht um ein Programm der Firma Janolaw des Juristen Michael Zahrt, der sich in einem ersten Anwendungsfall dem Mietrecht gewidmet hatte. Durch vielfache Abfrage von Einzelsachverhalten mit Ja-Nein-Entscheidung und dazugehörigen Erläuterungstexten wird das Problem immer enger eingekreist, „bis man aus den Erläuterungstexten irgendwann selbst die Antwort kombinieren kann." So wird es in einem Artikel von Kirchgessner (2001) beschrieben.[43]

Die Frage ist aber, ob diese Programmauskünfte überhaupt eine „Rechtsberatung" darstellen oder nicht vielmehr einen programmierten „Ratgeber". Rechtsberatung, die o.g. aufgenommene Passage aus dem Rechtsberatungsgesetz sagt es klar und deutlich, darf nur von einem ausgebildeten Anwalt ausgeübt werden. Die juristische Experteneinschätzung, vom Direktor des Kölner Instituts für Anwaltsrecht, Martin Henssler, lief aber auf „Ratgeber" hinaus: „Die Antworten von Jano klären die grundsätzlichen Fragen. Damit kann der Laie dann einschätzen, ob sich der Weg zum Rechtsanwalt bei seinem Problem lohnt." Und hat er sich auf dem verzweigten Weg punktueller Selbsteinschätzungen vertan – und hieraus entspringen natürlich die Bedenken der Gegenexperten – dann hat er Pech gehabt.

Beratung per Videokonferenz

Schon im Spätjahr 1995 erprobte das Amtsgericht in Rastatt in einer Verkehrsstreitsache eine gerichtliche Verhandlung, in der auf der einen Seite der die Verhandlung leitende Richter mit einem Anwalt präsent war, der Anwalt der Gegenseite jedoch per Videoleitung mit Bild und Ton zugeschaltet war. Aber eine richtige Verhandlung war es nicht, wie der damalige Spiegel-Artikel an späterer Stelle erst enthüllte (o.A. 1995).

Doch ging die Entwicklung rasch voran: 1998 wurde im Zeugenschutzgesetz die Möglichkeit eingeführt, dass Kinder in einem gesonderten Raum vernommen werden können, um ihnen die Belastung infolge der Konfrontation mit dem mutmaßlichen Täter zu ersparen. Die Bestimmung erlaubt auch, dass erwachsene Zeugen (die z.B. im Ausland wohnen und zum Gerichtstermin nicht erscheinen können oder wollen) per Videokonferenz in die Verhandlung einbezogen werden, wie der BGH in einem Revisionsfall zur „audiovisuellen Vernehmung von Zeugen, die sich im Ausland aufhalten" klarstellte (Bundesgerichtshof 1999).

1998 startete am Finanzgericht Karlsruhe ein auf ein Jahr angelegter Versuch, alle Prozesse mit Beteiligung des Finanzamtes Heidelberg per Videokonferenz durchzuführen, freilich bestand hier weiterhin die Möglichkeit, dass Zeugen auch persönlich erscheinen konnten.

Für den 15. Mai 2002 hatte NRWs Justizminister Jochen Dieckmann zu einer Pressekonferenz eingeladen, um die seit Anfang 2002 gegebene Möglichkeit

---

43 Vgl. das Internetangebot, wo man unter „jano consult – Rechtsberatung" Beispiele einsehen und die Funktionsweise des Zerlegens in Einzelfragen studieren kann (URL-Adresse im Anhang).

vorzustellen, wie im Rahmen der Finanzgerichtsbarkeit an mündlichen Verhandlungen per Videokonferenz teilgenommen werden kann.

Und wer heute eine Suchmaschine beauftragt, sich Textstellen nachweisen zu lassen, auf die die Kombination „Videokonferenz und Anwalt" (oder z.B. Videokonferenz und Kanzlei) zutrifft, erhält zahlreiche Hinweise zu Kanzleien, die schon jetzt Rechtsberatung wahlweise per E-Mail, Telefon, Videokonferenz oder Chat anbieten, wie etwa die Kanzlei der beiden Anwältinnen Theiss und Heukrodt-Bauer in Mainz[44]. Dort wird der Interessierte auch sogleich mit Hinweisen zur nötigen Rechner- und Softwareausstattung versorgt (hier Microsoft Netmeeting), und am Besten ist es, wenn er sein System gleich mit einer Webcam ausstattet, damit die Ratgeberinnen den Ratsuchenden nicht nur hören, sondern auch sehen können. Bei anderen Angeboten werden auch technisch aufwendigere Videosysteme eingesetzt.

Während die einen berichten, dass die neuen technischen Möglichkeiten von der Mandantschaft gut angenommen würden,[45] kommen andere mit sicher nicht weniger ernst zu nehmenden Argumenten zur gegenteiligen Überzeugung. So weisen die Anwälte Böhmer, Kniepe und Steinbach in Neu-Isenburg auf die Notwendigkeit der genauen Sachklärung hin, die nur durch ständiges Hin- und Herfragen und auch Hinterfragen möglich sei: „Die Rechtsberatung erfordert daher ein ständiges Hinterfragen durch den Rechtsanwalt, was praktisch nur durch ein persönliches Gespräch erfolgen kann. Erfahrungsgemäß werden bestimmte Aspekte des Sachverhaltes erst durch mehrmaliges Hinterfragen genannt oder aber die Tragweite – der für den Mandanten unter Umständen unwichtig erscheinenden Details – erkannt." (Böhmer et al. o.J.) Es fehlen nicht die Hinweise auf das nötige Vertrauensverhältnis zwischen Anwalt und Mandant und die Möglichkeit, dass derjenige später den Mandanten auch vertreten soll, der ihn gut beraten hat.

Ob, in welchem Umfang und mit welchen Folgen und Risiken solche „Beratung per Videokonferenz" in der Anwaltschaft praktiziert wird, ist eine interessante Frage. Was aber als eine bedeutungsvolle Randbedingung zu gelten hat, ist

---

44 Dieses Angebot ist nicht mehr im Internet nachgewiesen und kann allenfalls im Google-Archiv angesehen werden (Stand: 15.02.2003). Doch mangelt es nicht an anderen Beispielen, so sei die Anwaltskanzlei Lischka & Partner oder die Kanzlei Prof. Schweizer erwähnt; URL im Anhang).

45 „Insbesondere der elektronische Dokumentenabruf, das Videokonferenzing und die Bildtelefonie haben sich im Rahmen der Beratung als sehr komfortable Beratungsmedien erwiesen, auf die weder die Mandanten als auch unsere Anwälte in Zukunft verzichten wollen", hieß es etwa bei http://www.panke-eurojuris.de. Die Kanzlei fusionierte am 1.7.2002 mit Schneider Rechtsanwälte zur Kanzlei GKS Rechtsanwälte. Der zitierte Text ist deshalb nicht mehr erreichbar.

die Tatsache, dass „das Videoprinzip" nunmehr gesetzlich (in bestimmten Fällen, z.B. noch nicht in der Strafprozessordnung) zugelassen wird, so dass ein institutioneller Grundstein gesetzt ist, auf den andere Anwendungen aufbauen können (z.B. Teilnahme an der Hauptversammlung einer Aktiengesellschaft per Video?). Grundsätzlich und längerfristig gesehen geht es um die Frage, wie sich ein vornehmlich auf Schriftlichkeit gründetes System durch die Einführung visueller Kommunikation verändert (Ulbrich 2001, 2002).

7.4 Folgenbetrachtung für den Rechtsbereich

Die Folgenbetrachtung bezog sich bei den in Kapitel II.7.2 behandelten digitalisierbaren Dienstleistungen auf Substitutionspotenziale und Arbeitsmarkteffekte. Im vorliegenden Zusammenhang des Rechtsbereiches seien zwei Folgen betrachtet, zum ersten anknüpfend an Rechtsberatung die Frage, wie deren weitere Zukunft aussehen könnte, und zum zweiten anknüpfend an die „Freien Berufe" die Frage, wie sie ihre Zukunft unter dem Zeichen des E-Commerce sehen.

7.4.1 Weitere Liberalisierung? Zur „Zukunft der Rechtsberatung"

In einer Großen Anfrage der Abgeordneten Rainer Funke u.a. und der Fraktion der FDP zur „Zukunft der Rechtsberatung" bzw. der Antwort der Bundesregierung (Bundesregierung 2000) sind solche Fälle sowie die Anwalts-Hotline angesprochen worden. Ein Auszug aus der Antwort der Bundesregierung ist im Textkasten wiedergegeben. Generell äußerte sich die Bundesregierung zu diesen Entwicklungen positiv, sah hier einen Markt einer Vorabberatung entstehen und wies im Übrigen auf das Standesrecht hin, das die erforderliche Sorgfaltspflicht ohnehin einfordere.

Die Bundesrechtsanwaltskammer (2000) sah in dieser Stellungnahme eine Unterstützung des Verbraucherschutzes: „Damit soll verhindert werden, dass Rechtsuchende durch fehlerhafte, unqualifizierte Beratung zum Teil nicht wiedergutzumachende Schäden erleiden."

Doch Schwarze Schafe findet man überall. Deshalb ist es auch keine systematische Widerlegung dieser Einschätzung, wenn die Stiftung Warentest (Ende 2000; o.A. 2001 f.) in einem Test von elf zufällig ausgewählten Angeboten nur bei dreien eine „vorbildliche Beratung" feststellen konnte. Die entscheidende Frage ist hier, ob solche Qualitätseinbußen medienbedingt sind. Dies lässt sich in einem solch beschränkten Test selbstverständlich nicht bestimmen, es wäre schon ein richtiges Experiment durchzuführen. Aber strukturelle Barrieren sind gleichwohl zu beachten, weil sich der ratgebende Anwalt auf die Falldarstellung des Klienten verlassen muss. Und dieser dürfte bei komplizierteren Sachverhalten schnell überfordert sein.

„Zukunft der Rechtsberatung" – Auszüge aus der Bundestags-Drucksache. Nr. 14/3959:

20. Welche Gefahren drohen nach Ansicht der Bundesregierung
- dem Verbraucherschutz,
- dem System der gesetzlichen Rechtsanwaltsgebühren,
- dem Schutz der Anwaltschaft

von der so genannten Anwalts-Hotline, bei der den Rechtsuchenden die Möglichkeit gegeben wird, telefonisch rechtsanwaltlichen Rat einzuholen?

Die Bundesregierung hält die telefonische Rechtsberatung über Anwalts-Hotlines grundsätzlich für eine sinnvolle [und] zeitgemäße Einrichtung, damit Bürgerinnen und Bürger rasch und einfach kürzere Rechtsauskünfte erlangen können. Mit der telefonischen Rechtsberatung reagieren Marktteilnehmer auf einen Bedarf nach unkomplizierter Rechtsberatung bei vergleichbar einfachen Alltagsfragen zum Beispiel nach Kündigungs- und Verjährungsfristen, Mietminderung oder Unterhaltshöhe. Beratungsbedarf besteht häufig auch hinsichtlich einer ersten Einschätzung eines Sachverhalts und der Frage, ob es sich überhaupt lohnt, etwas zu unternehmen, um Rechte wahrzunehmen. Eine Gefährdung des Verbraucherschutzes ist nicht zu erwarten, wenn die Hotlines transparent gestaltet und vernünftig genutzt werden. Insbesondere muss der Gefahr vorgebeugt werden, dass durch das Angebot der Hotlines und durch die fachliche Beratung selbst der unzutreffende Eindruck erweckt wird, die Hotline-Beratung könne eine umfassende rechtliche Beratung bieten. Einem solchen Eindruck werden sowohl die Hotline-Betreiber als auch die beratenden Anwälte auf geeignete Weise entgegenzutreten haben. Rechtsanwälte, die Hotline-Rechtsberatung durchführen, benötigen spezifische Erfahrung und Einfühlungsvermögen, um diese spezielle Rechtsberatungsaufgabe mit der erforderlichen Sorgfalt durchführen zu können. [...]

Gefahren für den Schutz der Anwaltschaft durch die Hotline-Rechtsberatung vermag die Bundesregierung nicht zu erkennen. Es handelt sich um eine moderne Form der Rechtsberatung, die durch Anwälte selbst erbracht wird. Nicht-Anwälte können nur in den Grenzen der Vorschriften des Rechtsberatungsgesetzes telefonische Rechtsberatung betreiben. Dienstleistungen aus dem EU-Ausland sind im Rahmen der Dienst- und Niederlassungsfreiheit möglich.

Quelle: Bundesregierung 2000, S. 10.

7.4.2 Freie Berufe und E-Commerce

In Vorbereitung der Gründung des Kompetenzzentrums E-Commerce/Freie Berufe hat das Institut für Freie Berufe an der Universität Erlangen-Nürnberg Mitte 2001 eine bundesweite schriftliche Befragung zum Thema „Freie Berufe und E-Commerce" durchgeführt (Wasilewski et al. 2001).[46] Es gab zwei Wellen, die für eine allgemeine Stichprobe und die für eine Expertenstichprobe. Obgleich, wohl auch bedingt durch den Erhebungszeitraum während der Ferienzeit im Sommer 2001, der Rücklauf sehr gering war, und die Ergebnisse deshalb mit einem hohen statistischen Fehler behaftet sind, seien doch einige Ergebnisse wiedergegeben, weil es im vorliegenden Zusammenhang nicht auf repräsentative Zahlen, sondern auf perspektivenreiche Rekonstruktionen ankommt. Zudem lässt sich die unterschiedliche Rücklaufquote unter den befragten Berufsgruppen selbst als Indikator verstehen und eben auch als Hinweis auf deren E-Commerce-Bereitschaft interpretieren.

Dieser Rücklauf war für die Zahnärzte quantitativ am höchsten, gefolgt von den Ärzten und er lag für Rechtsanwälte, Steuerberater und Architekten auf vergleichbarem Niveau. Relationierte man auf die jeweilige Stichprobengröße, dann beteiligten sich am stärksten die Zahnärzte und die Ingenieure. Diese liegen denn auch in der selbst angegebenen Internetnutzung vorn, gefolgt von Patentanwälten, Architekten, Journalisten, Unternehmensberatern und Rechtsanwälten. Wird nach der eigenen Homepage gefragt, rücken die Unternehmensberater an die Spitze, die Ingenieure erreichen die Rechtsanwälte, die sich auf einer mittleren Position befinden.

Anhand vorgegebener Antwortalternativen wurde vor allem nach den Hindernissen gefragt, die die jeweilige Berufsgruppe in der *Internetnutzung* sieht, und nach den Themen, die in einer *E-Commerce-Beratung* aufzugreifen wären. Bzgl. der *Hindernisse* stehen bei den Rechtsanwälten die Aspekte Datensicherheit beim Zahlungsverkehr, der hohe Zeitaufwand, der für Information und Umsetzung von Nutzungsmöglichkeiten aufgebracht werden muss, die unzureichende Beratung, die sie selbst erhalten, und die hohen Kosten dieser Beratung im Vordergrund. Bei den *Themen* und Anforderungen, die sie bei berufsspezifischer Beratung in Sachen E-Commerce für wichtig halten, stehen Informationen zur Rechtslage, zu den Kosten und zur Verständlichkeit der Beratung im Vordergrund.

Eine *Erkenntnis* der Autoren der Studie scheint als langfristiger Trend bedenkenswert; sie bezieht sich darauf, ob man sich selbst zentral oder peripher betroffen glaubt (Wasilewski et al. 2001, S. 42): „Vergleicht man den geringeren

---

46 Wir danken der Leiterin Barbara Kienle für die Möglichkeit, dass wir in diese Studie Einblick nehmen konnten.

Rücklauf der Stichprobe gegenüber dem der Expertenbefragung, so lässt sich vermuten, dass zwei gegensätzliche Einstellungen zu E-Commerce bestehen. Die eigene Dienstleistung wird als unabhängig von modernen Technologien verstanden und somit stehen diese nicht im Zentrum des Interesses. Ein anderer Teil der Freien Berufe sieht darin Entlastungspotenzial, um mehr Freiraum für die eigentliche Tätigkeit gewinnen zu können."

Die jeweilige Sicht auf die Technik verändert also die Art ihrer Nutzung und diese wiederum die Art der Wirkungen; in einem Fall bleiben sie peripher, im anderen werden sie zentral (z.b. unter der Prämisse, vollgültige Beratung könne auch medienimmanent, z.b. per Video, abgewickelt werden). So reformuliert ist diese Erkenntnis klassisch; sie wurde beispielsweise von Salomon (1989) in einem Modell fixiert. Welcher Typ von Anwalt (bzw. von Anwältin) also langfristig gesehen reüssieren wird, bleibt weiterhin offen: die Beratungssensiblen oder die Technikaffinen?

7.5 Fazit

Die Beschäftigung mit dem Dienstleistungssektor erfolgte in diesem Kapitel auf drei Ebenen: auf einer Makroebene von Wirtschaftsbereichen der Amtlichen Statistik, auf einer Mesoebene branchenbezogener Lösungen sowie auf einer Mikroebene des beraterischen Handelns. Auf der Makroebene geht es um Mengengerüste bei digitalisierbaren Gütern und Dienstleistungen, auf den beiden anderen um Rechtsinformation und Rechtsberatung. Gerade sie verkörpert in besonderer Weise, was Dienstleistung als Beratung ausmacht, nämlich einzelfallgerechte informatorische Konstrukte bereitzustellen, entwickelt in einem dafür geeigneten Medium (das komplexe Prozesse wie „Vertrauensbildung" erlauben muss). Denn „Beratung" erschöpft sich nicht, so eines der Ergebnisse der Analyse, in Informationsaustausch.

Die drei inhaltlich zentralen Abschnitte zu digitalisierbaren Gütern und Dienstleistungen, zu Rechtsinformation und zu Rechtsberatung werden eingerahmt durch spezifische Ergänzungen, auf der einen Seite zum Begriff der Dienstleistung und zum regulatorischen Umfeld, auf der anderen Seite durch Folgenbetrachtungen, auf der Makroebene zu möglichen Arbeitsmarkteffekten und auf der Mikroebene zur „Zukunft der Rechtsberatung".

Die Rede von der Dienstleistungsgesellschaft ist nicht nur wohlfeile Formel, sondern auch reale Entwicklung, wie sich anhand der gewöhnlich verwendeten Indikatoren nachweisen lässt (Anteil des tertiären Sektors am Bruttoinlandsprodukt und an den Erwerbstätigen). Der Dienstleistungsbereich ist breit und vielgestaltig; er reicht von Handel, Banken und Versicherungen über die öffentliche Verwaltung bis zu den Freien Berufen (Ärzte, Ingenieure, Rechtsanwälte), die auf der Grundlage langjähriger beruflicher Qualifizierung jenes erbringen, was

7 Dienstleistung und E-Commerce am Beispiel des Rechtsbereichs

Dienstleistung im Kern kennzeichnet, nämlich „an Personen gebundene nutzenstiftende Leistungen". Deshalb kann mit Dienstleistungen selbst nicht gehandelt werden, wohl aber mit den Anrechten darauf (Beispiel Eintrittskarten). Doch auch Dienstleistungen können rationalisiert werden. Bei der Untersuchung des Handels digitalisierbarer Güter und Dienstleistungen werden Substitutionsraten und daraus sich ergebende Arbeitsmarkteffekte diskutiert, die in „optimistisch" und „pessimistisch" ausgestaltete Szenarien eingebettet werden. Plausibel ist aber, so das Ergebnis, eine „moderate E-Commerce-Dynamik", dies auf Grund gegebener technischer Hindernisse und existierender Sprach- und Rechtsräume, die einen stärkeren internationalen Wettbewerbsdruck verhindern.

Für die Meso- und Mikroebene von Dienstleistung am Beispiel Rechtsinformation und Rechtsberatung sind zunächst die diesbezüglichen Kontexte zu beschreiben, um wichtige Strukturen der jeweiligen Hintergrundsysteme zu erfassen, wie Struktur und Zusammensetzung der Freien Berufe, der „elektronische Rechtsverkehr" und Entwicklungen in der Anwaltschaft. Diesen Kontexten entsprechen die ausgewählten Beispiele: Juris als Rechtsinformation für Experten und Rechtsportale als Information für jedermann. Bei der Rechtsberatung werden dargestellt: „Schnellberatung" per E-Mail und Telefon (Anwalts-Hotline), Beratung per Dialog-Programm und Beratung per Videokonferenz. Dies bieten einige Kanzleien bereits an, andere lehnen es mit dem Argument ab, dass die der eigentlichen Rechtsberatung vorausgehende Sachverhaltsklärung nur im direkten Gespräch möglich sei.

Die Rationalisierung von Dienstleistungen im Allgemeinen und die Technisierung von Kommunikation, wie sie selbst in das Geschäft der Rechtsberatung Einzug hält, im Besonderen fordert auch die Folgenbetrachtung heraus. Es wird zum einen noch einmal auf die Anwalts-Hotline eingegangen und auf die Stellungnahme der Bundesregierung zu einer Großen Anfrage der FDP-Fraktion zur Zukunft der Rechtsberatung. Die Bundesregierung sieht diese Entwicklung auf dem Hintergrund der vom Berufsrecht ohnehin geforderten Sorgfaltspflicht gelassen. Zum anderen wird eine Umfrage zu „E-Commerce in Freien Berufen" herangezogen, die u.a. die Erkenntnis zutage förderte, dass es zwei Einstellungsmuster gibt: eine Gruppe glaubt, dass E-Commerce das Herzstück der Freien Berufe (und das ist hochqualifizierte Beratung in besonderen beruflichen Reglements) nicht tangieren werde; die andere Gruppe nutzt dagegen die neuen technischen Möglichkeiten viel engagierter und riskiert, dass sich Beratung in Information auflöst. Die Frage, ob nun diese Technikaffinen oder eher die Beratungssensiblen langfristig den solideren Erfolg haben werden, muss hier indes offen gelassen werden.

8 Beschaffung im öffentlichen Bereich

„E-Procurement", die elektronische Beschaffung, ist in der privaten Wirtschaft seit längerem nicht nur ein oft diskutiertes Thema. Mittlerweile existiert bereits eine umfangreiche Praxis. Wichtige Ziele der elektronischen Beschaffung betreffen die Erhöhung der Markttransparenz und die Senkung der Prozess- und Produktkosten.

Das Thema elektronische Beschaffung im öffentlichen Bereich – das so genannte „Public E-Procurement" (PEP) – wird hingegen erst seit kurzem verstärkt diskutiert, von umfangreicher Praxiserfahrung ist man noch weit entfernt. Die Diskussionen finden vor dem Hintergrund der Modernisierung des Regierungshandelns durch „E-Government" sowie der allgemeinen Entwicklung des „E-Business" statt.

Ähnlich wie in der Privatwirtschaft (aber mit zeitlicher Verzögerung) lässt sich derzeit eine Experimentierphase mit den neuen technischen Möglichkeiten beobachten. Die Beteiligten erhoffen sich von PEP Fortschritte im Prozess der Verwaltungsmodernisierung und eine erhebliche Reduzierung von Transaktionskosten bei der öffentlichen Beschaffung. In der Folge wächst in der privaten Wirtschaft das Interesse an dem Geschäftsfeld „Government-to-Business" (G2B) bzw. „Administration-to-Business" (A2B).

In diesem Kapitel wird zunächst eingegangen auf die Bedeutung der elektronischen Beschaffung für E-Government-Strategien sowie auf die Gemeinsamkeiten und Unterschiede zwischen öffentlichem und privatwirtschaftlichem E-Procurement (Kap. II.8.1). Danach geht es um den Stand der PEP-Entwicklung in Deutschland (II.8.2). Angesichts der Tatsache, dass die Entwicklung erst am Anfang steht, muss diese Bestandsaufnahme in Substanz und Detaillierungsgrad begrenzt ausfallen. Dementsprechend sind auch die sich anschließenden Folgebetrachtungen und die Hinweise auf Regelungsbedarf relativ kurz gehalten (Kap. II.8.3).

Dieses Kapitel stützt sich in Teilen auf das Gutachten für den Deutschen Bundestag von KPMG (2002), das im Rahmen dieses Projekts für das TAB erstellt wurde.

8.1 Rahmenbedingungen und „Veränderungstreiber"

8.1.1 E-Procurement als Element der Modernisierung des Regierungs- und Verwaltungshandelns

Weltweit hat die Politik die Bedeutung neuer Medien und des Internets erkannt. Auch die Bundesregierung unterstreicht mit verschiedenen Aktivitäten ihre Ab-

8 Beschaffung im öffentlichen Bereich

sicht, die Entwicklung dieser Technologien konsequent zu fördern. Ein Beispiel dafür ist die Initiative „BundOnline 2005", eine E-Government-Initiative, welche sich zur Aufgabe gestellt hat, die internetfähigen Dienstleistungen der Bundesverwaltung bis zum Jahre 2005 über das Internet verfügbar zu machen. Die Bundesregierung beziffert den Finanzbedarf für „BundOnline 2005" auf 1,65 (plus/minus 0,2) Mrd. Euro in den Jahren 2002 bis 2005 (BMI 2001, S. 7).

Am Ziel einer Modernisierung des Regierungs- und Verwaltungshandelns soll sich auch die Vergabe von öffentlichen Aufträgen orientieren. Beabsichtigt ist, diese verstärkt über das Internet abzuwickeln. Einsparungen in Milliardenhöhe werden erwartet. Damit ist der Bereich der öffentlichen Beschaffung derjenige, der in Bezug auf Kostensenkungen die größte Rolle bei der Initiative BundOnline 2005 spielen soll. Einsichtig wird dies insbesondere berücksichtigt man die ökonomische Dimension der öffentlichen Beschaffung: Im Jahr 2000 betrugen nach Angaben des Bundesverbands der Deutschen Industrie (BDI) die *Gesamtausgaben der öffentlichen Hand für Produkte und Dienstleistungen ca. 250 Mrd. Euro.* Bund und Länder hielten daran einen Anteil von jeweils ca. 25%, die Kommunen von ca. 50%.[47] Die Beschaffungen wurden von ca. 30.000 öffentlichen Auftraggebern getätigt.

Für die Konzeption von E-Government-Strategien hat die elektronische Beschaffung von Anfang an eine wichtige Rolle gespielt. Schon in der ersten Hälfte der 90er Jahre bildete PEP einen zentralen Bestandteil der US-amerikanischen Pläne zur Verwaltungsmodernisierung (The White House 1993). Dabei galten als zentrale Ziele die *Verbesserung des Kundenservice,* die *Kostenreduktion* und die *Förderung des Wettbewerbs* um staatliche Aufträge durch erhöhte Transparenz. Diese Ziele gelten auch für aktuelle deutsche PEP-Initiativen.

Für die Entwicklung der elektronischen Beschaffung in Deutschland waren und sind die Impulse auf der *EU-Ebene* von zentraler Bedeutung, insbesondere hinsichtlich der rechtlichen Rahmenbedingungen. Letztere werden auch derzeit weiterentwickelt und fortgeschrieben, neue Richtlinien sind in Vorbereitung.

Eine viel zitierte *Zielvorgabe* für PEP *auf europäischer Ebene* wurde von der EU-Kommission bereits im März 1998 gemacht. Dabei spricht sie insbesondere interessierte Auftraggeber und Anbieter, Firmen des IKT-Sektors und Euro Info Centers an. Sie ruft dazu auf, die Entwicklung von Rahmenbedingungen für ein EU-weites elektronisches Auftragswesen zu fördern, in dem dann „ein erheblicher Teil (beispielsweise 25%) aller Beschaffungsaktionen im Jahr 2003 elektronisch abgewickelt werden" soll (Europäische Kommission 1998a, S. 26).

---

[47] Der Deutsche Städte- und Gemeindebund geht zwar von ungefähr demselben Gesamtvolumen aus, hat aber einen Anteil von mehr als 66% für Städte, Gemeinden und Kreise errechnet.

Gesellschaftliche Veränderungstreiber

Alle Bemühungen um Regierungs- und Verwaltungsmodernisierung müssen im Zusammenhang mit übergeordneten und weitergehenden Prozessen und Faktoren gesehen werden. Zu diesen gehören (KPMG 2002, S. 14 f.):

- *gesellschaftspolitische* Faktoren, wie z.B. höhere Erwartungen der Bürger an einen effizienten und transparenten Staat mit Dienstleistungsqualitäten,
- *marktliche* Faktoren, wie z.B. eine stärkere Globalisierung der Anbieterseite bei gleichzeitiger Anbieterkonzentration, aber auch bei einer erhöhten Wettbewerbsintensität auf Grund von Liberalisierung und Deregulierung wichtiger Wirtschaftsbranchen,
- *organisationsinterne* Faktoren in der Folge des Leitbilds einer „schlanken Verwaltung" mit einer Standardisierung von Prozessabläufen und neuen Kooperationsformen zwischen öffentlichen Verwaltungen und privater Wirtschaft,
- *technologische* Faktoren, wie die neuen internetbasierten IT-Lösungen sowie standardisierte Datenformate und Softwarelösungen, die sich im privatwirtschaftlichen Bereich bewährt haben,
- *umweltspezifische* Faktoren, die sich aus den Forderungen zur Beachtung der Nachhaltigkeit des öffentlichen Handelns ableiten lassen,
- *rechtliche* Faktoren, die sich insbesondere aus den diversen EU-Richtlinien zum Thema ergeben.

Nicht zuletzt sind Anforderungen zu nennen, die sich für die öffentliche Hand und deren Beschaffung aus den *wirtschaftlichen* Rahmenbedingungen ableiten lassen, insbesondere hinsichtlich der Auswirkungen knapper finanzieller Mittel und der Erfordernisse der Konsolidierung staatlicher Haushalte.

8.1.2 Ziele, Erwartungen, Restriktionen

Vor diesem Hintergrund gestalten sich die Erwartungen an PEP durchaus anspruchsvoll. Ausgehend von der Vermutung sowohl operativer als auch strategischer Vorteile sollen für die öffentliche Hand signifikante Beiträge zur Realisierung folgender übergeordneter *Ziele* geleistet werden (KPMG 2002, S. 6 f.):

- Steigerung der Kosteneffizienz der Güterbeschaffung durch Ausnutzung von Preissenkungspotenzialen, also niedrigere Einkaufs- und Beschaffungspreise,
- Senkung der indirekten Beschaffungskosten durch eine Reduzierung der internen Verwaltungskosten,
- Erhöhung der Prozessstabilität durch standardisierte, elektronisch gestützte Prozessabläufe (Zuverlässigkeit, Vernetzbarkeit),

- Flexibilisierung und Beschleunigung des einzelnen Beschaffungsvorgangs und damit Verringerung der Bevorratungshöhen (durch Belieferung „on demand") bei Sicherstellung der Güterverfügbarkeit,
- qualitative Verbesserung der Beschaffungsergebnisse infolge besserer Leistungstransparenz der Anbieter ohne räumliche Beschränkungen,
- Verringerung der Missbrauchsmöglichkeiten, weil Verfahrensabläufe exakt definiert sein müssen und für die Beteiligten (z.b. Mitarbeiter und Aufsichtsgremien) über eine klare Dokumentation die Prozesse nachvollziehbar sein sollten.

Diese Ziele können als Prüfkriterien angesehen werden, an denen sich eine Einführung von elektronisch unterstützten Beschaffungsprozessen messen lassen muss.

Der Realisierung der Möglichkeiten, die sich für die öffentliche Hand aus PEP ergeben können, steht eine Reihe von Einschränkungen entgegen. Auf einer allgemeinen Ebene können die noch nicht ausreichende informationstechnische Basis, Qualifikationsdefizite beim Personal, rechtliche und administrative Hürden sowie die nicht unmittelbare Offensichtlichkeit des Nutzens von PEP als *hemmende Faktoren* gelten (KPMG 2002, S. 9 ff.).

Die Realisierung elektronisch unterstützter Beschaffungskonzepte hat informationstechnische Voraussetzungen. So sind erhebliche *Investitionen in Hard- und Software* erforderlich, deren Volumen insgesamt gegenwärtig kaum abschätzbar ist, u.a. deshalb, weil es von den Modellen abhängt, die für die Elektronifizierung der Beschaffung gewählt werden.

Große Bedeutung für die Implementierung und Nutzung von PEP haben *rechtliche und administrative Rahmenbedingungen*, wie z.B. wettbewerbsrechtliche und -politische Bestimmungen sowie die Einschränkungen nach deutschem und europäischem Vergaberecht, aber auch wirtschaftspolitische Zielsetzungen wie z.B. die Förderung des Mittelstandes und einzelner Wirtschaftsregionen oder Datenschutzbestimmungen.

PEP erfordert zudem sowohl für die operativen als auch die strategischen Aufgaben des Beschaffungswesens zusätzliches Fachwissen über die Funktionalitäten der eingesetzten Software und die elektronisch unterstützten Arbeitsabläufe. Die nicht immer gewährleistete *Verfügbarkeit von qualifiziertem Personal* für das PEP-Management und den PEP-Betrieb bildet deshalb eine der wesentlichen Einschränkungen, denen sich die öffentliche Hand stellen muss.

Schließlich kann auch die *mangelnde Sichtbarkeit des Nutzens von PEP* als hemmender Faktor gelten: Bei einer Einführung von PEP müssen für eine Kosten-Nutzen-Betrachtung unter anderem sowohl ablauforganisatorische als auch technische Aspekte berücksichtigt werden. Erst eine klare Kostenstruktur und eine verursachungsgerechte Leistungszurechenbarkeit für die jeweilige Beschaffungsstelle können den Nutzen von PEP sichtbar machen.

8.1.3 E-Procurement in der privaten Wirtschaft

PEP umfasst im Wesentlichen die gleichen Elemente wie die elektronisch unterstützte Beschaffung der privaten Wirtschaft und bringt – bei allen Unterschieden – ähnliche Chancen und Risiken mit sich. Daher wird kurz auch auf die allgemeine Entwicklung im Bereich des elektronisch abgewickelten Einkaufs und Verkaufs eingegangen (Bock et al. 2000, S. 10 ff.; vgl. hierzu auch Kap. I.1.4 und I.3).

Entwicklung des elektronisch abgewickelten Einkaufs und Verkaufs

Mit der raschen Verbreitung der Internettechnologie eröffnete sich für die Unternehmen die Möglichkeit, Daten in Echtzeit auszutauschen, weltweite Schnittstellen für ihre Systeme zu errichten und flexible, offene Standards zu nutzen. Damit standen auch kleinen und mittelständischen Unternehmen ein einfacher, schneller und kostengünstiger Zugang zum Handel über elektronische Kanäle zur Verfügung. Unternehmen begannen, ihre Produkte über die eigenen Internetseiten direkt an ihre Kunden zu vertreiben *(Verkaufslösungen)*.

Eine weitere Stufe in der Entwicklung stellte dann die Einführung von *Beschaffungslösungen* dar. Großunternehmen mit hohem Beschaffungsbedarf begannen, im Internet eine Beschaffungsplattform einzurichten, um Bestellvorgänge zu verkürzen und den Beschaffungsprozess kostengünstiger zu gestalten.

Die nächste Stufe wurde seit 1998 mit der *Einrichtung von elektronischen Marktplätzen* erreicht (Kap. I.1.4). Die Konzeption und Nutzung von Verkaufs- und Beschaffungsplattformen im Internet war auf Grund der hohen Investitionskosten vor allem Großunternehmen vorbehalten. Es folgte die Entwicklung von virtuellen Marktplätzen – Internetseiten, die als elektronische Handelsplattformen fungieren und vielen Marktteilnehmern offen stehen. Bei multilateralem Handel beteiligen sich mehrere Teilnehmer auf der Angebots- und der Nachfrageseite. Der entscheidende Fortschritt bestand hier darin, dass jedes Unternehmen anstelle einer Vielzahl von bilateralen Verbindungen nur noch eine Verbindung zum zentralen Marktplatzbetreiber aufbauen muss.

Die Marktplatzbetreiber können entweder unabhängige Dritte sein oder aber ein Konsortium von mehreren Unternehmen, die sich z.B. entschließen, ihren Beschaffungsbedarf über eine gemeinsame Plattform abzudecken. Elektronische Marktplätze bieten den teilnehmenden Unternehmen die Möglichkeit, über die Plattform einen Handelspartner zu finden und bereits ein entsprechendes Geschäft zu vereinbaren. Die darauf folgende Abwicklung – Lieferung und Bezahlung – müssen die teilnehmenden Unternehmen in der Regel selbst übernehmen. In einer weiteren Entwicklungsstufe sind die meisten elektronischen Marktplätze jedoch schon dazu übergegangen, ihren Teilnehmern einen *Mehrwert* zu bieten, der über die bloße Transaktionsmöglichkeit hinausgeht. Dazu gehören Logistikdienstleistungen, die Bonitätsprüfung der Teilnehmer wie auch die Abwicklung des Zahlungsverkehrs.

Die Übergänge zwischen den skizzierten Stufen sind fließend. Lösungen unterschiedlicher Komplexität existieren nebeneinander bzw. befinden sich noch in der Entwicklung. Zwischen einzelnen Stufen findet keine technologische Ablösung statt, sondern es entstehen weiterentwickelte Lösungen, die neben die bestehenden treten.

Dennoch lässt sich eine übergreifende *Tendenz hin zur Abbildung des gesamten Wertschöpfungsprozesses* feststellen: Während anfänglich nur bestimmte Einzelpunkte der Wertschöpfungskette eines Unternehmens elektronisch verknüpft wurden – entweder interne Prozesse oder bestimmte bilaterale Handelsprozesse mit anderen Unternehmen – ist es zukünftig das Ziel, den gesamten Wertschöpfungsprozess elektronisch abzubilden und damit sowohl die eigenen Prozesse als auch die Systeme einzelner Unternehmen so zu vernetzen, dass ein unternehmensübergreifender Prozess dargestellt werden kann. Hieran orientiert sich grundsätzlich auch PEP.

Ziele

Die übergreifenden Ziele der Senkung von Prozesskosten, der Beschleunigung der Beschaffung und der Reduzierung der Einkaufspreise können durch eine Verbesserung von Einzelabläufen und Funktionen erreicht werden (Bosse 2001, S. 30 f.): Es geht dabei um eine Verbesserung des Controlling von Beschaffungsprozessen u.a. durch die elektronische Abbildung der Arbeitsprozesse („workflow") und die Vereinheitlichung des Zahlungsverkehrs. Ferner wird eine Stärkung der Serviceorientierung im Verhältnis zwischen beschaffendem Personal und unternehmensinternen Endnutzern der beschafften Güter und Dienstleistungen angestrebt.

Weitere Verbesserungsmöglichkeiten liegen in der Verringerung der Anzahl der Falschbestellungen und der Spontaneinkäufe, in der Beschleunigung interner Genehmigungen und in der Bedarfsbündelung. Zu nennen sind zudem der Zuwachs an Qualifikation und Kompetenzen des beschaffenden Personals durch Elektronifizierung und Dezentralisierung, die Verbesserung der Markttransparenz bei der Lieferantenauswahl, die Beschleunigung und Neustrukturierung der Zusammenarbeit mit Lieferanten, die Begrenzung des Lagerbestandes und schließlich die Verkürzung der Bestellzeiten.

Die Realisierung der Ziele elektronischer Beschaffungslösungen hängt wesentlich von dem jeweiligen Beschaffungsbedarf ab. Die zu beschaffenden Güter lassen sich nach ihrer unterschiedlichen Bedeutung für ein Unternehmen in *A-, B- und C-Güter* unterteilen. A-Güter fließen direkt in den Produktionsprozess mit ein und sind daher von zentraler Bedeutung für das Unternehmen. Sie repräsentieren strategisch wichtige Güter mit einer hohen Wertigkeit. B-Güter stellen weniger wichtige Güter mit einer geringeren Wertigkeit als A-Teile dar, wie z.b. Standardbauteile. Zu den C-Gütern zählen Güter mit der geringsten Wertigkeit, wie z.b. Büromaterialien, Werkzeuge oder Hygieneartikel. Sie sind für die Produktion nur von mittelbarer Bedeutung und ihre Bestellung lässt sich u.a. auf Grund ihrer Standardisierung besonders leicht automatisieren.

Während der Anteil der C-Güter am gesamten Beschaffungsaufwand eines Unternehmens in der Regel höher als bei B-Gütern und bei diesen wiederum höher als bei A-Gütern ist, verhält es sich mit den Anteilen am gesamten Beschaffungsvolumen umgekehrt: C-Artikel haben bei der herkömmlichen Form der Beschaffung einen geringeren Anteil am Gesamtvolumen als B-Güter und diese wiederum einen geringeren als die A-Güter. Ein Grund hierfür ist die hohe Zahl der Einzelbestellungen von C-Gütern im traditionellen Beschaffungsprozess. *C-Güter* besitzen das größte Potenzial zur *Reduzierung der Prozesskosten*, während sich bei *A-Gütern* Einsparpotenziale eher durch eine *bessere Auswahl der Lieferanten* und *günstigere Einkaufspreise* ergeben (Mucha/Nottmeyer 2001, S. 4 f.).

Elemente elektronischer Beschaffung

Mit der elektronisch unterstützten Beschaffung stehen sowohl dem Beschaffer als auch dem Anbieter zusätzliche Informationen zu einem Beschaffungsvorhaben im Vorfeld und in der Phase der Abwicklung zur Verfügung. Unter dem Gesichtspunkt der *Interaktionsintensität* betrachtet, gibt es mehrere Varianten: Diese reichen von der technisch verhältnismäßig einfachen Informationsplattform eines elektronischen Kataloges, aus dem der Beschaffer Güter und Leistungen auswählen kann, bis zur Integration der nachgelagerten Softwaresysteme des Beschaffers und des Anbieters über einen Marktplatz. Mit steigender Intensität der Interaktion wachsen auch die Anforderungen an die technische und organisatorische Kooperation von Beschaffern und Anbietern.

Die Nutzung elektronischer Medien erlaubt den Zugang zu Transaktionspartnern mit Hilfe standardisierter Informations- und Kommunikationssysteme. So ermöglichen z.B. per Internet zugängliche Kataloge die Informationsbeschaffung von Anbietern und Käufern. Sofern diese Softwarelösungen einen Rollenwechsel von Sender und Empfänger unterstützen, entstehen interaktive Austauschformen, d.h. die Transaktionspartner sind in der Lage, wechselseitig aufeinander zu reagieren und einen Transaktionsvorgang vergleichsweise schnell zum Abschluss zu bringen.

Auf elektronischen Marktplätzen können die Marktplatzbetreiber die Kataloge unterschiedlicher Unternehmen integrieren. Bei *Katalogbestellsystemen* verringert sich auch der Abwicklungsaufwand für Kleinbestellungen. Sie setzen in der Regel vorher ausgehandelte Rahmenverträge voraus. Diese Katalogsysteme können entweder vom Anbieter, vom Nachfrager oder von einem Dienstleister erstellt, gepflegt und aktualisiert werden. Preise können, soweit dies der Rahmenvertrag zulässt, dynamisch angepasst werden, da jederzeit ein direkter Zugriff auf die Katalogdatei möglich ist. Kataloge können mit dem unternehmensinternen System verknüpft sein, also eine ERP-Anbindung haben.

Um eine Austauschbarkeit der Katalogdaten zwischen unterschiedlichen Systemen zu gewährleisten, sind Standards nötig. *Katalogstandards* beschreiben, wie Produkt- bzw. Leistungskataloge aufgebaut sind und zwischen E-Procurement-Systemen übertragen werden. Beim Austausch von multimedialen Katalogdaten im deutschsprachigen Raum ist BMEcat der am weitesten verbreitete Katalogstandard. Er wurde vom Bundesverband Materialwirtschaft, Einkauf und Logistik e.V. (BME) im November 1999 herausgegeben.

Bei *Online-Ausschreibungen* macht der Nachfrager zeitlich begrenzt seinen Beschaffungsbedarf entweder einem bestimmten Kreis von Anbietern (evtl. mit automatischer Benachrichtigung) bekannt oder für alle öffentlich. Dabei ist eine exakte und möglichst detaillierte Spezifizierung des jeweiligen Bedarfs notwendig.

Ein weiteres Element des E-Procurement sind *Auktionen*. Bei den viel diskutierten inversen Auktionen bzw. „reverse auctions" schreibt der Nachfrager (Einkäufer) seinen Bedarf aus und die Anbieter (Lieferanten) geben ihre Gebote ab. Der Preis reduziert sich mit jedem Gebot und prinzipiell erhält das günstigste Angebot innerhalb eines bestimmten Zeitrahmens den Zuschlag.

8.1.4 Öffentliches E-Procurement

Es ist erklärtes Ziel der Bundesregierung und anderer politischer Akteure, von den *Erfahrungen der Privatwirtschaft mit E-Procurement* zu lernen, so dass dort erkennbare Fehlentwicklungen vermieden werden können. Dabei dürfen aber weder die Besonderheiten der öffentlichen Beschaffung aus den Augen verloren werden, noch ist es ratsam, einzelne Modelle aus der Wirtschaft umstandslos für die öffentliche Hand zu übernehmen.

Die *Besonderheiten* des PEP im Vergleich zur privatwirtschaftlichen elektronischen Beschaffung ergeben sich zunächst aus den andersartigen rechtlichen Rahmenbedingungen. Diese werden vor allem durch das Vergaberecht bestimmt und definieren spezifische Anforderungen an die elektronische Vergabe der öffentlichen Hand. Zu diesen zählen besondere Sicherheitsanforderungen, die Herstellung größtmöglicher Transparenz, die Verhinderung von Korruption, die Rücksichtnahme auf kleine und mittlere Unternehmen sowie die Vermeidung von Diskriminierung. Weitere Besonderheiten des PEP resultieren aus dem föderalen Staatsaufbau der Bundesrepublik Deutschland und den Unterschieden zwischen privaten und öffentlichen Unternehmen.

Vergaberecht

Der Begriff „Vergaberecht" bezeichnet die Gesamtheit aller Rechtsvorschriften, die den staatlichen Einkauf von Gütern und Leistungen am Markt regelt. Die neuere Entwicklung des deutschen Vergaberechts wurde durch die *europäische Rechtsentwicklung* in diesem Bereich vorangetrieben. Durch die Umsetzung geänderter EU-Richtlinien zum öffentlichen Auftragswesen kam es in Deutschland zu umfassenden Reformen. Bei diesen EU-Richtlinien handelt es sich um

- die Richtlinie 92/50/EWG des Rates vom 18. Juni 1992 über die Koordinierung der Verfahren zur Vergabe öffentlicher Dienstleistungsaufträge,
- die Richtlinie 93/36/EWG des Rates vom 14. Juni 1993 über die Koordinierung der Verfahren zur Vergabe öffentlicher Lieferaufträge,
- die Richtlinie 93/37/EWG des Rates vom 14. Juni 1993 zur Koordinierung der Verfahren zur Vergabe öffentlicher Bauaufträge,
- die Richtlinie 93/38/EWG des Rates vom 14. Juni 1993 zur Koordinierung der Auftragsvergabe durch Auftraggeber im Bereich der Wasser-, Energie- und Verkehrsversorgung sowie im Telekommunikationssektor.

Sie wurden modifiziert durch die Richtlinie 97/92/EG vom 24. Juni 1997. Als eine wesentliche Neuerung trat dabei die *Stärkung der Rechte der Bieter* hervor. Zugleich wurde das *Vergaberecht für die Nutzung neuer Medien geöffnet*.

Mithin liegt eine Zweiteilung des deutschen Vergaberechtssystems vor: Unterhalb EU-weit gültiger Schwellenwerte für Ausschreibungsvolumina gilt weiterhin das traditionelle deutsche Vergaberecht. Die europäischen Schwellenwerte liegen (nach VgV § 2) bei 5 Mio. Euro für Bauleistungen, bei 130.000 Euro für Liefer- und Dienstleistungsaufträge der Bundesstellen und bei 200.000 Euro für Liefer- und Dienstleistungsaufträge aller anderen öffentlichen Auftraggeber. Gründe für die europaweite Einführung von Schwellenwerten waren die Förderung des Wettbewerbs über nationale Grenzen hinaus und die Verhinderung der vorrangigen Berücksichtigung regionaler Anbieter. Die Hauptziele der europarechtlichen Rahmenbedingungen sind die Erhöhung der Transparenz, die Bekämpfung der Korruption und die Vermeidung von Diskriminierung. Die öffentliche Hand ist zur Anwendung der Richtlinien verpflichtet, sobald 50% und mehr des zu vergebenden Auftrags mit öffentlichen Mitteln finanziert werden.

Hinsichtlich der *Vergabeverfahren* wird zwischen öffentlichen Ausschreibungen (offenes Verfahren), beschränkten Ausschreibungen (nichtoffenes Verfahren) und der freihändigen Vergabe (Verhandlungsverfahren) unterschieden. Beschränkte Ausschreibungen und freihändige Vergaben können mit oder ohne Teilnahmewettbewerb erfolgen. Dieser dient der Vorauswahl von potenziellen Bietern. Bei der beschränkten Ausschreibung ist die Anzahl der Bieter durch eine Vorauswahl der Vergabestelle begrenzt. Bei der freihändigen Vergabe verhandelt die Vergabestelle mit mehreren Interessenten über Leistungen und Preise eines Auftrages, während bei Ausschreibungen das Verhandlungsverbot gilt.

Zu den vergaberechtlich relevanten Gesetzen, Richtlinien und Vorschriften zählen:

- die EU-Richtlinien sowie – auf diesen basierend – das Gesetz gegen Wettbewerbsbeschränkungen (GWB), Vierter Teil §§ 97-129, und die Verordnung über die Vergabe öffentlicher Aufträge (Vergabeverordnung – VgV) vom 9. Januar 2001,
- die im Jahr 2000 überarbeiteten Verdingungsordnungen für Bauleistungen (VOB), für freiberufliche Leistungen (VOF) und für Leistungen (VOL), die Haushaltsgrundsatzgesetze, die Bundes- und Landeshaushaltsordnungen (§§ 55 BHO, LHO), die Gemeindehaushaltsrechte,
- die Landesvergabegesetze sowie die Verwaltungsvorschriften.

Ergänzende Schritte waren ferner das Formvorschriftenanpassungsgesetz vom 1. August 2001, mit dem Artikel 5, Abs. 1 der EU-Signaturrichtlinie umgesetzt wurde, das Signaturgesetz (Mai 2001) sowie die Signaturverordnung (November 2001). Mit diesen Regelungen ist sichergestellt, dass eine qualifizierte elektronische Signatur wie eine handschriftliche Signatur als formgebundene Erklärung anerkannt ist.

Welche Rechtsgrundlagen bei der Vergabe öffentlicher Aufträge maßgeblich sind, hängt zunächst davon ab, ob der zu vergebende Auftrag europaweit ausgeschrieben werden muss oder nicht. Rechtsgrundlage für die Vergabe öffentlicher Aufträge ist der Vierte Teil des GWB, dessen §§ 97-129 in das am 1. Januar 1999 in Kraft getretene Vergaberechtsänderungsgesetz eingingen.

Das *GWB* verbietet der öffentlichen Hand, ihre Nachfragemacht auszunutzen. Zu den wichtigsten *Prinzipien* zählen der Wettbewerb zwischen den Bietern, die Transparenz des Verfahrens, die Gleichbehandlung der Bieter, die Berücksichtigung der Interessen von kleinen und mittleren Unternehmen durch Teilung der Aufträge in Lose, das Verhandlungsverbot, der Zuschlag für das wirtschaftlichste Angebot und der Anspruch der Bieter auf die Einhaltung des Verfahrens.

Als Bindeglied zwischen dem GWB und den im Jahr 2000 reformierten Verdingungsordnungen dient die Vergabeverordnung (*VgV*), die mit Wirkung zum 1. Februar 2001 in wesentlichen Teilen novelliert wurde. Sie ist die einschlägige Rechtsverordnung.

Die VgV sowie VOB 2000 (§ 10 Nr. 5, § 17 und § 21 VOB/A), VOL 2000 und VOF 2000 öffnen das Ausschreibungs- und Verfahrensrecht für *elektronische Verfahren*. So ermöglicht VgV § 15 Satz 2 die elektronische Angebotsabgabe mit einer Bezugnahme auf das Signaturgesetz vom 22.05.2001 (Digitale Signatur). Umstritten ist u.a., ob nach § 21 VOB/A, der gleichartigen Regelung für nationale Vergaben unterhalb der EU-Schwellenwerte, der öffentliche Auftraggeber die Möglichkeit hat, ausschließlich digital eingereichte Angebote zuzulassen: Entscheidend für diese Frage dürfte sein, ob eine hinreichend große Zahl an Firmen entweder selbst oder über Infobroker die neuen Medien nutzt und ob die Internetadresse der Bekanntmachung nach § 17 VOB/A bei den potenziellen Bietern bekannt ist (Weyand 2001).

Die VgV regelt (in § 15) lediglich die elektronische Angebotsabgabe. Inwieweit der Einsatz elektronischer Mittel in anderen Stufen des Vergabeverfahrens zulässig ist, ergibt sich aus den *Verdingungsordnungen* (Antweiler 2001, S. 721 ff.): Die Veröffentlichung der Vergabebekanntmachung kann nur als zusätzliche Veröffentlichungsform auf der Homepage des Auftraggebers erfolgen. Die Versendung der Vergabeunterlagen kann ebenfalls auf elektronischem Wege (Veröffentlichung im Internet oder Versendung per E-Mail) durchgeführt werden. Ein elektronisches Angebot muss verschlüsselt und mit einer elektronischen Signatur versehen sein. Die von der Vergabestelle durchzuführenden Schritte der Prüfung und Wertung der Angebote bis zur internen Entscheidung über den Zuschlag können durch ein internes elektronisches Verfahren abgebildet werden. Für den Umgang mit den dann entstehenden elektronischen Akten gelten dieselben rechtlichen Regelungen wie für herkömmliche Akten auf Papier. Der schriftlichen Informationspflicht nach § 13 VgV kann auch per E-Mail mit digitaler Signatur genüge getan werden, bei der Zuschlagserteilung per E-Mail nach VOB/A und VOF empfiehlt sich eine elektronische Signatur.

Die *Entwicklung der europarechtlichen Rahmenbedingungen* schreitet auch derzeit weiter voran: Die bisherigen Richtlinien sollen nach Vorschlag der EU-Kommission durch zwei neue Richtlinien ersetzt werden. Die überarbeiteten drei „klassischen" Richtlinien zu Bau-, Dienst- und Lieferleistungen werden demnach zu einem Text zusammengeführt. Zudem soll eine neue „Sektoren-Richtlinie" (zu den Sektoren Trinkwasser, Energie und Verkehr) ausgearbeitet werden. Vorschläge für diese beiden neuen Richtlinien liegen seit 2000 vor. Im Mai und im September 2002 wurden im EU-Binnenmarktrat politische Einigungen zu ihnen erzielt.

Nach Ansicht der *EU-Kommission* soll es in Zukunft möglich sein, dass Auftraggeber ausschließlich elektronische Mittel zulassen. Eine Übergangszeit hält die Kommission für unnötig, da die Unternehmen bis zur Verabschiedung und der Umsetzung des Richtlinienvorschlags de facto über einen Übergangszeitraum verfügten (Kommission der Europäischen Gemeinschaften 2000, Begründung, Abschnitt 2.2.). Abweichend von vorherigen Richtlinien fällt in dem Richtlinienvorschlag die Zulassung elektronischer Angebote nicht mehr in die Kompetenz der Mitgliedsstaaten, sondern in die der Auftraggeber selbst.

Mit den neuen EU-Richtlinien sollen zudem *zusätzliche Möglichkeiten zur Nutzung der elektronischen Medien* geschaffen werden, die es bislang für diesen Bereich nicht gab. Dabei geht es vorrangig um die Förderung des Wettbewerbs sowie um Kostenreduktion und Zeitersparnis für die öffentlichen Auftraggeber. Angestrebt werden zum Teil EU-weit gültige Festlegungen zu dynamischen elektronischen Beschaffungssystemen sowie zu inversen Auktionen. Des Weiteren werden spezielle, besonders strikte und u.a. über die Vorgaben der EU-Signaturrichtlinie hinausgehende Sicherheitsmaßnahmen für notwendig erachtet. Ein weiterer Vorteil der anvisierten Regelungen sind nach Ansicht des EU-Binnenmarktkommissars Frits Bolkestein die verbesserten Voraussetzungen zur Korruptionsverhinderung (Todd et al. 2002).

Auf Grund der absehbaren Weiterentwicklung der europäischen Rahmenbedingungen und weil die einzelnen Stufen des Vergabeverfahrens bisher unterschiedlich genau geregelt sind, schlagen Experten vor, *weitere rechtliche Regelungen auf nationaler Ebene* (spätestens in Reaktion auf das neue EU-Legislativpaket) vorzunehmen (Malmendier 2001).

Spezifika öffentlicher Beschaffung

Zusätzliche Besonderheiten von PEP im Vergleich zum privatwirtschaftlichen E-Procurement ergeben sich aus weiteren Rahmenbedingungen sowie spezifischen Zielen des öffentlichen Verwaltungs- und Regierungshandelns. Zu nennen sind hier u.a. die *Andersartigkeit der Kundenbeziehungen*, das staatliche *Interesse an Wirtschaftsförderung*, die Beschränkungen, die sich für Zentralisierungsansätze aus dem föderalen *Staatsaufbau* ergeben und die *Besonderheiten des öffentlichen Bedarfs*.

Die öffentliche Hand hat hinsichtlich der Beziehungen zu den Lieferanten andere Ziele als private Unternehmen, z.B. verwaltungsfremde wirtschaftspolitische Ziele wie die Förderung der lokalen und regionalen Wirtschaft oder der Schutz kleiner und mittlerer Unternehmen.

Die Prinzipien des deutschen Staatsaufbaus, die gewachsenen Strukturen öffentlicher Einrichtungen und die verwaltungsinterne Modernisierung („Neues Steuerungsmodell") haben ein hohes Maß an Dezentralität bei der öffentlichen

Beschaffung entstehen lassen. Zentralisierungs- und Vereinheitlichungsvorschläge mögen deshalb aus ökonomischer Sicht überzeugend erscheinen (Bosse 2001, S. 59 ff.), haben aber geringe politische Realisierungschancen. Eine zentralisierte Beschaffung aller öffentlichen Vergabestellen ist kartellrechtlich grundsätzlich nicht zulässig. Auch bei nur einem Rechtsträger ist zentralisierte Beschaffung möglichst zu vermeiden (Goerdeler 2002, S. 51). Bei den wenigen zentralen Beschaffungsstellen sollte der Einkauf breit gestreut sein.

Auch die Spezifika des öffentlichen Bedarfes spielen bei der Planung und Realisierung von PEP-Lösungen eine Rolle. Nach einer KPMG-Studie, die auf einer Umfrage bei Behörden der Bundes-, Landes- und Kommunalverwaltung im Jahr 2001 beruht, verteilt sich das Beschaffungsvolumen der öffentlichen Hand auf folgende Produktgruppen: Bauleistungen mit einem Anteil von 43,6%, Dienstleistungen mit 17,6%, Sonstige (Güter und Leistungen wie Sicherheitsdienste, Postdienste, Laborverbrauchsmaterial und anderer Spezialbedarf) mit 17,4%, EDV mit 7,8%, Geschäftsausstattung mit 3,0%, Fahrzeuge und Fahrleistungen mit 2,3%, Mobiliar mit 2,3%, Bürobedarf mit 2,3%, Telekom mit 1,6%, Druckerzeugnisse mit 1,4% und schließlich Reiseleistungen mit einem Anteil von 0,9% (KPMG 2001b, S. 3).

8.2 Stand und Formen der elektronischen Beschaffung im öffentlichen Bereich

Bisher werden nach Angaben des BME 9% der öffentlichen Aufträge in Deutschland elektronisch vergeben (BME/BMWi 2002). Es existiert eine Reihe von PEP-Lösungsansätzen in Beschaffungsstellen der öffentlichen Hand sowohl auf Bundes- als auch auf Länder- und kommunaler Ebene. Integrierte Softwarelösungen, die Beschaffungsverfahren über das Internet unterstützen, sind jedoch noch selten. Umfassende vergleichende Untersuchungen der verschiedenen Vorhaben und Projekte sind noch nicht verfügbar. Wenn im Folgenden auf PEP-Initiativen der öffentlichen Hand eingegangen wird, geschieht dies also weder mit dem Anspruch auf Vollständigkeit noch mit der Absicht, diese systematisch zu vergleichen. Vielmehr sollen beispielhaft Initiativen auf der Ebene von Bund, Ländern und Kommunen vorgestellt und unterschiedliche PEP-Modelle in ihren wichtigsten Elementen dargestellt werden.

8.2.1 Projekte und Erwartungen

Die Erwartungen, die der Staat an PEP knüpft, gehen weiter als diejenigen der privaten Unternehmen, für die hauptsächlich die Ziele der Kostensenkung und Marktorientierung von Interesse sind. So betonte die (damalige) Staatssekretärin im BMI Brigitte Zypries am 14. Mai 2002 auf dem Kongress „Effizienter Staat

2002" in Berlin, dass es beim E-Government insgesamt nicht nur um Kosteneinsparung gehe, sondern auch um die Schaffung von Standortvorteilen und die allgemeine Modernisierung der Verwaltung. Zwar entwickelt sich der Bereich der elektronischen Beschaffung hinsichtlich des Kostenfaktors anscheinend zum wichtigsten Bestandteil von E-Government, in PEP-Initiativen müssen aber auch andere Aspekte berücksichtigt werden. Dazu zählen z.b. wirtschaftspolitische wie das Problem des besonderen Schutzes kleiner und mittlerer Unternehmen sowie die Begrenzung der Nachfragemacht der öffentlichen Hand. Aber auch sicherheitstechnische Aspekte, da Behörden hier eine besondere Verantwortung zukommt. Gleichwohl ist die Kostenoptimierung durch PEP zum dominierenden Thema in den Diskussionen geworden. Auf Bundesebene werden insbesondere von dem Leitprojekt „E-Vergabe" Kosteneinsparungen sowie weiterführende Erkenntnisse über deren Voraussetzungen erwartet. Dieses Vorhaben ist Teil des umfassenderen Projekts „Öffentlicher Eink@uf Online", dessen Konzeption im Folgenden vorgestellt wird.

Projekt „Öffentlicher Eink@uf Online" und weitere Aktivitäten des Bundes

Das Projekt *„Öffentlicher Eink@uf Online"* läuft unter Federführung des Beschaffungsamtes des Bundesministeriums des Inneren (BMI) seit dem 1. August 2000. Das Beschaffungsamt des BMI ist zweitgrößter Einkäufer des Bundes (Auftragsvolumen laut Angaben des BMI für 1999 ca. DM 700 Mio. bei ca. 4.000 Beschaffungen im Jahr). Es erprobt die entwickelten Verfahren gemeinsam mit 26 Dienststellen im Geschäftsbereich des BMI. Projektpartner sind verschiedene Bundesministerien sowie das Bundesamt für Bauwesen und Raumordnung. Das elektronische Beschaffungsverfahren soll auch für die Bundeswehr genutzt werden, um dieser IT-Entwicklungskosten in Höhe von rund 10 Mio. Euro einzusparen.

Bis zum Herbst 2002 wurden der Prototyp von „Öffentlicher Eink@uf Online" öffentlich vorgestellt und ein Pilotprojekt abgeschlossen. Inzwischen sind Ausschreibungen des Beschaffungsamtes auch online zugänglich.
Das Projekt ist in folgende *vier Teilprojekte* unterteilt:

- Teilprojekt 1: Nutzung von E-Mail („Elektronischer Postbote"),
- Teilprojekt 2: Elektronisches Vergabemodul (elektronische Bearbeitung der Beschaffungsvorgänge),
- Teilprojekt 3: Elektronische Vergabe (Lösung für die Partner, webbasierte Vergabeplattform),
- Teilprojekt 4: Virtueller Marktplatz (direkter Abruf von Waren und Dienstleistungen mittels Warenkorb).

Das *erste Teilprojekt* betrifft die elektronische Kommunikation zwischen Behörden und Beschaffungsamt. Anders als bisher können Behörden demnächst ihren Bedarf statt in Papierform und per Post auf elektronischem Weg dem Beschaffungsamt übermitteln.

Beim *zweiten Teilprojekt* geht es um die elektronische Bearbeitung der Beschaffungsvorgänge. Hier soll der Beschaffer vollständige Unterstützung bei der Bearbeitung interner Verwaltungsvorgänge erhalten. Durch die Einführung eines elektronischen Vergabemoduls wird eine Verbesserung des Systems hinsichtlich Schnelligkeit, Effizienz, Planungsmöglichkeiten und auch vergaberechtlicher Sicherheit angestrebt. Über ein elektronisches Bedarfsmanagement werden von mehreren Behörden benötigte Produkte gleicher Art im Rahmen des Vergaberechts gebündelt. Dadurch können größere Posten ausgeschrieben werden.

Technisch anspruchsvoller ist das *Teilprojekt 3*, bei dem es um die Kommunikation zwischen Beschaffungsamt und Wirtschaft und insbesondere um die elektronische Vergabe von Aufträgen des Bundes geht. Um der Wirtschaft für alle Verdingungsordnungen ein einheitliches Verfahren hinsichtlich der Abgabe elektronischer Angebote anbieten zu können, arbeitet das Beschaffungsamt mit dem Bundesamt für Bauwesen und Raumordnung zusammen. Kernpunkte der ersten Phase des Projekts waren die Einbettung der digitalen Signatur und die Berücksichtigung hoher Sicherheitsanforderungen. Besondere technische Anforderungen stellten die Einhaltung des Geheimhaltungsgebots, die Implementation des qualifizierten Zeitstempeldienstes und die Möglichkeit, dass Angebote noch bis zum Stichtag durch den jeweiligen Bieter verändert werden können (Goerdeler 2002, S. 53). Durch das Projekt soll der öffentliche Sektor selbst zum Zugpferd für die Verbreitung von elektronischen Geschäftsprozessen in Deutschland werden (Goerdeler 2002, S. 50). Hinsichtlich der Bieter ist ein Ziel des Projekts, deren Reaktionszeiten zu verkürzen und den direkten Austausch mit weiteren Partnern bei der Angebotserstellung zu erleichtern.

„E-Vergabe" ist das erste Projekt auf Bundesebene, bei dem rechtsgültige Verträge elektronisch über das Internet geschlossen werden können. Bei dem im Mai 2002 gestarteten ersten Feldversuch war der erste Pilotanwender das Beschaffungsamt des BMI mit einer öffentlichen Ausschreibung gemäß § 3 Nr. 2 VOL/A. Ausgeschrieben wurden 50 persönliche Organizer. Auf einer Internetplattform waren die öffentlichen Ausschreibungen des Beschaffungsamtes einsehbar. Die Unternehmen konnten ihre Angebote elektronisch übermitteln. Auch die Zuschläge für die wirtschaftlichsten Angebote wurden nach Angabe der Bundesregierung den Unternehmen elektronisch zugestellt. Damit soll das Vergabeverfahren auch für die Wirtschaft schneller und kostengünstiger werden, wodurch die Bundesregierung wiederum günstigere Angebote erwartet. In diesem Zusammenhang ist aber daran zu erinnern, dass auf Grund von vergabe-

8 Beschaffung im öffentlichen Bereich

rechtlichen Vorschriften (Ausschreibungsfrist von ca. drei Monaten) bei den Abwicklungsfristen keine Zeiteinsparungen möglich sind.

Das Leitprojekt „E-Vergabe" wird vom BMI und dem Bundesministerium für Verkehr, Bau- und Wohnungswesen umgesetzt und wurde vom BMWi im Rahmen seiner Technologiepolitik gefördert. Das Bundesministerium der Verteidigung, das Bundesministerium für Bildung und Forschung und die Mehrzahl der Mitglieder der Hermann von Helmholtz-Gemeinschaft deutscher Forschungszentren beteiligen sich ebenfalls daran.

Die Bundesregierung hofft, dass die Plattform zu einem Referenzmodell für die elektronische öffentliche Auftragsvergabe von Bund, Ländern und Gemeinden wird (Goerdeler 2002, S. 54).

Im Rahmen einer Begleitforschung zum Aspekt der E-Vergabe wurden die Situation auf Seiten der Ämter und der Bieter, die Auswirkungen der elektronischen Vergabe auf Prozess- und Produktkosten, Erfolgs- und Akzeptanzfaktoren (Anzahl der Bieter, Zufriedenheit bei Mitarbeitern der Ämter und bei den Bietern) und die technische Ausstattung des Systems untersucht (Goerdeler 2002, S. 54). Das BMWI wird im Jahr 2003 einen Endbericht (mit dem voraussichtlichen Titel „Leitfaden E-Vergabe") zu dieser Begleitforschung veröffentlichen.

Ein geschlossener virtueller Marktplatz ist das *vierte Teilprojekt* von „Öffentlicher Eink@uf Online". Die öffentliche Verwaltung soll dabei von den Erfahrungen in der Wirtschaft profitieren. Auf dem geplanten Marktplatz erhalten Behörden die Möglichkeit, elektronische Abrufe oder Bestellungen aus Rahmenverträgen durchzuführen.

Die Bundesregierung erwartet sich von dem Projekt „Öffentlicher Eink@uf Online" einen verbesserten Überblick der Beschaffungsstellen über das Marktgeschehen sowie den schnellen und direkten Zugang zu den potenziellen Lieferanten. Der Bearbeitungsaufwand soll deutlich verringert werden, um somit eine Reduzierung der Kosten zu erreichen. Ebenfalls angestrebt werden eine Belebung des Wettbewerbs der Bieter, eine erhebliche Verkürzung der Einkaufszeiten und eine erhöhte Transparenz der Verfahren.

Im Rahmen des Leitprojekts „E-Vergabe" wurden auch die *Chancen und Risiken inverser Auktionen* im Internet für Aufträge durch die öffentliche Hand im Auftrag des BMWi untersucht (KPMG 2001a). Ziel war es, die Möglichkeiten einer Übertragung dieses Verfahrens auf den öffentlichen Sektor zu ermitteln und die Auswirkungen in rechts- wie auch wirtschaftspolitischer Hinsicht zu präzisieren. Die Untersuchungsergebnisse zeigen, dass der Staat mit inversen Auktionen durchaus Ausgaben senken kann. Erwartet wird ein Einsparpotenzial von etwa 5 % gegenüber der traditionellen Beschaffung. Für Standardgüter erweist sich das Verfahren als besonders geeignet, da dabei der Preis leicht als wesentliches Bewertungskriterium herangezogen werden kann. Als schwierigste

Hürde bei der Durchführung durch die öffentliche Hand wurde der Vertraulichkeitsgrundsatz herausgearbeitet. Ein weiteres Problem ist das Verhandlungsverbot bei Ausschreibungen. Beide rechtliche Bedenken wurden durch die Studie bestätigt.

Die Bundesregierung prüft derzeit, ob es sinnvoll und erforderlich ist, die Vergaberegeln so zu ändern, dass inverse Auktionen möglich werden. Vor dem Hintergrund der bereits erwähnten Entwicklungen im Bereich der EU-Vergaberichtlinien soll im Rahmen einer zweiten Phase des Projekts „E-Vergabe" ein integrierbares Tool für inverse Auktionen entwickelt und erprobt werden (Goerdeler 2002, S. 55). Im Jahr 2002 wurden mit Sondergenehmigung („Experimentierklausel") erstmals zwei Online-Einkaufs-Auktionen für das Bundesamt für Wehrtechnik und Beschaffung (BWB) durchgeführt. Initiiert hatte die Auktion die Gesellschaft für Entwicklung, Beschaffung und Betrieb (G.e.b.b.). An der Vorbereitung und Durchführung waren zudem die Unternehmensberatung Roland Berger und der Auktionsdienstleister Goodex beteiligt. In den beiden Auktionen wurden Einsparungen von bis zu 26 % erzielt.

Das BWB hat zudem seit Ende 2000 im Rahmen seiner Initiative „Beschleunigte Einführung von Electronic Commerce in der Auftragsvergabe und in der Vertragsabwicklung im BWB" mit der Firma Intersource kooperiert. Mit einem speziellen Account wurden die Mitarbeiter des BWB in die Lage versetzt, E-Commerce in der Praxis zu trainieren, darstellbar zu machen und weitere Erkenntnisse über neue Geschäftsprozesse zu gewinnen. Ebenfalls getestet wurde, inwieweit die neuen Beschaffungslösungen den rechtlichen Anforderungen genügen. Mit der Firma Cosinex hat das BWB in einem viermonatigen Pilotprojekt im Jahr 2001 den Einkauf von C-Waren (und insbesondere Büroartikeln) getestet.

Die Bundesregierung hat zudem das Ziel, die Informationsangebote und Kommunikationsmöglichkeiten zu PEP zu erweitern. So wird z.B. das Leitprojekt „E-Vergabe" nicht nur durch Begleitforschung unterstützt, angestrebt wurde auch der Aufbau eines Kooperations- und Kommunikationsnetzwerkes (Goerdeler 2002, S. 54). Der Information über PEP dient auch eine von BME und BMWi im Jahr 2002 herausgegebene Publikation zu den Grundlagen der elektronischen Vergabe (BME/BMWi 2002).

Projekte auf Länderebene

Auch auf Länder- und kommunaler Ebene existieren bereits einige PEP-Initiativen. Anscheinend warten aber viele der dortigen öffentlichen Beschaffungsstellen auf die Ergebnisse der PEP-Initiativen des Bundes, um dann durch eine Übernahme von deren Lösungen (bzw. durch eine Anbindung an diese) Entwicklungskosten einzusparen. Hinsichtlich der Aktivitäten auf Länderebene wird im Folgenden auf Bayern und Hamburg eingegangen, zwei Bundesländer, die sich bereits früh im PEP-Bereich engagiert haben. Anschließend werden zwei kommunale Beispiele für PEP-Aktivitäten aufgeführt. Die Ausführungen basieren dabei im Wesentlichen auf Informationen, die durch Internetrecherchen sowie durch die Auswertung von Vortragstexten und persönlichen Auskünften von Verantwortlichen der verschiedenen Projekte gewonnen wurden.

Bayerns wichtigster Partner im PEP-Bereich ist die Firma Healy Hudson (München), die auch an den PEP-Aktivitäten Hamburgs beteiligt ist. Bereits im Jahr 1998 wurde in Bayern der erste Pilotversuch zur Online-Beschaffung von C-Gütern (gebündelte Beschaffung von Tonern) gestartet. Dabei konnten nach Angaben der Verantwortlichen aus der Bayerischen Staatskanzlei allein bei den Einkaufskosten Einsparungen zwischen 7 und 26% realisiert werden, die Prozess- und Transaktionskosten wurden um rund 80% gesenkt. Vom Mai 2001 an hat Bayern dann eine VOL/A-konforme Internetlösung für einen EU-Teilnahmewettbewerb mit nachfolgender beschränkter Ausschreibung erprobt. Bei diesem Projekt in der „Königsdisziplin der öffentlichen Vergabe" handelte es sich nach Angaben der Verantwortlichen um das erste dieser Art in Europa. Beschafft wurde Papier für die bayerische Polizei und andere Behörden. Ziele waren die Minimierung der Prozesskosten und die Erzielung besserer Einkaufspreise. Beide Ziele wurden nach Angaben der Verantwortlichen erreicht.

Seit April 2002 wird nun im Auftrag des Bayerischen Staatsministeriums für Landwirtschaft und Forsten (unter Beteiligung anderer Ministerien und der Staatskanzlei) ein internetgestütztes Beschaffungssystem aufgebaut. Bisher handelt es sich dabei lediglich um ein System für Preisanfragen von Beschaffungen, die im Rahmen der freihändigen Vergabe (d.h. Auftragswert unter 25.000 Euro) getätigt werden können. Die Teilnahme an dem „ELBE" („Elektronisches Beschaffungswesen") genannten Pilotprojekt ist für die Behörden des Freistaates Bayern kostenlos. Mittlerweile beteiligen sich weitere Ministerien und mehr als 50 nachgeordnete Behörden daran. Die Verantwortlichen erwarten einen Zuwachs um weitere circa 50 Behörden bis Ende 2003. Das System wurde zunächst im Bereich der Tonerbeschaffung erprobt, inzwischen sind weitere aufgenommen worden.

Nach Auskunft der Verantwortlichen wurden neben erheblichen Einsparungen im Bereich des Bearbeitungsaufwands (und somit der Transaktionskosten) auch weitere Einsparungen bei den eigentlichen Beschaffungskosten erzielt.

In Bezug auf die Ausgangslage für dieses Projekt erinnern die Verantwortlichen daran, dass durch Bündelung zwar in der Regel günstigere Preise erzielt werden können. Dabei seien aber auch verschiedene Punkte zu beachten wie u.a. das Prinzip der dezentralen Beschaffung, der fehlende Einfluss des Beschaffers auf den Bieter, der den Zuschlag erhält, die Einhaltung von Bündelungsfristen trotz eventueller Dringlichkeit der Beschaffungen und die Regelungen in Bezug auf die maximale Größe der Bündel. Als Vorteile der konventionellen Einzelbeschaffung nennen die Verantwortlichen die Einhaltung der Vergabevorschriften, der fehlende Zwang zur Einhaltung der Regelungen zur Bündelung und die Tatsache, dass die endgültige Entscheidung beim einzelnen Entscheider bleibt.

Nach Auskunft der Verantwortlichen soll das System über Ende März 2003 hinaus verlängert, auf weitere nachgeordnete Behörden ausgedehnt und schließlich für alle Behörden des Freistaats geöffnet werden. Im umfassenden Behördenportal „Virtueller Marktplatz Bayern" (VMB) verweist ein Link auf das System.

Auch *Hamburg* spielt in Deutschland eine Vorreiterrolle im Bereich der öffentlichen elektronischen Beschaffung. Im Sommer 2001 testete die Hansestadt die technischen und organisatorischen Bedingungen für Online-Ausschreibungen. Unterstützt von den Firmen Materna (Dortmund) und Healy Hudson (München) wurde die elektronische Vergabe von Elektroschrott-Entsorgungsleistungen durchgeführt. Ziel des Projekts war es, eine internetbasierte Plattform für die öffentliche Auftragsvergabe einzurichten, mit der nach VOL/VOF sowie förmlich freihändig vergeben werden kann. Die Rahmenverträge sollten in einem Warenkatalog per Intranet zugänglich gemacht werden. Hamburg hat sich vor allem wegen des jährlichen Ausschreibungsvolumens in dreistelliger Millionenhöhe für die Entwicklung und den Betrieb einer eigenen Plattform entschieden. Das Projekt läuft unter dem Titel „eVa", als Abkürzung für „elektronische Vergabe".

Die Pilot-Ausschreibung, an der sich 16 Bieter beteiligten, verlief nach Angaben der Verantwortlichen erfolgreich. Der Bieterkreis hat sich – verglichen mit früheren Ergebnissen einer solchen Ausschreibung – den Erwartungen entsprechend vergrößert. Allerdings standen elf Angeboten in Papierform lediglich fünf elektronisch übermittelte Angebote gegenüber. 85% der Bieter bewerteten das Verfahren aber positiv, kein Bieter äußerte einen negativen Gesamteindruck. Als sehr ungewöhnlich für eine lokale Ausschreibung wird von den Verantwortlichen die Tatsache gewertet, dass sich Unternehmen aus anderen Bundesländern und aus Holland über die Ausschreibung informierten.

Rund vier Fünftel der Bedarfe der Hamburger Verwaltung – ohne die der öffentlichen Unternehmen – werden zentral durch die Finanzbehörde eingekauft. Seit Ende Januar 2003 können nationale und europaweite öffentliche Ausschreibungen der Finanzbehörde nicht nur auf einer Website eingesehen, sondern alle Schritte des anschließenden Prozesses digital abgewickelt werden: Die Anmeldung der Unternehmen erfolgt per Formular über die Ausschreibungs-Website. Nach Erhalt von Kennung sowie Passwort per E-Mail ist der direkte Zugang zur E-Vergabe und damit zu den öffentlichen Ausschreibungen der Finanzbehörde möglich. Die Anforderungen an die IT-Infrastruktur sind gering. Ein Standard-

PC mit Internetzugang ohne zusätzliche Softwareinstallation reicht für die Arbeitsplätze bei Unternehmen und öffentlicher Verwaltung aus. Das Verfahren selbst wird in einem Rechenzentrum betrieben. Unternehmen geben ihre Angebote online ein und können rechtsverbindlich digital signieren. Am Stichtag wertet ein Computerprogramm die besten Angebote aus, der Zuschlag wird elektronisch per E-Mail verschickt.

In einer Übergangsphase wird es bei der Finanzbehörde Hamburgs aber auch noch die klassische Abwicklung über Papierformulare sowie Mischformen geben, um einen reibungslosen Übergang sicherzustellen. Auf Grund des Fehlens einer grundlegenden Standardisierung digitaler Signaturen könnte es sonst – so die Befürchtung der Verantwortlichen – zur Diskriminierung bestimmter Anbieter kommen.

Komplexere Vergabeverfahren wie zum Beispiel im Bausektor können bisher nicht online verarbeitet werden. Nach und nach sollen aber alle Aufträge über „eVa" vergeben werden. Ein weiteres Ziel ist die Integration digitaler Zahlung in das System.

Der „roll out" auf die Vergabestellen aller interessierten öffentlichen Institutionen in Hamburg soll – wenn möglich – noch im Jahr 2003 erfolgen. Zudem haben mehrere öffentliche Unternehmen bereits ihr Interesse an der Software bekundet. Die Entwicklungskosten für die Stadt Hamburg lagen laut Auskunft der Verantwortlichen bei rund 200.000 EUR.

Projekte auf kommunaler Ebene

Die Kommunen besitzen u.a. auf Grund ihres hohen Anteils am gesamten Beschaffungsvolumen der öffentlichen Hand große Bedeutung für PEP. Entwicklungen auf kommunaler Ebene verdienen daher besonderes Interesse.

Die Gründe für die Auswahl von Düsseldorf und Lörrach als Beispiele für die kommunale Ebene waren – neben Umfang und Qualität der verfügbaren Informationen – der Größenunterschied der beiden Städte und die Spezifika der jeweiligen PEP-Initiativen: Während Düsseldorf auf eine umfassende „In-House"-Lösung setzt, ist durch die Initiative Lörrachs eine kommunale Einkaufsgemeinschaft entstanden.

Düsseldorf hat am 29. Mai 2002 die Pilotphase eines relativ umfangreichen Online-Beschaffungsprojekts beendet: Über drei Ausschreibungen wurden auf den eigenen Internetseiten Büromaterial und Papier, Fahrzeuge für die Feuerwehr und Mittagsverpflegung für Gesamtschulen beschafft. Eine Ausweitung des Projekts auf die Gesamtverwaltung ist geplant. Ende 2003 sollen sich 100 ausschreibende Stellen beteiligen. Zudem wird der Web-Katalog, also das Beschaffungssystem, um höherwertige Güter erweitert. Die Stadt arbeitet in ihrer

PEP-Initiative u.a. mit den Firmen Administration Intelligence (Würzburg) und Intersource (Hürth) zusammen.

Die vorrangigen Ziele, die Düsseldorf mit dem Pilotprojekt verfolgte, bestanden in der Vereinfachung von Ausschreibungsverfahren, der Erweiterung des Bieterkreises, der Beschleunigung von internen Beschaffungsprozessen und betrafen die Entlastung des operativen Einkaufs, die Reduzierung lagerhaltigen Materials sowie die Vereinfachung von Bestellungen (Anwenderfreundlichkeit). Nach Auskunft der Verantwortlichen stießen elektronische Ausschreibungen bei den Bietern auf reges Interesse, allerdings verfügten diese (im März 2002) kaum über Informationen oder gar technische Möglichkeiten zur elektronisch signierten Abgabe von Angeboten. *Informations- und Ausrüstungsdefizite* insbesondere kleiner und mittlerer Unternehmen haben *hinsichtlich der digitalen Signatur* neben Hamburg und Düsseldorf auch andere Kommunen sowie private Dienstleister im PEP-Bereich konstatieren müssen.

Erfolge sieht die Stadt Düsseldorf in Bezug auf das Ausschreibungssystem in der Vereinfachung bei der rechtssicheren Erstellung von Ausschreibungsunterlagen durch die Anwender und der Verkürzung der Durchlaufzeiten vom ausschreibenden Fachbereich bis zur Submissionsstelle. Das Beschaffungssystem (Web-Katalog), das mit der Firma Intersource als Partner entwickelt wurde, umfasst u.a. die Abbildung des „workflow", die Einbindung bestehender Rahmenverträge, den Import ausgeschriebener Artikel und die Kopplung an das eigene ERP-System (vor allem aus Sicherheitsgründen). Nach Angaben der Verantwortlichen wurde die Handhabung von Bestellvorgängen deutlich vereinfacht und die Durchlaufzeiten bei Bestellungen konnten erheblich reduziert werden. Zu den Problemen zählen der relativ große Aufwand an Systemadministration (Rollen, Rechte) sowie die Tatsache, dass von einigen Lieferanten keine Abbildungen (Grafiken) ihrer Artikel zur Verfügung gestellt werden.

Durch die Realisierung des Projekts ist Düsseldorf die erste Kommune Deutschlands, die einen Teil ihrer Ausschreibungen vollständig auf der eigenen Internetseite abwickelt. Auch in Bezug auf das Beschaffungssystem wurde eine *„In-House"-Lösung* gewählt, die zwar relativ kostenintensiv ist, dafür aber als besonders sicher gilt. Ferner sollte der Zugang zum elektronischen Ausschreibungsverfahren für die Bieter kostenlos sein. Nach Angaben der Verantwortlichen wurden bis zum Sommer 2002 – allerdings schon hinsichtlich der Endphase des Projekts – zwischen 100.000 und 150.000 DM für Hardware investiert. Auf die Informations- und Ausrüstungsdefizite der meisten Unternehmen hinsichtlich der digitalen Signatur reagiert die Stadt Düsseldorf mit zusätzlichen Informationsangeboten.

Die Stadt *Lörrach* und die Firma TEK-Service (Lörrach) entwickelten im Jahr 2000 das Projekt „City goes B2B", einen der Bausteine für das Vorhaben

„Lörrach @ns Netz". Seit November 2000 erfolgt bei der Stadt und in immer mehr städtischen Einrichtungen der Einkauf von Betriebs- und Hilfsstoffen auf elektronischem Weg. Der Initiative Lörrachs haben sich der Gemeindeverwaltungsverband Schönau, die Gemeinde Schliengen und die mit Lörrach in einem Verwaltungsverband befindliche Gemeinde Inzlingen angeschlossen. Diese *kommunale Einkaufsgemeinschaft* eröffnete gerade auch den kleinen Partnern die Möglichkeit, Artikel mit deutlichen Preisvorteilen zu bestellen. In Lörrach selbst wird die Beschaffung über Internet Zug um Zug ausgeweitet, u.a. im Bereich des Schulbedarfs. Die PEP-Lösung von TEK-Service wird mittlerweile auch von anderen Kommunen in Baden-Württemberg und Bayern genutzt. Über eine Ausweitung der kommunalen Einkaufsgemeinschaft wird dabei ebenfalls nachgedacht, eine landesweite oder gar länderübergreifende Kooperation ist jedoch aus kartellrechtlichen und anderen Gründen nicht vorgesehen.[48]

Technisch gesehen handelt es sich bei dem PEP-Modell Lörrachs um eine ASP-Lösung (Application Service Providing), bei der die operative Beschaffung von dem externen Dienstleister TEK-Service realisiert wird. Die Lösung ermöglicht es Bedarfsträgern der Kommunen, mittels Passwort auf spezifische Artikelkataloge zuzugreifen und Bestellungen zu tätigen. Artikel, Preise und Lieferanten werden im Vorfeld durch die Kommunen im Rahmen einer Ausschreibung definiert. Diese Form der Beschaffung bietet dem unmittelbaren Besteller die Möglichkeit, von seinem Arbeitsplatz aus bei einer zentralen Stelle (TEK-Service) die Beschaffung durchzuführen. Die Stadt bewertet die bisherigen Erfahrungen mit dieser externen Lösung für den operativen Bereich sehr positiv (Heute-Bluhm 2001): Neben einer erheblichen Prozessoptimierung seien Kostensenkungen, geringere Einkaufspreise, ein Mehr an Service, eine Minimierung der Lagerhaltung, eine Effizienzsteigerung beim Kostencontrolling und eine Straffung des Sortiments erreicht worden. Zudem nimmt der Dienstleister TEK-Service keine Lieferantenprovisionen, was insbesondere für kleine Unternehmen der Region von Belang sein kann.

Nach Berechnungen im Jahr 2001 wurde seit Projektbeginn eine Kostensenkung von 60.000 DM realisiert, wobei die Dienstleistungen von TEK-Service bereits berücksichtigt sind. Dabei seien alle wesentlichen Eckpunkte der behördlichen Beschaffung, wie z.B. die öffentliche Ausschreibung, erhalten geblieben. Zudem profitiere die Stadt von allen Vorteilen eines modernen ERP-Systems, ohne dass dabei Anschaffungs- und Schulungskosten oder längere Einführungs-

---

48 Das Projekt Lörrachs wird u.a. in einem Sammelband zum Thema vorgestellt (Gehrmann et al. 2002). Hinsichtlich der Erfahrungen mit PEP auf kommunaler Ebene ist auch der im Herbst 2002 erschienene KGSt-Bericht 8/2002 (mit dem Titel „E-Government in Kommunen – Fallstudien aus der Praxis") von Interesse. Für nähere Informationen siehe das Web-Angebot der KGSt.

zeiten anfielen. Die Stadt hofft, dass sich noch weitere Städte und Gemeinden der Einkaufsgemeinschaft anschließen.

8.2.2 Allgemeine Einschätzung des Stands der elektronischen öffentlichen Beschaffung in Deutschland

Ziel, Absichten und Erfahrungen mit elektronischer Beschaffung

Ziele, Absichten und bisherige Erfahrungen der PEP-Strategien öffentlicher Institutionen sind bisher noch kaum erforscht und allgemein zugänglich dokumentiert. Es können aber zwei im Jahr 2001 veröffentlichte Studien herangezogen werden, die in dieser Hinsicht erste Einblicke bieten.

Im Rahmen einer Studie der Universität Witten/Herdecke wurden im Februar 2001 die 600 größten öffentlichen Institutionen in Deutschland mittels eines Fragebogens angeschrieben (Jansen 2001). 44 Institutionen antworteten, wobei der Schwerpunkt in Nordrhein-Westfalen lag. Der Autor, Mitarbeiter der Universität und geschäftsführender Gründungsgesellschafter der Firma Cosinex, weist darauf hin, dass auf Grund dieser kleinen Zahl an teilnehmenden Institutionen die Aussagen lediglich einen tendenziellen Charakter aufweisen können.

Ein oft zitiertes Ergebnis der Studie ist die Aussage, dass 80% der befragten Institutionen keinerlei Erfahrungen mit der elektronischen Beschaffung haben (Jansen 2001, S. 23 f.). Als *Hemmnisse* gaben die Befragten vor allem die vergaberechtlichen Bestimmungen (34%) an. 24% der befragten Institutionen sahen keinen Nutzen von PEP für die eigene Anwendung. Als *Vorteile der elektronischen Beschaffung* wurden vor allem geringere Verwaltungskosten (25%), kürzere Beschaffungszeiten (23%), geringere Einkaufspreise (21%) und eine größere Anbieterauswahl (20%) genannt. Insgesamt immerhin 10% der teilnehmenden Einrichtungen zählten die geringeren Missbrauchsmöglichkeiten bzw. eine verbesserte Transparenz im Vergabeprozess zu den Vorteilen. Als *Vorteile der konventionellen Beschaffung* sahen die befragten Institutionen vor allem den direkten Kontakt und die vertraute Beziehung zu Händlern und Lieferanten (35%) sowie die Sicherheit und Zuverlässigkeit der Anbieter (25%) an. 19% der teilnehmenden Institutionen schließlich hielten es für einen Vorteil der konventionellen Beschaffung, dass diese als Instrument der regionalen Wirtschaftsförderung eingesetzt werden kann, 14% nannten als Vorteile die erworbene Routine und Gewöhnung an bestimmte Abwicklungsprozesse.

Die Beratungsfirma Rödl & Partner (Nürnberg) hat in Zusammenarbeit mit der Universität Konstanz im Sommer 2001 300 Kommunen in Bayern und Nordrhein-Westfalen zum Thema PEP befragt (Bahn et al. 2001). Dabei handelte es sich jeweils um die 150 größten Kommunen der beiden Bundesländer. Mit einer Beteiligung von 110 Kommunen (37%) an der Studie war der Rücklauf relativ hoch und zudem gleichmäßig auf beide Bundesländer verteilt. Bemerkenswert sind hier die Aussagen zu den bisherigen *Erfahrungen mit elektronischer Beschaffung*. Während nur knapp 20% der großen Kommunen (mehr als 150.000 Einwohner) angaben, bereits elektronisch beschafft zu haben, haben dies nach eigenen Angaben mehr als 30% der mittleren Kommunen (bis zu 150.000 EW) mit ausreichender und mehr als 50% der mittleren Kommunen mit guter EDV-Ausstattung getan. Von den kleinen Kommunen (bis zu 50.000 EW) gaben mehr als 40% an, bereits internetbasiert eingekauft zu haben (Bahn et al. 2001, S. 11). Insgesamt 68% aller befragten Kommunen bestellten nach eigenen Angaben bereits über das Internet oder planten bzw. planen dies für die Jahre 2001 und 2002.

In Bezug auf *kommunale Einkaufsgemeinschaften* haben die größeren der teilnehmenden Kommunen grundsätzlich eine positivere Einstellung als die kleineren (Bahn et al. 2001, S. 20). Aber auch von letzteren ist die Mehrheit davon überzeugt, durch die Bildung von Einkaufsgemeinschaften höhere Einsparungen erreichen zu können. Besonders skeptisch sind hier kleine Kommunen mit lediglich ausreichender EDV-Ausstattung.

Hinsichtlich der *technischen und rechtlichen Umsetzbarkeit* öffentlicher elektronischer Beschaffung sind die befragten Kommunen relativ optimistisch (Bahn et al. 2001, S. 23 f.): Nur 20% der Kommunen sind der Meinung, dass die rechtlichen Probleme erheblich sind, 28% schätzen diese als gering und 44% als lösbar ein. In Bezug auf die technische Umsetzbarkeit sind über 60% der Ansicht, dass diese kaum Probleme bereiten wird, ein Drittel ist dagegen in dieser Hinsicht skeptisch.

Rechtliche Grundlagen

Wichtige Rechtsgrundlagen für PEP sind bereits geschaffen worden. Bestimmte Möglichkeiten einer elektronisch unterstützten Beschaffung, die im privatwirtschaftlichen Bereich Praxis sind, bleiben aber auf Grund der geltenden Vergabebestimmungen noch verschlossen. Deshalb wird häufig auch die Erwartung geäußert, dass die *rechtlichen Rahmenbedingungen* für die öffentliche Beschaffung weiter reformiert werden. Dabei geht es z.B. um die Möglichkeit, inverse Auktionen der öffentlichen Hand durchzuführen. Zudem stellt das Vertraulichkeitsgebot eine hohe technische Herausforderung für die Verwaltung von elektronisch eingegangenen Angeboten dar. Soll der öffentlichen Beschaffung die Flexibilität von PEP möglichst ungeschmälert erschlossen werden, existiert also weiterer Handlungsbedarf. In diesem Zusammenhang ist allerdings daran zu erinnern, dass in der Praxis die Mehrheit aller Vergaben freihändig erfolgt, was PEP-Lösungen deutlich vereinfacht.

Technologische Voraussetzungen

Die wichtigsten technologischen Grundlagen für einzelne Aufgabenbereiche von PEP existieren bereits, integrierte Ansätze befinden sich aber erst in der Erstellung. Verschiedene Softwarelösungen bieten auch für die öffentliche Hand die notwendige technische Basis für einzelne Aufgabenbereiche eines elektronischen Beschaffungswesens: Workflow-Management-Systeme unterstützen die interne Bedarfssammlung und Beschaffungsfreigabe; Ausschreibungsplattformen ermöglichen die Bekanntmachung von laufenden Beschaffungsverfahren. Allerdings stehen die Anbieter der Software jeweils vor der Aufgabe, ihre Anwendungen in den Beschaffungsprozess zu integrieren und über die einzelne Aufgabenunterstützung hinaus eine integrierte Prozessunterstützung zur Verfügung zu stellen, um Medienbrüche zu vermeiden.

Vielerorts werden weitere Schritte zur Standardisierung im Bereich der elektronischen Signatur als erforderlich angesehen. Bisher gib es eine Reihe verschiedener Standards, die zueinander nicht kompatibel sind. Zwar existiert seit Oktober 2001 mit ISIS-MTT (Industrial Signature Interoperability Specification MailTrusT) auch ein Interoperabilitätsstandard. Er wird von der Bundesregierung gefördert, hat sich aber noch nicht allgemein durchgesetzt, weshalb bei mehreren PEP-Pilotprojekten keine rein elektronische Lösung gewählt wurde. Die Bundesverwaltung erwartet aber eine rasche Etablierung von ISIS-MTT am Markt und will den Standard dann u.a. bei Ausschreibungen zu Grunde legen (Bundesregierung 2002c, S. 6 f.).

Pilotprojekte

Für jedes der in Deutschland derzeit realisierten Pilotprojekte wurden eigenständige Zielsetzungen entwickelt und oft bestehende Softwarelösungen den technischen Anforderungen gemäß angepasst. Es wird befürchtet, dass diese Entwicklung von „Insel-Lösungen" zukünftig zu erheblichem Integrationsaufwand führen könnte (KPMG 2002). Verbreitet ist aber auch die Ansicht, dass in der derzeitigen Entwicklungs- und Frühphase ein hohes Maß an Wettbewerb und unterschiedliche Lösungen wünschenswert seien.[49] Zudem wird oft darauf hingewiesen, dass sich öffentliche Beschaffungsstellen (u.a. in Bezug auf Budgetgröße und Bedarf) voneinander stark unterscheiden. Daher seien einheitliche Lösungen gar nicht erstrebenswert. Die individuellen Lösungen erschweren aber auf jeden

---

49 In diesem Zusammenhang ist es bemerkenswert, dass in einer repräsentativen Befragung deutscher (Ober-)Bürgermeister fast ein Drittel der Befragten angab, auf einen systematischen Vergleich kommunaler E-Government-Strategien verzichten zu wollen (Friedrichs 2000, S. 32 f. und Tab. 9).

8 Beschaffung im öffentlichen Bereich

Fall vergleichende Evaluationen und beeinträchtigen somit einen Leistungsvergleich im Beschaffungsbereich der öffentlichen Hand.

Betreibermodelle

Eine grundsätzliche Frage mit praktischen Konsequenzen ist die nach *Lösungen mit externen Dienstleistern im PEP-Bereich*, insbesondere für kleinere Kommunen, die sich keine kostenintensiven „In-House"-Lösungen leisten können. Die öffentliche Hand muss dabei u.a. entscheiden, ob sie zur Zusammenarbeit mit privaten Dienstleistern auch dann bereit ist, wenn diese von den bietenden Unternehmen Gebühren verlangen.

Hinsichtlich der Reduzierung der Einkaufspreise bieten sich *kommunale Einkaufsgemeinschaften* an. Es existiert eine umfangreiche kartellrechtliche Rechtsprechung zur gemeinsamen Beschaffung von öffentlichen Auftraggebern (Berger/Jungclaus 2002, S. 28). Kartellrechtlich problematisch sind hier indes Fälle, in denen öffentliche Einkaufsgemeinschaften Güter beschaffen wollen, die lediglich von der öffentlichen Hand genutzt werden (z.B. Feuerwehrfahrzeuge). Doch auch in einem solchen Fall erlauben die kartellrechtlichen Bestimmungen kleinere kommunale Einkaufsgemeinschaften. Hinsichtlich anderer Güter wären Einkaufsgemeinschaften der öffentlichen Hand dann problematisch, wenn es sich um landesweite oder größere Einkaufsgemeinschaften handelte.

In Abhängigkeit u.a. vom Volumen der Beschaffungsvorgänge werden *E-Procurement-Lösungen unterschiedlich* ausfallen müssen. Mögliche Lösungen sind (Jansen 2001, S. 21 ff.):

- Eigenerstellung und Eigenbetrieb eines Portals durch den öffentlichen Beschaffer selbst,
- Fremdbezug von einem Dienstleister und Eigenbetrieb,
- Fremdbezug und Fremdbetrieb durch einen Dienstleister sowie
- Nutzung eines Ausschreibungsdienstleisters.

Diese Lösungen unterscheiden sich u.a. hinsichtlich der Investitionskosten. Die teureren Lösungen bieten sich vor allem für größere Beschaffungsstellen und bei starken Sicherheitsbedenken an.

8.3 Mögliche Folgen der Ausweitung elektronischer Beschaffung der öffentlichen Hand

Angesichts des Entwicklungsstandes von PEP ist es derzeit noch zu früh, weitgehende Folgenbetrachtungen vorzunehmen. Einige Ansatzpunkte für diese lassen sich aber bereits ausmachen. Dabei geht es u.a. um die Rolle von PEP für die Entwicklung des E-Commerce insgesamt, die Folgen für den Mittelstand, die

Einsparpotenziale und die Investitionskosten für die öffentliche Hand und das Thema der Korruptionsverhinderung.

Öffentliche elektronische Beschaffung als Impulsgeber für E-Commerce

Sowohl in der privaten Wirtschaft als auch von den Experten im Bereich der öffentlichen Beschaffung wird die Hoffnung geäußert, dass eine Ausweitung der elektronischen Beschaffung durch die öffentliche Hand auch die Entwicklung des E-Commerce in Deutschland insgesamt vorantreibt. Der öffentliche Sektor wäre dann in der Rolle eines Motors der weiteren Entwicklung, was zudem zum Abbau von Vorurteilen über die öffentliche Hand beitragen könnte.

Eine solche Rolle des öffentlichen Sektors dürfte vor allem für kleine und mittlere Unternehmen hilfreich sein. Dabei kommt es vor allem auf die Information der Unternehmen und die Diffusion der wichtigsten technischen Voraussetzungen des E-Commerce an, was wiederum den E-Commerce im B2B-Bereich stärken würde. Eine besondere Bedeutung misst die Bundesregierung hier dem Leitprojekt „E-Vergabe" bei.

Mittelstand

Die Frage nach den möglichen allgemeinen Auswirkungen von PEP auf die mittelständische Wirtschaft ist ein umstrittenes Thema. Befürworter betonen, dass sich dem Mittelstand durch PEP bessere Chancen beim Wettbewerb um öffentliche Aufträge bieten werden bzw. schon jetzt bieten. Skeptiker befürchten hingegen Nachteile (insbesondere) für den (lokalen) Mittelstand, der bislang aus wirtschaftspolitischen Gründen oftmals bevorzugt wurde. Eine rechtlich ohnehin problematische Konzentration der Einkaufsmacht der öffentlichen Hand, die bei Beschaffungen ausgenutzt wird, steht deren Schutzfunktion für kleine und mittlere Unternehmen entgegen. Entsprechende Befürchtungen werden auch im BMWi ernst genommen. Will man auch zukünftig der wirtschaftspolitischen Zielsetzung der Förderung von kleinen und mittleren Unternehmen hohe Priorität beimessen, wird man nicht alle Möglichkeiten von PEP ausreizen können. Was aber getan werden kann, ist die weitere intensive Aufklärung und Information der kleinen und mittleren Unternehmen seitens der Politik allgemein und der beschaffenden Stelle im Besonderen. Die Herstellung einer verbesserten Transparenz des Gesamtspektrums öffentlicher Beschaffungsvorhaben sollte ein mittelfristiges Ziel sein.

Einsparpotenziale

In Bezug auf die Einsparpotenziale durch PEP existieren *sehr unterschiedliche Erwartungen*.

8 Beschaffung im öffentlichen Bereich

In einer aktuellen Publikation gehen BME und BMWi davon aus, dass etwa 10% Einsparpotenzial durch PEP besteht (BME/BMWi 2002). Die Bandbreite weiterer Schätzungen und Studien reicht von 25 bis 80% bei der Reduzierung der Prozesskosten und von unter 5 bis 30% bei den Produktkosten. Die Unternehmensberatung Mummert & Partner (Hamburg) erwartet Einsparpotenziale von insgesamt 8%. Demgegenüber hält Heidrun Iwen, E-Vergabe-Projekt- und Referatsleiterin bei der Finanzbehörde Hamburg, laut einem Pressebericht allenfalls 3 bis 5% für denkbar (Vogel 2001).

Nach der bereits zitierten Studie von Rödl & Partner und der Universität Konstanz sieht jede dritte Kommune ein Einsparpotenzial von 5 bis 10% ihres Einkaufsvolumens als möglich an. 29% sehen im E-Procurement sogar die Möglichkeit, Einsparpotenziale bis zu 30% zu realisieren (Bahn et al. 2001, S. 15-17).

Skeptisch in Bezug auf mögliche Einsparpotenziale der öffentlichen Hand ist laut einem Pressebericht hingegen der BDI-Vertreter Peter Schäfer (Prüfer 2001). Er sieht den eigentlichen Vorteil des E-Procurement nicht im Einsparpotenzial. Studien, die dem Staat ein jährliches Einsparpotenzial von bis zu zweistelligen Milliardenbeträgen versprechen, hält Schäfer in ihrer Aussage demnach für völlig überzogen. Diese Zahlen seien „reine Fiktion". Stattdessen liege die Verbesserung in der Vereinfachung und Beschleunigung des Ablaufs der Ausschreibung.

Investitionskosten

Ein weiterer beachtenswerter Aspekt sind die Kosten der PEP-Entwicklung, die für die öffentliche Hand insbesondere bei „In-House"-Lösungen relativ hoch sind. Ersparnisse bei den PEP-Investitionskosten der öffentlichen Hand insgesamt erwartet die Bundesregierung durch Nutzung der Ergebnisse des Projekts „Öffentlicher Eink@uf Online" in anderen öffentlichen Vergabestellen.

In Bezug auf den gesamten Beschaffungsbereich aller Kommunen (Städte, Gemeinden und Kreise sowie deren Unternehmen, Krankenhäuser und Zweckverbände) schätzte das Deutsche Institut für Urbanistik (Difu) in Preisen von 1999 einen Investitionsbedarf von ca. 12 Mrd. DM bis 2005 sowie von ca. 23 Mrd. DM bis 2009. (Den Investitionsbedarf der Kommunen bis 2009 insgesamt sah das Institut bei mehr als 1,340 Mrd. DM.)

Korruptionsverhinderung

Der Aspekt der Korruptionsbekämpfung wird in den EU-Dokumenten zum öffentlichen Beschaffungswesen besonders betont. E-Procurement wiederum gilt einigen mit diesem Thema Beschäftigten als ein Instrument zur Verhinderung und Bekämpfung von Korruption, weil es die Transparenz von Vergabeabläufen erhöht (Priddat 2002). Von Vertretern des BMWi wird hingegen laut einem Pressebericht die Auffassung vertreten, dass die Gefahr von Korruption durch PEP weder gesenkt noch gesteigert werde (Passek 2002).

Die NGO Transparency International führt derzeit eine internationale Kampagne für eine höhere Transparenz des öffentlichen Beschaffungswesens durch. Die Ausweitung der netzbasierten Beschaffung wird in dieser Kampagne auf Grund der erweiterten technischen Möglichkeiten der Dokumentation und Informationsbereitstellung begrüßt. Michael Wiehen, Vorstandsmitglied von Transparency International Deutschland, hält das Internet für eine starke Waffe im Kampf gegen Korruption und verweist dabei auf Erfahrungen in einer Reihe von Ländern (Passek 2002). Die Stadt Seoul z.b. wickle ihr gesamtes Beschaffungswesen über das Internet ab. Jedermann habe freien Zugang zu den entsprechenden elektronischen Marktplätzen und alle Interaktionen zwischen der öffentlichen Verwaltung und Privatfirmen würden über das Netz erledigt und dokumentiert. Ähnliches gilt für das „Compranet" in Mexiko, das den gesamten öffentlichen Sektor einschließt. Nach Auskunft von Wiehen haben sich die PEP-Lösungen in Mexiko und Südkorea hinsichtlich der Eindämmung der Korruption bisher sehr bewährt.

8.4 Handlungsbedarf und Perspektiven

Die Anpassung des Vergaberechts an die neuen Möglichkeiten der elektronischen Beschaffung ist bereits relativ weit fortgeschritten, ambitionierte Pilotprojekte sind oder werden demnächst beendet sein, technische Standards und Lösungen für verschiedene Bereiche existieren schon. Derzeit dürfte daher die *Intensivierung der Information und Kommunikation über PEP* – trotz zahlreicher Anstrengungen in dieser Richtung – als das wichtigste Handlungsfeld auf Bundesebene anzusehen sein.

Erfahrungen aus PEP-Pilotprojekten verweisen auf die Notwendigkeit, insbesondere kleine und mittlere private Unternehmen noch besser über die elektronische Signatur zu informieren. Die Bundesregierung hat im Januar 2002 bereits angekündigt, bei der Einführung elektronischer Signaturen die Wirtschaft umfassend einzubeziehen, mit Ländern, Kommunen sowie anderen Anwendern, Herstellern und Verbänden eng zu kooperieren und eine breite Öffentlichkeitsarbeit zum Thema zu betreiben (Bundesregierung 2002b, S. 10).

Seine Informationsanstrengungen könnte der Bund auch hinsichtlich der Entwicklungen auf EU-Ebene und in Bezug auf den Informationsfluss zwischen Bund, Ländern und Kommunen verstärken. Dabei könnte möglicherweise das für das Leitprojekt „E-Vergabe" eingerichtete Kooperations- und Kommunikationsnetzwerk nützlich sein. Wünschenswert wäre zudem eine möglichst weite

8 Beschaffung im öffentlichen Bereich

Verbreitung der bereits erwähnten Publikation von BME und BMWi zum Thema (BME/BMWi 2002).

Das wissenschaftliche Interesse an PEP wächst. Allerdings fehlen trotz diverser Ankündigungen z.b. noch umfangreiche bundesweite Erhebungen zu PEP-Bedürfnissen und Aktivitäten im kommunalen Bereich. Weiterer *Forschungsbedarf* besteht z.b. hinsichtlich detaillierter, auch internationaler Vergleiche, des Aspekts der Korruptionsverhinderung und -bekämpfung und verschiedener rechtlicher Fragen. So läge es im staatlichen Interesse, die deutschen Pilotprojekte der verschiedenen Ebenen systematisch vergleichend auszuwerten. Als Ergänzung wäre auch ein Blick in andere EU-Mitgliedsstaaten (und eventuell darüber hinaus) ratsam. Erfahrungen, die in bestehenden hoch entwickelten und integrierten „Best-Practice-Projekten" in ganz Europa gesammelt werden, sind von allgemeinem Interesse. Veröffentlichungen, die Projekte in ganz Europa beschreiben, sind daher nützlich. Ansatzpunkte für ein systematisches Benchmarking von PEP-Lösungen in Europa existieren bereits (PLS-Ramboll 2000), weitere Schritte und Aktualisierungen sind aber erforderlich.

Angesichts der angespannten Haushaltslage verdient neben der elektronischen Beschaffung der öffentlichen Hand auch der internetbasierte *Verkauf durch öffentliche Institutionen* Beachtung. Nach Presseberichten ist die US-Regierung einer der größten Verkäufer im Internet (Pew Internet Project 2001). Ansatzpunkte für eine ähnliche Rolle des öffentlichen Sektors in Deutschland existieren. So finden sich z.B. im Internetangebot Stuttgarts die Online-Shops des Stadtmessungsamtes (aktuelle und historische Karten und Pläne, Postkarten, Luftbilder, Mousepads, Berichte und Broschüren, CD-ROMs), des Statistischen Amtes sowie des Weinguts der Stadt. Im Rahmen des bereits erwähnten „ELBE"-Projekts des Freistaates Bayern sollen gebrauchte Druckerpatronen verkauft werden.

Pilotprojekte im PEP-Bereich benötigen gerade in der ersten Phase Unterstützung, da hier die Kosten am höchsten sind. Hier wären *spezifische Förderprogramme* zur elektronischen Beschaffung denkbar. Es sollte insbesondere versucht werden, die Entwicklung von grenzüberschreitenden Projekten voranzutreiben, welche mehrere Sprachen abdecken. Auf Grund der großen Bedeutung der kommunalen Ebene für den Bereich der öffentlichen Beschaffung könnte auch über eine stärkere Förderung von kommunalen PEP-Lösungen nachgedacht werden.

Rechtlicher Klärungs- und Regelungsbedarf besteht u.a. noch in Bezug auf die Möglichkeit inverser Auktionen, insbesondere wenn dieses Verfahren demnächst EU-weit in das öffentliche Beschaffungswesen integriert werden sollte. Rechtliche Unklarheiten existieren hinsichtlich der Zulässigkeit diverser Modelle öffentlicher Einkaufsgemeinschaften. Von einigen Experten wird gefordert, alle Stufen des Vergabeprozesses ähnlich genau wie die Angebotsphase rechtlich zu regeln. Auf jeden Fall sollten die ersten Praxiserfahrungen mit PEP dahingehend ausgewertet werden, inwieweit durch weitere flexible Anpassung des Vergaberechts Restriktionen bei einer umfassenden Nutzung abgebaut werden können.

Eine *Erhöhung der Transparenz* öffentlicher Beschaffungsprozesse, die auch hinsichtlich der Korruptionsverhinderung förderlich sein könnte, treibt den Prozess der Modernisierung des Verwaltungs- und Regierungshandelns allgemein voran. Sie kann zudem ein Beitrag zur Realisierung der Vision der elektronischen Demokratie sein, in der sich die Bürger und Bürgerinnen dann noch einfacher und schneller über staatliche Aktivitäten zu informieren vermögen.

8.5 Fazit

Die Entwicklung der öffentlichen elektronischen Beschaffung steht zwar auch in Deutschland noch am Anfang, weist aber derzeit eine hohe Dynamik auf. Die rechtlichen Voraussetzungen für die elektronische Vergabe wurden in den letzten Jahren geschaffen, weiterer Regelungsbedarf ergibt sich aus Einzelproblemen und aus aktuellen Entwicklungen auf EU-Ebene. Technische Lösungen und verschiedene Betreibermodelle sind grundsätzlich vorhanden.

Pilotprojekte von Bund, Ländern und Gemeinden loten die Chancen und Risiken der neuen Verfahrensweisen aus. Erste Ergebnisse der Projekte liegen vor, allerdings sind Veröffentlichungen rar. Der Austausch über diese Pilotprojekte sollte weiter intensiv geführt werden.

Die Frage nach dem Umfang möglicher Einsparpotenziale durch PEP ist noch umstritten. Eine Kostenreduzierung von mehr als 10 % wird selten, eine erhebliche Beschleunigung und Vereinfachung öffentlicher Beschaffungsprozesse werden aber nahezu immer erwartet.

Die derzeitigen PEP-Initiativen können als Experimentier- und Lernprozess betrachtet werden. Technische und organisatorische Fragen stehen dabei naturgemäß im Vordergrund. Intensiviert werden sollte bald aber auch der politische Diskurs über gewünschte Ziele und mögliche Zielkonflikte bei und zwischen den einzelnen Initiativen. Relevant sind hier Aspekte wie die Auswirkungen auf kleine und mittlere Unternehmen, die Rationalisierungs- und Qualifizierungspotenziale im öffentlichen Personalbereich, die Europäisierung der öffentlichen Beschaffung, die Schaffung von mehr Transparenz und Datenschutzfragen.

Idealerweise werden öffentliche Beschaffungsstellen und der Staat die Rolle von Vorreitern zukünftiger Entwicklungen im E-Procurement-Bereich (insbesondere hinsichtlich kleiner und mittlerer Unternehmen) einnehmen. Dies ist auch erklärtes Ziel des Leitprojekts „E-Vergabe" der Bundesregierung.

Dabei kommt der öffentlichen Hand bei der Implementierung eine besondere Verantwortung zu: Sie erstreckt sich darauf, E-Procurement nicht als Instrument zur Wegrationalisierung von Arbeitsplätzen, sondern als Anlass für eine Verbesserung der Qualifikation des Personals und eine Erhöhung der Qualität des Verwaltungshandelns zu nutzen. Zudem gilt es, kleine und mittlere Unternehmen nicht verstärktem Kostendruck durch PEP auszusetzen, sondern ihnen durch entsprechende Hilfestellungen die Chancen der elektronischen öffentlichen Beschaffung offen zu halten.

III Modernisierung durch E-Commerce?

In diesem abschließenden dritten Teil dieses Buchs wird eine generelle Bilanz aus den bereichsspezifischen Analysen gezogen und der sich daraus ergebende politische Handlungs- und Forschungsbedarf formuliert.

1 Zentrale Befunde und weiterführende Folgenbetrachtungen

In Kapitel I.5.1 sind zentrale Fragestellungen für eine Beurteilung der Potenziale und Folgen des E-Commerce aufgeführt worden, die dann in Kapitel II bei der Analyse des elektronischen Handels in einzelnen Wirtschaftsbereichen und Branchen als strukturierendes Raster genutzt wurden. Auf Basis einer vergleichenden Analyse dieser branchenspezifischen Ergebnisse und von übergreifenden Erkenntnissen aus der Literatur wird in diesem Kapitel eine synthetisierende Folgenbetrachtung vorgenommen, innerhalb derer die folgenden Themen behandelt werden:

1. eine Typisierung von Anwendungssituationen für den E-Commerce,
2. eine Auseinandersetzung mit den Kosteneinsparpotenzialen des elektronischen Handels,
3. die Frage nach dem Kunden als Gewinner,
4. eine Behandlung des durch E-Commerce ausgelösten Strukturwandels,
5. Wirkungsabschätzungen für die Beschäftigung,
6. den Verkehr,
7. die Ökologie,
8. Regulierungsfragen und
9. prognostische Aussagen zum E-Commerce.

1.1 Typisierung von Anwendungssituationen

E-Commerce ist nicht gleich E-Commerce. Auch die gängige Unterscheidung in B2B- und B2C-E-Commerce greift für eine genauere Charakterisierung der Wandlungsprozesse, die mit dem elektronischen Handel einhergehen, zu kurz. Es werden hier – ohne damit bereits eine abschließende Systematik vorlegen zu wollen – vier typischen *Problemen* des Handels *Lösungspotenziale* durch E-Commerce gegenübergestellt und in bestimmte Anwendungssituationen eingebettet.

1. Für das Problem der *Abstimmung* von Beschaffungsprozessen mit komplexen, arbeitsteiligen Fertigungsprozessen bieten sich E-Commerce-Systeme für die *Integration* mit anderen betrieblichen EDV-Systemen an.
2. Für das Problem der *Auswahl* von Produktionspartnern und Dienstleistern bei kurzfristig auftretenden Anforderungen auf gering strukturierten Märkten bietet E-Commerce das Potenzial der Herstellung von *Markttransparenz*.
3. Für das Problem der Abwicklung von *massenhaften und routinemässigen Bestellprozessen* von Gütern geringen Wertes bietet E-Commerce ein beachtliches *Effektivierungspotenzial*.
4. Für das Problem der *kundenindividuellen Abwicklung* von Produktions- und Distributionsprozessen bei hochwertigen Gütern bietet E-Commerce das Potenzial hoher *Variabilität*.

Die *Anwendungssituationen* lassen sich beschreiben nach der Stellung des Handels in der Wertschöpfungskette, nach der Beziehung der beteiligten Akteure und nach der Art des gehandelten Gutes:

- Hinsichtlich der *Stellung des Handels in der Wertschöpfungskette* bieten sich drei Unterscheidungen an: Handel in einer der Produktion vorgelagerten, einer der Produktion nachgelagerten und einer auf den privaten Endverbraucher gerichteten Phase.
- Für die *Beziehungen der Akteure* untereinander kann man in einer zeitlichen Dimension eher langfristig oder kurzfristig angelegte Beziehungen unterscheiden und nach der Art des Beziehungsgeflechts eher vielfältige und zersplittere oder der Anzahl nach eher begrenzte und klar strukturierte Beziehungen.
- Unter der Vielzahl handelbarer *Güter* sollen pragmatisch für die vorliegenden Zwecke die folgenden herausgegriffen werden: Zulieferteile, Produktionskapazitäten, Dienstleistungen, Massenkonsumgüter und hochwertige Konsumgüter.

Im Folgenden werden die angeführten vier Handelsprobleme mit den spezifischen E-Commerce-Problemlösungspotenzialen in typischen Anwendungskontexten illustriert. Erste Folgerungen, was Art und Umfang des E-Commerce angeht, lassen sich daran anschließen (s.a. Kap. III.1.9.2).

1.1.1 Prozessintegration

Die typische Branchen- und Anwendungssituation, in der dieser Problemtypus auftritt, ist geprägt von einer relativ tief gestaffelten Zulieferstruktur und dominierenden Herstellern. Die gehandelten Güter zwischen diesen Zulieferern und Herstellern in der der Produktion vorgelagerten Phase umfassen Rohstoffe, Halbfertig- und Fertigteile. Es sind sowohl Standard- und Katalogteile als auch

1 Zentrale Befunde und weiterführende Folgenbetrachtungen

kundenindividuell gefertigte oder angepasste Teile, die in großen Losgrößen gehandelt werden. E-Commerce-Systeme – aus Sicht der Zulieferer sind dies Verkaufssysteme, aus Sicht der Hersteller Beschaffungssysteme – sollen helfen, die Kosten zu senken sowie die Abläufe zu beschleunigen und zu flexibilisieren.

In der Regel stehen sich einige *wenige große Hersteller* und die unter starkem Kosten- und Konkurrenzdruck stehenden Zulieferer gegenüber. Die *Beziehungen* zwischen Zulieferer und Hersteller sind trotzdem relativ *stabil*. Die Anzahl der beteiligten Unternehmen bleibt überschaubar. Man findet in gleicher Weise *Kooperation und Konkurrenz* in den Unternehmensbeziehungen – eine Situation, die auch als „coopetition" bezeichnet wird, eine Wortkombination aus „cooperation" und „competition".

Die hier beschriebene Situation findet man mehr oder weniger ausgeprägt typischerweise in den *Fertigungsindustrien* von *Massengütern*, wie der Automobilindustrie oder auch der Pharmaindustrie, um nur die beiden Branchen zu erwähnen, die im Rahmen dieser Studie auch vertiefend behandelt wurden.

Vor diesem Hintergrund geht es beim Einsatz von E-Commerce nicht in erster Linie um die Auswahl von Lieferanten und den Produkt- und Preisvergleich. In den meisten Fällen steht der Lieferant fest oder es gibt eine Auswahl zwischen nur wenigen in Frage kommenden Lieferanten. Die Produkte sind oft für den Hersteller gesondert angefertigt und entsprechend werden die Preise und Lieferkonditionen individuell verhandelt. Das zu lösende *Problem* betrifft die *Verknüpfung der Beschaffungs- mit den sonstigen Planungs-, Fertigungs- und Logistikprozessen* – und dies in der Regel *über Unternehmensgrenzen* hinweg.

Damit bewegt man sich auf einem schon lange verfolgten Pfad IuK-gestützter Innovationen in der Fertigungsindustrie, denen gemeinsam war, die weit vorangeschrittene unternehmensübergreifende Spezialisierung und Arbeitsteilung in einen übergeordneten Informations- und Planungsprozess zu integrieren. In den 80er Jahren wurden die entsprechenden Aktivitäten mit der Abkürzung CIM (Computer Integrated Manufacturing) bezeichnet, in den 90er Jahren lautete das neue Kürzel SCM (Supply Chain Management) und zu Beginn des neuen Jahrhunderts wird das Konzept des „collaborative business" und des „virtuellen Unternehmens" propagiert.

In die letztgenannten übergreifenden Aktivitäten sind typischerweise die Aktivitäten zum E-Commerce in der Fertigungsindustrie eingebettet. Daraus ergibt sich auch die besondere Schwierigkeit der Implementierung von E-Commerce-Systemen. Denn es sind nicht nur Abstimmungen zwischen den Anbieter- und Beschaffungssystemen bei Zulieferern und Herstellern nötig, sondern es geht auch um die interne Einbindung der E-Commerce-Komponenten in die gesamte Unternehmens-EDV (Fertigungsplanung, Lagerhaltung, Auftragsplanung, Finanzwirtschaft etc.). Eine Vielzahl von Standardisierungs- und Schnittstellenproblemen ist zu lösen. Schnelle Erfolge sind also nicht zu erwarten.

Was hier aber technologisch umgesetzt werden soll, bedarf vorgängiger Rahmensetzungen – *Kooperationsabkommen* und *Rahmenverträge* –, die in direkten Verhandlungen zustande kommen. Die Handelsbeziehungen werden sich so keineswegs im E-Commerce erschöpfen, sondern erfordern weiterhin nichttechnisch vermittelte Aktivitäten.

Es spricht vieles dafür, dass „E-Commerce" in den so beschriebenen Anwendungssituationen als eigenständiges Thema an Bedeutung verliert. Die Planungs- und Integrationsprobleme sind dem Handelsproblem übergeordnet. Entsprechend wird E-Commerce bei gelungener Integration zu einem „Modul" in den umfassenderen Steuerungs- und Planungssystemen, die z.B. heute unter „collaborative business" diskutiert werden.

1.1.2 Herstellung von Markttransparenz

Dieses Problem tritt typischerweise auf in Marktsituationen, bei denen eine *Vielzahl relativ zersplitterter Anbieter und Abnehmer* aufeinander treffen. Das *Handelsproblem* besteht darin, einen *kurzfristig auftretenden Bedarf* zu decken.

Innerhalb der behandelten Wirtschaftsbereiche tritt dieses Handelsproblem z.B. in der *Medienbranche* auf. Verlagshäuser verfügen zwar oft über eigene Druckereien oder kooperieren fest mit einer bestimmten externen Druckerei. Aber ein kurzfristig entstandener Druckbedarf durch einen nicht erwarteten Bestseller kann mitunter innerhalb dieser Fertigungskapazitäten nicht gedeckt und muss deshalb über den Markt befriedigt werden.

In der *Strombranche* beispielsweise verfügen die großen Stromversorger über eigene Stromherstellungskapazitäten. Der Ausfall eines Kraftwerks lässt einen kurzfristig zu deckenden Strombedarf entstehen, der wiederum über den Markt gedeckt werden muss.

In den *Dienstleistungs- und Beratungsbranchen* wird für die Lösung eines Problems eine besondere Qualifikation gefordert, man denke etwa an Spezialisten unter den Ärzten, den Rechtsanwälten, den EDV-Fachkräften oder auch den künstlerischen Berufen. So wird das normale Rechtsberatungsgeschäft eines Unternehmens durch die eigene Rechtsabteilung oder durch einen externen Rechtsanwalt abgewickelt, mit dem man auf Dauer kooperiert, während man für die Lösung eines einmaligen Falls einen Spezialisten benötigt, der unter den 80.000 Rechtsanwälten gefunden werden muss. Oder ein Musikproduzent arbeitet normalerweise mit festen Studiomusikern, für eine außergewöhnliche Besetzung entsteht aber ein besonderer Bedarf.

Zwei zentrale Einsichten für den E-Commerce ergeben sich: Erstens sind nicht alle Geschäftsbeziehungen handelsorientierte Marktbeziehungen. *Langfris-*

tig angelegte und vertrauensbasierte Geschäftskooperationen (oder vertikal integrierte Unternehmen) werden – gerade bei wenig standardisierten Gütern wie in den Dienstleistungsbranchen – marktvermittelten Handelsbeziehungen gegebenenfalls vorgezogen. Denn die auf dem Markt zu erbringenden Transaktionskosten erscheinen oft höher als die möglichen Gewinne durch günstigere Preise. Die zweite Einsicht lautet, dass aber für all jene viel seltener vorkommenden Fälle, in denen man auf dem Markt seinen Bedarf decken muss – sei es wegen *Bedarfsspitzen, zeitlichen Engpässen, Spezialanforderungen* – E-Commerce eine hervorragende Unterstützung bietet. E-Commerce-Systeme können sowohl Transparenz in einem unübersichtlichen Angebot schaffen als auch in kurzer Zeit eine Nachfrage mit vorhandenen Angeboten abgleichen. Gegebenenfalls kann daran anschließend sogar der Preisbildungs- und Handelsabschlussprozess automatisiert werden. In solchen elektronischen Geschäftsbörsen und Spotmärkten kommen die besonderen Potenziale von E-Commerce zum Tragen.

1.1.3 Effektivierung von Bestellprozessen

Das dritte Handelsproblem tritt in erster Linie beim Handel mit Massengütern in der Nachproduktionsphase auf. Die Handelspartner sind Hersteller, Groß- und Einzelhändler sowie Unternehmensgroßkunden in unterschiedlichen Paarungen. Die gehandelten Güter werden in hohen Stückzahlen produziert. Die *Produkte* sind *standardisiert*, aber *breit gefächert*. Ein Produktspektrum, das einige Hunderttausend Positionen umfasst, ist nicht ungewöhnlich. Es sind Produkte des *alltäglichen Bedarfs*, die eher im unteren Preissegment angesiedelt sind. Typischerweise stehen in diesen Branchen und für diese Handelsgüter standardisierte Nummernsysteme und Kataloge zur Verfügung, die seit langem schon auch als Datenbanken vorhanden sind, auf die online zugegriffen werden kann.

Das zentrale *Handelsproblem* ergibt sich aus der *Abwicklung der Bestellprozesse* zwischen Einzelhändler oder Großkunde auf der einen Seite und Großhandel oder Hersteller auf der anderen Seite. Die Bestellungen erfolgen bei Waren, die nicht im eigenen Bestand vorhanden sind, oft mehrmals täglich, entweder um das eigene Sortiment aufzufüllen oder um Kundenwünsche zu befriedigen. Das ökonomische Problem dieser Bestellprozesse resultiert daraus, dass der *Warenwert relativ gering* ist und deshalb die Transaktionskosten der Bestellung niedrig gehalten werden müssen.

Beispiele für diese Problemkonstellation findet man unter den in Kapitel II untersuchten Wirtschaftsbereichen in erster Linie in der *Lebensmittel-*, der *Arzneimittel-* und der *Medienbranche*. Aber auch der Sektor der gewerblichen und öffentlichen Beschaffung wäre in Teilen hinzuzurechnen. In diesen Branchen sind integrierte elektronische Bestellsysteme breit etabliert, die z.B. die hohe Liefergeschwindigkeit – für die Apotheken mehrmals täglich innerhalb weniger

Stunden, für den Buchhandel über Nacht – erst möglich machen. Gekoppelt mit Warenwirtschaftssystemen auf der Seite der Besteller und mit Lager- und Logistiksystemen auf der Seite der Lieferanten, sind weitgehend automatisierte Prozesse realisiert.

E-Commerce ist für diese Anwendungen kein Nischenphänomen, sondern breit etabliert. Die Vorteile der Massenprozessdatenverarbeitung und der Vernetzung kommen zentral zum Tragen. Das Effektivitätspotenzial ist in diesen Konstellationen mehr als nur ein Versprechen.

Eine interessante Nebenfolge sei abschließend noch vermerkt: Auf diese integrierten elektronischen Bestellsysteme für Massengüter kann man relativ einfach endkundenorientierte „Shopping-Lösungen" aufsetzen. Man kann dies beispielsweise an den frühen und relativ erfolgreichen Online-Verkaufsangeboten der Buchbranche ablesen. Die hier beschriebenen Konstellationen im B2B-E-Commerce bieten also auch besonders gute Chancen für den B2C-E-Commerce.

1.1.4 Kundenindividuelle Konfiguration hochwertiger Güter

Bei *hochwertigen Konsumgütern* stellt sich die Problemlage anders dar. Da die Bestellprozesse viel seltener anfallen – ein Autohändler verkauft jährlich eher einige Hundert Autos, ein Buchhändler eher Zigtausend Bücher – gibt es nicht diesen Rationalisierungsdruck auf die Bestell- und Handelsprozesse. Da der Produktwert höher ist, können die Transaktionskosten des Handels auch entsprechend höher sein. Die Händler-Kunden-Beziehung ist beratungsintensiver. Der Kunde will oft nicht das Produkt von der „Stange", sondern – bei der Höhe des Preises und der Bedeutung des Gutes nachvollziehbar – individuell angepasste Modelle erwerben.

Beispiele für diese Produktkategorien und diese Handelssituationen sind *Automobile, Möbel, hochwertige Kleidung*, aber auch *Versicherungen* oder *Reisen*. Kommen hierbei elektronische Verkaufssysteme zum Einsatz, dann dienen diese in erster Linie der *kundenindividuellen (End-)Konfiguration* des Produktes (Farbe, Ausstattungsdetails) oder der *Aushandlung von Leistungspaketen und Konditionen*. Typische Fragen, die mit solchen Systemen bearbeitet werden sollen, sind: Wann kann das Produkt X geliefert werden? Kann das Produkt Y mit der Variante Z gefertigt werden? Was kostet X, wenn es mit dem Zusatzprodukt Z bestellt wird?

E-Commerce-Systeme liefern für dieses Handelsproblem die Kapazität der komplexen Datenverarbeitung, der Kombination von Merkmalen und variablen Konfiguration. Auch hier sind die Bedingungen für E-Commerce um so besser, je ausgefeilter die beim Hersteller vorfindbaren betrieblichen Fertigungssteuerungssysteme sind, an die mit händler- und endkundenorientierten Verkaufssystemen angeknüpft werden kann.

1.2 Kosteneinsparung durch E-Commerce?

Bei der Vielfalt der E-Commerce-Formen und der mit dem E-Commerce-Einsatz verbundenen Ziele gibt es keine pauschale Antwort auf die Frage nach den Produktivitätseffekten des E-Commerce. Hinzu kommt das kaum lösbare Problem der eindeutigen Zurechnung von Ursachen und Folgen. Außerdem mangelt es an empirischen Untersuchungen.

1.2.1 Kosteneinsparungen durch elektronische Beschaffung

Am häufigsten wird über Kosteneinsparungen bei der elektronischen Beschaffung berichtet („electronic procurement", Kap. II.8). Es werden zwei Effekte unterschieden: solche, die sich auf den Beschaffungsprozess und solche, die sich auf die Preise der beschafften Güter beziehen. Generell erwartet man prozentual höhere Einspareffekte bei den *Prozesskosten* als bei den *Produktkosten*.

In *Einzelfällen* wird von sehr hohen Einspareffekten berichtet. So wird eine Kosteneinsparung um 90% bei der elektronischen Rechnungserstellung erwartet (Bock et al. 2000, S. 38f.); bei der elektronischen Beschaffung im öffentlichen Bereich seien Einsparungen bei den Prozesskosten zwischen 25 und 75% möglich (KPMG 2002, S. 24ff.); für die Industrie gebe es die Erwartung auf 10 bis 20% niedrigere Einkaufspreise und eine Reduktion der Transaktionskosten um bis zu 50% (KPMG 2002, S. 25); die OECD schätzt die möglichen Einsparungen der Vertriebskosten durch E-Commerce bei digitalisierbaren oder digitalen Produkten wie Lebensversicherungspolicen, Flugscheinen oder Software auf 50 bis 99% (OECD 1999 S. 14, 63f.).

Ehrenwirth (2001) berichtet über eine Beschaffungsstudie in einem Industrieunternehmen mit 5.000 Mitarbeitern in sechs Ländern und einem Jahresumsatz von 800 Mio. Euro (Emaro-Studie). Es fielen dort jährlich 18.000 Bestellungen indirekter Güter bei 400 Lieferanten mit einem Gesamtwert von 15 Mio. Euro an. Die Abwicklung einer durchschnittlichen Bestellung kostete bisher knapp 130 Euro und dauerte 105 Minuten.

Durch den Einsatz eines elektronischen Beschaffungssystems erwartet man eine Reduktion des Zeitaufwands pro Bestellung von 105 auf 36,5 Minuten und der Bestellkosten von 130 Euro auf 45 Euro. Dadurch könnten die jährlichen Prozesskosten von 2,3 Mio. auf 0,8 Mio. Euro vermindert werden. Unter Berücksichtigung der neu entstehenden Kosten für das Katalog- und Lieferantenmanagement – eine Leistung, die durch einen externen Dienstleister erbracht wird – kommt man auf einen jährlichen Einspareffekt von 1,2 Mio. Euro oder eine Reduktion auf 53% der bisherigen Prozesskosten. Dieses Beispiel, so der Autor allerdings, lasse sich nicht ohne weiteres verallgemeinern.

1.2.2 Vergleich der Kosten unterschiedlicher Vertriebskanäle

Häufig finden sich Angaben zu den Kosten unterschiedlicher Vertriebskanäle. So werden z.b. für Bankgeschäfte mit Privatkunden Unterschiede pro Transaktion von 1 zu 10 zwischen einer in der Filiale und einer über das Internet abgewickelten Banktransaktion angegeben (hier nach Friedman/Furey 1999, S. 61). Hinsichtlich des Verkaufs von Industrieprodukten im Wert von 2.000 bis 5.000 US-Dollar aus der herstellenden Industrie, der Chemie- und der Papierindustrie wird von noch größeren Differenzen berichtet. Während ein internetgestützter Vertrieb mit 10 US-Dollar pro Verkauf veranschlagt wird, ein telefonischer Verkauf mit 30 bis 50 US-Dollar und einer über Vertriebspartner mit 200 bis 300 US-Dollar, kostet der Außendienstverkäufer („field sales") mit 500 US-Dollar pro Verkaufstransaktion das 50fache des Internetverkaufs (Friedman/Furey 1999, S. 62).

Oft handelt es sich bei den Studien, die solchen Angaben zu Grunde liegen, um *Einzelfallstudien*, um grobe *Abschätzungen* oder um Berechnungen, die nicht alle relevanten Kosten mit einbeziehen. Nicht selten sind es interessengeleitete Studien, z.B. im Auftrag von Anbietern von E-Procurement-Systemen oder von Beratungsunternehmen, die auf diesem Feld Kunden akquirieren wollen. Manchmal beruhen die Angaben lediglich auf Erwartungen befragter Experten. Nur in seltenen Fällen werden empirische Erhebungen nach der Umstellung auf das neue Verfahren vorgenommen und diese mit den ursprünglichen Erwartungen verglichen.

Für eine ökonomische Bewertung von E-Commerce-Systemen ist es in jedem Fall wichtig, nicht nur die reinen Prozess- und Materialkosten zu berücksichtigen, sondern auch den erwarteten Aufwand bei Qualitätsmängeln und Terminverzug, der bei der Umstellung auf E-Commerce neu auftreten könnte (Ehrenwirth 2001).

Wichtiger als diese methodischen Einwände gegen bestimmte Kostenrechnungen sind zwei inhaltliche Argumente: Es kommt auf die prinzipiell erreichbare Produktivität und Kosteneffizienz des elektronischen Handels gar nicht an, wenn a) die *Kunden* diesen *Vertriebskanal nicht akzeptieren* und b) wenn die *Produkte* für diesen *Vertriebskanal nicht geeignet* sind. Erst wenn diese *grundlegenden Hürden* überwunden sind, lohnt es sich, ökonomische Betrachtungen und Abschätzungen vorzunehmen. Doch selbst dann ist der Vertriebskanal mit den kostengünstigsten Transaktionen nicht unbedingt der beste. Eine reine Kostenbetrachtung ist zu eng, kommt es doch vor allem auf die Ertragsseite an. Nur *der* Vertriebskanal ist letztlich geeignet, der auch in der Lage ist, genügend Umsatz zu generieren, um insgesamt die Kosten einzuspielen. Dies kann derjenige sein, der für die einzelne Transaktion nicht der kostengünstigste ist (Friedman/ Furey 1999, S. 63 ff.). Gerade bei der Kostenstruktur elektronischer Handelssysteme mit relativ hohen Fixkosten und relativ geringen variablen Kosten kommt es auf eine ausreichend hohe Nutzung an.

1.2.3 Kosteneinsparungen durch Reduzierung von Handelsstufen

Immer wieder wird argumentiert, dass durch den Wegfall des Zwischen- und Einzelhandels und durch die Umstellung auf den Online-Direktvertrieb vom Hersteller an den Endkunden die Handelsmarge, die je nach Branche ja durchaus – bezogen auf den Endverkaufspreis – 30 bis 50% ausmachen kann, als „Profit" des E-Commerce zwischen direktvertreibendem Hersteller und Endkonsumenten verteilt werden könnte. So schreiben z.B. Hawkins/Verhoest (2002) mit Bezug auf Garcia (1995): „An obvious possibility for electronic commerce is that efficiency might be increased through centralised automation of production and distribution processes and the cutting-out of intermediaries." Tatsächlich gehört diese Argumentation eher in die Klasse der „Milchmädchenrechnungen". Denn die Funktionen, die der Zwischen- und Einzelhandel einnimmt, fallen ja nicht einfach weg, sondern müssen an anderer Stelle – beim Hersteller und beim Käufer – erfüllt werden (zur Disintermediationsthese vgl. auch III.1.4.3).

1.2.4 Kosten des reinen Vermittlungsgeschäfts

Eine weitere Hoffnung auf einen kosteneffizienten und profitablen elektronischen Handel beruht darauf, dass sich das *reine Vermittlungsgeschäft* über elektronische Informations- und Kommunikationssysteme sehr kostengünstig – quasi zum Nulltarif – abwickeln ließe. Prominente Beispiele für solche „market maker", die nicht selbst als Händler auftreten, sind das elektronische Auktionshaus Ebay, der Gebrauchtbücherhändler Justbooks (heute Abebooks) oder auch die „z-shops" und „marketplaces" bei Amazon. So fand man auch nach einer Studie der Universität Kiel unter den erfolgreichen E-Commerce-Unternehmen in erster Linie Makler und Vermittler (Albers et al. 2003). Eine genauere Prüfung der bei den elektronischen Vermittlern erhoben Provisionen zeigt allerdings, dass diese keineswegs bei „Null" liegen, sondern sich mehr und mehr den üblichen Handelsmargen annähern.

So begann Justbooks sein Geschäft 1999 zunächst ganz provisionsfrei, verlangte dann eine Verkaufsprovisionen von mindestens 8%, später von 11,6% (Riehm et al. 2001, S. 95 f.). Heute liegt die Verkaufsprovision bei Abebooks in Deutschland (die Justbooks übernommen haben) bei 5%, zusätzlich zu monatlichen verkaufsunabhängigen Einstellgebühren, die vorher nicht erhoben wurden (zurzeit mindestens 15 Euro für bis zu 250 Bücher, ab März 2003 mindestens 25 Euro für bis zu 500 Bücher). Bei Ebay werden verkaufsunabhängige Angebotsgebühren und Verkaufsprovisionen berechnet. Je nach Wert des verkauften Artikels liegt die „Handelsmarge" für Ebay bei fast 30% (bei niedrigpreisigen Produkten) und fällt auf 5% bei Artikeln über 500 Euro. Bei den „marketplaces" von Amazon wird bei einem realisierten Verkauf eine Provision von 15% fällig. In all diesen Fällen werden nur die Informationsvermittlungsfunktionen entgolten, der eigentliche Handelsschluss und die Abwicklung (Versand, Reklamationen etc.) finden direkt zwischen Verkäufer und Käufer statt und müssen als Posten innerhalb der gesamten Transaktionskosten des Verkaufs noch hinzugerechnet werden.

1.2.5 Kosteneinsparungen durch Verzicht auf ein eigenes Lager

Als eine weitere E-Commerce-Illusion stellte sich heraus, dass man als Online-Händler *ohne eigenes Lager* erfolgreich agieren könne. Dies versuchte sowohl in den USA als auch anfänglich in Deutschland z.B. Amazon (bzw. der Vorgänger von Amazon Deutschland der ABC-Bücherdienst aus Regensburg). Die Bücher wurden dabei direkt beim Barsortiment besorgt, ein eigenes Lager schien entbehrlich. Gescheitert ist dieses Konzept an mehreren Faktoren:

- an den zu geringen Handelsmargen, die der Großhändler für den Einzelbezug von Waren einräumt,
- an der zu geringen Flexibilität und Schnelligkeit der Lieferung, die durch die Einschaltung eines Dritten entsteht,
- schließlich an der starken Abhängigkeit des Online-Anbieters vom Zulieferer, die strategisch ein Risiko darstellt.

Die massive Insolvenzwelle unter den Online-Anbietern in den letzten Jahren lässt sich als Ausdruck der Schwierigkeit begreifen, im elektronischen Handel die zweifelsohne vorhandenen Produktivitätspotenziale auch in gewinnträchtige Geschäftsmodelle umzusetzen (Bughin 2003; Kaapke et al. 2001). 2001 waren in den USA nur ein Drittel der 40 großen Online-Anbieter profitabel (Regan 2002c). In Deutschland machten 2002 nur ein Viertel der Einzelhandelsunternehmen mit ihren Internetaktivitäten einen Gewinn (HDE 2002). Das Potenzial für Kosteneinsparungen ist vorhanden, es lässt sich aber nicht immer und nicht unter allen Bedingungen realisieren. Versprechungen, die das außer Acht lassen, ist mit einer gewissen Vorsicht zu begegnen.

1.3 Der Kunde als Gewinner?

Der Kunde ist der große Gewinner des elektronischen Handels! Das ist die Botschaft von Tim Cole und Paul Gromball in ihrem Buch „Das Kunden-Kartell. Die neue Macht des Kunden im Internet" (Cole/Gromball 2000). Der Kunde gewinne Übersicht über das Marktangebot und die Preise. Diese Transparenz mache ihn mächtiger denn je, auch wenn er momentan von dieser Macht noch kein Bewusstsein habe. Tatsächlich steigt der Anteil der Privathaushalte, die online einkaufen, kontinuierlich an (Kap. I.4.1); dass sie bereits jetzt in großem Umfang online einkaufen, wäre aber übertrieben. Was sind günstige Bedingungen und was sind weniger günstige Bedingungen für die Kundenakzeptanz beim Online-Einkauf? Ist der Kunde der Gewinner?

1.3.1 Unterschiedliche Anschlusserfordernisse bei Geschäfts- und Privatkunden

Das Einkaufsverhalten des Geschäftskunden unterliegt prinzipiell einem anderen Kalkül als dasjenige des Privatkunden. Im Geschäftsbetrieb handeln professionelle Einkäufer und Verkäufer, während für den Privatkunden der Einkauf auch Erlebnischarakter haben und Freizeitbeschäftigung sein kann.

Für die Akzeptanz von E-Commerce beim Geschäftskunden sind die *Anschluss- und Integrationsmöglichkeiten* zu den vorhandenen betrieblichen IT-Systemen entscheidend (vgl. Kap. III.1.1). Solche Probleme kennt der Privatkunde nicht, da er (noch?) über keine edv-technischen Einkaufs-, Lager- oder Finanzsysteme verfügt. Trotzdem ist der Integrationsgesichtspunkt auch beim Privatkunden von Bedeutung, wenn auch in einer anderen, im Wesentlichen nicht-technischen Hinsicht. Für ihn kommt es darauf an, dass der Interneteinkauf in seine sonstigen Erledigungen integriert und als alltägliche Routine etabliert werden kann. Hierfür einige Beispiele:

- Ein bedeutender Anteil des Einkaufs im Internet findet im Büro statt. Der Konsument, der im Büro ohnehin mit PC und Internet arbeitet, kann dort seinen Online-Einkauf quasi nebenher erledigen.[50] Der Start des heimischen PC für die Bestellung eines Buches lohnt sich dagegen kaum. Da ist das Telefon das einfachere, billigere und schnellere Bestellmedium.
- Ähnliche Anschlussmöglichkeiten gibt es bei der Nutzung eines Online-Fahrplans, z.B. für den Nahverkehr, die Bahn oder den Flugverkehr. Diese elektronischen Fahrpläne rangieren in der Nutzungsstatistik der Online-Nutzer ganz oben. Ist die gewünschte Verbindung gefunden, dann bietet es sich

---

50 Nach den Daten des UCLA Internet Reports nutzten im Jahr 2002 60,5 % der Befragten mit Zugang zum Internet bei der Arbeit diesen auch für persönliche Zwecke (UCLA 2003, S. 72).

geradezu an, das Ticket gleich mitzubestellen. Und dies wird dann besonders attraktiv, wenn es sofort ausgedruckt werden kann, wie dies die Deutsche Bahn für Bahn-Card-Inhaber anbietet. Eine Abholung am Schalter oder eine Zusendung per Post ist dann entbehrlich. Generell ist das Internet für den Privatnutzer in erster Linie ein Kommunikations- und Informationsmedium, und erst in zweiter Linie ein Transaktionsmedium (Riehm et al. 2001, S. 54ff.). Günstig für die Akzeptanz des E-Commerce ist also, wenn es gelingt, die Einkaufstransaktion an das Kommunikations- und Informationsverhalten anzukoppeln.

- Bei Online-Lebensmittelhändlern wird oft angeboten, die Einkaufslisten der Kunden abzuspeichern und beim nächsten Einkauf wieder zugänglich zu machen. Dies knüpft daran an, dass der Einkauf von Lebensmitteln und Alltagsgütern sich in bestimmten Abständen wiederholt. Der Kunde kann dann seinen aktuellen Bedarf ohne erneute aufwendige Katalogsuche anpassen.

1.3.2 Bedienungsprobleme beim Elektronischen Einkaufen

Bei all diesen auf die Attraktivität des E-Commerce für den Kunden abzielenden Überlegungen darf nicht vergessen werden, dass das elektronische Medium selbst eine der größten Hürden darstellt. Es bietet für den Erfahrenen erstaunliche Nutzungspotenziale, für den wenig kundigen und seltenen Nutzer aber viele Hindernisse und Fallen. Nicht umsonst wird immer wieder geklagt, dass mehr Online-Kunden auf dem Weg zur Online-Kasse scheitern als dort ankommen.

Natürlich sind Verbesserungen der Benutzungsoberfläche notwendig und möglich. Die Hoffnung aber, dass solch komplexe Systeme wie Computer im Internet jemals in der Bedienung so einfach werden könnten wie das Radio, das (alte, analoge) Telefon oder das Fernsehgerät ist mit Sicherheit trügerisch. Entsprechend falsch ist die Erwartung, dass die Verbreitung von onlinefähigen Computern in der Bevölkerung das gleiche flächendeckende Ausmaß wie bei Telefon, Radio und Fernseher erreichen könnte. So ist es keineswegs überraschend, dass sich im Versandhandel das Telefon zum dominierenden Bestellmedium entwickelt hat – ergänzt um den gedruckten Katalog. Auch bei den Lebensmittelzulieferdiensten wird zwar oft eine elektronische Bestellmöglichkeit angeboten, diese wird im Vergleich zu Telefon oder Fax aber viel seltener genutzt.

1.3.3 Aktion, Interaktion und Kundensouveränität

Der elektronische Handel tritt mit dem Versprechen hoher Selektivität, Interaktivität und Individualität für den Kunden auf – insgesamt also mit dem Anspruch, die Kundensouveränität zu steigern. Aus umfassenden elektronischen

Produktkatalogen kann das gewünschte Produkt gezielt herausgesucht werden, das nach den besonderen Wünschen des Kunden angepasst, auf Bestellung erzeugt und direkt zugestellt wird. Der Kunde wird nicht nur zu seinem eigenen Verkäufer, sondern auch zum *Ko-Produzenten des Herstellers* (Riehm 2002).

Dieses Konzept hat seine Tücken. Denn in nicht geringem Umfang werden dem Kunden – im Selbstbedienungsmodus – Aufgaben auferlegt, die er weder gewohnt noch gewillt ist, selbst zu erledigen. Die Eigenaktivität des Kunden ist Attraktion und Last zugleich. Das Selbstbedienungskonzept als Kundensouveränität auszugeben, gelingt nur bei einer eingeschränkten Kundenschicht in bestimmten Kaufsituationen. Es lässt sich nicht verallgemeinern. Wie der Fernsehzuschauer nicht einfach „interaktiv" werden und den Ausgang des sonntäglichen Krimis selbst gestalten will, will der Konsument nicht immer die aktive Rolle einnehmen (Wingert 1996).

Bedienung und Versorgung sind Handelskonzepte, die gegenüber der aktiven Interaktion in ihrer Attraktivität nicht unterschätzt werden sollten. Der immer handlungs- und handelsbereite aktive Konsument, der sogar die tägliche Milch auf dem Internetspotmarkt ersteigert und sich die Tageszeitung nicht mehr morgens zum Frühstück in den Briefkasten legen lässt, sondern am PC nach seinem individuellen Interessenprofil zusammenklickt, wird die Ausnahme bleiben. Die Hoffnung, beim Betreten eines Fachgeschäfts ordentlich bedient zu werden, mag zwar oft enttäuscht werden, aber sie wird immer wieder gesucht und hin und wieder sogar erfüllt. Der Ruf des Internethandelsplatzes lautet aber in der Regel nur: Bediene dich selbst!

1.4 Strukturwandel

Bei der Frage nach dem Strukturwandel geht es um eine Reihe eng miteinander verbundener Fragen:

- Welchen Beitrag leistet der E-Commerce zum Wirtschaftswachstum?
- Erhöht sich die Transparenz der Märkte durch E-Commerce?
- Werden Handelsstufen durch E-Commerce eliminiert?
- Fördert der E-Commerce den Wettbewerb?

1.4.1 Wirtschaftswachstum durch E-Commerce

Eine Zeitlang schien es so – dies legte jedenfalls die US-amerikanische Wirtschaftsentwicklung der 90er Jahre nahe –, dass sich eine neue Wirtschaftsweise entwickelt habe – die „New Economy" –, deren Charakteristik ungebrochenes Wirtschaftswachstum, sinkende Arbeitslosigkeit und eine relativ niedrige Inflationsrate sei. Erklärt wurde dieses außerordentliche Wirtschaftswachstum durch die enormen Investitionen in Informations- und Kommunikationstechnologien und ein dadurch bedingtes Produktivitätswachstum. In der wissenschaftlichen Literatur konnten diese für die USA nachgewiesenen Zusammenhänge für andere Länder wie Kanada, Frankreich, Großbritannien oder auch Deutschland nicht bestätigt werden. Auch die Wirtschaftskrise in den USA im Jahr 2001, die insbesondere die Informationstechnik-Industrien betraf, widerlegte die Hoffnungen auf ein „grenzenloses" und „krisenloses" Wachstum (Cigan 2002, S. 30ff.; Krämer 2002; Latzer/Schmitz 2001, S. 5ff.).

An dieser Stelle soll diese übergreifende Debatte zur neuen Ökonomie nicht fortgeführt werden. Es geht weit weniger umfassend, aber trotzdem nicht einfach zu beantworten, um den Beitrag des E-Commerce im engeren Sinne zum Wirtschaftswachstum. Wird E-Commerce das Wirtschaftswachstum eher fördern oder eher verringern? Eine definitive Antwort kann nicht gegeben werden, weil das Phänomen E-Commerce noch zu neuartig und zu wenig ausgereift ist, um sich auf empirisch fundierte Abschätzungen stützen zu können. Außerdem sind die Zusammenhänge zwischen technischer Innovation, Produktivitätseffekten, Preis- und Nachfrageentwicklung, Rentabilität und Wettbewerbposition sowie Wachstum und Beschäftigung von äußerster Komplexität (Castells 2001; Cigan 2002; Latzer/Schmitz 2001; Löbbe et al. 2000). Im Folgenden können deshalb nur einige prinzipielle Überlegungen zu ausgewählten Aspekten der Wirkungen des elektronischen Handels auf das Wirtschaftswachstum entwickelt werden.

Der derzeit häufigste Fall im elektronischen Handel ist die *Substitution des Vertriebskanals*. Das gehandelte Produkt wird statt im Laden oder per Telefon nun elektronisch gehandelt. Bei gleichen Produktpreisen und Handelskosten ist weder eine positive noch eine negative Auswirkung auf das Wirtschaftswachstum festzustellen. Eine Reduzierung der Produktpreise könnte durch Weitergabe der eventuell erreichbaren Produktivitätsgewinne im Handel erreicht werden. Die „Gewinne" aus der Preisreduzierung können investiert oder konsumiert werden, was wiederum in das Wirtschaftswachstum eingingen. Solche mehrstufigen Betrachtungen sind jedoch ab einer bestimmten Abhängigkeitsrelation und Komplexität nicht mehr sinnvoll nachzuvollziehen, geschweige denn in ihrer Wirkungsrichtung genau abzuschätzen.[51]

---

51 Vgl. etwa eine Abschätzung der „hypothetischen Produktivitäts- und Beschäftigungseffekte des E-Commerce", in denen solche mehrstufigen Zusammenhänge aufgezeigt werden. Die Autoren schreiben: „Es ist zuzugestehen, dass diese Berechnungen in hohem Maße hypothetischer Natur sind. ... Der eigentliche Wert der Analyse sollte daher auch eher in einem Hinweis darauf gesehen werden, welche volkswirtschaftlichen Aspekte zu berücksichtigen sind, in vielen Fallstudien aber vernachlässigt werden" (Löbbe et al. 2000, S. 82ff.).

1 Zentrale Befunde und weiterführende Folgenbetrachtungen

Für eine Betrachtung des nationalen Wirtschaftswachstums spielen auch *Verlagerungen der Handelsströme im internationalen Maßstab* eine Rolle. Der elektronische Handel hat in einem weit größeren Ausmaß als herkömmliche Handelsformen das Potenzial, den grenzüberschreitenden Handel zu befördern. Eine durch E-Commerce induzierte erhöhte Nachfrage aus dem Ausland nach Produkten und Diensten würde einen positiven Beitrag zum Wirtschaftswachstum leisten. Während im Handel zwischen Unternehmen der grenzüberschreitende Handel fest etabliert ist und je nach Branche teilweise sehr hohe Anteile aufweist, gilt der Einzelhandel traditionell als national ausgerichtet (Clay et al. 2001).

Nach einer Schätzung des Bundesverbandes des Deutschen Versandhandels soll die Gesamtquote der grenzüberschreitenden Online-Transaktionen bei unter 3 % liegen. Allerdings wird von anderen Marktbeobachtern auf eine ansteigende Tendenz hingewiesen. Bei Trusted Shops, einem Unternehmen, dass die Transaktionen von rund 400 Online-Shops in Europa absichert, stieg der Anteil ausländischer Endkonsumenten, die bei deutschen Online-Shops einkaufen, von 4,5 % im August 2001 auf 8 % im Januar 2002. Die Einführung des Euro und einheitliche europäische Verbraucherrechte im Fernhandel mögen diesen Trend zur Internationalisierung (oder zur verstärkten Nutzung des europäischen Binnenmarktes) auch im Endkundengeschäft weiter fördern. Es fehlen allerdings verlässliche und repräsentative Zahlen, aus denen man die internationale E-Commerce-Handelsbilanz und ihre Entwicklung für Deutschland ablesen könnte. Erst mit solchen Zahlen versehen, wäre der Beitrag des (internationalen) E-Commerce auf das (nationale) Wirtschaftswachstum angebbar.

Ein bedeutender Beitrag zum Bruttoinlandsprodukt entsteht durch *Produkt- oder Dienstleistungsinnovationen*, die nur elektronisch gehandelt werden. Man denke beispielsweise an interaktive und multimediale Unterhaltungsdienste oder Ausbildungsprogramme. Man denke auch an alle Produkte und Dienste, die sich direkt auf das Internet und den elektronischen Handel beziehen, wie z.B. die Konvertierung von Produktkatalogen in ein standardisiertes elektronisches Format, die Absicherung von Kundenkontakten durch Authentifizierungs- und Bonitätsüberprüfungen, die Suchmaschinen und Suchkataloge oder die Reichweitenmessung von Online-Shops. Zu den wertschöpfenden Innovationen gehört auch die Veränderung der Handelsdienstleistung, so wenn die vormals selbst besorgten Güter nun zugestellt oder wenn Produkte individualisiert angefertigt werden („mass customization").

Aber auch hier gibt es eine Grauzone, wo schwer zu entscheiden ist, ob eine Substitution eines herkömmlichen Produktes oder Dienstes stattfindet oder eine echte innovative Wertschöpfung. So wird der Streit, ob der MP3-Download eines Musiktitels den Kauf einer CD ersetzt oder vielleicht sogar anregt, zwar prinzipiell geführt, ist empirisch aber noch keineswegs entschieden. Dass das elektronische Buch eher anderen Nutzungsbedürfnissen entspricht als das gedruckte und dass beide sich deshalb eher ergänzen als ersetzen, mag in vielen Fällen stimmen. Aber der selektive Leser eines Fachbuchs mag die elektronische Version vorziehen und mit einem Kapitel daraus vorlieb nehmen, wenn sein Informationsbedürfnis damit bereits befriedigt werden konnte, und folglich auf das gedruckte Werk ganz verzichten.

Nicht zu vergessen sind diejenigen Wirtschaftsbereiche, die *indirekt zum E-Commerce beitragen*: Hard- und Software für den E-Commerce, Telekommunikations-, Transport- und Logistikdienstleistungen etc. Diese liefern in der Regel positive Beiträge zum Wirtschaftswachstum.

Es gibt einige Hinweise darauf, dass der *Handel mit gebrauchten Gütern* durch das Internet (man denke an den Erfolg des Auktionshauses Ebay) zunimmt. Bei diesen Verkäufen gibt es mit Sicherheit einen Anteil, der den Kauf neuwertiger Produkte substituiert und einen anderen Teil, der jenen Bedarf befriedigt, der vorher nicht gedeckt werden konnte (wegen der Intransparenz oder Nicht-Existenz des Angebots). In diesen Fällen ist ein positiver Beitrag zum Wirtschaftswachstum festzustellen. Es bedürfte jedoch genauerer Untersuchungen, um diese beiden Effekte zu quantifizieren und zu bilanzieren.

1.4.2 Transparenz von Märkten, Preiskonkurrenz

In zahlreichen Arbeiten zum elektronischen Handel wird davon ausgegangen, dass durch die drastische Verringerung der Informationskosten die Transparenz der jeweiligen Märkte steigt, bis hin zum Ideal des friktionslosen Marktes. In diesen idealen Märkten ist die Wettbewerbsintensität besonders hoch und die Preise nähern sich den Grenzkosten an.

Ein guter Indikator für die Transparenz elektronischer Märkte ist die Preisgestaltung. Bei idealen Marktbedingungen müsste eine Angleichung der Preise unter den konkurrierenden Angeboten nahe den Grenzkosten erfolgen. Die Preisstreuung zwischen den verschiedenen Anbietern sollte deswegen relativ gering sein. Die von Latzer/Schmitz (2001, S. 63) ausgewerteten empirischen Studien kommen allerdings nicht zu diesem Ergebnis. Trotz E-Commerce ist die Preisstreuung zwischen den unterschiedlichen Online-Anbietern groß.

Erwartet wird auch auf Grund der höheren Markttransparenz und der damit verbundenen höheren Wettbewerbsintensität sowie der günstigeren Transaktionskosten, dass die Preise im Internet prinzipiell günstiger sind als im stationären Einzelhandel. Die von Latzer/Schmitz (2001, S. 64) angeführten Studien zeigen dazu ein widersprüchliches Bild. Die Autoren fanden genauso viele Studien, die diese Erwartung bestätigten wie solche, die sie widerlegten.

1 Zentrale Befunde und weiterführende Folgenbetrachtungen

In Deutschland wurde beispielsweise der elektronische *Markt für antiquarische Bücher* untersucht (Frank 2002b, Frank/Hepperle 2002). Dieser ist deshalb interessant, weil Bücher eine der gängigsten Produktkategorien im Internet sind, unter den Bedingungen der deutschen Buchpreisbindung aber nur bei gebrauchten und antiquarischen Büchern Preiskonkurrenz herrscht.

Markttransparenz entsteht dadurch, dass über gemeinsame elektronische Plattformen, z.B. das ZVAB (Zentralverzeichnis Antiquarischer Bücher), viele Buchantiquariate dem Kunden das vorhandene Buchangebot mit seinen Preisen insgesamt präsentieren. „Man kann sich nur wenige Märkte vorstellen, wo die Zunahme der Markttransparenz so ausgeprägt ist, wie im Markt für antiquarische Bücher", schreiben Frank/Hepperle (2002, S. A172).

In der Studie wurden im Jahr 2000 die 568 Antiquariate des ZVAB befragt (Rücklauf 27%) und 268 Buchtitel auf ihre Preise untersucht. Im Ergebnis zeigt sich auch hier, dass das jeweils günstigste Angebot eines Titels (in gleicher Ausstattung) 50% unter dem Durchschnittspreis liegt (hohe Preisstreuung) und dass Internethändler nicht systematisch günstiger sind als Nicht-Internethändler.

Die angeführten Erklärungen für diese Ergebnisse sind insgesamt noch unbefriedigend. Ein Faktor ist die Reputation des Online-Anbieters, die sich in seinem Markennamen ausdrückt oder die z.B. durch Kundenbewertungen geschaffen wird. Ein anderer, insbesondere für gebrauchte Güter geltender Grund könnte sein, dass die Erhöhung der Markttransparenz zu einer erhöhten Nachfrage führt, die sich nicht zuletzt in Preissteigerungen ausdrückt.

Als Fazit kann man festhalten, dass die Erwartung, dass eine verbesserte Markttransparenz durch das Internet automatisch zu einer geringeren Preisstreuung und zu sinkenden Preisen führt, insgesamt nicht bestätigt werden konnte. Es sind solche Effekte zwar im Einzelfall nachweisbar, aber sie sind längst nicht für alle Märkte im Internet verallgemeinerbar.

1.4.3 Disintermediation – werden Handelsstufen eliminiert?

Handelsgeschäfte haben im Allgemeinen die Funktion, die räumliche Distanz zwischen Hersteller und Konsument zu überbrücken. Das Internet verspricht ebenfalls die Überwindung dieses Raumproblems. Über die Web-Seiten des jeweiligen Unternehmens kann man sich über das Angebot informieren und die gewünschten Produkte direkt bestellen, die man dann geliefert bekommt. Die (Zwischen-)Handelsstufe kann wegfallen und die dort verbrauchten Handelsmargen könnten dem Produzenten und dem Konsumenten direkt zukommen.

Ein Blick auf die untersuchten Wirtschaftsbereiche (Kap. II) zeigt, dass es solche Direktvertriebskonzepte durchaus gibt. Autohersteller experimentieren damit; im Ökolebensmittelbereich ist die Direktvermarktung auch über das Internet eine florierende Vertriebsschiene; Verlage, insbesondere Wissenschaftsverlage, setzen verstärkt auf den Direktvertrieb – auch über das Internet; Billigfluganbieter vertreiben ihre Flugtickets nur über Internet und Telefon ohne Einbeziehung von Reisebüros.

Aber es sind auch gegenläufige Tendenzen zu beobachten, bei denen alte Intermediäre gestärkt werden und neue Intermediäre – Cybermediäre – hinzukommen. So haben sich im Autohandel – sowohl im Neu- als auch im Gebrauchtwagenhandel – neue Handelsplattformen gebildet, die Endkunde und Autohändler zusammenbringen; Buchhandlungen nutzen neutrale Online-Plattformen, um Geschäfte im Internet tätigen zu können; Tauschbörsen etablieren sich im digitalen Musikgeschäft, juristische Internetplattformen vermitteln Rechtsberatung von Anwälten.

Die quantitativen Anteile der Dis- und Reintermediation sind pauschal schwer zu bestimmen. Deutlich ist jedoch, dass eine massive Umorientierung auf Direktvertriebskonzepte mit einer merklichen quantitativen Ausweitung der nicht über Handelsstufen vermittelten Umsätze nicht festzustellen ist. Gegen eine generelle Disintermediation durch E-Commerce spricht eine Reihe wichtiger Gründe, von denen hier nur einige angeführt werden können (Latzer/Schmitz 2001, S. 77ff.; Orwat et al. 2001; Schoder 2000).

Zu unterscheiden ist, ob die Intermediationsleistung wegfällt oder nur verlagert wird. In den wenigsten Fällen wird man von einem Wegfall ausgehen können (z.B. bei digitalen Medienprodukten, wo die physische Lagerhaltung und Distribution nicht mehr notwendig ist). Die klassischen Handelsfunktionen (der räumlichen und zeitlichen Überbrückung, der Sortimentsauswahl, der Beratung, der Geschäftsabwicklung etc.) entfallen in der Regel nicht einfach, sondern werden bei der Disintermediation auf Hersteller und Konsument verschoben. Gerade den Konsumenten werden dadurch Lasten aufgebürdet, die sie selten frei- und bereitwillig übernehmen.

Insgesamt muss man feststellen, dass die einzelnen Wirtschaftsbereiche im Allgemeinen ein mehr oder weniger gut austariertes System der Arbeitsteilung für einen mehrstufigen Vertrieb entwickelt haben. Dieses ist teilweise sogar durch gesetzliche (Buchpreisbindung, Apothekenmonopol, Gruppenfreistellungsverordnung im Automobilbereich etc.) oder brancheninterne Regelungen geschützt. Es funktioniert auch deshalb so gut, weil es den Beteiligten eine relative Planungssicherheit und direkte Vorteile bietet. Trotzdem ist dieses Gleichgewicht nicht völlig stabil, sondern immer wieder gefährdet, da die beteiligten Akteure versuchen, ihren individuellen Vorteil zu optimieren. E-Commerce mag dann im einen oder anderen Fall einen Anstoß zur Verschiebung im Gleichgewichtssystem liefern. E-Commerce ist aber nicht der zentrale Hebel, um das jeweilige Branchengleichgewicht grundsätzlich in Frage zu stellen.

1.4.4 Konzentration und Wettbewerb

Während noch vor kurzem die Chancen des Einstiegs in den E-Commerce für Klein- und Mittelunternehmen besonders betont wurden, heißt heute die Devise eher „big ist beautiful". In Bezug auf virtuelle Marktplätze schreiben etwa Stobbe/Zampieri (2001, S. 12): „Im Gegensatz zu dem häufig vertretenen Argument, dass das Internet eine Chance für die Kleinen ist, verspricht der Entwicklungspfad virtueller Marktplätze eher das Gegenteil: Größe ist wichtig." Nach der Einschätzung der Autoren gab es im Jahr 2001 etwa 500 öffentliche, elektronische Marktplätze in Europa. Von diesen würden höchstens 100 im Jahr 2004 übrig bleiben.

Auf einer prinzipiellen Ebene sprechen die ökonomischen Eigenschaften der „Internetökonomie" eher für Konzentrationstendenzen als gegen sie. Bei digitalen Netzwerken und digitalen Gütern dominieren die fixen Kosten deutlich vor den variablen, nutzungsabhängigen Kosten. Dies spricht für hohe Skalen- und Netzwerkeffekte, welche die großen Unternehmen begünstigen. Gerade auch digitale Güter ermöglichen Größenvorteile im Vertrieb, da die Erstellungskosten im Verhältnis zu den Vervielfältigungs- und Distributionskosten deutlich höher sind (Dudenhöffer 2001; Latzer/Schmitz 2001; Schaaf 2002b, S. 10f.).

Dies hat nicht zuletzt zu einer gewissen Aufmerksamkeit für dieses Thema im politischen Raum und bei den Wettbewerbs- und Kartellbehören geführt. Der Fall „Microsoft" ist in den USA immer noch nicht abgeschlossen. Erste Prüfungen von elektronischen Marktplätzen (z.B. Covisint im Bereich der Automobilindustrie) haben zwar keinen unmittelbaren wettbewerbspolitischen Handlungsbedarf erkennen lassen. Es wird aber eine kontinuierliche Beobachtung der Konzentrationstendenzen im E-Commerce und möglicher wettbewerblicher Beschränkungen als notwendig empfunden und wegen der starken internationalen Verflechtung der elektronischen Handelsbeziehungen eine bessere internationale Kooperation der Kartellbehörden gefordert (Schaaf 2002b, S. 11).

1.5 Beschäftigungswirkungen

Prozess- und Produktinnovationen setzen sich selten in kurzen Zeiträumen durch. So spricht einiges dafür, dass sich auch die Beschäftigungswirkungen des E-Commerce erst längerfristig zeigen. Am Beginn einer technologischen Innovation entsteht in der Regel ein zusätzlicher Arbeitskräftebedarf auf Grund des Lernaufwands, der Implementierung und des Parallelbetriebs der alten und neuen Systeme, erst längerfristig kommen dann die Rationalisierungs- und Freisetzungspotenziale des Routinebetriebs zum Tragen.

Öffentlichkeit und Politik sind dagegen ungeduldig. Sie wollen möglichst sofort wissen, was es mit den Beschäftigungswirkungen des E-Commerce auf sich hat. Dass sich die Hoffnungen auf neue Arbeitsplätze immer wieder auf technologieorientierte Innovationen (Multimedia, interaktives Fernsehen, E-Commerce etc.) richten, ist bei einer Arbeitslosigkeit in Deutschland in Millionenhöhe kein Wunder. Gleichwohl dürfen bei der Beantwortung dieser Frage keine Antworten verlangt werden, die seriöserweise nicht zu geben sind.

Neben dem Problem der zeitlichen Reichweite und des Zeitpunkts, auf denen sich eine Aussage zu den Beschäftigungswirkungen bezieht, sind es des Weiteren die folgenden Probleme, die schnelle und einfache Antworten nicht erlauben:

- Es *mangelt an geeigneten Daten* und Statistiken, mit denen man entsprechende Abschätzungen vornehmen könnte.
- Die *Ursachen-Wirkungszusammenhänge* sind extrem *komplex*, so dass sich eine einfache Isolierung eines Faktors (hier E-Commerce) in den seltensten Fällen vornehmen lässt.
- E-Commerce besitzt ein *Wirkungsspektrum*, aber *keine eindeutig festgelegte Wirkungsrichtung*. Erst die tatsächlich verfolgten Strategien des Technikeinsatzes (unter gegebenen Rahmenbedingungen) führen zu konkreten Wirkungen. Die verfolgten Strategien unterscheiden sich jedoch von Unternehmen zu Unternehmen.

Dies hat sich auch bei den Branchenanalysen dieser TAB-Studie gezeigt (Kap. II), in denen sich die Aussagen über Beschäftigungseffekte meist auf relativ allgemeine Aussagen beschränken.

Im Folgenden wird auf aktuelle beschäftigungsrelevante Entwicklungen in Deutschland und den USA sowie auf einige erste Studien zu den Beschäftigungswirkungen des E-Commerce eingegangen; es schließen sich prinzipielle Überlegungen zur Förderung neuer Technologien, um positive Arbeitsmarkteffekte zu erzielen, an.

1.5.1 Die deutschen „Start-Up-Unternehmen" und ihr Beitrag zur Beschäftigung

Nach einer Untersuchung der European Business School (E-Startup.org 2002; Kraft 2002) wurden in Deutschland im Bereich Internet und elektronischer Handel in den letzten zehn Jahren schätzungsweise 15-20.000 Unternehmen gegründet. Bei einer angenommenen durchschnittlichen Mitarbeiterzahl von acht bis zehn Mitarbeitern dürfte dadurch die beachtliche Zahl von etwa 150.000 Arbeitsplätzen neu entstanden sein. In einer ähnlichen Größenordnung liegt vermutlich die Zahl der Beschäftigten, die in etablierten Unternehmen im Bereich Internet/E-Commerce beschäftigt sind. Von diesen *insgesamt rund 300.000* neuen Arbeitsplätzen entfallen auf den *E-Commerce im engeren* Sinn 14% oder *42.000 neue Arbeitsplätze* – nimmt man die Anzahl der insgesamt für diesen Be-

1 Zentrale Befunde und weiterführende Folgenbetrachtungen

reich geschätzten E-Commerce-Unternehmen im B2C- und B2B-Bereich als Anhaltspunkt. Der überwiegende Teil der Neugründungen fällt in die Kategorie der allgemeinen Internetunternehmen, insbesondere Multimediaagenturen, Internet-Service-Provider und Integratoren.

Von den in der Studie erfassten und mit Risikokapital finanzierten 676 Internet- und E-Commerce-Unternehmen verloren im Zeitraum von Juli 2000 bis Juli 2002 52% ihre Selbständigkeit: 37% sind ganz gescheitert – und deren Arbeitsplätze gingen wieder verloren –, 15% wurden von anderen Unternehmen übernommen (E-Startup.org 2002).[52]

1.5.2 Entlassungen im „Dot-Com-Bereich" in den USA

Die Anzahl der Beschäftigten im E-Commerce in den USA insgesamt ist nicht exakt bekannt. Nach der Studie des Center for Research in Electronic Commerce der University of Texas (Austin) zählten im Jahr 2000 rund 1 Mio. Beschäftigte zum Internethandel, wobei dazu alle Handelsunternehmen gerechnet wurden, bei denen ein Teil des Umsatzes im Internet erzielt wird. Dieser Anteil wurde allerdings nicht näher bestimmt. Zu den „Dot.com"-Unternehmen rechnete die Studie etwa 360.000 Personen (Latzer/Schmitz 2001, S. 102f.).

Das US-amerikanische Arbeitsvermittlungsunternehmen Challenger, Gray & Christmas erfasst seit Ende 1999 monatlich die Arbeitsplatzverluste im Bereich der Internetwirtschaft (Regan 2002b). Insgesamt wurden von Ende 1999 bis August 2002 rund 152.000 Arbeitsplätze abgebaut. Der Arbeitsplatzverlust war im Jahr 2001 mit 100.925 mehr als doppelt so hoch als im Jahr 2000 mit 41.515. Der vorläufige Höhepunkt des Arbeitsplatzabbaus lag im Frühjahr 2001, wo allein im April 17.554 Arbeitsplätze in der Internetwirtschaft verloren gingen.

1.5.3 Studien zu den Wirkungen des E-Commerce auf die Beschäftigung

Positive und negative Zukunftsprognosen sind gerade beim Thema Beschäftigungswirkungen oft gleichzeitig anzutreffen. So enthält das vom Bundesministerium für Wirtschaft und Technologie herausgegebene Innovationsmagazin I-Prom 3/2000 sowohl die Prognose, dass in den nächsten zwei Jahren *100.000 Arbeitsplätze durch elektronische Bestellungen verloren* gingen als auch die Aussage, dass gleichzeitig *Hunderttausende im „E-Sektor" neu entstünden* bzw. bis 2003 „400.000 neue Jobs im Multimedia-Bereich den Arbeitsmarkt entlasten" würden (S. 2 und 5). Die Prognose über den Verlust von 100.000 Arbeitsplätzen entstammt einer Studie im Auftrag der EU-Kommission (ECaTT). Als

---

[52] Vgl. ergänzend zu Erfolg und Misserfolg junger E-Commerce-Unternehmen in Kalifornien die Fallstudien in Krauss (2002).

Grund für diese harten Einschnitte im Arbeitsmarkt werden erhebliche Einsparpotenziale durch professionelles B2B genannt (o.A. 1999b).

Mittels Input-Output-Analysen nahmen für das Jahr 1998 Passamonti/Lucchi (1998) eine Abschätzung der Beschäftigungseffekte des E-Commerce für vier europäische Länder, darunter Deutschland, vor. Unter Berücksichtigung von Substitutionseffekten sowie direkten, indirekten (Vorleistungen) und Zweitrunden-Effekten (Effekte, die durch eine zusätzliche Wertschöpfung eine weitere gesamtwirtschaftliche Nachfrage induzieren) kamen sie zu dem Ergebnis, dass die *Beschäftigungseffekte des E-Commerce leicht negativ* seien. Allerdings werden das methodische Vorgehen und die getroffenen Annahmen von Latzer/Schmitz problematisiert. So seien die Daten der Input-Output-Tabellen schon damals veraltet gewesen, und es werde zuwenig die internationale Verflechtungen und die Entwicklung der gesamtwirtschaftlichen Produktivität berücksichtigt (Latzer/Schmitz 2001, S. 100 ff.; Preissl et al. 2000, S. 9 f.).

Das RWI hat in einer Studie für das Bundesministerium für Wirtschaft und Technologie die hypothetischen Wirkungen einer Kostensenkung durch E-Commerce auf die Beschäftigung in einzelnen Branchen berechnet (nur B2C-E-Commerce). In diese Berechnungen gehen Annahmen der OECD zur Senkung der Vertriebskosten von insgesamt 5 % ein, wobei für einzelne Bereiche digitalisierbarer und digitaler Produkte und Dienstleistungen deutlich höhere Einsparungen veranschlagt werden. So sollen die Vertriebskosten für Software durch E-Commerce um 99 %, für Bankgeschäfte um 89 %, für Flugscheine um 87 % und für Versicherungspolicen um 50 % sinken (OECD 1999, S. 62 f., 72 f.).

Für die rund 10 Mio. Beschäftigten, die mit der Herstellung und dem Vertrieb von Gütern und Dienstleistungen für den privaten Verbrauch zu tun haben, ändert sich durch den E-Commerce-Einsatz und die damit verbundenen Produktivitätsgewinne in der Summe kaum etwas (ein Zuwachs um 3.000 Arbeitsplätze). Die Branchenbetrachtung lässt aber erkennen, wo eher die Gewinner und wo eher die Verlierer dieser Entwicklung zu finden sind. Zu den *Gewinnern* zählt in erster Linie das verarbeitende Gewerbe, das Wohnungswesen und die öffentlichen und privaten Dienstleister, wobei die relativen Effekte mit +0,25 % sehr gering zu veranschlagen sind. *Arbeitsplatzverluste* treten insbesondere auf im Kredit- und Versicherungsgewerbe (-4 %) und im Einzelhandel (-2 %) (Löbbe et al. 2000, S. 82 ff.).

1.5.4 „Ritt auf dem Tiger" unvermeidlich?

Es wird immer wieder argumentiert, es gebe keine Alternative zum „Ritt auf dem Tiger", d.h. der Förderung neuer Technologien, die gleichzeitig Rationalisierung und Abbau von Arbeitsplätzen bedeuten. Denn je schneller die Innovationen zur Einführung neuer Informations- und Kommunikationstechnologien erfolgten, desto positiver seien die Beschäftigungsbilanzen – auch wenn sie insgesamt negativ ausfielen (so etwa Welsch 1997, S. 7 für den Sektor Multimedia und Telekommunikation). Begründet wird dies im Wesentlichen mit einem zwangsläufig vorgegebenen „Weg in die Informationsgesellschaft". Wer sich dem verweigere, würde im internationalen Wettbewerb eine schlechtere Position einnehmen, die dann zum Abbau von Arbeitsplätzen im eigenen Land führe. Konsequenterweise wird eine aktive Technologie- und Innovationspolitik gefordert, die die neuen Technologien besonders schnell und umfassend in den Markt bringt.

Diese Position soll hier nicht grundsätzlich in Frage gestellt werden, obwohl auch sie einer genaueren theoretischen und empirischen Fundierung erst noch bedürfte. Es sollen aber zwei Gegenargumente formuliert werden. Die *aktive Politik der Förderung* der technologieorientierten Innovationen, hier die Förderung des Einsatzes des E-Commerce, kann im schlechtesten Fall für die Beschäftigungsbilanz einen doppelt negativen Effekt erzeugen:

- Zum einen beschleunigt sie den Arbeitskräfteabbau durch das Rationalisierungspotenzial des E-Commerce und verhindert so zeitlich gestrecktere Anpassungsprozesse, die mit weniger gesellschaftlichen Kosten verbunden wären.
- Zum anderen fördert sie das Risiko von Fehlallokationen im Markt durch Unternehmensneugründungen oder den Aufbau neuer Geschäftszweige mit nicht tragfähigen Geschäftsmodellen bzw. ohne eine ausreichende Nachfrage. Auch dies führt zwangsläufig zum Verlust von (gerade neu geschaffenen) Arbeitsplätzen.

Der Erfolg neuer Technologien ist immer mit Unsicherheit behaftet und die konkreten, erfolgreichen Anwendungsformen müssen sich erst in einem Versuchs- und Irrtumsprozess herausbilden. Es spricht einiges für die Position, dass der Markt das beste Selektionsmittel für diesen Entwicklungsprozess ist und die Politik zwar für gleiche Rahmenbedingungen sorgen, nicht aber zu stark steuernd und fördernd in die Technologiediffusion eingreifen sollte.

1.6 Verkehr

Die Wirkungen des elektronischen Handels auf die Verkehrsleistungen lassen sich zurzeit noch nicht eindeutig beschreiben. Dies liegt allein schon daran, dass es keine Verkehrsstatistiken gibt, die Auswirkungen von E-Commerce auf Verkehrsaufkommen und -leistungen berücksichtigen. Wenig Informationen liegen auch zum Kundenverhalten vor. Deshalb ist insbesondere im B2C-E-Commerce weitgehend unklar, in welchen Fällen Interneteinkäufe (inkl. Direktlieferung) dazu führen, dass Einkaufsfahrten entfallen. Schließlich wird in Logistik und

Distribution zurzeit noch in allen Bereichen experimentiert, ohne dass sich erfolgreiche Modelle schon eindeutig etabliert hätten.

Einzelne Fallstudien, die mittlerweile vorliegen, ändern an dieser Einschätzung grundsätzlich nichts, da sie in der Regel sehr partikulare Annahmen treffen bzw. nur bestimmte Segmente, wie den KEP-Markt und die Lebensmittel-Heimlieferung, behandeln. Ausländische Fallstudien schließlich geben zwar interessante Hinweise, sind aber auf die deutsche Situation meist nicht direkt übertragbar (Behrendt et al. 2002a).

Die Nutzung von IuK-Technologien wirkt schon seit einigen Jahrzehnten auf den Ablauf logistischer Prozesse. Es kann davon ausgegangen werden, dass nun auch E-Commerce zu *Änderungen* und teilweise zu *Verkürzungen in der Wertschöpfungskette* führt. So ist zu erwarten, dass sowohl die direkten Geschäftskontakte zwischen Herstellern und Einzelhandel als auch die zwischen Handel und Endkunden zunehmen werden. Die Güterauslieferung erfolgt dann kundenorientierter, Zwischenstationen in der Warendistribution reduzieren sich. Logistik und Verkehrsaufkommen werden sich hierdurch ändern.

Die möglichen Auswirkungen eines zunehmenden elektronischen Handels müssen aber in jedem Fall im Kontext der weiteren Entwicklung des Verkehrsaufkommens insgesamt gesehen werden. Dabei sind sowohl der Straßengüterverkehr als auch die privaten Einkaufsfahrten von besonderer Relevanz. Die Bundesregierung prognostiziert unter Berücksichtigung eines Bevölkerungsanstiegs auf 83 Mio. Menschen und eines jährlichen Wirtschaftswachstums von durchschnittlich 2% einen *erheblichen Anstieg des Verkehrsaufkommens bis zum Jahr 2015*:

- Der Personenverkehr nimmt danach zwischen 1997 und 2015 um rund 20% zu. Im Personenverkehr entfielen bereits 1998 mit 116 Mrd. Personenkilometern rund 12% der gesamtwirtschaftlichen Verkehrsleistungen auf *Einkaufsfahrten*. Dabei ist der PKW mit einem Anteil von 72% das am häufigste benutzte Verkehrsmittel (Klaus et al. 2002, S. 56).
- Der Güterverkehr wächst nach den Prognosen der Bundesregierung von 1997 bis zum Jahr 2015 um ca. 64%; die Verkehrsleistungen im Güterverkehr werden danach auf rund 600 Mrd. Tonnenkilometer ansteigen. Ohne steuernde Eingriffe ist zu erwarten, dass die Güterverkehrsleistung auf der Straße auf 422 Mrd. Tonnenkilometer wächst (BMVBW 2000, S. 6).

1.6.1 Logistikmarkt

Der Logistikmarkt spiegelt die Anforderungen wider, die Produktion und Handel an einen effektiven Güteraustausch stellen. Er umfasst die Akteure, die entsprechende Dienstleistungen auf allen Ebenen gewährleisten, wie Transport, Umschlag, Lager und Auftragsabwicklung. Auf der Grundlage von Zahlen aus

1 Zentrale Befunde und weiterführende Folgenbetrachtungen

dem Jahr 1998 geben Klaus et al. (2002) das Volumen des Logistikmarktes mit gut 124 Mrd. Euro an.
Tabelle 27 zeigt die für den Straßenverkehr relevanten Teilsegmente des Logistikmarktes. Die Auswirkungen eines zunehmenden E-Commerce werden diesen *Markt verändern* und demzufolge auch verkehrliche Effekte bewirken. Die Teilsegmente werden im Folgenden einzeln betrachtet. Es wird eine erste qualitative Einschätzung vorgenommen, in welchem Umfang E-Commerce zu Änderungen führen wird (Klaus et al. 2002, S. 64 ff.).

Tab. 27: Für den Straßenverkehr relevante Segmente des Logistikmarktes (1998)

Segment	Transportgewicht	Marktvolumen in Mrd. Euro	Anteil am gesamten Umsatz des deutschen Logistikmarktes
Massengut	> 100 t	3,8	3%
Ladungsverkehr	2,5 - 25 t	25,9	21%
allgemeiner Stückgutverkehr	25 - 2500 kg	10,8	9%
Stückgüter mit speziellen Transportanforderungen	-	3,0	2%
Kurier-, Express- und Paketdienste (KEP)	< 31 kg	6,4	5%
Konsumgüterdistribution	-	29,1	23%
industrielle Kontraktlogistik	-	35,4	28%

Legende: Nicht enthalten sind See- und Luftfracht (jeweils 3%) sowie die nichtintegrierte Lagerei und Hafenlogistik (2,5%). Geldwerte umgerechnet von DM in Euro.
Quelle: eigene Darstellung, Daten bei Klaus et al. (2002, S. 63 ff.).

- *Massengut*: Der Massengüterverkehr ist in Deutschland seit Jahren tendenziell rückläufig. Die zu erwartenden Auswirkungen des E-Commerce auf dieses Segment sind gering, da Massengüter (z.B. Rohstoffe wie Kohle, Erz und Stahl sowie Entsorgungs- und Recyclingprodukte) normalerweise nicht zeitnah und nicht in bedarfgerechten Mengen geliefert werden müssen.
- *Ladungsverkehr*: Dieser umfasst Haus-zu-Haus-Transportleistungen. Bei den (leichteren) Halb- und Fertigprodukten ist damit zu rechnen, dass die heute als Teil- oder Ganzladungen beförderten Güter durch den veränderten Bestellrhythmus im E-Commerce in Zukunft in kleinere, lose Pakete aufgeteilt werden und damit in den Stückgutbereich fallen.

- *Allgemeiner Stückgutverkehr*: Die hier transportierten Güter sind individuell adressiert, zusammenladefähig und ohne spezielle Anforderungen zu transportieren. E-Commerce wird die in diesem Sektor bereits stattfindenden Entwicklungen – Abwanderung von Stückgutfracht in den KEP-Markt und Zuwächse aus dem Ladungsverkehr durch Just-in-Time-Effekte in der Produktion – noch verstärken. Eine leicht steigende Tendenz bei der Entwicklung der Mengen ist zu erwarten.
- *Stückgüter mit speziellen Transportanforderungen*: Die E-Commerce-Auswirkungen sind hier heterogen. Während im Umzugs- und Messesegment (z.B. Transport hängender Kleider) nur geringe Auswirkungen zu erwarten sind, könnten beim Transport spezialisierter Güter (z.b. High-Tech-Produkte) ähnliche Effekte auftreten wie beim allgemeinen Stückgutverkehr.
- *Kurier-, Express- und Paketdienste (KEP)*: Der KEP-Markt ist einer der von E-Commerce erheblich betroffenen Bereiche: Sowohl das über B2C-E-Commerce abgewickelte Einzelhandelsvolumen als auch die im B2B-E-Commerce verstärkt eingesetzten Logistiksysteme zur zeitnahen Belieferung werden zu Zuwächsen führen.
- *Konsumgüterdistribution*: Zu den Konsumgütern zählen „Food"- und „Non-Food"-Verbrauchsgüter sowie alle Gebrauchsgüter des täglichen Bedarfs. Dieses Teilsegment kann durch E-Commerce induzierte Effekte anwachsen.
- *Industrielle Kontraktlogistik*: In diesem Bereich – dem größten Teilmarkt – werden überwiegend Güter für die industrielle Produktion, Ersatzteile und industrielle Fertigprodukte befördert. Allgemein wird erwartet, dass dieser Markt weiter wächst. E-Commerce wird – ähnlich wie im Stückgutbereich – ein Anwachsen der Kontraktlogistik verstärken, wobei diese dann eine zeit- und bedarfsgerechte Lieferung sicherstellen muss.

Eine effiziente logistische Abwicklung der einzelnen Prozessketten (einschließlich der Zulieferung und der Distribution) bezieht sich zunehmend nicht mehr nur auf die Lagerung und den Transport von Gütern. Vielmehr erfordert sie heute maßgeschneiderte Formen der Koordination von Unternehmensnetzwerken. Als E-Logistik betreffen sie die Steuerung der Waren- und Informationsströme in einer Weise, die alle Akteure und Prozessketten effizient miteinander verzahnt, um unter Aspekten wie Transparenz, Geschwindigkeit und Zuverlässigkeit den Ansprüchen der Kunden gerecht zu werden (TAB 2001b). In dem Maße, in dem dies gelingt, können u.U. auch verkehrsmindernde Effekte generiert werden.

1.6.2 B2B-E-Commerce

Es ist zu erwarten, dass elektronische Transaktionen zukünftig häufiger direkt zwischen produzierenden und weiterverarbeitenden Unternehmen – unter Umgehung des Großhandels – stattfinden, auch wenn das Ausmaß dieser Entwicklung offen und umstritten ist. Diese Verkürzung der Wertschöpfungskette würde – um den Ansprüchen der Kunden gerecht zu werden – zu mehr Lieferungen mit jeweils geringerem Bestellvolumen führen. Die Sendungsstruktur veränderte sich. Ferner verstärkte sich die Tendenz, Geschäftsbeziehungen mit räumlich weiter entfernten Unternehmen einzugehen. Die Folgen wären, dass erstens die Zahl der Fahrten (mit kleineren Fahrzeugen) zunnähmen und sich zweitens die Transportweiten verlängerten, da über größere Distanzen geordert und geliefert würde (Klaus et al. 2002, S. 54).

Da die Transportkosten bei den meisten Gütern nur einen geringen Teil der gesamten Kosten ausmachen, dürften die durch eine Verkürzung der Wertschöpfungskette erzielten Einsparungen die durch zusätzliche Verkehre verursachten Kosten übertreffen (*logistikvolumen-steigernde Effekte*). Folglich ist keine bremsende Wirkung der Transportkosten auf eine weitere Entwicklung des E-Commerce zu erwarten.

Andererseits gibt es auch *logistikvolumen-senkende Effekte*, die von logistischen Rationalisierungsbemühungen herrühren:

- Dadurch, dass Hersteller und Kunden flexibler zusammenarbeiten, lässt sich die wachsende Zahl kleiner Warenabrufe zeitlich besser koordinieren und zu kompakten und kostengünstigeren Ladungen bündeln.
- Fehl-, Nachlieferungen und Retouren werden durch verbesserte Informationsflüsse deutlich reduziert.
- Vorratsproduktion und Lagerhaltung werden verringert, da nachfrageorientierter produziert und geliefert werden kann.

1.6.3 B2C-E-Commerce

Die weitgehend noch unbekannte, schwer fassbare Größe im B2C-E-Commerce ist das – insbesondere zukünftige – Kundenverhalten. Ob Einkäufe über das Internet tatsächlich Einkaufsfahrten substituieren, ist darüber hinaus von einer Vielzahl von Randbedingungen abhängig. Grundsätzlich werden Effekte sowohl bei der Struktur des Güter- als auch des Personenverkehrs erwartet.

Güterverkehr

Zunächst ist festzuhalten, dass die bislang dominierende Form der Auslieferung von Gütern die Belieferung des *stationären Handels* ist. Die Belieferung erfolgt hier über eine logistische Kette vom Hersteller über dessen regionale Lager zu den zentralen oder regionalen Distributionszentren, zum Einzelhändler. Ferner werden Güter über den *Versandhandel* geliefert, der derzeit etwa 5% des deutschen Einzelhandels-Umsatzvolumens umfasst. Hier wird überwiegend eine Logistikkette genutzt, die zunächst vom Hersteller zu den Versandhandelszentren reicht. Von dort erfolgt dann die direkte Auslieferung an die Kunden durch Paketdienste. Bei höherem Volumen und stärkerer regionaler Konzentration werden für die Auslieferung *eigene Fuhrparks* bzw. Franchisepartner eingesetzt.

Das Aufkommen im Straßengüterverkehr wird wesentlich von der Ausgestaltung der Belieferung des Einzelhandels abhängen: Je nachfrageorientierter die Hersteller liefern, desto eher werden sie ihre Waren in kleineren und damit häufigeren Lieferungen verteilen müssen. Folglich wäre hier mit einer Reduzierung des Transportvolumens (je Fahrt) und einer Zunahme der Transportfahrten zu rechnen. Dagegen wird B2C-E-Commerce im Versandhandel kaum zu einer Veränderung im Straßengüterverkehr führen. Ein Wechsel von der Katalog- zur Internetbestellung spart höchstens die Auslieferung der Kataloge an die Kundenhaushalte. Das Volumen und die Struktur der Sendungen dürften weitgehend unverändert bleiben.

Zusammenfassend kann davon ausgegangen werden, dass als Folge geänderter Sendungsstrukturen und –rhythmen ein gewisser Anteil an Fahrten zur Belieferung des Einzelhandels mit größeren Lkws durch *Transporte mit kleineren Fahrzeugen* ersetzt wird. Außerdem wird die künftige Verkehrsentwicklung von der Effizienz der Belieferungssysteme bestimmt werden: Angesichts der hohen Kosten, die mit der Auslieferung haushaltsbezogener Sendungen verbunden sind, erscheint eine Bündelung dieser Auslieferungsfahrten nötig. Mit zunehmendem Marktumfang des B2C-E-Commerce könnten sich die Möglichkeiten verbessern, entsprechende logistische Modelle (Kooperationen, Sammellieferungen, Pick-up-Points u.ä.) zu realisieren. Ob damit eine Senkung des Verkehrsaufkommens zu erreichen sein könnte, ist fraglich.

B2C und privater Einkaufsverkehr

Die Schlüsselfrage lautet hier, ob und in welchem Umfang E-Commerce zu einer Abnahme der *privaten Einkaufsfahrten* führen wird und wie sich die dann notwendige *Auslieferung der bestellten Waren an den Endkunden* gestaltet. Beide Entwicklungen müssten schließlich in einer Nettobilanz zusammengeführt werden.

- Bestimmte *Einkaufsfahrten privater Konsumenten* lassen sich durch den Mausklick vom heimischen Computer aus ersetzen. Konsumenten, die zukünftig auf diesem Wege ihre Waren bestellen und ausliefern lassen, tragen

1 Zentrale Befunde und weiterführende Folgenbetrachtungen

zu einer Reduktion von Einkaufsfahrten bei. Durch Internetbestellungen entstehen jedoch *Auslieferungsverkehre*: kleinteilige Sendungen müssen an eine Vielzahl wechselnder Empfänger verteilt werden. Diese veränderte Sendungsstruktur wird nur dann ein relativ geringeres Verkehrsaufkommen als bei den traditionellen Einkaufsfahrten nach sich ziehen, wenn Bestellungen gebündelt, möglichst viele Empfänger auf einer Auslieferungsroute beliefert, die Zustellzeit in die Abendstunden verlegt und damit mehrmalige Zustellversuche reduziert werden können (Klaus et al. 2002, S. 58).

- Eine weitere Voraussetzung dafür, dass „Home-Shopping" sich *verkehrsreduzierend auswirkt*, ist, dass alle Produkte, die ein Kunde während einer Einkaufsfahrt erwerben möchte, auch im Internet angeboten werden (*Kaufverbund*). Werden nur Teile des sonst üblichen Kaufverbundes angeboten, sind Einkaufsfahrten weiter erforderlich – u.U. reduziert sich die Fahrstrecke. Werden Einkaufsfahrten mit Berufs- und Freizeitfahrten kombiniert (*Fahrtzweckverbund*), wird die Substitution des traditionellen Einkaufs durch den Interneteinkauf keine Verringerung von Fahrten mit sich bringen. Allenfalls werden Umwege reduziert.
- Das Verkehrsaufkommen könnte auch durch die Digitalisierung gegenständlicher Produkte und Dienstleistungen reduziert werden, die dann elektronisch geliefert oder ausgetauscht würden (z.B. Musik- und Software-Downloads, E-Mails, E-Books, Homebanking).

Zusammenfassend kann festgehalten werden, dass Online-Geschäfte mit privaten Endkunden in der Tendenz zu einer Individualisierung und Aufsplitterung des Lieferverkehrs führen: Die Sendungsgrößen werden kleiner, die Lieferfrequenzen steigen, die Zeitfenster werden enger und die Sendungsstrukturen werden zunehmend atomisiert und räumlich dispers.

Lkw-Fahrten zur Belieferung des Einzelhandels werden – bei einer Direktbelieferung von Haushalten – durch Fahrten mit kleineren Fahrzeugen ersetzt. Die Folge ist eine Verkehrszunahme, die auch an der geringen Stoppdichte und der höheren Anzahl an Retouren liegt. Andererseits wird sich dieser Zuwachs in engem Rahmen halten. Die Volumina der Umschichtung von stationärem Handel hin zum E-Commerce, die zukünftig erwartbar sind, bewegen sich nach Ansicht der Gutachter des DIW in einem Bereich zwischen 1 und 5% in den nächsten fünf Jahren. Jedes Prozent E-Commerce könnte zusätzlich 50 Mio. Paketlieferungen im Paket- und Kurierdienst induzieren, was beim augenblicklichen Paketvolumen von 1,36 Mrd. Paketen einen eher bescheidenen Zuwachs ausmacht (Klaus et al. 2002, S. 60).

1.7 Ökologie

Unbestritten steht die *Forschung* zu den ökologischen Aspekten von E-Commerce gerade *erst am Anfang*. Zahlreiche wissenschaftliche Veranstaltungen und anlaufende Forschungsvorhaben weisen aber auf den starken Bedeutungszuwachs dieses Themenfeldes hin. Im folgenden Kapitel wird versucht, den Stand der Diskussion zu den Umwelteffekten des E-Commerce in den wichtigsten Punkten wiederzugeben. Hierzu wird auf eine Literaturstudie von Behrendt et al. (2002a) zurückgegriffen.

1.7.1 Strukturierung der Umwelteffekte nach Bereichen

Die vielfältigen Umwelteffekte des elektronischen Handels lassen sich in drei *Kategorien* unterteilen, wie sie die folgende Tabelle 28 wiedergibt. Im Idealfall müssten bei einer ökologischen Betrachtung von Teilaspekten des E-Commerce alle Kategorien übergreifend betrachtet werden.

Erste Forschungsergebnisse beziehen sich vor allem auf die Umweltauswirkungen der Informations- und Kommunikations-Infrastruktur des E-Commerce sowie deren material- und energiebezogene, verkehrliche und raumstrukturelle Auswirkungen. Hinsichtlich der Behandlung der ökologischen Implikationen von Prozess- und marktstrukturellen Entwicklungen und erst recht bei den Folge- bzw. Reboundeffekten bestehen noch erhebliche Lücken.

1.7.2 Umwelteffekte der E-Commerce-Infrastruktur

Bisher ist das Internet die bedeutendste Plattform für den elektronischen Handel – und wird dies auch voraussichtlich mittelfristig trotz digitalem Fernsehen und Mobilfunknetzen bleiben (TAB 2002a). Dementsprechend stehen bislang die Energieverbräuche und Stoffflüsse, die mit der Internetnutzung verbunden sind, im Fokus der Untersuchungen. Generell ist zu beachten, dass diese Studien die allgemeine Nutzung des Internets bzw. der Telekommunikationsnetzwerke sowie der Geräte betrachten. Der spezifische Anteil der Internetnutzung *für elektronische Handelstransaktionen* wird *nicht herausgerechnet*.

Energieverbräuche

Erste wissenschaftliche Diskussionen zu den Energieverbräuchen des Internets und der sonstigen Telekommunikationsinfrastruktur gab es in den USA. Diese Ergebnisse wurden auch in Deutschland aufgegriffen.

1 Zentrale Befunde und weiterführende Folgenbetrachtungen

Tab. 28: Umwelteffekte des E-Commerce

Bereiche und Prozesse	Umwelteffekte
Inanspruchnahme der IKT-Infrastruktur	
– Netze, Schaltsysteme, Server u.a. – Empfangssysteme – Endgeräte (PC, Mobilfunk)	– Ressourcenverbrauch – Energieverbrauch – Schadstoffe und Elektronikschrott – Elektrosmog
Veränderungen von Produkten, Prozessen und Märkten	
Produkte und Produktion	
– Elektronische Märkte – Digitalisierung von Produkten und Dienstleistungen – Optimierung von Beschaffung und Produktion – Produktlebensdauer	– Materialflüsse – Energieströme
Logistik	
– Frachtstrukturen – logistische Ketten	– Verkehrsaufkommen – Emissionen
Raumnutzung	
– Dezentralisierung der Unternehmensorganisation – veränderte Standortfaktoren	– Flächeninanspruchnahme – Verkehrsaufkommen
indirekte Folge- bzw. Reboundeffekte	
– Senkung der Preise für IT und E-Commerce – Veränderungen von Konsum- und Lebensstilen – Steigerungen der Leistungspotenziale – Kultureffekte durch Wertschätzung des Online-Lebens – Standardisierungseffekte im Lebensstil	– Substitutionseffekte – Rückkoppelungseffekte – Verlagerungseffekte – Kompensationseffekte

Quelle: in Anlehnung an Behrendt et al. (2002a, S. 12) und Fichter (2001, S. 13).

- In einer US-amerikanischen Studie wird der Anteil des gesamten *Stromverbrauchs von Personalcomputern und Internet* in den USA mit rund 13 % am gesamten Stromverbrauch veranschlagt, der zu weiten Teilen dem hohen Energieverbrauch der „Serverfarmen" zugeschrieben wird (Mills/Huber 1999). Allerdings wurde diese Studie heftig kritisiert, u.a. deswegen, weil der Energieverbrauch für einen durchschnittlichen PC sowie die Anzahl der PCs zu hoch angesetzt seien (Behrendt et al. 2002a, S. 16f.). Eine andere Studie kommt zu dem Ergebnis, dass der US-amerikanische Stromverbrauch für Büro- und Netzwerkgeräte bei 2 % liege und zusammen mit der Telefoninfra-

struktur und dem Energieverbrauch bei der Halbleiter- und Computerherstellung lediglich 3% des gesamten Stromverbrauchs erreiche (Kawamoto et al. 2000).
- Für den internetbedingten Energieverbrauch in Deutschland hat das Wuppertal-Institut für Klima, Umwelt, Erde eine Studie vorgelegt, nach der ca. 0,8% des gesamten Stromverbrauchs für das *Internet*, d.h. für Geräte der Bereitstellung, Übertragung und Nutzung von Internetangeboten, verwendet wird (Barthel et al. 2001). Allerdings wurden in den Bereichen, in denen keine spezifischen Daten für Deutschland vorlagen, die Annahmen der US-Studie von Kawamoto et al. (2000) zu Grunde gelegt.
- Für das *Mobilfunknetz* wird ein Stromverbrauch von 0,4 TWh veranschlagt, wobei ca. 90% auf die Infrastruktur (Betrieb der Basisstationen etc.) und etwa 10% auf die Endgeräte fallen. Solange die Netzkapazitäten es zulassen, ist bei einer Erhöhung der Teilnehmerzahl demnach mit einer vergleichsweise geringen Zunahme des Energieverbrauchs zu rechnen (Schaefer/Weber 2000).
- Abschätzungen des *Primärenergiebedarfs bei der Herstellung eines Personalcomputers* kommen zu sehr unterschiedlichen Ergebnissen, was u.a. an der Problematik unterschiedlicher Systemgrenzen, methodischer Ansätze oder unzureichender Daten liegt. So beziffert das Öko-Institut den energetischen Herstellungsaufwand auf 10.350 MJ (Verbraucherzentrale Baden-Württemberg 1996). Demgegenüber kommen jüngere Studien auf einen Primärenergieverbrauch von 9.500 MJ (Dreier et al. 2000) bzw. auf ca. 4.000 MJ (Reichart/Hischier 2001). In diesen Unterschieden spiegeln sich allerdings auch die Effizienzfortschritte bei der Herstellung elektronischer Bauteile wider (Behrendt et al. 2002a, S. 25).
- Nach Schätzung des Umweltbundesamtes betrugen Mitte der 90er Jahre die *Leerlaufverluste* der Informations- und Kommunikationsgeräte in Deutschland ca. 8 TWh pro Jahr, zu denen noch die Leerlaufverluste der Unterhaltungsgeräte gezählt werden können. Das ergab insgesamt ca. 16 TWh pro Jahr bzw. 1,5% des Kohlendioxidausstoßes in Deutschland (UBA 1997 in Behrendt et al. 2002a, S. 19f.). Allerdings kann von den Zahlen kaum auf die gegenwärtige Situation geschlossen werden, da nicht nur die Zahl der Geräte mit Bereitschaftsschaltung (Stand-by) stark zugenommen hat, sondern auch der Energieverbrauch während der Bereitschaftsschaltung durch technische Entwicklungen gesunken ist.

Insbesondere der letzte Aspekt deutet auf die *Verminderungsmöglichkeiten* beim Stromverbrauch durch technische Weiterentwicklungen einer verlustarmen und verbrauchsreduzierten Elektronik hin. Derartige Technologien sind schon im Zuge einer zunehmenden Verwendung mobiler Geräte zu erwarten (Energieversorgung mit Solarzellen, Weiterentwicklungen der Batterietechnik und Minimie-

1 Zentrale Befunde und weiterführende Folgenbetrachtungen

rungen der Ladeverluste). Des Weiteren verbrauchen Flachbildschirme gegenüber der Bildröhrentechnik deutlich weniger Energie. Fortentwicklungen gibt es auch bei der weiteren Senkung der Leerlaufverluste, die auf dem Wege der Optimierung des „Powermanagements" erreicht werden können. Künftig sollen mit Technologien der nichtflüchtigen Speicherelemente Bereitschaftsschaltung und Bootphasen vermieden werden können, wenn der Speicherinhalt auch ohne Stromzufuhr erhalten bleibt (Behrendt et al. 2002a, S. 20).

Stoffflüsse

Auch bei den stofflichen Wirkungen der IKT-Infrastruktur werden die spezifischen Auswirkungen des elektronischen Handels bisher nicht separiert betrachtet. Bisher liegen lediglich Angaben zu den Stoffflüssen der gesamten IKT vor, die sich in erster Linie auf das Abfallaufkommen beziehen. Hilty/Ruddy (2000) schätzen beispielsweise, dass 98% der Stoffflüsse bei Herstellung und vorgelagerter Produktion der IKT als Abfälle auftreten und nur 2% in das Produkt selbst einfließen.

In Deutschland lag im Jahr 1997 das *Aufkommen an Elektro- und Elektronikschrott* bei 1,8 Mio. Tonnen, wovon ca. 350.000 Tonnen auf ausrangierte Büromaschinen, Informations- und Kommunikationstechnik entfielen. Für das Jahr 2000 wird ein Gesamtaufkommen an Elektro- und Elektronikschrott von 2 Mio. Tonnen geschätzt. Der Anteil der IKT-Altgeräte am Gesamtaufkommen wird auf Grund der Wachstums- und Innovationsdynamik für die Zukunft höher eingeschätzt, wozu insbesondere die vergleichsweise kurzen durchschnittlichen Produktnutzungszeiten beitragen (Behrendt et al. 2002a, S. 21).

Der Großteil der Altgeräte wird derzeit noch in Müllverbrennungsanlagen bzw. auf Deponien entsorgt, was angesichts der gesundheitlichen und ökologisch Belastungen (z.B. Cadmium in Ladebatterien und Bleiverbindungen als Lote) nicht unbedenklich ist. Eine *flächendeckende Recyclinglösung* und der Ersatz gefährlicher Stoffe in IKT-Geräten wird vor allem mit der Umsetzung der im Jahr 2000 vorgeschlagenen europäischen Richtlinie für Elektro- und Elektronikaltgeräte (Europäische Kommission 2000a), der vorgeschlagenen Richtlinie zur Beschränkung der Verwendung bestimmter gefährlicher Stoffe in elektrischen und elektronischen Geräten (Europäische Kommission 2000b) und der bisher im Entwurf vorliegende Vorschlag für eine Richtlinie zu den Umweltauswirkungen von Elektro- und Elektronikgeräten („Directive on the impact on the environment of electrical and electronic equipment (EEE)") (Europäische Kommission 2001c) erwartet.

Neben dem Abfallaufkommen richtet sich in jüngster Zeit auch das Augenmerk ansatzweise auf die toxischen und sonstigen *Schadstoffbelastungen* bei der IKT-Produktion und der Entsorgung des Elektronikschrotts. Dabei ist auch zu berücksichtigen, dass Produktions- und Entsorgungsschritte der IKT-Industrie zunehmend in Entwicklungsländer ausgelagert werden, in denen häufig niedrigere Umwelt-, Gesundheits- und Arbeitsschutzstandards vorliegen (z.B. Zarsky et al. 2002).

1.7.3 Umweltfolgen von veränderten und neuen Produktionsprozessen und Produkten

Umweltentlastungen und eine erhöhte Ressourcenproduktivität werden insbesondere erwartet durch:

- Digitalisierung und Virtualisierung von Gütern,
- Koordination von Wertschöpfungsaktivitäten,
- elektronische Beschaffung,
- kundenindividuelle Massenfertigung,
- Veränderungen in der Distribution,
- Verbesserung der Produktnutzung und des Recyclings.

Ressourcenproduktivität

Mit der *Digitalisierung und Virtualisierung* von Informations- bzw. Medienprodukten, Anrechten und Dienstleistungen sowie ihrer Bereitstellung über elektronische Netzwerke sind die Hoffnungen verbunden, vor allem Einsparungen beim Material der Trägermedien, Reduktionen bei den Transporten sowie Verminderungen der Belastungen durch Lager- und Verkaufsflächen zu erreichen (Kap. II.4.4.2).

Beim *Supply Chain Management* geht es vor allem um die Koordinierung von Wertschöpfungsaktivitäten über elektronische Handelssysteme, die die Beschaffungsmengen, Lagermengen, Überschussproduktion und Fehlerquoten verringern sollen. Auch die Vermeidung von Leerfahrten durch internetgestützte Routen- und Auslastungsoptimierung soll möglich werden. Beispielsweise wurden bei der Ford Motor Company Einsparungen von 50 % der Lagerbestände bei den Zulieferern sowie Verringerungen der Leerfahrten um 40 % angekündigt (Behrendt et al. 2002a, S. 35). Allerdings sind auch gegenläufige Effekte denkbar. So kann beispielsweise der Online-Handel, der in der Regel ein breites Produktsortiment aufweist, zu einer Erhöhung der Lagerbestände führen, entweder beim Online-Händler selbst oder in den vorgelagerten Stufen des Groß- und Zwischenhandels.

In weiteren *Fallstudien* wurden einige punktuelle und inkrementelle Steigerungen der Ressourcenproduktivität insbesondere durch Supply Chain Management-Systeme nachgewiesen (Behrendt et al. 2002b). Die *Produktivitätssteigerungen* sind jedoch meist nicht ökologisch, sondern in erster Linie wirtschaftlich

1 Zentrale Befunde und weiterführende Folgenbetrachtungen

motiviert. In Einzelfällen traten vor allem Verringerungen der Lagerbestände und damit der Lagerflächen durch verbesserte Prognosegenauigkeit in der Absatz- und Fertigungsplanung ein. Ferner verringerten sich die Lagerzyklen und damit die Gefahr der technischen Überalterung der Lagerbestände, die verschrottet oder unterhalb des kalkulierten Preises verkauft werden müssten. Hinsichtlich der *Generierung von Verkehr* durch E-Commerce sind in den Fallbeispielen unterschiedliche Effekte aufgetreten. Dort zeigte sich, dass E-Commerce das Just-In-Time-Konzept und damit tendenziell die Zunahme der Transporte förderte. Des Weiteren führte die höhere Planungstransparenz bei Hersteller und Lieferanten dazu, dass auch vermehrt langsamere und kostengünstigere Verkehrsmittel in Anspruch genommen werden, d.h. konkret wurden Transporte vom Luftweg auf den See- oder Landweg verlagert und es wurden weniger Expressdienste in Anspruch genommen (Behrendt et al. 2002b). Zur ökologischen Bewertung der verkehrlichen Veränderungen müssten die Umweltbelastungen der einzelnen Verkehrsarten vergleichend analysiert werden.

Allerdings sind *kaum Verallgemeinerungen* der in den Fallstudien gefundenen Erkenntnisse möglich. Die Potenziale zur Reduktion von Ressourcen- und Energieverbrauch hängen stark von der Güterart, der Struktur der Wertschöpfungskette und von zahlreichen anderen Bedingungen, wie z.B. den eingesetzten Verkehrsmitteln, ab. Zudem sind die Risiken für die Umwelt augenfällig, die sich aus gegenläufigen, mit E-Commerce verbundenen Effekten ergeben, wie die *Verkürzung der Produktlebenszeit* auf Grund der Beschleunigung der Produktionsprozesse oder das in diesem Zusammenhang möglicherweise vergrößerte Transportaufkommen durch neue Sendungsstrukturen.

Bei der privaten oder öffentlichen *elektronischen Beschaffung* lassen sich Umweltkriterien in den Beschaffungsvorgang einbauen, wie beispielsweise Kriterien zur Energieeffizienz oder zu den Entsorgungskosten. Im Rahmen des Konzepts des „Total Cost of Acquisition and Ownership" können u.a. umweltorientierte Kostengrößen den Einkaufspreis als Bewertungskriterium ergänzen (z.B. Majersik 2001, nach Behrendt et al. 2002a, S. 36 f.).

Eine Erhöhung der Ressourcenproduktivität kann auch durch eine bessere Koordination auf der Kundenseite erzielt werden, d.h. durch eine stärkere Ausrichtung der Produktgestaltung auf individuelle Kundenpräferenzen (Individualisierung bzw. „mass customization") und damit durch Einsparungen von Überschussmengen (nicht absetzbare Chargen) und Reduzierung von Lagerhaltung.

Auf der Stufe der *Distribution* könnte ein geringerer Flächenverbrauch des Online-Handels als im traditionellen Handel eintreten. Konkrete Untersuchungen, die insbesondere neben dem Flächenverbrauch auch andere ökologische Belastungen umfassend berücksichtigen, liegen jedoch noch nicht vor (Behrendt et al. 2002a, S. 37 ff.).

Beim *Produktrecycling und bei der Produktnutzungsverlängerung* können Internetrecyclingbörsen und Internetplattformen für gebrauchte Güter umweltentlastend wirken, wenn sie zusätzliches Recycling initiieren oder zum vermehrten Kauf und zur Weiterverwendung gebrauchter Investitionsgüter beitragen (z.B. Fichter 2000).

Markttransparenz und Kundenverhalten

Aussagen dahingehend, dass Internet und E-Commerce-Anwendungen auf der Kundenseite die *Markttransparenz bezüglich ökologischer Produkteigenschaften* verbessern könnten, sind sehr spekulativ. Die Hoffnungen bezüglich einer umfassenderen, kostengünstigeren, bequemeren und zielgruppenspezifischeren Verbraucherinformation beziehen sich auf webbasierte Informationsangebote und virtuelle Gemeinschaften, in denen Wissen z.B. zu ökologischen Produkteigenschaften ausgetauscht wird. Allerdings dürften auch in diesem Kontext ungelöste Probleme der Finanzierbarkeit solcher Informationsangebote und bei virtuellen Gemeinschaften das Problem der mangelnden Qualität der Beiträge oder die ungenügende Motivation zur Teilnahme entsprechende Wirkungen deutlich einschränken.

Umweltrelevante Veränderungen von *Konsummustern* und des *Kaufverhaltens*, die durch den elektronischen Handel und neue Medien ausgelöst wurden, sind bisher weder theoretisch noch empirisch untersucht worden (Behrendt et al. 2002a, S. 42 ff.; s.a. Kap. III.2.2).

Raumstrukturelle Effekte

Grundsätzlich lässt sich sagen, dass E-Commerce Auswirkungen auf die *Flächennutzung und die Raumstruktur* haben wird. Konkrete Tendenzen und einheitliche Muster dieser räumlichen Auswirkungen aufzuzeigen, ist aus mehreren Gründen problematisch. Auch hier lassen sich allgemeine Entwicklungen – in diesem Fall die übergreifenden Stadtentwicklungen – nicht oder nur schwer von Veränderungen trennen, die durch IKT oder E-Commerce hervorgerufenen werden. In der Literatur finden sich zudem in der Regel Betrachtungen der räumlichen Wirkungen des allgemeinen IKT-Einsatzes, d.h. E-Commerce-Effekte werden nicht separat behandelt. Ohnehin dürften solche quantitativen Nachweise nur durch Hilfskonstruktionen oder Schätzungen erbracht werden können, da Veränderungen erst mit erheblicher zeitlicher Verzögerung eintreten und keine eindeutigen Kausalzusammenhänge zwischen IKT-Nutzung und räumlichen Wirkungen ausgemacht werden können (Zoche 2000, nach Behrendt et al. 2002a, S. 61).

1 Zentrale Befunde und weiterführende Folgenbetrachtungen

Dennoch sollen einige Aussagen wiedergegeben werden, die auf entwicklungsbeeinflussende Faktoren in (zumindest partiellen) Wirkungszusammenhängen hinweisen:

- Der IKT werden Potenziale zugeschrieben, *Agglomerationstendenzen zu vermindern*, da die räumliche Nähe beim Informationsaustausch an Gewicht verliert. Sicherlich findet Kommunikation zwischen Unternehmen untereinander und mit Kunden schon zu weiten Teilen über elektronische Netzwerke statt, dennoch bedarf der effektive Austausch von qualifizierten Informationen anscheinend einer direkten Kommunikation über Face-to-face-Kontakt (Zoche 2000, nach Behrendt et al. 2002a, S. 61). Daher bestehen weiterhin *Gründe für lokale Zentren und regionale Cluster.*
- Hinsichtlich der *Dezentralisierung der Unternehmensorganisation* wird argumentiert, dass IKT solche Produktions- und Organisationsformen unterstützt, die eine stärkere Flexibilisierung von Standorten zur Folge haben (z.B. Just-In-Time-Produktion) (Floeting/Henckel 1993, nach Behrendt et al. 2002a, S. 63). Zudem ermögliche die telekommunikative Vernetzung die räumliche Trennung von Bürofunktionen. Diese Faktoren würden sich besonders auf Unternehmen des E-Commerce auswirken. Bei informationsintensiven Branchen, deren Leistungen weitgehend in elektronischen Netzwerken transportiert werden können, verringerte sich der Einfluss der Transportkosten als raumdifferenzierender Faktor (Koll/Kiemer 1997, nach Behrendt et al. 2002a, S. 63). Im Gegensatz zu dieser Argumentation sind *Clusterbildungen von Unternehmen der Informationswirtschaft* beobachtbar. Derartige Unternehmen bevorzugen Standorte mit einer intensiven Vernetzung, hoher Dichte und lokaler Konzentration (Schmidt 2001, nach Behrendt et al. 2002a, S. 69f.), was u.a. mit einer Wiederbelebung innerstädtischer Brachflächen und der Nachverdichtung städtischen Raumes verbunden sein kann.

Der gegenwärtige Entwicklungsstand des elektronischen Handels sowie die komplexen Wirkungszusammenhänge lassen es gegenwärtig nicht zu, tragfähige Aussagen zu treffen, die sich auf die *Flächenwirkungen des E-Commerce* beziehen, sei es die Substitution bestehender Handelsflächen oder das Entstehen neuer Lager- und Distributionsflächen (z.B. Zentrallager-Modelle versus dezentrale Lager, Abholstationen für private Kunden).

Indirekte Folge- und Rückkoppelungseffekte

Neben den bisher geschilderten direkten Umweltwirkungen des elektronischen Handels gibt es *komplexe indirekte Umweltwirkungen* und *Rückkoppelungseffekte* (Reboundeffekte), die positive Effekte z.T. überkompensieren können. Hier

geht es vor allem um E-Commerce-Folgeeffekte, die aus Veränderungen vor allem der Wirtschaftsstruktur sowie der Konsum- und Lebensstile resultieren:
- Der Energieverbrauch der IKT-Geräte konnte in den letzten Jahren deutlich gesenkt werden. Durch den Anstieg der Gerätezahlen und Anwendungen wurden diese Gewinne auf der Makroebene in der Regel aber wieder aufgezehrt.
- Durch E-Commerce erzielte Effizienzgewinne können zur Senkung der Preise für angebotene Leistungen genutzt werden, was wiederum die Nachfrage zu stimulieren vermag. So können durch Online-Tickets Reisen billiger angeboten werden, was zu mehr und längeren Reisen mit hohem Energieverbrauch führen kann.
- Der elektronische Handel kann den erforderlichen Zeitaufwand für Einkaufstätigkeiten vermindern. Allerdings können diese Zeiten für Freizeitfahrten oder andere mehr oder weniger umweltbelastende Konsumtätigkeiten genutzt werden.
- E-Commerce kann den grenzüberschreitenden Handel und dadurch das globale Verkehrsaufkommen erhöhen. Dieser kann auch dadurch erhöht werden, dass E-Commerce die Entwicklung von schnell wechselnden Produktionsstrukturen fördert (z.B. Schneidewind 2000, S. 28).

Resümierend lässt sich sagen, dass strukturelle Effekte und Rückkoppelungseffekte zwischen E-Commerce und Wirtschaftsstruktur, Lebensstilen, Kaufverhalten oder Konsummustern bisher wenig thematisiert sind, obwohl sie als Rahmenbedingungen und indirekte Folgen möglicherweise mehr Auswirkungen als direkte Folgen haben.

Die bislang vorliegenden Studien zeigen, dass bisher vor allem Einzelaspekte untersucht und kaum integrierte Betrachtungen angestellt wurden. Hier können integrierende Untersuchungen unter Verwendung von Lebenszyklusanalysen die Forschungslücken schließen helfen. Ferner sollten detaillierte Analysen, u.a. Falluntersuchungen oder Systemanalysen, zu belastbaren empirischen Aussagen führen (s.a. Kap. III.2.3).

Insgesamt deuten sich also Potenziale zur Reduktion von Ressourcen- und Energieverbrauch beim E-Commerce an. Sie hängen aber von zahlreichen Bedingungen ab, die erfüllt sein müssen, damit diese Potenziale auch ausgeschöpft werden können. Zudem sind die Risiken für die Umwelt virulent, die sich aus gegenläufigen – ebenfalls mit E-Commerce verbundenen – Effekten ergeben, wie die Verkürzung der Produktlebenszeit auf Grund der Beschleunigung der Produktionsprozesse oder die Verstärkung des Güterverkehrsaufkommens durch neue Sendungsstrukturen.

1.8 Marktregulierung

Geht man die in Kapitel II untersuchten Wirtschaftsbereiche durch, dann stößt man auf viele *Sonderregelungen*, die den freien Handel einschränken und die Bedingungen für die Etablierung des E-Commerce verschlechtern.

- Im *Automobilhandel* war es bis September 2002 die Gruppenfreistellungsverordnung, die exklusive Händlernetze und Gebietsmonopole der Einzelhändler erlaubte und damit den freien Handel einschränkte.
- Im *Arzneimittelhandel* ist der Versandhandel untersagt und Preiskonkurrenz unterbunden.
- Bei den *Medienprodukten* verhindert die Buchpreisbindung den Preiswettbewerb auf der Endverbrauchsstufe, während im Segment des Musikalien-, Film- und Videohandels eine solche Einschränkung nicht gegeben ist.
- In der *Elektrizitätswirtschaft* wurde erst 1998 der Übergang zum freien Markt eingeleitet, ein Prozess, der in der praktischen Umsetzung noch auf viele Probleme stößt.
- Im Bereich des *Wertpapierhandels* findet man sowohl einen geregelten Börsenhandel mit quasi öffentlich-rechtlichem Charakter, aber auch außerbörsliche Handelsplätze.
- Im vielgestaltigen *Dienstleistungssektor* stößt man auf eine Fülle von Sonderregelungen, z.B. bei den Freien Berufen, wie Rechtsanwälten, Notaren, Ärzten, Architekten etc., in denen die Art der Dienstleistungserbringung, das geschäftliche Verhalten und andere handelsrelevanten Sachverhalte teilweise bis ins Einzelne vorgeschrieben sind und ein Monopol dieser Berufsgruppen auf die Erbringung einer bestimmen Dienstleistung konstituieren.
- Schließlich trifft man auf besondere Vorschriften für den Bereich der *öffentlichen Beschaffung*, die der Schaffung von Markttransparenz dienen sollen.

Für den E-Commerce besonders *hinderlich* sind alle Einschränkungen des Handels, die *Gebietsmonopole* festschreiben, die die *Preiskonkurrenz einschränken* oder ausschalten und die bestimmte *Vertriebs- und Erbringungsformen ausschließen*.

Bei den oben aufgeführten Beispielen verteidigen die überwiegende Zahl der direkt betroffenen Akteure der Wirtschaft und ihre Verbände diese Sonderregelungen. Das trifft sowohl auf die Automobilindustrie und ihre Verbände zu, die Apothekerverbände, die Verlage und den Buchhandel oder die Rechtsanwälte und Ärzte. Und in der deregulierten Elektrizitätswirtschaft hat man manchmal den Eindruck, dass sich die etablierten Unternehmen teilweise mit der Freigabe des Strommarktes noch reichlich schwer tun.

Es ist in erster Linie die EU-Kommission die – nach mehr oder weniger erfolgreichen Liberalisierungsvorhaben im Bereich des Verkehrs, der Telekommunikation und der Energiemärkte – nun u.a. auf dem Gebiet des Handels mit Automobilen, bei der Buchpreisbindung, im Dienstleistungssektor und bei der öffentlichen Beschaffung mit entsprechenden deregulierenden Vorstößen aktiv ist.

Aber es gibt auch innerhalb der jeweiligen Branchen Kräfte, die die Liberalisierung der Märkte unterstützen, man denke an die von der Verbandsmeinung abweichende befürwortende Stellungnahmen des BMW-Konzerns vom Februar 2002 zu den Plänen der EU-Kommission zur Ablösung der Gruppenfreistellungsverordnung oder an die im April 2002 erfolgte Gründung eines Bundesverbands Deutscher VersandapothekerInnen (BVDVA) als Pressuregroup für die Einführung eines verantwortungsbewussten Arzneimittelversandhandels.

Selbst in der Buchbranche, wo es eine über hundertjährige Tradition der Buchpreisbindung gibt, die nach einigen durch die EU-Kommission ausgelösten Turbulenzen in den letzten Jahren nun durch ein neues Buchpreisbindungsgesetz als gesichert erscheint, halten zwar alle wesentlichen Akteure an diesem den Wettbewerb dämpfenden Instrument fest, bereiten sich aber in ihren Unternehmensstrategien gleichzeitig auf eine Situation vor, in denen die Buchpreisbindung aufgehoben ist. In einer Untersuchung des Instituts für Technikfolgenabschätzung und Systemanalyse (ITAS) ergab das Meinungsbild bei den befragten Experten, dass die Mehrzahl die Buchpreisbindung befürwortet, aber gleichzeitig davon ausgeht, dass diese in fünf Jahren in der jetzigen Form nicht mehr existiert (Riehm et al. 2001, S. 34 ff.).

Es sollen hier im Weiteren nicht die Vor- und Nachteile der jeweiligen Regulierungen diskutiert werden – natürlich gibt es jeweils gute Argumente, warum bestimmte Markteinschränkungen sinnvoll sind. Es sollen auch nicht die Interessen und Strategien der Akteure analysiert werden, die sich auf die eine oder andere Seite der jeweiligen Auseinandersetzung schlagen. Was hier interessiert ist, *welchen Einfluss E-Commerce* als technologisch-organisatorische Innovation *auf die Regulierung oder Deregulierung* der Märkte ausübt. Dabei können die folgenden Wirkungshypothesen unterschieden werden:

- E-Commerce wirkt gegen die Deregulierung,
- E-Commerce verhält sich dazu neutral,
- E-Commerce ist Trendverstärker oder Katalysator der Deregulierung,
- E-Commerce ist Auslöser der Veränderung des Regulierungsregimes (Technologie als „change agent").

Betrachtet man die untersuchten Wirtschaftsbereiche (Kap. II), dann findet man für die erste Hypothese, E-Commerce entfaltet eine Wirkung gegen die Deregulierung, keine Beispiele. Solche sind auch kaum zu konstruieren. E-Commerce müsste z.B. gegen eine Einführung von Preiswettbewerb, gegen eine Aufhebung

1 Zentrale Befunde und weiterführende Folgenbetrachtungen

von Gebiets- oder Vertriebsmonopolen eine Wirkung entfalten. Dafür scheint es keine plausiblen Gründe zu geben. Am ehesten könnte man sich extrem zentralistische technisch-organisatorische Systeme vorstellen (wie Infrastruktursysteme der Wasser- oder Gasversorgung), die gegen Deregulierungsbestrebungen wirken könnten. Solche Systeme sind jedoch im IuK-Bereich kaum zu finden.

Die aktuellen Vorgänge um die Deregulierung des *Autohandels* könnten als Beispiel für eine im Wesentlichen neutrale Wirkung des E-Commerce gegenüber Deregulierungsbestrebungen gelten. Die Förderung des E-Commerce wird von den Befürwortern der Deregulierung, z.B. der EU-Kommission, zwar als Argument angeführt, es ist aber nicht so, dass durch E-Commerce bereits faktische Entwicklungen eingeleitet wurden, die aus diesem Grund eine Anpassung der bestehenden Regulierungen notwendig machen würden. Solche Herausforderungen finden sich eher bei den den Branchenkonsens herausfordernden Unternehmen, man denke an die Ausnutzung der beträchtlichen Preisunterschiede zwischen den europäischen Ländern durch Reimporte oder an die Umgehung der Vertragshändler durch den Verkauf von „Neuwagen" mit Eintageszulassungen, z.B. über Supermärkte oder das Internet.

Die *Strombranche* kann als Beispiel dafür dienen, dass der elektronische Handel Liberalisierungsprozesse zwar nicht auslöst, aber verstärkt (Kap. II.5.5). Die wesentlichen Impulse zur Liberalisierung der Energiemärkte liegen in komplexen politisch-strukturellen Interessenkonstellationen der Europäischen Kommission, die wiederum auf globale Entwicklungen der 1980er Jahre reagiert hat. Die durch die Systeme des elektronischen Handels zur Verfügung gestellten Möglichkeiten wirken aber fördernd und katalytisch auf dem schwierigen Weg vom regulierten zum freien Markt.

Besonders interessant ist der *Arzneimittelhandel*. Hier gibt es tatsächlich die Situation, dass das Verbot des Arzneimittelversandhandels in Deutschland durch den Internethandel aus dem Ausland umgangen wird. Es wäre eine Überschätzung der Wirkung des Online-Arzneimittelhandels aus dem Ausland, wollte man ihm allein – je nach Standpunkt – die „Schuld" oder das „Verdienst" daran zumessen, dass mit hoher Wahrscheinlichkeit eine Deregulierung des nationalen Systems des Arzneimittelhandels in absehbarer Zeit zu erwarten ist. Die Krankenkassen und die Gesundheitspolitik hoffen z.B. auf Preissenkungen bei Arzneimitteln und unterstützten deshalb diesen neuen Vertriebsweg. Es spricht aber alles dafür, dass nur durch den realisierten und genutzten Internethandel mit Arzneimitteln aus dem Ausland die Dynamik der Veränderung ausgelöst werden konnte, wie sie gegenwärtig beobachtbar ist. Würde nur über prinzipielle, theoretisch vorstellbare Möglichkeiten diskutiert, dann wäre diese Wirkung nicht im gleichen Ausmaß erzielt worden.

Warum konnte diese gleiche Wirkung des Technikeinsatzes z.B. bei der Aufweichung der *Buchpreisbindung* nicht erreicht werden? Im Prinzip wäre es technisch und rechtlich denkbar, die deutsche Buchpreisbindung dadurch zu umgehen, dass man aus dem Ausland über das Internet deutsche Bücher zu reduzierten Preisen anbietet. Der österreichische Großbuchhändler Libro hatte dies im Jahr 2000 versucht und ist am geschlossenen Widerstand der deutschen Buchbranche, der Verlage und der Großhändler, gescheitert, die den ausländischen „Preisbrecher" nicht belieferten. Ein weiterer Unterschied zwischen Arzneimittelhandel und Buchhandel mag auch der sein, dass die deutsche Buchproduktion überwiegend national, der internationale, grenzüberschreitende Buchmarkt relativ beschränkt und auch gar nicht von der Buchpreisbindung tangiert ist. Dagegen werden Arzneimittel von wenigen international agierenden Pharmakonzernen hergestellt und international vertrieben. Der Bezug der Waren für die Internetapotheke, die nach Deutschland verkaufen will, muss also nicht unbedingt aus Deutschland selbst erfolgen, während der Online-Buchhandel im Ausland, der preisreduziert nach Deutschland liefern will, auf die Warenzulieferung aus Deutschland angewiesen ist.

Die elektronischen *Musik- und Videotauschbörsen* sind ein weiteres aufschlussreiches Exempel für die hier aufgeworfenen Fragestellungen. Hier geht es nicht um die Deregulierung des Marktes, sondern um die Sicherung der Verwertungsrechte. Diese werden durch die Kopiermöglichkeiten und die Tauschbörsen erheblich tangiert und angegriffen. So gibt es enorme Anstrengungen auf der politischen Ebene, durch eine Reform der Urheber- und Verwertungsrechte und die Einführung drastischer Strafen für Urheberrechtsschutzverletzer dieser Entwicklung Einhalt zu gebieten. Auch hier kann man mit guten Gründen die Position vertreten, dass die technologischen Potenziale mit diesen regulatorischen Mitteln vermutlich nicht eingedämmt werden können und man sich andere, damit kompatiblere Strategien überlegen müsste, um einen Interessenausgleich herzustellen.

Die These, dass *nationale Regulierungen im Internetzeitalter* und für den Internethandel keine Chance auf Durchsetzung mehr haben, gilt so pauschal nicht. Es kommt dabei auf die jeweiligen Märkte und Kräfteverhältnisse an, wie man am Beispiel des Buchhandels sehen konnte, wo eine Umgehung der Buchpreisbindung durch den grenzüberschreitenden Internethandel nicht gelang. Dagegen zeigen die diskutierten Beispiele, dass die These vom „*time gap*" der Regulierung im Vergleich zu den technologischen Entwicklungen im Großen und Ganzen stimmt. Politik und Recht müssen in der Regel nachvollziehen, was technologisch schon angelegt und im Einsatz ist.

Im Ergebnis der Einzelanalysen lässt sich das Resümee ziehen, dass „E-Commerce" auf die Deregulierung von Märkte uneinheitlich wirkt. Eine gegen die

1 Zentrale Befunde und weiterführende Folgenbetrachtungen

Deregulierung gerichtete Wirkung konnte zwar nicht festgestellt werden, aber neutrale, trendverstärkende und auslösende Wirkungen. Der interessante Fall, wo E-Commerce als „change agent" wirkt, tritt im Wesentlichen dann auf, wenn es eine Möglichkeit der faktischen Umgehung bestehender (nationaler) Regelungen gibt, und wenn die Kräfteverhältnisse innerhalb der Branche jedenfalls partiell die Deregulierungstendenz unterstützen. E-Commerce kann die Brechstange sein, um das Tor zu deregulierten Märkten zu öffnen, ob dies aber gelingt, hängt ab von der Stabilität des Tores und den Kräften die an der Brechstange und hinter dem Tor wirken.

1.9 Perspektiven

Will man Aussagen über die Potenziale und Wirkungen des elektronischen Handels auch für die Zukunft machen, dann kommt man um eine Auseinandersetzung mit vorliegenden Prognosen nicht herum. Diese beziehen sich typischerweise auf erwartete Umsatzzahlen für den B2B- oder B2C-Bereich in einzelnen Ländern, auf Anteile des E-Commerce an bestimmten Wirtschaftsbereichen sowie auf Wirkungsabschätzungen des E-Commerce. Generell wird angenommen, dass die Wirkungen des E-Commerce umso gravierender sind, je größer die E-Commerce-Anteile an einem bestimmten Handelssegment sind. Verbleibt der E-Commerce in der Ein-Prozent-Nische, dann muss man sich um den strukturellen Wandel, um Beschäftigungs- oder verkehrliche Effekte kaum kümmern. Dies sieht bei Anteilen von zehn, zwanzig oder noch mehr Prozent anders aus.

Dass Prognosen per se unsicher sind und sich in ihren Aussagen teilweise deutlich widersprechen, ist zwar richtig. Das reicht aber als Begründung für den Verzicht auf Prognosen nicht aus, wenn man den Anspruch verficht, Informationen bereitzustellen, die zukunftsorientiertes Handeln unterstützen. Es kommt vielmehr darauf an, mit vorliegenden Prognosen – oder wie man in aller Regel vielleicht besser sagen sollte „prognostischen Modellrechnungen" – in einer angemessenen Form umzugehen. Im Folgenden werden in dieser Absicht zunächst drei Modellrechnungen rekapituliert, die im Rahmen dieses TAB-Projekts für bestimmte Wirtschaftsbereiche vorgenommen wurden. Im Anschluss daran werden – im Wesentlichen qualitativ – ausgewählte Teilsegmente des E-Commerce abgeschätzt.

1.9.1 Prognostische Modellrechnungen

Es werden hier drei prognostische und auf Wirkungen des E-Commerce zielende Modellrechnungen diskutiert:

- die Schätzungen des DIW zum Substitutionspotenzial bei einem vollständigen Übergang zum E-Commerce mit digitalen Gütern (Seufert 2001, S. 37),

- eine Abschätzung der Verschiebung der Vertriebskanäle von Videos hin zu elektronischen Vertriebsformen (Schumann et al. 2001, S. 77 ff.) und
- die Berechnungen des potenziellen Volumens für den elektronischen Handel mit Arzneimitteln in Deutschland (Prinz/Vogel 2002, S. 159 ff.).

Dabei geht es nicht in erster Linie um die Ergebnisse im Einzelnen und um eine Kritik an den vorgelegten Arbeiten, sondern um die Rekonstruktion der jeweiligen mit den Modellrechnungen verknüpften Erkenntnisziele und um die in die Modellrechnungen eingeflossenen expliziten und impliziten Annahmen. Es wird sich zeigen, dass einfache oder gar monokausale Annahmen zwar leichter nachvollziehbar sind, aber dafür die Komplexität der jeweiligen Einflussfaktoren nicht erfassen. Komplexere, multikausale Annahmen dagegen sind in ihren Wirkungen und Wechselwirkungen schwieriger zu modellieren und nachvollziehbar darzustellen. Eine weitere Achillesferse solcher prognostischer Modellrechnungen ist die Qualität der Daten. Diese beruht oft auf mehr oder weniger begründeten Experteneinschätzungen, die allerdings durch das Rechnen mit exakten Werten bis hinter die Kommastelle verdeckt werden. Den Aussagebereich solcher Studien kann man nur beurteilen, wenn man die Datengrundlage, die gewählten Annahmen und die Modellrechnungen im Einzelnen nachvollzieht. Vor diesem Hintergrund gewinnen diese Ansätze ihre Berechtigung. Eine erste Übersicht gibt Tabelle 29.

E-Commerce mit digitalen Gütern

Ziel der Modellrechnung des DIW (Seufert 2001, S. 37) war eine Abschätzung der *maximal substituierbaren Beschäftigten* bei einem vollständigen Übergang zum E-Commerce mit digitalen Gütern.[53] Die wesentlichen *Annahmen*, die getroffen wurden, sind sektorspezifische Schätzungen der durch Digitalisierung ersetzbaren Anteile an der Produktion und Distribution von Medienprodukten und Dienstleistungen. Diese *Substitutionspotenziale* wurden beispielsweise für die Erzeugung von Medienprodukten sowie für die meisten Sektoren der Dienstleistungswirtschaft mit nur 5 % angenommen, für die Vervielfältigung von Medienprodukten und ihre Distribution mit 75 %. Es wurden zwar allgemeine Begründungen für die jeweils gewählten Werte angeführt, eine quantitative Ableitung oder eine Bezugnahme auf einen empirisch erhobenen Datensatz wurde nicht vorgenommen. In diesem Sinne handelte es sich um mehr oder weniger plausible, erfahrungsgeleitete Schätzungen.

---

53 Das Gutachten geht in seiner Argumentation über diesen hier herausgegriffenen Teil der „Modellrechnung" deutlich hinaus.

1 Zentrale Befunde und weiterführende Folgenbetrachtungen

Tab. 29: Übersicht zu drei prognostischen Modellrechnungen

	Seufert 2001	Schumann et al. 2001	Prinz/Vogel 2002
Ziel der „Prognose"	maximal substituierbare Beschäftigte	Veränderung der Anteile der herkömmlichen und neuen Vertriebskanäle	Anteil des elektronischen Handels
Wirtschaftsbereich	digitalisierbare Güter und Dienstleistungen	Videohandel	Arzneimittelhandel
Annahmen	sektorspezifische Rationalisierungspotenziale durch Digitalisierung zwischen 5 und 75 %	Vielzahl qualitativer und quantitativer Annahmen z.B. zum Zusatznutzen, zum Käufertyp, zum Video als Geschenk etc.	1) Abschätzung der zukünftigen Ausgaben für Arzneimittel 2) Entwicklung der Internetnutzung nach Altersgruppen 3) Anteil des vorhersehbaren Arzneimittelverbrauchs
zeitliche Reichweite	langfristig	mittelfristig und langfristig (mehr als 10 Jahre)	bis 2010
Varianten	keine Varianten	mittelfristig und langfristig (s.o.)	4 Varianten
Berechnung	Anzahl der gegenwärtig im jeweiligen Sektor Beschäftigten mal dem Rationalisierungsfaktor durch Digitalisierung	im Einzelnen nicht nachvollziehbar	erwarteter, altersspezifischer Arzneimittelkonsum mal Anteil der Internetnutzer (nach Altersgruppen) mal Anteil des vorhersehbaren Arzneimittelkonsums
zentrales Ergebnis	max. 1 Mio. Arbeitsplätze könnten in den betrachteten Wirtschaftszweigen durch Digitalisierung wegfallen.	Videovertrieb langfristig: stationär 26,4 %, elektronisch unterstützt 32 %, vollständig elektronisch 41,6 %	realisierbarer potenzieller Anteil des Internethandels mit Arzneimitteln am gesamten Arzneimittelhandel zwischen 12 und 28 %
Interpretation, Bewertung	keine Bilanzierung mit neu entstehenden Arbeitsplätzen, maximale Annahmen	keine Berücksichtigung preislicher, infrastruktureller und geschäftlicher Annahmen innerhalb der Modellrechnung	maximale Abschätzung, da implizite Annahme, Internetnutzer seien automatisch auch Internetkäufer, der Erfahrung widerspricht

Der Schritt zur Prognose der Beschäftigungseffekte beruhte auf einer einfachen Multiplikation der geschätzten Substitutionspotenziale mit den aus der volkswirtschaftlichen Statistik entnommenen branchenspezifischen Beschäftigungszahlen.

Der *Vorteil* dieses Vorgehens besteht darin, dass die Annahmen und die Berechnungen relativ *einfach nachvollzogen* werden können. Dies ist gleichzeitig ein *Nachteil*, da die zentralen Annahmen zum Substitutionspotenzial nur *grob geschätzt* sind und als *einziger Faktor* in die Berechnungen einfließt. Es werden beispielsweise keine Annahmen und Berechnungen über den zeitlichen Verlauf der Digitalisierung von Medienprodukten und Dienstleistungen, über das Entstehen neuer Produkte und Dienste sowie über die neu entstehenden Arbeitsplätze vorgenommen. Diese Aspekte werden allerdings in qualitativen Abschätzungen außerhalb der Modellrechnung diskutiert.

Akzeptiert man die Annahmen zu den Substitutionspotenzialen als plausible Expertenschätzungen, dann ergibt sich eine maximale Zahl der durch die Digitalisierung von Medienprodukten und Dienstleistungen betroffenen Beschäftigten (in diesem Fall etwa eine Million), deren Arbeitsplätze substituiert werden könnten. Dies ist keine Aussage zur Wirkung des E-Commerce auf die Arbeitsplätze insgesamt (Bilanz), da auch vom Entstehen neuer Arbeitsplätze durch neue Produkte und Dienstleistungen ausgegangen wird; dies ist auch keine Aussage zu Ablauf und Geschwindigkeit dieses Prozesses und keine zur Wahrscheinlichkeit des Eintritts dieser Entwicklungen. Diese Aspekte werden allerdings in anderen Teilen des Gutachtens diskutiert.

E-Commerce im Vertrieb von Videos

Das *Ziel* dieser Modellrechnung war eine *Abschätzung der Entwicklung der Vertriebskanäle* im Videobereich (Schumann et al. 2001, S. 77 ff.). Für den Status quo wurden die folgenden Vertriebsformen unterschieden: der Videokauf- und Videoleihmarkt sowie der stationäre (Videothek) und der Online-Handel, über den herkömmliche Videos elektronisch unterstützt vertrieben werden. Als neuer Vertriebskanal gilt der vollständige elektronische Handel, bei dem die Videos digital übertragen werden (Download oder „Streaming", vgl. Kap. II.4). Dessen Anteile wurden zusammen mit der Entwicklung der bereits etablierten Anteile für eine mittel- und eine langfristige Perspektive abgeschätzt.

Es wurden eine *Vielzahl von qualitativen und quantitativen Annahmen* getroffen, die mehr oder weniger direkt in die Berechnungen mit einflossen. Zu diesen Annahmen zählten u.a., dass sich neue Technologien nur über ihren Zusatznutzen durchsetzen. Als Zusatznutzen des elektronischen Videohandels gilt die größere Titelauswahl und der Zugang von zu Hause aus. Es wurde berücksichtigt, dass im Videokaufmarkt ein wesentlicher Teil als Geschenk gekauft wird

1 Zentrale Befunde und weiterführende Folgenbetrachtungen

(Kap. II.4.3.2), ein Marktsegment, dass kaum durch den vollständigen elektronischen Vertriebskanal ersetzt werden kann. Es floss des Weiteren eine Nutzertypologie ein, die unterscheidet zwischen Videofans (Heavy-User) und Abwarter. Die „Heavy-User" machen 40% der Videothekennutzer aus und vereinen auf sich 80% des Verleihumsatzes mit Videos. Die „Abwarter" sind mit 60% die Mehrzahl der Videothekenkunden, verursachen aber nur 20% ihres Leihumsatzes. Auf Grund von retardierenden Entwicklungsfaktoren, die in der Technik (Geschwindigkeit der Zugangstechnologie, technische Standards, Bildqualität) oder im Angebot (Preise, Titelanzahl) oder in rechtlichen Rahmenbedingungen (Urheberrecht) liegen können, wurde von einem zweistufigen Entwicklungsmodell ausgegangen, in dem zunächst nur die „Heavy-User" auf die elektronische Distribution einsteigen und erst nach deutlichen Kostensenkungen und einer Vereinfachung der Technologie auch die breite Bevölkerung die entsprechenden Angebote wahrnimmt.

Es wurden keine Annahmen zu den Preisen, zur technischen Infrastruktur und zum Geschäftsmodell gemacht: Wie werden die Preise elektronisch distribuierter Videos beschaffen sein – deutlich billiger als im gegenständlichen Handel? Ist ein Breitbandanschluss Voraussetzung für den vollständigen elektronischen Videohandel und wie werden sich die Nutzungszahlen bei den Breitbandanschlüssen entwickeln? Schließlich, wie könnte ein Geschäftsmodell aussehen (Preismodelle, Sortimentspolitik, Kundenpotenzial), dass das Angebot des vollständigen elektronischen Videomarktes rechtfertigt?

Das *Ergebnis* ist *relativ dramatisch*: der Anteil des stationären Vertriebs würde mittelfristig auf 72,8% und langfristig (nach mehr als 10 Jahren) auf nur noch 26,4% zurückgehen. Der elektronisch unterstützte Videohandel mit materiellen Produkten erreichte mittelfristig 6,4% (eine relativ schwer zu interpretierende Zahl, da dieser Anteil bereits zum Zeitpunkt der Prognose überschritten war) und komme langfristig auf 32%. Der vollständige elektronische Videohandel entwickelte sich von mittelfristig 20,8% auf langfristig 41,6%.

Beim Ansatz von Schumann et al. fließen zwar mehr Parameter in die Berechnungen mit ein als bei der vorher diskutierten Modellrechnung von Seufert. Die Kehrseite dieser höheren Komplexität ist allerdings eine geringere Transparenz. Wie die Autoren im Einzelnen von ihren Annahmen zu den Ergebnissen kommen, ist nicht immer nachvollziehbar.

Elektronischer Handel mit Arzneimitteln

Das *Ziel* dieser sehr umfangreichen Modellrechnungen war eine *Abschätzung des potenziell realisierbaren Volumens des elektronischen Handels mit Arzneimitteln* in Deutschland (Prinz/Vogel 2002, S. 159ff.). Aus diesen Volumenberechnungen wurden zwei weitere Größen direkt abgeleitet: das *Einsparpotenzial beim Apothekenumsatz* mit verordneten Arzneimitteln und die *Auswirkungen auf die wirtschaftliche Situation* und die *Anzahl* der traditionellen, stationären Apotheken.

Es flossen im Wesentlichen *drei Annahmen* in die Berechnungen ein, die in diesem Fall auch quantifiziert wurden. Zum ersten eine Abschätzung der *Ausgaben für apothekenpflichtige Arzneimittel* bis 2010 differenziert nach Indikationsgruppen. Dabei wurde angenommen, dass der Arzneimittelverbrauch schneller als das Bruttoinlandsprodukt wächst (so genannte Elastizität der Arzneimittelausgaben, die in zwei Varianten mit dem Faktor 1,3 und 1,5 eingeht). Zum zweiten wurden vier *Varianten der Internetnutzung*, differenziert nach Altersgruppen, angenommen. Variante 1 beschreibt den Status quo, Variante 4 geht von angenommenen maximal erreichbaren Werten aus und die Varianten 2 und 3 liegen dazwischen. Die altersspezifische Betrachtung wurden mit dem stark altersabhängigen *Arzneimittelverbrauch* begründet. Zum dritten wurde auf Basis von Expertenschätzungen der Arzneimittelverbrauch aufgeteilt in die Gruppe der *akut* benötigten und in die Gruppe der *vorhersehbaren* Arzneimittel. Eine Bestellung von Arzneimitteln über das Internet komme wegen der längeren Lieferzeiten nur für den vorhersehbaren Arzneimittelbedarf in Frage.

Die Autoren gingen also davon aus, „dass alle Medikamente über das Netz gehandelt werden können und die Beschränkung nur darin liegt, dass ein mehr oder weniger großer Teil der Konsumenten das Internet nicht nutzt" (Prinz/Vogel 2002, S. 175).

Der für den Internethandel relevante Arzneimittelkonsum wurde dann berechnet als der gesamte prognostizierte wertmäßige Arzneimittelkonsum in den jeweiligen Altersgruppen, multipliziert mit dem Anteil der erwarteten Internetnutzer (vier Varianten) in den jeweiligen Altersgruppen multipliziert mit dem Anteil des vorhersehbaren, nicht akut anfallenden Arzneimittelkonsums.

So wurde ein „realisierbarer potenzieller Internethandel" als Anteil des Apothekenumsatzes mit verschreibungspflichtigen Medikamenten von 12 % (in der Status-quo-Variante) bis 28 % (in der Maximalvariante) berechnet (Prinz/Vogel 2002, S. 187). Aus Sicht der Autoren hiengen ihre Ergebnisse im Wesentlichen davon ab, „wie der Arzneimittelkonsum über das Alter verteilt ist und wie hoch der Anteil der Internetnutzer in der jeweiligen Altersgruppe ist. Mehr sollte auch mit diesen Berechnungen nicht herausgefunden werden" (Prinz/Vogel 2002, S. 179).

Der *Vorzug* dieses Ansatzes besteht darin, dass mit einer *überschaubaren Zahl* von *gut nachvollziehbaren Annahmen* gearbeitet wird, die alle quantifiziert werden und direkt in das Modell einfließen. Ein weiterer Vorzug ist, dass mit *Varianten* gerechnet wird, erlaubt dies doch eine bessere Einschätzung des Wirkungsspektrums des jeweiligen Faktors.

Problematisch erscheint die Annahme, dass alle Internetnutzer auch Online-Käufer von Arzneimitteln sind. Abgesehen davon, dass in Deutschland der Versandhandel mit Arzneimitteln überhaupt keine Tradition hat (im Gegensatz zum Buchversand etc.), was eine erschwerende Bedingung für den Internethandel darstellt, sind im Allgemeinen unter den Internetnutzern nur rund ein Drittel bis die Hälfte auch Online-Käufer und von diesen wiederum ein relativ kleiner Prozentsatz regelmäßige oder häufige Online-Käufer (vgl. Kap. I.4.1). Dies ignoriert die Modellrechnung bewusst, da sie das „maximale" Potenzial identifizieren möchte. Würde man dies berücksichtigen, dann käme man in der Variante 1 auf einen Anteile des Internethandels am Apothekenumsatz mit verschreibungspflichtigen Arzneimitteln von 4 bzw. 6 % statt 12 % (bei einer zu Grunde gelegten Rate von Online-Käufern unter den Internetnutzern von 30 bzw. 50 %) und in der Variante 4 auf 9 bzw. 14 % statt 28 %. Die Ergebnisse der Modellrechnung von Prinz et al. müssen also vor dem Hintergrund dieser Gleichsetzung von Internetnutzern und Internetkäufern interpretiert werden: die Einspareffekte und der Strukturwandel im Apothekenwesen werden dadurch überschätzt und werden bei sonst gleichen Bedingungen moderater ausfallen als von den Autoren erwartet.

1.9.2 Qualitative Abschätzung

Methodische Vorbemerkung

Es gibt mehrere Möglichkeiten, Aussagen zu den Perspektiven des elektronischen Handels zu entwickeln. Quantitative Ansätze wurden in Kapitel III.1.9.1 vorgestellt und diskutiert. Eine andere Methode ist die Entwicklung von Szenarien, die insbesondere darauf abhebt, wesentliche Einflussfaktoren in unterschiedlichen Ausprägungen und Kombinationen zu variieren und daraus Folgerungen für die Zukunft des E-Commerce abzuleiten. Szenarien könnten auch nach unterschiedlichen normativen Leitbildern, z.B. „Nachhaltiger elektronischer Handel", konstruiert werden und die Bedingung und Folgen ihrer Implementierung wären darin zu konkretisieren.

Hier wird ein weiterere Möglichkeit diskutiert, die man eine *qualitative Abschätzung* nennen könnte. Sie zielt nicht auf den Detaillierungsgrad quantitativer Aussagen einer prognostischen Modellrechnung, sondern beschränkt sich auf Aussagen zu Spannbreiten und Größenordnungen. Die Begründung dafür ist eine doppelte: Erstens verspricht die „exakte Zahl" der prognostischen Modellrechnungen eine Präzision der Modelle und Ergebnisse, die diese in der Regel nicht einlösen können. Zweitens ist diese Präzision für die in Frage kommenden Zwecke auch gar nicht nötig. Für Potenzial- und Folgeabschätzungen genügen Angaben qualitativer Art. Die Arbeitsmarkt- oder Verkehrseffekte werden sich nicht danach unterscheiden, ob E-Commerce einen Anteil von 9% oder 11% hat, aber danach ob es eher unter 5% oder eher über 20% sind. Doch auch qualitative Aussagen müssen entwickelt und begründet werden. Wie kommt man zu diesen Aussagen? Notwendig sind im Wesentlichen vier *Voraussetzungen*:

- Erstens ist eine detaillierte, komplex angelegte *Ist-Analyse* des jeweiligen Bereichs erforderlich. Nur genaue Kenntnisse der jeweiligen spezifischen Bedingungen der Branche erlauben eine Abschätzung zukünftiger Möglichkeiten. Dabei muss eine *angemessene Form der Differenzierung* vorgenommen werden: E-Commerce ist nicht gleich E-Commerce. Dazu gehören auch historische Rekonstruktionen, denn durch sie kann man die Möglichkeiten und das Ausmaß von Veränderungen im Zeitverlauf angeben.
- Zweitens müssen – vor dem Hintergrund der Branchenanalysen – die wichtigsten *entwicklungsbestimmenden Faktoren* identifiziert werden, die fördernd oder hemmend auf den elektronischen Handel einwirken. Dabei müssen auch die *Alternativen* zum E-Commerce berücksichtigt werden. Je schlechter diese sind, um so besser für den E-Commerce.
- Drittens sind die so gewonnenen Einsichten durch einen Vergleich mit ähnlichen Bereichen auf ihre *Plausibilität* zu überprüfen. Dies können z.B. Angaben zum E-Commerce in einem anderen Land sein, das als besonders weit fortgeschritten gilt oder es kann der Vergleich mit einem anderen Vertriebskanal sein, z.B. Versandhandel per Telefon.
- E-Commerce muss viertens *angemessen operationalisiert* werden. Verbreitet sind Umsatzangaben, die als relative Anteile auf bestimmte Bezugsgrößen bezogen werden. Diese können z.B. das Bruttoinlandsprodukt, der Handelsumsatz insgesamt bzw. in einer bestimmten Branche oder der Umsatz im Versandhandel sein. Unter bestimmten Gesichtspunkten bieten sich aber auch andere Indikatoren an: Zahl und Anteil der Transaktionen (statt des Werts der Transaktionen) oder Zahl und Anteil der Unternehmen bzw. Konsumenten, die im E-Commerce aktiv sind.

Bereichsspezifische qualitative Abschätzungen

Im Folgenden werden qualitative Abschätzungen zu drei Bereichen des E-Commerce vorgenommen. Damit wird nicht der gesamte Anwendungsbereich des E-Commerce abgedeckt, aber einzelne Segmente herausgehoben, die von besonderer Relevanz sind. Bei den ersten beiden Anwendungsfeldern geht es im Wesentlichen um E-Commerce innerhalb des B2B-Sektors in der Produktion vor- bzw. nachgelagerten Phase, beim dritten Anwendungsfeld um einen Teil des B2C-E-Commerce (vgl. auch Kap. III.1.1). Eine Übersicht gibt die Tabelle 30.

1 Zentrale Befunde und weiterführende Folgenbetrachtungen

Tab. 30: Qualitative Abschätzungen zum E-Commerce-Anteil in drei Wirtschaftssektoren

	B2B-Handel	B2B-Bestellabwicklung	B2C-E-Commerce
beteiligte Akteure	Zulieferer, Hersteller, Großhandel	Hersteller, Großhandel, Einzelhandel	Einzelhandel, Endkonsument
Produkte	Halbfertigprodukte, Zulieferteile	Massengüter, breites Sortiment, niedriger Preis	Alltags- und Massengüter
fördernde Faktoren	- betrieblicher und überbetrieblicher IuK-Einsatz bereits etabliert - starker Konkurrenzdruck - keine Alternative da Vorgabe marktbeherrschender Unternehmen - Integration von Fertigungsplanung und Beschaffungsprozessen	- elektronische Produktkataloge vorhanden - meist auch Lager- und Warenwirtschaftssysteme - elektronische Bestellabwicklung oft schon lange etabliert - niedriger Bestellwert zwingt zur automatisierten Bestellabwicklung	- elektronische Produktkataloge aus dem B2B-Bereich können Endkonsumentensysteme genutzt werden - Online-affine Endkonsumenten vorhanden - Mehrwert durch Preisvergleich, Hauslieferung, großes Angebot, zeitliche Flexibilität etc.
hemmende Faktoren	- Aushandlung von Rahmenverträgen, hochwertige und singuläre Käufe nicht für E-Commerce geeignet - Integration unterschiedlicher hersteller-, unternehmens- und länderspezifischer EDV-Systeme schwierig - betriebliche Interessen gegen mehr Transparenz durch integrierte E-Commerce-Systeme	- aus Sicht des Einzelhandels benötigt der Großeinkauf für die Bestückung des eigenen Sortiments im Ladengeschäft umfassende Beratung durch Verkäufer der Hersteller bzw. des Großhandels - aus Sicht der Anbieter bzw. des Großhandels kann auf persönliche Vertriebsanstrengungen nicht verzichtet werden	- Mängel und Schwierigkeit beim Online-Einkauf für selten nutzende und nicht-technikaffine Endkonsumenten - telefonische Bestellung oft einfacher und schneller
Plausibilitätsbetrachtung	Anteil des B2B-E-Commerce in der Fertigungsindustrie in USA bei 18,3 % im Jahr 2001	Anteil des B2B-E-Commerce im Großhandel der USA bei 10 % im Jahr 2001	- Versandhandelsanteil in Deutschland seit Jahren stabil bei 5-6 % - B2C-E-Commerce in USA bei 1,4 % (2002)
erreichbare E-Commerce-Anteile	über 50 % nach Wert und Anzahl der Transaktionen	für die Einzelbestellung gegen 100 %, für den Groß- und Sortimentseinkauf unter 50 %	E-Commerce-Anteil am Einzelhandelsumsatz unter 10 %

B2B-Handel in der der Fertigung vorgelagerten Phase

In den klassischen *Fertigungsindustrien* stehen in der Phase, die der Fertigung vorausgeht, die Handelsprozesse in enger Beziehung zu den Fertigungsprozessen. Die besondere Herausforderung auf Grund der starken Konkurrenz besteht darin, die Handels-, insbesondere die Beschaffungsprozesse in die Fertigungsplanung nahtlos zu integrieren und zeitlich sowie kostenseitig zu optimieren. Die elektronische Beschaffung ist für viele Unternehmen *unausweichlich*. Sie wird insbesondere von den großen Herstellerunternehmen den Zulieferbetrieben in vielen Fällen *aufgezwungen*. Eine Alternative dazu besteht kaum. Dabei sind *günstige Bedingungen* für den E-Comerce die in der Regel lange Tradition der informationstechnischen Vernetzung innerhalb und zwischen den Unternehmen sowie bereits etablierte komplexe, betriebliche, kaufmännische und fertigungsorientierte EDV-Systeme. E-Commerce-Systeme können und müssen hier anschließen. Diese Faktoren deuten zunächst alle in einer mittelfristigen Perspektive auf einen sehr hohen E-Commerce-Anteil hin, sowohl was die Anzahl als auch den Wert der Transaktionen angeht. Es gibt aber mindestens drei *retardierende Faktoren*:

- Ein weitgehend integrierter, um nicht zu sagen automatisierter E-Commerce bedarf der Einbettung in begleitende *Rahmenverträge*, in denen im Detail Produktkataloge, Preise, Zugriffsberechtigungen etc. festgelegt werden. Im Handel findet so eine Differenzierung statt: auf der einen Seite die konventionellen Handelsbeziehungen (per Telefon und persönlicher Verhandlung mit individuellen Vertragsabschlüssen), die sich aber nur noch auf Rahmensetzungen sowie einzelne sehr hochwertige oder originelle Handelsgüter beziehen; auf der anderen Seite die routinemäßige Ausfüllung dieser Rahmensetzungen per E-Commerce. Eine Quantifizierung der E-Commerce-Anteile auf diesen beiden Ebenen ist kaum möglich.
- Zum zweiten ist die geforderte *Integrationsaufgabe* des E-Commerce in die unterschiedlichen betrieblichen EDV-Systeme keineswegs trivial, insbesondere wenn es um unternehmens- und länderübergreifende Kooperations- und Handelsbeziehungen geht. Dies liegt an den nicht kompatiblen EDV-Systemen, der mangelnden Standardisierung bei den Produktkatalogen, den unterschiedlichen rechtlichen Rahmenbedingungen und vielen anderen Faktoren mehr. Schnelle, durchgreifende und umfassende Erfolge sind hier nicht zu erwarten.
- Schließlich gibt es drittens, jenseits der technischen Probleme, *betriebliche Interessen*, die gegen diese unternehmensübergreifende Zusammenarbeit durch E-Commerce wirken. Unternehmen sehen die Gefahr, dass die Transparenz über betriebliche Daten und Strategien sich zu ihrem Nachteil entwi-

1 Zentrale Befunde und weiterführende Folgenbetrachtungen

ckeln könnte. Es ist also davon auszugehen, dass sich gegen die oben beschriebenen Entwicklungen Widerstand regen wird.

Auf Grund dieser Faktoren ist selbst langfristig nicht mit einer 100%igen E-Commerce-Quote zu rechnen, auf Grund der starken Konkurrenz und der Dominanz bestimmter Unternehmen aber doch mit einem starken Druck hin zum integrierten E-Commerce, der tendenziell über der 50%-Marke, was Transaktionen und Umsatz betrifft, liegen wird.

B2B-Bestellabwicklung in der der Fertigung nachgelagerten Phase

In Bereichen mit einem *breitgestreuten, gut beschreibbaren* und *katalogisierbaren Produktspektrum*, mit *hoher Bestellfrequenz* und relativ *niedrigem Preis* sind elektronische Bestellprozesse fast unumgänglich. Man findet zwischen Hersteller, Großhändler und Einzelhändler heute schon Bestellprozesse mit fast hundertprozentiger elektronischer Abwicklung, man denke beispielsweise an die Apotheken und den Arzneimittelgroßhandel. In einer mittelfristigen Perspektive wird in diesen Bereichen E-Commerce nahezu zur Regel werden.

Aber auch in diesem Anwendungsfeld gibt es Situationen, die für E-Commerce eher *ungeeignet* erscheinen. Dazu gehört der Großeinkauf für das eigene Lager, die Sortimentsauswahl für das Ladengeschäft. Hier geht es einerseits um großvolumige Aufträge mit erheblicher Folgewirkung für die wirtschaftliche Situation des jeweiligen Unternehmens. Andererseits sind diffizile, oft auch sehr individuelle Beratungsgespräche zwischen den Produktanbietern und den Produktabnehmern (als Wiederverkäufer) zu führen, die man sich elektronisch unterstützt schon, aber kaum vollständig elektronisch abgewickelt vorstellen kann. Diese Domäne des klassischen Vertreters und die Dimension des persönlichen Verkaufsgesprächs mögen durch E-Commerce tangiert und beeinflusst, aber vermutlich kaum vollständig substituiert werden. Während für die oben erwähnte aktuelle Bestellabwicklung im Sinne des Besorgungsgeschäfts oder der Nachbestellung zum Auffüllen des eigenen Lagers mit einer tendenziell 100%igen E-Commerce-Quote zu rechnen ist, erscheint diese Höhe bei der Lager- und Sortimentsbestellung nur schwer erreichbar. Selbst eine Quote von über 50% ist mittelfristig nicht zu erwarten.

B2C-E-Commerce mit Alltags- und Massengütern

Betrachtet man den B2C-E-Commerce mit *Alltags- und Massengütern*, wie Lebensmittel, Arzneimittel, Bücher, CDs, etc., dann kann man auf *Erfahrungen* aus dem *Versandhandel* und aus den USA zurückgreifen.

Die *Versandhandelsquote* in Deutschland stagniert seit gut zehn Jahren auf einem im internationalen Vergleich relativ hohen Niveau zwischen 5 und 6%.

E-Commerce im Endkundengeschäft ist in erster Linie eine Variante des Versandhandels, ein weiterer Bestellweg neben schriftlicher und telefonischer Bestellung. Es spricht wenig dafür, dass für den E-Commerce mit Privatkunden ganz andere Bedingungen herrschen sollten als für den Versandhandel. Es ist keineswegs ausgemacht, welche Vertriebsform immer die vorteilhaftere für den Endkunden ist. Der Anruf wird in vielen Fällen einfacher und schneller sein als die Bestellung über das Internet.

Im *internationalen Vergleich* liegt der Anteil des E-Commerce am gesamten Einzelhandel auch in den USA bei 1,4 % (Kap. I.4.5). Die Zahlen, die für Deutschland angegeben werden (Kap. I.4.3), sind sogar mit 1,6 % etwas höher, weichen aber in der Größenordnung davon nicht ab.

Die Prognose in Bezug auf dieses Segment des E-Commerce liegt selbst langfristig deutlich unter 10%, mittelfristig kaum über 5%. Es wird einzelne Produktbereiche geben, bei denen dem E-Commerce eine größere Bedeutung zuwächst, z.B. weil das konkurrierende stationäre Angebot nur einen schlechten Service bietet oder weil ein deutlich günstigerer Preis im Internet angeboten werden kann (vgl. etwa die Unterschiede im Buch-, CD- und Videovertrieb, Kap. II.4), auf den gesamten Einzelhandel bezogen wird dies das Bild nicht verändern.

2 Forschungsbedarf

In der augenblicklichen Umbruchphase, in der sich erste deutliche Strukturen des E-Commerce im Kontext des gesellschaftlichen und wirtschaftlichen Wandels insgesamt erkennen lassen, entsteht ein großer Forschungsbedarf. Ergebnisse aus solchen Untersuchungen könnten helfen, die vielfältig bestehenden Wissensdefizite zu überwinden, eine verbesserte Datengrundlage für Analysen und Prognosen zu schaffen, sowie Konzepte und Leitbilder zu entwerfen, die für politische Entscheidungen zur Gestaltung der Wissens- und Informationsgesellschaft benötigt werden.

Im Folgenden werden drei ausgewählte Forschungsthemen zur Diskussion gestellt, die sich im Laufe des Projekts im besonderen Maße als untersuchungswürdig herauskristallisiert haben. Dazu gehört mit hoher Priorität das Thema Logistik und Verkehr, da hiermit ein Schlüsselelement des E-Commerce angesprochen ist. Ebenso werden Forschungsfragen bezüglich des Kundenverhaltens im Online-Handel sowie der ökologischen Implikationen des E-Commerce umrissen.

2 Forschungsbedarf

2.1 Logistik und Verkehr

In der Diskussion um die Zukunft des E-Commerce wird der Auftragsabwicklung und der Warenzustellung als einem entscheidenden Kostenfaktor häufig zu wenig Beachtung geschenkt. Der zukünftige Erfolg des E-Commerce dürfte aber wesentlich von einer ausgereiften Distributionslogistik abhängen, die eine *zeitnahe und zuverlässige Kundenbelieferung* gewährleistet. Auch Umtauschverkehre (Retouren) müssen möglichst schnell und unkompliziert abgewickelt werden können (*Servicefreundlichkeit*).

Die Zukunft des E-Commerce hängt also entscheidend davon ab, ob leistungsfähige Systeme für die „letzte Meile" entwickelt werden können. Eine zentrale Forschungsfrage ist deshalb, welcher der gegenwärtig diskutierten bzw. erprobten E-Logistik-Strategien das Potenzial zukommt, nicht nur einzelbetriebliche Prozesse zu optimieren, sondern darüber hinaus auch verkehrspolitischen, volkswirtschaftlichen oder ökologischen Zielvorgaben zu genügen. Hierbei spielen solche Modelle eine zentrale Rolle, die zur Wettbewerbsfähigkeit des produzierenden Gewerbes, des Handels und der Logistikbranche ebenso beitragen können wie zur Erhöhung der Ressourcenproduktivität. Die Forschung könnte hier technologische und organisatorische Optionen entwickeln, um dann die Erfolg versprechenden Varianten in Pilotversuchen zu erproben und zu evaluieren (Monse/Weyer 2001, S. 43).

Um langfristige Wirkungen des E-Commerce auf Transporte und die Transportlogistik zu erfassen, müssten nicht nur bestimmte logistische Bereiche, sondern insbesondere Veränderungen entlang der gesamten Wertschöpfungskette betrachtet werden. In einem solchen Zusammenhang könnten auch mögliche Tendenzen zur Dematerialisierung von Produktion und Transport untersucht werden.

2.1.1 Verkehrliche Folgen

Ein zentraler Teilaspekt des Themenkomplexes betrifft die hin und wieder befürchtete Möglichkeit, dass die Straße zum *Nadelöhr für den E-Commerce* werden könnte. Das Wissen über die verkehrlichen Auswirkungen des E-Commerce sowohl im B2C- als auch im B2B-Segment ist bislang noch rudimentär. Hier bedarf es methodisch tragfähiger Analysen und ausreichender Basisdaten (Klaus et al. 2002), um die verkehrlichen Effekte unterschiedlicher E-Commerce-Wachstums-Szenarien detailliert abzuschätzen und die Faktoren zu identifizieren, die als Ansatzpunkte für eine „wirtschaftspolitische Gestaltung der Logistik- und Verkehrssysteme" dienen könnten (Erber et al. 2001a). Dabei muss auch die Bildung neuartiger Transportketten unter Einschluss umweltfreundlicher Verkehrsträger thematisiert werden. Ebenso werden genauere

Kenntnisse über die Generierung zusätzlicher Transporte auf Grund von Kleinstbestellungen benötigt. Es wäre ferner zu prüfen, wie sich die Heimzustellung von Konsumgütern auf den individuellen Einkaufsverkehr auswirkt (Janz 2001), so dass Kommunen und Städte entsprechende Gestaltungsmöglichkeiten für ihre Stadt- und Verkehrspolitik entwickeln können.

Weitgehend vernachlässigt wurde bislang auch die Betrachtung der Rolle des *Flugverkehrs*, die zunehmend wichtiger werden könnte, wenn das Volumen der Übernacht-Lieferungen über weite Strecken ansteigen sollte. Zwar kommen *schienengebundene Verkehrsmittel* für die Feinverteilung von Waren in der Fläche nicht in Frage, dennoch sollte auch über das Potenzial des Schienenverkehrs für die E-Logistik geforscht werden.

2.1.2 Erfordernisse der Statistik bezüglich verkehrlicher Folgen

Quantitative Schätzungen auf gesamtwirtschaftlicher Ebene zu den Auswirkungen von E-Commerce auf Logistik und Verkehr haben derzeit *keine verlässliche Datenbasis*. Auch aus diesem Grund werden in den meisten Untersuchungen zu diesem Thema mögliche Einflussfaktoren und Entwicklungen qualitativ diskutiert. Überwiegend wird eine Tendenz zu mehr und kleineren Sendungen konstatiert; die Auswirkungen auf Verkehrsaufkommen und -leistungen und die Nettoeffekte bleiben indes unklar. Auch eine Expertenstudie des Bundesministeriums für Verkehr, Bau- und Wohnungswesen hält nur sehr allgemein fest, es gebe wenig Anzeichen dafür, dass E-Commerce signifikante quantitative Auswirkungen auf die Verkehrsnachfrage haben wird (BMVBW 2001). Größere Bedeutung habe E-Commerce dagegen für die qualitative Ausgestaltung von Transportvorgängen (z.B. Wahl des Verkehrsmittels) (Kap. III.1.6).

Auswirkungen in quantitativer wie qualitativer Hinsicht zu belegen, ist auf aggregierter Ebene derzeit also nur unzureichend möglich. Erforderlich wäre eine stärkere Disaggregierung des Logistiksektors, um die möglichen Veränderungswirkungen durch E-Commerce jeweils spezifisch untersuchen zu können (Klaus et al. 2002, S. 128). Um eine in der amtlichen Statistik verankerte Bezugsbasis für durch E-Commerce induzierte Effekte bei Logistik- und Verkehrsleistungen abzuleiten, wären grundsätzliche gesamtwirtschaftliche Daten des Güterverkehrs sowie Produktionswerte (Umsätze) und Beschäftigungsgrößen mit den Daten eines überwiegend funktional abgegrenzten Logistiksektors zu verzahnen. Es zeigt sich allerdings, dass die in der amtlichen Statistik veröffentlichte Aufgliederung von Verkehrsaufkommen und –leistungen nach Gütergruppen und eine disaggregierte Datenbasis des Logistiksektors einander nicht vollständig zugeordnet werden können. Hier wäre gegebenenfalls eine feinere Segmentierung der Transportstatistik (etwa in einer Sonderauswertung) notwendig (Klaus et al. 2002, S. 127).

2 Forschungsbedarf

Ein besonderes Defizit ist darin zu sehen, dass der Lieferverkehr mit kleinen Lkws im Nahverkehr von der amtlichen Statistik nicht ausgewiesen wird. So sind die für E-Commerce-Anwendungen wichtigen Kurier-, Express- und Paketdienste in der amtlichen Güterverkehrsstatistik nur unvollständig enthalten (Klaus et al. 2002, S. 36).

2.2 Kundenverhalten

Die globale Verfügbarkeit von Informationen und die damit u.U. gestiegene Markttransparenz dürfte eine Entwicklung verstärkt haben, die mit dem Slogan „Die neue Macht des Kunden" (Cole/Gromball 2000) umschrieben wird. Unternehmen sehen sich in stärkerem Maße als bislang gezwungen, den hochgesteckten Erwartungen besser informierter Online-Kunden bezüglich Produktvielfalt, Produktqualität, Liefergeschwindigkeit, Lieferzuverlässigkeit sowie zusätzlicher Dienstleistungen nachzukommen. Dieses *hohe Erwartungsniveau* gilt sowohl für den Bereich der privaten Endverbraucher als auch für den der Geschäftskunden. Angesichts sinkender Loyalität von Privat- wie Geschäftskunden wird die *Kundenfindung und -bindung* immer wichtiger. Elektronische Medien wie das Internet ermöglichen dabei eine persönliche Ansprache des Kunden und bereiten zudem durch Informationen, die das Unternehmen über seine Kunden gewinnt, die Basis für gezielte Marketing-Maßnahmen.

Das Internet kann also die *Entwicklung von Verkäufer- zu Käufermärkten* verstärken und beschleunigen, da die Kunden vermehrt die Lieferung bedarfsgerechter Produkte verlangen und dadurch die Produktionsprozesse anstoßen.

Im E-Commerce – und in der vorgelagerten Produktionsphase – kann der Kunde mit seinen Präferenzen und Konsumgewohnheiten eine immer wichtigere Rolle spielen. Um die Zukunftschancen des E-Commerce sowie die Perspektiven von Konzepten „kundenindividueller Massenproduktion" präziser abzuschätzen, ist es erforderlich, genauer zu analysieren, in welchem Maße und in welcher Form sich das Freizeit- und Konsumverhalten einzelner Kundengruppen durch die Möglichkeiten des Online-Handels verändert hat und insbesondere noch verändern wird. Besonders das private Einkaufsverhalten ist in seinen Bestimmungsfaktoren komplex (Verkehrsmittelwahl, Motive und Ziele, Verknüpfung mit anderen Zwecken). Wenn man z.B. Aussagen über die Akzeptanz von Angeboten, Geschäftsmodellen, Liefersystemen, Pick-up-Stationen etc. machen will, müsste das private Einkaufsverhalten sehr viel detaillierter analysiert werden. Auch hinsichtlich der Abschätzungen der potenziellen Substitution von einkaufsbedingtem Individualverkehr durch E-Commerce müssen vielfältige Annahmen über das Einkaufs- und Mobilitätsverhalten verschiedener Konsumentengruppen sowie über die Nutzung angesparter Zeitbudgets (u.U. für freizeitorientierte Mobilität) entwickelt und als wichtige Parameter in die Modelle eingebaut werden. Es besteht deshalb erheblicher Forschungsbedarf bei der Entwicklung von Methoden, der Erstellung von Modellen sowie der Erhebung von relevantem Datenmaterial.

2.3 Ökologie

In der Literatur werden bei der Abschätzung der ökologischen Folgen des Internethandels häufig gegenläufige Trends diagnostiziert: So wird beispielsweise einerseits ein großes Potenzial zur Reduktion des Ressourcen- und Energieverbrauchs durch eine bedarfsgerechte Produktion sowie durch die Digitalisierung physischer Produkte behauptet, andererseits eine Zunahme des kleinteiligen Lieferverkehrs durch den Abbau von Lagerkapazitäten erwartet. Die Erfassung und Abbildung dieser widersprüchlichen Trends in Szenarien und Modellrechnungen auf der Basis solider Daten ist von der Forschung erst in Ansätzen in Angriff genommen worden (TAB 2001b, S. 66).

Bislang zeigen die vielfältigen Einzeluntersuchungen zu den material- und energiebezogenen Wirkungen des E-Commerce ein undeutliches Bild positiver, neutraler und negativer Umwelteffekte, die zumeist sehr stark von den Rahmenbedingungen abhängen, unter denen sich der Handel abspielt. Dementsprechend kann ein Bedarf an weiterer Forschung in folgender Hinsicht festgehalten werden (Behrendt et al. 2002a, S. 79f.):

- Forschungsbedarf gibt es in methodischer Hinsicht bei Modellen. Dazu gehört beispielsweise die Entwicklung von Referenzmodellen, die, über übliche Ökobilanzierungstechniken hinaus, auch sozio-ökonomische Parameter miteinbeziehen. Ziel müsste sein, die Wechselwirkungen zwischen E-Commerce und veränderten Wirtschaftsstrukturen, Lebensstilen und Konsummustern, Nutzungsformen neuer Medien und die damit verbundenen Stoff- und Energieströme zu thematisieren, empirisch zu erfassen und ökologische Wirkungshypothesen abzuleiten. Um realitätsgerechte und entscheidungsrelevante Ergebnisse erzielen zu können, bedarf es *der Entwicklung dynamischer Modelle auf der Basis plausibler Szenarien*, die sowohl die Wechselwirkungen der Einflussvariablen als auch zeitliche und räumliche Abläufe beinhalten.
- Aufbauend auf der Modellbildung wären *bestehende Instrumente der ökologischen Bewertung* anzuwenden und *weiterzuentwickeln*. Eine wichtige Aufgabe besteht darin, zentrale Parameter im Lebenszyklus der E-Commerce-Anwendungen zu berücksichtigen. Dazu gehören nicht nur der Primärenergieverbrauch, sondern auch weitere Indikatoren wie CO_2-Emissionen, Abfallmengen, Schadstoffe, Problemstoffe oder Elektrosmog.
- Die empirische Basis zur differenzierten Erfassung der ökologischen Folgen des E-Commerce ist bislang schmal. Zu empfehlen sind deshalb *Fallstudien*

2 Forschungsbedarf

zur Ressourcenproduktivität durch E-Commerce. Beispielsweise dürfte die Digitalisierung von Gütern wie Briefe, Bücher, CDs etc. nicht nur auf der „letzten Meile", sondern auch auf den vorgelagerten Vertriebsstufen Auswirkungen haben. Detaillierte Untersuchungen und Modellrechnungen zu den stoff- und emissionsseitigen Auswirkungen sollten entlang der gesamten Wertschöpfungskette im Blick auf die Einsparung von Ressourcen und hinsichtlich der Reduzierung der Transporte erfolgen. Ein weiteres Thema wäre die Untersuchung der Potenziale des Internets zur Unterstützung einer umweltorientierten Beschaffung der Unternehmen und der öffentlichen Hand. Nützlich wären schließlich regionale Fallstudien zu den raumstrukturellen Folgen des E-Commerce.

3 Politische Handlungsfelder

Weltweit dokumentieren die Pläne, Programme und Initiativen der nationalen Regierungen die Komplexität der Gestaltungsaufgaben für den E-Commerce. Zu den am häufigsten genannten (wirtschaftspolitischen) Herausforderungen gehören:

- leistungsfähige E-Commerce-Infrastrukturen und harmonisierte technische Standards,
- elektronische Zahlungssysteme,
- ein verlässlicher rechtlicher Rahmen,
- Weiterentwicklung des Datenschutzes und des Schutzes der Privatsphäre sowie des Verbraucherschutzes,
- Schutz geistigen Eigentums,
- die Lösung wettbewerbspolitischer Probleme,
- nicht-diskriminierende Zölle und Steuern.

Angesichts des globalen Charakters der Entwicklung müssen entsprechende Regelungen – sollen sie wirklich Rechtssicherheit und Vertrauen schaffen – zum einen international harmonisiert werden. Von zentraler Bedeutung ist zum anderen, dass staatliche Politik und gesellschaftliche Gruppen hierbei kooperieren, was sowohl die Koregulierung zwischen Staat, Wirtschaft und Gesellschaft als auch eine Selbstregulierung der Wirtschaft und Gesellschaft im Einzelfall bedeuten kann.

Die technologische Dynamik trägt wesentlich dazu bei, dass traditionelle politische Formen der Aufgabenbearbeitung (sektorspezifisch, hoheitlich, zentral, national) sowie rechtliche Regelungen, die auf die Strukturen der „Old Economy" zugeschnitten waren, einem hohen Anpassungsdruck unterliegen. Es zeigt sich aber schon seit geraumer Zeit, dass die politischen Institutionen durchaus flexibel den neuen Phänomenen Rechnung tragen. Eine entsprechende „Transformation der Staatlichkeit" lässt sich im Blick auf die Regulierung der „Digitalen Ökonomie" bereits seit langem erkennen (Latzer/Schmitz 2001, S. 107 ff.):

- Supra- und internationale Institutionen gewinnen an Bedeutung (z.b. EU, OECD, WTO).
- Sektorale Politikkonzepte und Regulierungsmaßnahmen werden durch sektorenübergreifende Ansätze ergänzt.
- Die Problemlösungskompetenzen der privaten Wirtschaft und gesellschaftlicher Gruppen werden zunehmend zur Regulierung spezifischer Problembereiche genutzt: Selbstregulierung und so genannte Koregulierung sind zu ernsthaften Optionen geworden.
- Technologien bieten Möglichkeiten, die Erreichung bestimmter Regulierungsziele zu unterstützen (Filterprogramme, DRM-Systeme).

Die Rede von den Herausforderungen, mit denen sich Politik durch den E-Commerce konfrontiert sieht, verweist auf den Umstand, dass politisches Handeln auf eine erhebliche Vielfalt von Aspekten zugleich zielen muss. Entsprechende Gestaltungserfordernisse reichen – wie zunächst in einem allgemeinen Überblick gezeigt werden soll (Kap. III.3.1) – von den materiellen Voraussetzungen einer gut zugänglichen und leistungsfähigen Netzinfrastruktur und den sozialen Voraussetzungen einer qualifizierten Nutzungskompetenz bei Unternehmen und Endkunden über die regulatorischen Rahmenbedingungen zur Gewährleistung von Vertrauen und Sicherheit bis hin zu den strukturellen Rahmenbedingungen in Wirtschaft, Verkehr und Umwelt einschließlich der hier durch E-Commerce induzierten Folgen.

Daran anschließend wird dieser allgemein skizzierte politische Handlungsraum konkretisiert: Auf nationaler (Kap. III.3.2) und internationaler Ebene (Kap. III.3.3) werden ausgewählte Handlungsfelder vorgestellt, für die ein besonderer Bedarf an politischer Gestaltung besteht.

3.1 E-Commerce-Politik als Mehrebenen-Politik

Die E-Commerce-Politik steht vor einer Reihe besonderer Herausforderungen: Neben der Anforderung, der besonderen Komplexität des Gegenstandes gerecht zu werden, ergibt sich das Erfordernis, die spezifischen Eigentümlichkeiten des elektronischen Handels zu berücksichtigen, ohne dabei ganz andere Regeln als jene zu schaffen, die für den traditionellen Handel gelten. Auch ergibt sich eine besondere Herausforderung für die Politik daraus, dass sie für die Strukturen der verschiedenen Branchen und Bereiche angepasste Strategien zu entwickeln hat. Dabei ist der unterschiedliche Grad der E-Commerce-Penetration ebenso zu berücksichtigen wie das Maß an vorhandener oder nicht vorhandener Regulierung.

3 Politische Handlungsfelder

Ohne Anspruch auf Vollständigkeit werden im Folgenden zentrale auf E-Commerce bezogene Handlungsfelder benannt (Mann et al. 2000; Riehm/ Orwat 2001, S. 5 ff.):

- E-Commerce benötigt eine umfassende technische Basis. Ohne eine ausreichend zuverlässige, sichere und leistungsfähige *Netzinfrastruktur*, ohne kostengünstige Zugangsmöglichkeiten zu diesen Netzen, kann E-Commerce nicht funktionieren. Eine entsprechende Infrastruktur und eine moderne Telekommunikationspolitik sind deshalb erforderlich.
- E-Commerce verbindet dezentrale Computersysteme über offene Kommunikationsnetzwerke zur Abwicklung teil- oder vollständig automatisierter Prozesse. Die Bedeutung *technischer Normen und Standards* hierfür ist offensichtlich, und eine homogene Standardisierungspolitik unter Einschluss der privaten Standardisierungsgremien ist dringlich.
- E-Commerce benötigt eine soziale Basis. Ohne die entsprechende *Gestaltungs- und Nutzungskompetenz bei den Unternehmen und Endkunden* wird es ebenfalls keinen weit verbreiteten E-Commerce geben. Diese Voraussetzungen sind wegen der Neuartigkeit des elektronischen Handels nicht ohne weiteres gegeben. Die politischen Handlungserfordernisse und Handlungsfelder liegen demnach in der Bildungspolitik („Medien-Kompetenz"), in der Wirtschaftsförderung (Pilotprojekte) und in der Gesellschaftspolitik („digital divide").
- Im elektronischen Handel werden ständig große Mengen an (personenbezogenen) Daten erzeugt und verarbeitet, die sowohl direkt wieder in den Prozess eingespeist als auch anderweitig verwertet werden. *Fragen des Datenschutzes* stehen ganz oben auf der Tagesordnung der E-Commerce-Politik.
- Im E-Commerce fallen sensible sowie „wertvolle" Daten an, die Rechte und Interessen der beteiligten Unternehmen und Kunden tangieren. Deshalb ist die Gewährleistung eines hohen *Sicherheitsstandards* unumgänglich.
- Beim E-Commerce treten sich Käufer und Verkäufer nicht direkt gegenüber. Handelspartner müssen sich deshalb wechselseitig ihrer Authentizität versichern und auf ein korrektes Verhalten sowie die zugesicherten Produkt- oder Dienstleistungseigenschaften vertrauen können. Für eine solche Form des Fern- oder Distanzhandels werden Regeln benötigt, die z.B. festlegen, unter welchen Bedingungen ein Online-Kauf rückgängig gemacht werden kann. Neben technischer Sicherheit muss *Sicherheit beim Verhalten und Vertrauen* in die Abläufe und den Schutz tangierter Rechtspositionen geschaffen werden.
- Ein herausragendes Spezifikum des E-Commerce sind digitale und digitalisierbare Güter. Der Handel solcher Informationsgüter bringt das Problem mit sich, dass die Herstellung perfekter Kopien zu äußerst geringen Kosten leicht

möglich ist. Fragen des *Urheberrechtsschutzes* in rechtlicher wie technischer Hinsicht gehören deshalb zu den Kernelementen einer Regulierung.
* E-Commerce ist eine Rationalisierungsstrategie, die auf Produktivitätssteigerung, Beschleunigung der Prozesse und Internationalisierung der Handelsströme zielt. Dies führt zu Veränderungen von Wertschöpfungsstufen und Branchen, hat Auswirkungen auf den *Arbeitsmarkt*, die *Raumordnung*, den *Verkehr*, den *Ressourcen- und Energieverbrauch* und andere Bereiche. Für die E-Commerce-Politik stellen sich entsprechende Aufgaben in der Wirtschafts- und Strukturpolitik sowie der Arbeitsmarkt-, Verkehrs-, Regional- und Umweltpolitik.
* Unternehmensgröße bleibt auch im Internet ein Wettbewerbsvorteil, wie u.a. offensichtliche *Konzentrationstendenzen* belegen. Gerade die beim E-Commerce auftretenden Netzeffekte auf der Nachfragerseite, verbunden mit wachsenden Skaleneffekten auf der Anbieterseite, führen tendenziell zu monopolistisch beherrschten Märkten. Um dem entgegen zu wirken, bedarf es sowohl einer modifizierten Wettbewerbspolitik als auch einer Politik zur Förderung kleiner und mittlerer Unternehmen auf dem Feld des elektronischen Handels.
* Alle bislang genannten Handlungserfordernisse erhalten eine spezifische Prägung durch den Umstand der weiteren Internationalisierung der Handelsströme bei Fortbestand national unterschiedlicher Rechtssysteme. *Besteuerung, Zölle* und *Abbau von Handelsschranken* werden hierbei besonders intensiv diskutiert und machen Anpassungen der nationalen Regelwerke erforderlich. Unter einem globalen Gesichtspunkt kann man aber nicht nur die Öffnung von Märkten, sondern auch eine weltweite Spaltung feststellen, was die Möglichkeiten der Teilhabe am elektronischen Handel angeht. Eine Politik mit dem Ziel der fairen Integration weniger entwickelter Länder in den globalen Markt gehört deshalb ebenfalls zum Bestandteil einer umfassenden E-Commerce-Politik.

3.2 Ausgewählte Handlungsfelder auf nationaler Ebene

Bereits in Kapitel II wurde für die dort ausführlich analysierten acht Branchen und Wirtschaftsbereiche der jeweilige erkennbare politische Handlungsbedarf identifiziert. Im Folgenden werden in erster Linie die übergreifenden Handlungsfelder erörtert, die aber fallweise auf die in Kapitel II angesprochenen Erfordernisse bezogen werden. Obwohl die internationalen und insbesondere die europäischen Institutionen auf diesen Feldern ebenfalls aktiv sind, kann man den Schwerpunkt des politischen Handlungsbedarf auf nationaler Ebene verorten.

3 Politische Handlungsfelder

3.2.1 Technische E-Commerce-Infrastrukturen

Alle drei großen technischen Kommunikationsinfrastrukturen – Internet, Mobilfunk und Rundfunkkabelnetz – die für den E-Commerce geeignet sind, werden als dessen Basis in Zukunft genutzt werden (TAB 2002a).

Allerdings wird für eine mittlere Zeitspanne bis 2010 ein sich ständig weiter entwickelndes *Internet die dominierende Infrastruktur* für den E-Commerce bleiben, ergänzt für spezielle Anwendungen um Mobilfunk (mobile und raumbezogene Dienste) und um die digitale, interaktive Rundfunkinfrastruktur (breitbandige Mediendienste).

Deutschland nimmt in Bezug auf die technischen Kommunikationsinfrastrukturen *im internationalen Vergleich* keine schlechte Position ein (Bitkom 2002). Deutschland ist führend beim Einsatz von ISDN und DSL. Die Haushalte sind über das Telefonnetz hinaus zu etwa zwei Drittel an das Breitbandrundfunkkabel anschließbar. Auch dies ist im internationalen Vergleich eine gute Position. Bei der Nutzung des Kabels für den Fernseh- und Hörfunkempfang nimmt Deutschland im internationalen Vergleich eine mittlere Position ein. In Bezug auf die Modernisierung des Breitbandkabels für interaktive Dienste weist Deutschland allerdings einen beträchtlichen Nachholbedarf auf. Mit dem Verkauf der Kabelnetze an neue, von der Telekom unabhängige Betreiber, schien es eine Chance zu geben, dass die Nutzer das Kabelnetz in breiterem Umfang über das Fernsehen hinaus auch für interaktive und breitbandige Dienste, eventuell sogar für die Sprachtelefonie nutzen können. Doch auch die neuen Betreiber haben ihre diesbezüglichen Modernisierungsprogramme wieder zurückgefahren.

Im Bereich des Mobilfunks hat Deutschland in den letzten Jahren seine Position deutlich verbessert. Mit der Versteigerung der UMTS-Lizenzen schien die Richtung für den weiteren Ausbau des Mobilfunks und der Erschließung des Geschäfts mit mobilen Datendiensten (in GSM- und UMTS-Netzen) vorgegeben. Dieser Weg ist jedoch auf Grund der im internationalen Vergleich sehr hohen Lizenzkosten und des noch unsicheren Anwendungsprofils der Nutzerinnen und Nutzer noch voller Risiken.

Auf „Deutschlands Weg in die Informationsgesellschaft" kann es der Politik, nimmt sie das Ziel der Informationsgesellschaft ernst, nicht gleichgültig sein, ob die technische Kommunikationsinfrastruktur Trampelpfad oder Autobahn ist. Wie für alle Infrastrukturaufgaben gibt es auch hier eine politische Verantwortung. Dazu gehört, die *politisch-rechtlichen Rahmenbedingungen* für die technischen Kommunikationsinfrastrukturen im Lichte der weiteren technischen und gesellschaftlichen Entwicklung kontinuierlich auf ihre Eignung hin zu überprüfen. Zwei weitere Optionen sollen eigens hervorgehoben werden.

Die politischen Initiativen zur *Stärkung des Internets*, wie sie in internationalen Gremien, in Gesetzen und Programmen oder in gesellschaftlichen Initiativen (z.B. der Initiative D21) zum Ausdruck kommen, sollten weitergeführt und verstärkt werden. Die folgenden Themen stehen dabei in erster Linie auf der Tagesordnung:

- die Förderung eines erfolgreichen Migrationsweges zum Übergang auf das neue Internetprotokoll IPv6 und die Sicherung der Offenheit und Einheitlichkeit des Internets,
- die Sicherung und Verbesserung der Leistungsfähigkeit und Zuverlässigkeit des Internets,
- der Schutz des Internets gegen kriminelle Angriffe sowie der Schutz der Privatsphäre der Nutzerinnen und Nutzer des Internets,
- der Abbau der „digitalen Spaltung" in der Gesellschaft, aber auch Maßnahmen für die Sicherung der gesellschaftlichen Teilhabe für diejenigen gesellschaftlichen Gruppen, die am Internet nicht teilhaben können oder wollen.

Über den Horizont des gegenwärtigen Internets hinaus sollte geprüft werden, ob sich die Politik in einer längerfristigen Perspektive nicht für eine *Breitband-Initiative* stark machen sollte (TAB 2001a, ähnlich der Vorstoß der Initiative D21 vom März 2002 für eine Breitband-Initiative):

- Die noch in den 80er Jahren geführten Diskussionen über eine einheitliche breitbandige Kommunikationsinfrastruktur sind weitgehend zum Erliegen gekommen.
- Bedarf, technische Realisierbarkeit und ökonomische Finanzierbarkeit einer breitbandigen Infrastruktur wären im Lichte der Erfahrungen mit Internet, Mobilfunk und E-Commerce neu zu analysieren.
- Die viel deutlicher akzentuierten Breitbandpolitiken in Japan und den USA sollten genauer analysiert und auf ihre Übertragbarkeit auf die deutsche bzw. europäische Situation geprüft werden.

3.2.2 Verbesserung der Datenlage bei digitalen Informationsprodukten

Ein Bedarf nach aussagekräftigen statistischen Daten zum elektronischen Handel resultiert aus der Notwendigkeit von Planungssicherheit und der Verbesserung der Informations- und Entscheidungsgrundlagen staatlicher Akteure, der Verbände und Interessengruppen, der Wissenschaft und nicht zuletzt der Unternehmen. Beispielsweise benötigt die Wirtschaftspolitik (nationale und internationale) Daten zur Konzentrationsmessung, für Benchmarking-Programme, um Defizite in der Mittelstandsförderung aufzudecken oder um Förderprogramme zu evaluieren (Schoder/Janetzko 2002, S. 21 und 35 f.).

Unterstellt man, dass sich beim elektronischen Handel mit digitalen Informationsprodukten die bestehenden Wirtschaftssegmente qualitativ erheblich verändern und gänzlich neue Segmente hinzukommen, dann wird die bestehende industriesegmentspezifische bzw. *branchenorientierte Strukturierung der Wirtschaftsstatistik unzweckmäßig*. Neue Wirtschaftstätigkeiten werden nicht ausreichend erfasst oder zugeordnet, wie z.b. die der Content-Anbieter oder der zahlreichen neuen (Online-)Intermediäre, die branchenübergreifend ihre Dienstleistungen anbieten. Auch „hybride Produkte" aus physischen oder digitalen Waren und Dienstleistungen sowie das strukturelle Zusammenwachsen bisher getrennter Wertschöpfungsketten lassen die bisherige Brancheneinteilung überholt erscheinen (Schoder/Janetzko 2002, S. 15-18).

Da E-Commerce-Entwicklungen an bestehende Wirtschaftsstrukturen anknüpfen, ist eine *organisatorische Eigenständigkeit* einer getrennten „E-Commerce-Statistik" *nicht empfehlenswert*. Bezüglich der Zuständigkeiten dürfte für eine objektive und tragfähige Schaffung von statistischen „Basisdaten" eine Erhebung durch die amtliche Statistik vorteilhaft sein, ergänzt um die fallweise Beauftragung privater oder universitärer Institutionen für gesonderte Fragestellungen (Schoder/Janetzko 2002, S. 30).

Der Wunsch nach supra- und internationaler Vergleichbarkeit und Datenaggregation ruft die Forderung nach *internationaler Einbettung nationaler Statistiken* hervor. Schon die Frage nach der Klassifizierung von digitalen Gütern als „Dienstleistungen" oder als „Waren" macht die Notwendigkeit der internationalen Anpassung der Statistiken deutlich. E-Commerce-bezogene Initiativen und Anpassungsansätze finden sich beispielsweise bei der OECD, der Voorburg-Gruppe (einer UN-Arbeitsgruppe) oder bei Eurostat. So arbeitet die OECD Working Party on Indicators for the Information Society (WPIIS) an einer Anpassung der Nomenklatur zur so genannten „Inhaltsbranche" (Schoder/Janetzko 2002, S. 39-48, 59).

Erste Ansätze der Anpassung der bundesdeutschen Wirtschaftsstatistik hinsichtlich der skizzierten Anforderungen wurden bereits realisiert oder sind beabsichtigt. Eine umfassende Bewertung kann hier nicht vorgenommen werden, doch einige Defizite und Erfordernisse sind bereits benennbar:

- Mit dem novellierten *Gesetz über die Statistik im Handel und im Gastgewerbe (HdlStatG*, Handelsstatistikgesetz vom Dezember 2001) hat der Gesetzgeber einen Schritt zur verbesserten statistischen Erfassung des E-Commerce getan. Damit wurde das bisherige Gesetz an die europäischen Statistikanforderungen angepasst, z.B. wurde die europäische Klassifikation der Wirtschaftszweige (NACE) berücksichtigt. Ein weiteres Ziel der Novellierung war auch, durch neu strukturierte Erhebungen „Umsätze nach Art der Tätigkeiten" zu erfassen. Dadurch ist es nunmehr möglich, Tätigkeiten auf dem Gebiet des elektronischen Handels gesondert zu erfassen.
- Für alle Dienstleistungsbranchen bestehen Defizite bei den Kostenstrukturdaten, so dass einzelne Wertschöpfungskomponenten nicht sehr genau berechnet

werden können. Das Anfang des Jahres 2001 in Kraft getretene Gesetz über Statistiken im Dienstleistungsbereich *(Dienstleistungsstatistikgesetz)* ermöglicht zwar seit Mitte 2002 für einen Teil der vom elektronischen Handel betroffenen Dienstleistungsbranchen jährlich (ab 2000) genauere Daten zur Wertschöpfungsstruktur. Nicht erfasst werden jedoch die Finanzdienstleistungen sowie die kulturellen Dienstleistungen, zu denen die Filmwirtschaft, die Rundfunkwirtschaft, Künstler, Journalisten und Nachrichtenbüros gerechnet werden (NACE-Klasse 92) (Seufert 2001, S. 54). Außerdem ergeben sich aus der im Rahmen des Dienstleistungsstatistikgesetzes vorgenommenen Änderung des Gesetzes gegen Wettbewerbsbeschränkungen, die zu einer Erweiterung der Konzentrationsberichterstattung der Monopolkommission führt, keine spezifischen Informationen für sektorenübergreifende Tendenzen, da die Konzentrationsraten nur für einzelne Wirtschaftszweige erhoben werden. Auch sind die zu den kulturellen Dienstleistungen gerechneten Wirtschaftszweige in die Dienstleistungsstatistik nicht eingeschlossen (Seufert 2001, S. 55).

3.2.3 Stärkung der Rolle der KMUs

Die etwa 3,3 Mio. kleinen und mittleren Unternehmen in Deutschland haben eine große Bedeutung für die Wirtschaftsentwicklung. Sie tragen in besonderem Maße zur Schaffung von Arbeitsplätzen, Ausbildungsplätzen und zum technischen Fortschritt bei. Angesichts der Tatsache, dass KMUs nicht nur bei der Internetnutzung allgemein, sondern auch beim E-Commerce hinter den Großunternehmen zurückliegen, stellt sich die Frage nach dem mittelstandsspezifischen politischen Handlungsbedarf im Bereich des E-Commerce.

Im Herbst 2000 hatten 91% der KMU einen Internetanschluss. Jedes zehnte KMU beteiligte sich an einem elektronischen Marktplatz. Allerdings hatten zwei Drittel der Unternehmen keine umfassende Internetstrategie entwickelt (Enquete-Kommission „Globalisierung der Weltwirtschaft" 2001, S. 56). Trotz der erreichten Fortschritte besteht weiterhin Handlungsbedarf bei der Unterstützung der Unternehmen durch den Staat. So kam z.B. eine Studie des Beratungsunternehmens Prognos im Auftrag des BMWi im Jahr 2001 zu dem Ergebnis, dass für kleine und mittlere Unternehmen noch für weitere zwei bis drei Jahre ein Bedarf an neutraler Information und Beratung bestehen wird (Prognos 2001).

Barrieren bei der Adaption des elektronischen Handels in kleinen und mittleren Unternehmen sind vor allem:

- geringe Kenntnis über E-Commerce (insb. Rechtsfragen),
- Fehlen einer Internetstrategie,
- Unsicherheit über den Nutzen des elektronischen Handels,

- Defizite beim Humankapital,
- Höhe und Unsicherheit bezüglich des notwendigen Investitionsvolumens,
- Zweifel an der Sicherheit des B2C-E-Commerce.

Als zentrale *Aufgaben* einer an den Bedürfnissen kleiner und mittlerer Unternehmen orientierten E-Commerce-Politik haben sich national wie international herauskristallisiert (Schmitz 2000):

- die Verbesserung des Kenntnisstandes über E-Commerce (z.B. rechtliche Rahmenbedingungen, Technologien und Standards),
- die Behebung des Mangels an qualifiziertem Personal (IT-Experten, Fachleute für Marketing und Logistik) sowie
- die Unterstützung bei der Kapitalbeschaffung.

Zur *Verbesserung des Kenntnisstandes der Unternehmen* wird gefordert:

- die Schaffung von Aufmerksamkeit z.B. durch umfassende E-Commerce-Initiativen, der Aufbau von Informations- und Kommunikationsnetzwerken und die Erhöhung der Sichtbarkeit der E-Commerce-Politik durch besondere Programme und Aktionen,
- eine Förderung von „Best-Practice"-Projekten,
- die Beratung insbesondere in Bezug auf eine betriebliche Internetstrategie sowie
- die Übernahme einer Vorreiterrolle durch öffentliche Institutionen (Public E-Procurement, E-Government).

Das strukturelle *Problem des Mangels an qualifiziertem Personal* ließe sich z.B. angehen durch Maßnahmen zur Förderung der Personalqualifikation, Veränderungen in den Lehrplänen im Ausbildungsbereich sowie die Verbesserung des Zugangs der Unternehmen zu externen Experten. In Bezug auf die hohen *Investitionskosten* ergeben sich u.a. Handlungsoptionen in Form aktiver Beteiligung öffentlicher Institutionen an E-Commerce-Plattformen, der Förderung der Standardisierung von E-Commerce-Lösungen sowie rechtlicher Regelungen in Bezug auf die Finanzmärkte.

In Deutschland wurden diese zentralen Aufgaben bereits politisch angegangen. Das vom BMWi initiierte und geförderte „Netzwerk Elektronischer Geschäftsverkehr" unterstützt bundesweit kleine und mittlere Unternehmen (Prognos 2001, S. 4) durch

- Information und neutrale Beratung zur Nutzung des Internets und anderer elektronischer Netze,
- Einführungs- und Schulungsveranstaltungen,
- Bereitstellung von Modell-Lösungen („Best-practice"),

- durch gemeinsame Projekte (z.B. Gestaltung von elektronischen Marktplätzen oder gemeinsamen Plattformen),
- Transfers von Projektergebnissen aus öffentlich geförderten Projekten in die Anwendung durch die Unternehmen sowie
- Auswertung und Nutzung internationaler Aktivitäten.

Weitere Anstrengungen der Politik sollten vor allem hinsichtlich der Ansprache des Handwerks, der Information über die elektronische Beschaffung der öffentlichen Hand sowie der Publizität und Dichte des Netzwerkes unternommen werden.

Ein entscheidendes Problem bleibt der große *Kapitalbedarf* kleiner und mittlerer Unternehmen bei der Adaption des E-Commerce. So verfügt mehr als ein Drittel der mittelständischen Unternehmen in Deutschland über weniger als 10% Eigenkapital an der Bilanzsumme und nur knapp ein Fünftel über mehr als 30%. Auch die *Globalisierung der Finanzmärkte* veränderte die Rahmenbedingungen für kleine und mittlere Unternehmen und hat zu neuartigen Schwierigkeiten bei der Beschaffung von Kreditmitteln geführt (Enquete-Kommission „Globalisierung der Weltwirtschaft" 2001, S. 19).

Öffentliche Institutionen können den elektronischen Handel bei KMUs also vor allem dadurch *fördern*, dass sie die Aufmerksamkeit für diesen erhöhen, selbst eine Vorreiterrolle bei der Digitalisierung einnehmen, die Informationslage der KMUs und die Qualifikation des Personals verbessern helfen und in ihrer Politik dem hohen Kapital- und Beratungsbedarf kleiner und mittlerer Unternehmen konsequent Rechnung tragen. Von besonderer Bedeutung ist hier die Kooperation mit Unternehmensverbänden, Kammern und privatwirtschaftlichen Anbietern von Fort- und Weiterbildung, Finanzmarktinstitutionen (z.B. Risikokapital-Fonds), Hard- und Softwareanbietern und Betriebsberatungsunternehmen (Schmitz 2000, S. 138).

Bei angemessener Förderung kleiner und mittlerer Unternehmen werden diese gute Chancen haben, den Übergang zum E-Commerce in einer globalisierten Weltwirtschaft – ohne Verlust ihrer herausragenden gesamtwirtschaftlichen Bedeutung – zu meistern.

3.2.4 Öffentliche Beschaffung

Derzeit dürfte die *Intensivierung der Information und Kommunikation über „Public E-Procurement" (PEP)* – trotz zahlreicher bereits erfolgter Anstrengungen in dieser Richtung – das wichtigste Handlungsfeld auf Bundesebene sein.

Pilotprojekte von Bund, Ländern und Gemeinden loten die Chancen und Risiken der neuen Verfahrensweisen aus. Erste Ergebnisse der Projekte liegen vor, allerdings sind Veröffentlichungen rar. Der Austausch über diese Pilotprojekte sollte über alle Ebenen und zwischen allen beteiligten Gruppen weiter intensiv

3 Politische Handlungsfelder

geführt werden. Diesbezügliche Erfahrungen verweisen auf die Notwendigkeit, insbesondere kleine und mittlere private Unternehmen noch besser über die elektronische Signatur zu informieren. Die Bundesregierung hat im Januar 2002 bereits angekündigt, bei der Einführung elektronischer Signaturen die Wirtschaft umfassend einzubeziehen, mit Ländern, Kommunen sowie anderen Anwendern, Herstellern und Verbänden eng zu kooperieren und eine breite Öffentlichkeitsarbeit zum Thema zu betreiben (Bundesregierung 2002b, S. 10). Seine Informationsanstrengungen könnte der Bund auch hinsichtlich der Entwicklungen auf EU-Ebene und in Bezug auf den Informationsfluss zwischen Bund, Ländern und Kommunen verstärken. Hierbei kann das Kooperations- und Kommunikationsnetzwerk zum Leitprojekt „E-Vergabe" eine wichtige Rolle einnehmen.

Es läge ferner im staatlichen Interesse, die deutschen Pilotprojekte der verschiedenen Ebenen systematisch vergleichend auszuwerten. Besonderen Stellenwert sollten hierbei Fragen der Korruptionsverhinderung und -bekämpfung sowie rechtliche Aspekte erhalten. Als Ergänzung wäre auch ein Blick in andere EU-Mitgliedsstaaten (und eventuell darüber hinaus) ratsam. Erfahrungen, die in bestehenden „Best-Practice-Projekten" in ganz Europa gesammelt werden, sind von allgemeinem Interesse. Ansatzpunkte für ein systematisches *Benchmarking* von PEP-Lösungen in Europa existieren bereits (PLS-Ramboll 2000), weitere Schritte und Aktualisierungen sind aber erforderlich.

Angesichts der angespannten Haushaltslage verdient neben der elektronischen Beschaffung der öffentlichen Hand auch der internetbasierte *Verkauf durch öffentliche Institutionen* Beachtung. Nach Presseberichten ist die US-Regierung einer der größten Verkäufer im Internet (Pew Internet Project 2001). Ansatzpunkte für eine ähnliche Rolle des öffentlichen Sektors in Deutschland existieren. Hier sollte über die Potenziale und über geeignete Rahmenbedingungen nachgedacht werden.

Pilotprojekte im PEP-Bereich benötigen gerade in der ersten Phase Unterstützung, da hier die Kosten am höchsten sind. Hier wären *spezifische Förderprogramme* zur elektronischen Beschaffung denkbar. Es sollte insbesondere versucht werden, die Entwicklung von *grenzüberschreitenden Projekten* voranzutreiben, welche mehrere Sprachen abdecken. Auf Grund der großen Bedeutung der kommunalen Ebene für den Bereich der öffentlichen Beschaffung könnte auch über eine stärkere Förderung von kommunalen PEP-Lösungen nachgedacht werden.

Rechtlicher Klärungs- und Regelungsbedarf besteht u.a. noch in Bezug auf die Möglichkeit inverser Auktionen, insbesondere dann, wenn dieses Verfahren demnächst EU-weit in das öffentliche Beschaffungswesen integriert werden sollte. Unklarheiten existieren hinsichtlich der rechtlichen Zulässigkeit bestimmter Modelle öffentlicher Einkaufsgemeinschaften. Auf jeden Fall sollten die ersten Praxiserfahrungen mit PEP dahingehend ausgewertet werden, inwieweit durch weitere flexible Anpassung des Vergaberechts Restriktionen bei einer umfassenden Nutzung abgebaut werden könnten.

Die unterschiedlichen PEP-Initiativen auf den verschiedenen Ebenen der öffentlichen Hand können augenblicklich als Experimentier- und Lernprozess betrachtet werden. Technische und organisatorische Fragen stehen dabei naturgemäß im Vordergrund. Intensiviert werden sollte bald aber auch der politische *Diskurs über* gewünschte *Ziele und mögliche Zielkonflikte* bei und zwischen den einzelnen PEP-Initiativen. Dies ist zwar sinnvoll erst dann möglich, wenn mehr Erfahrungen vorliegen. Aspekte wie die Auswirkungen auf kleine und mittlere Unternehmen, die Rationalisierungs- und Qualifizierungspotenziale im öffentlichen Personalbereich, die Europäisierung der öffentlichen Beschaffung, die Schaffung von mehr Transparenz und Datenschutzfragen müssten dann aber noch stärker thematisiert werden.

3.2.5 Wettbewerbspolitik

Wettbewerbspolitische Handlungserfordernisse ergeben sich auf dem noch jungen Feld des elektronischen Handels viele, wobei vorweg darauf hingewiesen werden soll, dass das bestehende Wettbewerbsrecht für die wettbewerbliche Regulierung des Internets bisher geeignet zu sein scheint (Monopolkommission 2002b, S. 331). Zudem spricht der innovative und wettbewerbsfördernde Charakter des elektronischen Handels mit neuen und z.t. unausgereiften Märkten, Produkten, Verfahren oder Organisationskonzepten gegen eine zu frühe und zu weitreichende wettbewerbspolitische Regulierung. Allerdings werden auch dringende wettbewerbspolitische Handlungserfordernisse beim E-Commerce im Allgemeinen und besonders beim E-Commerce mit digitalen Gütern deutlich:

- Insbesondere beim B2B-E-Commerce tendiert die Entwicklung zu Kooperationsformen bzw. *virtuellen Unternehmen*, bei denen der Einsatz der Kernkompetenzen über elektronische Informations- und Kommunikationsnetzwerke schnell und effizient koordiniert werden kann. Aus wettbewerbspolitischer Perspektive sind virtuelle Unternehmen problematisch, da sie entweder Kartelle oder – schwer davon abzugrenzen – Unternehmenszusammenschlüsse, die der Fusionskontrolle unterliegen, darstellen können (Monopolkommission 2002b, S. 338, 353).
- Eng damit verbunden ist die Wettbewerbsproblematik der *elektronischen B2B-Handelsplätze*, die Potenziale von Kartellabsprachen oder des Missbrauchs gegenüber Handeltreibenden bzw. ausgeschlossenen Dritten bergen. Auf Grund der Verschiedenartigkeit der Handelsplatzstrukturen ist allerdings bei der Beurteilung der wettbewerblichen Wirkung jeweils für den Einzelfall

3 Politische Handlungsfelder

zu prüfen, ob insbesondere ein offener Zugang zur Handelsplattform garantiert wird, ob die Wechselbarrieren für die handelnden Unternehmen niedrig genug sind, ob die institutionalisierten Kommunikationsformen abgestimmtes bzw. kollusives Verhalten ausreichend verhindern oder ob die technischen Möglichkeiten der Nachfragebündelung nicht zum gemeinsamen Einkauf durch Unternehmen des gleichen Wirtschaftszweigs (im Extrem zur Bildung eines Monopsons) missbraucht werden (Monopolkommission 2002b, S. 345 ff.).

- Es wurde bereits darauf hingewiesen, dass das Internet die Markttransparenz in vielen Fällen, z.b. durch bessere Produkt- und Preisinformationen, Preisvergleichs- oder Verbraucherportale, erhöhen kann. Allerdings kann die *erhöhte Markt- und Preistransparenz* auch neue Missbrauchspotenziale eröffnen. Mit der besseren Informationsverfügbarkeit und der Automatisierung der Verarbeitung auch großer Informationsmengen können wettbewerbsschädigende Vereinbarungen mehrerer Anbieter (z.B. Preisabsprachen) besser aufgebaut, detailliert beschrieben und leichter durch die kooperierenden Anbieter kontrolliert werden. Die Kartellbehörden stehen allerdings auf Grund der Struktur des Internets vor einem Aufdeckungs- und Kontrollproblem (Monopolkommission 2002b, S. 339, 341).
- Internetunternehmen, die eine besondere *zentrale bzw. marktbeherrschende Stellung* – im Extrem eine Monopolstellung – im Verhältnis zum Kunden erlangt haben, können diese im elektronischen Handel über ihre Plattformen oder über jene kooperierender Unternehmen ausnutzen. So hat beispielsweise die Deutsche Telekom AG mit ihrer Kundenbasis und der Möglichkeit der einfachen Abrechnung über die Telefonrechnung einen Wettbewerbsvorteil beim Angebot von Zahlungssystemen gegenüber anderen Anbietern alternativer Abrechnungssysteme (Monopolkommission 2002b, S. 335). Ebenso stellen Netzwerkanbieter oder Portaldienste in der Regel viel besuchte Web-Verzeichnisse mit Verweisen auf andere Internetdienste bereit, bei denen die Auswahl und Platzierung der Verweise andere Anbieter begünstigen oder benachteiligen. Im Extremfall können sie für den Kunden unbemerkt blockiert werden (Strategie des „*walled garden*") (KEK 2000, S. 339; Mestmäcker 2001, S. 193). Dies wird besonders bei den „Internet"-Angeboten im Mobilfunk deutlich. Eine ähnliche marktbeherrschende Position können zentrale Authentifikationssysteme (z.B. Liberty Alliance oder Microsoft mit dem Dienst „Passport") erlangen, bei denen Netzwerkeffekte eine entscheidende Rolle spielen. Über die Einstiegsseiten dieser Dienste kann auf eigene oder kooperierende Angebote verwiesen ("verlinkt") werden.

Gerade *bei digitalen Produkten zählen Größenvorteile* auf der Seite der Anbieter. Zudem treten *Verbundvorteile* auf, die sich bei Produktion und Vermarktung durch die Mehrfachverwertung der Informationsprodukte im Online- und Offline-Bereich ergeben (Latzer/Schmitz 2001, S. 68, 88 f.). Beide Größenvorteile, die Kostendegression und die Verbundvorteile, verstärken die *Tendenz zu einer erhöhten Branchenkonzentration*. Wettbewerbspolitisch problematisch sind auch die folgenden Entwicklungen (TAB 2002b, S. 63 ff.):

- Handlungsbedarf entsteht, wenn Unternehmen gleichzeitig die *Produktion* der Informationsprodukte *und* deren *Distribution* in elektronischen Netzwerken *kontrollieren*. Beispielsweise besteht bei Video-on-Demand-Angeboten die Gefahr der Wettbewerbseinschränkung, wenn lokale Breitband-Monopole den Netzzugang für unabhängige VoD-Anbieter erschweren oder behindern (Kap. II.4).
- Im Allgemeinen können Anbieter von Netzzugängen über Telefon- bzw. Fernsehkabel, Satellit und Mobilfunk verstärkt mit Medienunternehmen kooperieren. Mit günstigen oder kostenlosen Informationsangeboten soll die Nachfrage nach ihren Zugangsangeboten gesteigert werden. Diese verdrängen bei gleichem Zeit- und Geldbudget der Konsumenten andere Angebote. Beispielsweise wird derzeit geprüft, ob die Kooperation zwischen dem ZDF und T-Online wettbewerbsrechtlich zulässig ist, da dem Provider mit dem Einspeisen hochwertiger Nachrichten ein Wettbewerbsvorteil erwächst (Monopolkommission 2002b, S. 342).
- Ferner sind Formen der Kooperation wettbewerbspolitisch problematisch, bei denen Netzbetreiber aus bestimmten Gründen eine *zentrale Stellung* oder einen besonderen Wettbewerbsvorteil im Verhältnis zum Kunden haben. Diese können sie durch Kooperationen mit Inhalteanbietern oder durch eigene Inhaltsangebote missbräuchlich ausnutzen. So ist beispielsweise der vom Bundeskartellamt genehmigte Zusammenschluss von T-Online und Bild.de trotz Auflagen wettbewerbspolitisch bedenklich, da T-Online das einfache und weit verbreitete Abrechnungssystem der Deutschen Telekom über die Telefonrechnung nutzen kann und dadurch einen erheblichen Wettbewerbsvorteil gegenüber alternativen Anbietern erhält. Die eigentlich geplante Exklusivkooperation, bei der Inhalte von Bild.de nur bei T-Online erhältlich sein sollten, wurde allerdings untersagt (Monopolkommission 2002b, S. 335 f.)
- Im Internet kann auf dem Wege der *„Cross-Promotion"* versucht werden, die Nutzer, die über die Zugangsseiten bzw. Portale der Netzbetreiber ins Internet gelangen, zu den Informationsprodukten der verbundenen Medienunternehmen zu führen.
- *Kooperationen* sowie *Unternehmensverflechtungen zwischen Produzenten von komplementären Gütern* können zunehmen, z.B. zwischen Produzenten digitaler Inhaltsprodukte und den Herstellern von Endgeräten oder Abspielsoftware. Dies kann die Gefahr von „Lock-In"-Effekten verstärken, wenn die

3 Politische Handlungsfelder

angewandten Produkte mit Konkurrenzprodukten nicht kompatibel sind. Dem Konsumenten wird dadurch der Wechsel zwischen verschiedenen Systemen erschwert. Die Unternehmen können eine marktbeherrschende Stellung gewinnen und die verwendete Technologie wird zum Standard.

- Zudem sind konzentrationsfördernde Tendenzen durch *Unternehmenszusammenschlüsse und -kooperationen* von Unternehmen der gleichen Wertschöpfungsstufe zu beobachten, wie z.b. die Kooperationen bei der gemeinsamen Online-Musikvermarktung durch die Bertelsmann AG, AOL Time Warner und EMI Group (Monopolkommission 2002b, S. 342). Es kann vermutet werden, dass die Anbieter mit der Zusammenführung ihrer Musikrechte eine ausreichend attraktive Sortimentsbreite erreichen wollen, um Handelsstufen umgehen zu können.

Bei der Prüfung von möglichen wettbewerbspolitischen Eingriffen ist es in vielen Fällen nicht leicht, zwischen Kooperationen, die den Nutzen für den Verbraucher erhöhen, und solchen, die Marktmachtmissbrauch implizieren, zu unterscheiden. Dabei ist es schwierig zu bestimmen, wann ein Hersteller mit einer zentralen Netzwerkposition seine Machtstellung gegenüber den Kooperationspartnern ausnutzt (Latzer/Schmitz 2001, S. 103; Wissenschaftlicher Beirat beim Bundesministerium für Wirtschaft und Technologie 2001, S. 32 ff.).

Zur *Beobachtung und Beurteilung der Medienkonzentration* existieren in der Bundesrepublik Deutschland entsprechende Institutionen. Erstmalig wurde ein „Cross-Ownership-Bericht" im Jahr 2000 durch die Kommission zur Ermittlung der Konzentration im Medienbereich erstellt (KEK 2000). Für ihre Arbeit verfügt die Kommission nicht über vergleichbare Ermittlungsrechte wie das Bundeskartellamt. Ein Informationsaustausch zwischen KEK und Bundeskartellamt ist zudem bislang nach § 24 des Rundfunkstaatsvertrags (RStV) nicht möglich (Seufert 2001, S. 55).

Die Monopolkommission betont als Schwerpunkt der wettbewerblichen Regulierung die Aufgabe, für die *Offenhaltung des Marktzugangs* zu sorgen, was auch Verpflichtungen zur Gewährung des Zugangs zu Infrastruktureinrichtungen für außenstehende Anbieter einschließt (Monopolkommission 2002b, S. 354f.). Dies dürfte sich nicht nur auf die diversen elektronischen Netze beziehen (Internet, Mobilfunknetze, Kabelnetze), sondern auch auf *jegliche Internetplattformen*, die eine zentrale bzw. beherrschende Stellung gegenüber dem Kunden erreicht haben, wie z.B. bestimmte elektronische Handelsplätze, Verzeichnis-, Such- und Authentifizierungsdienste.

3.3 Ausgewählte Handlungsfelder auf internationaler Ebene

Aus dem globalen Charakter des E-Commerce folgt die Notwendigkeit, Regulierungserfordernisse schrittweise international zu harmonisieren. Insofern rücken die internationalen Akteure und Gremien und ihre Kompetenzen und Gestaltungsmöglichkeiten in den Blick. Die folgenden Ausführungen widmen sich dem Handlungsbedarf in den für E-Commerce besonders relevanten Feldern.

3.3.1 Globaler Dienstleistungshandel und die Aktivitäten der WTO

Mit den neuen technologischen Möglichkeiten des elektronischen Handels wird es zu *einschneidenden quantitativen und qualitativen Veränderungen* auch im Dienstleistungshandel kommen. Dies liegt zum einen daran, dass manche Dienstleistungen im Gegensatz zu körperlichen Waren vollständig digital ausgeliefert werden können. Zum zweiten entstehen durch die Handelbarkeit von Inhaltedienstleistungen und digitalen Produkten ganz *neue Handelsflüsse*.

Angesichts zunehmender Globalisierung der Dienstleistungsbranchen wird es vermutlich zu einem Anstieg des Welthandels mit elektronischen Dienstleistungen kommen. Interessante Exportmöglichkeiten können in den unternehmensnahen und professionellen Diensten (Werbedienstleistungen, Beratung, Computer- und Informationsdienstleistungen etc.) sowie in den Finanz- und Versicherungsdienstleistungen entstehen. Auch können digitale Produkte (z.B. Musik, Filme, Software) vermehrt über elektronische Netzwerke online ohne Qualitätsverlust gehandelt werden, wobei sie in diesem Kontext auch als audiovisuelle Dienstleistungen aufgefasst werden (Hauser/Wunsch-Vincent 2002, S. 19).

Viele dieser Dienstleistungen lassen sich aber nicht ohne weiteres vollständig mittels E-Commerce erbringen, so dass sich elektronische wie nicht-elektronische Dienstleistungserbringungsarten oft ergänzen. Die weitere Öffnung des Dienstleistungssektors für den Welthandel muss daher sowohl die elektronischen als auch die nicht-elektronischen Dimensionen des Dienstleistungshandels erfassen.

Aus der neuen Handelbarkeit von Dienstleistungen können zum einen für *Industrieländer* spezifische *Wohlstandsgewinne* resultieren, da grenzüberschreitend und standortunabhängig billigere Dienstleistungen aus dem Ausland bezogen werden können. Die EU-Mitgliedstaaten waren im Jahr 2000 mit ca. 25% Anteil am globalen Dienstleistungshandel führend. Auch erzielte die EU in den genannten Dienstleistungssektoren punktuell positive Handelsbilanzen – bedeutende Überschüsse allerdings nur im Bereich der Finanzdienstleistungen. Große Handelsdefizite ergeben sich aber im Bereich der Urheberrechts- und Lizenzgebühren sowie der Unterhaltungsdienstleistungen. Für die EU, aber auch für Deutschland, das im Dienstleistungshandel eine stark defizitäre Handelsbilanz

3 Politische Handlungsfelder 411

aufweist, bieten sich also im grenzüberschreitenden, globalen Dienstleistungshandel noch erhebliche Potenziale.

Zum anderen eröffnet sich durch diese neue Export- und Importmöglichkeit aber auch ein *Entwicklungspotenzial für weniger entwickelte Länder*. Im Rahmen des GATS und in der neuen Doha-Welthandelsrunde haben sich die Industrieländer verpflichtet, die Entwicklungsländer vermehrt in den Welthandel zu integrieren. Die Einbindung weniger entwickelter Länder in den weltweiten elektronischen Handel könnte das Risiko eines Abwanderns qualifizierter Arbeitskräfte aus diesen Ländern vermindern und der weiteren Öffnung der digitalen Kluft entgegen wirken (Hauser/Wunsch-Vincent 2002, S. 198).

Um das Potenzial des elektronischen Dienstleistungshandels ausschöpfen zu können, sind allerdings noch weitere politische Aktivitäten erforderlich (Bundesregierung 2002c, S. 27). Die einschlägigen Ebenen und Instrumente hierzu sind die vom E-Commerce berührten WTO-Verträge und die für den E-Commerce spezifischen Aktionen der WTO.

Augenblicklich ergeben sich zwei Anknüpfungspunkte für die Lösung der offenen E-Commerce-Probleme und die hierfür relevanten weiteren Liberalisierungsschritte: Neben dem WTO-E-Commerce-Arbeitsprogramm sind dies die GATS 2000-Verhandlungen zur progressiven Liberalisierung des Dienstleistungshandels.

Themen des WTO-Arbeitsprogramms

Die Kernfragen in Bezug auf E-Commerce betreffen die Verlängerung des E-Commerce-Zollfreiheitsmoratoriums, Klassifizierungsfragen des elektronischen Handels, Fragen bezüglich der Herkunftslandregeln, die Gefahr der Regulierungsheterogenität sowie der handelshemmenden technischen Standards und die Anpassung des im TRIPS verankerten Schutzes von geistigem Eigentum an das neue digitale Umfeld (Hauser/Wunsch-Vincent 2001, S. 200).

- Bis 2003 gilt noch ein *Zollfreiheitsmoratorium* für alle elektronischen Transaktionen. Unklar ist, ob es nach 2003 ein dauerhaftes Moratorium geben soll. Manche Mitgliedsländer vertreten die Ansicht, dass vor einer entsprechenden Entscheidung zunächst die offenen Fragen der Klassifikation von Gütern zu klären seien. In jedem Fall ist das Moratorium in dieser Form nicht geeignet, auf Dauer den E-Commerce von Zöllen freizuhalten (Hauser/Wunsch-Vincent 2002, S. 68 ff.).
- Der zentrale Streitpunkt auf internationaler Ebene kulminiert in der Frage, ob digitale Produkte *Dienstleistungen oder Produkte* bzw. Waren sind. Dies ist nur vordergründig eine Abgrenzungs- und Definitionsfrage, vielmehr geht es darum, ob digitale Produkte unter das relativ liberale *GATT- oder* das (noch)

nicht so fortgeschrittene *GATS-Regime* fallen sollen. Die USA plädieren für eine Einordnung unter das GATT, die EU und die meisten anderen WTO-Staaten für eine Einordnung unter das GATS, das zurzeit noch größere Spielräume zur nationalen Regulierung eröffnet (Erber et al. 2001b, S. 20; Hauser/Wunsch-Vincent 2002, S. 72 ff.).

- Verglichen mit dem *Problem* der Zollbarrieren im Güterbereich, ist die Problematik direkt oder indirekt wirkender *regulativer Handelshemmnisse im Dienstleistungsbereich* sehr viel komplexer und schwieriger zu lösen.

  Schon relativ einfache Bestimmungen nationaler Regulierungen wie das Erfordernis des Nachweises bestimmter Qualifikationen oder der Einhaltung länderspezifischer sanitärer Standards können (auch wenn nicht beabsichtigt) diskriminierend wirken. Umso mehr gilt dies für gezielte Maßnahmen wie Regelungen zum öffentlichen Beschaffungswesen, beim Zugang zu Subventionen oder solchen, die die Forderung nach Präsenz des ausländischen Anbieters im Internet enthalten.

  Anders als auf der Ebene der Rhetorik, wo das Internet als „von Barrieren und Protektionismus ungestörtes Handelsmedium" propagiert und allenfalls Selbstregulierung gefordert wird, ist die Wirklichkeit eher durch zunehmende Unterschiede bei den Regelungsmustern gekennzeichnet (Hauser/Wunsch-Vincent 2002, S. 95). Zu ihrem Abbau müssten verstärkte Anstrengungen erfolgen.

- Für die Funktionsfähigkeit insbesondere des Internets als globale Transaktionsplattform des E-Commerce sind *technische Standards* von zentraler Bedeutung – dies auch deshalb, weil sie handelshemmend wirken können. Bislang sind die internationalen Normungsgremien dafür zuständig, das Zusammenwirken verschiedener Systeme und Technologien zu ermöglichen. Es ist noch unklar, ob und wie die WTO eine vergleichbare Rolle wie im GATT-Bereich wahrnehmen könnte oder sollte. Augenblicklich gibt es weder ein GATS-Abkommen zu Handelshemmnissen noch eines zu technischen Standards.

- Zu den sicherlich zentralen Fragen des E-Commerce gehört die nach dem *Urheberrechtsschutz* beim Handel mit Informationen und kulturellen Produkten, der im Internet neuartigen und erheblichen Gefährdungen ausgesetzt ist (Hauser/Wunsch-Vincent 2002, S. 98 ff.). Die bisherigen Regeln des TRIPS-Abkommens gelten für Rechte an geistigem Eigentum in Verbindung mit einem Medienträger. Um auch bei Online-Handelstransaktionen ein gleiches Schutzniveau sicherzustellen, sind Vertragsänderungen erforderlich, in denen vor allem geklärt ist, welche Internetnutzung von geistigem Eigentum illegal oder welche Rechtsinstanz für die Ahndung von Rechtsverletzungen zuständig ist (Hauser/Wunsch-Vincent 2002, S. 99).

3 Politische Handlungsfelder   413

Die neuen Möglichkeiten des Internets verlangen aber nach Klärungen, Abgrenzungen und Neudefinitionen. Dazu zählt beispielsweise die Frage, ob das Erstellen eines Werkes im Internet eine „Veröffentlichung" und welches das „Ursprungsland" ist. Dies gilt auch für *Markenzeichen*, denen als Garant für Qualität im elektronischen Handel eine besondere Rolle zukommt. Bisher arbeitete man beim Markenschutz mit dem Territorialprinzip, das aber bei globaler Präsenz nicht mehr greift. Von Relevanz für Markennamen ist auch eine befriedigende Klärung des Verhältnisses zwischen Markenzeichen und *Internet Domain Namen*. Für die genannten offenen und zahlreiche weiteren Fragen könnten die Verträge und Programme der WIPO, die bereits weitgehend an das neue Umfeld angepasst wurden, genutzt werden.

Insgesamt betrachtet besteht die Herausforderung darin, zukünftig für Online-Handelstransaktionen sichere und praktikable Schutzmechanismen zu etablieren. Dabei käme es insbesondere darauf an, eine nicht funktionale Heterogenität der Regelungsmuster (z.B. bei der Schutzdauer) zu vermeiden.

GATS-Verhandlungen

Das GATS verpflichtet alle Mitglieder zur progressiven Liberalisierung des Regelwerkes (Art. XIX). Übergreifend stellen Hauser/Wunsch-Vincent (2002, S. 200ff.) fest, dass der gegenwärtige Stand der Liberalisierung (2002) der verschiedenen Sektoren weitere Schritte bei der Marktöffnung nahe legt. Im Einzelnen stellt sich Hauser/Wunsch-Vincent zufolge die Situation wie folgt dar:

- Es existiert zwar bei den unternehmensnahen Diensten, bei den Berufsdiensten und bei den Finanz- und Versicherungsdienstleistungen allgemein ein hohes Verpflichtungsniveau. Allerdings liegen noch viele nur partielle Liberalisierungszusagen insbesondere in interessanten Importländern vor. Gerade im Finanzbereich sind noch viele Marktzutrittsbeschränkungen beibehalten worden.
- Es muss darauf geachtet werden, dass bereits erfolgte Liberalisierungsschritte nicht durch de facto diskriminierende Regulierungen zugunsten lokaler Anbieter konterkariert werden. Dies gilt bei unternehmensnahen Diensten besonders für die Regulierung der Qualifikationsanforderungen. Bei den Finanz- und Versicherungsdienstleistungen können Unterschiede bei den Regulierungen zu den Finanzinstrumenten hinderlich wirken.
- Insbesondere im audiovisuellen Sektor, aber auch bei einigen Berufs- und anderen Dienstleistungen hält sich die EU mit der weiteren Liberalisierung bekanntlich zurück. Es wird ein Stillstand bei den medizinischen Dienstleistungen und Bildungsdienstleistungen, den Forschungs- und Entwicklungsdiensten und den Erholungsdienstleistungen bemängelt. Durch die Haltung der EU im audiovisuellen Sektor ist es zurzeit nicht möglich, wesentliche

Probleme zu bearbeiten, die sich z.B. im Hinblick auf die zunehmend konzentrierte globale Medienindustrie ergeben. Es besteht Hauser/Wunsch-Vincent zufolge die Gefahr, dass sich dieser „audiovisuelle Sonderweg" negativ auf die gesamten Dienstleistungsverhandlungen auswirken könnte.

- Viele EU-Handelspartner halten sich zurzeit noch mit Zusagen zu weiteren Liberalisierungsschritten zurück. Für eine Intensivierung des Handels wäre es für alle Seiten förderlich, wenn insbesondere die sich weitgehend zurückhaltenden großen Entwicklungsländer (Indien, Brasilien) ihre Märkte für den internationalen elektronischen Dienstleistungshandel öffneten. Allerdings ist auch bei Industrieländern ein Liberalisierungsbedarf erkennbar.

Insgesamt meinen Hauser/Wunsch-Vincent, dass die Liberalisierung in den Sektoren Finanzen, unternehmensnahe Dienstleistungen und Telekommunikation relativ weit fortgeschritten ist, während für die Bereiche Bildung, Gesundheit sowie Erholung, Kultur und Sport Handlungsbedarf erkennbar bleibt.

3.3.2 Politik zur Erhebung von Zöllen und Steuern beim elektronischen Handel

Weltweite elektronische Informations- und Kommunikationsnetze und die zunehmende kommerzielle Nutzung immaterieller Güter und Dienstleistungen erfordern Besteuerungsnormen und –verfahren, die dieses neue ökonomisch-technische Umfeld des E-Commerce berücksichtigen. Dieses ist geprägt durch die potenziell hohe Mobilität der Unternehmen, durch die kaum nachvollziehbaren Wege der Handelstransaktionen und durch die nur schwer zu verifizierenden Orte des Angebots oder des Verbrauchs. Dies macht die Erhebung von Zöllen und eine Besteuerung von Erträgen oder Umsätzen zunehmend schwieriger. Mit den bisherigen Prinzipien und Techniken lässt sich eine weitere Erosion der Staatseinnahmen mittels Zöllen und Steuern nicht aufhalten. Beispielsweise schätzt die UNCTAD auf Basis von Daten aus dem Jahr 1999, dass bei einer vollständigen Umsetzung des Digitalisierungspotenzials (d.h. alle Medienprodukte, Software etc. werden digital über elektronische Netze gehandelt) und bei einem Verzicht auf Steuern oder Zölle auf Importe von digitalisierten Produkten ein Einnahmenausfall beim Staat von 6,2 Mrd. US-Dollar in den entwickelten Ländern (0,4 % der Staatseinnahmen) und von 1,9 Mrd. US-Dollar in den Entwicklungsländern (0,6 % der Staatseinnahmen) auftreten würde (Teltscher 2002, S. 1153). Der schnell wachsende Markt für Online-Dienstleistungen müsste noch hinzugerechnet werden. Dies verdeutlicht die Notwendigkeit, Konzepte für effektive Erhebungssysteme für Zölle und Steuern zu entwickeln und diese zu implementieren. Im Folgenden wird angesichts der Verlängerung des Zollmoratoriums im Rahmen der WTO-Verhandlungen die Besteuerung in den Mittelpunkt gerückt.

3 Politische Handlungsfelder

Bei der Frage, wie grenzüberschreitende Geschäftsbeziehungen und Unternehmensstrukturen, die international koordiniert werden müssen, behandelt werden sollen, zeigen sich bei der *direkten Unternehmens- und Einkommensbesteuerung* Probleme. Es wird diskutiert, ob beispielsweise eine Web-Seite oder ein Server eine Betriebsstätte im Sinne des internationalen Steuerrechts darstellt und damit die nationale Gewinnbesteuerung ausländischer E-Commerce-Anbieter erlaubt. Aus Sicht der Finanzbehörden problematisch erscheinen Gewinnverlagerungen innerhalb transnationaler Unternehmen, die sich im Zuge von E-Commerce intensivieren könnten, die allerdings kein grundsätzlich neues Problem des E-Commerce darstellen.

Ferner wird der E-Commerce die Bedeutung privater Anlagemöglichkeiten verstärken. So können Privatanleger künftig via Internet ihre Kapitalanlagen jenseits nationaler Besteuerung und Regulierung verwalten. Diese Finanzplätze und die notwendige Anpassung der nationalen Kapitalertragsbesteuerung zeigen Handlungsbedarf in der Steuergesetzgebung (Erber et al. 2001b, S. 76).

Bei *Verbrauchssteuern* kann der E-Commerce mit materiellen Gütern steuerlich wie der konventionelle grenzüberschreitende Versandhandel gehandhabt werden, während der E-Commerce mit digitalen Gütern Anpassungsbedarf hervorgerufen hat. Hierbei hat man vor allem die digitalisierbaren Produkte bzw. Daten im Blick, die bisher auf materiellen Trägern, jedoch zukünftig zunehmend auf elektronischen Netzwerken ausgeliefert werden, wie Bücher, Musik, Filme sowie Software. In der Europäischen Union wird deshalb derzeit die *Mehrwertsteuer* angepasst. Ausgangspunkt war die Ungleichbehandlung von EU- und Nicht-EU-Unternehmen. Während alle Umsätze mit digitalen Gütern innerhalb der EU in jedem Fall der Mehrwertsteuer unterlagen, wurden elektronisch von außerhalb der EU gelieferte digitale Güter nicht mit der Mehrwertsteuer belastet. Um diesen Wettbewerbsnachteil für europäische Anbieter auszugleichen, hat die Europäische Kommission im Juni 2000 einen *Vorschlag für eine Richtlinie zur Umsatzbesteuerung elektronisch erbrachter Leistungen* unterbreitet (Europäische Kommission 2000c). Ziel des Vorschlags ist es, faire Marktbedingungen bei der Besteuerung entsprechend den Prinzipien der OECD-Ministerkonferenz von 1998 zu erreichen. Die am 15.05.2002 in Kraft getretene Richtlinie (2002/38/EG) und eine weitere Verordnung müssen bis zum 01.07.2003 in den Mitgliedstaaten umgesetzt werden. Diese *Interimslösung* soll zunächst für drei Jahre gelten (vgl. den Textkasten sowie TAB 2002b).

Die US-Regierung hatte ihr Moratorium für neue spezifische Internetsteuerarten im November 2001 verlängert, u.a. mit der Absicht, in der Zwischenzeit einen globalen Konsens für Besteuerungsregeln zu finden (Pichler 2001, S. 42f.). Diese weltweiten Konsensbemühungen sehen die USA mit dem Vorstoß der EU nun gestört. Allerdings ist die zeitliche Begrenzung der europäischen Interimslösung mit der Absicht eingeführt worden, bei ihrem Auslaufen ein dann u.U. global vorhandenes Mehrwertsteuersystem zu übernehmen.

Eckpunkte der EU-Richtlinie zur Umsatzbesteuerung elektronisch erbrachter Leistungen:

- Sind über elektronische Netzwerke ausgelieferte digitale Produkte für den *Konsum innerhalb der EU* bestimmt, unterliegen sie der *Mehrwertsteuer in der EU*. Digitale Inhaltsprodukte werden in diesem Kontext als „digitale Dienstleistungen" angesehen. Sind sie für den *Konsum außerhalb der EU* bestimmt, unterliegen sie *keiner EU-Mehrwertsteuer*. D.h. beziehen Privatkunden in einem Drittland digitale Produkte von einem EU-Anbieter, werden diese im Bestimmungsland und nicht im Land des Unternehmenssitzes des EU-Anbieters belastet.
- Auch für den Online-Handel mit digitalen Gütern *zwischen Unternehmen* (B2B) innerhalb der EU und aus Drittländern gilt das Bestimmungslandprinzip. Nach Einschätzung der Kommission sind dies ca. 90% des Online-Handels mit digitalen Gütern. Es gilt unverändert, dass das importierende Unternehmen die Mehrwertsteuer zahlt.
- Möchten *außereuropäische Online-Anbieter* Online-Handel mit digitalen Produkten mit Konsumenten (B2C) betreiben, so müssen sie sich beim ersten Mal in einem EU-Mitgliedsland ihrer Wahl bei einer Steuerbehörde *registrieren lassen*.
- Nach diesem Schema sind die Steuersätze für den B2B- und den B2C-Handel gleich. Es gilt der *Mehrwertsteuersatz des Mitgliedstaates, in dem der Kunde seinen Sitz hat*. Die Unternehmen müssen neben den Online-Umsätzen auch das Zielland des Kunden melden. Auf diese Weise wird vermieden, dass sich Unternehmen bevorzugt in dem EU-Mitgliedstaat mit dem geringsten Mehrwertsteuersatz registrieren lassen. Die Steuerbehörde des Mitgliedsstaates, in dem der Online-Anbieter registriert ist, hat dann den Steuerbetrag an die Steuerbehörde des Landes, in dem der Kunde registriert ist, zu überweisen.
- Um die Steuererhebung und den Ausgleich zu vollziehen, ist schnellstmöglich (spätestens in drei Jahren) ein *elektronisches System* einzurichten, das der Deklaration, Erhebung und Verteilung der Steuern („simplified revenue reallocation mechanism") durch die Behörden dienen soll.

Auf der internationalen Ebene werden derzeit Lösungen für die *technischen und administrativen Probleme* gesucht, die sich auch beim europäischen Vorschlag zeigen. So dürfte es nach dem gegenwärtigen EU-Vorschlag für die EU-Steuer-

3 Politische Handlungsfelder

behörden schwierig sein, die Anmeldung zur Mehrwertsteuer-Veranlagung von Drittland-Anbietern zu erzwingen. Allein auf die freiwillige Pflichterfüllung seriöser Unternehmen zu setzen, dürfte nicht ausreichen. Es wird möglicherweise der Unterstützung durch so genannte „trusted third parties" zur Steuererhebung oder mittels Internetrecherchen nach Online-Transaktionen der Drittland-Anbieter bedürfen. Als solche neuen Intermediäre zur Identifikation des Ortes der Kunden kann man sich beispielsweise Kreditkartenunternehmen, Banken oder sonstige Zahlungssystembetreiber sowie ISPs oder sonstige Telekommunikationsunternehmen vorstellen. Allerdings werden unweigerlich Fragen des Schutzes der Privatsphäre und des Datenmissbrauchs aufgeworfen. Ferner dürfte es für den Online-Anbieter schwierig sein, die genaue Kundenadresse zu bestimmen und zu verifizieren oder überhaupt anzugeben, ob es sich um einen privaten oder Unternehmenskunden handelt (unterschiedliche Steuerregeln). Bezüglich dieser Überlegungen kann z.B. auf die gegenwärtigen Arbeiten der Technical Advisory Groups der OECD hingewiesen werden, die an der Realisierung des globalen Mehrwertsteuersystems arbeiten (OECD 2001).

Die Zusammenarbeit zwischen Unternehmen und Steuerbehörden wird an Bedeutung gewinnen, da der Selbstveranlagung in Zukunft mehr Gewicht zukommen soll. Der Kontrollaufwand steigt sowohl durch den internationalen Charakter der Transaktionen als auch durch die hohe Mobilität von Unternehmenssitzen, Servern und anderen möglichen Anknüpfungs-Charakteristika für das Betriebsstättenkonzept. Die Behörden benötigen deshalb die notwendigen Ressourcen und Technologien zur Kontrolle im Behördenverkehr und in der Buchführung (z.B. Verifikation des Ortes, des Verbrauchs oder einer adäquaten Approximation, Adaption der Transaktionsprotokolle zur Berechnung der Mehrwertsteuer und zur Schaffung unabhängiger, überprüfbarer Belege für Transaktionen) (Schmitz 2000, S. 137).

Die künftigen technologischen Entwicklungen werden zeigen, inwieweit automatisch und online ablaufende Besteuerungsverfahren gefunden werden können, um letztlich akzeptable, einheitliche Steuern auf virtuellen Märkten zu erheben. Zuvor ist allerdings eine politische Einigung in und zwischen den großen Wirtschaftsräumen erforderlich: Längerfristig würde eine fehlende Regulierung der Besteuerung des elektronischen Warenaustauschs die Privilegierung des E-Commerce gegenüber der traditionellen Wirtschaft zementieren.

3.3.3 Datenschutz (EU)

Jeder, der im Internet surft, hinterlässt verschiedene Datenspuren, die mehr oder weniger detaillierte Kommunikationsprofile liefern (Köhntopp/Köhntopp 2000): Internet-Service-Provider, die für private Haushalte oder kleine Unternehmen den Internetzugang herstellen, verfügen über die Bestandsdaten Name, Adresse,

Kontoverbindung und haben Zugang zu den personenbezogenen Nutzungs- und Abrechnungsdaten, die während eines Online-Betriebs aufgezeichnet werden. Dagegen können E-Commerce-Anbieter ihre Kunden nur dann unmittelbar identifizieren, wenn sie sich mit ihrem Namen bei der jeweiligen Web-Site anmelden müssen oder wenn sie über eine eigene IP-Adresse verfügen. Bei der Nutzung des Internets über einen Internet-Service-Provider wird bei jedem neuen Zugang in der Regel eine neue IP-Adresse vergeben. Individuelle Nutzungsdaten können aber auch mittels so genannter „cookies" von den lokalen Speichermedien der Nutzer abgerufen werden.

Neben den EU-Richtlinien für den Schutz der Privatsphäre im elektronischen Handel (Richtlinie 95/46/EG, Richtlinie 97/60/EG) sind in Deutschland die allgemeinen Datenschutzvorschriften zu nennen, die auch für den E-Commerce gelten. Das Bundesdatenschutzgesetz (BDSG) und das Teledienstedatenschutzgesetz (TDDSG) regeln die Erhebung, Verarbeitung und wirtschaftliche Nutzung personenbezogener Daten. Danach dürfen personenbezogene Daten nur dann gespeichert und verarbeitet werden, wenn gesetzliche Vorschriften dies ausdrücklich zulassen (§§ 5 und 6 TDDSG) oder der Betroffene ausdrücklich eingewilligt hat (§ 3 TDDSG). Das Gesetz zur Regelung des elektronischen Geschäftsverkehrs (EGG) hat zu einer weiteren Anpassung des elektronischen Mediendatenschutzes beigetragen.

Die Einhaltung dieser Vorschriften im Internet lässt sich allerdings nur schwer kontrollieren und durchsetzen, da sich die gezielte Erhebung und Speicherung personenbezogener Daten häufig in einer Grauzone bewegen (ausländische Anbieter, Offshorestandorte). Um mehr Transparenz zu schaffen, haben sich viele E-Commerce-Unternehmen aktiv zu einer „privacy policy" bekannt, d.h. sie klären verstärkt darüber auf, wann und wozu sie personenbezogene Daten sammeln. Allerdings bieten solche Selbstverpflichtungen keinen vollständigen Schutz, da sie keinen Rechtsanspruch begründen und der Urheber der Daten nicht kontrollieren kann, ob diese Selbstverpflichtung auch eingehalten wird.

Neben privaten Initiativen einzelner Unternehmen und der Bewusstseinsbildung der Konsumenten bedarf es also – um den Datenschutz im E-Commerce effektiver zu gestalten – nach wie vor konsequenter *rechtlicher Rahmensetzungen* des Staates. Dazu gehören sowohl die weitere Stärkung der Informationsrechte der Bürger, behördliche Überwachungen als auch strafrechtliche Vorschriften (Bußgelder, Geld- und Freiheitsstrafen).

Auf internationaler Ebene steht seit langem eine Annäherung zwischen den Wirtschaftsräumen USA und EU auf der Tagesordnung. Hier vertritt die EU die Position, dass der Schutz der Privatsphäre durch einen rechtlichen Mindeststandard abgesichert werden muss. Dementsprechend ist auch in der EU-Datenschutzrichtlinie eine übergreifende staatliche Kontrolle auch bei Selbstregulie-

3 Politische Handlungsfelder

rungs-Mechanismen vorgesehen, da man sich von gesetzlich festgelegten Rechtmäßigkeits-Voraussetzungen einen verbesserten Schutz der Privatsphäre erwartet.

Durch die zunehmende Internationalität des E-Commerce werden Fragen nach der Rechtswahl und der -durchsetzung bedeutend. Demnach wären internationale Mindeststandards nötig, um den Schutz der Privatsphäre auch beim internationalen Datenverkehr gewährleisten zu können. Der Diskussionsprozess zwischen der EU und den USA zeigt große Differenzen, so dass eine umfassende Einigung auf eine internationale Datenschutzregulierung, die zumindest die wichtigsten Wirtschaftsregionen umfasst, gegenwärtig nicht wahrscheinlich ist.

Die von den USA ebenfalls angenommenen einschlägigen Richtlinien der OECD stellen aus Sicht der EU die Mindestanforderungen an einen angemessenen Schutz der Privatsphäre dar. Mittlerweile sind aber Regelungen bezüglich der Übermittlung personenbezogener Daten aus der EU in die USA vereinbart worden. Das Europäische Parlament hat dem Verhandlungsergebnis zum Safe-Harbor-Konzept im Juli 2000 zugestimmt (Bundesregierung 2002c, S. 66). Allerdings bleiben die grundlegenden Differenzen im Bereich des Datenschutzes bestehen (Schmitz 2000, S. 120f.).

3.3.4 Urheberrechtspolitik

Insbesondere in der Medienwirtschaft zeigt sich auf Grund der besonderen Eigenschaften digitaler Produkte, dass der Schutz von Rechten an geistigem Eigentum und deren wirtschaftliche Verwertung nur schwer zu gewährleisten ist (Kap. II. 4.3.2).

Die technischen Entwicklungen insbesondere in der Übertragungstechnik elektronischer Netzwerke zeigen, dass das Problem des Schutzes von Urheberrechten nicht länger nur die Musikindustrie betrifft, sondern auch in zunehmendem Maße die Filmwirtschaft sowie die Produzenten von Software, Datenbanken und Online-Buch- bzw. Textangeboten. Es ist deshalb nachvollziehbar, dass Inhaltsproduzenten zum Schutz vor einer Erosion ihrer Einnahmen technische Lösungen einführen, die sichere Verschlüsselungs- bzw. Bezahlungsverfahren gewährleisten oder die geeignet sind, den Vertrieb illegaler Kopien wirksam zu behindern. Als staatliche Aufgabe wird hier die Anpassung der gesetzlichen Rahmenordnung des Urheberrechts gesehen und die Förderung der Entwicklung von technischen Verfahren zum Schutz der Verwertungsrechte urheberrechtlich geschützten Materials.

Auf der Ebene der Weltorganisation zum Schutz des geistigen Eigentums (WIPO) wird weiterhin an der Ausarbeitung eines internationalen Übereinkommens über den Schutz audiovisueller Darbietungen sowie an einem Übereinkommen über den Schutz der Rechte von Sendeunternehmen im digitalen Zeitalter gearbeitet (Bundesregierung 2002c, S. 74). Im Rahmen der EU ist der Urheberrechtsschutz durch die europäische Urheberrechtsrichtlinie vom 22. Mai 2001 (2001/29/EG) im Hinblick auf die Anforderungen in der Informationsgesellschaft harmonisiert worden. In der am 22.6.2001 in Kraft getretenen Richtlinie werden u.a. das Vervielfältigungsrecht, das Verbreitungsrecht und das Recht der öffentlichen Wiedergabe von Werken in der Europäischen Union vereinheitlicht. Die notwendige Umsetzung der Richtlinie in nationales Recht hätte innerhalb von 18 Monaten, d.h. bis zum 22.12.2002, erfolgen müssen. Auf Grund erheblicher Einwände des Bundesrates wurde dies nicht erreicht.

Kritisch ist u.a. angemerkt worden, dass 20 von 21 Ausnahmeregelungen von einem strikten Urheberrechtsschutz in der EU-Richtlinie fakultativ sind („Kann-Vorschriften"), d.h. dass diese Regelungen also gar nicht oder stark angepasst durch die EU-Mitgliedstaaten übernommen werden können. Die Vorteile einer Harmonisierung, dass Unternehmen und Nutzer sich nicht an einzelne nationale Ausnahmeregeln in den EU-Mitgliedstaaten anpassen müssen, wurden somit verschenkt (Grassmuck 2002). In der derzeitigen bundesdeutschen Umsetzungsdiskussion sind insbesondere die folgenden Punkte strittig (Dreier 2000, 2001):

- Es ist noch unklar, inwieweit Intermediäre (z.B. ISPs) bei Urheberrechtsverletzungen, die durch ihre technischen Anlagen und Dienstleistungen ermöglicht wurden, haftbar gemacht werden sollen.
- Die rechtliche Behandlung der Umgehung von technischen Maßnahmen und Geräten zum Urheberrechtsschutz ist umstritten: Da die Umgehung in erster Linie im Privaten stattfindet, würde ein Umgehungsverbot weit in die Privatsphäre eingreifen. Es ist absehbar, dass technische Schutzvorkehrungen nicht nur bestimmte Nutzungen von geschützten, sondern auch von ungeschützten Werken verhindern. Umgehungstechniken werden demnach nicht nur für illegale Aktivitäten gebraucht, sondern auch für legale Zwecke. In diesem Zusammenhang ist auch auf das am 23.2.2002 in Kraft getretene Zugangskontrolldiensteschutz-Gesetz (ZKDSG) zu verweisen, das die Europäische Richtlinie 1998/84/EG über den rechtlichen Schutz von zugangskontrollierten Diensten und von Zugangskontrolldiensten umsetzt. Danach ist die Herstellung, Einfuhr, Verbreitung, der Besitz, die Einrichtung, Wartung, der Austausch und die Absatzförderung von technischen Umgehungsvorrichtungen (inklusive Software) zu gewerbsmäßigen Zwecken strafbar.

Neben der problematischen technischen Durchsetzung des Urheberrechtsschutzes gibt es für Informationsanbieter einige *Erlösalternativen*, die zu einer indirekten Finanzierung beitragen können. Mit der Bündelung des digitalen Gutes mit anderen Produkten und Dienstleistungen, für die Eigentumsrechte besser durchsetzbar sind, können die Kosten für das digitale Produkt gedeckt werden.

3 Politische Handlungsfelder

Beispielsweise werden digitale Produkte zur Nutzung an erforderliche Darstellungsgeräte gebunden (z.B. bei E-Books).
Eine weitere Alternative sind *Gebühren auf die Erstellung von Kopien*. Dies wird bereits als Geräte- und Leermedienabgabe, u.a. auch auf CD-Brenner, an die Verwertungsgesellschaften (z.b. GEMA, VG-Wort) praktiziert und die Einnahmeausfälle der Produzenten werden durch Ausschüttungen entschädigt. Auf diese Weise wird nicht in die Privatsphäre eingedrungen.

3.3.5 Internationale Institutionen

Neben den nationalen und supranationalen Regulierungsinstanzen kommt einigen internationalen Organisationen eine maßgebliche Gestaltungsaufgabe für den E-Commerce zu. Dazu gehören sowohl *politische Organisationen* und Gremien als auch *private Institutionen*.

Die *World Trade Organization (WTO)* ist gemeinsam mit weiteren Organisationen wie der World Intellectual Property Organization (WIPO) oder der United Nations Commission on International Trade Law (UNCITRAL) das *oberste Gremium für weltweite Rechtsstandards* im Handel. Sie regelt mit den GATT-, GATS- und Trips-Verträgen den Handel von Gütern und Dienstleistungen, den Schutz der Eigentumsrechte und die damit zusammenhängenden Rechtsfragen zwischen Mitgliedsländern und fungiert als oberste Schlichtungsinstanz.

Die *OECD* hat sich bereits frühzeitig und in jüngster Zeit verstärkt mit Fragen des E-Commerce beschäftigt. Ihre Aktivitäten betreffen nahezu alle Facetten des elektronischen Handels – Schwerpunkte sind der Verbraucherschutz und das Steuerrecht. Zukünftig will sich die OECD auf die praktischen Fragen des Vollzugs konzentrieren, u.a. auf die Frage der Verifikation von Status und Wohnort des Konsumenten oder auf die technologischen Möglichkeiten der Steuererhebung und -kontrolle.

Die *United Nations Commission on International Trade Law* hat das Mandat, die weltweite Harmonisierung des internationalen Handelsrechts und die Abschaffung von Handelshemmnissen voranzutreiben, die sich aus divergierenden nationalen handelsrechtlichen Ansätzen ergeben. Die Modellgesetze der UNCITRAL sollen ihren Mitgliedsländern als Orientierung für nationale Gesetzesreformen dienen.

Wachsende Bedeutung haben *nicht-staatliche Organisationen* erlangt. Dazu zählen *Unternehmensorganisationen* wie der Global Business Dialogue (GBDe) (Cowles 2001) und die Alliance for Global Business (AGB), *Gewerkschaftsvertretungen* wie die Global Unions oder das Trade Unions Advisory Committee (TUAC) sowie *Verbraucherschutzorganisationen* wie das Electronic Privacy Information Center (EPIC) oder Consumer International (CI). Die nicht-staatlichen Akteure treten als politikberatende Organisationen auf und legen zu offiziellen Ministerrats-Tagungen und Treffen anderer Entscheidungsgremien Vorschläge für rechtliche Regulierungen eines globalen E-Commerce aus ihrer Sicht vor.

GBDe und AGB bemühen sich um möglichst liberale Rahmenbedingungen und Spielräume für Unternehmen. Dazu gehören beispielsweise eine stärkere Selbstregulierung bei Fragen des Datenschutzes, der E-Commerce-Geschäftsbedingungen sowie der Gestaltung von Arbeitsverträgen. TUAC und die Global Unions wollen den Schutz von Arbeitnehmerrechten auch international verstärkt durchsetzen. Verbraucherschutzorganisationen schließlich fordern, dass die umfassenden Regelungen des Verbraucherschutzes in zahlreichen OECD-Ländern auch im Bereich des globalen E-Commerce übernommen werden.

Die *Internet Corporation for Assigned Names and Numbers* (ICANN) ist ein globales Gremium für die weltweite Koordination der technischen Grundlagen des „Domain Name Systems" des Internets. Sie stand nicht zuletzt deshalb im Blickpunkt des politischen und wissenschaftlichen Interesses, da fünf Mitglieder ihres Direktoriums im Jahr 2000 direkt durch die Internetnutzer auf elektronischem Wege gewählt wurden. Mittlerweile ist diese Direktwahl durch die Internetnutzer wieder abgeschafft worden. Es bleibt eine spannende Frage, inwieweit Elemente der „Kultur des Internets" und demokratische Verfahren sich gegenüber den politischen und wirtschaftlichen Interessen innerhalb der ICANN behaupten können, die ja für das Funktionieren und die Entwicklungsfähigkeit eines zentralen Elements des Internes verantwortlich zeichnet.

Auch das *WWW-Konsortium* (W3C) spielt hinsichtlich der Standardisierung und Fortentwicklung der WWW-Protokolle eine entscheidende Rolle. Im Kern geht es um den Erhalt der allgemeinen Verfügbarkeit und Offenheit der WWW-Standards gegenüber dem Versuch einzelner großer Unternehmen, ihre proprietären Lösungen durchzusetzen.

Eine Bilanz der Aktivitäten internationaler Einrichtungen fällt gemischt aus: Einerseits nehmen sie Aufgaben wahr, die kaum von einem einzelnen Land durchgeführt werden könnten. So sind diese Organisationen Foren für die Koordinierung nationaler Politiken und die Identifizierung von gemeinsamen Interessen, ermöglichen durch international besetzte Arbeitsgruppen den Informationsaustausch zwischen den Nationen und überwachen die Einhaltung internationaler Regeln. Diese intensive Kommunikation und konkrete Umsetzungsprojekte sind bei der Suche nach optimalen Regulierungsansätzen von größter Bedeutung (Hauser/Wunsch-Vincent 2001, S. 17). Ferner spielen die internationalen Organisationen – insbesondere des UN-Systems – eine bedeutende Rolle in den Bereichen des Zugangs und der Verbreitung des elektronischen Handels.

Es fällt aber auf, dass die verschiedenen Organisationen in sehr ähnlichen Bereichen tätig sind. So wurden viele Analysen mit den selben Fragestellungen verfasst und viele sehr ähnliche Aktivitäten durchgeführt. Deshalb ist eine baldige, effizientere *Koordinierung der Initiativen* zum elektronischen Handel – z.B. durch institutionenübergreifende thematische Arbeitsgruppen – erforderlich. Weiterhin besteht teilweise ein Defizit bei der Kooperation mit der Privatwirtschaft, wobei die Arbeit der OECD in dieser Hinsicht durchaus positive Ansätze aufweist.

Hinsichtlich der Entwicklung eines Gesamtrahmens für E-Commerce fehlt den internationalen Institutionen ein Mandat (Hauser/Wunsch-Vincent 2001, S. 18). Die Entwicklung verläuft allerdings so schnell, und die Interessen sind so vielfältig und widersprüchlich, dass ein solches zentrales Mandat auch nicht vorstellbar ist. Deshalb wird man wohl weiterhin auf WTO-Ebene versuchen müssen, schrittweise voranzukommen: In Anlehnung an das Prinzip der WTO-„Regulierungsdisziplin" wäre den einzelnen Staaten Regulierungssouveränität so lange einzuräumen, wie sie nicht handelshemmend wirkt: „Dieses Verfahren kann im Verbund mit einer größeren internationalen Kooperation privater und öffentlicher Organisationen bei der Schaffung technischer Standards und Richtlinien zu Fragen wie Datenschutz am erfolgsversprechendsten werden. Die Nationalstaaten sind in diesem Szenario weiterhin für Detailregulierungen verantwortlich. Um jedoch handelshemmende Regulierungen zu vermeiden, sollten nationale Gesetzgeber sich an Modellgesetzen, OECD-Richtlinien und allgemeine Konsense (z.B. zur Technologieneutralität, zur Besteuerung, zum Konsumentenschutz), die z.B. in der G8 gefordert werden, orientieren können. Durch die Berücksichtigung *dieser wachsenden „soft law" im E-Commerce* – exemplarische Regelwerke, die nur als Richtschnur für nationales Recht gelten sollen – kann verhindert werden, dass Regulierungsdiversität zum Fallstrick für den elektronischen Handel wird." (Hauser/Wunsch-Vincent 2001, S. 18 f.)

Angesichts der Bedeutung der internationalen Organisationen wäre es sicher sinnvoll, ihre Strukturen und Funktionen einer verstärkten wissenschaftlichen Bearbeitung zuzuführen. Fragen von besonderem Interesse sind dabei, wie nationale Politikziele bei spezifischen Themen besser als bislang integriert werden könnten oder wie sich welche zivilgesellschaftlichen Akteure in den relevanten Gremien positionieren können. Ob transnationale Unternehmen und Verbände bereits ein Übergewicht in diesen Gremien gewonnen haben, wäre eine weitere untersuchenswerte Fragestellung. Insgesamt käme es darauf an, mehr Transparenz und mehr Einsicht in die Prozesse der Institutionen globaler E-Commerce-Regulierung zu schaffen.

Literatur

1 In Auftrag gegebene Gutachten

BEHRENDT, S.; JONUSCHAT, H.; HEINZE, M.; FICHTER, K. (2002a): Literaturbericht zu den ökologischen Folgen des E-Commerce. IZT (Institut für Zukunftsstudien und Technologiebewertung), Berlin; SFZ (Sekretariat für Zukunftsforschung), Dortmund; Borderstep Institut für Nachhaltigkeit und Innovation, Berlin

BEHRENDT, S.; WÜRTENBERGER, F.; FICHTER, K. (2002b): Falluntersuchungen zur Ressourcenproduktivität von E-Commerce. IZT (Institut für Zukunftsstudien und Technologiebewertung), Berlin; Borderstep Institut für Nachhaltigkeit und Innovation, Berlin

BOCK, P.; SPILLER, D.; WICHMANN, TH. (2000): Ecommerce im Geschäftsbereich. Berlecon Research, Berlin

BÜLLINGEN, F.; HILLEBRAND, A. (2002): Entwicklungsperspektiven des E-Commerce in der Automobil- sowie der Dienstleistungsbranche. WIK Consult, Bad Honnef

DELPHO, H.; SUTTER, H.G. (2001): Technische Plattformen und Infrastrukturen für den E-Commerce. Prognos AG, Basel

ERBER, G.; BACH, S.; JOFFE, H. (2001): Wirtschaftspolitische Aspekte des E-Commerce: Themen und Akteure, DIW (Deutsches Institut für Wirtschaftsforschung), Berlin

FLÄMIG, H.; HERTEL, C.; WISOTZKI, E. (2002): E-Commerce, Ernährung und Umwelt. Wechselwirkungen zwischen wirtschaftlichen Transformationsprozessen, Raum, Mobilität und deren Auswirkungen auf Arbeit und Umwelt am Beispiel von lebensmittelbezogenen Konsumprozessen. Technische Universität Hamburg-Harburg, Arbeitsbereich Verkehrssysteme und Logistik, European Centre for Transportation and Logistics (ECTL), Hamburg

HAUSER, H.; WUNSCH-VINCENT, S. (2002): Der grenzüberschreitende Handel mit elektronischen Dienstleistungen – die Rolle der WTO und die Anforderungen an die nationale Politik. Universität St. Gallen, SIAW (Schweizerisches Institut für Außenwirtschaft und angewandte Wirtschaftsforschung), St. Gallen

HOEREN, T. (2001): Die politische Arena des E-Commerce – Themen und Akteure. Westfälische Wilhelms-Universität Münster, ITM (Institut für Informations-, Telekommunikations- und Medienrecht), Münster

HOLTMANN, C.; NEUMANN, D.; WEINHARDT, C. (2002): E-Commerce im Wertpapierhandel – Der private Investor im Fokus. Universität Karlsruhe, Lehrstuhl für Informationsbetriebswirtschaftslehre, Karlsruhe

KAAPKE, A.; DACH, C.; BRKLJAČIĆ, A. (2001): Aktueller Entwicklungsstand des E-Commerce im B2C-Bereich in Deutschland. ECC (Electronic Commerce Center Handel), IfH (Institut für Handelsforschung), Köln

KAAPKE, A.; DACH, CH.; HUDETZ, K.; WILKE, K. (2000): E-Commerce – eine Bestandsaufnahme. ECC (Electronic Commerce Center Handel), Köln

KLAUS, P.; KÖNIG, S.; PILZ, K.; VOIGT, U. (2002): Auswirkungen des elektronischen Handels (E-Commerce) auf Logistik und Verkehrsleistungen – Verknüpfung betriebswirtschaftlicher und volkswirtschaftlicher Informationen, DIW (Deutsches Institut für Wirtschaftsforschung), Berlin; AVK (Fraunhofer Anwendungszentrum für Verkehrslogistik und Kommunikationstechnik), Nürnberg

KPMG (2002): Öffentliches Beschaffungswesen. Berlin

LATZER, M.; SCHMITZ, S.W. (2002): Literaturbericht zu übergreifenden ökonomischen Konzepten und Fragestellungen des elektronischen Handels. IWE (Forschungsstelle für institutionellen Wandel und europäische Integration), Österreichische Akademie der Wissenschaften, Wien

MONSE, K.; WEYER, J. (2001): Produktionskonzepte und logistische Ketten in der Internet-Wirtschaft. Trends und Perspektiven. FTK (Forschungsinstitut für Telekommunikation), Dortmund

PRINZ, A.; VOGEL, A. (2002): Electronic Commerce im Arzneimittelhandel: Zulassen, verbieten oder regulieren? Universität Münster, Institut für Finanzwissenschaft, Münster

SCHODER, D.; JANETZKO, D. (2002): Datenlage beim elektronischen Handel. WHU (Wissenschaftliche Hochschule für Unternehmensführung), Vallendar; Universität Freiburg, Freiburg

SCHUMANN, M.; HESS, T.; ANDING, M. (2001): Elektronischer Handel mit Videos in Deutschland. Universität Göttingen, Institut für Wirtschaftsinformatik, Abteilung II (WI II), Göttingen

SEUFERT, W. (2001): Handel mit digitalen Gütern. DIW (Deutsches Institut für Wirtschaftsforschung), Berlin

STRECKER, S.; WEINHARDT, CH. (2002): E-Commerce in der Elektrizitätswirtschaft: Elektronischer Handel mit dem Elektron. Universität Karlsruhe, Lehrstuhl für Informationsbetriebswirtschaftslehre, Karlsruhe

2 Zitierte Literatur

ABDA (Bundesvereinigung deutscher Apothekerverbände) (2002): Zahlen, Daten, Fakten. Berlin (http://www.abda.de/ABDA/datenrechner.html, zuletzt abgerufen am 20.08.2002)

ALBERS, S.; PANTEN, G.; SCHÄFERS, B. (2003): Wie Unternehmen im Internet profitabel agieren. In: ECIN vom 16.1.2003 (http://www.ecin.de/state-of-the-art/ecgewinner, zuletzt abgerufen am 03.03.2003)

ALTINKEMER, K.; BANDYOPADHYAY, S. (2000): Bundling and distribution of digitized music over the Internet. In: Journal of Organizational Computing and Electronic Commerce 10(3), S. 209-224

ANDERSON CONSULTING (2001): Study on the impact of possible future legislative scenarios for motor vehicle distribution on all parties concerned. Study for the European Commission, 03.12.2001. Brüssel

ANTWEILER, C. (2001): Einsatz elektronischer Mittel bei der Vergabe öffentlicher Aufträge. In: Computer und Recht 17(10), S. 717-723

APX (Amsterdam Power Exchange) (2002): 9 % of Dutch net energy consumption traded on the APX in the year 2001. Pressemitteilung vom 10.01.2002. Amsterdam (http://www.apx.nl, zuletzt abgerufen am 10.04.2002)

ARNOLD, U. (1997): Beschaffungsmanagement. Stuttgart

AUER, J. (2002): Strompreis: Anstieg infolge politischer Sonderlasten programmiert. Deutsche Bank Research, Aktuelle Themen vom 29.01.2002, Nr. 227 (http://www.dbresearch.de/PROD/999/PROD0000000000044634.pdf, zuletzt abgerufen am 30.09.2002)

AUTOBYTEL (2002): Autobytel Inc. backgrounder. Irvine, CA (http://www.autobytel.com/content/home/help/pressroom/index.cfm?id=4;4&action=backgrounder, zuletzt abgerufen am 12.09.2002)

BAFin (Bundesanstalt für Finanzdienstleistungsaufsicht) (2002): Wir über uns. Bonn und Frankfurt am Main (http://www.bafin.de, abgerufen am 19.05.2002)

BAHN, J.-H.; GRASSL, S.; HAHN, H.; SCHERER, A. (2001): Ist die öffentliche Verwaltung bereit, digital einzukaufen? Studie zum Thema E-Procurement. Rödl & Partner und Universität Konstanz

BAKOS, Y. (2001): The emerging landscape for retail e-commerce. In: Journal of Economic Perspectives 15(1), S. 69-80

BARBER, B.M.; ODEAN, T. (2001): The Internet and the investor. In: Journal of Economic Perspectives 15(1), S. 41-54

BARTHEL, C.; LECHTENBÖHMER, S.; THOMAS, S. (2001): GHG emission trends of the Internet in Germany. In: Langrock, T.; Ott, H.E.; Takeuchi, T. (Hg.): Japan and Germany. International Climate Policy and the IT Sector. Wuppertal. S. 55-70 (Wuppertal Spezial 19)

BAUER, E. (2001): Pharma-Länder-Dossiers. Die Arzneimittelversorgung in Europa. Eschborn

BDRC (2001): The development of broadband access platforms in Europe. Full report. London, Brüssel

BECK, H. (1999): Die wettbewerbspolitische Relevanz des Internet. In: Wirtschaft und Wettbewerb 49(5), S. 460-467

BECHTOLD, S. (2002): Vom Urheber- zum Informationsrecht. Implikationen des Digital Rights Management. München

BEHRENDT, S.; JONUSCHAT, H.; HEINZE, M.; FICHTER, K. (2002a): Literaturbericht zu den ökologischen Folgen des E-Commerce. Gutachten im Auftrag des Deutschen Bundestags. Berlin und Dortmund

2 Zitierte Literatur 427

BEHRENDT, S.; WÜRTENBERGER, F.; FICHTER, K. (2002b): Falluntersuchungen zur Ressourcenproduktivität von E-Commerce. Gutachten im Auftrag des Deutschen Bundestags. Berlin

BERGER, M.; JUNGCLAUS, M. (2002): Rechtliche Rahmenbedingungen der e-Vergabe. In: BME/BMWi 2002, S. 13-30

BITKOM (2002): Wege in die Informationsgesellschaft. Status quo und Perspektiven Deutschlands im internationalen Vergleich. Berlin (http://www.bitkom.org/gbgateinvoker. cfm/wege_in_die_informationsgesellschaft.pdf?gbAction=gbFileDownload&ObjectID=A972C5 B2-FF23-4171-BC33B6D8F6EB52F8&DownloadObject=documents&index=1&cacheLevel= 0, zuletzt abgerufen am 30.09.2002)

BITKOM (2003): Wege in die Informationsgesellschaft. Pressekonferenz, München 30.01.2003. Berlin (http://www.bitkom.org/gbgateinvoker.cfm/Präsentation_PK_Wege_Infor mationsgesellschaft_30.01.2003.pdf?gbAction=gbFileDownload&ObjectID=CECB2759- 30A8-4728-B8B4DE26C5A4C629&DownloadObject=documents&index=2&cacheLevel=0, zuletzt abgerufen am 20.02.2003)

BME (Bundesverband Materialwirtschaft, Einkauf und Logistik), BMWI (Bundesministerium für Wirtschaft und Technologie) (2002): e-Vergabe. Grundlagen der elektronischen Vergabe. Frankfurt am Main, Berlin

BMI (Bundesministerium des Innern) (Hg.) (2001): BundOnline 2005. Umsetzungsplan für die eGovernment-Initiative. Berlin (http://www.bund.de/Anlage67126/pdf_datei.pdf, zuletzt abgerufen am 23.05.2002)

BMVBW (Bundesministerium für Verkehr, Bau- und Wohnungswesen) (2000): Verkehrsbericht 2000. Berlin

BMVBW (Bundesministerium für Verkehr, Bau- und Wohnungswesen) (2001): Auswirkungen neuer Informations- und Kommunikationstechniken auf Verkehrsaufkommen und innovative Arbeitsplätze im Verkehrsbereich. Berlin

BOCK, P.; SPILLER, D.; WICHMANN, TH. (2000): Ecommerce im Geschäftsbereich. Gutachten im Auftrag des Deutschen Bundestags. Berlin

BOCKHORNI, F. (2001): The economics of pre-wholesaling. International Federation of Pharmaceutical Wholesalers, Fairfax, VI (http://www.ifpw.com/Prewholesaling.pdf, zuletzt abgerufen am 23.05.02)

BÖHLE, K. (2002a): Integration of electronic payment systems into B2C Internet-commerce. Sevilla (Electronic Payment Systems Observatory, Background Paper No. 8, http://epso.jrc.es/ Docs/Backgrnd-8.pdf, zuletzt abgerufen am 12.09.2002)

BÖHLE, K. (2002b): Internet-Zahlungssysteme in der Europäischen Union. In: Ketterer, K.-H.; Stroborn, K. (Hg.): Handbuch ePayment. Köln, S. 45-61

BÖHLE, K.; RIEHM, U. (1998): Blütenträume – Über Zahlungssysteminnovationen und Internet-Handel in Deutschland. Karlsruhe (http://www.itas.fzk.de/deu/Itaslit/bori98a.htm, zuletzt abgerufen am 03.06.02)

BÖHMER, J.; KNIEPE, P.; STEINBACH, B. (o.J.): Rechtsberatung – online. Neu-Isenburg (http://www.bks24.de/Kanzlei/Online-Rechtsberatung/online-rechtsberatung.htm, zuletzt abgerufen am 18.09.2002)

BORLAND, J. (2002): Study: File sharing boosts music sales. In: Cnet News.com vom 03.05.2002 (http://news.com.com/2100-1023-898813.html, zuletzt abgerufen am 15.09.2002)

BÖRSENSACHVERSTÄNDIGENKOMMISSION BEIM BUNDESFINANZMINISTERIUM (2001): Empfehlungen zur Regulierung alternativer Handelssysteme. Frankfurt am Main (http://deutsche-boerse.com, zuletzt abgerufen am 22.05.2002)

BÖRSENVEREIN DES DEUTSCHEN BUCHHANDELS (Hg.) (1960, 1970, 1980, 1982, 1986, 1989/1990, 1992, 2000, 2001, 2002): Buch und Buchhandel in Zahlen. Frankfurt am Main

BOSSE, S. (2001): Public Procurement – Eine Analyse der Anwendungsmöglichkeiten in Deutschland. Frankfurt am Main (Beiträge zum Electronic Commerce No. 2, http://www.ecommerce.wiwi.uni-frankfurt.de/lehre/serie/PublicProcurement.pdf, zuletzt abgerufen am 15.05.2002)

BPW (Bundesverband der phonographischen Wirtschaft) (2000): Wirtschaftsbericht 1999. Hamburg (http://www.ifpi.de/jb/2000/wirtschaftsbericht1999.htm, zuletzt abgerufen am 22.02.2002)

BPW (Bundesverband der phonographischen Wirtschaft) (2001): Phonographische Wirtschaft. Jahrbuch 2001, herausgegeben zusammen mit der Landesgruppe der IFPI e.V. und der Deutschen Phonoakademie. Starnberg (http://www.ifpi.de/index.htm?jumpUrl=/jb/2001/jb01b.html, zuletzt abgerufen am 09.05.2002)

BPW (Bundesverband der phonographischen Wirtschaft) (2002a): 2001 erstmals mehr kopierte als verkaufte Musik – 10,2 % Umsatzrückgang. Pressemitteilung vom 21.03.2002. Hamburg (http://www.ifpi.de, zuletzt abgerufen am 06.05.2002)

BPW (Bundesverband der phonographischen Wirtschaft) (2002b): Marktforschung bestätigt Umsatzverluste der Musikindustrie durch CD-Brennen. Pressemitteilung vom 13.02.2002. Hamburg (http://www.ifpi.de, zuletzt abgerufen am 22.02.2002)

BROCKHAUS ENZYKLOPÄDIE (1988): Stichwort: Dienstleistungsgesellschaft. Band 5. Mannheim, 19. Auflage, S. 477-480

BROCKHAUS ENZYKLOPÄDIE (1997): Stichwort: Dienstleistungsgesellschaft. Band 5. Leipzig, Mannheim, 20. Auflage, S. 489-490

BRODBECK, K.H.; HUMMEL, M. unter Mitarbeit von BREITENBACHER, M.; MEYERHÖFER, W. (1991): Musikwirtschaft. Gutachten im Auftrag des Ministeriums für Wirtschaft, Mittelstand und Technologie des Landes Nordrhein-Westfalen. München

BRUHN, M. (1997): Dienstleistungsmarketing. In: Gablers Wirtschafts-Lexikon, Band A-E. Wiesbaden, 14. Auflage, S. 911-921

BRUHN, M. (2002): E-Services – eine Einführung in die theoretischen und praktischen Probleme. In: Bruhn, M., Stauss, B. (Hg.): Electronic Services. Dienstleistungsmanagement. Jahrbuch. Wiesbaden, S. 3-41

2 Zitierte Literatur

BRUSCHKE-REIMER, A. (2002): Musiktauschbörsen schaden Superstars. In: Bild der Wissenschaft Online vom 24.04.2002 (http://www.wissenschaft.de/sixcms/detail.php?id=121254, zuletzt abgerufen am 16.09.2002)

BRYNJOLFSSON, E.; SMITH, M.D. (2000): Frictionless commerce? A comparison of Internet and conventional retailers. In: Management Science 46(4), S. 563-585

BUGHIN, J. (2003): Finding the path(s) towards profitable E-Commerce. Frankfurt am Main (Research Notes. Working Paper Series No. 7; http://www.dbresearch.com/PROD/999/PROD0000000000050831.pdf, zuletzt abgerufen am 03.03.2003)

BÜLLINGEN, F.; HILLEBRAND, A. (2002): Entwicklungsperspektiven des E-Commerce in der Automobil- sowie der Dienstleistungsbranche. Gutachten für den Deutschen Bundestag. Bad Honnef

BUNDESGERICHTSHOF (1999): Urteil des Bundesgerichtshofs zur audiovisuellen Vernehmung von Zeugen, die sich im Ausland aufhalten. Mitteilung der Pressestelle Nr. 74/1999. Karlsruhe (http://www.bundesgerichtshof.de/PressemitteilungenBGH/PM1999/PM_074_1999.htm, zuletzt abgerufen am 17.09.2002)

BUNDESGERICHTSHOF (2001): Grundsatzentscheidungen zur Vereinbarkeit von Verbraucher- und Ratgebersendungen im Fernsehen mit dem Rechtsberatungsgesetz. Mitteilung der Pressestelle Nr. 93/2001. Karlsruhe (http://www.bundesgerichtshof.de/Pressemitteilungen BGH/PM2001/PM_093_2001.htm, zuletzt abgerufen am 16.09.2002)

BUNDESGERICHTSHOF (2002): Bundesgerichtshof lässt Anwalts-Hotline zu. Mitteilung der Pressestelle Nr. 96/2002 vom 27.09.2002. Karlsruhe (http://www.bundesgerichtshof.de/ PressemitteilungenBGH/PM2002/PM_096_2002.htm, zuletzt abgerufen am 14.10.2002)

BUNDESKARTELLAMT (2000): Bundeskartellamt gibt Internet-Plattform Covisint frei. Pressemeldung des Bundeskartellamtes vom 26.09.2000. Bonn (http://www.bkarta.de/26_09_2000.html, zuletzt abgerufen am 16.09.2002)

BUNDESRECHTSANWALTSKAMMER (2000): Rechtsberatungsgesetz dient dem Verbraucherschutz. Bundesrechtsanwaltskammer begrüßt Antwort der Bundesregierung. Pressemeldung vom 01.09.2000. Berlin (http://www.brak.de/seiten/04_00_20.php, zuletzt abgerufen am 16.09.2002)

BUNDESRECHTSANWALTSKAMMER (2002): Anwaltschaft: Zahl der Anwälte und Anwältinnen in 2001 auf über 116.000 gestiegen. Pressemeldung vom 18.04.2002. Berlin (http://www.brak.de/seiten/04_02_12.php, zuletzt abgerufen am 18.09.2002)

BUNDESREGIERUNG (2000): Antwort der Bundesregierung auf die Große Anfrage der Abgeordneten Rainer Funke, Jörg van Essen, Dr. Edzard-Schmidt-Jortzig, weiterer Abgeordneter und der Fraktion der FDP. Deutscher Bundestag, Drucksache 14/3959 vom 28.07.2000, Berlin

BUNDESREGIERUNG (2002a): Bericht der Bundesregierung über die Lage der Freien Berufe. Deutscher Bundestag, Drucksache 14/9499 vom 19.06.2002, Berlin (gleichlautend: Bundesministerium für Wirtschaft und Technologie: Bericht der Bundesregierung über die Lage der Freien Berufe. Dokumentation Nr. 509)

BUNDESREGIERUNG (2002b): Beschluss der Bundesregierung zur Sicherheit im elektronischen Rechts- und Geschäftsverkehr mit der Bundesverwaltung vom 16. Januar 2002. Berlin (http://www.iid.de/iukdg/aktuelles/kabinettb160102.pdf, zuletzt abgerufen am 09.05.2002)

BUNDESREGIERUNG (2002c): Unterrichtung durch die Bundesregierung. Fortschrittsbericht zum Aktionsprogramm der Bundesregierung. Innovation und Arbeitsplätze in der Informationsgesellschaft des 21. Jahrhunderts. Deutscher Bundestag, Drucksache 14/8456 vom 07.03.2002, Berlin

BUNDESVERBAND DEUTSCHER BANKEN (2002a): Anzahl der Beschäftigten im Bankgewerbe. Berlin (http://www.bdb.de/Statistik/html/bizuf/sub_01_markt/ban_0503.asp, zuletzt abgerufen am 25.09.2002)

BUNDESVERBAND DEUTSCHER BANKEN (2002b): Banken – Hinweise. Berlin (http://www.bdb.de/html/statistikservice/stat_aspekte.asp, zuletzt abgerufen am 25.09.2002)

BURCHAM, R. (2000): New pharma business model: Can you survive IT? In: Pharmaceutical Executive, November, S. 94-100

BVE (Bundesvereinigung der Deutschen Ernährungsindustrie) (2001): Zahlen, Daten, Fakten. Bonn (http://www.bve-online.de/zahlen/index.html, zuletzt abgerufen am 23.10.2001)

BVH (Bundesverband des Deutschen Versandhandels) (2002): Schwache Konjunktur belastet den Versandhandel. Internetumsatz nahezu verdoppelt. Pressemitteilung vom 11.03.2002. Frankfurt (http://www.versandhandel.org/cgi-bin/down.pl?dat=presse_11_03_02.pdf, zuletzt abgerufen am 04.04.2003)

BVH (Bundesverband des Deutschen Versandhandels) (2003): Die Deutschen lieben den Versandhandel. Marktanteil erreicht Rekordwert von 6 Prozent. Pressemitteilung vom 24.03.2002. Frankfurt (http://www.versandhandel.org/presse/2003/Pressemitteilung.doc, zuletzt abgerufen am 04.04.2003)

BVV (Bundesverband Audiovisuelle Medien) (2001): BVV-Business-Report 2000/2001. Hamburg (http://www.bv-video.de, zuletzt abgerufen am 15.04.2002)

BVV (Bundesverband Audiovisuelle Medien) (2002): Broschüre zum Videomarkt 2001. Hamburg (http://www.bvv-medien.de/facts/JWB2002.pdf, zuletzt abgerufen am 04.09.2002)

CAP GEMINI ERNST & YOUNG (2002a): Cars Online 2002. The adaptive automitve enterprise study 2002. Paris (http://www.de.cgey.com/servlet/PB/-s/1dz066k1ljpkbnh32zmc1ddmc 2cnp2wgn/show/1004879/Cars%20Online%202002.pdf, zuletzt abgerufen am 17.02.2003)

CAP GEMINI ERNST & YOUNG (2002b): Versandhandel Arzneimittel in den USA – ein Modell für Deutschland? Berlin (http://www.de.cgey.com/servlet/PB/-s/rshsee33w7qp14qgqq 16ku87l1peu5de/show/1004850/Phagro%20Studie.pdf, zuletzt abgerufen am 17.02.2003)

CASTELLS, M. (2001): Das Informationszeitalter. Teil 1: Der Aufstieg der Netzwerkgesellschaft. Opladen

CELL CONSULTING (2002): Anspruch und Wirklichkeit automobilrelevanter eMarketplaces. In: ECIN vom 7.2.2002 (http://www.ecin.de/state-of-the-art/autoindustrie, zuletzt abgerufen am 07.02.2002)

CESR (Committee of European Securities Regulators) (2002): Standards for alternative trading systems. Paris (CESR/02-086b, http://www.europefesco.org, zuletzt abgerufen am 23.09.2002)

CIGAN, H. (2002): Der Beitrag des Internets für den Fortschritt und das Wachstum in Deutschland: Ökonomische Auswirkungen des Internets und der Gestaltung der Zugangspreise. Hamburg (HWWA-Report 217)

CLAY, K.; KRISHNAN, R.; WOLFF, E. (2001): Prices and price dispersion on the web: evidence from the online book industry. In: The Journal of Industrial Economics 49(4), S. 521-539

COLE, T.; GROMBALL, P. (2000): Das Kunden-Kartell. Die neue Macht des Kunden im Internet. München

COPPEL, J. (2000): E-Commerce: Impacts and policy challenges. Paris (OECD Economics Department Working Papers No. 252 ECO/WKP(2000)25)

COVISINT (2002): About Covisint. Southfield, MI (http://www.covisint.com/about, zuletzt abgerufen am 12.09.2002)

COWLES, M.G. (2001): The Global Business Dialogue on E-Commerce (GBDe): Private firms, public policy, global governance. In: TA-Datenbank-Nachrichten 10(4), S. 70-79 (auch online unter: http://www.itas.fzk.de/deu/tadn/tadn014/inhalt.htm)

CPGMARKET (2002): CPGmarket.com crosses the one billion Euro transaction threshold. Presseerklärung vom 26.03.2002. Genf (http://www.cpgmarket.com/aboutus/pr/press_release_eid_7_lid_14.htm, zuletzt abgerufen am 02.10.2002)

DACH, C. (2002): Vorteile einer Multi-Channel-Strategie: Eine nüchterne Betrachtung. In: Handel im Fokus, Mitteilungen des Instituts für Handelsforschung an der Universität zu Köln 54(1), S. 10-23

DAT (Deutsche Automobil Treuhand) (2001): DAT Veedol Report. In: Sonderbeilage zum „Kfz-Betrieb" Wochenjournal vom 19.04.2001, 16(2001)

DAV (Deutscher Anwaltverein) (2001): Anwaltsberuf wird endlich Schwerpunkt der Juristenausbildung. Pressemitteilung vom 13.06.2001, Nr. 15/01. Berlin (http://www.anwaltverein.de/03/02/2001/15-01.html, zuletzt abgerufen am 18.02.2003)

DAV (Deutscher Anwaltverein) (2002): DAV begrüßt Urteil des BGH zu Rechtsberatungs-Hotlines. Pressemitteilung vom 27.09.2002, Nr. 30/02. Berlin (http://www.anwaltverein.de/03/02/2002/30-02.html, zuletzt abgerufen am 18.02.2003)

DEISS, R. (2002): E-Commerce in Europe. In: Statistics in focus vom 11.04.2002, Theme 4, 12/2002 (http://europa.eu.int/comm/enterprise/ict/statistics/E-Commerce.htm, zuletzt abgerufen am 23.04.2002)

DEREGULIERUNGSKOMMISSION (1991): Marktöffnung und Wettbewerb. Stuttgart

DESRUELLE, P.; VERHOEST, P.; DUCATEL, K.; BURGELMAN, J.-C.; BOGDANOWICS, M.; PUNIE, Y. (2001): Techno-economic impact of E-Commerce: future development of value chains. Sevilla (EUR 20123 EN)

DEUTSCHE BÖRSE AG (2001): Factbook 2000. Frankfurt am Main (http://deutsche-boerse.de, zuletzt abgerufen am 23.05.2002)

DEUTSCHE BÖRSE AG (2002): Factbook 2001. Frankfurt am Main (http://deutsche-boerse.de, zuletzt abgerufen am 23.05.2002)

DIEZ, W. (2002): Wie entscheidet Mario Monti? Anmerkungen zum Gutachten von Anderson Consulting zur Zukunft selektiver Vertriebssysteme in der Automobilwirtschaft. Nürtingen (Institut für Automobilwirtschaft an der FH Nürtingen, Arbeitspapier 01/2002)

DREIER, T. (2000): Urheberrecht an der Schwelle des 3. Jahrtausends. Einige Gedanken zur Zukunft des Urheberrechts. In: Computer und Recht 16(1), S. 45-49

DREIER, T. (2001): New legislation on copyright and databases and its impact on society. Second Joint ICSU Press – UNESCO Expert Conference on Electronic Publishing in Science, 21.02.2001. Paris (http://www.ira.uka.de/~recht/deu/iir/dreier/publications/second_joint_icsu _press.html, zuletzt abgerufen am 06.12.2001)

DREIER, T.; FISCHER, F.; WAGNER, U. (2000): Ganzheitliche energetische Bilanzierung eines Personalcomputers. In: Energiewirtschaftliche Tagesfragen 50(4), S. 232-236

DUDENHÖFFER, F. (1998): Riesen schlafen. In: Werben und Verkaufen 36(40), S. 140-142

DUDENHÖFFER, F. (2001): Konzentrationsprozesse in der Automobilindustrie: Stellgrößen für die Rest-Player. In: Zeitschrift für Betriebswirtschaft 71(4), S. 393-412

E-BUSINESS WATCH (2002): Benchmarking 15 sectors of the economy: a scoreboard of e-business indicators. Chart Report. Bonn, Brüssel (http://www.ebusiness-watch.org/market watch/ressources/Scoreboard.pdf, zuletzt abgerufen am 20.02.2003)

E-COMMERCE-CENTER HANDEL (Hg.) (2001): Die Begriffe des eCommerce. Frankfurt am Main

EEX (European Energy Exchange) (2003): EEX verdreifacht Jahreshandelsvolumen. Pressemitteilung vom 06.01.2003 (http://www.eex.de/publications/press_center/index.asp, zuletzt abgerufen am 07.02.2003)

EHI (Euro Handels Institut) (Hg.) (2000): Handel Aktuell 2000. Köln

EHI (Euro Handels Institut) (Hg.) (2001): Handel Aktuell 2001. Köln

EHRENWIRTH, M. (2001): E-Procurement: Der Preis ist nicht allein entscheidend. In: Computerwoche extra vom 10.08.2001, Heft 6, S. 4-7

EMPIRICA (2001): Stand und Entwicklungsperspektiven des elektronischen Geschäftsverkehrs in Deutschland, Europa und den USA unter besonderer Berücksichtigung der Nutzung von KMU in 1999 und 2001. Bonn (http://www.bmwi.de/Homepage/download/infogesell schaft/Empirica-Abschlussbericht.pdf, zuletzt abgerufen am 27.04.2002)

ENQUETE-KOMMISSION „GLOBALISIERUNG DER WELTWIRTSCHAFT" (2001): Zwischenbericht der Enquete-Kommission „Globalisierung der Weltwirtschaft – Herausforderungen und Antworten". Deutscher Bundestag, Drucksache 14/6910 vom 13.09.2001, Berlin

2 Zitierte Literatur

ERBER, G.; VOIGT, U.; KLAUS, P. (2001a): Wandel der Logistik- und Verkehrssysteme durch E-Commerce – Informationsdefizite abbauen und Regulierungsrahmen schaffen. In: DIW-Wochenbericht vom 23.08.2001 68(34), S. 517-524 (http://www.diw.de/deutsch/ publikationen/wochenberichte/docs/01-34-1.html, zuletzt abgerufen am 02.10.2002)

ERBER, G.; BACH, S.; JOFFE, H. (2001b): Wirtschaftspolitische Aspekte des E-Commerce: Themen und Akteure. Gutachten für den Deutschen Bundestag. Berlin

E-STARTUP.ORG (2002): Aktuelle Ausfall-Raten bei Internet/E-Comerce Gründungen in Deutschland (4. Review, Status per 1. Juli 2002). Oestrich-Winkel (http://www.e-startup.org/ download/kon_8_02.ppt, zuletzt abgerufen am 03.03.2003)

EUROPÄISCHE KOMMISSION (1998a): Mitteilung der Kommission: Das öffentliche Auftragswesen in der Europäischen Union, KOM(1998) 143, Brüssel, 11.03.1998

EUROPÄISCHE KOMMISSION (1998b): Vorschlag für eine Richtlinie des Europäischen Parlaments und des Rates über den Fernabsatz von Finanzdienstleistungen an Verbraucher und zur Änderung der Richtlinie 90/619/EWG des Rates und der Richtlinien 97/7/EG und 98/27/EG (98/C 385/10), KOM(1998) 468 endgültig, 98/0245 (COD). In: Amtsblatt der Europäischen Gemeinschaften C 385 vom 11.12.1998, S. 10-17

EUROPÄISCHE KOMMISSION (2000a): Vorschlag für eine Richtlinie des Europäischen Parlaments und des Rates über Elektro- und Elektronikaltgeräte, KOM(2000) 347-1 endgültig, 2000/0158 (COD). In: Amtsblatt der Europäischen Gemeinschaften C 365 E vom 19.12.2000, S. 184-194

EUROPÄISCHE KOMMISSION (2000b): Vorschlag für eine Richtlinie des Europäischen Parlaments und des Rates zur Beschränkung der Verwendung bestimmter gefährlicher Stoffe in elektrischen und elektronischen Geräten, KOM(2000) 347-2 endgültig, 2000/0159 (COD). In: Amtsblatt der Europäischen Gemeinschaften C 365 E vom 19.12.2000, S. 195-197

EUROPÄISCHE KOMMISSION (2000c): Vorschlag für eine Richtlinie des Rates zur Änderung der Richtlinie 77/388/EWG bezüglich der mehrwertsteuerlichen Behandlung bestimmter elektronisch erbrachter Dienstleistungen, KOM(2000) 349 endgültig, 2000/0148 (CNS), von der Kommission vorgelegt am 07.06.2000. In: Amtsblatt der Europäischen Gemeinschaften C 337 E vom 28.11.2000, S. 65-67

EUROPÄISCHE KOMMISSION (2001a): Grünes Licht für den Kfz-Online-Marktplatz Covisint. Presseerklärung vom 21.07.2001. Brüssel (IP/01/1155, http://europa.eu.int/rapid/start/ cgi/guesten.ksh?p_action.gettxt=gt&doc=IP/01/1155|0|AGED&lg=DE, zuletzt abgerufen am 21.09.2002)

EUROPÄISCHE KOMMISSION (2001b): Vorschlag für eine Richtlinie des Europäischen Parlaments und des Rates über Insider-Geschäfte und Marktmanipulation (Marktmissbrauch), KOM(2001) 281 endgültig. In: Amtsblatt der Europäischen Gemeinschaften Nr. C 240 E vom 28.08.2001, S. 265-271

EUROPÄISCHE KOMMISSION (2001c): Working paper for a proposed directive of the European Parliament und of the Council on the impact on the environment of electrical and electronic equipment (EEE), Version 1.0. Brüssel (http://europa.eu.int/comm/enterprise/electr_ equipment/eee/workdoc.pdf, zuletzt abgerufen am 24.09.2002)

EUROPÄISCHE KOMMISSION (2002a): Competition – Car Sector. Brüssel (http://europa.eu.int/comm/competition/car_sector/, zuletzt abgerufen am 12.09.2002)

EUROPÄISCHE KOMMISSION (2002b): Neue Kfz-Gruppenfreistellung – Fragen und Antworten – Hintergrundinformation zur Pressemitteilung IP/02/1073. Memo/02/174 vom 17.07.2002. Brüssel (http://europa.eu.int/rapid/start/cgi/guesten.ksh?p_action.gettxt=gt&doc= MEMO/02/174|0|RAPID&lg=EN, zuletzt abgerufen am 12.09.2002)

EUROSTAT (1999): Statistik der Kreditinstitute. In: Statistik kurzgefasst. Industrie, Handel und Dienstleistungen. Thema 4, 8/1999 (http://europa.eu.int/comm/eurostat/Public/datashop/ print-product/DE?catalogue=Eurostat&product=CA-NP-99-008-__-I-DE, zuletzt abgerufen am 26.09.2002)

EUROSTAT (2002): E-Commerce in Europe. Results of the pilot surveys carried out in 2001. Luxembourg (http://europa.eu.int/comm/enterprise/ict/studies/lr-e-comm-in-eur-2001.pdf, zuletzt abgerufen am 19.02.2003)

FEINENDEGEN, S.; NOWAK, E. (2001): Publizitätspflichten börsennotierter Aktiengesellschaften im Spannungsfeld zwischen Regelberichterstattung und Ad-hoc-Publizität. Frankfurt am Main (Diskussionspapier No. 70, Johann Wolfgang Goethe Universität, Fachbereich Wirtschaftswissenschaften (http://finance.uni-frankfurt.de/schmidt/WPs/wp/wp70.pdf, zuletzt abgerufen am 24.03.2002)

FFA (Filmförderungsanstalt Deutschland) (2002): In: FFA info vom 05.02.2002, Nr. 1, S. 1, (http://www.ffa.de/downloads/publikationen/ffa_intern/FFA_info_0102.pdf, zuletzt abgerufen am 10.05.2002)

FICHTER, K. (2000): Nachhaltige Unternehmensstrategien in der Internet-Ökonomie. In: Schneidewind, U.; Truscheit, A.; Steingräber, G. (Hg.): Nachhaltige Informationsgesellschaft – Analyse und Gestaltungsempfehlungen aus Management und institutioneller Sicht. Marburg, S. 67-81

FICHTER, K. (2001): Umwelteffekte von E-Business und Internetökonomie – Erste Erkenntnisse und umweltpolitische Schlussfolgerungen. Arbeitspapier für das Bundesministerium für Umwelt, Naturschutz und Reaktorsicherheit. Berlin (http://www.borderstep.de/Umwelteffekte _von_E-Business_und_Internetoekonomie.pdf, zuletzt abgerufen am 16.05.2002)

FINANZGERICHT HAMBURG (o.J.): Elektronischer Rechtsverkehr. Hamburg (http://www.hamburg.de/StadtPol/Gerichte/FG/, zuletzt abgerufen am 16.10.2002)

FIUTAK, M. (2002): Schlecker: Autos per Internet. In: ZDnet vom 13.05.2002 (http://news. zdnet.de/story/0,,t101-s2110036,00.html, zuletzt abgerufen am 16.09.2002)

FLÄMIG, H.; HERTEL, C.; WISOTZKI, E. (2002): E-Commerce, Ernährung und Umwelt. Wechselwirkungen zwischen wirtschaftlichen Transformationsprozessen, Raum, Mobilität und deren Auswirkungen auf Arbeit und Umwelt am Beispiel von lebensmittelbezogenen Konsumprozessen. Gutachten für den Deutschen Bundestag. Hamburg

FLOETING, H.; HENCKEL, D. (1993): Lean production, Telematik, Just-in-Time, Stadträumliche Wirkungen neuer Produktions- und Logistikkonzepte. In: Stadtbauwelt Nr. 120, S. 2620-2629

FRANK, A.C. (2002a): The copyright crusade II. New York (http://www.viant.com/pages2/downloads/innovation_copyright_2.pdf, zuletzt abgerufen am 16.09.2002)

FRANK, B. (2002b): Technischer Fortschritt bei Klopstock & Co – Elektronischer Handel mit antiquarischen Büchern und seine Folgen. In: DIW-Wochenbericht 69(13-14), S. 213-217

FRANK, B.; HEPPERLE, R.M. (2002): Macht die „New Economy" alte Bücher billiger? In: Börsenblatt für den Deutschen Buchhandel, Antiquariatsbuchhandel 169(24), S. A169-A172

FREISE, A.; GÖTZ, A.; VOSS, V. (2001): E-Business – Jahr des Durchbruchs. In: Focus-Money vom 12.07.2001, Heft 29, S. 18-21 (recherchiert bei GBI am 12.09.2002)

FRIEDMAN, L.G.; FUREY, T.R. (1999): The channel advantage. Oxford, Woburn, MA

FRIEDRICHS, S. (Hg.) (2000): Virtuelle Medien als Chance für die Stadt der Zukunft. Strategische Herausforderungen für kommunale Führungskräfte. Gütersloh

FRITZ, M.; HELBIG, R.; SCHIEFER, G. (2001): Trade platform of food chains: the case of grain and meat. In: Schiefer, G.; Helbig, R.; Rickert, U. (Hg.): E-Commerce and electronic markets in agribusiness and supply chains. Bonn, S. 345-362

FUCHS, G.; WOLF, H.-G. (2000): Regionale Erneuerung durch Multimedia. Baden-Baden

GAMMEL, R. (2001): VW findet das Gold in den Prozessen. In: Computerwoche 28(48), S. 34

GAMMEL, R. (2002): VW plant für E-Cap vorerst ohne i2. In: Computerwoche 29(17), S. 36-37

GARCIA, D.L. (1995): Networking and the rise of electronic commerce: The challenge for public policy. In: Business Economics 30(4), S. 7-14

GEHRMANN, H.; SCHINZER, H.; TACKE, A. (Hg.) (2002): Public E–Procurement. Netzbasierte Beschaffung für öffentliche Auftraggeber. München

GERKE, W.; BECK, C.; PETERS, R.-H.; SCHÄFFNER, M.; WESTERHEIDE, P. (2001): Beschäftigungsperspektiven im Finanzsektor. Baden-Baden

GFK (Gesellschaft für Konsumforschung) (2001): Food Trends 2001. Nürnberg

GFK (Gesellschaft für Konsumforschung) (2003): GfK Web*Scope. Der E-Commerce-Markt in Deutschland. Nürnberg (Informationen zur Untersuchung unter: http://www.gfk-webscope.com; die im Bericht verwendeten Daten wurden teilweise gekauft, teilweise unentgeltlich zur Verfügung gestellt.)

GOERDELER, A. (2002): Elektronische Vergabe von Aufträgen der Bundesverwaltung – Das Leitprojekt E-Vergabe. In: BME/BMWi 2002, S. 49-55

GOMBER, P.; BUDIMIR, M.; KOSCIANKOWSKI, K.; URTHEIL, R.; LOHMANN, M.; NOPPER, N.; HENNING, P. (1999): Agentenbasierter Rentenhandel. In: Wirtschaftsinformatik 41(2), S. 124-131

GRAEFE, TH.; ZIEGLWALNER, S. (2000): Arzneimittel aus dem Netz. München (http://www.graefe-partner.de/gup/arzneimittel.html, zuletzt abgerufen am 13.05.2002)

GRASSMUCK, V. (2002): Das Urheberrecht vom Kopf auf die Füße stellen. In: Telepolis vom 12.01.2002 (http://www.telepolis.de/deutsch/special/wos/11547/1.html, zuletzt abgerufen am 24.02.2002)

GRAUMANN, S.; KÖHNE, B. (2002): Monitoring Informationswirtschaft. 4. Faktenbericht 2002. München (http://www.bmwi.de/Homepage/Politikfelder/Informationsgesellschaft/ Monitoring.jsp, zuletzt abgerufen am 27.04.2002)

GREUSING, I.; ZANGL, S. (2000): Vergleich von Print- und Online-Katalogen: Akzeptanz, ökologische und ökonomische Analyse. Berlin (Werkstattbericht Nr. 44 des Instituts für Zukunftsstudien und Technologiebewertung)

GROTHEER, J.; DRÜHMEL, J. (o.J.): Feldversuch Elektronischer Rechtsverkehr am Finanzgericht Hamburg. Hamburg (http://www.hamburg.de/StadtPol/Gerichte/FG/ elektronischer_rechtsverkehr/vortrag.htm, zuletzt abgerufen am 17.09.2002)

HAGENKÖTTER, A. (2001): Von Brillen und Festschriften. Realitäten und Möglichkeiten am Rechtsberatungsmarkt. Anwaltsblatt 51(5), S. 269-276

HARTUNG, R. (2002): Missstände gefährden den Wettbewerb. In: EW 101(5), S. 3

HASLAUER, F.; KRÖGER, F. (2002): Wachsen, um zu überleben: die Konzentration der europäischen Stromindustrie. In: Energiewirtschaftliche Tagesfragen 52(1/2), S. 30-32

HAUG, S.; WEBER, K. (2002): Kaufen, Tauschen, Teilen. Musik im Internet. Frankfurt am Main u.a.O.

HAUSER, H.; WUNSCH-VINCENT, S. (2001): Die Bedeutung von UN-Organisationen bei der Förderung und Regulierung des elektronischen Handels. In: TA-Datenbank-Nachrichten 10(4), S. 11-21 (http://www.itas.fzk.de/deu/tadn/tadn014/hawu01a.htm, zuletzt abgerufen am 15.08.2002)

HAUSER, H.; WUNSCH-VINCENT, S. (2002): Der grenzüberschreitende Handel mit elektronischen Dienstleistungen – die Rolle der WTO und die Anforderungen an die nationale Politik. Gutachten für den Deutschen Bundestag. St. Gallen

HAWKINS, R.; VERHOEST, P. (2002): A transaction structure approach to assessing the dynamics and impacts of „business-to-business" electronic commerce. In: Journal of Computer-Mediated Communication 7(3) (http://www.ascusc.org/jcmc/vol7/issue3/hawkins.html, zuletzt abgerufen am 07.05.2002)

HDE (Hauptverband des Deutschen Einzelhandels) (2001): HDE-Umfrage eCommerce 2001 (B2C), Berlin (http://www.einzelhandel.de/servlet/PB/menu/1011598/index.html, zuletzt abgerufen am 26.09.2002)

HDE (Hauptverband des Deutschen Einzelhandels) (2002): IT im Einzelhandel – Wertschöpfung, Kommunikation, E-Commerce. Ergebnisse einer HDE-Umfrage unter 1.200 Einzelhandelsunternehmen (2002). Berlin (http://www.einzelhandel.de/servlet/PB/menu/1013643/index.html, zuletzt abgerufen am 20.02.2003)

HENKE, P. (2000): Ausgewählte Beispiele zur Vermarktung und zum Vertrieb regionaler Qualitätsprodukte. In: Günther, C.; Fischer, C.; Lerm, S. (Hg.): Neue Wege zu nachhaltigem

2 Zitierte Literatur

Konsumverhalten. Eine Veranstaltung der Deutschen Bundesstiftung Umwelt zur EXPO 2000. Berlin, S. 223-231

HERTZ, M. (1999): Music on demand: Chancen und Risiken für die Musikindustrie. In: Media Perspektiven Heft 2, S. 63-72

HEUTE-BLUHM, G. (2001): Lörrach City Goes B2B oder: Kommunen kaufen gemeinsam über Internet ein. Vortragsmanuskript von der Tagung „Netzbasierte Beschaffung in der öffentlichen Verwaltung", Bonn, Bad Godesberg, 21./22.06.2001. (http://www.fh-tagungen.de/Infos Aussteller/tagungsband/InternTagungsb/Heute-Blum(1).pdf, zuletzt abgerufen am 02.10.2002)

HEYDEN, B. (2001): „PickPoint ... get it your way". Vortrag auf dem 18. Deutschen Logistikkongress der BVL. Berlin (unveröffentlichtes Manuskript)

HEYMANN, E. (2002): B2C-Handel in der Automobilindustrie: Internet primär als Informationsmedium. In: Economics – Internet-Revolution und „New Economy" vom 26.03.2002, Nr. 25 (http://www.dbresearch.de/PROD/999/PROD0000000000041908.pdf, zuletzt abgerufen am 02.10.2002)

HILTY, L.M.; RUDDY, T.F. (2000): Towards a sustainable information society. In: Informatik – Informatique Heft 4, S. 2-7

HOEREN, T. (2001): Die politische Arena des E-Commerce: Themen und Akteure. Gutachten für den Deutschen Bundestag. Münster

HOLTMANN, C.; NEUMANN, D.; WEINHARDT, C. (2002): E-Commerce im Wertpapierhandel – Der private Investor im Fokus. Gutachten für den Deutschen Bundestag. Karlsruhe

HOMPEL, M. TEN; SIEBEL, L. (2001): Logistik und E-Commerce. Konzepte für Ballungszentren (http://www.tower24.de/download/Studie_Ballungszentren.pdf, zuletzt abgerufen am 02.10.2002)

IMUG (Institut für Markt Umwelt Gesellschaft) (2001): Ökolebensmittel im Einzelhandel. Hannover (http://www.bund.net/lab/reddot2/pdf/oekoprodukte.pdf, zuletzt abgerufen am 27.08.2001)

INIFES (Internationales Institut für empirische Sozialökonomie) (2001): Analyse potenzieller Auswirkungen einer Ausweitung des Pharmaversandes in Deutschland. Stadtbergen (http://www.inifes.de/Doku/folien-pharmav.pdf, zuletzt abgerufen am 20.08.2002)

INSTITUT FÜR DEMOSKOPIE ALLENSBACH (1998): ACTA '98 Berichtsband I. Allensbach

INSTITUT FÜR DEMOSKOPIE ALLENSBACH (1999): ACTA '99 Berichtsband A. Allensbach

INSTITUT FÜR DEMOSKOPIE ALLENSBACH (2000): ACTA 2000 Berichtsband Basisinformationen. Allensbach

INSTITUT FÜR DEMOSKOPIE ALLENSBACH (2001): ACTA 2001 Berichtsband Basisinformationen. Allensbach

INSTITUT FÜR DEMOSKOPIE ALLENSBACH (2002): ACTA 2002 Computer- und Telekommunikationsmärkte im Transformationsprozess. Allensbach (http://www.acta-online.de/news/nt2002_2.html, zuletzt abgerufen am 20.02.2003)

IOSCO (International Organization of Securities Commissions) (2001): Report on securities activity on the Internet II, Report of the Technical Committee. o.O. (http://www.iosco.org/download/pdf/2001-securities_activity_internet.pdf, zuletzt abgerufen am 24.03.2002)

IVD (Interessenverband des Video- und Medienfachhandels in Deutschland e.V.) (2002): Marktdaten. Umsätze, Anzahl der Videotheken (http://www.ivd-online.de/f_markt.html, zuletzt abgerufen am 07.05.2002)

JANSEN, S.A. (2001): Public Electronic Procurement (PEP). Empirische Ergebnisse zum Beschaffungswesen der Öffentlichen Hand im Internet. Witten (Wittener Diskussionspapiere, Sonderheft Nr. 1)

JANZ, O. (2001): Mehr Verkehr durch E-Commerce? – Eine Analyse der Auswirkungen des E-Commerce-Wachstums (B2C) auf den Verkehr. In: Zeitschrift für Verkehrswissenschaft 72(1), S. 48-69

KAAPKE, A.; DACH, CH.; HUDETZ, K.; WILKE, K. (2000): E-Commerce – eine Bestandsaufnahme. Gutachten für den Deutschen Bundestag. Köln

KAAPKE, A.; DACH, CH.; BRKLJAČIĆ, A. (2001): Aktueller Entwicklungsstand des E-Commerce im B2C-Bereich in Deutschland. Gutachten für den Deutschen Bundestag. Köln

KÄFER, G. (2002): „Das erfolgreichste Jahr ist immer das letzte." In: Juris Briefe 14(1), S. 4

KAHLEFENDT, N. (2001a): Konzentration im deutschen Sortimentsbuchhandel (1). In: Börsenblatt für den Deutschen Buchhandel 168(48), S. 7-13

KAHLEFENDT, N. (2001b): Konzentration im deutschen Sortimentsbuchhandel (2). In: Börsenblatt für den Deutschen Buchhandel 168(50), S. 7-14

KAPELL, E. (2001a): Doit24.de bald auch in Berlin und München. In: Lebensmittel Zeitung vom 26.10.2001, Nr. 43, S. 26

KAPELL, E. (2001b): Pleiten und Projekte. B2C in USA und UK: Webvan macht dicht, Tesco.com mit Gewinn. In: Lebensmittel Zeitung vom 28.12.2001, Nr. 52, S. 13

KAPELL, E. (2002): Kaufhaus Konze mit Lieferservice profitabel. In: Lebensmittel Zeitung vom 14.06.2002, Nr. 24, S. 26

KAWAMOTO, K.; KOOMEY, J.G.; NORDMAN, B.; BROWN, R.E.; PIETTE, M.A.; ALAN, K.; MEIER, A.K. (2000): Electricity used by office equipment and network equipment in the U.S. In: Proceedings of the 2000 ACEEE Summer Study on Energy Efficiency in Buildings. Asilomar, CA (http://enduse.lbl.gov/Info/LBNL-45917.pdf, zuletzt abgerufen am 28.05.2002)

KEK (Kommission zur Ermittlung der Konzentration im Medienbereich) (2000): Fortschreitende Medienkonzentration im Zeichen der Konvergenz. Medienkonzentrationsbericht. Berlin (http://www.kek-online.de, zuletzt abgerufen am 03.01.2002)

2 Zitierte Literatur

KIEFER, M.L. (2001): Medienökonomik. Einführung in eine ökonomische Theorie der Medien. München, Wien

KING, B. (2002): Digital war of words: Now on CD. In: Wired News vom 14.03.2002 (http://www.wired.com/news/mp3/0,1285,51070,00.html, zuletzt abgerufen am 19.04.2002)

KIRCHGESSNER, K. (2001): Ratgeber oder Berater? In: Berliner Zeitung vom 16.05.2001, Nr. 113, S. 16

KIRSCH, J.; KLEIN, M.; LEHNDORFF, S.; VOSS-DAHM, D. (1999): Darf's etwas weniger sein? Arbeitszeiten und Beschäftigungsbedingungen im Lebensmitteleinzelhandel. Ein europäischer Vergleich. Berlin

KLASS, J. (o.J.): Entscheidungssammlung Rechtsberatungsgesetz. München (http://www.anwaltsteam.de/information-recht/anwalt.htm, zuletzt abgerufen am 17.09.2002)

KLAUS, P.; KÖNIG, S.; PILZ, K.; VOIGT, U. (2002): Auswirkungen des elektronischen Handels (E-Commerce) auf Logistik und Verkehrsleistungen – Verknüpfung betriebswirtschaftlicher und volkswirtschaftlicher Informationen. Gutachten für den Deutschen Bundestag. Nürnberg

KLINGSPORN, J. (2001): 2001 – Odyssee im Verleihmarkt. Referat auf dem 2. Berliner Forum zur Filmwirtschaft der Friedrich Ebert Stiftung. Wiesbaden (http://www.vdfkino.de/presse/pdf/vdf_20010223-001.pdf, zuletzt abgerufen am 02.10.2002)

KNOWLEDGE@WHARTON (2001): What makes a winning Net grocer? In: CNET news.com, 20.10.2001 (http://news.com.com/2102-1017-274385.html, zuletzt abgerufen am 30.09.2002)

KÖHNTOPP, M.; KÖHNTOPP, K. (2002): Datenspuren im Internet. In: Computer und Recht 16(4), S. 248-257

KOLL, R.; KIEMER, K. (1997): Telematik und Raumentwicklung – Analyse der Handlungsoptionen und Ableitung von Handlungsempfehlungen für den Bund. München

KOMMISSION DER EUROPÄISCHEN GEMEINSCHAFTEN (2000): Vorschlag für eine Richtlinie des Europäischen Parlaments und des Rates über die Koordinierung der Verfahren zur Vergabe öffentlicher Lieferaufträge, Dienstleistungsaufträge und Bauaufträge (von der Kommission vorgelegt). 10.05.2000, KOM(2000) 275 endgültig, 2000/0115 (COD), Brüssel (http://europa.eu.int/comm/internal_market/en/publproc/general/com275de.pdf, zuletzt abgerufen am 02.10.2002)

KOMMISSION DER EUROPÄISCHEN GEMEINSCHAFTEN (2001a): Auswirkungen der E-Economy auf die Unternehmen in Europa: Analyse der wirtschaftlichen Aspekte und Einflüsse auf die Politik. KOM(2001) 711 endgültig. Brüssel

KOMMISSION DER EUROPÄISCHEN GEMEINSCHAFTEN (2001b): Vollendung des Energiebinnenmarktes. Arbeitsdokument der Kommissionsdienststellen. SEC (2001) 438. Brüssel (http://europa.eu.int/comm/energy/library/438de.pdf, zuletzt abgerufen am 02.10.2002)

KONANA, P.; MENON, N.M.; ABRAMOWITZ, D. (1999): Electronic brokerage for online investing. In: Electronic Markets 9(1/2), S. 32-36

KONANA, P.; MENON, N.M.; BALASUBRAMANIAN, S. (2000): The implications of online investing. In: Communications of the ACM 43(1), S. 35-41

KOYRO, R. (2001): Video on demand – Die Web-Bilder lernen laufen. In: ECIN Spotlight vom 12.12.2001 (http://www.ecin.de/spotlight/2001/12/12/03641, zuletzt abgerufen am 07.05.2002)

KPMG (2001a): Chancen und Risiken inverser Auktionen im Internet für Aufträge der öffentlichen Hand, Berlin

KPMG (2001b): Internettechnologien in der Beschaffung der öffentlichen Hand. Entwicklungsstand 2001. Berlin (http://www.kpmg.de/library/surveys/satellit/Studie_eProc_September 2001.pdf, abgerufen am 24.4.2002, unter dieser Adresse am 30.09.2002 nicht mehr verfügbar)

KPMG (2002): Öffentliches Beschaffungswesen. Gutachten für den Deutschen Bundestag. Berlin

KRAFT, L. (2002): Weiterhin hohes Konsolidierungstempo bei Internet-Startups. Presseinformation 2/2002 vom 06.02.2002. Oestrich-Winkel (http://www.e-startup.org/press/02_02.htm, zuletzt abgerufen am 14.05.2002)

KRÄMER, H. (2002): Was bleibt von der New Economy? In: WSI Mitteilungen 55(12), S. 728-735

KRAUSS, G. (2002): Risiko, Misserfolg und Entwicklungsbrüche junger E-Commerce-Unternehmen in wissensbasierten Wirtschaftsfeldern in Kalifornien. Stuttgart (Arbeitsberichte der TA-Akademie Nr. 225)

KREMPL, S. (1999): Datenschutz und die neue Unübersichtlichkeit. In: Telepolis vom 20.08.1999 (http://www.telepolis.de/deutsch/inhalt/te/5213/1.html, zuletzt abgerufen am 07.05.2002)

KUHLEN, R. (2002): Napsterisierung und Venterisierung von Wissen. Bausteine zu einer politischen Ökonomie des Wissens. In: PROKLA 126 – Zeitschrift für kritische Sozialwissenschaft 32(1), S. 57-88

KUMKAR, L. (2001): Der Strombinnenmarkt und die Kommissionsvorschläge. Zentralisierung oder Wettbewerb der (De-)Regulierungsansätze? Kiel (Kieler Arbeitspapier Nr. 1055, http://www.uni-kiel.de/ifw/pub/kap/2001/kap1055.htm, zuletzt abgerufen am 02.10.2002)

LADEMANN & PARTNER (2001): Verbraucherpräferenzen gegenüber bestehenden und potenziellen Vertriebs- und Servicesystemen in der Automobilwirtschaft. Studie im Auftrag der EU-Kommission. Hamburg

LAMBORGHINI, B. ET AL.: (2000): European Information Technology Observatory (EITO) 2000. Frankfurt am Main

LAMPARTER, D.H. (2002): Alles billig, oder was? In: Die Zeit vom 31.01.2002, Nr. 6, S. 23

LANDGERICHT BERLIN (2000): Urteil vom 07.11.2000. Aktenzeichen 103 O 192/00, Internet-Apotheke, JurPC Web-Dok. 50/2001. Wiesbaden (http://www.jurpc.de/rechtspr/20010050.htm, zuletzt abgerufen am 02.10.2002)

LANDGERICHT FRANKFURT AM MAIN (2000a): Internetapotheke geschlossen I. Pressestelle für Zivilprozeß vom 09.11.2000. Vollständiger Text des Schlußurteils der 3. Zivilkammer des Landgerichts Frankfurt am Main vom 09.11.2000. Aktenzeichen 2-03 O 365/00, Internet-Apotheke I. Frankfurt am Main (http://www.landgericht.frankfurt-main.de/ZS_Urteil_ lang(InternetApothekeI).htm, zuletzt abgerufen am 02.10.2002)

LANDGERICHT FRANKFURT AM MAIN (2000b): Internetapotheke geschlossen II. Pressestelle für Zivilprozeß vom 09.11.2000. Vollständiger Text des Urteils der 3. Zivilkammer des Landgerichts Frankfurt am Main vom 09.11.2000. Aktenzeichen 2-03 O 366/00, Internet-Apotheke II. Frankfurt am Main (http://www.landgericht.frankfurt-main.de/ZS_Urteil_lang (InternetApothekeII).htm, zuletzt abgerufen am 21.10.2002)

LANDGERICHT FRANKFURT AM MAIN (2001): Vollständiger Text des Beschlusses der 11. Kammer für Handelssachen des Landgerichts Frankfurt am Main vom 10.08.2001. Aktenzeichen 3/11 O 64/01, Internetapotheke IV. Frankfurt am Main (http://www.landgericht.frank furt-main.de/ZS_Entsch_lang(InternetapothekeIV).htm, zuletzt abgerufen am 02.10.2002)

LATZER, M. (Hg.) (2000): Mediamatikpolitik für die digitale Ökonomie. E-Commerce, Qualifikation und Marktmacht in der Informationsgesellschaft, Innsbruck u.a.O.

LATZER, M.; SCHMITZ, S.W. (2001): Literaturbericht zu übergreifenden ökonomischen Konzepten und Fragestellungen des elektronischen Handels. Gutachten für den Deutschen Bundestag. Wien

LATZER, M.; SCHMITZ, S.W. (2002): Die Ökonomie des eCommerce. Marburg

LEVEN, F.-J. (2002): 2001: Jahr der Reife für Aktionäre und Fondsbesitzer. Frankfurt am Main (DAI-Kurzstudie 1/2002) (http://www.dai.de/internet/dai/dai-2-0.nsf/LookupDL/BA 9847539581D5DCC1256B49002F107B/$File/Stu_1_2002_Aktionaerszahlen.pdf, zuletzt abgerufen am 24.03.2002)

LIEBOWITZ, S. (2002): Policing pirates in the networked age. In: Policy Analysis vom 15.05.2002, No. 438 (http://www.cato.org/pubs/pas/pa438.pdf, zuletzt abgerufen am 16.09.2002)

LITAN, R.E.; RIVLIN, A.M. (2001): Projecting the economic impact of the Internet. In: The American Economic Review Papers and Proceedings 91(2), S. 313-317

LÖBBE, K.; DEHIO, J.; GRASKAMP, R.; JANSSEN-TIMMEN, R.; MOOS, W.; ROTHGANG, M.; SCHEUER, M. (2000): Wachstums- und Beschäftigungspotentiale der Informationsgesellschaft bis zum Jahre 2010. Essen (www.rwi-essen.de/presse/publikat/sonstige.htm, zuletzt abgerufen am 15.04.2002)

LPX (Leipziger Power Exchange) (2001): EEX und LPX fusionieren zu neuer Strombörse. Pressemitteilung vom 26.10.2001. Leipzig (http://www.lpx.de/publications/press_center/press _archiv/press_2001/press_2001_q4.asp zuletzt abgerufen am 07.02.2003)

LPX (Leipziger Power Exchange) (2002): Informationen aus dem Webangebot der LPX. Leipzig (http://www.lpx.de, zuletzt abgerufen am 10.04.2002)

LUHMANN, N. (1978): Erleben und Handeln. In: Lenk, H. (Hg.): Handlungstheorien interdisziplinär II. Erster Halbband: Handlungserklärungen und philosophische Handlungsinterpretationen. München, S. 235-253

M+M EURODATA (2001): Die TOP 10 im GV-Zustelldienst 2000. Frankfurt am Main (http://mm-eurodata.de/presse/01080603.html, zuletzt abgerufen am 30.09.2002)

M+M EURODATA (2002): Lebensmittelhandel Deutschland: Gesamtbranche wächst um 4 Prozent. Discounter und Drogeriemärkte mit deutlich höherem Plus. Pressemeldung vom 21.03.2002. Frankfurt am Main (https://www.mm-eurodata.de/presse/PR_03_2002txt.pdf, zuletzt abgerufen am 30.09.2002)

MAHLMANN, C. (1997): Strukturen des deutschen Tonträgermarktes. In: Moser, R.; Scheuermann, A. (Hg.): Handbuch der Musikwirtschaft. Starnberg, S. 161-184

MAI, G. (2002): Wertpapierhandel im Internet. In: Computer und Recht 18(3), S. 200-208

MAJERSIK, C. (2001): eProcurement Project. The Center for Environmental Leadership in Business. Washington, D.C. (Diskussionspapier)

MALERI, R. (1997): Grundlagen der Dienstleistungsproduktion. Berlin, Hamburg

MALMENDIER, B. (2001): Rechtliche Rahmenbedingungen der elektronischen Vergabe. In: Vergaberecht 1(3), S. 178-190

MALONE, T.W.; YATES, J.; BENJAMIN, R.I. (1987): Electronic market and electronic hierarchies. In: Communications of the ACM 30(6), S. 484-497

MANN, C.; ECKERT, S.E.; KNIGHT, S.C. (2000): Global electronic commerce. A policy primer. Washington D.C.

MATHEWS, A.W.; PEERS, M.; WINGFIELD, N. (2002): Music industry finally online. In: Wall Street Journal vom 07.05.2002 (http://www.msnbc.com/news/748564.asp, zuletzt abgerufen am 17.05.2002)

MEINTS, M.; VOLLMERT, A. (2000): E-Commerce für unser Unternehmen? In: E-f@cts – Informationen zum E-Commerce Ausgabe 1, S. 1-8 (http://www.bmwi.de/Homepage/down load/infogesellschaft/efacts01.pdf, zuletzt abgerufen am 02.10.2002)

MELLER, E. (2002): „Wer hat Angst vor dem Regulator?" Status quo der Liberalisierung und Zukunftstrends aus Sicht des VDEW. Vortrag auf dem 7. Euroforum „Zukunft der Energieversorgung", 03.-05.09.2002, Stuttgart (http://www.strom.de/wysstr/stromwys.nsf/WYS InfoDokumentePunkt1Lookup/C4AE3E5CE9D69C92C1256C400047F810?Opendocument, zuletzt abgerufen am 07.02.2003)

MERCER/HYPOVEREINSBANK (Hg.) (2001): Automobiltechnologie 2010. Technologische Veränderungen im Automobil und ihre Konsequenzen für Hersteller, Zulieferer und Ausrüster. o.O.

MESTMÄCKER, E.-J. (2001): Unternehmenskonzentration und Urheberrechte in der alten und „neuen" Musikwirtschaft. In: ZUM Zeitschrift für Urheber- und Medienrecht 45(3), S. 185-194

MILLS, M.P.; HUBER, P.W. (1999): Dig more coal – the PCs are coming: Being digital was supposed to mean less demand for hard energy. It isn't turning out that way. In: Forbes vom 13.5.1999, S. 70-72

MONOPOLKOMMISSION (2000): Wettbewerbspolitik in Netzstrukturen. Dreizehntes Hauptgutachten der Monopolkommission 1998/1999. Deutscher Bundestag, Drucksache 14/4002, Berlin (http://dip.bundestag.de/btd/14/040/1404002.pdf, zuletzt abgerufen am 23.08.2002)

2 Zitierte Literatur

MONOPOLKOMMISSION (2002a): Netzwettbewerb durch Regulierung. Vierzehntes Hauptgutachten der Monopolkommission 2000/2001. Kurzfassung. Bonn (http://www.monopol kommission.de/haupt_14/sum_h14.pdf, zuletzt abgerufen am 20.09.2002)

MONOPOLKOMMISSION (2002b): Vierzehntes Hauptgutachten der Monopolkommission 2000/2001. Deutscher Bundestag, Drucksache 14/9903 vom 28.08.2002, Berlin

MONSE, K.; GATZKE, M. (2002): eBusiness 2002: Potenzial ohne Spektakel. In: ECIN vom 18.04.2002 (http://www.ecin.de/state-of-the-art/outlook2002, zuletzt abgerufen am 20.04.2002)

MONSE, K.; WEYER, J. (2001): Produktionskonzepte und logistische Ketten in der Internet-Wirtschaft – Trends und Perspektiven. Gutachten für den Deutschen Bundestag. Dortmund

MUCHA, M.; NOTTMEYER, J. (2001): Elektronischer Einkauf. In: e-f@cts – Informationen zum E-Business Ausgabe 4, S. 1, 3-7 (http://www.bmwi.de/Homepage/download/infogesell schaft/efacts04.pdf, zuletzt abgerufen am 14.05.2002)

MÜLLER, L. (2001): Handbuch der Elektrizitätswirtschaft. Technische, wirtschaftliche und rechtliche Grundlagen, Berlin

MÜLLER, W. (2000): Editorial. In: E-f@cts – Informationen zum E-Commerce, Ausgabe 1, S. 1 (http://www.bmwi.de/Homepage/download/infogesellschaft/efacts01.pdf, zuletzt abgerufen am 02.10.2002)

MÜLLER-HAGEDORN, L. (2000): Zur Abgrenzung von E-Commerce: Definitorische Anmerkungen. In: Müller-Hagedorn, L. (Hg.): Zukunftsperspektiven des E-Commerce im Handel. Frankfurt am Main, S. 49-57

NEGROPONTE, N. (1995): Total digital. München

NICKELS, S. (2002): Neues Bundesrecht für den E-Commerce. In: Computer und Recht 18(4), S. 302-309

NOIE (National Office for the Information Economy) (2002): The current state of play. Australia's Scorecard. Canberra (http://www.noie.gov.au/Projects/information_economy/ research&analysis/ie_stats, zuletzt abgerufen am 23.04.2002)

O.A. (1995): Hören und Sehen. Anwälte wollen Gerichtsverhandlungen durch Videokonferenzen ersetzen. In: Spiegel Nr. 43, S. 92-93

O.A. (1997): Tesco direct. In: Lebensmittel Zeitung vom 07.11.1997, Nr. 45, S. 38

O.A. (1999a): Heimservice bekommt neuen Schub. In: Lebensmittel Zeitung vom 30.07.1999, Nr. 30, S. 4

O.A. (1999b): Nichts bleibt wie es ist. Exklusive Befragung von Haushalten und Unternehmen zu Internet Nutzung und E-Commerce in zehn europäischen Ländern. Wiesbaden (http://www.e-gateway.de/eco/beitrag5_00_final.cfm, zuletzt abgerufen am 02.10.2002)

O.A. (2001a): Bund bleibt Mehrheitsgesellschafter. In: Password Nr. 3, S. 2-4

O.A. (2001b): Der Autokauf im Internet bleibt die Ausnahme. In: Frankfurter Allgemeine Zeitung vom 28.08.2001, Nr. 199, S. 20

O.A. (2001c): Der Punto und die Paragrafen. In: Mannheimer Morgen vom 05.10.2001 (http://www.morgenweb.de/archiv/2001/lebensmittelriesen/20011005_edeka1.html, zuletzt abgerufen am 16.09.2002)

O.A. (2001d): E-Commerce: Tower 24. Neues Warenübergabesystem für den Online-Handel. In: AGF-Wirtschaft Heft 4, S. 11-13

O.A. (2001e): Internet bevorzugte Infoquelle beim Autokauf. In: ECIN-News vom 09.10.2001 (http://www.ecin.de/news/2001/10/09/03309, zuletzt abgerufen am 10.10.2001)

O.A. (2001f): Rechtsberatung im Internet. Nieten im Netz. Online-Test 2/2001. Berlin (http://www.warentest.de/pls/sw/sw.Main?p_KNR=5002212744932420020919152444&p_E3 =120&p_E4=30&p_id=19667, zuletzt abgerufen am 19.09.2002)

O.A. (2001g): Tesco.com auf dem Weg in die schwarzen Zahlen. In: Lebensmittel Zeitung vom 14.09.2001, Nr. 37, S. 28

O.A. (2002a): Assekuranz wehrt sich gegen ‚Rechtsanwalts-Vergoldungsgesetz'. In: Frankfurter Rundschau vom 20.04.2002, S. 10

O.A. (2002b): Autoverkauf im Netz. Schlecker trickst mit Tageszulassungen. In: N-TV vom 03.05.2002 (http://www.n-tv.de/3009442.html, zuletzt abgerufen am 16.09.2002)

O.A. (2002c): Das E-Business zahlt sich aus. In: Computerwoche 29(6), S. 7

O.A. (2002d): Experte: Autos nur 5 Prozent billiger. In: Mannheimer Morgen vom 07.02.2002 (http://www.morgenweb.de/archiv/2002/02/07/wirtschaft/20020207_06_RF51833 002_03702.html, zuletzt abgerufen am 16.09.2002)

O.A. (2002e): Internetapotheke freut sich über 50.000 Stammkunden. In: Heise Online News vom 07.01.2002 (http://www.heise.de/newsticker/data/hod-07.01.02-000, zuletzt abgerufen am 08.10.2002)

O.A. (2002f): Kfz-Gewerbe baut Position im Service deutlich aus. In: ProMotor Nr. 3 (http://www.kfzgewerbe.de/presse/promotor/index.html, zuletzt abgerufen am 12.09.2002)

O.A. (2002g): Marktforscher: Tauschbörsen nicht Schuld an Krise der Musikindustrie. In: Heise Online, Meldung vom 14.08.2002 (http://www.heise.de/newsticker/data/jk-14.08.02-005, zuletzt abgerufen am 09.04.2003)

O.A. (2002h): Notebook-Hotlines: Geballte Inkompetenz. In: Frankfurter Rundschau vom 24.04.2002, S. 8

O.A. (2002i): Stromkunden nutzen neue Angebote. In: EW 101(5), S. 11

O.A. (2002j): Thalia will Marktführerschaft ausbauen. In: Börsenblatt des Deutschen Buchhandels, 169(34), S. 4

O.A. (2002k): Veränderungen in der Strombranche. In: EW 101(3), S. 6

O.A. (2002l): Zaghafte Öffnung der EU-Energiemärkte. Bescheidene Ergebnisse des Gipfeltreffens. In: NZZ Online vom 18.03.2002 (http://www.nzz.ch/2002/03/18/wi/page-article 81L7C.html, zuletzt abgerufen am 16.10.2002)

O.A. (2002m): Zum Ausrasten (Test Hotlines). In: Test Nr. 4, S. 26-30

O.A. (2003): eTailing-Umsätze: es geht aufwärts. In: ECIN-News vom 15.1.2003 (http://www.ecin.de/news/2003/01/13/05255/, zuletzt abgerufen am 27.03.2003)

OECD (1999): The economic and social impact of electronic commerce. Preliminary findings and research agenda. Paris

OECD (2001): Taxation and electronic commerce. Implementing the Ottawa taxation framework conditions. Paris

OERTEL, D.; FLEISCHER, T. (2001): Brennstoffzellen-Technologie: Hoffnungsträger für den Klimaschutz. Technische, ökonomische und ökologische Aspekte ihres Einsatzes in Verkehr und Energiewirtschaft. Berlin

OBREMBALSKI, M. (o.J.): Gesetze im WWW. Tübingen (http://www.rechtliches.de, zuletzt abgerufen am 16.10.2002)

ORWAT, C. (2001): Buchhandel und Internet – Zur These der Disintermediation durch den elektronischen Handel. In: Grunwald, A. (Hg.): ITAS 1999/2000, Jahrbuch des Instituts für Technikfolgenabschätzung und Systemanalyse. Karlsruhe, S. 42-62

ORWAT, C.; RIEHM, U.; WINGERT, B. (2001): The power of the middleman in electronic markets. The case of the German bookselling industry. In: Institut für Technikfolgenabschätzung und Systemanalyse, VDI/VDE-Technologiezentrum Informationstechnik (Hg.): Innovations for an e-Society. Challanges for Technology Assessment. Teltow (http://www.itas.fzk.de/deu/itaslit/orua01a.htm, zuletzt abgerufen am 02.10.2002)

PASSAMONTI, L.; LUCCHI, G. (1998): Preliminary estimate of the multiplier effects of E-Commerce on EU economy and employment. Mailand (ACTS – FAIR Working Paper Series No. 47, http://www.databank.it/dbc/fair/1998.htm, zuletzt abgerufen am 30.09.2002)

PASSEK, O. (2002): E-Procurement und Korruptionsbekämpfung – Wunschvorstellung oder wertvoller Ansatz? In: Politik-digital vom 10.05.2002 (http://www.politik-digital.de/text/ netzpolitik/egovernment/korruption.shtml, zuletzt abgerufen am 15.05.2002)

PERLITZ, U. (2002): Virtuelle Marktplätze in der Chemie: B2B-Umsätze sehr expansiv. In: Economics – Internet-Revolution und „New Economy" vom 08.01.2002, Nr. 23 (http://www. dbresearch.de/PROD/999/PROD0000000000039278.pdf, zuletzt abgerufen am 02.10.2002)

PEW INTERNET PROJECT (2001): Dot-gov goes retail. Washington, DC (http://www.pew internet.org/reports/toc.asp?Report=35, zuletzt abgerufen am 15.05.2002)

PFEIFFER, K. (2001): E-Health: Ohne starke Partner krankt das Geschäft. In: Computerwoche 28(39), S. 34

PHAGRO (2001a): Datenaustausch zwischen Apotheken und pharmazeutischem Großhandel. Frankfurt am Main (http://www.phagro.de/datenaustausch_zwischen_apotheken_und_pharma zeutischem_grosshandel.htm, zuletzt abgerufen am 08.10.2002)

PHAGRO (2001b): DATEG – eine Gesellschaft der PHAGRO-Mitglieder – Lagebericht 2001/02. Frankfurt am Main (http://www.phagro.de, dann DATEG, dann Lagebericht 2001/02, zuletzt abgerufen am 02.10.2002)

PICHLER, R. (2001): Aktuelle Entwicklungen in der E-Commerce- und IT-Politik der USA. In: TA-Datenbank-Nachrichten 10(4), S. 39-49 (auch online unter: http://www.itas.fzk.de/deu/tadn/tadn014/inhalt.htm)

PICOT, A.; BORTENLÄNGER, C.; RÖHRL, H. (1996): Börsen im Wandel. Frankfurt am Main

PLÄTZER, E.T. (1998): Papier versus Neue Medien: Eine Analyse der Umweltverträglichkeit von Presseinformationen im Licht des technologischen Wandels. Darmstadt (Dissertation am Fachbereich Rechts- und Wirtschaftswissenschaften der Technischen Universität Darmstadt 1998)

PLÄTZER, E.T.; GÖTTSCHING, L. (1998): Printmedien im Zeitalter der Informationstechnologie. Wie umweltfreundlich ist die elektronische Zeitung? In: Das Papier 52(2), S. 56-65

PLS-RAMBOLL (2000): Analysis of electronic public procurement pilot projects in the European Union. Untersuchung im Auftrag der EU-Kommission. Brüssel, Luxemburg (http://simap.eu.int/EN/pub/src/main4.htm, zuletzt abgerufen am 24.04.2002)

POEL, M.; RUTTEN, P. (2000): The Music Industry in the Netherlands. Delft (TNO Rapport STB-00-33 (http://www.oecd.org/pdf/M00027000/M00027095.pdf, zuletzt abgerufen am 02.10.2002)

PREISSL, B.; ERBER, G.; KREH, O. (2000): Arbeitsmarkteffekte und Electronic Commerce. Konzeptionelle Überlegungen. Stuttgart (Arbeitsbericht Nr. 170 der Akademie für Technikfolgenabschätzung in Baden-Württemberg)

PREUSSER, P. (1998): Stromverkauf an Großkunden. In: Energiewirtschaftliches Institut an der Universität Köln (Hg.): Energiehandel und Energiemärkte. München u.a.O., S. 219-241 (Tagungsberichte des Energiewirtschaftlichen Instituts, Band 30)

PRIDDAT, B. (2002): Interview „Ökonomisches Verwaltungsdesign: Eine Zwischenstufe zum political managemen" (Interview durch Clemens Lerche). In: Politik-digital vom 10.05.2002) (http://www.politik-digital.de/text/netzpolitik/egovernment/oekonomie.shtml, zuletzt abgerufen am 15.05.2002)

PRINZ, A.; VOGEL, A. (2002): Electronic Commerce im Arzneimittelhandel: Zulassen, verbieten oder regulieren? Gutachten für den Deutschen Bundestag. Münster

PROGNOS (2001): Zwischenevaluierung der Fördermaßnahme: Kompetenzzentren Elektronischer Geschäftsverkehr (Untersuchung im Auftrag des BMWi) Kurzfassung. Basel

PRÜFER, B. (2001): Wenn der Staat auf Einkaufstour geht. In: Financial Times Deutschland vom 19.12.2001, o.S. (http://www.e-vergabe.info/767.htm, zuletzt abgerufen am 15.05.2002)

REGAN, K. (2002a): Amazon stock falls on rumors of Toys,R'Us unrest. In: E-Commmerce Times vom 15.03.2002 (http://www.ecommercetimes.com/perl/story/16789.html, zuletzt abgerufen am 22.08.2002)

REGAN, K. (2002b): Dot-com layoffs top 1,000 for second straight month. In: E-Commerce Times vom 27.08.2002 (http.//www.ecommercetimes.com/perl/story/19186.html, zuletzt abgerufen am 03.03.2003)

REGAN, K. (2002c): Five E-Commerce trends to watch. In: E-Commerce Times vom 03.04.2002 (http://www.ecommercetimes.com/perl/story/16967.html, zuletzt abgerufen am 22.08.2002)

REICHART, I.; HISCHIER, R. (2001): Vergleich der Umweltbelastungen bei Benutzung elektronischer und gedruckter Medien. St. Gallen (UGRA-Bericht 108/3)

RIEHM, U. (2002): Veränderungen in der Produzenten-Konsumentenbeziehung beim elektronischen Handel – Beispiele aus dem Verlags- und Buchhandelsbereich. In: Koslowski, P.; Hubig, Ch. (Hg.): Wirtschaftsethische Fragen der E-Economy. Heidelberg, S. 191-206

RIEHM, U.; BÖHLE, K. (1999): Geschäftsmodelle für den Handel mit niedrigpreisigen Gütern im Internet. In: Thießen, F. (Hg.): Bezahlsysteme im Internet. Frankfurt am Main, S. 194-206

RIEHM, U.; ORWAT, C. (2001): E-Commerce-Politik: Warum, Was, Wie, Wann und Wer? In: TA-Datenbank-Nachrichten 10(4), S. 3-10

RIEHM, U.; ORWAT, C.; PETERMAN, TH. (2002): Stand, Perspektiven und Folgen des E-Commerce. In: Weinhardt, Ch.; Holtmann, C. (Hg.): E-Commerce. Netze, Märkte, Technologien. Heidelberg, S. 1-18

RIEHM, U.; ORWAT, C.; WINGERT, B. (2001): Online-Buchhandel in Deutschland – Die Buchhandelsbranche vor der Herausforderung des Internet. Karlsruhe

RIEHM, U.; WINGERT, B. (1995): Multimedia. Mythen, Chancen und Herausforderungen. Endbericht zum TAB-Projekt „Multimedia". Mannheim

RMS (Radio Marketing Service) (Hg.) (2000): RMS Branchen Report eCommerce September 2000 (MA 2000 Radio). Hamburg

RODE, J. (2001): Tesco.com: wir sind profitabel. In: Lebensmittel Zeitung vom 12.04.2002, Nr. 15, S. 26

RODE, J. (2002): Sainsbury und Tesco liefern Erfolgsmeldungen. Lebensmittel-Lieferservices in Großbritannien wachsen. In: Lebensmittel Zeitung vom 01.06.2001, Nr. 22, S. 26

ROMM, J. (1999): The Internet economy and global warming. Annandale, VI (http://www.cool-companies.org/energy/ecomm.doc, zuletzt abgerufen am 02.10.2002)

RWENET (o.J.): Das Stromnetz. Düsseldorf (http://www.rwenet.com, zuletzt abgerufen am 16.10.2002)

SACHER, J.; ALEXANDER, R.; BEHRENS, M.; BURROWS, K.W.; DARLINGTON, L.F.; DISPAUX, J.C.; EBERHARD, L.; FISHER, M.; FRANK, G.; HALLMANN, C.; HARDIE, N.; LOREN, A.Z. ET AL. (Group of high-level private sector experts on electronic commerce, Sacher-Group) (1997): Electronic commerce. Opportunities and challenges for government. Paris

SACHVERSTÄNDIGENRAT FÜR DIE KONZERTIERTE AKTION IM GESUNDHEITSWESEN (2002): Bedarfsgerechtigkeit und Wirtschaftlichkeit – Band I bis III: Zur Steigerung von Effizienz und Effektivität der Arzneimittelversorgung in der gesetzlichen Krankenversicherung (GKV). Bonn (http://www.svr-gesundheit.de/gutacht/gutalt/gutaltle.htm, zuletzt abgerufen am 16.05.2002)

SALOMON, G. (1989): Zur Psychologie der Computer und ihrer Wirkungen. In: Groebel, J.; Winterhoff-Spurk, P. (Hg.): Empirische Medienpsychologie. München, S. 258-275

SCHAAF, J. (2002a): E-Brokerage in Deutschland: Strategiewandel und Marktbereinigung. In: Economics. Internet-Revolution und „New Economy" vom 02.04.2002, Nr. 26 (http://www.dbresearch.de/PROD/999/PROD0000000000042048.pdf, zuletzt abgerufen am 20.05.2002)

SCHAAF, J. (2002b): Rahmenbedingungen für den E-Commerce: Alles in Ordnung? Economics. Internet-Revolution und „New Economy" vom 21.01.2002, Nr. 24 (http://www.dbresearch.de/PROD/999/PROD0000000000039694.pdf, zuletzt abgerufen am 30.09.2002)

SCHABER, R. (2000): Digitale Distribution von Musik im Internet. Köln (Ausgewählte Studien des ECC Handel, Band 2)

SCHACK, J. (2002): Keine Lösung für den deutschen Strommarkt. Interview mit Jens Schack zur VV II plus. In: Energie Spektrum 17(1-2), S. 50-51

SCHAEFER, C.; WEBER, CH. (2000): Mobilfunk und Energiebedarf. In: Energiewirtschaftliche Tagesfragen 50(4), S. 237-241

SCHEUERER, J. (2002): Broker auf neuem Kurs. In: Com!Online vom 08.04.2002 Nr. 5, S. 140-145

SCHIFFER, H.W. (1999): Energiemarkt Deutschland. Praxiswissen aktuell. Köln

SCHINDHELM, S.; REISS, W. (2000): Richtlinienvorschlag der EU-Kommission zur Umsatzbesteuerung elektronisch erbrachter Leistungen. In: Computer und Recht (16)11, S. 757-763

SCHMIDT, U. (2001): Veränderungen der Standortentscheidungen und -strukturen von Unternehmen unter dem Einfluss der „Neuen Medien". In: Materialienband des Endberichtes „Neue Medien und Stadtentwicklung", im Auftrag des Bundesministeriums für Verkehr, Bau- und Wohnungswesen vertreten durch das Bundesamt für Bauwesen und Raumordnung, Bonn

SCHMITZ, S.W. (2000): Die Förderung des Business-to-Consumer eCommerce. In: Latzer 2000, S. 62-219

SCHMUCKER, A. (2000a): STAR. Entwicklung der Strukturen und Beschäftigtenzahlen in Rechtsanwaltskanzleien. In: BRAK-Mitteilungen Nr. 4, S. 166-169

SCHMUCKER, A. (2000b): STAR. Umsatz- und Einkommensentwicklung der Rechtsanwälte von 1993 bis 1998. In: BRAK-Mitteilungen Nr. 6, S. 273-277

SCHMUCKER, A. (2002): STAR. Umsatz- und Einkommensentwicklung der Rechtsanwälte von 1993 bis 1999. In: BRAK-Mitteilungen Nr. 1, S. 18-21

SCHNEIDER, E.; SCHÜRMANN, H.J. (2000): Stadtwerke haben vom Stromwettbewerb profitiert. In: Handelsblatt vom 31.01.2000, Nr. 21, S. 13

SCHNEIDEWIND, U. (2000): Nachhaltige Informationsgesellschaft – eine institutionelle Annäherung. In: Schneidewind, U.; Truscheit, A.; Steingräber, G. (Hg.): Nachhaltige Informationsgesellschaft – Analyse und Gestaltungsempfehlungen aus Management und institutioneller Sicht. Marburg, S. 15-35

2 Zitierte Literatur

SCHNORR-BÄCKER, S. (2001): Neue Ökonomie und amtliche Statistik. In: Wirtschaft und Statistik Heft 3, S. 165-175

SCHODER, D. (2000): Die ökonomische Bedeutung von Intermediären im Electronic Commerce. Freiburg (Habilitationsschrift)

SCHODER, D.; JANETZKO, D. (2002): Datenlage beim elektronischen Handel. Gutachten für den Deutschen Bundestag. Freiburg

SCHÖNEBERGER, M. (2003): Juris – Einrichtung des Jahres 2002. Password Heft 1, S. 12-13 (auch in Juris Briefe Heft 4, 2002, S. 4-5)

SCHUMANN, M.; HESS, T. (2000): Grundfragen der Medienwirtschaft. Berlin u.a.O.

SCHUMANN, M.; HESS, T.; ANDING, M. (2001): Elektronischer Handel mit Videos in Deutschland. Gutachten für den Deutschen Bundestag. Göttingen

SCHÜRMANN, J. (2002): Liberalisierung von Strom und Gas. Eine unternehmerische Bewährungsprobe. Vortrag auf der Jahrestagung der VDEW-Landesgruppe Thüringen am 04.06.2002 in Weimar (http://www.strom.de/wysstr/stromwys.nsf/WYSInfoDokumentePunkt1 Lookup/96BCEDF423AD81A0C1256BD600361082?OpenDocument, zuletzt abgerufen am 07.02.2003)

SCHUSTER, S.; RUDOLF, S. (2001): Europäische Börsenlandschaft im Wandel. In: Hummel, D.; Breuer, R.E. (Hg.): Handbuch europäischer Kapitalmarkt. Wiesbaden, S. 371-396

SEUFERT, W. (2000): The development of the information and communication sector in Germany. In: Vierteljahreshefte für Wirtschaftsforschung Nr. 4, S. 492-510

SEUFERT, W. (2001): Handel mit digitalen Gütern. Gutachten für den Deutschen Bundestag. Berlin

SHAPIRO, C.; VARIAN, H.R. (1999): Information rules. A strategic guide to the network economy. Boston, MA

SIEGLE, J.A. (2002): Käse-Häppchen schrecken Käufer ab. In: Spiegel-Online vom 24.04.2002 (http://www.spiegel.de/netzwelt/netzkultur/0,1518,193395,00.html, zuletzt abgerufen am 24.04.2002)

SNEIJERS, P. (2002): Statistik der Kreditinstitute. In: Statistik kurz gefasst. Industrie, Handel und Dienstleistungen, Thema 4, 26/2002 (http://www.eu-datashop.de/download/DE/sta_kurz/thema4/np_02_26.pdf, zuletzt abgerufen am 21.10.2002)

SPIO (Spitzenorganisation der Filmwirtschaft) (2001): Filmstatistisches Jahrbuch 2001. Baden-Baden

SPIO (Spitzenorganisation der Filmwirtschaft) (2002): Statistik Filmproduktion. Wiesbaden (http://www.spio.de, zuletzt abgerufen am 06.05.2002)

STATISTISCHES BUNDESAMT (2000a): Statistisches Jahrbuch 2000 für die Bundesrepublik Deutschland. Stuttgart

STATISTISCHES BUNDESAMT (2000b): Umsatzsteuer 1998. Stuttgart (Fachserie 14, Reihe 8)

STATISTISCHES BUNDESAMT (2002): Basisdaten Binnenhandel, Tourismus. Tabellen zum Groß- und Einzelhandel, Stand 18.06.2002. Wiesbaden (http://www.destatis.de/themen/ d/thm_binnen.htm, zuletzt abgerufen am 12.02.2003)

STATISTISCHES BUNDESAMT (2003a): Informationstechnologie in Haushalten. Ergebnisse einer Pilotstudie für das Jahr 2002. Wiesbaden (http://www.destatis.de/presse/deutsch/ pk/2003/iuk_privat.pdf, zuletzt abgerufen am 19.02.2003)

STATISTISCHES BUNDESAMT (2003b): Informationstechnologie in Unternehmen. Ergebnisse einer Pilotstudie für das Jahr 2002. Wiesbaden (http://www.destatis.de/presse/ deutsch/pk/2003/iuk_unternehmen.pdf, zuletzt abgerufen am 19.02.2003)

STIFTUNG WARENTEST (2000): Der Einstieg: Juristische Portalseiten. Berlin (http://www.waretest.de/pls/sw/sw.main?p_KNR=500221288331632002101617481 2&p_E0= 9010&p_info=p_dateiname:ab0905_1.htm, zuletzt abgerufen am 16.10.2002)

STOBBE, A. (2001): E-Banking: Konkurrenz durch Non- und Near-Banks. In: Economics. Internet-Revolution und „New Economy" vom 12.04.2001, Nr. 13 (http://www.dbresearch.de/ PROD/999/PROD0000000000031595.pdf, zuletzt abgerufen am 02.10.2002)

STOBBE, A.; ZAMPIERI, L. (2001): Virtuelle Marktplätze: big is beautiful. In: Economics. Internet-Revolution und „New Economy" vom 12.10.2001, Nr. 19 (http://www.dbresearch.de/ PROD/999/PROD0000000000036825.pdf, zuletzt abgerufen am 15.04.2002)

STRECKER, S.; WEINHARDT, CH. (2002): E-Commerce in der Elektrizitätswirtschaft: Elektronischer Handel mit dem Elektron. Gutachten für den Deutschen Bundestag. Karlsruhe

SYMPOSION PUBLISHING (Hg.) (1999): Internetshopping Report 2000. Die große Nutzerumfrage, Käufer, Produkte, Zukunftsaussichten. Düsseldorf

SYMPOSION PUBLISHING (Hg.) (2000): Internetshopping Report 2001. Die große Nutzerumfrage, Käufer, Produkte, Zukunftsaussichten. Düsseldorf

TAB (Büro für Technikfolgen-Abschätzung beim Deutschen Bundestag) (2000) (Hg.): Elemente einer Strategie für eine nachhaltige Energieversorgung (Autoren: Paschen, H.; Oertel, D.; Grünwald, R.; Fleischer, T.). TAB-Arbeitsbericht Nr. 69, Berlin

TAB (Büro für Technikfolgen-Abschätzung beim Deutschen Bundestag) (2001a): Elektronischer Handel bereits fest etabliert? In: TAB-Brief Nr. 20, S. 23-25

TAB (Büro für Technikfolgen-Abschätzung beim Deutschen Bundestag) (2001b) (Hg.): Innovationsbedingungen des E-Commerce – das Beispiel Produktion und Logistik (Autor: Petermann, Th.). TAB-Hintergrundpapier Nr. 6, Berlin

TAB (Büro für Technikfolgen-Abschätzung beim Deutschen Bundestag) (2002a) (Hg.): Innovationsbedingungen des E-Commerce – die technischen Kommunikationsinfrastrukturen für den elektronischen Handel (Autor: Riehm, U.). TAB-Hintergrundpapier Nr. 7, Berlin

TAB (Büro für Technikfolgen-Abschätzung beim Deutschen Bundestag) (2002b) (Hg.): Innovationsbedingungen des E-Commerce – Elektronischer Handel mit digitalen Gütern (Autor: Orwat, C.). TAB-Hintergrundpapier Nr. 8, Berlin

TAB (Büro für Technikfolgen-Abschätzung beim Deutschen Bundestag) (2002c) (Hg.): TA-Projekt E-Commerce – Endbericht (Autoren: Riehm, U.; Petermann, Th.; Orwat, C.; Coenen, Ch.; Revermann, Ch.; Scherz, C.; Wingert, B.). TAB-Arbeitsbericht Nr. 78, Berlin (auch online: http://www.itas.fzk.de/deu/itaslit/riua02b.pdf; auch als Bundestagsdrucksache 14/10006 veröffentlicht)

TÄGER, U.C.; VOGLER-LUDWIG, K.; MUNZ, S. (Hg.) (1998): Das deutsche Ladenschlußgesetz auf dem Prüfstand. Berlin, München (Schriftenreihe des Ifo-Instituts für Wirtschaftsforschung Nr. 139)

TESCO (2002): Tesco Plc annual review and summary financial statement 2002. Hertfordshire (http://www.tesco.com/corporateinfo, zuletzt abgerufen am 12.03.2003)

TELTSCHER, S. (2002): Electronic commerce and development: Fiscal implications of digitized goods trading. In: World Development 30(7), S. 1137-1158

THE WHITE HOUSE (1993): Memorandum for the heads of executive departments and agencies – The president's management council (26. Oktober 1993). In: Presidential Documents Section of the Federal Register Vol. 58, No. 207, S. 58095

TODD, J.; MUENCH, TH.; HAUGAARD, P. (2002): Results of internal market, consumer affairs and tourism council, Brussels 21st May 2002. MEMO/02/99 vom 22.05.2002. Brüssel (http://europa.eu.int/rapid/start/cgi/guesten.ksh?p_action.gettxt=gt&doc=MEMO/02/99|0|RAPID&lg=EN, zuletzt abgerufen am 28.03.2003)

UBA (UMWELTBUNDESAMT) (1997): Klimaschutz durch Minderung von Leerlaufverlusten bei Elektrogeräten – Sachstand, Projektionen, CO_2-Minderungspotenziale. Berlin (UBA-Text Nr. 45/97)

UCLA CENTER FOR COMMUNICATION POLICY (2003): The UCLA Internet report. Surveying the digitale future. Year three. Los Angeles (http://www.ccp.ucla.edu/pages/internet-report.asp, zuletzt abgerufen am 03.03.2003)

ULBRICH, S. (2001): Ins rechte Licht gerückt. Kommunikationstechnologien beeinflussen das auf Schrift fixierte Recht. In: Neue Zürcher Zeitung vom 19./20.05.2001, S. 98 (auch in Jusletter vom 28.05.2001 (http://www.weblaw.ch/jusletter/Artikel.jsp?ArticleNr=1117&Language=1, zuletzt abgerufen am 21.10.2002)

ULBRICH, S. (2002): Bilder in der forensischen Praxis. Bochum (http://www.ruhr-uni-bochum.de/rsozlog/Projekte/Visuelle%20Rechtskommunikation/Forensische%20Bilder.pdf, zuletzt abgerufen am 02.10.2002)

U.S. CENSUS BUREAU (2002): E-Commerce 2000. E-Commerce Multi-sector Report. Washington D.C. (http://www.census.gov/eos/www/papers/estatstext.pdf, zuletzt abgerufen am 02.10.2002)

U.S. CENSUS BUREAU (2003): E-Commerce 2001. E-Commerce Multi-sector Report. Washington D.C. (http://www.census.gov/eos/www/papers/2001/2001estatstext.pdf, zuletzt abgerufen am 24.03.2003)

U.S. DEPARTMENT OF COMMERCE (2003): Retail E-Commerce sales in fourth quarter 2002 were $ 14.3 billion, up 28.2 percent from fourth quarter 2001, census bureau reports.

Presserklärung vom 24.02.2003. Washington (http://www.census.gov/mrts/www/ecom.pdf, zuletzt abgerufen am 25.02.2003)

U.S. SEC (United States Securities and Exchange Commission) (2000): Pump&Dump.con: Tips for avoiding stock scams on the Internet vom 28.09.2000 (http://www.sec.gov/investor/online/pump.htm, zuletzt abgerufen am 02.10.2002)

VARIAN, H.R. (1998): Markets for information goods. Berkeley (http://www.sims.berkeley. edu/~hal/Papers/japan/japan.pdf, zuletzt abgerufen am 07.05.2001)

VDA (Verband der Automobilindustrie e.V.) (1999): Auto 1999. Jahresbericht, Frankfurt am Main

VDA (Verband der Automobilindustrie e.V.) (2000): Auto 2000, Jahresbericht. Frankfurt am Main

VDA (Verband der Automobilindustrie e.V.) (2002): Automobilindustrie lehnt Vorschlag der EU-Kommission ab. Presseerklärung vom 5.02.2002. Frankfurt am Main (http://www.vda.de/cgi-bin/dps/dps-query.cgi?inclfile=2002010502&ini=./dps-query-DE.ini, zuletzt abgerufen am 02.10.2002)

VDEW (Verband der Elektrizitätswirtschaft) (2001): Stromversorger steigern Produktivität. Mitteilung vom 12.11.2001. Frankfurt am Main (http://www.strom.de, zuletzt abgerufen am 09.04.2002)

VERBRAUCHERZENTRALE BADEN-WÜRTTEMBERG (1996): Nutzen statt Besitzen, Band 1, Heft 47. Ministerium für Umwelt und Verkehr Baden-Württemberg. Stuttgart

VIGOROSO, M.V. (2002a): The great rivalries of E-Commerce. In: E-Commerce Times vom 16.04.2002 (http://www.ecommercetimes.com/perl/story/17122.html, zuletzt abgerufen am 18.04.2002)

VIGOROSO, M.V. (2002b): Will E-Commerce ever beat the 1 percent problem? In: E-Commerce Times vom 11.04.2002 (http://www.ecommercetimes.com/perl/story/17035.html, zuletzt abgerufen am 25.04.2002)

VOGEL, M. (2001): Pilotprojekt mit Schrott. In: CIO, IT-Strategie für Manager Nr. 11, o.S. (http://www.cio-magazin.de/index.cfm?Pageid=262&cat=det&maid=619, zuletzt abgerufen am 08.05.2002)

VOLZ, J.-O.; HUNZIKER, D. (2000): Auswirkungen des E-Commerce auf den Zwischenhandel. Eine funktionale Betrachtung. Bern (Center for Research in Electronic Commerce, Universität Bern, Institut für Wirtschaftsinformatik, Arbeitsbericht 121)

VON ROSEN, R. (2001): Aktienmärkte und Aktienkultur in Europa. In: Hummel, D.; Breuer, R.E. (Hg.): Handbuch europäischer Kapitalmarkt. Wiesbaden, S. 479-485

VON ROSEN, R.; GERKE, W. (2001): Kodex für anlegergerechte Kapitalmarktkommunikation. Online-Publikation des Deutschen Aktieninstituts. Frankfurt am Main (http://www.dai. de/internet/dai/dai-2-0.nsf/LookupDL/41256A99002BDD55C1256A630036A00D/$File/Kodex _Endversion.pdf, zuletzt abgerufen am 16.10.2002)

2 Zitierte Literatur

WASILEWSKI, R.; ELLINGER, M.; OBERLANDER, W.; CECH, F. (2001): E-Commerce in Freien Berufen. Nürnberg

WEGNER, M. (1999): Musik und Mammon. Die permanente Krise der Musikkultur. Baden-Baden

WEINGÄRTNER, D. (2002): Autos bald billiger. In: taz vom 06.02.2002, Nr. 6669, S. 2

WEINHARDT, C.; GOMBER, P.; HOLTMANN, C. (2000): Online-Brokerage – transforming markets from professional to retail trading. In: Hansen, H.R.; Bichler, M.; Mahrer, H. (Hg.): Proceedings of the 8th European Conference on Information Systems. ECIS 2000. Wien, S. 826-832

WELSCH, J. (1997): Multimedia: Studie zur Beschäftigungswirkung in der Telekommunikationsbranche. Frankfurt am Main

WERBACH, K. (2000): Syndication – The emerging model for business in the Internet era. In: Harvard Business Review 78(3), S. 84-96

WESTPHAL, E. (2003): Versorgungsqualität aus Sicht der Netzwirtschaft. Vortrag auf der ETG-Tagung, 04.-05.02.2003, Mannheim (http://www.vde.de/file/34553.westphal, zuletzt abgerufen am 07.02.2002).

WEYAND, R. (2001): Neuerungen im Vergaberecht (1). In: Staatsanzeiger vom 15.01.2001, Nr. 01 (http://www.staatsanzeiger-verlag.de/info/ausgabe1_2001.pdf, zuletzt abgerufen am 15.05.2002)

WEYER, J. (1997): Vernetzte Innovationen – innovative Netzwerke. In: Rammert, W.; Bechmann, G. (Hg.): Technik und Gesellschaft, Jahrbuch 9. Frankfurt am Main, New York, S. 125-152

WIDO (Wissenschaftliches Institut der AOK) (2001): Versandapotheken – eine preiswerte Alternative: 2 Mrd. DM Einsparung möglich. Presseinformation vom 11.06.2001. Bonn (http://www.wido.de/Aktuelles/Presse_versapo_0601.pdf, zuletzt abgerufen am 08.10.2002)

WILLER, H.; LÜNZER, I.; HACCIUS, M. (2001): Ökolandbau in Deutschland. Bad Dürkheim (http://www.soel.de/oekolandbau/deutschland_ueber.html, zuletzt abgerufen am 30.09.2002).

WIND, J.; MAHAJAN, V. (2001): Digital marketing. New York, Chichester

WINGERT, B. (1996): Multimedia = Passivität und Interaktion der Mediennutzer. Thesenpapier zum 4. Deutsch-Französischen Mediencolloquium. Paris 28./29.03.1996 (Manuskript)

WINKLER, R. (2002): Verbändevereinbarung II plus – der bessere Weg. In: EW 101(4), S. 28-35

WISSENSCHAFTLICHER BEIRAT BEIM BUNDESMINISTERIUM FÜR WIRTSCHAFT UND TECHNOLOGIE (2001): Wettbewerbspolitik für den Cyberspace. Berlin (http://www.bmwi.de/textonly/Homepage/download/doku/Doku495.pdf, zuletzt abgerufen am 07.01.2002)

WOLDT, R. (2002): Konturen des digitalen Kabelmarktes. In: Media Perspektiven Heft 1, S. 34-49 (http://www.ard-werbung.de/showfile.phtml/woldt.pdf?foid=1783, zuletzt abgerufen am 09.05.2002)

WWRE (WorldWide Retail Exchange) (2001): WWRE progress exceeds members' expectations. Pressemitteilung vom 23.10.2001. Alexandria, VA (http://worldwideretailexchange.org/cs/en_US/pressroom/wr0736.htm, zuletzt abgerufen am 02.10.2002)

WWRE (WorldWide Retail Exchange) (2002): After a milestone year, Worldwide Retail Exchange outlines strategy for 2002. Pressemitteilung vom 30.01.2002. Alexandria, Va. (http://www.worldwideretailexchange.org/cs/en_US/pressroom/wr0743.htm, zuletzt abgerufen am 21.10.2002)

ZARSKY, L.; ROHT-ARRIAZA, N.; BROTTEM, L. (2002): Dodging dilemmas? Environmental and social accountability in the global operations of California-based high tech companies. Berkeley, CA (http://www.nautilus.org/cap/reports/DodgingDilemmas.pdf, zuletzt abgerufen am 22.08.2002)

ZAW (Zentralverband der deutschen Werbewirtschaft) (2002): ZAW Jahrbuch Werbung in Deutschland 2002. Bonn (http://www.interverband.com/u-img/184/zawhome.html, zuletzt abgerufen unter „Basis-Daten Werbebranche" am 04.09.2002)

ZDK (Zentralverband Deutsches Kraftfahrzeuggewerbe) (2002): Betriebe/Beschäftigte im Kfz-Gewerbe. Bonn (http://www.kfzgewerbe.de/verband/zahlen/zahlen_20011203165753.html, zuletzt abgerufen am 12.09.2002)

ZOCHE, P. (2000): Auswirkungen neuer Medien auf die Raumstruktur. Karlsruhe

Anhang

1 Tabellenverzeichnis

Tab. 1: Internetnutzung und Internet-Shopping seit 1998 52
Tab. 2: B2C-E-Commerce in Deutschland 2001 und 2002 53
Tab. 3: B2C-E-Commerce Umsatzanteile nach Produktgruppen 2001 und 2002
(in %) 54
Tab. 4: Anteil der B2C-E-Commerce-Umsätze am Einzelhandelsumsatz 1999 bis
2003 56
Tab. 5: Online-Transaktionen und Verkaufsvolumen der reinen Online- und
Multichannel-Anbieter in Deutschland im 4. Quartal 2001 57
Tab. 6: B2C-E-Commerce-Umsätze in den USA 1999 bis 2002 60
Tab. 7: Kriterien der Branchenauswahl 68
Tab. 8: Ausgewählte elektronische Agrarmarktplätze 76
Tab. 9: Online-Bestellungen von Nahrungsmitteln (nicht Getränke) 83
Tab. 10: Vergleich unterschiedlicher Konzepte für die Zustellung 97
Tab. 11: Einkaufsstättenpräferenz im Jahr 2000 100
Tab. 12: Zusammenhang von Distanzhandel und Sendungsaufkommen
(Modellrechnung) 100
Tab. 13: Ergebnisse der Modellrechnungen für einen realisierbaren Anteil des
Internethandels am Apothekenumsatz 152
Tab. 14: Realisierbares Einsparpotenzial beim Internethandel mit Arzneimitteln 153
Tab. 15: Durchschnittlicher Umsatz stationärer Apotheken vor und mit
Internethandel nach Größenklassen (in 1.000 DM) 155
Tab. 16: Zahl der ausscheidenden Apotheken ohne und Internethandel mit
Arzneimitteln 156
Tab. 17: Apothekendichte und elektronischer Arzneimittelhandel 157
Tab. 18: Buchvertriebswege und Umsätze zu Endverbraucherpreisen 1980 bis 2001
(in %) 169
Tab. 19: Umsatzentwicklung bei den Medienprodukten Buch, Ton- und
Bildtonträger 177
Tab. 20: Geschätzte Online-Umsätze der privaten Nachfrage mit elektronisch
vertriebenen digitalen Produkten im Jahr 2001 179
Tab. 21: Struktur der allgemeinen Elektrizitätsversorgung (Ende der 90er Jahre) 212
Tab. 22: Transaktionsphasen des Wertpapierhandels 240
Tab. 23: Börsenumsätze mit allen Wertpapierarten auf Xetra, Parkett Frankfurt und
Regionalbörsen im Jahr 2000 und 2001 251

Tab. 24: Elektronische Dienstleistungen nach „Angepasstheit" und
„Interaktionsgrad" 273
Tab. 25: Produktion und Handel mit digitalisierbaren Gütern und Dienstleistungen
in Deutschland 1998 277
Tab. 26: Selbständige Freiberufler in Deutschland 2002 281
Tab. 27: Für den Straßenverkehr relevante Segmente des Logistikmarktes (1998) 361
Tab. 28: Umwelteffekte des E-Commerce 367
Tab. 29: Übersicht zu drei prognostischen Modellrechnungen 381
Tab. 30: Qualitative Abschätzungen zum E-Commerce-Anteil in drei
Wirtschaftssektoren 387

2 Abbildungsverzeichnis

Abb. 1: Schema eines B2B-Marktplatzes 39
Abb. 2: Anteil der Betriebe mit Internetvertrieb und dessen Intensität im Jahr 2001 46
Abb. 3: Anteil der Betriebe mit Internetbeschaffung und deren Intensität im Jahr 2001 47
Abb. 4: Anzahl der Lebensmittelgeschäfte nach Betriebsformen 74
Abb. 5: Auktionsuhr einer Fischauktion über Pefa.com 76
Abb. 6: Internetshopping Report 2001: Welche dieser Produkte haben sie online bestellt oder gekauft? 83
Abb. 7: Internetshopping Report 2001: Anteil der Online-Ausgaben an den Gesamtausgaben für Lebensmittelkäufe in den letzten 6 Monaten 85
Abb. 8: Kunden-Probleme mit dem Distanzhandel 96
Abb. 9: „Einkaufen macht mir Spaß" 109
Abb. 10: Neue Dienstleistungen im Lebensmitteleinzelhandel 109
Abb. 11: Beispiele für Handelsplattformen in der Automobilindustrie 116
Abb. 12: Veränderung der Wertschöpfungskette in der Automobilindustrie durch E-Commerce: Zulieferung 126
Abb. 13: Veränderung der Wertschöpfungskette in der Automobilindustrie durch E-Commerce: Vertrieb 128
Abb. 14: Neue Geschäftsbeziehungen in der Automobilindustrie durch E-Commerce 130
Abb. 15: Wertschöpfungsketten und Medienunternehmen 167
Abb. 16: Verwertungskette von Spielfilmen 173
Abb. 17: Einseitige, außerbörsliche Marktplätze (schematische Darstellung) 217
Abb. 18: Zweiseitige, außerbörsliche Marktplätze (schematische Darstellung) 219
Abb. 19: Elektronische Strombörsen (schematische Darstellung) 220
Abb. 20: E-Commerce im Stromeinzelhandel am Beispiel Yello Strom 223
Abb. 21: Prinzipieller Ablauf beim Wechsel des Stromlieferanten 224
Abb. 22: Zwei Varianten des (elektronischen) Stromeinzelhandels mit Endkunden (schematische Darstellung) 224
Abb. 23: Anzahl der Aktionäre und Fondsbesitzer in den Jahren 1997 bis 2001 239
Abb. 24: Tarifstruktur für „Juris Web" (Preisliste juris Web Professional) 289

3 Abkürzungsverzeichnis

A2B	Administration-to-Business
ABDA	Bundesvereinigung deutscher Apothekerverbände
ACE	Auto Club Europe
ACEEE	American Council for an Energy Efficient Economy
ACTA	Allensbacher Computer- und Telekommunikations-Analyse
ADAC	Allgemeiner Deutscher Automobilclub
ADSL	Asymmetric Digital Subscriber Line
AGB	Alliance for Global Business
AMG	Arzneimittelgesetz
AMPreisV	Arzneimittelpreisverordnung
ANFAC	Asociación Nacional de Fabricantes de Automóviles y Camiones
AOK	Allgemeine Ortskrankenkasse
AOL	America Online
ApBetrO	Verordnung über den Betrieb von Apotheken (Apothekenbetriebsordnung)
ApoG	Gesetz über das Apothekenwesen (Apothekengesetz)
APX	Amsterdam Power Exchange
ARD	Arbeitsgemeinschaft der öffentlich-rechtlichen Rundfunkanstalten der Bundesrepublik Deutschland
ASP	Application Service Providing
ATS	Alternative Trading Systems
AVK	Anwendungszentrum für Verkehrslogistik und Kommunikationstechnik
B2A	Business-to-Administration
B2B	Business-to-Business
B2C	Business-to-Consumer
B2E	Business-to-Employee
BAFin	Bundesanstalt für Finanzdienstleistungsaufsicht
BAKred	Bundesaufsichtsamt für das Kreditwesen
BAV	Bundesaufsichtsamt für das Versicherungswesen
BAWe	Bundesaufsichtsamt für den Wertpapierhandel
BDSG	Bundesdatenschutzgesetz
BEWAG	Berliner Städtische Elektrizitätswerke Aktiengesellschaf (ursprünglich) heute: Bewag Aktiengesellschaft
BGH	Bundesgerichtshof
BHO	Bundeshaushaltsordnung
BITKOM	Bundesverband Informationswirtschaft, Telekommuniktion und neue Medien
BMBF	Bundesministerium für Bildung und Forschung
BME	Bundesverband Materialwirtschaft, Einkauf und Logistik
BMG	Bertelsmann Music Group
BMI	Bundesministerium des Inneren
BMVBW	Bundesministerium für Verkehr, Bau- und Wohnungswesen
BMWi	Bundesministerium für Wirtschaft und Technologie
BOL	Bertelsmann Online

3 Abkürzungsverzeichnis

BORA	Berufsordnung der Rechtsanwälte
BörsG	Börsengesetz
BPW	Bundesverband der phonographischen Wirtschaft
BRAGO	Bundesgebührenordnung für Rechtsanwälte
BRAK	Bundesrechtsanwaltskammer
BRAO	Bundesrechtsanwaltsordnung
BUND	Bund für Umwelt und Naturschutz Deutschlands
BVDVA	Bundesverband Deutscher VersandapothekerInnen
BVE	Bundesvereinigung der Deutschen Ernährungsindustrie
BVH	Bundesverband des Deutschen Versandhandels
BVL	Bundesvereinigung Logistik
BVV	Bundesverband Audiovisuelle Medien
BWB	Bundesamt für Wehrtechnik und Beschaffung
C2C	Consumer-to-Consumer
CESR	Committee of European Securities Regulators
CI	Consumer International
COVISINT	Connectivity/Collaboration/Communication, Visibility, Integrated Solutions
CPFR	Collaborative Planning, Forecasting and Replenishment
CPG	Consumer Packaged Goods
CRM	Customer Relationship Management
DAB	Digital Audio Broadcasting
DAI	Deutsches Aktieninstitut
DAT	Deutsche Automobil Treuhand
DAV	Deutscher Anwaltverein
DC	Distributionscenter
Difu	Deutsches Institut für Urbanistik
DIW	Deutsches Institut für Wirtschaftsforschung
DRM	Digital Rights Management
DVG	Deutsche Verbundgesellschaft
d.V.	der oder die Verfasser
E-	Electronic
EBIP	Electronic-commerce Business Impacts Project
ECaTT	Electronic Commerce and Telework Trends
ECC	Electronic Commerce Center Handel
ECN	Electronic Communication Network
ECOFIN	EU Ministers for Economic and Finance Affairs
ECTL	European Centre for Transportation and Logistics
EDI	Electronic Data Interchange
EDIFACT	Electronic Data Interchange For Administration Commerce Transport
EEX	European Energy Exchange
EGG	Gesetz über rechtliche Rahmenbedingungen für den elektronischen Geschäftsverkehr
EHI	EuroHandelsinstitut
EITO	European Information Technology Observatory
EMPA	Eidgenössische Materialprüfungs- und Forschungsanstalt
EnWG	Energiewirtschaftsgesetz

ENX	European Network Exchange
EPIC	Electronic Privacy Information Center
ERP	Enterprise Resource Planning
ETG	Energietechnische Gesellschaft
EU	Europäische Union
EuGH	Gerichtshof der europäischen Gemeinschaften (Europäischer Gerichtshof)
eVa	elektronische Vergabe
EWR	Europäischer Wirtschaftsraum
EWS	Elektrizitätswerke Schönau
FAO	Fachanwaltsordnung
FAQ	Frequently Asked Questions
FFA	Filmförderungsanstalt Deutschland
FRAM	Ferroelectric Random Access Memory
FTK	Forschungsinstitut für Telekommunikation
FuE	Forschung und Entwicklung
G2B	Government-to-Business
GATS	General Agreement on Trade in Services
GATT	General Agreement on Tariffs and Trade
GBDe	Global Business Dialogue on Electronic Commerce
GBI	Gesellschaft für Betriebswirtschaftliche Information
G.e.b.b.	Gesellschaft für Entwicklung, Beschaffung und Betrieb
GEMA	Gesellschaft für musikalische Aufführungs- und mechanische Vervielfältigungsrechte
GfK	Gesellschaft für Konsumforschung
GHG	Greenhouse Gas
GM	General Motor Company
GPRS	General Packet Radio Service
GSG	Gesundheitsstrukturgesetz
GSM	Global System for Mobile Communications
GVO	Gruppenfreistellungsverordnung
GVZ	Güterverkehrszentrum
GWB	Gesetz gegen Wettbewerbsbeschränkungen
GWh	Gigawattstunde
HDE	Hauptverband des Deutschen Einzelhandels
HdlStatG	Gesetz über die Statistik im Handel und Gastgewerbe (Handelsstatistikgesetz)
HEW	Hamburgische Electricitäts-Werke
HMG	Heilmittelgesetz
HWG	Heilmittel-Werbegesetz
ICANN	Internet Corporation for Assigned Names and Numbers
IDC	International Data Corporation
IDS	Internet Discussions Sites
i.e.S.	im engeren Sinne
IFA	Institut für Automobilwirtschaft
IfH	Institut für Handelsforschung

3 Abkürzungsverzeichnis

IFPI	International Federation of the Phonographic Industry
IIE	Institute for Information Economics
IMUG	Institut für Markt Umwelt Gesellschaft
Inifes	Internationales Institut für empirische Sozialökonomie
IP	Internet Protocol
IPTS	Institute for Prospective Technological Studies
IOSCO	International Organization of Securities Commissions
ISIS	Industrial Signature Interoperability Specification
ISP	Internet Service Provider
ISO	International Organization for Standardization
IT	Informationstechnik
ITAS	Institut für Technikfolgenabschätzung und Systemanalyse
ITM	Institut für Informations-, Telekommunikations- und Medienrecht
IuK	Information- und Kommunikation bzw. Informations- und Kommunikationstechnik
IVD	Interessenverband des Video- und Medienfachhandels in Deutschland
IWE	Forschungsstelle für institutionellen Wandel und europäische Integration
IZT	Institut für Zukunftsstudien und Technologiebewertung
KEK	Kommission zur Ermittlung der Konzentration im Medienbereich
KEP-Dienst	Kurier-, Express- und Paketdienst
KGSt	Kommunale Gemeinschaftsstelle für Verwaltungsvereinfachung
KMU	kleine und mittelständische Unternehmen
KNO&KV	Koch, Neff & Oettinger & Co., Koehler und Volckmar
kV	Kilovolt
KWG	Kreditwesengesetz
kWh	Kilowattstunde
Laubag	Lausitzer Braunkohle Aktiengesellschaft
LHO	Landeshaushaltsordnung
LP	Langspielplatte
LPX	Leipziger Power Exchange
MGM	Metro-Goldwyn-Mayer
MJ	Megajoule; 1 Megajoule = 10^6 Joule
MP3	MPEG-1 Audio Layer-3
MPEG	Moving Picture Experts Group
MRAM	Magnetic Random Access Memory
MTT	MailTrusT
MW	Megawatt
NACE	Nomenclature générale des Activités économiques dans la Communauté Européenne (Nomenklatur der Wirtschaftszweige und Wirtschaftstätigkeit der EU)
NAICS	North American Industry Classification System
NASDAQ	National Association of Securities Dealers Automated Quotations
NGO	Nongovernmental Organization
NOIE	National Office for the Information Economy
OECD	Organization for Economic Cooperation and Development
OEM	Original Equipment Manufacturer

OLG	Oberlandesgericht
OTC	Over-the-Counter
P2P	Peer-to-Peer
PDA	Personal Digital Assistant
PEP	Public E-Procurement
PHAGRO	Bundesverband des pharmazeutischen Großhandels
PJ	Petajoule; 1 Petajoule = 10^{15} Joule
RKS	Rechtekontrollsysteme
RStV	Rundfunkstaatsvertrag
RWE	Rheinisch Westfälische Elektrizitätswerke
SCM	Supply Chain Management
SDU	Staatsdrukkerij/-Uitgeverij (ehemalige niederländische Staatsdruckerei)
SEAQ	Stock Exchange Automated Quotations System, Londoner Börse
SETS	Stock Exchange Electronic Trading Service, Londoner Börse
SFZ	Sekretariat für Zukunftsforschung
SGB	Sozialgesetzbuch
SIAW	Schweizerisches Institut für Außenwirtschaft und angewandte Wirtschaftsforschung
SPIO	Spitzenorganisation der Filmwirtschaft
TAB	Büro für Technikfolgen-Abschätzung beim Deutschen Bundestag
TDDSG	Teledienstedatenschutzgesetz
TNO-STB	Netherlands Organization for Applied Systems Research – Strategy, Technology and Policy
TRIPS	Trade Related Aspects of Intellectual Property Rights
TUAC	Trade Unions Advisory Committee
TWh	Terawattstunden; 1 Terawattstunde = 1 Mrd. Kilowattstunden
UBA	Umweltbundesamt
UMTS	Universal Mobile Telecommunications System
UNCITRAL	United Nations Commission on International Trade Law
URL	Uniform Resource Locator
U.S. SEC	United States Securities and Exchange Commission
USt.	Umsatzsteuer
V	Volt
VDA	Verband der Automobilindustrie
VDEW	Verband der Elektrizitätswirtschaft
Veag	Vereinigte Energiewerke AG
VEW	Vereinigte Elektrizitätswerke Westfalen
VgV	Vergabeverordnung
VG-Wort	Verwertungsgesellschaft Wort
VIK	Verband der Industriellen Energie- und Kraftwirtschaft
VMB	Virtueller Marktplatz Bayern
VOB	Verdingungsordnung für Bauleistungen
VoD	Video-on-Demand
VOF	Verdingungsordnung für freiberufliche Leistungen
VOL	Verdingungsordnung für Leistungen, ausgenommen Bauleistungen
VV	Verbändevereinbarung

3 Abkürzungsverzeichnis

W	Watt
WAP	Wireless Application Protocol
WHU	Wissenschaftliche Hochschule für Unternehmensführung
WIdO	Wissenschaftliches Institut der AOK
WIPO	World Intellectual Property Organization
WOM	World of Music
WpHG	Wertpapierhandelsgesetz
WPIIS	Working Party on Indicators for the Information Society
WTO	World Trade Organization
WWRE	WorldWide Retail Exchange
XML	Extended Markup Language
ZAW	Zentralverband der Werbewirtschaft
ZDF	Zweites Deutsches Fernsehen
ZDK	Zentralverband Deutsches Kraftfahrzeuggewerbe
ZPO	Zivilprozessordnung
ZVAB	Zentralverzeichnis Antiquarischer Bücher

4 HTTP-Adressen

Das folgende Verzeichnis enthält getrennt für die einzelnen „Bereichskapitel" des Kapitels II die HTTP-Adressen von im Text erwähnten wichtigen Institutionen und Unternehmen, seien diese selbst Online-Anbieter, Dienstleister, Informationsplattform, Verband oder politischer Akteur. Zitierte Literatur und andere Quellen aus dem Internet sind nicht hier, sondern im Literaturverzeichnis aufgenommen.

Kapitel II.1 Handel mit Lebensmitteln

Agrodealer GmbH	http://www.agrodealer.de
Bioboerse	http://www.bioboerse.de
Condelsys GmbH	http://www.Condelsys.com
CPG market.com	http://www.CPGmarket.com
Doit24	http://www.doit24.de
DropBox24	http://www.DropBox24.de
EasyEinkauf	http://www.Naturkost24.de
Edeka-Märkte	http://www.Edeka-Online.de
efoodmanager Marktplatz	http://www.EFoodmanager.com
eGrain Systems Farmking	http://www.eGrain.de
Eric Jenss Trading GmbH	http://www.Natural-products.net
Fa. Anton Schlecker	http://www.Schlecker.com
Farmworld	http://www.Farmworld.de
Fraunhofer IML	http://www.tower24.de
GlobalNetXchange	http://www.Gnx.com
GrowNex	http://www.Grownex.Com
Hermes Versand Service	http://www.hermes-vs.de
HK Fleisch GmbH	http://www.fleischforum.de
ihs international AG	http://www.Ihr-home-Service.de
Kaiser's Tengelmann AG	http://www.Tengelmann-Lieferservice.de
Karstadt AG	http://www.my-world.de
Konze Home-Service	http://www.konze-home-service.de
Konze/Rewe	http://www.Konze-Dortmund.de
Land24 GmbH	http://www.Tec24.de
Landgut Schloß Hemhofen	http://www.abokiste.de
LetsBuyIt.com	http://www.letsbuyit.com
Milchwelt GmbH	http://www.Milchwelt.de
Naturabella	http://www.naturabella.com
Naturshop GmbH	http://www.mein-naturshop.de
Nord-Vision Business Systeme GmbH	http://www.agrenius.de
Otto Supermarkt Service GmbH&Co KG	http://www.Otto-Supermarkt.de
PEFA.com	http://www.pefa.com
PickPoint AG	http://www.pickpoint.de
Provido GmbH	http://www.Provido.de

Rewe Dortmund	http://www.Rewe-kommt.de
Shop!de Gesellschaft für Onlineshopping mbH & Co. KG	http://www.shop.de
Spar Gruppe	http://www.Einkauf24.de
Tegut Gutberlet Stiftung & Co.	http://www.Tegut-shop.com
Tesco Group	http://www.Tesco.com
The Organic Consultancy	http://www.unitednaturex.com
Webvan	http://www.webvan.com
WorldWide Retail Exchange	http://www.wwre.org

Kapitel II.2   Automobilindustrie und Autohandel

Autobytel.com	http://www.autobytel.com
Autocert.de	http://www.autocert.de
AutoScout24	http://www.autoscout24.de
Car4you	http://car4you.de
Carorder	http://www.carorder.de
Covisint	http://www.covisint.com
E-Sixt	http://www.e-sixt.de
EU-car.de	http://www.eu-car.de
European Commission: Competition – Car Sector	http://europa.eu.int/comm/competition/car_sector
GetyourCar (nicht mehr aktiv)	http://www.getyourcar.de
Institut für Automobilwirtschaft an der Fachhochschule Nürtingen	http://www.ifa-info.de
Kfz-Betrieb	http://www.kfzbetrieb.de
Mobil.de	http://www.mobile.de
Schlecker	http://www.schlecker.com
TradingCars.com	http://www.tradingcars.com
Verband der Automobilindustrie	http://www.vda.de
VW Group Supply.com	http://www.vwgroupsupply.com
Zentralverband Deutsches Kraftfahrzeuggewerbe	http://www.kfzgewerbe.de

Kapitel II.3   Arzneimittelhandel

0800DocMorris	http://www.0800docmorris.com
ABDA - Bundesvereinigung deutscher Apothekerverbände	http://www.abda.de
Apo-online: Apothekenmagazin für Computer und Internet	http://www.apo-online.de
Der Sachverständigenrat für die Konzertierte Aktion im Gesundheitswesen (SVR KAG)	http://www.svr-gesundheit.de
Europäischer Gerichtshof	http://www.curia.eu.int
Gesetze im Internet	http://bundesrecht.juris.de/bundesrecht/
Heilmittelgesetz der Schweiz	http://www.admin.ch/ch/d/sr/c812_21.html

INIFES - Internationales Institut für　　　http://www.inifes.de
Empirische Sozialökonomie
International Federation of Pharmaceutical　http://www.ifpw.com
Wholesalers
Landgericht Berlin　　　　　　　　　　　http://www.berlin.de/SenJust/Gerichte/LG
Landgericht Frankfurt am Main　　　　　　http://www.landgericht.frankfurt-main.de
Monopolkommission　　　　　　　　　　　http://www.monopolkommission.de
PHAGRO - Bundesverband des　　　　　　 http://www.phagro.de
pharmazeutischen Großhandels
Rechtsanwälte GbR Graefe&Partner　　　　http://www.graefe-partner.de
Wido - Wissenschaftliches Institut der AOK　http://www.wido.de

Kapitel II.4　Handel mit Medienprodukten (Buch, Tonträger, Video)

Abebooks.de　　　　　　　　　　　　　　http://www.abebooks.de
Amazon　　　　　　　　　　　　　　　　 http://www.amazon.de oder
　　　　　　　　　　　　　　　　　　　　http://www.amazon.com
AOL　　　　　　　　　　　　　　　　　　http://portal.aol.de
AOL Time Warner　　　　　　　　　　　　http://www.aoltimewarner.com
Arcor Video-on-Demand　　　　　　　　　 http://www.arcor.de/vod
ARD　　　　　　　　　　　　　　　　　　http://www.ard.de
AtRandom　　　　　　　　　　　　　　　 http://www.randomhouse.com/atrandom
Audiogalaxy　　　　　　　　　　　　　　 http://www.audiogalaxy.com
Bertelsmann　　　　　　　　　　　　　　 http://www.bertelsmann.de
BertelsmannSpringer　　　　　　　　　　　http://www.bertelsmannspringer.de
BMG Entertainment　　　　　　　　　　　 http://www.bmgentertainment.com
Bol　　　　　　　　　　　　　　　　　　 http://www.bol.de
BPW　　　　　　　　　　　　　　　　　　http://www.ifpi.de
CDNow　　　　　　　　　　　　　　　　 http://www.cdnow.com
Cinedrome　　　　　　　　　　　　　　　http://www.cinedrome.tv
Compuserve　　　　　　　　　　　　　　 http://www.compuserve.com
Deutsche Telekom AG　　　　　　　　　　 http://www.telekom.de
Ebay　　　　　　　　　　　　　　　　　　http://www.ebay.de
EMI Group　　　　　　　　　　　　　　　http://www.emigroup.com
Emusic.com　　　　　　　　　　　　　　　http://www.emusic.com
FastTrack　　　　　　　　　　　　　　　 http://www.fasttrack.nu
Gemstar eBook　　　　　　　　　　　　　 http://www.gemstar-ebook.com
Gnutella　　　　　　　　　　　　　　　　http://www.gnutella.com
Grokster　　　　　　　　　　　　　　　　http://www.grokster.com
HanseNet　　　　　　　　　　　　　　　　http://www.hansenet.de
iMesh　　　　　　　　　　　　　　　　　 http://www.imesh.com
International Organization for Standardization　http://www.iso.org
IPublish.com　　　　　　　　　　　　　　 http://www.ipublish.com, jetzt
　　　　　　　　　　　　　　　　　　　　http://www.twbookmark.com/ebooks
Karstadt Quelle AG　　　　　　　　　　　 http://www.karstadtquelle.com
KaZaA　　　　　　　　　　　　　　　　　http://www.kaaza.com
KEK　　　　　　　　　　　　　　　　　　http://www.kek-online.de

4 HTTP-Verzeichnis

Kirch Gruppe	http://www.kirchgruppe.de
Liberty Alliance	http://www.projectliberty.org
Listen.com	http://www.listen.com
Lycos Rhapsody	http://music.lycos.com/rhapsody
Media Netcom AG	http://www.media-netcom.de
Metro AG	http://www.metro.de
MGM	http://www.mgm.com
Microsoft	http://www.microsoft.com
Morpheus	http://www.musiccity.com
MovieFly	http://www.moviefly.com
Movielink	http://www.movielink.com
Music on Demand der Deutschen Telekom	http://www.audio-on-demand.de/mod
Musicline.de	http://www.musicline.de
Musicmaker.com	http://www.musicmaker.com
Musicnet	http://www.musicnet.com
Napster	http://www.napster.com
New York Times	http://www.nytimes.com
News Corporation	http://www.newscorp.com
Palm Digital Media	http://www.peanutpress.com
Palm, Inc.	http://www.palm.com
Paramount	http://www.paramount.com
Paypal	http://www.paypal.com
Popfile.de	http://www.popfile.de
PressPlay	http://www.pressplay.com
Projekt Gutenberg	http://gutenberg.spiegel.de
Projekt Online-Buchhandel des ITAS	http://www.itas.fzk.de/deu/projekt/pob.htm
RealNetworks	http://www.realnetworks.com
Screaming Media	http://www.screamingmedia.com
Secure Digital Music Initiative	http://www.sdmi.org
Sony Music	http://www.sonymusic.com
Sony Pictures Entertainment	http://www.spe.sony.com
Stephen King	http://www.stephenking.com
TAB	http://www.tab.fzk.de
T-Online	http://www.t-online.de
Universal Music Group	http://www.umusic.com
Universal Studios	http://www.universalstudios.com
Viacom	http://www.viacom.com
Vitaminic	http://www.vitaminic.de
Vivendi Universal	http://www.vivendiuniversal.com
Walt Disney	http://disney.go.com
Yahoo	http://www.yahoo.de oder http://www.yahoo.com
ZAW	http://www.zaw.de
ZDF	http://www.zdf.de

Kapitel II.5 Handel mit Strom

Ampere (nicht mehr aktiv)	http://www.ampere.de
Amsterdam Power Exchange	http://www.apx.nl
Ares Energie-direkt	http://www.ares.de
Best Energy	http://www.bestenergy.de
Bloomberg Powermatch	http://www.bloombergtradebook.com/markets/energy.html
Elektrizitätswerke Schönau	http://www.ews-schoenau.de
Energy & More	http://www.energy-more.de
EnronOnline (nicht mehr aktiv)	http://www.enrononline.com http://www.enrononline.de
Enyco	http://www.enyco.de
European Energy Exchange	http://www.eex.de
Freie Energiedienstleister Verband (FEDV)	http://www.verband-freier-energiedienstleister.de
GFInet	http://www.gfinet.com
Intercontinental Exchange	http://www.intercontinentalexchange.com
Interstrom	http://www.interstrom-ag.de
KaWatt (nicht mehr aktiv)	http://www.kawatt.de
Kilowatthandel	http://www.kilowatthandel.de
Leipziger Power Exchange	http://www.lpx.de
Lichtblick	http://www.lichtblick.de
MVV Energie	http://www.mvv.de
NetStrom	http://www.netstrom.de
Nordic Powerhouse	http://websrv02.hew.de/nph
PowerITS	http://www.powerits.com
RWE Net	http://www.rwenet.com
Spectron Trayport Global Vision	http://www.spectrongroup.com
Union of the Electricity Industry – EURELECTRIC	http://public.eurelectric.org
Verband der Elektrizitätswirtschaft (VDEW)	http://www.strom.de
Verband der Industriellen Energie- und Kraftwirtschaft (VIK)	http://www.vik-online.de
Verband der Netzbetreiber beim VDEW	http://www.vdn-berlin.de
Verivox	http://www.verivox.de
Yello Strom	http://www.yellostrom.de

Kapitel II.6 Wertpapierhandel

1822direkt Gesellschaft der Frankfurter Sparkasse mbH	http://www.1822direkt.com
Advance Bank	http://www.advance-bank.de
BAFin – Bundesanstalt für Finanzdienstleistungsaufsicht	http://www.bafin.de
Bayerische Börse	http://www.bayerischeboerse.de
Berliner Wertpapierbörse	https://www.berlinerboerse.de

4 HTTP-Verzeichnis

Börse Düsseldorf AG	http://www.boerseduesseldorf.de
Börse Hamburg (Börsen AG)	http://www.boersenag.de
Börse Hannover (Börsen AG)	http://www.boersenag.de
Börse-Stuttgart AG	http://www.boerse-stuttgart.de
Bourse de Paris	http://www.euronext.com/fr
Bremer Wertpapierbörse AG	http://www.boerse-bremen.de
Brokerage24	http://www.maxblue.de
Citibank AG	http://www.citibank.de
Clearstream	http://www.clearstream.com
Comdirect Bank AG	http://www.comdirect.de
Consors Discount-Broker AG	http://www.consors.de
Credit Suisse	http://www.credit-suisse.com
DAB bank AG	http://www.dab.com
Deutsche Bank 24 AG	http://www.deutsche-bank-24.de
Deutsche Börse AG	http://deutsche-boerse.com
Diba – Allgemeine Deutsche Direktbank AG	http://www.diba.de
Easytrade (Postbank EasyTrade AG)	http://www.easytrade.de
E-Cortal	http://www.e-cortal.com
Entirum Direct Bankers AG	http://www.entrium.de
Euroclear	http://www.euroclear.com
Euronext	http://www.euronext.com
Fimatex S.A.	http://www.fimatex.de
Gelon	http://www.gelon.de
International Organization of Securities Commissions	http://www.iosco.org
Jiway	http://www.jiway.com
Lang & Schwarz Wertpapierhandel AG	http://www.ls-d.de
LBBW Direkt	http://www.lbbw-direkt.de
London Stock Exchange	http://www.londonstockexchange.com
Maxblue Deutsche Bank AG	http://www.maxblue.de
NASDAQ	http://www.nasdaq.com
NASDAQ Europe	http://www.nasdaqeurope.com
Netbank AG	http://www.netgic.de
New York Stock Exchange	http://www.nyse.com
OM Stockholm Exchange	http://www.stockholmsborsen.se
Patagon	http://www.patagon.de
Quotrix	http://www.quotrix.de
SBroker	http://www.sbroker.de
SEBdirect	http://www.sebdirect.de
Swiss Exchange	http://www.swx.com
virt-x	http://www.virt-x.com
Wallstreet:Online trading	http://www.wallstreet-online.de/trading
XEOS	http://www.ibm.com/de/financialservices/xeos

Kapitel II.7 Dienstleistung und E-Commerce am Beispiel des Rechtsbereichs

Anwaltskanzlei Lischka und Partner	http://www.lischka-partner.de/
Beck Verlag	http://www.beck.de
Bundesgerichtshof	http://www.bundesgerichtshof.de
Bundesrechtsanwaltskammer	http://www.brak.de
Bundesverband der Freien Berufe	http://www.freie-berufe.de
Deutsche Rechtsprechung Online	http://www.vrp.de/online/drsp/index.htm
Deutscher Anwalt Verein	http://www.anwaltverein.de
Deutscher Anwaltssuchdienst	http://www.anwaltssuchdienst.de
GKS Rechtsanwälte	http://www.gks-rechtsanwaelte.de
Institut für Freie Berufe an der Universität Erlangen-Nürnberg	http://www.ifb.uni-erlangen.de
Janolaw	http://www.janolaw.de
Juris	http://www.juris.de
Jusline.de	http://www.jusline.de
Kanzlei Advounion	http://www.advounion.de
Kanzlei Böhmer, Kniepe und Steinbach	http://www.bks24.de
Kanzlei Klüver, Klass und Partner	http://www.anwalts-team.de
Kanzlei Panke und Partner, jetzt GKS Rechtsanwälte	http://www.panke-eurojuris.de
Kanzlei Prof. Schweizer	http://www.kanzlei-prof-schweizer.de/
Kompetenzzentrum E-Commerce (Köln) bzw. „Der Freie Beruf", Dienstleistungs- und Verlags GmbH	www.der-freie-beruf.de
Legios	http://www.legios.de
Rechtsfinder.de (vereint mit Deutscher Anwaltssuchdienst, Stand: Februar 2003)	http://www.rechtsfinder.de
Röhl, Klaus	http://www.uni-bochum.de/rsozlog
Ulbrich, Stefan	http://www.ruhr-uni-bochum.de/ifm/seiten/03institut/mitarbeiter/ulbrich.htm
Verlag Recht und Praxis	http://www.vrp.de
Westdeutscher Rundfunk, Ratgeber Recht	http://149.219.195.60/

Kapitel II.8 Beschaffung im öffentlichen Bereich

Administration Intelligence	http://www.ai-ag.de/navrechts/kontakt.html
Beratungsunternehmen Roland Berger	http://www.rolandberger.com
Beschaffungsamt des BMI mit Informationen zu „Öffentlicher Eink@uf Online	http://www.bescha.bund.de
Bund Online 2005	http://www.bund.de/BundOnline-2005
Bundesamt für Wehrtechnik und Beschaffung	http://www.bwb.org
Cosinex	http://www.cosinex.com
Deutsches Institut für Urbanistik	http://www.difu.de
Düsseldorf	http://www.duesseldorf.de
Einkaufs- und Logistikportal des BME	http://www.bme.de
EU-Kommission zum öffentlichen	http://europa.eu.int/comm/internal_market/de

4 HTTP-Verzeichnis

Beschaffungswesen	/publproc/index.htm
Forum Vergabe beim BDI	http://www.forum-vergabe.de
G.e.b.b.	http://www.gebb-mbh.de
Goodex	http://www.goodex.de
Hamburg	http://www.hamburg.de
Healy Hudson	http://www.healy-hudson.com/_de
Intersource	http://www.intersource.de
Kommunale Gemeinschaftsstelle für Verwaltungsvereinfachung (KGSt)	http://www.kgst.de
KPMG-Untersuchungen	http://www.kpmg.de/library/surveys
Lörrach	http://www.loerrach.de
Materna	http://www.clever-beschaffen.de/
Rödl & Partner	http://www.roedl.de
Stuttgart	http://www.stuttgart.de
Suchmaschine für öffentliche Ausschreibungen in der EU	http://www.tendersdirekt.de
Système d'Information pour les Marchés Publics der EU	http://simap.eu.int/EN/pub/src/main4.htm
TEK-Service	http://www.tek-service.de
Transparency International Deutschland	http://www.transparency.de
Vergabeplattform des Beschaffungsamtes des BMI	http://www.e-vergabe.bund.de
Virtueller Marktplatz Bayern	http://www.baynet.de
Wegweiser	http://www.wegweiser.de

Ebenfalls bei edition sigma – eine Auswahl

Herbert Paschen, B. Wingert, Chr. Coenen, G. Banse
Kultur – Medien – Märkte
Medienentwicklung und kultureller Wandel
Studien des Büros für Technikfolgen-Abschätzung, Bd. 12
2002 298 S. ISBN 3-89404-821-2 € 22,90

Leonhard Hennen, Thomas Petermann, Arnold Sauter
Das genetische Orakel
Prognosen und Diagnosen durch Gentests – eine aktuelle Bilanz
Studien des Büros für Technikfolgen-Abschätzung, Bd. 10
2001 164 S. ISBN 3-89404-819-0 € 18,90

Christoph Revermann, Leonhard Hennen
Das maßgeschneiderte Tier
Klonen in Biomedizin und Tierzucht
Studien des Büros für Technikfolgen-Abschätzung, Bd. 9
2001 242 S. ISBN 3-89404-818-2 € 22,90

Andreas Boes, Andrea Baukrowitz
Arbeitsbeziehungen in der IT-Industrie
Erosion oder Innovation der Mitbestimmung?
Forschung aus der Hans-Böckler-Stiftung, Bd. 37
2002 308 S. ISBN 3-89404-897-2 € 18,90

Gerhard Banse, Armin Grunwald, Michael Rader (Hg.)
Innovations for an e-Society
Challenges for Technology Assessment
Gesellschaft – Technik – Umwelt, Neue Folge, Bd. 2
2002 314 S. ISBN 3-89404-932-4 € 24,90

Ulrich Dolata
Unternehmen Technik
Akteure, Interaktionsmuster und strukturelle Kontexte der
Technikentwicklung: Ein Theorierahmen
2003 333 S. ISBN 3-89404-500-0 € 24,90

Der Verlag informiert Sie gern umfassend über sein Programm. Kostenlos und unverbindlich.

edition sigma	Tel. [030] 623 23 63	und jederzeit
Karl-Marx-Str. 17	Fax [030] 623 93 93	aktuell im Internet:
D-12043 Berlin	Mail verlag@edition-sigma.de	**www.edition-sigma.de**